中国高校哲学社会科学发展报告

1978—2008

政治学

Report on the Development of Philosophy and Social Sciences in Chinese Colleges and Universities (1978–2008)

Politics

丛书主编　教育部社会科学委员会

本卷主编　王浦劬

副主编　周志忍　燕继荣　高鹏程

GUANGXI NORMAL UNIVERSITY PRESS

广西师范大学出版社

·桂林·

责任编辑：石玉湘　莫少清
装帧设计：姚明聚
责任印制：丘立军

图书在版编目（CIP）数据

中国高校哲学社会科学发展报告：1978~2008．政治学／王浦劬主编．—桂林：广西师范大学出版社，2008.11
ISBN 978-7-5633-7782-4

Ⅰ．中…　Ⅱ．王…　Ⅲ．①高等学校—哲学社会科学—发展—研究报告—中国—1978~2008②政治学—研究报告—中国—1978~2008　Ⅳ．C12　D0

中国版本图书馆 CIP 数据核字（2008）第 150288 号

广西师范大学出版社出版发行
（广西桂林市中华路 22 号　邮政编码：541001
网址：http://www.bbtpress.com）
出版人：何林夏
全国新华书店经销
湖南新华印刷集团邵阳有限公司印刷
（湖南省邵阳市东大路 776 号　邮政编码：422001）
开本：787 mm × 1 092 mm　1/16
印张：42.5　　字数：610 千字
2008 年 11 月第 1 版　　2008 年 11 月第 1 次印刷
印数：0 001~3 000 册　　定价：98.00 元

丛书编委会

本 卷 主 编： 王浦劬

本卷副主编： 周志忍　燕继荣　高鹏程

审 稿 专 家： 赵宝煦　夏书章　徐大同　王邦佐　张永桃

编写组成员： 王浦劬　王　清　吕普生　汪锦军　李玲玲
张红军　周志忍　陈桂兰　陈冀周　郇天莹
赵成根　郑　寰　高鹏程　梁　莹　傅景亮
雷艳红　熊　浩　燕继荣

总　序

改革开放三十年以来，在党中央的高度重视和正确领导下，我国哲学社会科学迎来了新的春天。改革开放的三十年是我国哲学社会科学与社会共进步、与时代同发展、与祖国共命运、与人民同呼吸的三十年，更是高校哲学社会科学释放潜力、彰显活力、壮大实力、提升能力的三十年。三十年来，高校哲学社会科学为我国哲学社会科学事业的长足进步作出了突出贡献。高校哲学社会科学在恢复中得到了发展，在发展中得到了加强，一个门类较为齐全、适应各层次人才培养需要的学科体系和教材体系初步形成。高校哲学社会科学队伍的人员结构不断优化，整体素质不断提高，研究实力不断增强。高校哲学社会科学产出了一大批无愧于时代、具有较高水平的研究成果，在认识世界、传承文明、创新理论、咨政育人、服务社会方面发挥了重要影响。与此同时，高校哲学社会科学管理体制也在不断深化改革中积极推进，一个质量导向明确、评估监督有力、竞争流动有序、成果转化迅速、组织运行高效的管理体制机制正在形成。

高举中国特色社会主义伟大旗帜，坚持以邓小平理论、“三个代表”重要思想为指导，深入贯彻落实科学发展观，全面、公正、客观总结改革开放三十年高校哲学社会科学发展进程、发展特点和发展成就，是以改革创新精神，进一步推进高校哲学社会科学繁荣发展的重要前提和迫切需要。作为中国改革开放三十年波澜壮阔历史进程的见证者、参与者和研究者，高校哲学社会科学发展走过了不同寻常的道路，有成绩值得骄傲，有经验需要总结。我欣喜地看到，百余位高校知名学者本着高度负责的精神和历史使命感，在较短的时间内高质量地完成了《中国高校哲学社会科学发展报告（1978—2008）》编撰任务，推出了这套弥足珍贵的丛书。这是对高校哲学社会科学发展三十年的实证研究，既实现了高屋建瓴、融会贯通，把握住了三十年来各学科学术发展宏观脉络；又做到了以点带面、以简驭繁，提炼出了三十年来各学科学术发展进程中具有根本推动力和全局影响力的重大问题或事件；更基于各学科三十年发展历史、发展规律的深刻认识，对各学科发展未来方向进行了前瞻性的思考和展望。

纵观高校哲学社会科学三十年的发展历程，我们可以得到以下重要经验和启示：

——党中央高度重视哲学社会科学的繁荣发展，先后对繁荣发展哲学社会科学作出系列重大决策，切实推进落实哲学社会科学与自然科学四个“同样重要”，这是高校哲学社会科学得以繁荣发展的根本原因。

——坚持以马克思主义为指导，善于把马克思主义的立场、观点和方法贯穿到哲学社会科学事业中去，坚持用发展着的马克思主义武装头脑、指导实践、推动工作，这是高校哲学社会科学沿着正确方向发展的根本保证。

——坚持党的思想路线，解放思想、实事求是、与时俱进，以大力推动学科体系、学术观点和科研方法的创新，努力在学科建设、教材建设、教育教学等各个环节充分体现马克思主义中国化的最新理论成果，这是高校哲学社会科学充满生机和活力的不竭源泉。

——坚持为人民服务、为社会主义服务，坚持理论联系实际的马克思主义学风，立足国情、面向世界，以深入研究和解决重大理论和现实问题为主攻方向，切实回答中国特色社会主义实践提出的一系列重大课题，这是体现高校哲学社会科学价值的重要基础。

——坚持百花齐放、百家争鸣的方针，充分发扬学术民主，营造生动活泼、求真务实的学术环境，提倡不同学术观点、学术流派的争鸣和切磋，鼓励大胆探索、勇于创新，这是促进高校哲学社会科学健康发展的强大动力。

——坚持以人为本，全面贯彻党的教育方针，坚持教育以育人为本、以学生为主体，办学以人才为本、以教师为主体，努力培养德智体美全面发展的社会主义建设者和接班人，这是高校哲学社会科学的根本任务。

我国实行改革开放已经整整三十年，取得了举世瞩目的辉煌成就，积累了大量的宝贵经验。立足国情，放眼世界，大力推进理论创新，不断赋予当代马克思主义鲜明的实践特色、民族特色、时代特色，是我国哲学社会科学面临的重要任务，高校哲学社会科学使命光荣，责任重大，大有作为。从新的历史起点出发，努力回答改革开放和现代化建设进程中亟待解决、人民群众普遍关心的重大理论和实际问题，在理论上不断有所突破，有所创新，进一步探索适合中国特点的发展道路和发展模式，为实现我国经济社会的全面、协调、可持续发展提供思想保证、精神动力与智力支持，为建设以当代马克思主义为指导的，具有中国特色、中国风格、中国气派的哲学社会科学作出重要贡献，是高校哲学社会科学工作者责无旁贷的神圣使命和历史责任。

进入新时期，推动高校哲学社会科学实现新的、更好更快的发展，我们面临千载难逢的发展机遇，拥有独特的、无可比拟的优势和条件。党的十七大报告明确指出："繁荣发展哲学社会科学，推进学科体系、学术观点、科研方法创新，鼓励哲学社会科学界为党和人民事业发挥思想库作用，推动我国哲学社会科学优秀成果和优秀人才走向世界。"这是党中央在新的历史时期、新的历史阶段，为全面建设小康社会、加快推进社会主义现代化建设、实现中华民族伟大复兴提出的重大战略目标和任务，为进一步繁荣发展中国特色哲学社会科学指明了方向。认真学习贯彻落实党的十七大精神，对于以改革创新精神全面推进高校哲学社会科学科学发展、和谐发展、创新发展，具有十分重大的意义。我们要认真学习贯彻党的十七大精神，站在建设中国特色社会主义事业的战略高度，深入学习实践科学发展观，着力把握发展规律、创新发展理念、转变发展方式、破解发展难题、提升发展质量，调动一切积极因素，充分发挥高校哲学社会科学工作者的积极性、主动性和创造性，为繁荣发展高校哲学社会科学，为建设创新型国家和人力资源强国，为促进社会主义文化大发展大繁荣作出新的更大贡献！

李卫红

二〇〇八年十月十六日

目录

提　要 …… 1

Abstract …… 3

前言 …… 1

第一部分　高校政治学学术发展的总体状况和基本图景 …… 5

一、高校政治学学术发展的基本过程和发展阶段 …… 7

二、高校政治学学术发展的总体态势和基本特征 …… 38

三、高校政治学学术发展的演进脉络和逻辑转换 …… 61

四、高校政治学学术发展的主要成就和功能效用 …… 79

第二部分　高校政治学学术发展的理论研究和专题探讨 …… 103

一、党和国家指导思想与治政理念研究 …… 105

二、政治学基本理论及其相关专题研究 …… 194

三、行政学基本理论及其相关专题研究 …… 304

四、中国政治发展与政治体制改革探讨 …… 368

五、中国政府管理与行政体制改革探讨 …… 453

第三部分　高校政治学学术发展的历史经验和未来展望 …… 519

一、高校政治学学术发展的基本关系和辩证联系 …………… 522

二、高校政治学学术发展的历史经验和主要原则 …………… 544

三、高校政治学学术发展的总体走向和未来趋势 …………… 569

第四部分　高校政治学学术发展的指南和活动时序实录 …… 591

一、高校政治学学术发展的指导思想和方针政策 …………… 593

二、高校政治学学术发展的重要会议和学术活动 …………… 622

后记 …………………………………………………………… 653

Contents

Abstract …………………………………………………………… 1

Preface …………………………………………………………… 1

PART I. Intellectual Development of Political Research in Higher Learning Institutions: Overview and General Picture …………………………………………… 5

1. Origin and Stages of Development ………………… 7
2. Overall Status and Main Features ………………… 38
3. Thread of Evolution and Shifts of Logic in Research …………………………………………………………… 61
4. Main Achievements and Impact …………………… 79

PART II. Intellectual Development of Political Research in Higher Learning Institutions: Summarization of the Study of Related Sub－fields and Topics …………………………………………………… 103

1. Guiding Principles and Ideas of Governance for the Party and State ……………………………… 105

2. Political Theory and Related Topics ················· 194
3. Basic Theory in Public Administration and Related Topics ··· 304
4. Political Development and Political Reforms in China ·· 368
5. Public Administration and Government Reforms in China ··· 453

PART III: Intellectual Development of Political Research in Higher Learning Institutions: Experiences and Prospects ·· 519
1. Basic Relationships and Internal Links ··············· 522
2. Historic Experiences and Main Principles ········· 544
3. Direction and Trends of Development in the Near Future ·· 569

PART IV: Intellectual Development of Political Research in Higher Learning Institutions: Chronicle of Events ··· 591
1. Guiding Principle and Related Policies ·············· 593
2. Major Conferences and Related Academic Activities ·· 622

Postscript ··· 653

提　要

本报告是中国高校政治学[含政治学理论、中外政治制度(比较政治)、行政管理学]恢复重建以来学术研究和思想理论的发展报告。

十一届三中全会以后,中国高校政治学得以恢复重建。近30年来,高校政治学学术发展的总体态势和基本特征是:在十一届三中全会确立的思想政治路线指引下不断成长壮大;坚持以发展着的马克思主义指导学术研究的展开和深化;遵循为人民服务,为社会主义服务的方向,奉行“百花齐放、百家争鸣”方针;坚持解放思想、实事求是,实现学术创新,在中国经济体制转型和政治发展进程中深化思想创新理论;以中国社会主义政治发展为主题展开探索研究,吸收人类政治文明积极成果促进学术成长;不断提高研究的科学性、学术性和专业性,奠定加固学术基础;努力建设具有中国特色和国际水平的学科。

近30年来,中国高校政治学研究的发展脉络和内在逻辑体现为:重心论域的转移发展;思想方法的调整转换;研究视角的切换转变;分析范式的嬗变更设;主导思维的归位置换;主题内容的演进变迁;研究视野的开拓扩展;研究方法的丰富发展;科学程度的增强提升;任务功能的变更发展。

经过近30年的发展,中国高校政治学取得巨大成就:确立、坚持和发展了学科的社会主义性质和方向,初步形成了中国特色;建立了相对系统而又开放的学术研究体系;形成了广阔丰富的研究范围和领域;基础学术研究进展显著;思想理论和现实对策研究成果丰硕;研究方法逐步丰富;学术特色流派初见端倪;素质优良的学术队伍基本形成;对外学术影响逐步扩展。

近30年来,中国高校政治学在学术研究活动中把握学术发展的辩证关系,积累了学术发展的基本经验:坚持以发展着的马克思主义指导学术发展;立足中国国情,深化中国政治研究;强化创新意识,促进学术创新;培育学术特色和学派意识;坚持强化理论研究;贯彻精品意识,提升研究水平;加强学术队伍建设,发挥学术带头人作用;促进研究方法更新运用,实现研究方法科学性和多样性的统一;强化基础学术研究;拓展国际视野,促进国际交流。

随着中国社会主义现代化建设和民主政治的发展,高校政治学呈现新的发展趋势:中国特色社会主义理论体系的政治学研究将得到进一步加强和深化;理论研究将进一步加强,中国特色的理论成果将逐渐形成;中国政治研究将深入发展;应用特色将进一步强化;边缘学科和交叉学科继续生成发展;研究方法继续丰富,研究水平不断提高;基础学术进一步发展和加强;学术队伍结构趋于合理,素质得到提高;对外学术交流进一步扩展,双向交流趋势逐步加强。

Abstract

This report is about the current status of research and intellectual development in political science in higher learning institutions in China, covering mainly three subfields including political theory, comparative politics and public administration.

Political science regained the status of an independent discipline in China after the Third Plenary Session of the Eleventh Party Congress in 1978. The general trend and basic features of intellectual development in high learning institutions in the past thirty years can be summarized as follows: political science as a field of research grows up and maturates under the direction of ideological and political principles established in the Third Plenary Session of the Eleventh Party Congress; political research adheres to the principle of guidance of Marxism and treating Marxism as an ever—developing theory; political research follows the course of serving the people and serving socialism while at the same time keeps to the principle of "letting all flowers to bloom and letting a hundred schools of thought to contend"; political research demonstrates a quality of emancipating the mind and seeking truth from facts, with an ambition to achieve intellectual and theoretical innovation based on Chinese practice of economic system transformation and political development; political research focuses on issues of great importance to China′s political development while keep open — minded to valuable achievements of political civilization of the human being; researchers in the field have strong desire to make political research more scientific and professional and keep raising academic standards; and finally, political research tries to establish a discipline of political science up to the international standards and with Chinese characteristics.

The main thread and logic of development in political research in higher learning institutions in China in the past thirty years includes: redefinition of the term politics, leading to expansion of field boundary and scope of political research; adjustment and change of way of thought; expansion and shift of perspectives in research; shift and development of research paradigms; shift of respect from negative animadvert on capitalism and revisionism to more constructive thinking on national strategy for political, economic and social development; expansion and shift of main themes in political research; expansion and development in the research field of vision; development and enrichment in political research methodology; improvement of research quality in terms of being more scientific; and expansion of activities and roles of political research.

Confirmable achievements have been made in the study of political science in higher learning institutions in China over the past thirty years. They are: the clarification and adherence to the principle of direction of socialist ideology in political research, thus demonstrating some Chinese characteristics; the establishment of a comprehensive and open system for political science as a discipline; formation of a field of research with broad coverage and multiple subfields; notable progress made in basic research; substantial achievements in theoretical and policy study; the enrichment of research methodology; the emergence of some schools in political study; formation of a contingent of researchers in political science with higher academic ability; and international recognition of some of the research products.

The main experience and lessons from thirty years of political science research in higher learning institutions in China are as follows: adherence to the principle of guidance of Marxism as a developing theory; focusing on China's unique situation to deepen political research; strong desire to theoretical and intellectual innovation; encouraging study of a unique feature and formation of different schools of thought; paying full attention to theoretical study; implementing the high — quality Consciousness and elevating the research level; cultivation of a contingent of researchers with special attention to those leading figures in various subfields; facilitating advance and renovation of research methods and keeping a proper balance between relevance and pluralism in methodology; strengthening basic research; and expansion of horizon and promotion of international exchange.

Keeping with the pace of socialist construction and political development in China in the near future, political science research in higher learning institutions will show a number of general trends: study of the theory of socialism with Chinese characteristics as a whole from political perspectives will be strengthened and deepened; study of theory will be further strengthened and some theoretical achievements with Chinese characteristics will appear; the study of Chinese politics will enter a new stage of development focusing more on practice and application; the applicational characteristics will be further strengthened; a number of new and interdisciplinary subfields will emerge; the advance in and renovation of research methods will lead to notable progress in the quality and standard of political research; the base and foundation for political science will be improved and consolidated; the contingent of researchers will see further improvement in terms of structure and intellectual ability; and finally exchange and cooperation with overseas counterparts will be strengthened moving towards exchange of a more bidirectional nature.

前　言

政治学是研究社会政治现象及其发展规律的社会科学，政治学的学科建设、学术研究和思想成就，不仅从思想理论和学术文化方面体现着特定政治的发展状况，而且对于现实社会政治发展具有重要影响，因此，政治学是现代社会科学中具有独立地位的基础学科。

在我国，政治学作为现代社会科学的独立学科地位，是在高等学校首先获得确立的。据记载，1902 年，北京大学的前身——京师大学堂的《钦定京师大学堂章程》定大学堂为三个层次，即大学院、大学专门分科、大学预备科，把大学专门分科定为七科，其中第一科就是政治科。[①] 此后，高校政治学在学科体系、研究内容和人才培养等方面逐步得到发展，初步成为社会科学的基础学科。在这一过程中，行政学科随之形成，在高校设置了相关科目。

① 朱有瓛. 中国近代学制史料：第二辑上册[M]. 上海：华东师范大学出版社，1987：754—760.

20 世纪 50 年代初，由于新中国的大学教育模式和学科设置很大程度上参照前苏联的做法，加上其他多方面因素的影响，在 1952 年的高等教育学科调整中，作为独立学科专业的政治学被撤销，政治学的学科建设、学术研究和人才培养由此中断。

1976 年，历时十年的"文化大革命"结束，1978 年，党的十一届三中全会的召开，冲破了长期"左"倾错误的严重束缚，彻底否定了"以阶级斗争为纲"的错误理论和实践，重新确立了马克思主义的思想路线、政治路线和组织路线，并且作出了把党和国家的工作重点转移到社会主义现代化建设上来和实行改革开放的战略决策。由此，我国社会开始了从“以阶级斗争为纲”到以经济建设为中心、从封闭半封闭到改革开放、从计划经济到市场经济的深刻历史转变。

十一届三中全会的召开和全会确立的思想路线和政治路线,既为我国社会科学的发展提供了重要机遇,也对其提出了新的要求。其中,深刻总结“文化大革命”的教训,解放思想、拨乱反正,澄清思想认识和政治理论是非;适应党的中心工作转向经济建设的历史发展,重新定位政治研究的重心,坚持实事求是,对社会主义政治实践进行理论研究和探讨;按照社会主义现代化建设和改革开放的战略决策,探索中国特色社会主义政治发展道路,建设高度的社会主义民主政治,这些都呼唤着政治学的恢复重建。正是在这样的历史背景和时代要求下,1979 年 3 月 30 日,邓小平同志在理论务虚会上明确指出:“政治学、法学、社会学以及世界政治的研究,我们过去多年忽视了,现在需要赶快补课。”[①] 这一指示,直接推动了政治学的恢复重建。1980 年 12 月,中国政治学会成立,标志着我国政治学得到重新恢复。1981 年,国家教育委员会批准北京大学、上海复旦大学、吉林大学等学校设置政治学专业,培养政治学专业人才。[②] 1982 年,上海复旦大学受中国政治学会等委托举办了第一期全国政治学讲习班,培训政治学行政学专业骨干。1986 年,国家教育委员会批准武汉大学和郑州大学设置行政管理学专业,培养行政管理学专业人才。这些都显示我国高校政治学开始得到恢复重建。

时至今日,我国政治学恢复重建已近 30 年。作为我国政治学的重要组成部分,高校政治学在马克思主义、邓小平理论和“三个代表”重要思想指导下,在社会主义现代化建设和改革开放伟大实践推动下,学科建设和学术发展取得了巨大成就,政治学与行政学的学科体系得到建立和发展,学术研究领域和水平不断得到扩展和深化,研究方法趋于专业化和科学化,学术队伍逐步扩大和加强,成为我国政治

① 邓小平.坚持四项基本原则(一九七九年三月三十日)[M]//邓小平文选:第 2 卷.北京:人民出版社,1994:180—181.

② 1981 年国家教委批准三所大学设置政治学专业,各个学校实际招生的方式有所不同。

学与行政学研究的主力队伍，①~② 对我国社会主义现代化建设和改革开放事业的发展，对我国政治和行政管理人才的培养，发挥了重要的作用。

在高校政治学的学科发展、学术发展、教育发展、队伍发展诸方面中，学术发展通常是指学术研究和思想理论的发展，它既体现为政治学与行政学学术研究重心、领域、课题和方法的发展，更体现为政治学思想认识和理论内容的进展。因此，高校政治学的学术发展，从学术研究和思想理论方面标示着高校政治学的实际进程和发展成就。就此而言，在纪念党的十一届三中全会召开和改革开放30周年之际，回顾高校政治学恢复重建以来的学术发展，分析这一发展的主要脉络和内在逻辑，对于我们准确把握高校政治学的发展本质、学术状况和思想成就，总结学术研究和思想理论发展的经验教训，指出学术发展的基本趋势，推动高校政治学的持续进步，无疑具有重要的学术创新意义和指导实践的启示意义。

需要说明的是，在现实性上，社会政治通常包含政治的形成、执行和维护等方面内容，作为现实政治的学术认识和思想反映，政治学与行政学在学术研究和思想理论发展方面具有不可分割的内在有机联系，因此，尽管在我国高等教育现行学科专业分类中，政治学与行政学分属不同学科门类，但是，鉴于本报告为学术发展报告，着眼于学术研究和思想理论的发展，因此把政治学与行政学作为统一体来描述、分析和阐述。

在一般意义上，政治学通常包括政治学理论、政治制度、行政管理、国际政治等分支学术研究领域。由于有关高校国际政治研究领域的学术发展另有专门报告论述，因此，本报告记录、描述、分析和阐述的政治学学术发展，仅涉及高校政治学的政治学理论、中外政治制度（包括比较政治）、行政管理等分支学术研究领域的学术发展。报

①根据肖唐镖、陈洪生对1995—2000年国内学者公开发表的293篇政治学论文的统计分析，其中149篇来自高校，占注明单位的204篇论文中的73%。据何艳玲对1995－2005年间《政治学研究》、《中国行政管理》等刊物刊载的2729篇行政学论文的统计分析，其中55.8%的作者来自高校，如果剔除其他单位（主要是企业）或者无标明单位者，则来自高校的行政学研究者所占比例将更大。

② 参见肖唐镖，陈洪生．当前国内政治学研究方法的评价和反思[M]//郭正林，肖滨．规范与实证的政治学方法．广州：广东人民出版社，2003：291；何艳玲．近十年来中国行政学研究评估（1995－2005）[J]．政治学研究，2007(1)：3－4.

告中涉及所有这些分支领域及其学者和学术发展时,统称为"高校政治学"、"高校学者"或"高校政治学学术发展";报告指涉所有这些分支领域的学术研究时,统称为"高校政治学与行政学研究"。

此外,本报告所阐述的高校政治学学术发展情况,仅限于我国大陆地区的高校政治学,香港、澳门和台湾地区高校政治学的学术发展,需要另行研究和阐述,因此没有列入本报告的范围。

第一部分　高校政治学学术发展的总体状况和基本图景

十一届三中全会以来，高校政治学在发展着的马克思主义指导下，在党和政府的路线、方针和政策指引下，在我国社会主义政治实践的推动下不断发展逐步壮大，同时也为社会主义现代化和政治建设的实践作出了自己的贡献。正是在与社会主义政治实践的相互作用过程中，高校政治学的学术发展形成了总体态势和基本特征，构成了学术发展的演进脉络和内在逻辑，取得了学术研究和发展的重要成就。

一、高校政治学学术发展的基本过程和发展阶段

在学术发展过程中，我国社会主义政治实践及其发展规定着高校政治学与行政学学术研究和思想理论进展的根本方向、基本内容和研究主题，而高校政治学学术发展及其内在逻辑的变化，则体现为学术研究的重心论域、视野范围、视角方法等的变化发展。按照高校政治学学术发展的这两个方面因素的联系和互动，可以将其恢复重建至今的发展过程大体划分为四个基本阶段。

（一）奠定学术基础、关注政体改革阶段（1978—1989）

高校政治学恢复重建时期，正是我国社会在党的十一届三中全会精神指引下发生重大历史性转折时期，也是我国政治体制和行政体制改革提上改革开放日程，作为政治发展重点内容时期。高校政治学奠基发展和我国现实政治发展的双重特点，决定了高校政治学

与行政学研究在这一阶段承担的任务。

1. **确定学术重心,展开基础研究**

作为恢复重建的学科,学科学术的起点无疑是学术基础的奠定工作,在这一阶段,这方面的工作包括确定学术研究重心,展开基础研究等内容。

(1)确定学术研究重心,明确学术发展方向。

按照十一届三中全会确定的思想政治路线,在党的工作中心从阶级斗争转向社会主义经济建设的背景下,确定我国政治学科的学术研究的重心,明确学术发展的方向,是恢复重建以后的政治学科学术研究和学术发展的首要任务。高校学者通过认真反思和讨论,确定了高校政治学与行政学研究的重心和发展方向:

第一,实事求是,拨乱反正,总结"文化大革命"的教训,否定和清理"以阶级斗争为纲"的政治路线,反思片面的政治观念。比如,对于绝对阶级斗争政治观的否定:"政治学者也都肯定,以前有些人把政治与阶级斗争等同起来、把政治仅仅看成阶级斗争的观念是对政治概念的曲解,是一种错误的有害的观念。"再如,对国家职能片面理解的反思:"传统的理论在阐述社会主义国家职能方面,过分强调了'专政',妨碍了中国的社会主义政治发展。"如此等等。[①]

第二,确定学术研究重心,明确学术发展方向和途径。十一届三中全会以后,邓小平指出:"社会主义现代化建设是我们当前最大的政治,因为它代表着人民的最大的利益、最根本的利益","经济工作是当前最大的政治,经济问题是压倒一切的政治问题"。[②]邓小平的政治观,是我国高校政治学复建初期定位学术研究重心的指南。

根据邓小平的政治观,高校学者围绕政治学科研究的对象和内容,对学科学术研究重心和发展方向展开了多方面讨论,认为高校政治学学术研究重心应该从阶级斗争转向人民内部的政治关系、人民

① 王沪宁.中国政治学研究的新趋向(1980－1986)[J].政治学研究,1987(2):47.

② 邓小平.邓小平文选:第2卷[M].北京:人民出版社,1994:194.

的根本利益和现代化建设大局，这就要求政治学研究必须坚持以马列主义、毛泽东思想的体系为指导；需要用马克思主义观点，对我国新时期的政治和政治关系作出新概括，科学地阐述在剥削阶级消灭以后的社会主义社会的政治和政治关系的性质及其发展规律；必须在政治学体系中系统阐述无产阶级取得政权以后政治制度建设发展的规律；应把建设高度民主的社会主义政治制度作为重要主题；必须使政治制度的研究向更深的层次发展；必须把分析和阐述我国政治体制改革作为重要内容；需要科学研究政治与经济的关系，正确认识经济建设是最大的政治，从社会主义建设的全局出发研究政治，坚持政治与经济统一的原则；研究不限于政治制度，而且研究政治实践活动过程，研究国家事务管理的科学程序和方法，研究决策的科学化和具体政策制定的原则；应该善于发掘我国历代可以借鉴的政治学说、制度形式和国家管理的积极成果；批判地汲取当代各国的政治学与行政学的有益内容，[①] 政治学“急需在立足本国的基础上，借鉴外国，迎头赶上。同时，我们的政治学(其他社会科学也一样)，需要争取世界发言权”[②]。

高校学者的这些观点和看法，集中体现在对于新的历史时期我国政治学的学术发展定位上，即“我们研究政治学是为了建设一个社会主义强国，我们要建立并加以发展的是社会主义政治学。它要求我们以马克思主义的立场、观点、方法来研究社会主义的政治关系和政治规律。它是社会主义的，同时又是中国的，即从中国的具体情况出发，具有中国特点的社会主义政治学”[③]。

关于高校政治学学术研究的重心、学术发展方向和路径的这些研究和看法，对于高校政治学的学术发展产生了长期深远的影响。

第三，承担政治实践提出的重要理论和实际课题。这一时期，高校政治学从社会主义现代化建设和政治发展的实践出发，从全面准

① 参见杜若君，王惠岩. 关于政治学的研究对象和内容的几个问题；云光. 论建设有中国特色的社会主义政治学；刘怡昌. 创立具有新时期特点的政治学[M]//许崇德等. 什么是政治学. 北京：群众出版社，1985.

② 赵宝煦. 当前我国政治学发展中的几个问题[J]. 政治学研究，1986(1)：9.

③ 张友渔. 张友渔文选(下)[M]. 北京：法律出版社，1997：149.

确理解马克思主义政治学理论体系出发,确定和展开重要理论和实践研究课题。这些课题主要有:马克思主义国家性质和职能理论研究;社会主义民主与法治的研究;民主集中制研究;人民民主专政研究;关于废除干部终身制的探讨;关于"一国两制"的探讨;关于政治民主的探讨;关于社会利益分化和利益协调问题的研究;关于政治稳定和政治发展问题的研究;关于社会主义民主政治的发展目标和模式研究等。[①]

(2)展开学科基础研究。

作为恢复重建的学科,高校政治学首先面临着学术奠基工作,因此,其学术研究是从学科基本范畴、概念、知识、理论和学科体系开始的。而我国社会发展和党的工作中心的重大转变,既提供了高校政治学奠基性学术研究的实践基础和参照系,又提出了高校政治学奠基性学术研究必须具备科学分析力和解释力的现实政治要求。为此,高校学者在分析把握我国社会主义现代化建设时期社会主要矛盾和中心任务的基础上,展开了学科学术奠基工作和基础研究:

第一,关于政治学基本范畴和理论体系探讨。1982 年,北京大学赵宝煦教授主持编写的《政治学概论》出版,成为高校政治学恢复重建后第一部政治学原理的作品。此后,20 世纪 80 年代上半叶,高校学者陆续撰写出版政治学原理的著作,[②]这些著作阐述了政治学的基本范畴,构建了政治学的理论体系,从而"奠定了中国政治学理论教学的基础和后来发展的框架"。[③]

这其中首要的研究是关于政治含义的探讨。高校政治学恢复重建之际,正是我国社会重大转折时期,因此,高校学者关于政治基本含义的探讨,并非仅仅是学术基本概念和范畴的探讨,实际上,这一探讨不仅内含着对于"以阶级斗争为纲"的政治的批判和反思,而且

①参见王沪宁.中国政治学研究的新趋向(1980－1986)[J].政治学研究,1987(2):45－50.

② 这些作品主要包括:皮纯协、王邦佐,孙关宏主编的《政治学教程》(河南人民出版社 1983 年版);丘晓主编的《政治学原理》(四川人民出版社 1984 年版);王惠岩主编的《政治学原理》(吉林大学出版社 1985 年版);王松主编的《政治学基础理论》(上海人民出版社 1985 年版);云光主编的《社会主义政治学》(人民出版社 1985 年版);王邦佐、孙关宏、王沪宁主编的《政治学概要》(复旦大学出版社 1986 年版);等等。

③ 王邦佐,潘世伟.二十世纪中国社会科学:政治学卷[M].上海:上海人民出版社,2005:114.

包含着对于党的工作中心转移到经济建设方面的政治的认知和把握，意味着对于我国恢复重建的政治学科的基本理论立足点和分析着眼点的确立。因此，“这个阶段的政治学理论研究上最突出的成就，是抛弃了长期以来把政治单纯理解为阶级斗争的错误认识，重新分析和界定了‘政治’这个概念”。“对于政治学这门科学来说，对‘政治’这一概念的新认识，如同国家抛弃‘阶级斗争为纲’的错误路线一样，具有根本性转变的性质和意义，为我们正确确定政治学的研究对象、研究内容及研究方法奠定了基础。”[①]

与此同时，高校学者根据我国社会政治实践和时代的发展，对政治学科的相关范畴和概念进行了较为广泛的探讨，这些范畴和概念主要包括国家、阶级、阶层、国体、政体、人民、政党、民族、权力、权威、政治过程、政治文化、政治决策、政治发展等。

在此基础上，高校学者按照政治学研究的对象和范围，探讨或者建构了政治学原理的理论体系。有学者建构政治学原理的理论体系和内容包括阶级论、国家论、政府论、政党论、革命论、民族论和国际社会；[②]有学者认为国家是政治学研究的中心，由此阐述的政治学理论研究体系包括国家与阶级、国家的历史类型与更替、社会主义国家、国家与民族问题、国家的统治形式、国家的统治体系、国家机构、政党、政治家、领导与决策等，[③]还有学者主张按照分类原则建构政治学理论体系，包括总论、中国政治、外国政治、国际政治等。[④]

第二，关于学科结构和学术研究领域的讨论。高校学者对政治学科分支学科和学术研究领域的确定和划分进行了探讨。有学者提出政治学六大部类体系，包括共产主义运动的理论和实践；政治学原理；社会主义中国的政治制度；社会主义中国的国家管理；比较政治；国际政治。[⑤]有学者主张政治学研究主要为十个部分，即国家与革命；国体与政体的关系；国家政治权力与国家政策的关

① 张永桃. 中国政治学二十年（1978—1998）——纪念党的十一届三中全会召开20周年[J]. 江苏社会科学，1998(6)：2.

② 赵宝煦. 政治学概论[M]. 北京：北京大学出版社，1982.

③ 王惠岩. 政治学原理[M]. 吉林大学出版社，1985.

④ 王宏，王沪宁. 关于政治学的研究对象和体系问题[M]//许崇德等. 什么是政治学. 北京：群众出版社，1985：62.

⑤ 杜若君，王惠岩. 关于政治学的研究对象和内容的几个问题[M]//许崇德等. 什么是政治学[M]. 北京：群众出版社 1985：5.

系;国家组织机构及其基本活动原则;当代世界各国的国家管理、企业管理等;政治与经济的关系;政治与精神文明的关系;世界各国政治制度的比较研究;我国和外国的政治发展史和政治学说史;国际政治。[①]

2. **开拓学科分支领域,展开相关学术活动**

在确定学科学术研究重心的同时,高校学者积极展开分支学科和领域的研究和相关学术活动。

(1)政治学分支学科得到开拓,学术研究得以开展。

政治学分支学科开始自己的研究进程,这些分支学科和研究领域主要有中国政治思想史、西方政治思想史、中国政治制度、外国政治制度、中国政府与政治,[②]有中国地方政府、比较政治,还有政治形式、政治过程、政治决策、政治文化、政治发展、政治心理等。[③]

行政管理学作为政治学的分支学科在这一时期形成。1982 年 1 月 29 日,广州中山大学夏书章教授在《人民日报》发表《把行政学的研究提上日程是时候了》一文,论述了恢复行政学的必要性和学科主要范畴。1984 年,张友渔、钱端升、杜任之主编的《政治学知识丛书》出版,其中的专题分册如周世逑的《行政管理》、夏书章的《人事管理》等著作,是政治学复建后第一批介绍行政学基础知识的作品。1985 年,夏书章主编的《行政管理学》出版,是高校政治学恢复重建后第一部行政学原理的作品。此后,陆续出版的行政管理学通论作品和教材,从不同角度构建了行政管理学的知识和理论体系。[④] 1988 年 10 月 13 日,中国行政管理学会在北京成立,标志着行政学作为独立学科得到确认。[⑤]这一时期,行政管理学研究领域主要有行政管理学基本范畴和概念、政府和行政基本理论、行政组织、行政决策、人事科学、文官制度、领导科学、行政法、行政管理案例研究、行政生态学等。

(2)开辟政治学的国际学术交流。

① 齐乃宽.努力创建具有中国特色的马克思主义政治学科科学体系[M]//许崇德等.什么是政治学.北京:群众出版社,1985:38—39.

② 1980 年,徐大同、朱一涛的《西方政治思想史教学大纲》发表;此后出版的作品有:徐大同、朱一涛的《中国古代政治思想史》(吉林人民出版社 1981 年版);岳麟章的《当代西方政治思潮》(陕西人民教育出版社 1988 年版);韦庆远的《中国政治制度史》(中国人民大学出版社 1989 年版);陈其人、王邦佐、谭君久的《美国两党制剖析》(商务印书馆,1984 年版)。

③ 王沪宁.比较政治分析[M].上海人民出版社,1987.

④ 主要作品包括:黄达强、刘怡昌主编的《行政学》(中国人民大学出版社 1988 年版);王沪宁,竺乾威的《行政学导论》(上海三联书店 1988 年版);王沪宁的《行政生态分析》(上海复旦大学出版社 1988 年版);张永桃主编的《行政管理学》(南京大学出版社 1989 年版)。

⑤ 参见刘怡昌,许文惠,徐理明.中国行政科学发展[M].北京:中国人事出版社,1996:4.

本着教育面向世界的宗旨，这一时期高校学者积极展开政治学与行政学的国际交流。1984 年 4 月，中国政治学会正式成为国际政治科学协会（IPSA）集体会员。1985 年 7 月，中国政治学会派出代表团参加在巴黎举行的国际政治科学协会第 13 届世界大会，代表团团长赵宝煦当选为该会第 13 届执行局委员。①

在学术研究方面，西方当代政治学、行政学的研究状况受到关注。这其中，尤其是行为主义政治学得到关注。高校学者介绍西方当代政治学与行政学的研究和成果，1986—1989 年，上海译文出版社的“当代学术思潮译丛”，华夏出版社的“二十世纪文库”，浙江人民出版社的“政治学丛书”等作品，翻译出版了一批西方政治学的学术著作，重点是关于西方行为主义政治学、比较政治学、西方政治分析的方法，也包括某些西方当代政治哲学的作品。② 与此同时，国外行政学的学科发展和研究状况也得到关注和介绍。③

在这一时期，国际学术交流也得到展开，“不少国外政治学者来华讲课和讲演，中国政治学者也出国进修和考察”④。同时，这一时期高校学者开始向国外介绍中国政治和政治学的发展。⑤～⑥ 中国高校与国外高校政治学合作研究得到启动，比如北京大学政治学与行政管理系与美国密执安大学中国问题研究中心合作的“中国地方政府研究”项目。

3. **展开改革进程的政治探索，着力于关注政治体制改革**

高校政治学恢复重建之时，正是政治体制与行政体制改革提上改革日程之际。

十一届三中全会公报指出：“实现四个现代化，要求大幅度地提高生产力，也就必然要求多方面地改变同生产力发展不适应的生产关系和上层建筑，改变一切不适应的管理方式、活动方式和思想方式，因而是一场广泛、深刻的革命。”⑦ 1980 年 8 月 18 日，邓小平在中

① 1988 年 8 月在华盛顿召开的第 14 届 IPSA 世界大会，中国代表胡奇安教授接替赵宝煦教授任该会执行局委员，并当选为副主席。参见赵宝煦．中国政治学百年历程[J]．东南学术，2000(2)：43.

② 这些作品主要有：加布里埃尔·A·阿尔蒙德，小鲍威尔．《比较政治学：体系、过程和政策》，曹沛霖，等译．（上海译文出版社，1987）；罗伯特·达尔《现代政治分析》，王沪宁译．上海译文出版社，1987；戴维·伊斯顿《政治生活的系统分析》．王浦劬等，译．华夏出版社，1989；加布里埃尔·A·阿尔蒙德，西德尼·维伯．公民文化．徐湘林等，译．华夏出版社，1989；查尔斯·E·林德布罗姆．政策制定过程．朱国斌，译．华夏出版社，1988；亨廷顿．变革社会中的政治秩序．李盛平，等译．华夏出版社，1988；贝蒂·H·齐斯克勤．政治学研究方法举隅．沈明明，贺和风，杨明译．中国社会科学出版社，1985.

③ 夏书章的《国外“行政学”简介》一书于 1983 年出版，显示高校行政学者开始关注国外行政学的发展。

④ 王沪宁．中国政治学研究的新趋向（1980—1986）[J]．政治学研究，1987(2)：50.

⑤ 赵宝煦《中国政治学的复兴》（英文 1983 年版），《当代中国政治专题》（德文 1985 年版）在国外陆续出版。参见宝成关．政治学思想史[M]．长沙：湖南教育出版社，2004：649.

⑥ 这一时期高校学者已经强调对于西方政治学应该具有的态度，比如王沪宁提出对待不同国家政治学的态度，主张：在更深入的微观分析中谋求反映政治发展基本规律的规范理论或政治哲学的振兴；在不同方法论和世界观之间谋求沟通的基础和条件；在不同政治文化的氛围中谋求相对统一的概念框架；在层出不穷的新课题中谋求政治学的基本宗旨。参见王沪宁．世界政治学面临二十一世纪[J]．政治学研究，1988(2)：34—35。同时，俞可平对于如何汲取西方行为主义政治学发展的经验教训进行了分析。参见俞可平．试从政治行为主义的得失谈我国政治学研究的方向[J]．政治学研究，1986(3)：15—18；俞可平．西方政治分析新方法论[M]．北京：人民出版社，1989.

⑦ 中国共产党十一届中央委员会第三次全体会议公报[M]//三中全会以来——重要文献选编（上）．中共中央文献研究室．北京：人民出版社，1982：4.

央政治局扩大会议上作了《党和国家领导制度的改革》的讲话,深刻阐明了政治体制改革的重要性、根本目标和具体内容,成为我国政治体制改革的指导性文件。1982 年,邓小平在中央政治局会议上发表了《精简机构是一场革命》的讲话,分析了我国行政体制的弊端,阐述了我国行政体制改革和干部队伍建设的任务,深刻指出精简机构是一场革命,为我国行政体制改革指明了方向。

在十一届三中全会和邓小平讲话精神指引下,我国在进行经济体制改革的同时,对政治体制与行政体制进行了改革,包括党的领导体制、监督体制和机制、组织体制的改革和调整;干部人事制度的改革;人民公社制度的撤销和村民自治制度的建立。[①]

随着经济体制改革的深化发展,原有政治体制的弊病与贯彻党在社会主义现代化建设和改革开放新时期基本路线的任务之间的矛盾,与经济体制改革深化发展之间的矛盾日益明显,如同邓小平所说的那样,"现在经济体制改革每前进一步,都深深感到政治体制改革的必要性。不改革政治体制,就不能保障经济体制改革的成果,不能使经济体制改革继续前进,就会阻碍生产力的发展,阻碍四个现代化的实现"[②]。因此,进一步深入开展政治与行政体制改革,成为改革开放的重要任务。

1987 年,党的十三大召开。大会指出我国当前处于并将长期处于社会主义初级阶段,阐述了党的社会主义初级阶段理论和党在社会主义初级阶段的基本路线,较为详尽地阐发了政治体制改革的目标、要求和内容。[③]

我国社会政治和改革开放实践的发展,使得高校政治学在恢复重建伊始,就直面社会政治改革的宏观课题和重大探索,承担政治体制与行政体制改革的理论乃至对策研究的重要任务。高校学者体认到这一任务和自己的责任:"新经济体制中的生机和活力必然要有与

① 党的十一届五中全会建立健全党内民主生活和民主制度;十一届三中全会建立中央纪律检查委员会、五中全会建立中央书记处,十二大对于党的中央与地方组织体制作了调整和规定;按照革命化、年轻化、专业化、知识化标准对干部人事制度进行了改革;1982 年制定了新宪法;1983 年 10 月 12 日"中共中央、国务院关于实行政社分开建立乡政府的通知",撤销了人民公社的建制,实行政社分开,同时,确认村民委员会是基层群众性自治组织。

② 邓小平. 关于政治体制改革问题(一九八六年九月——十一月)[M]//邓小平文选:第 3 卷. 北京:人民出版社,1994:176.

③ 1986 年,党的十二届七中全会,全会讨论并原则同意《政治体制改革总体设想》,决定将这个文件的主要内容写入中央委员会向党的第十三次全国代表大会所作的报告中去。党的十三大报告中政治体制改革的内容主要根据这个设想写成。

之相适应的政治体制作保证，经济活力理所当然地要带来政治活力，而政治活力又会促进经济的发展。可以预言，随着我国经济体制全面改革的成功，一个‘充满生机和活力’的新的政治体制必将出现在我们面前。这也是当今中国社会发展的必然。研究这种必然，科学地阐明它的理论和发展方向，促进我国社会主义社会改革中政治与经济的结合，当然就成为我们政治学研究工作者不可推辞的历史责任。”① 围绕这一任务和责任，高校学者在这一阶段的研究课题和成果主要有：关于政治体制与行政体制改革的指南和方针，即党在新的历史时期“一个中心两个基本点”的基本路线的探讨；关于政治体制与行政体制改革的国情背景，即社会主义初级阶段的理论研究；关于社会主义初级阶段与政治行政体制改革关系的研究；关于政治体制与行政体制改革具体内容的研究，这些内容涉及广泛，包括：政治体制与行政体制改革的含义、目标和指导思想，领导体制、党政分开，政府职能的转换、政府工作机构的改革，发展和完善人民代表大会制度、政治协商制度、社会协商对话制度，党的建设，干部人事制度的改革，行政决策的科学化和民主化等。②

与此同时，我国学界围绕中国政治发展道路选择展开讨论，其中，对中国政治发展的新权威主义模式选择的讨论尤其热烈，高校学者积极参与了这场讨论。作为中国政治发展的阶段性目标模式，新权威主义的主张者倡导以权威体制与市场经济取向相结合，强力推动社会经济体制改革转型，经过特定阶段的发展，在市场经济发育与中产阶级成长的基础上，再从权威政治转向民主政治。新权威主义的主张者还以东亚地区的政治发展模式作为佐证。而新权威主义的反对者或怀疑者认为，没有民主政治，就不可能保证市场经济的成长和发育，同时，权威政治伴生的政治腐败和专断，可能使得市场经济乃至政治发展方向发生扭曲偏差，而不可能按照新权威主义者的主

① 刘德厚.简论政治学在当代中国的历史任务[J].武汉大学学报：哲学社会科学版，1986(4)：27.

② 参见迟福林等.政治体制改革基本问题探讨[M].北京：春秋出版社，1988.

观设计和构想发展,至于东亚地区其他国家和地区的发展模式,对于政情不同的我国来说,并不足以为证。这场争论产生了广泛的影响。[①]

在关于政治与行政体制改革的中心课题研究和讨论中,有关政府机构改革、干部人事制度改革的研究具有鲜明特色,尤其受到高校学者的关注;而在中国经济体制改革和社会发展过程中产生的政治腐败问题,尤其是在当时价格改革形成的双轨制背景下的腐败问题,也受到高校学者的高度关注。

这一时期高校政治学学术发展,使得其研究范围、研究方法、研究目的等方面萌发了新的发展势头,学术研究开始从观念论证走向观念建设,从理论研究走向现实研究,从单学科研究走向多学科研究,从单一方法的研究走向多种方法的研究,从封闭式研究走向开放式研究。[②]

(二)提高思想认识,厘清重大是非阶段(1989—1992)

1989年春夏之交,我国国内发生严重政治风波。嗣后,苏东发生剧变,世界社会主义的发展出现严重曲折,我国的社会主义事业面临空前困难和压力。中国共产党依靠和团结全党同志和全国人民,坚持十一届三中全会确定的路线,坚持四项基本原则,坚持改革开放,成功地把握和稳住了社会主义现代化建设和改革发展的大局,捍卫了中国特色社会主义伟大事业。[③]

国内外形势的发展变化,对高校政治学产生了重要影响。在政治风波以后,为认真总结经验教训,提高思想认识,切实厘清重大是非,"政治学界开始对一少部分人鼓吹的资产阶级自由化观点进行分析批判,主要有'多元政治'观点、'精英政治'观点、'多党制'观点、

① 参见刘军,李林主编.新权威主义——对改革理论纲领的论争[M].北京:北京经济学院出版社,1989.

② 王沪宁.中国政治学研究的新趋向(1980-1986)[J].政治学研究,1987(2):48—50.

③ 参见江泽民.全面建设小康社会 开创中国特色社会主义事业新局面——在中国共产党第十六次全国代表大会上的报告(2002年11月8日)[R].北京:人民出版社,2002:6—7.

'三权分立'观点,等等。通过分析批判,达成共识,在中国必须坚持四项基本原则;建设有中国特色的社会主义民主,绝不能搞西方的多党制和议会制;要完善共产党领导下的多党合作和政治协商制度,绝不能否认共产党的领导"①。其中,坚持高校政治学学术和思想发展的正确方向,坚持党的十一届三中全会以来的基本路线,实现社会政治发展、改革和稳定的有机统一等,成为这一阶段高校政治学学术研究的主题。围绕这一主题,这一时期高校政治学学术研讨的具体内容有:

① 王惠岩,王书君.论当代中国政治学的发展[J].社会科学战线,1996(2):10.

1. 学科功能定位和思想认识深化

坚持马克思主义政治学的发展方向,坚持四项基本原则,坚持改革开放,进一步明确学科功能和方向,厘清重大是非问题。1989年10月,全国高校政治学系主任联席会议在厦门大学召开,会议对政治学恢复重建以来的发展进行了总结,达成基本共识:"第一,在中国改革开放和社会主义现代化建设中,必须坚持四项基本原则,这是立国之根本,体现着人民的根本利益,任何时候都不能动摇;改革开放是社会主义事业不断前进的动力,'坚持改革开放是决定中国命运的一招',任何时候也不能放弃。第二,在政治学的教学与研究中,同样要坚持四项基本原则,坚持马克思主义的指导;建设社会主义民主政治,既要遵循民主发展的一般规律,又必须从中国的实际出发,不照抄照搬西方民主模式。第三,中国政治学在恢复发展过程中,坚持以马克思主义、毛泽东思想和邓小平建设有中国特色社会主义理论的指导,从而保证了这个学科发展的正确方向。中国政治学界在恢复和发展政治学学科、积极推动政治体制改革和社会主义民主政治建设中,发挥了不可替代的重要作用。实践证明,用马克思主义政治学的基本理论、基本观点教育我们的学生和年青一代,十分必要和重要;用马克思主义政治学的基本理论、基本观点指导我国的改革开放和社会主义民主政治建设，同样十分必要和重要。因此，在当代中国，政治学不是要不要的问题，而应该是在马克思主义指导下加快发展的问题。”[①]

为了贯彻落实会议共识，国家教育委员会启动了《政治学原理教学指导纲要》研究项目，研究由吉林大学、北京大学和上海复旦大学联合承担。[②]在研究的基础上，编写了《政治学原理教学指导纲要》，旨在厘清政治学领域的重大理论问题，其内容主要包括：马克思主义国家学说的基本理论；社会主义国家代替资本主义国家是社会发展的必然规律；马克思主义关于政治权力的理论；马克思主义关于民主的理论；马克思主义关于中央与地方关系的理论；马克思主义关于政治统治体系的理论；马克思主义关于政党的理论；马克思主义政治文化观；马克思主义政治发展观；马克思主义关于国际政治的理论等等。[③]

2. 政治稳定与发展、改革的关系研究

根据当代的国内外政治形势，高校学者加强了政治稳定问题研究，尤其加强了关于改革、发展和稳定三者关系的研究。高校学者对政治稳定的含义进行界定，提出和阐述了三种代表性观点：一是认为政治稳定主要指国家政治生活的秩序性和国家政权的连续性；二是认为政治稳定是指政治机制运行的常态性；三是认为政治稳定是指：政治系统具有强大的权威性；政治系统功能齐全、运转正常，可以正常有效实施对社会的控制；政治生活有序进行。关于政治发展，高校学者认为，主要是指政治体制机制变革和政府能力加强、政治凝聚力强化和政治文化变迁等。[④]在此基础上，高校学者从多方面阐述了改革、发展与政治稳定的关系，强调发展是社会和政治进步的根本，改革是社会经济政治发展的动力，政治稳定是发展和改革的基本保证和必要条件，我国政治应该在社会发展的总体要求下改革，以政治稳定保

① 张永桃.中国政治学二十年(1978－1998)——纪念党的十一届三中全会召开20周年[J].江苏社会科学,1998(6):3.

② 该项课题系统研究了政治学原理中马克思主义的基本理论和其他相关理论。在研究的基础上，编写了《政治学原理教学指导纲要》。

③ 王惠岩.王惠岩文集:第四卷[M].中国大百科全书出版社，党建读物出版社，2007:18－19.

④ 参见王邦佐，潘世伟.二十世纪中国社会科学·政治学卷[M].上海:上海人民出版社,2005:115;杨海蛟.新中国政治学的回顾与展望[M].北京:世界知识出版社,2000:57－58.

障社会经济发展和改革的深入，在发展和改革中实现政治的动态稳定。同时，高校学者对我国社会主义民主政治发展展开了专题性研究，尤其是村民自治和基层民主开始成为高校政治学关注的重点。

3. 行政体制改革研究

1989年11月，中国行政管理学会首届年会在广西桂林召开，高校学者积极参加了这次会议。会议以"中国行政体制改革的理论与实践"为主题，强调不应把行政体制改革等同于机构改革，而应该包括政府职能结构调整、行政权力结构调整、行政组织结构调整、人事制度的改革和调整以及行政方式和行政行为等一系列改革。

从1988年3月开始，我国进行了改革开放以来的第二轮大规模机构改革，此次改革持续到1990年。《国家公务员暂行条例》于1993年颁布，这一阶段也成为高校学者研究公务员制度的重要时期。因此，在高校政治学发展的这一阶段，行政管理学延续了前一阶段的特点，继续重点关注机构改革和干部人事制度改革。与此同时，在行政管理学的学术研究中，也体现着这一阶段"提高思想认识，厘清重大是非"的特点。在机构改革研究方面，高校学者在总结前几次机构改革的经验教训的基础上，重点关注政府职能转变，其内容既包括"如何放开那些不该管也管不好的事"，也包括后勤服务的社会化、后勤机关与行政单位分离等问题。而在干部人事制度的研究中，则强调国家公务员制度的中国特色，特别强调坚持"党管干部"的原则，在否定"政治中立"的前提下，研究如何实施公务员的科学分类管理等问题。

(三)拓展学术研究、深化思想理论阶段(1992—2002)

1992年春天，邓小平南方谈话回答了我国社会主义现代化建设和改革开放的一系列重大问题，开启了新一轮思想解放和改革开放的进程。同年召开的党的十四大，确立了邓小平有中国特色的社会主义理论在全党的指导地位，明确了经济体制改革的目标是建立社会主义市场经济，从而标志着我国社会主义经济建设和改革开放的历史进程进入了新时期。

从党的十四大到2002年党的十六大，是中国社会主义现代化建设和改革开放的重要时期，是中国特色社会主义理论体系发展的重要时期，在这一时期，马克思主义中国化的发展进入新境界，邓小平理论、“三个代表”重要思想的指导地位得以确立，关于什么是社会主义、怎样建设社会主义；建设一个什么样的党，如何建设这样的党等中国特色社会主义发展的核心命题得到深入探讨和回答，党在社会主义初级阶段的基本纲领得以形成，社会发展和经济政治体制改革的目标和战略进一步明确。同时，党和政府对社会主义现代化建设和改革开放形成一系列新的思路和方针政策，社会主义现代化建设和改革开放的一系列重大理论和实践问题取得突破性进展。在这一时期，邓小平和平统一祖国的“一国两制”的重要构想得到实现，我国政府分别于1997年和1999年恢复了对香港、澳门行使主权。①

党和政府的指导思想、方针政策的重大发展，我国社会经济体制的转型和政治生活的进展，对高校政治学学术发展的理论、观念、课题、范畴、视角、层次和方法，产生了深刻影响，②高校政治学与行政学由此展开多方面学术研究，取得长足的进展。

从总体上看，这一阶段高校政治学的学术发展以社会主义市场经济体制建设和社会转型基础上的政治发展为主题，围绕这一主题，高校政治学与行政学研究在这一时期的主要特征是学术研究的调整拓展和深化发展。

① 从政治学的角度看，这一时期中国共产党在我国社会主义政治发展和政治文明建设方面的认识也得到进一步深化，理论取得突破进展。这一时期重要的新的理论突破主要是：明确我国经济体制改革的目标是建立社会主义市场经济体制(十四大)；形成党在社会主义初级阶段的基本纲领：建设有中国特色社会主义的经济，就是在社会主义条件下发展市场经济，不断解放和发展生产力；建设有中国特色社会主义的政治，就是在中国共产党领导下，在人民当家作主的基础上，依法治国，发展社会主义民主政治；建设有中国特色社会主义的文化，就是以马克思主义为指导，以培育有理想、有道德、有文化、有纪律的公民为目标，发展面向现代化、面向世界、面向未来的，民族的、科学的、大众的社会主义文化。(十五大)；对我国社会阶级和阶层进行新的定性分析和阐述，并且阐明了其间关系(十六大报告)；对党章进行了修改，确定中国共产党是中国工人阶级先锋队，同时是中国人民和中华民族的先锋队(2002年修改的党章)；明确我国政治发展的目标是发展社会主义民主政治，建设社会主义政治文明(十六大)；确定我国社会主义政治发展和建设的最根本任务是把坚持党的领导、人民当家作主和依法治国有机统一起来(十六大)；明确政治体制改革本质上是社会主义政治制度的自我完善和发展，提出推进政治体制改革的目的、检验标准和出发点，同时借鉴人类政治文明的有益成果，绝不照搬西方政治制度的模式(十六大)；确定改革和完善党的领导方式和执政方式对于推进社会主义民主政治建设具有全局性作用(十六大)；明确社会主义市场经济条件下我国政府的基本职能包括经济调节、市场监管、社会管理和公共服务等内容(十六大)；改革和完善决策机制、深化行政管理体制改革(十六大)；明确我国社会主义现代化建设的进一步战略目标是全面建设小康社会(十六大)。

② 关于市场经济对于我国政治学与行政学研究的影响，参见王惠岩.学习党的十四届三中、四中全会《决定》与政治学的发展[M]//王惠岩文集：第四卷.中国大百科全书出版社，党建读物出版社，2007：44—51；李景鹏.市场与政治学[M]//王浦劬，江荣海.政治与行政管理论丛：第二辑.天津：天津人民出版社，2000；孙关宏，蒋一澄.中国政治学发展的走向：人文精神与科学精神的融通[J].同济大学学报：社会科学版，2005(6)：57—61.

1. 高校政治学与行政学研究的转换拓展

高校政治学与行政学研究在这一阶段的转换拓展，集中体现为学术研究主题、视角、层次和方法的调整和拓展，其具体内容包括：

(1)政治的经济和社会基础研究的扩展。在政治的经济基础研究方面，从经济关系的所有制研究，扩展为所有制、经济活动方式和机制问题研究，特别是市场经济方式研究；在政治的社会基础方面，从阶级和阶级关系的研究，逐步扩展为多种社会关系属性，包括阶级、阶层、民族、身份、单位、社区等方面的研究。同时，从对这些社会关系的外在规定和属性的关注，调整到对这些社会关系的内在利益内涵和主体需求的注重；在政治的文化基础方面，从政治意识和价值的阐述，逐步调整为对政治价值、政治心理认同和政治正当性基础的多方面政治精神现象的分析。

(2)学术分析视角的切换。高校学者认识到："体制研究是政治研究的基本，但不是政治学的核心。任何政治生活都是在一定的体制下展开，但其展开的过程深受各种体制内外因素的影响，因而体制所规定的政治生活与实际展开的政治生活往往有很大的距离，这就要求我们在对政治作体制研究的同时，更应作过程的研究。……政治学的核心主题是人与社会的关系，因而，其终极关怀是人的发展与社会进步。"[①] 为此，这一时期的高校政治学术研究，从第一阶段对于政治生活制度性的单一关注，逐步切换到对于制度与人的关系的分析，由此使得政治学研究的视野调整扩展到政治与社会生活之间多重关系的分析，形成"关系分析视角"，这些关系包括：国家与社会的关系，尤其是国家与市民社会的关系；政治与经济的关系；政府与市场机制的关系；国家政治制度与政党组织的关系；民主与法治的关系；政府与企业的关系；政府与事业单位的关系；政府与非政府组织的关系；公民人格与政治制度的关系；价值规范与行为事实的关系；

① 林尚立.中国政治学发展及其面临的课题[J].复旦学报：社会科学版，1997(1)：1—3.

权力监督与政治腐败的关系,等等。[①]

(3)学术研究层次的拓展。复建之初,高校政治学与行政学研究的重点在于国家宏观层次。而这一时期政治学与行政学的研究对象和范围逐步拓展到中观、微观政治和分析层次。正如高校学者指出的那样,"80 年代学术研究主要集中于国家上层,而对于社会基层问题缺乏应有的关注。其中的一个重要原因是,80 年代正处于传统与未来的交汇处,对历史的轻率否定和对未来的超前追求常常将人们的思维定位于'应该怎样'的价值判断层面。这种'应该怎样'的理想主义倾向能激发起人们的热情,却也容易滑向大而不当、脱离客观实际的思维误区。进入 90 年代之后,学术研究应该更多地由国家自上而下延伸。从简单地定论'应该怎样'转向重视'是怎样',强调思维的具体、精致和客观性"[②]。

由此,中国基层社会组织结构和民主政治的发展,使得高校政治学的眼光"从殿堂到田野",中国社会主义民主的微观结构和基础得到重视和关注,在中国农村村落家族文化研究以后,村民自治、基层选举、村民恳谈会和居民自治成为高校政治学的热点研究课题。[③]

在行政管理学方面,这一时期研究层次的拓展表现为,学术逐渐脱离热衷于提出抽象行政原则的"哲学化"倾向,转而立足我国行政体制改革的需要,关注中观层次理论的构建和应用性管理技术与工具的研究。

(4)学术研究内容的扩展。"随着中国社会从计划经济向市场经济的过渡,社会生活正在发生着重大的变迁,从而使政治学不断地面临新的问题和挑战,这样,政治学自身也应不断地更新其所研究的内容并需要不断地汲取新的观念。在中国从计划经济向市场经济的过渡中,社会生活所发生的最重大的变迁就是社会利益关系的变化。这种利益关系的变化,概括地说就是社会从整体性的利益结构转化

① 有关这些课题的研究情况参见本报告第二部分专题综述。

② 徐勇.徐勇自选集[M].武汉:华中理工大学出版社,1999:327;徐勇.政治学研究:从殿堂到田野——实证方法进入中国政治学研究的历程[M]//邓正来,郝雨凡.中国人文社会科学三十年:回顾与前瞻.上海复旦大学出版社,2008:267—279.

③ 华中师范大学张厚安、徐勇等主持的中国农村基层政权建设、村民自治的研究,深圳大学黄卫平等主持的基层民主和乡镇选举的研究,浙江大学余逊达等主持的乡村民主恳谈会与协商治理等研究,代表了这一时期的基层民主建设研究热点。

为多元化的利益结构。使社会的利益竞争广泛而深入地席卷整个社会。这种变化，一方面为中国的现代化发展提供了巨大的动力，另一方面也产生了一系列负面的影响。由于这两方面的情况，便对政治学研究提出了一系列新的、需要重新认识的问题。……在向市场经济转变的过程中，不仅对政治学提出新的问题，而且在市场经济中所产生的许多观念，又会对政治学研究产生重大的影响，并使政治学本身因此而增加许多新的内容。”[①] 为此，这一时期高校政治学的研究内容主要有：国家与社会的关系理论研究；政府与市场的关系研究；经济体制改革与政治体制改革的关系研究；我国社会利益格局变化与政治稳定和政治发展研究；我国阶级阶层及其相互关系变化和政治影响分析；中国特色社会主义民主理论与实践研究；人民代表选举和监督研究；新时期党的统一战线和政治协商工作研究；社会主义市场经济条件下政府职能与行为研究；政府规范运行和效率研究；依法行政和法治行政研究；我国行政管理体制改革研究；比较行政体制改革研究；深化干部人事制度改革研究；城乡基层民主建设研究；民族关系与政治稳定研究；完善民主监督机制研究；制度(体制)创新与反腐倡廉研究；西部大开发与政府行为研究；加入 WTO 对中国政府管理的影响研究；非政府公共组织研究；我国事业单位体制改革研究；公民政治行为和政治心理研究；经济全球化过程中的国家与社会关系研究；“一国两制”在港澳的成功实践与台湾问题和中国统一问题研究；互联网在 21 世纪政治生活中的地位、作用及其对策研究；反对恐怖主义的政治学研究；政务公开研究；电子政务与行政信息研究，等等。

(5)学术研究领域的拓展。从政治学原理、行政学原理、政治行政思想和制度史、政治体制与行政体制改革的研究，扩展到关于经济体制改革和社会转型发展的政治行政相关性研究，包括当代中国政

① 李景鹏．市场与政治学[M]//王浦劬，江荣海．政治与行政管理论丛：第二辑．天津：天津人民出版社，2000：3—4.

治制度、当代中国政府、中国农村基层政权建设、比较政府体制、市场经济与国家治理、市场经济与民主政治、政府职能转变与机构改革、公共政策与经济发展的研究。

同时，高校行政管理研究领域从"内向性"向"外向性"扩展，从聚焦于政府自身的管理，逐步扩展到关注政府对社会的管理。学术研究领域的扩展和研究层次的拓展，推动了新的学术领域的形成，如公共政策、部门政策和部门管理、绩效评估和绩效管理研究等。

1992年10月全国政策科学研究会宣告成立。到1999年，该会先后举办了四次公共政策方面的理论研讨会，高校学者积极参与会议讨论。会议重点讨论了政策科学学科发展、有中国特色社会主义公共政策理论、社会主义市场经济与决策的科学化和民主化等。在这一过程中，高校学者开展了公共政策领域的研究，并且使其得到迅速发展。[①]

(6)研究方法的扩展多样。高校政治学在传统的原则解释、观念论证、规范思辨、历史探讨和制度描述之外，引进新的分析方法，包括实证性方法以及经济学、社会学、心理学等其他社会科学学科的方法，系统论、控制论、信息论、博弈论、运筹学等自然科学方法和模式。

2. 高校政治学与行政学研究的深化发展

高校政治学学术在这一阶段的深化，是指政治学与行政学研究和思想探索的深化。这种深化发展，体现为对邓小平理论、"三个代表"重要思想的政治学与新行政学研究和阐述，也体现为政治学、行政学基础理论和方法研究的深化、中国政治发展重大理论和实践问题等方面研究的深化。其具体内容主要有：

(1)对于邓小平理论和"三个代表"重要思想的政治学阐述和研究。高校政治学与行政学研究的主要内容和课题包括：马克思列宁主义、毛泽东思想、邓小平理论政治学说系统研究；邓小平政治思想

① 自20世纪80年代开始，高校学者对公共政策进行研究，出版了一批有关政策科学的作品，包括：孙光的《政策科学》(浙江教育出版社1988年版)，林金德等的《政策研究方法论》(延边大学出版社1989年版)，陈庆云的《公共政策分析》(中国经济出版社1996年版)，张国庆的《现代公共政策导论》(北京大学出版社1997年版)，陈振明主编的《政策科学》(中国人民大学出版社1998年第1版、2003年第2版)，胡宁生的《现代公共政策研究》(中国社会科学出版社2000年版)，谢明的《公共政策分析》(中国人民大学出版社2004年版)，等等。

研究、邓小平政治哲学研究、邓小平政治体制改革理论研究、邓小平政治发展思想研究、邓小平“一国两制”思想研究、邓小平政治分析方法研究、邓小平政府管理思想研究；我国三代领导人的政治哲学研究、“三个代表”重要思想与政治发展研究、“三个代表”重要思想与执政党建设研究、“三个代表”重要思想与深化行政管理体制改革研究；邓小平理论和“三个代表”重要思想与社会主义民主政治建设的理论研究，等等。

(2)政治学基础理论研究得到深化。这一时期，政治学基础理论研究深入进展，并且取得了较为突出的成果。1992 年，《中国大百科全书・政治学》问世，围绕政治学基本范畴、概念、理论、制度和历史形成集成性研究成果，“这部书集全国老、中、青年政治学者，费时七八年之久，撰写了 1000 多词条，共约 160 万字。该书的出版，实为中国政治学界一大盛事”[①]。

根据社会政治实践的要求，政治学基础理论得到系统深化。作为新的历史条件下完整准确理解马克思主义政治学理论体系要求的回应，系统详细阐述马克思主义政治学理论体系和内容的研究成果得以形成；[②]。作为我国社会主义民主政治发展要求的政治学理论回应，探讨政治的权力本质和运行机制的权力政治学理论得以形成；[③]作为系统分析人民内部社会多重关系的政治意义的回应，广义政治学理论开始形成；[④]作为社会主要矛盾从阶级矛盾转向人民需求与生产力矛盾的政治学理论回应，探讨利益需求与政治关系的利益政治学理论得以形成；[⑤]作为我国政治体制、政府管理体制和运行机制发展和改革要求的回应，当代中国政治制度理论、政府理论、政治与政府过程理论得到阐述和构建；作为确定社会主义市场经济体制与政府管理之间关系要求的回应，政府与市场关系的理论得到阐述；[⑥]作为政党建设和政治发展要求的回应，政党理论和政治发展理

① 赵宝煦.中国政治学百年历程[J].东南学术,2000(2):43.

② 参见刘星汉，王邦佐，孙关宏，王沪宁.马克思主义政治学[M].上海:复旦大学出版社,1993;萧超然.晓韦.金安平.毛泽东政治发展学说概要[M].北京:北京大学出版社,1993;王邦佐等.毛泽东思想研究大系,政治卷[M].上海:上海人民出版社,1993;王沪宁.政治的逻辑——马克思主义政治学原理[M].上海:上海人民出版社,1994;李景治等.邓小平政治体制理论研究[M].北京:中国人民大学出版社,1999.

③ 参见李景鹏.权力政治学[M].哈尔滨:黑龙江教育出版社,1995.

④ 参见刘德厚.重视对“广义政治”理论的研究[J].武汉大学学报:哲学社会科学版,1996(2):55—61.

⑤ 参见王浦劬.政治学基础[M].北京:北京大学出版社,1995;张永桃.当代中国政治制度[M].北京:高等教育出版社,1990;浦兴祖.当代中国政治制度[M].上海:上海人民出版社,1990;谢庆奎.当代中国政府[M].沈阳:辽宁人民出版社,1991;朱光磊.当代中国政府过程[M].天津:天津人民出版社,1998;胡伟.政府过程[M].杭州:浙江人民出版社,1998.

⑥ 参见曹沛霖.政府与市场[M].杭州:浙江人民出版社,1998.

论得到深化;[1]作为我国法治发展的政治基础的理论回应,法治政治的研究得到进一步开展;[2]作为农村基层民主建设和发展的要求的回应,我国农村村民自治理论得到深入阐述;[3]作为建设社会主义政治文明要求的理论回应,政治文明理论得到构建;[4]作为新时期民族政治关系发展要求的回应,民族政治学理论得以创建。[5]作为对外开放和经济全球化的政治学研究回应,比较政治和比较行政的理论和方法开始形成。[6]

与此同时,政治学的专门理论研究得到展开和深化,尤其是国家理论、政治管理理论、政府理论、政党理论、统一战线理论、政治权力理论、人权理论、阶级和阶层理论、市民社会理论、政治体制理论、政治发展理论、政治文化理论、治理理论的研究得到相当发展。

(3)行政学基础理论和方法研究得到深化发展。其中,尤其是政府行政体制理论、人事管理理论、行政组织理论、行政决策理论、行政伦理研究、公共管理理论和公共政策理论的研究得到较为深入的发展。如同高校学者所指出的那样,"与80年代相比,90年代行政学研究的基本特点是正在实现范式转换……我们这里所说的范式转换主要是指在行政学研究的价值取向、分析方法及概念等方面的转换。由此提出了许多新观点,形成了较多的有价值的思想,提炼出不少带有规律性的理论的研究成果"[7]。

(4)中国政治和行政发展的重要理论和实践问题研究得到深化。高校学者运用政治学行政学理论和方法,展开中国政治和行政的重要理论和现实问题的研究。[8]这一时期高校学者的主要研究课题包括:关于党的领导、人民当家作主和依法治国的有机结合的社会主义民主建设战略;依法治国、以德治国和法治与德治结合的治国方略;党的先进性建设、保证党的先进性的持久机制、改进党的执政方式和加强执政能力建设;中国特色社会主义政治发展战略;人民代表大会制

① 参见林尚立.中国共产党执政方略[M].上海:上海社会科学院出版社,2002;林尚立.党内民主 中国共产党的理论与实践[M].上海:上海社会科学院出版社,2002.

② 参见程竹汝.司法改革与政治发展[M].北京:中国社会科学出版社,2001.

③ 参见徐勇.中国农村村民自治[M].武汉:华中师范大学出版社,1997.

④ 参见虞崇胜.政治文明建设:新世纪中国政治发展的优选之路[J].天津社会科学,2001(3);虞崇胜.政治文明在人类社会文明中的地位[J].政治学研究,2002(3).

⑤ 参见周平.民族政治学导论[M].北京:中国社会科学出版社,2001.

⑥ 参见曹沛霖,徐宗士.比较政府体制[M].上海:复旦大学出版社,1993;周志忍.当代国外行政改革比较研究[M].北京:国家行政学院出版社,1999.

⑦ 王乐夫.略论中国行政学教育与行政学学科建设[J].广东行政学院学报,2001(4):17.

⑧ 参见胡伟,唐贤兴.论政治:中国发展的政治学思考[M].南昌:江西人民出版社,1996;杨冠琼.当代中国行政管理模式沿革研究[M].北京:北京师范大学出版社,1999;萧超然,晓韦.当代中国政党制度论纲[M].哈尔滨:黑龙江人民出版社,2000;关海庭.20世纪中国政治发展史论[M].北京:北京大学出版社,2002.

度；当代中国政党制度；中国共产党领导的多党合作与政治协商制度；新时期统一战线；民族区域自治制度；社会主义市场经济与政治发展的关系；中国国家能力建设；我国行政体制的基本特征、改革的动力机制和阻力、改革目标与路径选择；我国决策民主化、科学化及其实现机制；公共政策制定和执行机制；地方政府管理；比较行政改革；行政伦理；国家公务员制度；中央与地方关系；非政府组织；城市管理；部门公共政策；基层民主政治建设；“一国两制”和港澳台政治；等等。

公共管理和公共政策研究的兴起，开辟了行政管理学科研究的新领域。1996 年起，夏书章等高校学者积极倡议我国开办公共管理专业硕士学位（MPA）教育。此后，国务院学位办公室多次组织论证，国务院学位委员会于 1999 年 5 月审查决定，在我国举办公共管理专业硕士学位教育。2001 年，全国 24 所大学获批试办公共管理硕士学位教育，使得政治学、行政管理学与公共管理硕士专业学位教育日益紧密结合，为高校政治学和行政管理学的学术研究和发展开辟了新的空间。“中国的 MPA 教育分布在综合院校、地方院校，以及文、理、工、农、医等具有不同专长和特色的院校。从某种意义上说，这些院校的 MPA 教育可以分为两种类型：一类以政治学、行政学知识和院系为主；另一类以管理学，包括工商管理、科技知识和院系为主。二者各有特色。举办 MPA 教育，使过去较少甚至从无来往的院校及教师们之间增加了交流的机会……文、理、工、农、医等院校如此频繁的联系，是过去从未有过的。它打破了传统的壁垒，架起了一座学术交流的立交桥，形成了又一个文化圈。”①

①朱立言. 中国 MPA 的十大贡献[J]. 中国行政管理，2003(11).

经过这一时期的发展，高校政治学建设迅速进展，学术研究取得很大成就。2000 年，时任中国政治学会会长的汝信先生总结包括高校政治学在内的中国政治学的发展成就时指出：“20 年来几乎从白手起家开始能达到目前的规模和水平，确实是不容易的，应该说邓小平同志交代的'政治学要赶快补课'的任务已基本上完成了。但是,我们要清醒地看到,与建设社会主义现代化民主国家的需要相比,中国政治学的发展还有相当大的差距,与改革开放以来其他某些社会科学学科(如经济学、法学、社会学等)相比,政治学的发展也还是比较薄弱和滞后的。为了把中国政治学推进到一个新的阶段,我们还需作更大的努力。"[①]

(四)转换学术范式、创新思想理念阶段(2002—2008)

进入新世纪以来,我国的社会主义现代化建设和改革开放事业取得了举世瞩目的成就,国民经济平稳快速发展,经济实力大幅度提高,社会主义市场经济体系不断健全,各项事业迅速推进,全面建设小康社会的进程不断发展。与此同时,我国社会的发展呈现新情况和新问题,社会政治经济文化诸方面产生全面统筹和协调持续发展的要求。[②]

针对这些情况、问题和要求,党的十六大在全面建设小康社会的总战略下进行了部署。十六届三中全会提出了科学发展观的基本观点,要求"以邓小平理论和'三个代表'重要思想为指导,贯彻党的基本路线、基本纲领、基本经验,全面落实十六大精神,解放思想、实事求是、与时俱进。坚持社会主义市场经济的改革方向,注重制度建设和体制创新。坚持尊重群众的首创精神,充分发挥中央和地方两个积极性。坚持正确处理改革发展稳定的关系,有重点、有步骤地推进改革。坚持统筹兼顾,协调好改革进程中的各种利益关系。坚持以人为本,树立全面、协调、可持续的发展观,促进经济社会和人的全面发展"[③]。十六届四中全会明确提出"坚持以人为本,全面协调可持续的科学发展观"[④]。此后,科学发展观进一步发展,成为统领我国经济社会发展的重大战略。如同党的十七大报告指出的那样:"科学发展

① 汝信.继往开来,开创中国政治学研究新局面——在"纪念中国政治学会成立20周年暨基层民主建设与社会发展研讨会"上的讲话[J].政治学研究,2001(1):6.

② 参见胡锦涛.高举中国特色社会主义伟大旗帜 为夺取全面建设小康社会新胜利而奋斗——在中国共产党第十七次全国代表大会上的报告[R].北京:人民出版社,2007:13-14.

③ 中共中央关于完善社会主义市场经济体制若干问题的决定[M].北京:人民出版社,2003:3.

④ 中共中央关于加强党的执政能力建设的决定[M].北京:人民出版社,2004:10.

观，是对党的三代中央领导集体关于发展的重要思想的继承和发展，是马克思主义关于发展的世界观和方法论的集中体现，是同马克思列宁主义、毛泽东思想、邓小平理论和'三个代表'重要思想既一脉相承又与时俱进的科学理论，是我国经济社会发展的重要指导方针，是发展中国特色社会主义必须坚持和贯彻的重大战略思想。"①

作为统领经济社会发展全局的战略思想，科学发展观对于高校政治学学术发展具有重大指导意义，对于政治学与行政学思维范式转换和思想理论创新产生了深刻影响：第一，科学发展观的第一要义是发展，坚持经济建设为中心，坚持用发展和改革的办法解决发展中的问题。这就要求社会政治必须保障经济和社会的发展和改革，由此，使得良好的国家治理上升为政治发展的支配性任务，政治发展的阶段性主题转换为国家良好治理。以良好的国家治理保障来促进经济社会发展，在经济社会发展的基础上，实现公平正义和谐，渐次解决我国政治体制存在的弊端，逐步实现高度的民主。第二，科学发展观的核心是"以人为本"，即以最广大人民群众的根本利益为本，发展的主体是人民，发展的目的是为了人民，发展的成果由人民共享。这就要求高校政治学切实围绕人民的根本利益展开学术研究，研究以人为本的政治，人民居于主体地位的政治，为了人民、依靠人民、实现人的全面发展的政治。第三，科学发展观的基本要求是全面协调可持续的发展，要求经济、政治、文化和社会的协调持续发展，要求人与自然的协调持续发展。这就要求政治实践和政治体制机制不断适应经济基础和社会发展的要求，实行政治发展、政府管理与经济、文化和社会的发展建设协调，实现政治发展和政府管理的可持续发展战略。第四，科学发展观的根本方法是统筹兼顾，要求正确认识和妥善处理中国特色社会主义事业中的重大关系，统筹各方面关系和利益。这就要求高校政治学切实全面研究中国特色社会主义政治建设和政

① 胡锦涛.高举中国特色社会主义伟大旗帜 为夺取全面建设小康社会新胜利而奋斗——在中国共产党第十七次全国代表大会上的报告[R].北京：人民出版社，2007:12—13.

府管理中的重大问题和重大关系,进行理论创新、体制改革创新和机制对策设计创新。第五,科学发展观要求按照民主法治、公平正义、诚信友爱、充满活力、安定有序、人与自然和谐相处的总体要求和共同建设、共同享有的原则,积极构建社会主义和谐社会。这就要求高校政治学深入研究社会主义和谐政治及其建设途径,研究社会主义和谐政治的核心价值,强化对于社会政治和政府管理的规范研究和价值建构。这些要求逐步提上高校政治学与行政学研究的日程,成为其必须积极回应和深入研究的重要课题,由此也促进了高校政治学的规范研究与实证研究的同时发展。

在这一时期,中央关于加强党的执政能力、完善社会主义市场经济体制、深化政府机构改革、建设和谐社会、完善民主权利保障制度,巩固人民当家作主的政治地位、建设服务型政府、统筹协调各方面利益关系,妥善处理社会矛盾、完善应急管理体制机制,有效应对各种风险等重大决策和要求,都对高校政治学的学术发展和思想创新产生了重要指导和推动性作用。

与此同时,党进一步重视哲学社会科学的繁荣发展。2004 年 1 月,中共中央发表《中共中央关于进一步繁荣发展哲学社会科学的意见》,阐述了进一步繁荣发展哲学社会科学的重大意义,强调指出"四个同样重要",[①]确定了进一步繁荣哲学社会科学的指导方针、实际目标和政策措施。《意见》还宣布实施中央马克思主义理论研究和建设工程。

2004 年,中央马克思主义理论研究和建设工程启动,其中的政治学研究对于政治学行政学基本理论研究的发展和深入,引领高校政治学以马克思主义、邓小平理论和"三个代表"重要思想为指导,深入贯彻科学发展观,紧密联系政治实际,尤其是我国的社会主义政治实践,切实研究和阐明重大理论和现实问题。

① 2001 年 8 月,江泽民同志在北戴河与国防科技和社会科学专家座谈时强调了哲学社会科学的重要性,指出哲学社会科学与自然科学同样重要,培养高水平的哲学社会科学家与培养高水平的自然科学家同样重要,提高全民族的哲学社会科学素质与提高全民族的自然科学素质同样重要,任用好哲学社会科学人才并充分发挥他们的作用与任用好自然科学人才并充分发挥他们的作用同样重要。

在此背景下，高校政治学的学术发展以马克思主义、邓小平理论和“三个代表”重要思想为指导，深入贯彻科学发展观，从而进入新的发展阶段。

从总体上看，这一阶段高校政治学的学术发展以科学发展观与和谐社会建设战略思想主导下的中国特色社会主义政治建设为主题，围绕这一主题，高校政治学的学术发展呈现转换学术范式和创新思想理论的特点。

1. **学术思维和范式的调整**

托马斯·库恩在《科学革命的结构》一书中提出，“范式(Paradigm)就是一种公认的模型或模式”[①]。这种模型或者模式，是指现实存在造成的研究者进行科学研究的主导思维和研究定式。

① 托马斯·库恩.科学革命的结构[M].北京：北京大学出版社，2003：21.

对于我国高校政治学与行政学研究来说，学术思维和范式，是指现实政治实践构成的政治关系状况在研究者头脑中映像形成的政治与行政研究和分析模式。高校政治学学术发展和研究在这一阶段的学术范式调整，是指按照中国特色社会主义理论体系和思想精髓，按照科学发展观的发展要求，进行政治学与行政学研究的学术思维和研究模式的调整。“在我国，‘科学发展观’、‘和谐社会’、‘服务型政府’、‘依法行政’和‘党的执政能力建设’等新理念和战略的提出，为我国构建新型的公共治理体系提供了基本的指导思想。党的十六届三中全会提出‘坚持以人为本，树立全面、协调、可持续的发展观，促进经济社会和人的全面发展。’这表明我国公共治理理念已经由注重经济发展转到注重经济社会协调、可持续发展的转变。党的十六届四中全会又明确提出‘要适应我国社会的深刻变化，把和谐社会建设摆在重要位置，注重激发社会活力，促进社会公平和正义。’这表明我国的公共治理将淡化‘政府本位’的价值观，更加注重社会的公共需求和正义。……加强政府的社会管理和公共服务职能意味着我国的政府改革与治理要以满足社会的公共需求为导向,并采用以人为本的公共治理方式来实现社会的和谐发展。"[①]

因此,高校政治学与行政学研究思维和范式调整,主要体现为治理政治、公共政治、协商政治、和谐政治的学术思维和研究模式在学术研究中凸显并且逐步占据主导地位。这种调整通过以下方式逐步获得进展:

(1)学术研究出发点的调整。从新世纪开始,国家治理问题逐步凸显,成为我国政治发展的主题,高校学者关于我国社会主义民主政治发展途径的思路随之呈现逐步调整趋向,这种调整的基本轨迹体现为从对政治体制与行政体制改革的强调,逐步调整到对治国理政的重视;从对民主政治和科学行政目标的关注,逐步调整到对法治政治和良治政治的推进;从对政治改革的切望,逐步调整到对政治与社会经济文化协调发展相互促进进程的研究;从对政治和政府管理现代化的关心,逐步调整到对政治真实终极目标即最广大人民群众的利益和福祉的关怀。因此,"国家和社会治理"成为高校政治学的研究主题,而高校学者对法治和良治的重要性和优先性的强调,使之逐步成为政治学研究的出发点。

(2)学术研究着眼点的变化。随着社会的发展和中国特色社会主义理论体系的发展,公共政治、治理政治和协商政治成为高校政治学与行政学研究的思维着眼点。

政治与行政的公共性问题,发展成为高校学者关注的学术焦点。高校学者围绕社会政治和行政管理的公共性展开广泛的研究和探讨,有高校学者把公共性的含义归纳确定为四个方面:一是公共管理主体的公共性。国家、政府和社会公共组织共同构成公共管理的主体(这里的国家、政府与社会都是从狭义的意义上说的)。作为公共管理主体,这些组织具有不同于其他私域组织的根本特征,主要表现

① 陈振明,薛澜.中国公共管理理论研究的重点领域和主题[J].中国社会科学,2007(3):142.

在组织的代表性、行为的公务性、宗旨的公益性、权力的法定性等方面。二是公共管理价值观的公共性。与一般意义上的管理把如何经济地和富有效率地实现管理目标不同，公共管理的价值观更主要体现在平等、正义、公平、民主、伦理以及责任心等方面。私人管理建立在个人本位主义和自利性本质之上，把追求个人效率或利益最大化作为目标取向。与其迥然不同的是，公共管理注重在民主政治理念上去实现公众的高度参与、社会公平以及承担为公众谋求福利的责任。三是公共管理手段的公共性。权力是政治社会的基石，是理解一切政治现象的基础。……公共管理是管理主体运用公共权力实现管理目标的社会活动，因此，公共权力是公共管理活动的后盾和基础，公共权力的公共性充分体现了公共管理手段的公共性。四是公共管理对象及目标的公共性。公共管理的客体或对象是公共事务，即国家公共事务、政府公共事务和社会公共事务，无疑它们均具有鲜明的公共性。公共管理主体对公共事务的管理首先从公共问题入手，公共问题是公共管理的逻辑起点。同时，由于对公共事务的管理，最终要达到的目标或宗旨是实现社会公众的公共利益，因此，公共事务、公共问题和公共利益的公共性正是公共管理公共性的题中应有之意。[①]在确定公共性含义的基础上，公共政治成为高校学者的学术研究思维着眼点，并且拓展到公共利益、公共行政、公共管理、公共产品、公共政策、公共财政、公共预算、公共事业以及公共治理等方面的研究。

治理政治是以国家的良好治理，来创造经济和社会发展的政治条件，实现社会与政府的良性互动，促进经济社会文化发展，进而促进政治发展和政治民主的途径。"'治理'是一个比'统治'(Government)含义宽泛的概念，尽管目前并没有统一的标准定义，但它一般指'社会'与'政府'的共管共治，强调市场、中介组织和个人

① 参见王乐夫，陈干全. 公共性：公共管理研究的基础与核心[J]. 社会科学，2003(4)：67—74；另见王浦劬. 公共管理中的公共性问题探讨[M]//柯延. 集思录：名家论坛，第一辑. 北京：知识产权出版社，2008：29—41.

在社会管理中的重要作用。"[①]围绕着治理政治,高校学者展开多方面研究,其研究课题包括:加强党的执政能力的制度途径建设研究;科学执政、民主执政、依法执政研究;执政能力的评价指标研究;党内民主的制度建设研究;科学发展观与社会主义民主的制度化、规范化、程序化研究;治理和善治理论和制度研究;反腐败的权力监控体制和监督指标研究;依法规范政府的职能与权限研究;行政审批制度改革研究;户籍制度改革研究;突发事件与政府管理理论与机制研究;政务公开制度研究;改革和完善决策机制研究;电子政务与政府管理方式创新研究;政府绩效考评体系研究;行政成本与行政效率研究;公民有序政治参与研究;公民权利保障机制研究;等等。

协商政治是实现科学发展观和良好治理的重要方式,因此,成为高校学者研究政治发展与政府管理的着眼点。协商政治被视为中国特色社会主义民主政治和民主决策的特点和优势。高校学者认为,政治就是矛盾和冲突的解决,"在阶级对立的社会里,革命是最终解决矛盾的唯一办法。……在和平发展的社会中,政治学的功能应该不变,仍然是解决矛盾化解冲突。由于矛盾的性质不同,所以采取的手段,也应有所不同。这时,不是用激烈的暴力手段,而是调和矛盾,使矛盾的各方均能有所克制,有所妥协,提出大家都可勉强接受的办法,从而化解矛盾"[②]。

(3)学术研究根本归宿点的确定。

和谐政治是实现公平正义的政治,由此内含着政治与行政的价值归宿。高校学者就此指出:"社会主义和谐社会的政风、政声一定要更加突出这个'正'字。它的含义很广,诸如:正确、正直、正派、公正、正当、正气、正义、正大、正道,还有正常、及时和有针对性,等等。应当认为,社会主义政治建设和政治学研究,就是要伸张正义,发扬正气,最大限度地追求、争取和体现公正。"[③]因此,高校学者在探索

① 燕继荣.治民·治政·治党——中国政治发展战略解析[J].北京行政学院学报,2006(1):18.

② 赵宝煦.政治学与和谐社会[J].北京大学学报:哲学社会科学版,2005(6):118.

③ 夏书章.构建和谐社会应加强中国特色社会主义政治学研究[J].政治与法律,2007(2):2.

政治和谐的过程中，着力对公平、正义、平等、公正等政治核心价值规范展开研究，标志着规范性研究和核心政治价值研究回归高校政治学与行政学研究。马克思主义政治核心价值如公平、正义、效率等，建设社会主义和谐社会与公平正义的关系、社会公正与政府责任、建设服务型政府等，成为高校政治学的重要研究课题。

最广大人民群众的利益和福祉是社会主义政治的终极目的，因此，人本政治是高校政治学与行政学研究和发展的追求归宿。高校学者指出："对政治学来说，人文精神其实是题中应有之义。所谓'人文'，含有人的（人本的、人道的等）和文化、文明的意义，重在强调人的主体地位、人的需求和保障、人的情感和意志等价值性内容。人文精神的特点在于从人的立场出发，一切为了现实的、具体的人。因此，不同于科学的思考和表达方式，人文精神要求始终体现和维护人的价值权利、价值选择，要有自己的主观倾向性，不能停留于冷冰冰的事实描述，更不能容忍依据事实和理性而得出不利于人的结论。政治学从根本上说，是研究人的生存价值，是一种研究如何实现人类福祉的学问。其目标是使所有人如何生活得更好，如何生活得更有意义，更有价值。""从本质上讲，政治学的研究应当被定格为有益于人的自由和全面发展。惟其如此，政治学者方能在历史使命感和社会责任感的召唤下，在终极意义上为人类社会的发展和进步服务。"[①] 因此，高校学者根据以人为本的发展理念与政治文明建设展开研究，从理论上阐述以人为本的发展理念与国家政治发展和政治文明建设的关系，分析以人为本的发展理念对于社会主义和谐社会和政治建设的价值取向、发展战略、发展方向、发展途径和体制改革的规定性，形成有关国家政治建设和行政管理的战略和理论思考。学术研究围绕"以人为本"这一核心，展开以人为本的政治学研究，研究涉及人本政治学的含义、实现目标和途径等。由此形成劳动人本

① 孙关宏，蒋一澄. 中国政治学发展的走向：人文精神与科学精神的融通[J]. 同济大学学报：社会科学版，2005(6)：59.

政治观、人民利益人本政治观、服务型政府人本管理观、公民权利人本政治观等等。

(4)学术研究方式的转变。根据中国特色社会主义政治建设和政府管理发展的要求,从侧重于纯学术的分析、归纳、解释和思辨研究转向侧重于对策研究,从侧重于批判性研究转向侧重于建设性研究、设计性研究和国家治理研究,进而使得为人民服务和为社会主义服务的方针在高校政治学学术发展中的贯彻更加深入,使得高校政治学与行政学研究对于社会主义政治发展更加具有应用价值、积极精神和建设特质。同时,也促使高校政治学的学术功能发生转换,从学术知识积累性、现实弊病批判性和政治智慧训练性功能,转向根据社会政治实践、国家治理和政府管理需要形成的思想创造、对策设计和政治建设功能,并且根据高等教育的变化,特别是公共管理专业学位教育的要求调整和发展其教育和能力训练功能。

同时,高校学者结合多方面社会因素和关系,展开全面协调持续发展战略下的政治学研究,认为"必须在中国的社会结构、政治结构和经济结构中,把握中国政治与政治制度建设。在市场经济深刻改变中国政治逻辑的大趋势下,政治建设直接受制于现实的经济结构、社会结构及其共同决定的政治结构。这就意味着,我们对政治和政治制度建设的把握要从政治、经济、社会和文化的整体关系去把握,不能孤立地就政治现象研究政治现象"①。

① 林尚立.相互给予:政治学在中国发展中的作为——中国政治学30年发展的反思[J].山西大学学报:哲学社会科学版,2008(3):71.

2. 思想理念的发展和创新

根据中共中央关于进一步繁荣发展哲学社会科学的指导方针和原则要求,高校政治学的学术发展和研究在这一阶段的创新思想观念研究,是指在马克思主义、邓小平理论和"三个代表"重要思想指导下,在社会主义政治实践发展的基础上,本着实事求是的精神,在前一阶段学术研究的基础上,进行科学的思想观念创新。其具体体现在:

(1)中国特色社会主义理论体系的政治学与行政学研究的发展。中国特色社会主义理论体系，就是包括邓小平理论、“三个代表”重要思想以及科学发展观等重大战略思想在内的科学理论体系。对这一理论体系研究的深化，是高校政治学学术和思想研究的灵魂和核心，是其他方面理论和思想发展的基础和指南。因此，在这一时期，高校政治学对于中国特色社会主义政治理论体系的研究，在深化意义上逐步实现创新：首先，高校学者研究邓小平理论、“三个代表”重要思想和科学发展观的时代背景、实践基础、科学内涵、精神实质和历史地位，研究其对于社会政治与政治学的指导意义；其次，研究科学发展观与和谐社会建设的政治内涵和思想精髓，认识社会和谐的本质属性、重要意义和实现途径；[①] 再次，分析和研究中国特色社会主义理论体系的政治基础。

(2)政治学与行政学基本理论研究的深化。这一时期，高校学者以国家和社会治理为主题展开的研究，使得高校政治学学术发展逐步融入现实政治生活和政治发展。围绕国家治理的理念、方略、制度和政策等，高校学者积极展开具有中国特色和中国风格的政治学、行政学理论研究。其集中体现在：科学发展观与中国政治发展战略、依法治国理论，基层民主政治理论，民主与法治、政治文明理论，政治和谐与和谐政治、以人为本的政治、对立统一的社会政治生活诸方面结合的辩证政治理论，渐进政治改革的理论，政治体制改革与经济体制改革关系理论，国家和社会治理理论，执政党的执政规律、能力和方式的理论，服务型政府理论，公共管理理论，利益政策学理论；区域公共管理理论等等。

(3)深入社会政治生活和政府管理实践，展开实际重大问题的研究，努力从中提炼和验证政治学行政学新观念。比如：科学发展观与民主政治发展战略观；人民代表大会制度改革和发展理念；党内民主

① 十六届六中全会公报：中共中央关于构建社会主义和谐社会若干重大问题的决定[N]. 人民日报，2006—10—11.

建设及其与人民民主的关系发展理念；政治协商与协商民主理念；农村基层政权与民主政治建设的理念；民族关系和政治发展理论；城市社区管理与基层民主建设理念；政府创新观念；政府绩效评估和指标体系等等。

(4)在分析中国传统和西方的思想和知识资源方面，努力实现科学理性批判性扬弃的创新研究，发掘中国政治和管理文化传统，形成吸收我国传统政治文化精粹而又具有时代精神的作品，比如关于中国传统文化的现代化，中国传统文化和谐思想的发掘，中国古代治国理政方略的现代阐述等。[①]这一时期，对于西方政治学与行政学的认识逐步趋向理性，有较深入的研究和批评作品问世，比如对于西方行为主义政治学的分析等。

① 参见江荣海. 散论中国传统文化的现代化[M]//政治与行政管理论丛，天津：天津人民出版社，2002；纪宝成. 中国古代治国要论[M]. 北京：中国人民大学出版社，2004；葛荃. 中国化的宽容与和谐——从传统到当代的政治文化整合[J]. 华侨大学学报：哲学社会科学版，2006，(4).

二、高校政治学学术发展的总体态势和基本特征

高校政治学是在十一届三中全会精神和党在社会主义初级阶段的基本路线指引下，在邓小平亲切关心和直接指示下，在面对"文化大革命"形成的极"左"思潮和针对四项基本原则的右倾思潮影响的思想状况，在坚持四项基本原则和坚持改革开放的过程中起步的，是在政治学科和学术研究脉络中断了近30年以后，在学科、学术和学人力量储备十分薄弱的起点上"补课性"恢复重建的，也是在社会主义现代化建设和改革开放的历史进程和伟大实践中跨越世纪，不断成长、发展和壮大的，高校政治学学术发展的总体态势和基本特征，就是在这一历史过程中逐步形成和发展的。

回顾十一届三中全会和改革开放30年的历史进程，回溯高校政治学发展的历史起点和实际路径，分析高校政治学学术发展与社会政治思想和政治实践诸多要素及其发展的互动关系，可以从中梳理和析淀出高校政治学学术发展主潮演进的总体态势和基本特征。概括地说，高校政治学学术发展的过程，就是坚持解放思想、实事求是，在学术研究中坚持和发展马克思主义的过程，就是坚持党在社会主义初级阶段"一个中心、两个基本点"的基本路线的过程，就是按照中国特色社会主义民主政治发展和政治建设的要求，努力进行思想创新、理论创新、方法创新和课题创新，积极探索我国政治发展和政府管理规律的过程。

1. 高校政治学的学术发展，是在十一届三中全会确立的思想路线和政治路线指引下，从无到有、从弱到强，不断成长壮大的过程

十一届三中全会为高校政治学的恢复发展奠定和创造了思想基础和政治条件，"中国政治学的恢复和发展，同党的十一届三中全会有着密切的联系。可以这样说，这本身就是三中全会的一项重大历史性成果"①。

在党的十一届三中全会确定的路线方针政策指引下，在社会主义现代化建设和改革开放进程中，在我国高等教育学科建设和发展的实践中，经过高校学者的艰辛创建、勤奋开拓、努力进取和励精图治，政治学与行政学的学术研究、知识积累、思想进展、理论创新和功能影响虽然经历诸多曲折艰难，但是，总体上仍然呈现出由恢复到壮大、由开拓到深入、由起步到广阔、由单一到复合的学术发展过程。20世纪80年代初，高校政治学恢复重建以来，从学科发展来看，"在队伍组织和人才培养上，由点到面逐步展开"；"在学科建设上，以政治学原理为研究起点，逐步建立了包括各分支学科的学科体系"；"在研究课题上，逐步从原理的研究发展到注重现实政治的研究"；"在研

① 张永桃. 中国政治学二十年（1978—1998）——纪念党的十一届三中全会召开20周年[J]. 江苏社会科学，1998(6)：4.

究方法上,从单学科、传统的研究方法走向跨学科、交叉方法的研究"[①],在此基础上形成了高校社会科学的重要学科。从学术发展来看,学术研究从讨论和明确政治学与行政学的基本范畴和概念,政治学与行政学研究的基本对象、内容范围和方法途径开始,发展形成了比较厚实的思想、知识和理论基础,比较系统的学科理论基础和理论体系;从讨论社会政治生活与行政管理的基本问题,到持续承担和完成国家政治建设和发展的重大课题,直面回应社会政治发展和政府管理理论和实践要求;从了解、汲取、批判和扬弃他人研究成果,到自主创新,形成自己的理论、知识和对策;从以政治行政思想和哲学为主体的单一学科领域研究,发展为学科交叉、学科整合、多领域综合的学术研究:为社会主义现代化建设和政治发展作出了重要贡献。由此可见,"没有三中全会,就不会提出政治学要加快'补课'的任务,也就不会有中国政治学的今天"[②]。

2. **高校政治学的学术发展,是以发展着的马克思主义指导学术研究展开和深化的过程**

在恢复重建至今的学术发展进程中,高校政治学以马克思主义为指导;学术研究随着马克思主义的发展不断发展;学术研究为马克思主义的丰富发展提供研究成果和思想材料,作出了特定贡献。

高校政治学在学术发展中以马克思主义为指导思想,如同高校学者指出的那样,"我们研究政治学的指导思想是马克思列宁主义、毛泽东思想。马克思主义的辩证唯物主义和历史唯物主义为我们研究政治学提供了理论基础,经典作家对于阶级社会和剥削阶级消灭的社会中的重要政治关系都有鲜明的观点和深刻的理论。这些基本观点和基本理论,不但指导我们研究过去的政治关系,而且更是我们研究当代政治现象与政治关系的指导思想"[③]。

马克思主义在高校政治学学术发展中的指导地位和作用集中体

① 王邦佐.序言二[M]//江平,王邦佐.当代中国社科精华:政治学·法学卷.哈尔滨:黑龙江教育出版社,2001:6-7.

② 张永桃.中国政治学二十年(1978—1998)——纪念党的十一届三中全会召开20周年[J].江苏社会科学,1998(6):4.

③ 王惠岩."政治学原理"的指导思想[M]//王惠岩文集:第四卷.中国大百科全书出版社,党建读物出版社,2007:16.

现在：其一，高校学者努力深入研究马克思主义政治学的思想和理论体系、学说真谛和基本方法，着力研究中国特色社会主义政治理论体系，包括邓小平政治理论、“三个代表”重要思想的政治内涵和科学发展观的政治思维，力图深入准确把握这些理论思想观点中所贯穿的解放思想、实事求是的精髓和主题内容。其二，坚持马克思主义政治学的根本立场和核心价值。在学术发展过程中，高校政治学与行政学与其他学科一样，在重大政治是非和理论问题上，坚持四项基本原则，坚持和维护马克思主义核心政治价值观，排除封建主义和资本主义的形形色色社会政治思潮和政治价值观的困扰、排除极“左”和右倾错误思想倾向和价值观的干扰。其三，在高校政治学学术发展过程中，高校学者运用马克思主义、邓小平理论、“三个代表”重要思想和科学发展观中体现的辩证唯物主义和历史唯物主义的立场、观点和方法，观察社会政治现象，研究共产党执政规律、社会主义政治发展规律和人类社会政治发展的规律，分析社会政治发展过程中出现的新问题、新现象。其四，高校学者把马克思主义的基本立场、价值、观点和方法，贯穿到政治学各分支学科、研究领域和研究课题之中。

高校政治学的学术发展随着马克思主义在实践中的发展而发展。如同高校学者在谈到邓小平理论与政治学发展的关系时所指出的那样，“中国政治学的恢复和发展，同邓小平理论的形成与发展有着密切的联系。在政治学发展的各个阶段，政治学领域的任何一项重大进展，都得到邓小平理论的深刻影响和指导。邓小平同志有关政治体制改革和民主法制建设等方面的思想，直接成为中国政治学研究的主题。事实上，邓小平同志作为一个伟大的马克思主义者，他同时也是一个杰出的政治学家”。邓小平的政治思想和理论“作为邓小平理论的重要组成部分，大大丰富了马克思主义政治学思想宝库，将在一个很长时期里指引中国社会主义民主发展和中国政治学发展的进程”[①]。“三个代表”重要思想的创立和科学发展观的发展，使得高校政治学与行政学研究获得进一步的科学指导和新的发展境界。

中央马克思主义理论研究与建设工程启动，为马克思主义政治学研究的进一步发展创造了条件，在这一过程中，高校学者围绕我国社会政治和世界政治发展中的一系列新的重大理论和实际问题展开研究并给予马克思主义的回答，取得了阶段性成果，为马克思主义政治理论的发展作出了贡献。

高校政治学的学术发展“为中国的政治发展提供了目标和价值”,“为中国政治发展的战略选择提供了理论依据”,“改善了中国政治发展的政治文化基础”。[②]在为我国政治实践作出这些贡献的同时，高校政治学为马克思主义政治理论的中国化进程，为马克思主义的政治学与行政学理论的丰富和发展提供了学术依据、思想观点和理论资料，在中国特色社会主义理论体系中，凝聚着高校学者的心血和努力。

3. 高校政治学的学术发展，是以服务于人民的根本利益，谋求和实现人民的福祉为宗旨，遵循为人民服务、为社会主义服务的根本方向，奉行学术研究“百花齐放、百家争鸣”基本方针的过程

改革开放伊始，邓小平就明确指出，在社会主义现代化建设时期，政治就是人民的根本利益，是国内外的大局。作为研究政治现象及其发展规律的学科，高校政治学与行政学的学科属性，决定了其学术研究的基础和内容必然要服务于新时期的中国政治。高校学者在推动政治学、行政学学科建设和学术发展过程中，清楚认识到政治学与行政学学科的这一特性，“政治学与其他社会科学一样都要为社会实践服务，这是天经地义，中外皆然”[③]。“任何社会的政治学理论，只要不想推翻他本国的政治统治制度，不管是表现为总结统治经验、维护现存的社会统治和社会管理，还是表现为指责现实统治的缺点

① 张永桃. 中国政治学二十年(1978—1998)——纪念党的十一届三中全会召开20周年[J]. 江苏社会科学,1998(6):4.

② 王邦佐. 序言二[M]//江平,王邦佐. 中国当代社科精华：政治学・法学卷. 哈尔滨：黑龙江教育出版社,2001:8—9.

③ 同上。

和错误，但其目的都是为了使统治者更好地进行统治，都是为现实服务的。”“因此，为现行社会制度服务，为现实政治服务，这就是政治学研究的方向。在我国，当代政治学理论研究，就是要为共产党领导的社会主义制度服务，着眼于新的社会实践和新的发展，这一点必须非常明确，如果不明确或者不为社会主义制度服务，就是研究方向的不正确。”①

从高校政治学学术发展的实际情况来看，服务于新时期的中国政治，集中体现在其学术实践和学术成果，努力坚持了为社会主义政治服务的取向，坚持了以维护、实现和发展人民根本利益作为学术出发点。其具体体现在：

我国高校政治学的社会属性，决定了它是人民的政治学，是只有为了人民，服务于人民，依靠人民群众伟大政治实践才能得到发展的政治学。在学术发展过程中，高校学者以对实现、维护和发展人民利益的高度责任感和使命感展开学术研究，认识到“我们真正、唯一的宗旨是为人民服务”②，在此思想基础上，高校政治学在学术研究中坚持和把握着为了人民、服务于人民的学术发展方向。

我国高校政治学的政治属性，决定了其学术研究的主题必然是我国的社会主义政治发展和建设，其方向和原则必须是为社会主义服务，为社会主义现代化建设和改革开放的伟大事业服务。高校政治学在学术发展过程中，努力坚持和维护这一方向，在学术研究和为政治实践服务的过程中，努力贯彻这一方向和原则，实现高校政治学与行政学学术属性和政治属性的统一，其具体体现在：在根本方向上，为社会主义服务，着力为社会主义现代化建设和改革开放伟大事业服务，为社会主义政治文明、政治民主建设和政府管理发展服务，为社会主义经济建设、文化建设和社会建设服务；在基本理念上，以科学的态度、科学的方法和科学的精神，以对于社会主义政治发展和

① 王惠岩. 学习邓小平理论　坚持政治学研究的正确方向[J]. 吉林大学社会科学学报，1999(1)：57.

② 夏书章. 关于我国行政学研究的历史概述、现状简析、前景初望并兼谈几个问题[M]//夏书章. 夏书章自选集. 广州：广东出版集团，广东人民出版社，2007：171.

政府管理规律的正确认识和把握,为社会主义政治服务;在具体方式上,既以正确的政治学理论和理念,也以实际的问题分析和对策设计,服务于社会主义核心价值体系的建设和发展,服务于党和政府的重大决策,服务于社会主义政治改革和政府管理发展,服务于社会主义社会的政治文明和公民文化建设。

在坚持正确的学术发展方向的前提下,高校政治学在马克思主义、邓小平理论和"三个代表"重要思想指导下,本着解放思想、实事求是的精神,在学术发展过程中奉行"百花齐放、百家争鸣"的方针,高校学者努力把握"双百"方针的本质规定性,认识到:"'双百'方针体现了真理发展的客观规律";"'双百'方针是民主原则在意识形态领域内的具体运用";"'双百'方针是人们崇高的自由思想境界的具体体现"。[①]基于这些认识,高校学者在学科体系、理论体系、学术观点、分析方法、实际课题等多方面展开学术探索、学术争鸣和学术批评,逐步形成一元指导思想下的多种学术流派、学术观点和学术途径的格局和氛围,逐步形成生动活泼、求真务实的学术环境,为在学术研究和争鸣中充分说理、积极探索、相互启发,认识真理、检验真理、运用真理和发展真理创造了条件。

① 徐鸿武.我党贯彻"双百"方针的历史经验[J].北京师范大学学报:社会科学版,1988(6).

4. 高校政治学的学术发展,是解放思想、实事求是的思想进程的结果,是深化认识和更新理念的过程

我国改革开放30年来的历史进程,从思想发展层面来看,就是中国共产党领导全体人民在社会主义现代化建设和发展实践中,坚持实事求是,不断解放思想,探索和掌握共产党执政规律、社会主义社会发展规律和人类社会发展规律的过程。因此,"解放思想、实事求是,是建设有中国特色社会主义理论的精髓"[②]。

② 江泽民.在全国组织工作座谈会上的讲话(1993年8月12日)[M]//江泽民论有中国特色社会主义.北京:中央文献出版社,2002:13.

在这一过程中,高校政治学与行政学研究在实事求是原则主导下,在思想解放运动推动下,不断开辟学术发展的新视野,开拓思想理论创新的新境界，开创学术研究的新局面，形成学术研究的新成果。

高校政治学的学术发展，既以我国思想解放的历史进程为思想认识前提，又是这一思想进程的学术研究成果。第一次思想解放运动，为政治学与行政学的恢复重建创造了思想契机，为高校学者确立以实践作为检验真理的唯一标准，反思“文化大革命”运动，总结社会主义民主法治遭到破坏的深刻教训，审视我国政治体制存在的问题，并且展开政治体制改革研究奠定了思想基础；第二次思想解放运动，为政治学科调整视野，研究社会主义市场经济与中国特色社会主义政治发展的关系创造了思想条件；第三次思想解放，为高校政治学与行政学研究全面协调展开中国特色的社会主义政治建设开辟了理论境界。由此可见，“中国政治学，是在我们党恢复了解放思想、实事求是路线后而获得新生的。此后，由于我们一以贯之地坚持了这条思想路线，才使政治学获得了较大的发展”[①]。

在解放思想的进程中，高校政治学与行政学研究坚持了实事求是、以广大人民群众的政治实践作为检验真理的标准的原则。政治学与行政学恢复重建伊始，高校学者就认识到：“三中全会所提出的解放思想，就是要我们在马克思列宁主义、毛泽东思想指导下解放思想；同时，通过解放思想，以便把我们对实际工作的指导思想纳入马克思列宁主义、毛泽东思想的轨道。……因此，这种解放思想就必须是实事求是的，这就是必须把它置于唯物辩证法——马克思主义认识论的基础之上，一切从实际出发，理论联系实际，即要以亿万人民群众的全部社会实践作为检验真理的标准，在认真总结历史的经验教训的过程中，切实纠正我们在实际工作中的‘左’倾错误，继续发扬马克思列宁主义、毛泽东思想的革命传统和工作作风，并在我国的具体历史条件下，深入探索和把握我国社会历史发展的规律性，正确解

① 张永桃. 中国政治学二十年（1978—1998）——纪念党的十一届三中全会召开20周年[J]. 江苏社会科学，1998(6)：4.

答当代历史实践所提出的各项重大的理论课题和实际问题，从而制订出一系列符合实际情况和要求的方针、政策来，以及采取各种切实可行的有效的具体措施和方法，扎扎实实地把各方面的工作搞上去，走出一条适合于我国国情的进行社会主义现代化建设的新路来，以致使马克思列宁主义、毛泽东思想的理论能随着实践的进展不断地得到丰富和发展。"① 在学术发展过程中，高校政治学正是本着实事求是的思想解放原则和科学态度，才促进了学术研究的不断丰富和健康发展。

① 丘晓.论两种不同方向的创造和发展[J].西南师范大学学报:人文社会科学版,1982(1):1.

5. **高校政治学的学术发展，是社会经济体制转型和政治发展进程的产物，是探索发展和创新研究的过程**

理论联系实际，按照社会实践的发展及其要求发展和创新思想理论和学术研究，是科学地发展学术研究和思想理论的基本要求和原则，所以，邓小平在改革开放之初就指出："思想理论工作者必须下定决心，急起直追，一定要深入专业，深入实际，调查研究，知彼知己，力戒空谈。"② 高校政治学在恢复重建之初，就确定了理论联系实际，特别是密切联系中国社会主义政治实践的学术发展指导思想。在高校政治学学术发展过程中，高校学者始终坚持了这一思想原则，如同高校学者回顾学术发展时所说的那样，"自从政治学恢复以来，在政治学的研究中，我们始终遵循了这个指导思想。结合当前我国政治发展实际，我们仍要继续坚持这一指导思想，做到政治学研究既要注重基础理论，又要密切结合当代中国政治发展的实际"③。

② 邓小平.坚持四项基本原则(一九七九年三月三十日)[M]//邓小平文选:第2卷.北京:人民出版社,1994:181.

③ 王惠岩.回顾与展望:发展中的中国政治学[J].吉林大学社会科学学报,2005(4):28.

高校政治学的学术发展与我国社会政治实践和社会发展的相互联系关系，主要体现在三个方面:学术发展是社会发展和政治实践的产物;学术发展具有社会发展和实践的过程特征;学术研究不断接受实践的检验，在社会发展和政治实践中丰富提高。

首先，高校政治学的学术发展，是社会发展转型和改革开放实践的产物。在学术发展过程中，高校政治学与行政学研究植根于中国社会经济政治文化，着眼于中国国情和政情，立足于社会主义初级阶段，发展于党领导的我国人民的伟大政治实践。因此，其学术研究和思想理论的主流及其成果，是党领导人民进行社会主义现代化建设和改革开放的政治实践的产物，是我国经济改革、体制转型和政治发展的产物。

其次，高校政治学学术发展具有社会政治实践和社会经济体制转型的过程特征。十一届三中全会以来，在改革开放推动下，我国社会和政治经历了从以“阶级斗争为纲”转向经济建设为中心，实行改革开放；从计划经济体制转向市场经济体制，并且在此基础上进行相应的社会、政治、文化改革；从经济发展深化为全面协调可持续发展，深入贯彻科学发展观的历史过程。这一历史过程的社会发展、体制转型和政治实践，在高校政治学学术发展的内容和进程中留下了深刻的过程特征和时代特征。

从以“阶级斗争为纲”向以经济建设为中心，进行改革开放的历史转折过程，规定了社会主义现代化建设和改革开放时期我国政治的基本出发点和根本内容，规定了对不适应社会经济发展和改革开放要求的上层建筑，尤其是政治体制与行政体制的改革要求。这样的时代和实践要求，规定了高校政治学在这一时期的基本内容和特征是定位学术重心，关注政治行政体制改革。

从计划经济向市场经济体制的转型过程，提出了新课题，形成了新观念，构成了新关系，因此形成了高校政治学与行政学对于社会政治与行政的多重关系的研究。而随着经济体制改革的深化和社会结构的变化，建设社会主义政治文明、建设代表先进生产力、最广大人民的根本利益和先进文化发展方向的执政党的建设任务被提上日程，由此形成了高校政治学关于社会主义政治文明建设和“三个代表”重要思想的学术研究课题。

随着科学发展观的战略思想的形成和发展,我国社会经济从“又快又好”的发展向“又好又快”的发展的转变,使得发展战略全面调整,政府职能全面转变,建设社会主义和谐社会成为战略任务,在此基础上,形成了高校政治学关于社会主义政治建设、人本政治、公共政治、协商政治、和谐政治与服务型政府的学术研究和成果。

由此可见,在社会主义现代化建设和改革开放进程中,随着思想解放和党的重大战略决策的发展,我国社会经济发展推动社会转型,高校政治学与行政学研究的发展过程是在这些转型过程中,与政治实践互动的过程;是从社会政治实践中来,到政治实践中去,接受政治实践及其发展检验的过程。在这个意义上,可以认为,高校政治学的学术发展,凸显了其作为中国社会转型政治学和发展政治学的特色。

6. 高校政治学的学术发展,是围绕着我国社会主义政治发展的主题展开学术研究和孜孜求索的过程

十一届三中全会以来,马克思主义中国化的进程,主要是围绕着我国社会主义现代化建设和改革开放的三大命题进行的,即什么是社会主义,怎样建设社会主义;建设什么样的党,怎样建设党;实现什么样的发展,怎样实现这样的发展。当代中国共产党人根据中国特色社会主义的实践发展,科学系统完整地回答了这些重大命题,从而形成了中国特色社会主义旗帜,明确了中国特色社会主义道路,构成了中国特色社会主义理论体系。

我国社会主义现代化建设和改革开放的三大命题,包含着我国社会主义政治发展的任务和内容,由此规定了高校政治学的学术发展必须探索和研究的基本问题是:什么是社会主义政治,怎样建设社会主义政治。如同党的十五大报告指出的那样,“全党要毫不动摇地坚持党在社会主义初级阶段的基本路线，把以经济建设为中心同四项基本原则、改革开放这两个基本点统一于建设有中国特色社会主义的伟大实践。这是近二十年来我们党最可宝贵的经验，是我们事业胜利前进最可靠的保证。要警惕右，但主要是防止'左'，保持清醒头脑，克服各种干扰，坚持邓小平理论和基本路线不动摇。根据这个理论和基本路线，围绕建设富强民主文明的社会主义现代化国家的目标，进一步明确什么是社会主义初级阶段有中国特色社会主义的经济、政治和文化，怎样建设这样的经济、政治和文化，是必要的"[①]。

恢复重建以来，高校政治学以社会主义实践中的重大理论和实际问题为中心，开展政治学与行政学研究，使其学术发展具有强烈的政治性、实践性和现实性。因此，正是深入全面准确地确定什么是社会主义初级阶段有中国特色的社会主义政治，怎样建设这样的政治这一重大任务，规定了高校政治学学术发展的主题是中国特色的社会主义政治发展。[②]

高校政治学的学术探索和研究进展，即是以这一主题作为核心内容和根本任务进行的，是根据这一主题的研究要求直接或间接展开的。

首先，高校政治学与行政学研究的重要课题，是以这一主题作为核心内容和根本任务来进行的。这其中，关于政治内涵的马克思主义阐述，关于社会主义社会阶级、阶层及其相互关系的理论，关于马克思主义国家理论、政治权力理论、公民政治权利理论、政党理论、政府理论、政治文化理论、政治发展理论、民族政治学理论、公共管理理论、公共政策理论的阐述等等，为这一主题的研究提供了学术和理论依据；关于我国政治发展的目标、战略选择，党政关系、党的执政方式和执政能力，党内民主、人民代表大会制度研究，中国共产党领导的多党合作与政治协商制度研究，我国的民族区域自治制度研究，政治

① 江泽民.高举邓小平理论伟大旗帜，把建设有中国特色社会主义事业全面推向二十一世纪[R].北京：人民出版社，1997.

② 不同学者关于我国政治学研究主题的理解的侧重点有所不同，但是，总体上说都是围绕我国社会主义政治发展的主题阐述的，如：王惠岩认为，政治学科研究主题是"什么是社会主义民主，怎样建设社会主义民主"。他指出："邓小平的政治理论是邓小平理论体系中的重要组成部分，其主要内容是：什么是社会主义民主政治、怎样建设社会主义民主政治。"参见王惠岩.当代政治学基本理论[M].天津：天津人民出版社，1998.王沪宁认为："中国政治学的基本任务是发展具有中国特色的政治民主模式。这个民主模式必须以社会主义的基本政治原则为基础，能有效地保证政治体制的效率，保障政治一体化和社会的稳定发展，同时必须能够适应中国的历史一社会一文化条件。"参见王沪宁.发展中的中国政治学[J].瞭望，1994(20)：31.张永桃认为："中国政治学的恢复和发展，同中国政治的发展有着密切的联系。政治学作为一门独立的学科得以恢复和发展，是党的实事求是思想路线重新确立的一个体现，是中国政治朝着民主化方向发展的一个标志。"

体制改革、基层民主建设、政治文化发展、政府职能转变、行政体制改革、“一国两制”等重要课题,构成了这一主题的有机内容;关于不同国家政治和行政及其改革的比较研究,不同国家公共政策的比较分析,为这一主题提供了借鉴和参照系;关于政治和行政分析方法的发展,则为这一主题研究提供了方法论和分析工具。

其次,高校政治学与行政学研究的主要内容,是围绕着这一主题形成和展开的。在政治行政价值研究方面,开展了民主、人权、公平、正义、公正、效率等价值研究,探索了我国政治发展和政府管理的取向;在政治体制和运行机制研究方面,探讨了实现社会主义民主所应符合的“三个有利于”的国家政权制度形态和过程规则;在国家结构方面,既研究了中央与地方的权力关系,又探索了国家和平统一、“一国两制”的制度结构;在政府管理方面,研究国家和社会的治理结构和管理方式;在党的建设方面,着力从中国政治发展的角度研究党的建设、执政能力和方式;在统一战线方面,研究市场经济条件下社会阶层和利益的形态及其政治状态,研究政治协商和多党合作的发展;在公民权利方面,研究社会主义政治文明和公民有序政治参与;在公共政策方面,研究决策的科学化民主化的提高和发展。如此等等。

与此同时,高校政治学在我国政治发展的不同阶段的不同具体研究内容,也是围绕着这一主题发展的。十一届三中全会以后,党和国家的工作重点转移到以经济建设为中心上来,这时高校政治研究的重点问题是国家职能、民主理论和政治体制改革问题;90年代,党和国家确定建设社会主义市场经济体制,为此,社会主义市场经济体制建设和社会转型基础上的政治发展,成为高校政治学与行政学研究的主要内容;进入新世纪以后,科学发展观与和谐社会建设战略思想主导下的中国特色社会主义政治建设,成为高校政治学的主要研究内容。[①]

① 参见王惠岩.党的十一届三中全会与当代中国政治学的发展[M]//王惠岩文集:第四卷.中国大百科全书出版社,党建读物出版社,2007:58—59;周光辉.当代中国政治发展的十大趋势[J].政治学研究,1998(1):29—42.

再次，高校政治学与行政学研究和发展的其他研究，是服务于这一主题并且为其研究提供借鉴或知识资源的。就政治学与行政学科本身来看，关于中外政治与行政思想的研究，关于中国传统政治与行政制度的研究，关于西方政治与行政制度的研究，关于比较政治与行政的研究，关于西方政治学、行政管理学和公共管理学的发展的研究，关于西方政治和行政分析方法的研究，具有分析、批判、扬弃和吸收其内容，服务于我国社会主义政治发展和政府管理研究的意义；从政治学行政学与其他学科的交叉关系来看，关于政治社会学、政治经济研究、政治心理研究、政治哲学、行政管理心理学、行政哲学、行政伦理学研究等，则为社会主义政治发展和政府管理的研究开拓了学科和学术视野；从政治学与行政学研究方法来看，关于多种方法的发展和运用，则是为了合理地科学地解释、探索发展中国社会主义民主政治和科学民主的政府管理。

7. **高校政治学的学术发展，是在马克思主义指导下，正确吸收人类政治文明积极成果的过程**

作为中断多年而恢复重建的社会科学学科，高校政治学创建初始，面临着学科学术基础薄弱，相关知识积累贫乏，政治分析工具匮乏，学术研究方法单一，分支领域研究落后等困难和问题。为适应社会主义政治发展和政治建设的迫切需要，恢复和提高政治学科的学术能力，高校学者努力以马克思主义为指导，积极开拓、不畏艰难，研究、分析、批判、鉴别、扬弃和吸收古今中外政治文明的积极成果，以获取人类积极优秀的政治知识，促进高校政治学的学术发展和知识积累。

在学术发展进程中，高校政治学学术和知识基础的建构和发展具体体现为：

(1)从马克思主义政治学说中构建知识体系。马克思主义既是高校政治学学术发展的指导思想,也是其学术知识和思想理论的重要资源。高校政治学恢复重建之初,即积极研究和阐述马克思主义政治学理论,在当时的一批政治学原理作品中,明确确定马克思主义基本立场、观点和方法是高校政治学与行政学研究的指导思想、基本理论和知识内容。其中,尤其是历史唯物主义关于阶级、国家、政党、民主、民族、宗教、国际政治等方面内容的论述,关于经济基础决定上层建筑和意识形态,上层建筑和意识形态反作用于经济基础的社会结构分析模式,成为高校政治学与行政学的基础理论、基本方法和知识。随后,高校学者进一步系统研究和发掘马克思主义政治与行政管理学说和分析方法,形成了关于马克思主义政治学说的系统阐述。

社会主义现代化建设和改革开放的深入发展,要求对于现实政治生活及其发展的重大理论和实际政治问题给予马克思主义的回答,因此,在马克思主义政治学与行政管理基本理论和知识的基础上,邓小平理论、"三个代表"重要思想和科学发展观内含的政治思想、政治学说和政府管理理论,逐步成为高校政治学学术发展的基础理论、基本方法和知识。

(2)从我国社会主义政治实践和政治发展中获取知识内容。十一届三中全会以来我国社会主义现代化建设和改革开放的实践,既为高校政治学的发展提供了巨大需求和强大动力,也为其思想理论和知识构成提供了现实素材和直接经验。高校学者本着实事求是、从实际出发的精神,努力从我国社会发展和改革开放的政治实际出发,围绕典型案例、典型课题和典型情况,开展多方法、多角度、多层次的分析和研究,形成了丰富的研究成果。在此基础上,高校学者努力对我国社会主义政治实践和政治发展的经验加以提炼,使之上升为我国社会和政治发展基础上特有的高校政治学与行政学理论。

需要指出的是，我国社会主义现代化建设和改革开放事业是史无前例的探索过程，与此相应的是，高校政治学根据我国社会政治实践展开学术研究和理论知识总结的过程，也是不断探索的艰苦过程。在探讨中渐进，在求索中深化，在纠错中发展，在实践中升华，成为高校政治学与行政学思想和知识体系构建和形成的重要途径和方式。

(3)从对西方政治学与行政学的研究、分析、批判和扬弃中吸收有益知识。研究、分析、批判、扬弃和吸收西方政治学与行政学知识和研究方法，使得西方政治学和行政管理学的有益内容成为高校政治学学术内容和分析工具的补充。

西方政治学具有久远的思想和历史渊源，19 世纪末，西方政治学在美国形成独立学科。我国高校的政治学科，从近代设置政治学科直到新中国成立前，在学科体系和内容体系方面，很大程度上沿用了西方政治学。因此，在高校政治学恢复重建过程中，如何正确对待西方政治学，尤其是在改革开放的形势和条件下，如何正确对待西方当代政治学，成为高校政治学学术发展的重要课题。

在高校政治学的学术发展过程中，高校学者坚持以马克思主义为指导，正确对待西方政治学。从总体上来看，高校学者在对待西方政治学、尤其是当代西方政治学与行政学方面，坚持了如下原则做法：首先，了解和分析西方政治学与行政学的产生背景、阶级属性、基本内容、价值取向、方法特征和实际功能。其中，我国高校学者对于古代和近代西方政治学总体状况比较了解，而对西方当代政治学与行政学，尤其在行为主义政治学、新制度主义政治学、新政治经济研究、新公共管理理论、新公共行政理论等，则是从 20 世纪 80 年代中期开始逐步了解的。其次，运用马克思主义基本立场、观点和方法，对西方政治学、尤其是当代西方政治学与行政学进行科学的分析和批判。从高校政治学对于西方当代政治学与行政学的学术研究情况看,这种分析和批判主要集中在西方当代行为主义政治学、当代政治哲学和政治价值观方面,如对于西方政治学关于人性的设定,新自由主义思潮,民主社会主义思潮,西方资产阶级的自由、民主、人权等的分析和批判,而对于西方当代政治学与行政学的其他内容,比如新政治经济研究,新公共管理理论,新公共行政理论,新制度主义政治学的政治倾向、核心价值、学术前提、因果结构、社会功能的非科学性和方法论的局限性等方面的分析批判,相对比较薄弱。再次,按照马克思主义政治学原理和社会主义核心价值观,对于西方政治学、尤其是当代西方政治学与行政学进行鉴别和扬弃,认真切实分辨其违背社会政治规律和真理要求的内容,析淀其可以吸收利用的有益内容,并且作为知识资源,进行改造并且纳入我国的政治学学术研究。就高校政治学近年来的学术研究情况看,分析吸收的内容主要包括:对西方政治学与行政学基本范畴和概念进行马克思主义的分析和重新解释;对西方当代政治学与行政学的分析角度、研究方法、分析框架、研究课题、中观模型进行马克思主义的分析、改造和利用;对西方政治学与行政学的治理理论,公共管理、公共组织、公共政策、人力资源理论,政治和政策的过程和机制理论等,进行中国国情的适应性研究和验证性使用。

(4)从中国传统政治思想和知识中汲取知识营养。研究中国传统政治与行政知识和智慧,去其糟粕,取其精华,吸收为政治学与行政学的思想和知识内容。中国传统文化中具有丰富的政治内容,“在中国,古籍里谈‘政’说‘治’的多到不胜枚举。如‘政者正也’、‘修身齐家治国平天下’、‘半部《论语》治天下’、《贞观政要》、《资治通鉴》等,都是讲‘政’和‘治’的。在典章制度方面,世界同行公认中国是最先拥有比较完整、齐备的一套的国家”[①]。今天的中国政治,既从根本性质上否定了中国传统政治,又不可避免地在某些文化内容方面传

① 夏书章.加强政治科学研究此其时矣[J].政治与法律,2003(5).

承着中国传统政治，因此，没有对中国传统政治及其文化内容的深刻了解、深入分析和科学鉴别，没有按照时代发展的要求和社会主义核心价值观对中国传统政治的合理取弃，就不可能形成有中国特色的社会主义政治学与行政学科，不可能深刻研究和正确把握中国政治发展和政府管理的特点及其规律。正因为如此，高校政治学在学术发展过程中，积极注重研究和分析中国传统政治，并且按照社会主义政治价值和本质属性的要求，以批判和超越的精神，否定和抛弃中国政治传统中的糟粕和丑恶的内容，汲取其中优秀和有益的思想和知识，吸纳和融入高校政治学的思想和知识体系。

(5)从其他学科中借鉴学术知识和方法。研究吸收自然科学和社会科学其他学科的理论、知识和方法，转换为政治学与行政学的学术理论、知识和方法。

20 世纪以来，社会科学学科发展的特点是学科分化与学科整合两种趋势的并行发展。而学术发展的特点，则是在学科交叉复合中形成新的学术生长点，因此，吸收不同学科的内容和方法，成为 20 世纪以来学术发展的重要方式。

20 世纪以来，自然科学在方法论方面取得突出成就，系统论、控制论、信息论、耗散结构论、协同论等对于科学发展和科学思想的发展产生了深远的影响。高校学者在学术研究中努力尝试运用这些方法理论和分析方法研究和分析社会政治现象，取得了一定的成就。

与此同时，社会科学的重要学科如经济学、法学、社会学、管理学和心理学等，在方法论方面也不断创新，形成新的分析理论、分析模式、分析前提和分析方法，从而不断推动社会科学研究的丰富和发展。高校学者努力借鉴这些学科发展形成的研究理论和研究方法，运用这些理论和方法研究和阐述政治现象，丰富了政治学与行政学的知识资源，更新了其方法内容，奠定了学科交叉的方法论基础。

8. 高校政治学的学术发展,是学术研究科学性、学术性和专业性不断提高的过程

政治学与行政学研究的科学性、学术性和专业性问题,在政治学科恢复重建初期就得到高校学者的高度重视,其中首先是政治学与行政学的科学性、学术性与实际政治之间的关系问题,“政治学研究必须实事求是,要努力达到本身科学性的要求。不能使科学性的要求屈从于一时的政治需要。政治学研究如果削弱甚至失掉本身的科学性,它就变成了伪科学。伪科学无法为政治实践服务,而只能帮倒忙”[①]。“科学社会主义事业的本身要求我们一定要按科学办事,彻底摆脱愚昧,从落后状态中解放出来。在行政学研究中,亦必以科学世界观、方法论即辩证唯物论和历史唯物论——马克思主义哲学为指导思想。”[②]此后,政治学与行政学的科学性、学术性与政治性的关系持续得到高校学者的关注,[③]成为高校政治学学术发展中的基本关系,高校学者努力在正确把握这一关系中不断提高和加强政治学研究的科学性和学术性。

高校政治学学术研究的科学性、学术性和专业性发展,还体现在政治学与行政学研究的科学化方面。高校学者关于政治科学的解释,具有广义和狭义之分,广义的政治科学与行政科学是指正确反映政治与行政现象及其发展规律的知识体系,狭义的政治科学和行政科学是经验主义和实证主义的政治学和行政学,它们从获取知识和检验知识的程序、规则和结果出发,认为只有建立在政治或行政的经验基础上,精确而能够证明的关于政治或行政现象的知识才具备科学性。因此,政治学和行政学的科学性及其发展,可以从广义和狭义两个方面来衡量。鉴于以实证主义为代表的经验性政治科学和行政科学研究本身具有特定的局限性,因此,这里所说的高校政治学与行政学研究的科学性,是指广义的科学性。而对于广义的科学性的衡

① 赵宝煦.贯彻十三大精神,开拓政治学研究的新局面——在北京政治学行政学学会成立大会上的致词[J].科学社会主义,1988(2):71-73.

② 夏书章.关于我国行政学研究的历史概述、现状简析、前景初望并兼谈几个问题[M]// 夏书章.夏书章自选集.广州:广东出版集团,广东人民出版社,2007:171.

③ 赵宝煦在1995年提出:“政治学与其他社会科学一样都要为社会实践服务,这是天经地义,中外皆然。但是必须是真科学,才能有效地为社会实践服务。如果科学研究不能坚持严格的科学性,它本身就成为半科学或伪科学。若用这种半科学或伪科学来为社会实践服务、为领导决策提供根据,那就等于卖假药给人治病。祸国殃民,莫此为甚。”参见赵宝煦.政治学基础,序言[M]// 王浦劬.政治学基础.北京:北京大学出版社,1995.他在2000年提出:“政治学研究要努力达到本身科学性的要求,不能使科学性的要求屈从于一时的政治宣传需要。政治学研究只能靠坚持自身的科学性来为现实服务,如果只知唯上、唯书,不能摆脱现实政治的干扰,或者甘做氢气球,随风转,则它本身就变成了伪科学,用伪科学来服务于现实政治,不仅于事无补,而且会帮倒忙,会严重败坏政治学研究的声誉。”赵宝煦.中国政治学百年历程[J].东南学术,2000(2):44.

量，主要标准有两条，“一是学科的知识必须建立在严格的决定论基础之上”，“二是学科知识必须建立在本身能够被经验和实践所验证的基础之上”。[①] 由此出发考察高校政治学的学术发展和研究成果，可以认为，这一历程总体上是其学术研究科学性不断提高的过程，具体体现为：

在知识来源方面，高校政治学在恢复了实事求是、从实际出发的马克思主义思想方法论以后，按照一切真知都是从实践发源的认识路线，努力从社会政治实践出发研究、分析和理解政治现象，从而使得社会实践成为政治学与行政学知识和思想的重要来源和解释依据。

在知识体系方面，高校政治学与行政学研究逐步确立和完善了外部要素的联系关系和内部结构的因果关系。就政治学科学术和知识的外部联系而言，高校学者逐步建立起政治学行政学与政治实践的因果联系。同时，努力从经济、法律、社会、文化等方面分析和把握政治现象，逐步建立起政治学与这些社会现象的联系。就政治学行政学的学术和知识的内部结构来看，高校学者对不同政治现象之间的因果联系进行了探讨和阐述，对政治学与行政学分析的因果模型进行了塑造和建构，由此使得政治学行政学内部知识和认识逐步成为科学理性的因果体系。

在知识检验方面，高校政治学按照“实践是检验真理的唯一标准”的要求，根据社会政治实践及其发展，不断深化对于政治学科知识的认识，选择关于政治生活的知识内容，检测定理、通则、规律的可靠性和真实性。

关于政治学与行政学的学术性和专业性，则主要体现在高校政治学在学术话语、学术思维、学术方法、学术范畴和功能体系等方面的发展。

① 严强，孔繁斌. 政治学基础理论的观念——价值与知识的论辩[M]. 广州：中山大学出版社，2002：46.

在学术话语方面,高校政治学从以政治家的话语讨论问题,逐步发展到以政治学行政学家的话语阐述问题;从以政治话语、政策话语和宣传话语解释思想观点,逐步发展到以政治学行政学学术范畴和概念来描述、分析和论述研究对象和思想;从运用或者借用其他学科比如科学社会主义、国际共产主义运动、思想政治教育等学科的话语说明政治现象,逐步发展到创造和运用自己学科的特有话语来解释和论证政治现象。从学术发展及其成果来看,可以认为,高校政治学与行政学研究发展过程,也是其学术话语系统发育和成长的过程。

在学术思维方面,高校学者在学术研究实践中逐步认识到,政治学学术研究从本质上讲是一种学术活动,[①]从而努力建构独立学科的学术思维和学术自觉。在学术发展中,政治学与行政学逐渐形成了学科理论,由此使得学术思维逐步成为学术研究的主导思维,从而代替了以往学术研究中时政宣传性思维和政策性思维主导学术研究的现象,高校政治学逐步以专业的学术思维、学术自觉和学术探讨,使得由此产生的政治学和行政学知识和思想越来越具有专业特色、科学价值、积累意义和推进学科发展的学术功能。

① 林尚立.科学的政治学和政治学的科学化[J].政治学研究,1998(1):20.

在学术方法方面,高校政治学在马克思主义方法论指导下,从学科恢复之初的阶级分析、规范研究和宏观方法出发,吸收采纳多方面分析途径和技术方法,使得其学术研究过程走出了研究方法逐步丰富发展的学术轨迹。

在学术范畴和概念体系方面,在高校政治学恢复之初,学术研究采用的范畴和概念基本来自于哲学和法学学科,如国家、国体、政体、政党、政府、民族、宗教等。在学术研究和发展过程中,高校学者认识到:"任何一门已经获得初步发展的科学,都是通过一定的范畴体系来表现其知识形态的,政治科学也不例外。政治科学的范畴及其范畴体系从来就是政治学家分析和制作的对象。由一系列的范畴所组成的政治知识体系概括和反映了人类政治活动的普遍本质，是实现对客观政治生活进行描述、认知、预测和改造的思维工具。”[①] 因此，对于恢复重建的学科来说，高校政治学与行政学基本范畴和概念的建构，成为其学术研究的学术性和专业性提高的重要任务。经过多年发展，高校政治学与行政学的范畴和概念得到很大丰富和完善，初步形成了独立学科要求的比较完整的范畴和概念体系。尤其是“到了20世纪90年代以后，中国政治学才真正成为一门相对独立的科学：一整套相对独立于其他学科的学说、概念、范畴、术语、方法和问题成为中国政治学者特有的知识工具，中国政治学自身的学科规范也逐渐得以形成”[②]。

① 严强，孔繁斌. 政治学基础理论的观念——价值与知识的论辩[M]. 广州：中山大学出版社，2002:46.

② 俞可平. 中国政治学的进程——一个评论性的观察[J]. 学术月刊，2007(11):7.

9. 高校政治学的学术发展，是学术基础奠定加固和基础学术研究深化的过程

高校政治学恢复重建之初，学术基础和知识基础相当薄弱，基础研究亟待加强。面对这种状况，高校学者在学科复建伊始，就高度重视学科基础学术的研究、基础知识的积累和学术基础的发展，认为基础学术研究和知识积累，既是学科复建奠基的需要，更是学术研究和发展创新的前提。在学术发展过程中，高校学者在进行现实政治研究的同时，竭力进行学术基础和基础学术的研究，以为高校政治学奠定和夯实学术和知识基础。

在高校政治学基础学术研究和学术基础发展方面，特别需要指出的是，高校政治学一批学者常年甘于寂寞，专注基础学术研究，数十载如一日，不懈耕耘，取得了基础学术研究的骄人成就。（见本报告第一部分第四方面：“高校政治学学术发展的主要成就和功能效用之四：基础学术研究获得显著进展。”）

政治学与行政学的这些基础学术研究，为高校政治学奠定了学术和知识基础,为学术和思想的发展和创新提供了学术平台,其研究成果成为高校政治学持续发展和长久发挥作用的知识财富。因此,基础学术研究构成了高校政治学学术发展的重要主线和基本特征之一,使得高校政治学的学术发展过程,也是政治学与行政学学科奠基固本、积累知识和培育学术的过程。

10. 高校政治学的学术发展,是建设具有中国特色和国际水平学科的过程

十一届三中全会启动的我国社会主义现代化建设和改革开放进程,包含着我国社会经济建设、政治建设、文化建设和社会建设的任务,而建设世界一流的大学政治学科和学术,既是我国社会政治建设的要求,也是文化建设的内容。同时,对外开放使得中国与世界的交往逐步扩大,在"世界影响中国,中国影响世界"的互动中,中国对世界的影响力空前扩大,中国的声望、形象、地位等空前提高。

因此,高校政治学在学术发展过程中,既立足于中国国情和社会发展阶段,以中国社会主义政治发展作为学术研究主题,又放眼世界,积极参与对外开放和学术交流,努力了解外部世界政治学科发展状况和水平,展示高校政治学的学术状况和研究内容,扩大我国高校政治学的国际影响力,确定高校政治学的国际地位。20 世纪 80 年代中期,高校政治学恢复重建不久,我国即建立了与国际政治学会的联系,1984 年高校学者代表中国政治学界参加国际政治科学协会,当选为执行局委员。1990 年 3 月,国际行政科学学会执行委员会第 66 次会议接纳中国行政管理学会为该学会国家分会,高校学者藉此积极参与行政科学国际学术交流。高校政治学还努力进行国际学术交流和沟通,举办国际会议,出版发行国际刊物,参加国际学术组织和活动,了解国外政治学科的发展动向和前沿课题,扩大高校政治学的国际影响,宣传我国政治和政府管理的特色和改革发展,介绍高校政治学和行政管理学科的研究成果，取得了积极效果。

与此同时，高校学者积极开展讨论和研究建设世界一流政治学科面临的问题和战略。其中，关于政治学科本土化与国际化问题的讨论，成为学术发展和国际化的热点问题。此外，建设中国特色社会主义政治学科与建设世界一流政治学科的战略选择，也成为高校学者考虑和讨论的问题，有学者提出，为了建设世界一流政治学科，“在马克思主义、毛泽东思想和邓小平理论指导下，切实立足于中国社会主义政治发展的现实，放眼于国际政治学科的发展历程和趋势，实现政治学科研究途径的国际规范化，研究内容、价值取向和成果功能的中国特色化，应该是其基本思路和有效途径”。[1]

① 王浦劬.把握中国政治发展特色建设世界一流政治学科[M]//李景鹏.中国政治发展的理论研究纲要.哈尔滨：黑龙江人民出版社，2000：5.

由此可见，高校政治学学术发展过程，也是对外开放和建设世界一流学科的过程，是高校政治学对外开放不断扩大，国际学术交流程度不断加深，在坚持学术发展基本原则的前提下，积极借鉴国外政治学、行政学和公共管理学的有益要素，逐步趋向科学理性对待西方政治学、行政学和公共管理学学术研究及其成果的过程。

三、高校政治学学术发展的演进脉络和逻辑转换

按照知识社会学的理论，学科学术发展的内在逻辑，不是孤立形成和发展的，而是在学术研究活动与社会实践的互动过程中形成和发展的。就哲学社会科学学术研究的发展来看，特定学科的学术发展通常受到学科内外部因素的影响。学科外部因素主要包括社会实践及其发展的要求、特定社会统治阶级的统治思想，国家的立国精神

和方针政策等,这些因素对于学术发展会形成特定要求。而学科内部因素,则是指学科学术研究在回应外部影响和要求的过程中,自身在广度和深度方面不断超越的发展,其具体体现为学术研究视野的拓展、角度的调整、层面的细化、领域的开拓、主题的深化、能力的强化和效用的提升等等。由此可见,学术发展的学科内部因素,实际是学科学术研究对于外部因素要求的回应。这些要求与回应,形成了学术实践与政治实践之间的互动,这种互动逻辑在学术研究和发展过程中内化形成学术发展的学科内生变量,进而不断从学科内部促使学术研究的发展变化和进步,进而形成了学术发展的学科内在逻辑。

据此可见,高校政治学学术发展的演进脉络和内在逻辑,是十一届三中全会后30年来我国社会政治实践与政治学学术研究和发展互动关系的逻辑转化和学科内化,它们体现着政治的历史与政治的学术的一致性、逻辑的政治与政治的逻辑的切合性。

同时,由于30年来我国社会经济体制和政治发展呈现转型发展的过程特点,因此,高校政治学学术发展的演进脉络和内在逻辑呈现转换发展的基本特征。

这种演进脉络和内在逻辑的转换发展的基本内容如下:

1. 重心论域的转移发展

在十一届三中全会精神指引下恢复重建和发展的高校政治学,为适应社会政治发展的要求,其学术研究的重心论域发生重大转变。这种转变的思想逻辑起点是关于"政治"含义理解的转变。邓小平指出,"社会主义现代化建设是我们当前最大的政治,因为它代表着人民的最大的利益、最根本的利益","经济工作是当前最大的政治,经济问题是压倒一切的政治问题"。[①] 根据邓小平的政治观,高校学者对于"以阶级斗争为纲"的政治观进行了反思,"在社会政治生活中,

① 邓小平.邓小平文选:第2卷.北京:人民出版社,1994:194.

长期占霸权地位的‘左’的思想任意解释‘政治’，被曲解了的‘政治’又反过来助长‘左’的思想。结果，一方面是社会生活中政治泛化，另一方面是政治概念狭隘化。简言之，社会生活中什么现象都是政治，而政治就是阶级斗争，按此逻辑，十年浩劫势在必行。这个政治逻辑的后果，不能不说是没有政治学的政治中国的悲剧”[①]。在反思的基础上，高校政治学研究构建了国家政治观、全局政治观、权力政治观、经济政治观、广义政治观和利益政治观等，并且由此出发展开了政治学与行政学研究的理论和学术行程。

① 曹沛霖.新世纪中国政治学的“三个走向”[J].天津社会科学,2001(2):13.

政治观的转变，是政治学研究价值取向的根本转变，这一转变也实际设定了高校政治学与行政学研究重心领域的转变及其发展脉络和逻辑轨迹：

首先，在十一届三中全会精神指引下，恢复重建后的高校政治学，在继续关注特定范围内阶级矛盾和阶级斗争的同时，努力准确把握十一届三中全会重大战略决策的深刻含义，认识我国社会主要矛盾是落后的生产力与广大人民群众的物质文化需求之间的矛盾，由此出发，积极把政治学研究重心论域和关注焦点从敌对阶级之间的关系转移到人民内部关系；从敌对阶级之间的对抗性矛盾和斗争，转移到经济建设这一中心工作基础上的人民内部矛盾及其发展上。

其次，在学术研究重心领域转移到人民内部关系的基础上，拓展和丰富高校政治学与行政学研究的实际内容。社会成员的阶级属性仍被视为政治关系的重要社会属性。在阶级属性之外，社会成员的阶层、集团、民族、单位等社会属性及其政治意义得到重视，并且作为人民内部社会成员的社会属性和政治的社会前提，纳入政治与行政分析和研究的范围。

与此同时，社会成员多重社会属性和社会关系基础上形成的多种利益和利益关系，得到政治学者的关注和分析。高校政治学与行政学研究的重心从对抗性阶级斗争背景下人民内部阶级利益的单一性和统一性,转移到社会成员多重社会属性基础上形成的多种利益和利益关系,包括新的社会阶层利益诉求及其政治意义上来。

再次,在学术研究重心领域内容拓展丰富的基础上,高校政治学按照政治实践对于人民公共权威现代发展的总体要求,在个人与公共生活、人与制度的关系等不同分析侧重点及其转换中得到深化和发展。

中国特色社会主义建设,要求高校政治学承担自己的历史和学术责任,立足中国国情政情,着力研究中国特色社会主义政治发展和政府管理,确保人民利益得到政治实现,使得"人民主政、政府治政和全体人民共同和谐发展"的共和国立国原则主导公共生活,促进社会迈向高度民主和文明的发展目标。高校政治学与行政学研究正是在这样的历史和学术使命中,深化对于社会政治关系发展和权威实现途径的研究,使得政治学转变成为着重研究人民内部利益权威性分配和协调的政治学,成为促进"权为民所用、利为民所谋、情为民所系"的政治文明发展的政治学。

高校政治学与行政学研究重心论域的转变及其发展脉络和逻辑,从根本上构成了高校政治学与行政学研究演进发展的主体脉络和逻辑,高校政治学学术发展的其他脉络和逻辑或者是这一脉络和逻辑的衍生和派生物,或者受着这一脉络和逻辑主导支配和深刻影响。

2. 思想方法的调整转换

学术研究重心的转移发展,必然要求学术研究思想方法的调整转换,由此构成学术研究思想方法的发展脉络和内在逻辑。从高校政治学的学术发展来看,其思想方法调整转换的演进脉络和内在逻辑主要体现在认识论和方法论方面。

在认识论方面，高校政治学与行政学研究思想方法的转换，集中体现为在解放思想、实事求是的进程中，从困顿于本本主义、经典至上的学术思维，转向从实际出发，把社会政治生活和实践看作探求政治真谛的不绝源泉的思想方法；从信守于某些书本教条的学术钻研，转向坚持马克思主义基本立场、观点和方法，坚持理论联系实际，着力关注和研究实际政治生活的重大问题，实事求是，探求政治活动和政治事务发展规律和真理的研究实践；从局限于寻章摘句、标注经典的理解性和解释性学术领悟，到努力掌握马克思主义精髓，赋予学术活动以政治生活的鲜活灵魂，释放思想能量，创新学术理论，并且以实践作为检验学术认知真理性的唯一标准；从囿限于前人的某些结论和定说的学术学说，转向根据广大人民群众政治实践和利益要求，不断与时俱进，探索中国特色社会主义政治发展道路的学术学问；从注重推介国外思想理论学说方法，或者套用国外理论模式来裁剪或图解中国政治现实的拿来移植，转变为理性地科学地分析、批判、扬弃和吸收西方的思想理论学说方法，以发展着的马克思主义理论为指导，从人民群众的创造性实践中求索、验证培植发展中国政治和改造世界的方法。

在方法论方面，高校政治学与行政学研究思想方法的调整转换，集中体现为在学术研究和发展的过程中，努力克服形而上学和片面性，确立和运用辩证逻辑思维进行学术研究，以全面发展辩证地把握政治现象及其发展规律。随着高校政治学与行政学研究重心的转变和发展，政治学与行政学研究的这些转换和发展具体体现在：从对于政治生活斗争和对抗的形而上学的片面绝对强调，向着政治生活矛盾性与同一性的双重辩证的转换，既承认客观事物和过程的矛盾性是其基本属性，又确认“有条件的相对的同一性……是客观事物或过程的固有的性质”；[①] 从体认人民内部政治关系的同一性仅为矛盾双

① 李达.《矛盾论》解说[M].第2版.北京：三联书店，1978：200.

方在一定条件下共存于统一体的形式性联系，到认知人民内部政治关系的同一性也作为矛盾双方的内容共同性联系而存在；从关于人民内部政治关系中双方矛盾的零和性解决的单一出路，到这种矛盾的双赢性解决的辩证选择；从政治学学术取向和倾向的片面性，到排除各种极"左"或右的思想干扰，努力"把坚持马克思主义基本原理同推进马克思主义中国化结合起来，把坚持四项基本原则同坚持改革开放结合起来"，[①]以"三个有利于"为取向，建设中国特色社会主义政治；从政治学与行政学研究的单一真理向度的价值确定，转换到在一元化指导思想下鼓励多种学术观点、呈现百家争鸣相互激发求索真理的局面。

① 胡锦涛.高举中国特色社会主义伟大旗帜 为夺取全面建设小康社会新胜利而奋斗——在中国共产党第十七次全国代表大会上的报告[R].北京：人民出版社，2007:10.

3. **研究视角的切换转变**

政治学研究的中心视角是制度与人的关系，在不同层次和含义上，这一关系具体体现为国家与社会、政府与公民、公共权力与私人权利、公共秩序与公民自由、集中效率与公平正义之间的关系。在学术发展过程中，高校政治学与行政学研究学术视角的切换逻辑集中体现为：从对于制度的单向度的关注转向对于制度与人的双重关注，尤其是对于人的切实关怀；从对于制度与人的关系在现实性上体现的这些相互依存、矛盾统一的双方的片面侧重突出，转变到对于双方的全面均衡把握；从对于社会政治关系中这些相互依存、矛盾统一的双方的矛盾性的绝对强调，转变到对于双方之间矛盾和同一性的相对认知；从对于社会政治关系中这些相互依存、矛盾统一的双方的联系的排斥性理解，转变到对于双方关系的结合性阐述。

从其内容来看，高校政治学与行政学研究学术视角的这一切换逻辑体现为：

首先，在政治学复建初期，国家、政府、公共权力、公共秩序和安全稳定，经济效率和增长是学术研究的基本出发点。随着社会政治的发展和政治关系内容的展开，与国家、政府、公共权力、公共秩序和安全稳定、经济效率相对应的社会、公民、私人权利、公民自由、公平正义等以及由此构成的政治关系状况和内在联系方式，逐步成为社会政治生活的重要内容，高校政治学与行政学研究的视角随之从社会政治关系的单一方面逐步转向政治关系的双方面或多方面及其相互联系。

其次，在政治学复建初期，学术研究贯穿着以国家、政府、公共权力、公共秩序和安全稳定，经济效率和增长为分析本位的特点。随着社会主义市场经济体制和民主政治的发展，社会、公民、私人权利、公民自由、公平正义等不仅显示出社会生活意义，而且体现出国家治理和政治发展战略的重要性。因此，高校政治学与行政学研究的出发点和分析本位逐步转移到政治关系诸方面良性互动和有机结合上，显现出马克思主义指导下东方政治文化实现多种政治和公共价值有机结合的辩证精髓，其集中表现在社会主义民主政治建设战略中党的领导、人民当家作主与依法治国的有机结合；社会主义政治发展战略中改革、发展和稳定的有机结合；中国社会治理模式中多主体共治的结合等方面，由此形成了结合辩证政治的特色。[①]

再次，在政治学复建初期，国家建设和制度完善被视为学术研究的目标和归宿，政治体制和行政体制改革被视为政治发展的不二法门。随着社会主义现代化建设和改革开放事业的发展和马克思主义中国化进程的深入，以人为本、以最广大人民群众的根本利益为本的政治真谛和本质含义逐步成为政治学与行政学研究的主旋律，因此，高校政治学与行政学研究对于制度本源的认知逐步为制度与人的关系的分析所代替，制度主体性逐步被人的主体性所取代。学术研究出发点、分析本位和归宿点逐步统一于以人为本的视角，“政治学从根本上说，是研究人的生存价值，是一种研究如何实现人类福祉的学

① 党的十七大报告指出，我国社会主义现代化建设和发展的宝贵经验，是在十个方面的结合中形成的，这些结合是：把坚持马克思主义基本原理同推进马克思主义中国化结合起来，把坚持四项基本原则同坚持改革开放结合起来，把尊重人民首创精神同加强和改善党的领导结合起来，把坚持社会主义基本制度同发展市场经济结合起来，把推动经济基础变革同推动上层建筑改革结合起来，把发展社会生产力同提高全民族文明素质结合起来，把提高效率同促进社会公平结合起来，把坚持独立自主同参与经济全球化结合起来，把促进改革发展同保持社会稳定结合起来，把推进中国特色社会主义伟大事业同推进党的建设新的伟大工程结合起来。参见胡锦涛．高举中国特色社会主义伟大旗帜　为夺取全面建设小康社会新胜利而奋斗——在中国共产党第十七次全国代表大会上的报告[R]．北京：人民出版社，2007:10－11.

问。其目标是使所有人如何生活得更好,如何生活得更有意义,更有价值”[①]。

4. **分析范式的嬗变更设**

如前所述,政治学与行政学研究的范式,是指现实政治实践构成的政治关系状况在研究者头脑中映像形成的学术思维和分析模式。从高校政治学的学术发展来看,其学术研究范式发展转变的演进脉络和内在逻辑体现为:

(1)从“继续革命”政治思维向人民内部利益协调政治思维的转换。十一届三中全会对于党的工作中心的历史性转变,不仅使得敌对阶级政治关系逐步退出我国政治舞台的中心地位,人民内部的政治关系成为政治的基本内容,而且使得“以阶级斗争为纲”的无产阶级专政下“继续革命”的对抗政治形态,逐步被人民内部关系的协调政治形态所代替。社会政治形态的这一变化,促使高校政治学与行政学研究从“以阶级斗争为纲”的无产阶级专政下继续革命的分析范式,转向人民内部协调政治关系的分析范式。人民内部多方面利益关系和政治关系的协调,不仅成为政治学与行政学研究的主要内容,而且成为学术思维的主导原则。“政治学的研究者和研究对象之间是处于互动之中的。由于这种互动,就使得解决问题的答案取决于双方互动的情况,因而必然会出现多种答案。这样的政治过程,并非追求真理的过程,乃是寻求利益协调的过程。”[②]

(2)从人民内部利益协调政治思维向治理政治分析范式的嬗变。在社会主义市场经济条件下,人民利益的实现,需要通过国家的法治和德治,需要通过政府与市场、非政府组织和公民个人之间的良性互动和合作形成的共治,才能得到实现。由此,高校政治学的研究范式从人民内部利益协调政治转向治理政治。

从人民内部利益协调政治向治理政治的嬗变,衍生形成法治政

① 孙关宏,蒋一澄.中国政治学发展的走向:人文精神与科学精神的融通[J].同济大学学报:社会科学版,2005(6):58.

② 李景鹏.回应新世纪中国政治学的挑战[M]//李景鹏.中国转型期问题的政治学思考——李景鹏文集.北京:中国法制出版社,2002:618-619.

治分析范式、德治政治分析范式和参与共治政治分析范式。

随着社会主义市场经济的发展，随着政治与行政民主化、科学化和法治化要求的发展，依法治国和依法行政提上政治学与行政学的研究日程，人民内部利益关系的协调和国家治理，要求以法律和伦理途径予以实现，法治政治、德治政治及其两者结合的分析范式由此开启了高校政治学与行政学的治理政治思维。法治政治着眼于依法治国和依法行政，着眼于民主政治、民主决策、民主行政的法治精神和制度前提，德治政治则着眼于治国理政的道德依据和公共伦理，注重现代公共伦理在国家治理中的深层作用和文化意义。而两者的结合则形成刚性法律与柔性伦理的治理结构，形成法律制度建设与文化结构改造的治理政治。

参与共治政治分析范式是建立在公共政治分析范式基础上的政治行政分析范式。随着社会主义市场经济体制的建立和发展，我国社会公共领域和私人领域的分化逐步明显，政治与行政的公共性日益凸显，与之对应，高校学者从人民内部多重关系和多种利益存在的确认，逐步转向对人民政治的公共性的确认，公共政治分析范式由此逐步形成。公共政治分析范式具有自己的特点：协调政治研究范式设定社会生活和人民利益具有多样性，设定这些多样性之间具有可协调性，设定协调是人民内部政治的主要运行机制和实施方式，设定人民内部政治的结果是多样性基础上的协调共识，因此，协调政治研究范式也是协调达成共识研究范式。而公共政治学术范式则预设政治生活中公共性和公共利益在社会政治中的先定存在，设定政治与行政的内容在于公共利益的实现。正是在公共政治分析范式的基础上，公共行政、公共管理、公共政策、公共财政、公共预算、公共伦理等研究范式应运而生、迅速发展。

在公共政治分析范式基础上，高校学者认为，在社会主义市场经济条件下,公共利益和公共政治的实现,需要通过公民的有序政治参与,通过政府与市场、非政府组织和个人之间的良性互动和合作,形成共治格局,才能达到社会主义法治和良治的目标,参与共治政治分析范式由此产生。参与共治政治范式的内在逻辑在于,承认政府在社会和国家治理中的主导作用,同时,主张公民的有序政治参与,主张政府与多个治理主体之间的合作治理,共同实现公共利益。

(3)从治理政治研究范式向和谐政治研究范式的嬗变。在科学发展观战略思想指导下,高校政治学与行政学研究范式从公共政治进一步向和谐政治嬗变。和谐政治研究范式的思维特点在于:不仅承认社会政治生活中公共利益的存在和实现意义,而且承认非公共性利益的存在和实现价值;不仅承认人民公共利益的实现是政治的任务,而且确认人民的不同切身利益的实现也是政治的内容,高校学者就此指出,"我们在研究问题的时候,不仅要考虑国家、政府、社会、集体的利益,更需要时刻想到人民大众的利益。对人民的利益,不仅是抽象的根本利益,还要看到眼前的、具体的利益。不仅看到多数人的利益,也要考虑到少数人的利益,考虑到每一个公民的权利与尊严的维护"[①]。高校行政管理学者亦就此指出,"无论从理论与实践的角度看,公共管理绝不仅仅关注与'公共利益'相关的问题。……公共管理应该追求和谐的社会利益,即要维护、增进与分配具有社会分享性的公共利益、具有组织(集团)分享性的共同利益与具有私人独享性的个人利益之总和的社会利益。"[②]不仅强调社会公共利益和不同利益的实现,而且关心社会利益矛盾和政治矛盾的协商妥善处理和解决,因此,和谐政治研究范式强调协商民主和协商政治思维,并且以此探讨社会主义民主政治建设和政府管理发展的特色途径;和谐政治不仅关心社会经济的效率,而且关心社会政治的公平正义,并且把这些统一于政治和谐与社会和谐,弘扬人民和谐相处的共和国

① 孙关宏,蒋一澄.中国政治学发展的走向:人文精神与科学精神的融通[J].同济大学学报:社会科学版,2005(6):59.

② 陈庆云等.公共管理理论研究:概念、视角与模式[J].中国行政管理,2005(3):15.

政治精神，追求人民共和的精髓，由此作为政治与行政学术展开的政治精神和研究范式。

5. **主导思维的归位置换**

高校政治学与行政学研究的主导思维方式与人民的政治地位和政治实践发展具有密切联系。在人民处于被统治被压迫地位，夺取政权的政治斗争作为其政治实践的支配性主题时，革命批判性思维必然是政治的主导思维。但是，“在人民有了自己的政权以后，这个政权同人民的关系就基本上是人民内部的关系了，采用的方法不是压服而是说服。这是一种新的政治关系”①。因此，对于掌握了政权，建设人民共和国的无产阶级政党来说，“以政治现象、政治关系及其发展规律为研究对象的政治科学并不只是一门统治的学说，它也是一门关于国家建设与社会管理的学说，这是由国家政权的双重功能决定的”②。在人民当家作主的政治形态下，片面强调“以阶级斗争为纲”，实际是政治的错位思维，由此必然触发持续不断的政治运动，“文化大革命”的破立精神，无产阶级专政下“继续革命”的革命观念，空洞口号式的斗争学术和政治标签式的批判思维。

随着我国社会中心工作转向经济建设，人民当家作主的政治现实得到确认，共和国政治形态逐步从革命政治向着建设政治，从运动政治向着治国政治回归。“这种革命性的变化也直接作用于中国政治的建设和发展，并逐步改变其内在的逻辑：即将政治的逻辑起点从国家逐步地移向社会，从而使政治运行和发展的形态从革命形态转向建设形态。”③而人民政权的政治发展提出的重大问题，则要求政治学与行政学展开积极的学术研究，展开正常的学术批评，形成建设性研究成果。我国政治形态的这种变化，在学术与现实、理论与实践的结合上，促成了政治学与行政学思维方式的归位置换，其核心主线是无产阶级专政下继续革命的批判性主导思维方式，让位于健康的

① 毛泽东．工作方法六十条（草案）[M]//毛泽东文集：第7卷．北京：人民出版社，1999：53．

② 朱光磊．中国政治学发展中的两大尴尬与两大转变[N]．中华读书报，2004－08－11．

③ 林尚立．相互给予：政治学在中国发展中的作为[J]．山西大学学报：哲学社会科学版，2008(3)：69．

学术批评思维,如同高校学者指出的那样:"'大批判'运动与正常的批评根本不同。正常的批评是批评者以平等的态度,以探求真理的精神,实事求是地进行分析,摆事实,讲道理,以理服人;'大批判'运动是以权力的强制力量,无限上纲,乱扣帽子,以势压人,进行打击和惩处。正常的批评,允许申辩,允许反批评,在批评与反批评中,明辨是非,探求真理,取长补短,互得教益;'大批判'运动只允许批评,不允许反批评,只允许任意扣帽子,不允许申辩,受到打击和惩处只能含冤受屈,不能控告和起诉。正常的批评,使人们在团结、和谐、宽松的气氛中互相切磋,互相批评,从而求得文化科学的繁荣和发展;'大批判'运动使人们关系紧张,人人自危,心有余悸,乃至心有余悸,分裂了队伍,影响了团结。总结历史经验,过去往往把正常的批评与大批判混淆起来,以'大批判'运动代替正常的批评,造成了严重的后果。因此,必须划清正常的批评与'大批判'运动的原则界限,提倡和发扬正常的批评,坚决摒弃'大批判'运动。"[①] 在此基础上,学术研究中的学术批评思维,逐步与建设性思维结合,进一步形成政治文明和国家治理的建设为主导的思维方式。因此,高校政治学主导思维的转换具体体现为:关于"继续革命"的批判主义学术思维,为治国理政的研究思维所置换;对于政治现象的空洞口号式甚至标签式的批判思维,为奠基中国特色社会主义民主政治大厦,进行社会主义政治文明建设、政府管理和公民培育的设计性思维、决策民主化科学化的创造性思维所替代。这种思维方式的归位置换,体现着人民共和国政治命运的归位。"社会主义现代化建设是我们当前最大的政治,因为它代表着人民的最大的利益、最根本的利益。这是邓小平同志的名言,也是千真万确的事实。可不是么?能否实现四个现代化,决定着我们国家的命运、民族的命运。……因此,积极为实现四个现代化作贡献的人,正是以自己的实际行动来体现对当前最大政治的关心。

① 徐鸿武.我党贯彻"双百"方针的历史经验[J].北京师范大学学报:社会科学版,1988(6).

如果不是这样，尽管口头上喧嚷政治口号，而对四化建设毫无作用，还只能算是空头政治。”[①]

6. 主题内容的演进变迁

恢复重建以来，高校政治学的学术研究主题，是中国社会主义政治发展。而在中国社会变革和发展总体进程中，高校政治学形成阶段性的学术研究主题内容，这些阶段性主题内容的演进变迁呈现如下特征：

从高校政治学学术发展的不同阶段来看，在中国政治发展的总体主题下，政治学与行政学研究从对于“文革”的反思，到对于社会主义民主和国家社会职能的重视，进而到政治行政体制改革的研究；从政治行政体制改革的研究，到体制背后深层社会关系的探究，进而到政治主体与制度，比如党的领导、人民当家作主与依法治国有机结合关系的贯彻，再到人本政治与和谐政治的构建。

政治学研究阶段性主题的逻辑转换和有机连接，提示着高校学者关于社会主义民主政治发展道路的思考的深化进程和演进逻辑：从经济基础与上层建筑的简单线性两元对应因果关系的理解，演进到经济基础与上层建筑时空维度上的辩证关系对政治改革和发展的规定的把握；从政治体制改革的单边思路，演进到建构符合经济以发展和改革要求的国家治理条件，在时空维度上双重保证经济建设和发展为中心的政治哲学；从政治稳定意义上的国家治理的强调，演进到以法治和良治为目标取向的治理理论的阐述，再发展为实现公平正义和谐的治理的主张，进而在经济和社会体制改革的基础上，探索高度民主高度文明的政治行政形态和制度形态。

在高校政治学发展中国特色背景下，在逻辑的政治与政治的逻辑的切合性意义上，高校政治学与行政学研究阶段性主题的逻辑转换和有机连接，内含着这些主题之下学术研究和发展内容的转换逻

① 夏书章. 当代中国政治与政治学[J]. 政治与法律，1987(1)：3.

辑,烙刻着高校学者围绕中国政治发展总体主题走过的求索心迹,彰显着高校学者关于中国社会主义民主政治发展战略和路径的实然思路,即从体制改革到国家治理,到国家法治和良治,到参与共治,到公平正义和谐,进而实现高度民主文明政治。[①] 而这一实然思路,现实地指向我国社会主义民主政治发展的应然目标,“民主不仅应该被理解为一种产生政府的方式,而且还是有关人民自治、参与和平等公民权的一种理想”[②]。

① 参见王浦劬.把握中国政治发展特色,建设世界一流政治学科[M]//李景鹏.中国政治发展的理论研究纲要:总序.哈尔滨:黑龙江人民出版社,2000:6—11;潘维.法治与“民主迷信”——一个法治主义者眼中的中国现代化和世界秩序[M].香港:香港社会科学出版社有限公司,2003;燕继荣.治民·治政·治党——中国政治发展战略解析[J].北京行政学院学报,2006(1):15—20.

② 高建,乔贵平.民主的分歧——20世纪社会主义与自由主义关于民主问题的争论[J].政治学研究,2008,(1):9.

7. 研究视野的开拓扩展

学术研究的视野是指学术活动中研究者观察和研究实际对象的范围。在高校政治学学术发展过程中,学术研究视野的变化发展总体呈现从单维度向多维度、从单领域向多领域、从单层面向多层面、从单机制到多机制、从单状态向多状态的不断丰富拓展的逻辑进程。

政治学行政学研究视野从单维度向多维度的拓展,体现为从国家政治制度拓展到政党、政治团体等组织制度;从根本政治制度拓展到体制性和机制性政治制度;从政治制度拓展到社会、经济、文化及其与政治制度的关系。

政治学行政学研究视野从单领域向多领域的拓展,体现为学术研究从国家领域拓展到社会领域,如作为社会组织形态的村民自治和居民自治;从政府领域拓展到非政府领域,如非政府组织研究;从公共领域拓展到私人领域,如人权研究;从政治学行政学科拓展到交叉学科如政治社会学、政治经济学等;从思想理论拓展到网络政治和电子政务。

政治学行政学研究视野从单层面向多层面的拓展,体现为学术研究从宏观政治(如国际政治和国家政治)拓展到中观政治(如地方政府)、微观政治(如乡村政治和社区政治);从思想理论和制度层面拓展到政策、文化和行为层面;从立党立国的基本原则层面拓展到治理共和国的方略、管理共和国的谋略、运行共和国的策略和发展共和国的战略层面；从抽象思维层面（如政治哲学和方法论）拓展到具体分析层面（如典型调查、案例分析）。

政治学行政学研究视野从单机制向多机制的拓展，体现为学术研究从政治和政府这种社会公共权威机制的单一研究，转到社会公共权威机制与以社会成员利益交换为核心的市场机制、以社会成员协商为中枢的社会自治机制、以思想意识和政治认同为支柱的思想信仰和理论说服机制之间的比较分析；从社会公共权威机制的单一研究，转到公共权威机制与市场机制、社会自治机制、思想信仰和理论说服机制的相互作用及其社会功能的分析。

政治学行政学研究视野从单状态向多状态的拓展，体现为学术研究从思想和制度状态的政治拓展到行动、过程和发展状态的政治；从价值和理论状态的政治拓展到组织、管理和技术状态的政治；从应然状态的政治拓展到实然状态的政治；从本国政治拓展到多国政治，展开和深化比较政治的研究；从政治当前状态拓展到政治的历史状态与当前状态的联系；从社会形态的政治拓展到技术网络和虚拟形态的政治。

8. **研究方法的丰富发展**

从单纯的阶级斗争转向人民政治关系和政治实践，势必引领着高校政治学与行政学研究方法转向丰富多样。如同高校学者指出的那样，“我国社会的主要矛盾已不是阶级矛盾，而是人民日益增长的物质文化需要同落后的社会生产之间的矛盾。在为了解决这个矛盾，解放生产力，发展生产力的过程中，面对的通常是大量存在的社会经济文化矛盾和政治矛盾。这样，仔细地分析和谨慎地处理好这些矛盾，就成为我国推进政治发展、实现政治稳定的关键。怎样才能准确、清楚地分析当前我国的这些矛盾，分析社会的各种利益关系，就成为高校政治学界应特别关注的问题。因此,有必要创造新的分析方法”[①]。马克思主义政治学与行政学研究方法具有科学性和实践性的特点,在高校政治学的学术发展中,马克思主义政治学与行政学研究方法随着实践的发展而发展,是高校学者遵行的指导性方法。

① 谭君久,童之伟.中国政治学应进一步加强自身建设[J].政治学研究,1997(1):45.

人民内部政治关系的多样性和政治实践的丰富性,要求高校政治学与行政学拓展和丰富研究方法,高校政治学与行政学分析途径和工具,正是应这一要求发展的,其发展逻辑体现在:

政治学与行政学研究哲学层面的思想方法论的发展演变,集中体现在认识论和方法论的变化调整方面,其内容如前所述。

学术分析途径从单一的阶级斗争分析,转向多样多重角度的分析。在这一过程中,政治学与行政学研究坚持马克思主义阶级分析方法,同时也逐步认识到,阶级分析方法并非仅仅是阶级斗争方法,比如共和国的基础即是工人阶级与农民阶级的联盟关系;阶级分析方法并非就是“以阶级斗争为纲”的方法,因为人民的需求与生产力相对落后的矛盾已经是社会主义社会的主要矛盾。在新的历史发展时期,人民内部社会生活和政治生活的丰富多样,人民之间社会联系的复杂属性,更需要政治学与行政学研究在唯物辩证法指导下,在坚持马克思主义阶级分析方法的前提下,开拓和发展多种科学分析途径。

学术研究技术属性方法的发展变化,集中体现为从单一的规范性研究发展演进到规范研究与实证分析同时并举;从定性研究发展演进到定性与定量分析并举;从表层描述发展到描述研究与因果分析的结合;从静态研究发展演进为动静态研究的结合;从个案的分析研究发展演进为个案与比较分析结合。与此同时,学术研究的命题设置、调查程序、模拟试验、统计分析和结论验证等方面规范性和科学性的程度,呈现由低向高逐步发展的脉络和逻辑。而信息和网络技术，更使得政治学与行政学研究进入新的高科技阶段。

9. **科学程度的增强提升**

人民共和国的国家治理、民主建设和有效管理，合乎逻辑地要求高校政治学与行政学研究不断提高科学化程度和水平，以科学的理论和知识服务于人民利益。“政治学与其他社会科学一样都要为社会实践服务，这是天经地义，中外皆然。但是必须是真科学，才能有效地为社会实践服务。”[①]从学术发展的过程来看，高校政治学与行政学科学性的发展，体现为在基础学术和学术基础不断深化的推动下，从奋发起步到增强提升的内在逻辑发展脉络：

从对马克思主义经典作家相关论述的简单援引，到对马克思主义政治与行政思想和理论的学术融合和科学阐发。“马克思主义与高校政治学是指导与被指导的关系。……马克思主义在指导政治学的过程中，它的基本精神和分析方法以及某些有关的范畴和概念，在融入政治学的理论体系而成为政治学的灵魂的同时，它们自己也学科化即政治学化了。”[②]

从对政治领导人讲话和文件的简单援引，到运用学术思维分析治国理政战略策略思想，努力以学术科学性的提高，实现政治研究与政治实践的结合、政治学家与政治家的结合、行政学与行政管理者的结合。由此，“政治学研究的学术性大大增强。政治学研究开始用规范的概念和学科语言代替一般的政策性语言，开始用有处可查的资料论证代替想当然的主观分析，开始用理性的理论分析代替简单的理论套用”[③]。

从对其他学科方法的简单借用，到具备自己学科的特定范畴、概念、方法和理论体系；从对研究方法的非规范和非科学性运用，到研究方法运用的逐步规范科学。恢复重建之初稚嫩的高校政治学，规范研究不谙规范，实证分析无从实证；时至今日，高校政治学与行政

① 赵宝煦.政治学基础，序言[M]//王浦劬.政治学基础.北京：北京大学出版社，1995.

② 谭君久，童之伟.中国政治学应进一步加强自身建设[J].政治学研究，1997(1)：42.

③ 王邦佐，潘世伟.二十世纪中国社会科学：政治学卷[M].上海：上海人民出版社，2005：117.

学研究方法的科学性长足提升,其学术研究已逐步显示出科学学术的品貌和风格。

高校政治学科学性,是政治学与行政学学术生存和发展的重要根基,在学术发展过程中,经过几代政治学行政学人的艰苦努力,高校政治学才基本具备社会科学学科的学术品性、学术素质、学术思维、学术自觉、学术语言、学术能力和学术风范;而正是高校政治学科学性程度的不断增强提高,才使得高校政治学近而立之年卓然而立,能够作为独立学科跻身高校学科之林。

10. **任务功能的变更发展**

应国家建设和人民政治实践的要求,高校政治学在学术发展中逐步实现了学术研究任务和功能的变更发展,其基本特征体现为:

从集中关注思想理论和政治价值研究,转变到因应社会主义现代化建设和改革开放重大理论和实际问题,从理论与实际、学术与实践、价值与事实的结合上,展开学术研究,推动政治学科的学术发展;从单纯注重政治学与行政学基础理论和基础学术研究,转变到政治学与行政学基础理论、基础学术与应用研究、对策研究并举,转变到两类研究围绕现实重大思想理论与实际发展问题的结合;从满足于对政治学与行政学经典文本资料的解读性、解释性、注释性、编译性学术和综合整理性学术,转变为运用科学理论和方法;从思想和实践的发展过程中发现问题、分析问题并且致力于解决问题的学术研究,转变为着力对实际问题的理论思考,根据社会政治的表象和经验活动,进行抽象思考,提炼上升,构建和创造知识、思想、理论和方法的创造性学术;从学科学术研究及其成果作为社会主义建设和改革开放事业的思想保证,转变到承担和发挥思想保证、精神动力和智力支持的任务和功能。

随着国家治理和政治文明建设任务的日益繁重,高校政治学承担国家建设和管理的研究任务日益增加，高校政治学与行政学研究的作用和功能由此从注重政治精神、政治价值的发展教育，转变到政治精神、政治价值、政治思维、政治知识、管理技术、管理方法的发展和教育并举；从着力于塑造社会主义政治人格，转变到培养社会主义国家公民政治人格、政治人才和管理人才；从人民政治价值观的单一培养，转变到多方面综合培养公民的政治价值、政治思维、政治知识、政治能力、政治素养、政治精神和管理技能。

高校政治学与行政学研究任务和功能的这些发展变化，体现了高校政治学对于社会发展要求的适应性，也由此转变了政治学与行政学科的基本属性，改变了政治学与行政学科的研究领域结构。在学科基本属性方面，这些发展变化将高校政治学与行政学从具有强烈人文学科特色的学科，转为基础理论与应用研究结合，以应用研究为主体的社会科学基础学科；在学科学术研究领域结构方面，这些发展变化将高校政治学的学术研究领域从限于政治现象的哲学和制度解释，扩展到社会生活的几乎所有方面，形成广义政治学的研究。[①]

① 参见刘德厚. 广义政治论：政治关系社会化分析原理[M]. 武汉：武汉大学出版社，2004.

四、高校政治学学术发展的主要成就和功能效用

十一届三中全会以来，在中国特色社会主义理论指导下，经过高校学者的艰苦努力和开拓进取，高校政治学与行政学研究和思想理论得到长足的进步，取得了丰硕的学术成果，在“认识世界、传承文明、创新理论、咨政育人、服务社会”等方面发挥了积极作用，为中国

政治发展作出了自己的贡献,“为中国的政治发展提供了目标和价值”,“为中国政治发展的战略选择提供了理论依据”,“改善了中国政治发展的政治文化基础”。[①]从而使得高校政治学不仅成为我国高等教育哲学社会科学体系的独立基础学科,而且跻身我国国家哲学社会科学学科体系之林,成为在全面建设小康社会、开创中国特色社会主义政治建设新局面历史进程中提供思想保证、精神动力和智力支持的重要力量。

① 江平,王邦佐.中国当代社科精华[M].哈尔滨:黑龙江教育出版社,2001:8.

恢复重建以来,高校政治学学术发展的成就和功用主要体现在以下几方面。

1. 确立和坚持了社会主义性质和方向,初步形成中国特色

作为恢复重建的高校社会科学学科,面临的经常性重要命题就是建立和发展什么性质的学科,坚持和发展什么样的学科方向。在学术发展过程中,虽然面临形形色色政治思潮的干扰,受着极“左”或右的政治倾向的困扰,但是,高校学者在思想辨析和是非辨别的过程中,努力以发展着的马克思主义武装自己,以解放思想、实事求是的马克思主义精髓坚定自己,在学术发展的实践中确立、坚持和发展了高校政治学与行政学的社会主义学科性质和方向,促使高校政治学与行政学建立并发展成为社会主义高等教育的学科。这一学科性质和方向的确立、坚持和发展,是高校政治学学术发展建设具有根本意义的成就。这一成就具体体现在:

在指导思想方面,高校政治学坚持以马克思主义、邓小平理论、“三个代表”重要思想为指导,坚持根据社会政治实践,尤其是中国特色社会主义政治实践的发展,解放思想,实事求是,与时俱进,努力运用马克思主义的基本立场、观点和方法分析各种政治思潮和政治观点,结合实际和实践研究各种政治问题和政府管理课题,在实践中丰富政治学科的学术内容,在研究中贯彻正确的思想和政治原则,从而使得高校政治学学术发展具有原则性、实践性和时代性结合的基本特点。

在核心价值方面，高校政治学坚持维护和阐述社会主义核心政治价值，坚持根据实践、时代和认识的发展，深化和发展社会主义核心政治价值。其中，尤其在社会主义民主、自由、人权、效率、公正、公平、正义等核心价值问题上，高校政治学与行政学研究和发展坚持贯彻马克思主义的立场、观点和方法，按照中国特色社会主义的共同理想和精神，进行学术研究并且取得了积极成就。

在学术研究方面，高校学者坚持贯彻党在社会主义初级阶段“一个中心、两个基本点”的基本路线，根据社会主义社会生产力与生产关系、经济基础与上层建筑的相互关系，社会主义社会生产方式、经济活动方式与社会主义政治行政体制机制的相互关系，在思想理论、精神价值、制度机制、战略策略等层次上，努力实现学术发展的政治性和学术性的统一、理论性与实践性的统一。

在功能作用方面，高校政治学学术发展坚持服务于最大多数人民群众的利益，服务于社会主义现代化建设和改革开放事业。在社会和政治实践及其发展过程中，尤其着力服务于社会主义民主政治和政治文明建设，服务于我国政府管理的现代化发展，服务于社会主义的公民教育。

与此同时，高校学者在学科建设和学术发展的实践中，努力立足我国处于社会主义初级阶段的国情和政情，由此出发展开学术研究，从而不仅确立、坚持和发展了高校政治学与行政学的社会主义学科性质和方向，而且初步形成了高校政治学的中国特色：高校政治学学术发展以中国社会主义政治发展为研究主题；以社会主义政治实践和政府管理实践中重要理论和实际问题作为主要研究内容；以马克思主义、特别是中国化的马克思主义为指导思想；以中国特色社会主义理论体系为共同思想基础;以发展着的马克思主义核心价值和当代中国政治精神作为学科学术核心价值和精神;以中国传统政治知识和政治文化作为特色基础知识和文化营养内容;以中国现实政治和主导思想及其发展作为学术发展的主导因素;以中国社会主义政治实践与高校政治学与行政学研究的互动影响作为基本的发展轨迹;以中国人民的根本利益和社会主义人民共和国的政治建设作为服务对象;以中国的社会主义政治实践作为学术研究真理性、正确性、合理性和可行性的检验标准。

2. 建立了相对系统而开放的学科体系

学科体系是学术研究对象独特、地位功能独立、理论和知识相对完整的系统构成。“学科体系建设是一门学科及其学术研究发展的重要基础。这不仅因为学科体系建设的好坏将影响到这门学科学术研究领域的拓展、学术思想的创新和研究方法的更新,而且影响到学术研究人才的培育及其专业素质的提高。”[①] 因此,政治学科体系的建设对于政治学与行政学学术发展具有重要意义。“中国政治学从80年代全面恢复以来,在学科建设方面有很大的发展,并初步形成了一个比较独立、比较系统的体系。今天中国政治学的发展在很大程度上得益于这套体系的确立与发展。”[②]

一般来说,学科体系的形成和发展变化,与学科学术研究对象的确定和变化具有直接关系,与学科知识基础和知识体系具有密切关系,也与现代社会科学学科分化和整合的发展趋势具有互动关系。

在学科学术研究对象方面,高校政治学恢复重建之初,大多数学者把政治学研究对象确定为以国家为中心的现象及其发展规律,并且在此基础上建立了政治学的学科体系,其内容主要包括政治学理论、中外政治思想史、中外政治制度史、行政管理学以及国际政治等。

① 林尚立.科学的政治学与政治学的科学化[J].政治学研究,1998(1):19.

② 同上。

经过多年的学术发展，尤其是经过国家与社会、政府与市场、国家与公民、权力与权利的关系和机制的研究，高校学者实际逐步调整和扩展了政治学与行政学的研究对象，从而使得高校政治学与行政学的学科体系实际发生了相应发展变化。因此，虽然高校政治学的教学体系目前仍然是按照关于国家的组织和制度的哲学和史学逻辑来设置的，但是政治学与行政学的学术研究，实际已经逐步把高校政治学体系转变为新的体系，这个体系的特点是：

在研究对象方面，高校学者逐步从对于国家的关注，调整扩展为对于社会生活中的公共权威现象的关注，从而使得政治学与行政学研究既纳入社会和公民的内容，又以公共领域和公共权威作为独特的对象；既研究组织和制度现象，又研究人及其心理、行为及其相互关系；既进行哲学史学的研究，又进行其他学科，尤其是现代社会科学的研究。政治学与行政学研究对象的这些调整和扩展，为高校政治学区别于其他学科提供了独特而确定的基石，为相对开放而系统的高校政治学体系的形成提供了前提。

在学科基础方面，20 世纪 80 年代初，高校政治学作为国家组织和制度的哲学和史学研究，基本是以哲学、法学和历史学作为学科基础和学术支撑的。经过多年的发展，在社会政治发展、学科研究对象及研究方法变化等多方面因素作用下，时至今日，高校政治学已经逐步演化为以法学、经济学、社会学、心理学和管理学作为其学科基础。政治学学科基础的转移、演变和拓展，使得政治学与行政学科的现代社会科学特性更加凸显，科学性程度逐步提高，治国理政和文明建设效用显著增强。

在学科体系结构方面，经过学科分化和学科整合，目前，在高校学科专业总体体系中，高校政治学的学术研究内容和领域基本由分布在不同学科门类但是具有内在有机联系的三个层次分支学科领域构成：

第一层次：马克思主义政治研究分支学科，主要包括马克思主义理论与思想政治教育、[①]中国共产党党史、科学社会主义与国际共产主义运动；

第二层次：政治学科专业分支学科，主要包括政治学理论、政治制度、政治思想、比较政治、行政管理、公共管理、公共政策、国际政治、外交学；

第三层次：政治学科专业交叉分支学科，主要包括政治经济学、政治社会学、政治心理学、政治哲学、政治地理学等。

3. 丰富和开阔了研究范围领域

从政治学的学术发展史来看，政治学与行政学学科特性和功能，往往决定或影响着政治学与行政学的研究范围和领域。

如前所述，高校政治学恢复之初，在学术发展和研究教学中，基本是把政治学与行政学作为哲学和史学来定位和运行的，其主要内容是探讨社会政治精神和政治价值及其制度安排，描述和评价政治价值及其制度安排的发展历史，其主要功能在于教书育人。因此，政治学的学术研究的范围和领域多集中于抽象的政治哲学、法定的政治制度及其发展历史。

随着社会政治实践的发展，高校政治学的性质和功能逐步演进和调整，发展成为兼具理论与应用、教育和对策特性与功能的学科，由此推动了政治学与行政学研究范围和领域的发展变化。在1992年出版的《中国大百科全书·政治学》中，包括高校学者在内的中国政治学者比较共同的看法是，政治学研究的范围和领域可以划分为七个方面，即政治理论、中国政治、比较政治、公共政策、公共行政、国际政治、政治学方法论。[②]

此后，在社会政治实践推动下，高校政治学学术视野继续拓展，

① 2005年，马克思主义理论与思想政治教育专业经过调整，成为马克思主义理论一级学科，下设马克思主义基本原理、马克思主义发展史、马克思主义中国化研究、国外马克思主义研究、思想政治教育五个二级学科。

② 张友渔等.中国大百科全书·政治学[M].北京：中国大百科全书出版社，1992：3—4.

学科特性和功能持续嬗变，在学科理论研究不断进展的同时，其社会科学的实践性、时代性和应用性得到大大加强，高校政治学的学术研究范围和领域随之进一步扩展和丰富。迄今为止，高校政治学与行政学的研究范围和领域主要包括如下方面：马克思主义政治学理论与方法、国家研究、政治思想、政治制度、政治经济、政治行为、政治发展、比较政治、公共行政、公共政策、公共管理、政府政治、政党政治、议会政治、治理政治、民主政治、基层政治、非政府组织、公民社会和公民教育、中国政治、政治学方法论。此外，还有政府与市场的关系、政府与企业的关系、政府与非政府组织的关系研究等。

与此同时，在公共管理专业学位教育的基础上，在相关交叉学科的融合中，在信息技术的推进下，高校政治学还出现了若干新兴研究领域，其中初步发展成型的包括公共预算的政治与行政研究、领导科学、政治哲学、政治社会学、生态政治学、法政治学、政治伦理学、电子政务、网络政治等研究领域。

4. **基础学术研究获得显著进展**

随着高校政治学的学术发展，基础学术研究也得到不断发展和深入，取得了重要成就。按照高校政治学学术发展的现状和知识层次，高校政治学与行政学基础学术研究和知识积累与提高的成就，主要体现在如下方面：

(1)基础学术研究不断深化并取得显著成就。这方面学术发展主要集中在中西政治思想研究、中外政治与行政制度研究、交叉学科知识形成等方面。在中国政治思想史研究方面，政治思想通史取得突出成就，[①] 政治思想专史研究获得进展；[②] 政治思想专题获得创新。[③]

在中国政治与行政制度研究方面，通史和专史研究取得突出成就。在中国政治与行政制度通史研究方面取得丰硕成果。[④] 在中国政治与行政制度专史研究方面也形成较有分量的研究成果。[⑤]

① 如刘泽华.中国政治思想史，三卷本[M].杭州：浙江人民出版社，1996；马啸原.西方政治思想史纲[M].北京：高等教育出版社，1997；曹德本.中国政治思想史[M].高等教育出版社，1999.

② 如刘泽华.中国传统政治思想反思[M].生活·读书·新知三联书店，1987；邹永贤.国家学说史(上下)[M].福州：福建人民出版社，1999；陈哲夫，江荣海，谢庆奎，张晔.现代中国政治思想流派(上中下)[M].北京：当代中国出版社，1999；陈哲夫，江荣海，吴丕著.二十世纪思想史(上下)[M].济南：山东人民出版社，2002.

③ 如任剑涛.伦理政治研究——从早期儒学视角的理论透视[M].广州：中山大学出版社，1999；纪宝成.中国古代治国要论[M].北京：中国人民大学出版社，2004.

④ 张晋藩，王超.中国政治制度史[M].北京：中国政法大学出版社，1987；邵德门.中国政治制度史[M].长春：吉林人民出版社，1988；韦庆远.中国政治制度史[M].北京：中国人民大学出版社，1989；蔡定剑.中国人民代表大会制度[M].北京：法律出版社，1992.1993.1996.1998；张星久，祝马鑫.新编中国政治制度史[M].武汉：武汉大学出版社，1993.

⑤ 袁刚.隋唐中枢体制的发展演变[M].台北：台北文津出版社，1994；周振鹤.中国地方行政制度史[M].上海：上海人民出版社，2005；吕文郁.周代的采邑制度[M].北京：社会科学文献出版社，2006.

西方思想通史研究取得突出成就,①专题方面研究得到进展。②

在西方政治与行政制度研究方面,制度通论、制度通史、国别制度、比较制度研究取得进展和成果。③

交叉学科知识形成方面,除了介绍西方政治学的交叉学科知识之外,高校学者撰写了自己的交叉学科的作品。④

(2)基础知识积累逐步发展。高校学者在这方面的学术努力主要集中在对学术研究和思想理论成就的系统汇集、对政治学与行政学研究的知识和思想成果的介绍等方面。

在学术研究和思想理论成就的汇集方面,1992年《中国大百科全书·政治学》的出版,高校学者付出了极大努力,据初步统计,在全部作者中,有2/3是高校学者;有学者以专题方式,条述了我国先秦到清末民国初期的政治学和政治思想情况;⑤组织开展政治学科辞典的编撰,高校学者编撰出版或者参与编撰出版了各类政治学百科全书、辞典等工具书;⑥政治学与行政学代表性研究及其成果汇编成册。⑦

在政治学与行政学研究的知识和思想成果的译介方面,介绍国外政治学、行政学、公共管理学和公共政策学研究成果的翻译丛书批量出版,继20世纪80年代中期以后,陆续出版的如《政治学译丛》、《政治学名著译丛》、《公共管理译丛》、《公共政策经典译丛》、《政治学——公共管理译丛》等。

(3)学术发展回顾和思考趋向系统深入。这方面的学术成就主要包括编撰出版了学科和学术发展史、政治学年鉴、学术发展报告,编译和介绍国外政治学术发展史等。关于中国政治学与行政学学术发展史及其研究,形成多方面研究结果;⑧关于学科和学术发展的年鉴和报告,如中国政治学年鉴编辑委员会编撰了《中国政治学年鉴(2002)》、《中国政治学年鉴(2003—2005)》;关于学术发展报告,国家

① 马啸原.近代西方政治思想[M].昆明:云南人民出版社,1987;岳麟章.当代西方政治思潮[M].陕西人民教育出版社,1988;徐大同等.西方政治思想史(五卷本)[M].天津:天津人民出版社,2005.

② 如怀宏关于西方政治哲学,尤其是公平正义政治哲学的研究;其他参见李强.自由主义[M].北京:中国社会科学出版社,1998;张静.法团主义[M].北京:中国社会科学出版社,1998;张桂琳.西方政治哲学[M].北京:中国政法大学出版社,1999.

③ 陈其人,王邦佐,谭君久.美国两党制剖析[M].北京:商务印书馆,1984;曹沛霖,徐宗士.比较政府体制[M].上海:复旦大学出版社,1993;潘小娟.法国行政体制[M].北京:中国法制出版社,1997;马啸原.西方政治制度史[M].北京:高等教育出版社,2000;孙哲.美国国会研究系列[M].上海:复旦大学出版社,2005.

④ 王沪宁.行政生态分析[M].上海:复旦大学出版社,1989;王邦佐.中国政党制度社会生态分析[M].上海:上海人民出版社,2000;朱天飙.比较政治经济学[M].北京:北京大学出版社,2006.

⑤ 如张分田,萧延中编撰的《中华文化通志·第6典·政治学志》(上海人民出版社1998年版)。

⑥ 如邓正来、宋新宁、王浦劬、张小劲等编译的《布莱克韦尔政治学百科全书》(中国政法大学出版社1996年版);丘晓等主编的《政治学辞典》(四川人民出版社1986年版);皮纯协,徐理明,曹文光主编的《简明政治学辞典》(河南人民出版社1986年版);等等。

⑦ 如江平,王邦佐主编的《中国当代社科精华》(黑龙江教育出版社2001年版)。

⑧ 主要有王邦佐、潘世伟主编的《二十世纪中国社会科学(政治学卷)》(上海人民出版社2008年版);宝成关主编的《政治学思想史》(湖南教育出版社);刘怡昌、许文惠、徐理明主编的《中国行政科学发展》(中国人事出版社1996年版);萧超然主编的《北京大学政治学与行政管理系系史》(北京大学政治学与行政管理系1998年印制);张紧跟的《百年历程:1905—2005中山大学的政治学与行政学》(中山大学出版社2005版);孙宏云的《中国现代政治学的展开:清华政治学系的早期发展(1926—1937)》(北京:生活·读书·新知三联书店2005年版);马骏、张成福、何艳玲的《反思行政学》(中央编译出版社2009年版);等等。

教育部社会科学委员会秘书处组编的《中国高校哲学社会科学发展报告》2004年启动，迄今已出版包括高校政治学学术发展在内的发展报告共3期，产生了广泛的积极影响；此外，还有《中国人文社会科学发展研究报告（精品与评价）》。[①] 同时，在我国政治学与行政学恢复重建十周年、二十周年之际和世纪转换之际，有高校学者发表学科发展和学术发展的总结和纪念性文章，[②] 回顾学科演进和学术发展的过往，揭示学科建设和学术发展的规律，资鉴继续进取的未来；此外，高校学者还努力介绍国外政治学术发展的作品，以使人们把握国外政治学、行政学和公共政策学术发展的状况。[③]

（4）学术研究基础建设扎实推进。高校政治学实证研究和调查的资料库和数据库研究取得相当进展，具有代表性的如华中师范大学政治学研究院的农村基层政权和乡村政治资料库建设，北京大学中国国情研究中心的中国政治、政府管理和公共政策的实证调查数据的积累。举办全国公共管理专业硕士学位教育，高校建设在中国政府管理和公共管理的案例库方面取得积极成就，中国公共政策数据库建设已经获得相当进展。此外，公共决策模拟系统建设也在进行中。

5. **思想理论研究取得丰富成就**

政治学与行政学思想理论研究的进展，是高校政治学学术发展的思想标尺和基本内容。在逻辑思维和理性抽象的成长意义上，高校政治学的学术发展，可以理解为就是政治学与行政学思想理论的发展。所以，高校政治学的学术发展，在思想成就上本质地体现为政治学与行政学思想理论的发展，高校学者的思想理论观点，构成了本报告的主要内容。

在学术发展过程中，高校学者在发展着的马克思主义的指导下，联系政治实际积极展开理论探讨，形成具有科学价值的观点，提炼出

①刘大椿.中国人文社会科学学发展研究报告（精品与赏析）[M].北京：中国人民大学出版，2005.

②比如赵宝煦教授的《中国政治学百年历程》、夏书章教授的《百年回顾》等文章书籍若干。

③如政治学手册精选（上、下）[M].竺乾威，储复耘等，译.北京：商务印书馆，1996；政治科学新手册（上、下）[M].钟开斌，王洛忠，任丙强等，译.北京：三联书店，2006.

具有因果关系的思想成果,并且在特定方面建构和形成了具有原创特性的理论。与此同时,高校学者积极了解、分析、批判和改造西方政治学与行政学思想和理论,科学扬弃和吸收其要素,使之成为高校政治学与行政学理论研究发展的另一途径。

高校政治学与行政学在理论研究方面的成就具体体现在:

(1)关于发展着的马克思主义的政治理论研究。发展着的马克思主义,既是高校政治学学术发展的指导思想,又是政治学理论研究的重要内容。高校学者对于邓小平理论、"三个代表"重要思想、科学发展观展开政治学与行政学意义上的深入研究和探讨,取得了相当成就。[①]

十一届三中全会以来,高校的政治学行政学科与其他哲学社会科学学科一样,"对于党的思想路线的重新确立和指导思想的丰富发展,对于用马克思列宁主义、毛泽东思想、邓小平理论和'三个代表'重要思想武装全党、教育干部和人民,作出了重要贡献"。[②]中央马克思主义理论研究与建设工程的启动和展开,对政治学与行政学理论的研究和发展产生重大意义和影响,在中央马克思主义理论研究与建设工程领导小组领导下,马克思主义工程政治学科的研究得到深入推进。在研究进程中,马克思主义政治学原理、基本立场、观点和方法得到进一步明确,并且在该工程项目中得到阐发。与此同时,该工程项目成员围绕马克思主义政治学理论发展中的重要问题、中国特色社会主义政治发展和政治建设中的重大实践问题、世界政治发展的重要实际问题,坚持理论紧密结合实际,展开广泛而深入的研究和探讨,努力展开理论分析和阐述,积极正面回应和阐发,使研究取得了积极进展和阶段性成果,并且逐步深化和推展到政治学其他分支学科和领域的理论研究。

(2)关于政治学和行政学基本理论和方法研究。高校学者展开

① 详见本报告第二部分相关内容。

② 中共中央关于进一步繁荣发展哲学社会科学的意见[M].//十六大以来重要文献选编.北京:中央文献出版社,2005:678;郑晓云.云南哲学社会科学发展与研究前沿报告(2004—2005)[M].昆明:云南大学出版社,2005:364.

系统研究并且取得相当成就，主要包括以下几个方面：一是政治的含义及其基本理论体系。关于政治的含义，高校学者进行了多次讨论，提出并论证了比较丰富的观点，形成了关于政治含义的狭义和广义的解释和观点。[①]在确定政治基本含义的基础上，政治学者构建了不同的政治学理论体系。二是关于政治学行政学方法的研究。高校学者从政治学研究方法的内涵、政治学研究的基本范畴、政治学研究中的分析框架和模型等方面，对政治学研究方法论展开了研究阐述。[②]有学者比较系统地论述了政治学的定量分析方法；[③]有学者对于政治学的范式推演与路径、政治科学的概念阐释与引入、比较政治方法、理性选择模型、博弈理论与政治学、实证研究方法等进行了介绍和研究[④]。有学者探讨了公共行政管理方法论的新价值[⑤]。有学者探讨了公共政策分析方法和技术。三是关于行政(公共管理)的含义及其基本理论。关于行政(公共管理)的含义及其基本理论，展开了多方面研究。同时，行政学(公共管理学)围绕研究方法、政府组织机构和编制理论、公共经济学理论、公共部门人力资源理论、公共政策理论、公共决策理论、行政伦理理论、行政监督与廉政建设、行政法理论、公共预算与公共财政理论、非政府公共组织理论、危机管理理论等展开研究，获得很大进展。[⑥]

(3)政治学行政学的专门理论研究得到推进和发展，理论内容具有不同程度的创见和创新。这方面的研究成就涉及的内容相当广泛而丰富，就其主要内容来看，包括阶级阶层理论、利益和利益关系理论、国家理论、政府理论、政党理论、政治权力理论、政治权利理论、政治制度理论、政治文化理论、政治文明理论、政治发展理论、政治参与理论，国家与社会的关系、政府与市场的关系、非政府组织与公民社会，民主政治理论、治理理论、民族政治理论、公共管理理论、政府组织机构和编制理论、公共部门人力资源理论、公共政策理论、行政伦

① 参见中国大百科全书·政治学[M]//杨海蛟.新中国政治学的回顾与展望.北京：世界知识出版社2000；胡伟，唐贤兴.论政治——中国发展的政治学思考[M].南昌：江西人民出版社，1996.

② 张铭，严强.政治学方法论[M].苏州：苏州大学出版社，2003.

③ 李瑛.现代政治学计量方法[M].天津：天津人民出版社，2002.

④ 牛铭实.海外政治学研究方法丛书[M].北京：中国人民大学出版社，2007；郭正林，肖滨.规范与实证的政治学方法[M].广州：广东人民出版社，2003.

⑤ 冯婕，周燕玲，姜继为.公共行政管理方法论的新价值[J].苏州大学学报：哲学社会科学版，2005(6)：32—36.

⑥ 详见本报告第二部分相关内容。

织机构和编制理论、公共部门人力资源理论、公共政策理论、行政伦理理论、行政法理论、公共预算与公共财政理论、非政府公共组织理论等。[①]

(4)中国特色社会主义政治学与行政学理论得到研究和阐述。在理论研究中,高校学者关注我国的政治实践,注意从我国的政治实践出发,提炼、总结、阐述相关理论,从而丰富了中国特色社会主义政治与行政学说。在这方面,高校学者展开研究并且取得的理论成就主要包括:中国特色的社会主义民主理论研究;执政党理论研究,包括执政基础、执政方式和执政能力等方面的研究;共产党领导的多党合作与政治协商制度理论研究;统一战线理论;人民代表大会制度理论;民族区域自治制度理论;党政关系理论,包括党与人民代表大会、政府之间的关系;公民有序政治参与理论;基层民主建设理论;"一国两制"理论;行政管理体制改革理论;政府职能及其转变的理论;服务型政府;责任政府、法治政府、廉洁政府理论;依法行政的理论。[②]

(5)对中西方思想进行研究、分析、批判、扬弃和吸收。这方面的成就主要包括:在政治思想方面,对中国传统政治思想进行鉴别,从政治学与行政学研究学术发展的主题来看,其中的核心命题是中国传统政治文化和政治思想的现代化问题,包括中国传统政治文化的现代化,中国传统的治国哲学价值、治国方略、治国观念的现代诠释、鉴别和分析。在西方政治思想方面,对社会民主主义、新自由主义、保守主义、社群主义、多元主义、法团主义等政治思想进行了研究、分析、鉴别和批判;同时,对西方的政治分析的理论模型和方法比如政治系统、结构功能、政治团体、政治精英、理性选择、制度主义、治理理论等理论和模型进行了分析鉴别。在行政学方面,类似分析、批判、扬弃和吸收涉及新公共服务理论、新公共行政理论、新公共管理理论、政策过程理论、政策网络理论、政府创新与变革管理理论、公共预

① 详见本报告第二部分相关内容。

② 详见本报告第二部分相关内容。

算理论、整体政府理论、街头官僚理论、公共行政学中的混沌理论，以及公共行政学的批判研究、精神分析等研究方法。①~②

6．现实对策研究取得丰硕成果

我国社会主义现代化建设和改革开放的伟大事业，社会主义政治发展和政治建设的实践，为高校政治学在学术发展过程中理论联系实践，确立学术研究的现实问题意识，发挥理论和学术优势，展开现实政治问题和对策研究，提供了广阔的空间和丰富的课题。因此，在学术发展过程中，高校政治学在现实政治与行政问题和对策研究方面取得丰硕成果，这些研究及其成果的内容主要在：

关于中国特色社会主义政治发展的战略研究。高校学者围绕着这一重大课题，运用政治发展和政治体制改革的理论，根据中国的国情政情和发展改革的进展，比较世界不同国家政治发展和现代化的道路，着力研究共产党的执政规律、社会主义政治建设规律和人类社会政治发展规律，分析和阐述中国特色社会主义政治发展和改革的目标、动力、途径、方式和任务，由此形成中国特色社会主义政治发展战略研究的相关成果。“中国政治学的发展，也为推进社会主义民主化进程作出了应有的贡献。这种贡献，首先表现在政治学研究对‘政治上发展民主’政策给予了有力的理论支持，并为民主政治建设提供了许多有价值的意见和建议，发挥了政治系统中必要的咨询和反馈作用。”③

关于中国政治发展和行政改革中的若干重要关系的研究。其主要包括：坚持四项基本原则与坚持改革开放之间的关系；改革、发展和稳定之间的关系；党的领导、依法治国和人民当家作主的关系；党的建设与国家建设的关系；政治行政体制改革发展与经济、文化和社会体制改革发展之间的关系；党政关系；中央与地方的关系；国家与社会的关系；政府与市场的关系；政府与企业、事业单位的关系；部门

① 参见徐大同，高建. 中西传统政治文化比较研究[M]. 天津：天津教育出版社，1997；马骏，叶娟丽. 西方公共行政学理论前沿[M]. 北京：中国社会科学出版社，2004.

②《西方公共行政学理论前沿》一书系统地介绍、分析、评价了西方公共行政的13种前沿性理论模型和研究路径。

③ 张永桃. 中国政治学二十年（1978—1998）——纪念党的十一届三中全会召开二十周年[J]. 江苏社会科学，1998(6)：4.

行政之间的协调统一关系;政治建设与公民教育的关系;公平与效率的关系;关于"一国两制"与祖国和平统一的关系;等等。[①]

① 详见本报告第二部分相关内容。

关于中国政治与政府管理的重大问题及其对策研究。主要包括:加强党的执政能力的制度途径建设研究;科学执政、民主执政、依法执政研究;执政能力的评价指标研究;科学发展观与社会主义民主的制度化、规范化、程序化研究;建设社会主义和谐社会与服务型政府问题研究;全面建设小康社会进程中效率、公平和稳定的关系和政府的责任研究;边疆地区经济发展、民族关系与政治稳定研究;台湾与国家统一问题,香港、澳门政治发展研究;社会主义市场经济与政府职能研究;科学发展观与政府职能全面转变研究;中国国家能力与财政税收体制改革研究;中国公务员制度改革研究;干部选拔考核制度和机制研究;中国公共政策与行政改革研究;中国政府机构改革与部门协调研究,加入WTO对中国政治和政府管理的影响研究;区域经济发展中的政府协调与合作研究;行政审批制度改革研究;公民权利保障机制研究;公共危机管理与政府责任研究;反腐败的权力监控体制和监督指标研究;政府绩效考评体系研究;政府信用研究;政务公开研究;行政成本与行政效率研究;公共伦理与公务员职业道德研究;政府透明与廉政建设研究;电子政务与政府管理创新研究;公共政策制定与公民参与研究;政府行为文明研究;政府的责任研究;科学发展观与公共资源管理问题研究;社会保障与政府职能研究;国有企业改制过程中的政府监控问题研究。

此外,非政府公共管理组织、制度和方式研究;我国事业单位管理体制的改革研究;国有企业改革中国家和政府职能研究;社会保障体制完善过程中政府管理研究;城市化进程中的征地冲突与政策选择研究;城市现代化与轨道交通发展模式研究;异质性与共享资源自发治理的集体行动研究;西部民族地区城市公用事业政府管制改革研究;关于社会资本的实证及政策研究等。

在这些现实政治问题和对策研究中,高校学者承担了中央和地方政府的重要项目,承担了特定问题的委托项目和专门问题的研究项目,以专门著作、研究报告、咨询报告和政策建议的形式形成相关成果。这些成果得到各级政府和相关部门不同程度的重视、采纳或者参考,为社会主义政治发展和建设作出了应有的贡献。

7. 研究方法得到丰富和发展

在研究方法方面,高校政治学复建之初,阶级分析是其主要分析途径,规范的阐释和注释是其基本论述方法,历史的叙述和分析是其基本研究途径,宏观意义的阐述是其基本关注层次。

经过多年的发展和高校学者的辛勤努力,高校政治学与行政学研究方法得到丰富和发展:学术分析途径和角度趋于丰富多样,除了经济分析和阶级分析方法之外,行为研究、文化研究、过程分析、政策分析、比较研究、心理分析等多种分析途径和角度为高校学者采行;实证研究和分析方法逐步得到规范采用。[①]另一方面,学术研究方法的层次和范围得到拓展,除了作为学术分析途径和角度的中观层次的方法之外,哲学层次的方法论如唯物辩证法受到重视,政治行政研究的辩证思维和矛盾分析,是为高校学者强调的哲学方法论;邓小平政治与行政分析方法得到研究;而西方政治与行政学分析途径和角度的哲学基础和认识局限性,比如行为主义政治学的逻辑实证主义哲学基础和局限性,受到高校学者具有相当深度的研究、分析和批评;[②]微观层次的分析方法如政治心理分析等得到高校学者关注和分析;而实证研究和分析方法的科学性得到检验,并且在此基础上实现调查方法创新。[③]

同时,高校学者在方法研究和相关知识积累的基础上,根据社会政治实践的发展和学术研究的特点,本着科学创新的原则,开始了创

① 如沈明明,王裕华.中国农民经济纠纷解决偏好分析[J].北京大学学报,2007(3).

② 参见叶娟丽.行为主义政治学方法论研究[M].武汉:武汉大学出版社,2005.

③ Mingming Shen and Pierre F. Landry. Reaching Migrants in Survey Research: The Use of the Global Positioning System to Reduce Coverage Bias in China [J]. Political Analysis, 2005, 13 (1):22;沈明明,李磊.流动人口、覆盖偏差和GPS辅助的区域抽样方法[J].理论月刊,2007(6).这些文章中涉及GPS辅助的区域抽样方法,GPS (Global Political System)为导航卫星授时和测距全球定位系统,北京大学中国国情研究中心首次将其应用于社会科学领域的抽样调查,取得良好效果。

设和构建政治学与行政学研究方法的努力，其中，特别的着力点和进展主要在于中观层次的政治与行政学分析方法和模型建构。

在研究方法发展和丰富的基础上，高校政治学开始在相互对应而又相互联系的不同层次和不同方面努力运用多种研究方法和分析视角，其中包括：宏观、中观和微观层次研究；价值研究与事实研究；动态研究与静态研究；个案研究与通则研究；体制研究与机制研究；人性研究与制度研究；规范研究与实证研究；本国研究与比较研究；等等。

与此同时，政治学与行政学研究方法的使用逐渐趋于规范，从而使得研究的规范性得到提高，政治学与行政学研究的规范性，在方法运用方面得到初步体现。

8. **学术特色流派初见端倪**

经过多年的建设和发展，高校政治学不仅成为高校社会科学的重要学科，而且初步显示出学术发展的内部结构性特征，其集中体现在：

(1)高校政治学形成学术生长点，初显学术特色。

从高校政治学学术发展的结构性状况看，不同高校已经初步选择和确定了学科学术生长点，并且显现各自学术特色，这些特点和特色可以分为学术优势和学术研究特色，分别体现在国家和省部级研究基地的建立，专门领域研究的展开和深化、相关高水平有特色的学术成果的形成等方面。

就政治学科学术优势特色而言，北京大学政治学科已经建设为政治学国家一级重点学科；北京大学政治学理论、上海复旦大学政治学理论、吉林大学政治学理论、南开大学政治学理论、广州中山大学行政管理学、中国人民大学行政管理学已经建设成为国家重点学科。

到 2008 年 7 月，全国高校政治学建设为一级学科博士学位授权单位有 11 家，包括北京大学、中国人民大学、上海复旦大学、吉林大学、南开大学、天津师范大学、南京大学、武汉大学、华中师范大学、山东大学、华东师范大学等。建设为公共管理一级学科博士学位授权单位有 13 家，包括北京大学、中国人民大学、清华大学、北京师范大学、东北大学、吉林大学、上海复旦大学、南京农业大学、浙江大学、厦门大学、武汉大学、华中科技大学、广州中山大学等。建设为政治学理论二级学科博士学位授权单位有 6 家，包括中国政法大学、山西大学、苏州大学、浙江大学、厦门大学、广州中山大学；建设为中外政治制度二级学科博士学位授权单位有 1 家，即中国政法大学。建设为行政管理二级学科博士学位授权单位有 7 家，包括南开大学、南京大学、哈尔滨工业大学、华中师范大学、湘潭大学、云南大学、兰州大学等。

在学术研究重要基地方面，北京大学政治发展与政府管理所已经建设成为国家教育部普通高校人文社会科学政治学重点研究基地，广州中山大学行政管理研究中心已经建设成为国家教育部普通高校人文社会科学行政管理学重点研究基地，华中师范大学政治研究院已经建设成为国家教育部普通高校人文社会科学农村政治与社会发展重点研究基地。

教育部直属高校建设了学术研究基地，比如吉林大学政治学与国家建设研究中心、上海复旦大学的中国政府与政治研究中心、中国人民大学的比较政治经济研究所、武汉大学的比较政治制度研究中心、厦门大学的公共管理与政策分析研究中心、南开大学的电子政务实验室等。

省属大学建设了省属重点研究基地，比如作为天津市高校人文社会科学重点基地的天津师范大学政治文化研究中心，作为广东省普通高校人文社会科学重点基地的深圳大学当代中国政治研究所、汕头大学地方政府发展研究所等。

就政治学与行政学研究显示的特色而言,主要有:北京大学政治发展与政府管理研究所的政治学理论与政府理论和方法研究;北京大学政府绩效评估中心的绩效管理研究;北京大学中国国情研究中心的中国政治发展和公共的政策实证研究;广州中山大学行政管理研究中心的公共预算研究和区域公共管理研究;吉林大学政治学与国家建设研究中心的国家和权力理论研究;上海复旦大学的比较政治和中国政治发展战略研究;中国人民大学的行政管理、治理理论、政党制度和台湾政治研究;天津师范大学的政治文化研究中心的政治文化和政治哲学研究;南京大学的当代中国政治制度与政治学方法论研究;厦门大学的国家学说和公共管理理论研究;南开大学政治经济学研究中心的政治经济理论和方法研究;华中师范大学农村问题和基层民主研究;华中科技大学的电子政务研究;中国政法大学的政治哲学、人民代表大会制度和外国行政体制研究;清华大学的公共政策、科技政策和非政府组织(NGO)研究;北京大学、联合大学的台湾政治研究;云南大学的民族政治学研究;浙江大学公共管理学院的基层民主和农村协商治理研究;山东大学的环境政治学研究;深圳大学当代中国政治研究所的中国政治体制改革与乡镇民主研究;汕头大学地方政府发展研究所的地方治理和行政争议解决研究;苏州大学地方政府研究所的地方规章制度研究;兰州大学地方政府绩效评估中心的绩效评估研究;等等。

与这些学术特色相伴,产生了具有较高水准和广泛影响的学术成果,"学术丛书"系列的产生和推出、学术刊物的兴办和发行,是这些学术成果集结形成的代表形式。在学术丛书方面,代表性的如:北京大学政府管理学院、北京大学政治发展与政府管理研究所的《政治发展与政府管理研究丛书》;中国人民大学公共管理学院组织出版的

《公共行政与公共管理经典译丛》;清华大学组织的《公共政策经典译丛》;上海复旦大学出版的《公共管理硕士系列丛书》;广州中山大学行政管理研究中心的《学术文库》丛书;南京大学公共管理学院的《公共管理高层论坛》;深圳大学当代中国政治研究所的《中国地方治理与政治发展实证研究丛书》;汕头大学地方政府研究所的《21 世纪地方政府发展系列丛书》。此外,还有中国台湾与大陆学者合作主编出版的《两岸公共行政丛书》。如此等等。

在兴办、出版和发行杂志或者定期研究报告方面,有上海复旦大学国际关系与公共事务学院组织出版的《复旦政治学评论》;华中师范大学主办的《中国农村研究通讯》;中国人民大学公共管理学院主办的《公共管理与政策评论》;广州中山大学行政管理学研究中心主办的《公共行政评论》;哈尔滨工业大学主办的《公共管理学报》;深圳大学当代中国政治研究所的《当代中国政治研究报告》;汕头大学地方政府研究所的《地方政府发展系列研究报告》;等等。

(2)高校政治学学术流派初见端倪。

学术研究和发展中的学派,通常是指在特定地域、特定组织或特定文明中形成的,以特定问题作为研究对象,以特定理论和方法进行研究并且形成具有特色学术传统的学术共同体。因此,学派可以按照地域、组织、文化、研究问题、研究理论和方法进行不同的划分。[①]

学派的形成和成长,常常是学术发展成熟的标志。通过多年的学术发展,高校政治学学术研究中的学派初见端倪。如同高校学者指出的那样,“要提升政治学的学科品位,就必须以规范的学科核心概念和基本范畴来引导学科向纵深方向发展”。在高校政治学与行政学研究开展多种有特色的研究的基础上,“谁说在若干年以后,在从事上述若干有特色的研究工作团队的基础上,中国的政治学界不会形成若干学派呢?”[②] 在学术发展进程中,在政治学理论研究方面,

① 参见袁达毅.国内政治学研究的流派与方法[M]//郭正林,肖滨.规范与实证的政治学方法.广州:广东人民出版社,2003:57—69.

② 朱光磊.中国政治学发展中的两大尴尬与两大转折[N].中华读书报.2004—08—11.

围绕政治学理论体系和方法，阶级分析、国家分析、经济分析、权力分析、利益分析等各学术流派挺然发展；在行政学理论和体系研究方面，夏书章学派、郭济学派和欧阳雄飞学派已然得到学界认同；在中国政治发展和建设方面，宏观战略阐述、中观过程分析、微观结构研究的学派俨然成形；在中国社会治理方面，关于政府治理、社会自治、协调共治的不同选择，关于法治、德治和民主治理及其优先顺序的不同主张，使得不同学术流派茁壮成长；在交叉学科方面，政治经济分析、制度分析学派、理性分析学派悄然崛起；在研究方法方面，实证研究逐步与规范研究区隔，吸引日益众多的学者实然介入，显现出实证学派发展的强劲势头；在研究主题和内容方面，公共政策的现实性和应用性，召唤着希图切入应用研究的学者纷然加盟，从而使得公共政策具有成为独立分支学科的可能，并在我国政治体制中民主化决策的独特实现方式、政策执行阻滞机制及其消解等方面研究的基座上建设成独立学派。

9. **素质优良的队伍基本形成**

从根本上来说，学术发展取决于学术人才的发展，因此，高校政治学与行政学专业人才是学术发展的本质要素和根基。在学术发展过程中，“政治学界一些具有强烈责任感的前辈学者从一开始就充分认识到培养政治学专门人才和发展政治学研究工具的重要性，他们身体力行，开始有组织地培养年轻专业人才，翻译国外政治学著作，邀请外国政治学者来华讲学，这些努力很快就取得了实际效果。从20世纪80年代末，特别是从90年代开始，一批中青年政治学者脱颖而出，他们的研究成果开始逐渐成为中国政治学的主流”[①]。

经过多年努力，高校政治学“已形成一支有相当实力的政治学研究和教学队伍，初步解决了政治学人才短缺、后继乏人、青黄不接的困难状况”[②]。在发展中，“形成了一支稳定的研究队伍，老、中、青三

① 俞可平. 中国政治学的进程——一个评论性的观察[J]. 学术月刊,2007(11):7.
②汝信. 继往开来，开创中国政治学研究新局面——在“纪念中国政治学会成立20周年暨基层民主建设与社会发展研讨会”上的讲话[J]. 政治学研究,2001(1):5.

代人有机结合的合理梯队活跃在教学、科研第一线，这支队伍的专业水准不断提高、学历层次不断优化、知识结构渐趋合理”[①]。

从队伍的教育状况看，政治学、行政学及相关专业博士、硕士学位的教师逐步占高校教师队伍的多数，在此基础上，高校政治学与行政学教师的教育程度和专业素质不断提高；从队伍的学术能力看，高校政治学与行政学教师承担的国家社会科学基金重大项目；国家社会科学基金和国家自然科学基金重点项目、一般项目和青年项目；教育部重大项目、教育部重点项目和其他项目日益增加，承担国际合作项目数逐步增加，目前已经成为我国政治学与行政学学术研究和专业教育的主力军。同时，高校学者承担和主持政府各部门、地方各级政府和企事业单位的委托项目，承担和主持了国内外、境内外合作项目。这些项目的承担、开展和完成，显示了高校政治学与行政学队伍的能力和素养；从队伍的知识和学科结构看，随着学科基础和知识结构要求的发展变化，学术队伍的学科背景和知识结构发生同步调整和变化，从而逐步形成学术队伍与学科基础和知识基础吻合的状况；从队伍的学缘结构看，国内外不同类型学校之间人才流动性程度逐步提高，学术近亲繁殖的现象逐步减少。

20 世纪 80 年代以来，高校政治学与行政学队伍形成了学术骨干和带头人，这其中有国家教育部“跨世纪人才”7 位，教育部全国优秀青年教师 4 位，国家社会科学重大攻关项目首席专家 6 位，国家教育部重大攻关项目首席专家 11 位，学科带头人和学术骨干 10 余位。

进入新世纪以来，高校政治学与行政学队伍建设得到进一步发展和壮大，有资深教授 4 位，中央马克思主义理论研究与建设工程首席专家 8 位，中央“四个一批人才工程”的理论人才 4 位，国家教育部“新世纪人才”10 余位，长江学者奖励计划特聘教授 4 位，长江学者奖励计划讲座教授 1 位。这些学科学术带头人在高校政治学与行政

① 乔耀章.“新中国政治学的回顾与展望”会议综述[J].政治学研究，1999(4)：90.

学的学科建设、学术发展和教学科研中，发挥了领军和中坚作用。

随着我国高校人事制度和机制的改革，高校政治学与行政学队伍建设出现了更新的气象，一方面，高水平的专家学者应聘加入学科学术队伍；另一方面，恢复重建以来高校政治学与行政学学术队伍建设逐步进入第五代学者发育成长阶段，社会需要、学科基础和训练背景，使得高校政治学与行政学者的新生代呈现更加生机勃勃发展的状况。

10. **国际学术影响逐步扩大**

随着改革开放的深入和国际学术交流的发展，随着我国国际地位的日益提高，高校政治学与行政学的国际学术影响也日益加强和扩大。

高校政治学与行政学相关院系专业与国外、境外大学、学院和系所机构建立了比较稳定的经常性对外学术联系，近 30 年来，高校政治学与行政学者、学生出国访问、讲学和学习的规模逐步扩大，程度转变加深，形式逐步多样。同时，世界许多国家和地区进入我国高校学习、研究、访问和讲学的规模也逐步扩大，形式也逐步趋向多种多样。

高校政治学与行政学的国际合作、港澳台地区合作以及其他相关合作研究得到广泛开展，比如北京大学政治学与行政管理系与美国密歇根大学政治系合作进行的“中国地方政府研究”；中国人民大学与韩国高等教育财团合作的“电子政府与服务型政府”；等等。

高校政治学与行政学加强国际交流，逐步形成经常性国际会议，比如教育部普通高校人文社会科学重点研究基地广州北京大学政治发展与政府管理研究所与韩国成均馆大学东亚学术院的定期联合国际学术研讨会；中国人民大学国际关系学院、广州中山大学政治和公共管理学院、美国中国政治研究学会联合举办的“转型中的中国政治与政治学发展国际研讨会”;中国人民大学公共管理学院、中国行政管理学会、美国行政管理学会联合举办的“中美公共管理国际学术研讨会”国际会议;教育部普通高校人文社会科学重点研究基地广州中山大学行政管理研究中心与澳门行政公职局、澳门大学、澳门基金会联合举办的“21世纪的公共管理:机遇与挑战”国际学术研讨会;等等。

与此同时,高校政治学与行政学者加强了与香港、澳门和台湾地区高校的公共管理学术交流,比如北京大学政治学与行政管理系与台湾大学政治系共同召开研讨会,与高雄中山大学共同召开“地方政府治理”研讨会;浙江大学政治系与台湾地区同行共同召开地方政府研讨会;“公共管理学术研讨会”已经先后在中国人民大学、台湾世新大学、澳门大学和南昌大学召开了四届,发展成为经常性学术会议。

在学术会议和合作研究的基础上,高校政治学与行政学科积极创办国际性学术定期讲座和论坛,其学术影响逐步扩大,比如清华大学公共管理学院的“清华一布鲁金斯公共政策研究中心联合定期讲座”;北京大学政府管理学院的“全球公共政策联盟论坛”;吉林大学行政学院与美国杜克大学联合举办的“政治学方法论定期讲座”;上海交通大学的“公共管理国际论坛”;等等。

近年来,高校学者积极在国外刊物发表学术论文,发表论文的刊物如美国的《政治分析》(*Political Analysis*)、《中国评论》(*China Review*)、《公共行政评论》(*Public Administration Review*)、《公共预算、会计与财政管理》(*Public Budgeting, Accounting, and Finacial Management*),英国的《行政理论与实践》(*Administrative Theory &Practice*),澳门大利亚的《澳大利亚公共行政杂志》(*Australia Journal of Public Administration*),以及日本、加拿大、韩国等国家的专业刊物。同时,高校学者在国外出版著作,这些都对

国外和境外学术界产生越来越大的积极影响。

在国际学术交流中,高校学者的研究及其成就日益得到国际学术界的重视,比如广州中山大学的夏书章教授获任联合国文官制度改革国际研讨会顾问,获得(世界)东部地区公共管理组织(EROPA)"杰出贡献"奖、美国公共行政学会颁发的2006年度"国际公共管理杰出贡献奖"等。

随着我国国际地位和学术影响的扩大,国外了解和知晓我国社会政治经济文化的要求迫切上升,高校学者应聘担任了相关国际组织和国外大学的咨询专家和客座教授。比如,有高校学者担任亚洲开发银行(Asian Development Bank)、联合国发展计划署(UN Development Programs)和世界银行(World Bank)的项目评估专家;有学者担任世界价值调查国际协会(World Value Survey Association)的执行委员;有高校学者兼任国外或境外高校客座研究员;还有高校学者兼担任国外民间学术机构的研究人员。

第二部分　高校政治学学术发展的理论研究和专题探讨

近30年来，我国高校政治学在马克思主义、邓小平理论和"三个代表"重要思想指导下，遵循十一届三中全会确定的基本路线，深入贯彻科学发展观，落实党和政府的方针政策，学术发展与中国人民建设社会主义现代化和改革开放的进程同行，与治国理政和社会主义民主建设的实践同行，与世纪交替和政治文明的发展同行。在这一过程中，高校学者奋力开拓、辛勤耕耘和倾心研究，在学科开创、领域开辟、理论研究、发展探索等方面形成了多方面理论和实践研究成果，谱写了奠基创业的历史篇章，呈现出斑斓灿烂的学术风采。

鉴于教育部对本学术发展报告的要求和篇幅限制，这里的记录和阐述主要集中于高校学者关于党和国家指导思想和治政理念、政治学与行政学基本理论和相关理论、中国政治体制与行政体制改革发展研究和探讨的思想理论成果。

一、党和国家指导思想与治政理念研究

(一)关于社会主义发展阶段和初级阶段理论

高校学者对社会主义发展阶段理论的研究主要集中在如下方面。

1. 社会主义发展阶段理论的早期探索

关于马克思主义经典作家对社会主义发展阶段理论的早期探索，高校学者的研究主要包括以下内容。

(1)马克思、恩格斯对未来社会发展阶段的设想。有学者发现，马克思早在《1844年经济学哲学手稿》中就初步提出了未来共产主义社

会两个阶段的思想,后来在总结1848年欧洲革命经验的过程中,马克思谈到了未来社会分为几个阶段的问题。1875年,马克思在《哥达纲领批判》中第一次科学概括了过渡时期的理论,并正式把共产主义社会划分为两个阶段:共产主义社会第一阶段和共产主义社会高级阶段。[①]这实际上是明确地将工人阶级夺取政权后的社会发展划分为三个阶段:第一,从资本主义向共产主义社会转变的过渡时期;第二,共产主义社会第一阶段(或称低级阶段);第三,共产主义社会高级阶段。[②]由此,马克思、恩格斯确立了最初的共产主义发展阶段理论。马克思、恩格斯主要是依据发达资本主义国家的发展趋势对未来共产主义社会作出预测,至于落后国家要经过哪些社会和政治发展阶段才能同样达到社会主义形态,他们认为在当时只能作一些设想。在这个问题上,一些学者探讨了马克思、恩格斯关于俄国在特定历史条件下可以跨越资本主义"卡夫丁峡谷"的思想,认为这一思想对于认识落后国家的社会主义发展阶段具有重要的历史意义。

(2)列宁对于社会主义发展阶段的探索。列宁继承和发展了马克思、恩格斯关于社会主义发展阶段的理论。有学者指出,列宁首次把马克思所说的"共产主义第一阶段"定名为"社会主义社会",并用不同的术语来描述进入社会主义以后的不同发展程度:如"初级形式的社会主义"、"发达的社会主义"、"完全的社会主义"等,但这些提法只是涉及社会主义发展阶段的一些初步设想,还不是对社会主义发展阶段的严格划分。[③]不过,也有学者认为,列宁把社会主义革命取得胜利后的社会分为三个阶段:即过渡阶段、社会主义社会、共产主义社会,其中社会主义社会又包括两个前后相连的阶段:低级阶段和中级阶段,从而继承、丰富和发展了马克思、恩格斯关于未来社会发展阶段的理论,对于中国共产党人探索社会主义发展阶段问题,有着重要的意义。[④]尽管存在不同的理解,但有两点是共同的:第一,列宁

① 马克思,恩格斯.马克思恩格斯选集:第19卷[M].北京:人民出版社,1963:22—23,31.

② 这类研究文献有很多,在此只能有选择地列出。参见:桑玉成.邓小平理论和"三个代表重要思想"概论[M].上海:上海人民出版社,2003;王兆星.邓小平理论体系研究[M].武汉:湖北人民出版社,1999;田克勤.邓小平理论概论[M].北京:高等教育出版社,1999.

③ 桑玉成.邓小平理论和"三个代表重要思想"概论[M].上海:上海人民出版社,2003.

④ 田克勤.邓小平理论概论[M].北京:高等教育出版社,1999.

第一次把共产主义第一阶段称作社会主义；第二，列宁提出了从社会主义向共产主义过渡有阶段的思想。这两点为社会主义发展阶段理论的探索创立了直接前提。[①]

（3）毛泽东关于社会主义发展阶段的思想。对毛泽东关于社会主义发展阶段的思想，高校学者展开了深入的研究。有学者系统地分析了毛泽东关于社会主义发展"两个阶段论"的形成过程，认为毛泽东在不同时期提出过不同的两个阶段思想。1957 年，毛泽东在《关于正确处理人民内部矛盾的问题》中指出："我国的社会主义制度还刚刚建立，还没有完全建成，还不完全巩固。"[②]毛泽东用"建立"和"建成"两个概念区别了社会主义不同的发展阶段，这种提法具有重要的意义。此后，两个阶段的思想被不停顿地进行生产关系方面的变革和不停顿地向共产主义过渡的思想所取代，由此导致了一些实践中的挫折。直到 1959 年 12 月至 1960 年 2 月，毛泽东在读苏联《政治经济学（教科书）》时才明确提出："社会主义这个阶段，又可能分为两个阶段，第一个阶段是不发达的社会主义，第二个阶段是比较发达的社会主义。后一个阶段可能比前一个阶段需要更长的时间。"[③]对此，有学者指出："把社会主义划分为'不发达的'和'比较发达的'两个阶段的思想，是科学社会主义思想史上继列宁使用过'初级形式的社会主义'、'发达的社会主义'这样一些概念后的继续。……这一理论观点是极有价值的。"[④]"社会主义又可能分为两个阶段"是毛泽东在经历了对社会主义曲折复杂的认识历程后得出的结论，它是中国共产党重新认识社会主义社会、探索我国社会主义发展阶段的理论前导和起点。[⑤]

2. 划分社会主义发展阶段的标准

社会主义发展阶段理论研究的重要课题是阶段划分的标准，高校学者就此展开研究并形成的理论观点主要有：

① 王兆星. 邓小平理论体系研究[M]. 武汉：湖北人民出版社，1999；郭昶，张崇康. 社会主义初级阶段理论的历史探索[J]. 山西师大学报：社会科学版，1988(2).

② 毛泽东. 毛泽东文集：第 7 卷[M]. 北京：人民出版社，1999：214.

③ 毛泽东. 毛泽东文集：第 8 卷[M]. 北京：人民出版社，1999：116.

④ 王敏. 毛泽东的社会主义观[M]. 长沙：湖南师范大学出版社，2002：84—92.

⑤ 熊启珍. 试析毛泽东"社会主义又可能分为两个阶段"的思想[J]. 武汉大学学报：社会科学版，2001(3).

有学者认为,生产力是划分社会主义发展阶段的首要标准,因为社会发展的最深刻的原因在于生产力的发展。有学者认为,占主要地位的生产关系是划分阶段的标准,因为社会性质是由生产关系的性质决定的,而不是由生产力发展水平决定的;生产力的发展只表明社会发展的量变过程,生产关系的变革才是社会发展质变的标志;而且,同一生产力水平可以有不同性质的社会制度,同一性质的社会制度可以容纳不同水平的生产力。有学者认为,划分社会主义发展阶段的标准应当是生产方式,即生产力和生产关系的统一。因为生产方式是社会制度的基础,决定整个社会的面貌。此外,还有学者分别把经济发展水平和相应的人民生活水平、社会经济运行机制以及生产组织形式看作划分社会主义发展阶段的标准。一些学者则认为,应该用综合标准来划分社会主义发展阶段,不可把社会主义发展阶段的标准与社会形态的划分标准等同起来。这种综合标准包括生产力的发展程度、生产关系的成熟程度(不是生产关系的性质)、社会政治的完善程度以及思想文化的发展程度这样四个相互联系、不可分割的方面。[①] 还有学者提出了不同的综合标准,认为只有将生产力、生产关系和上层建筑三者统一起来才能成为划分社会主义初级阶段的综合、全面、系统和科学的标准。[②]

① 秦宣.邓小平理论研究述评[M].北京:中国人民大学出版社,2002:175－176.

② 屈万山.社会主义初级阶段的划分标准和基本特征[J].理论导刊,1988(9).

3. 社会主义初级阶段的理论体系

社会主义初级阶段理论是内容丰富的理论体系,根据高校学者的探讨,可以将这一理论体系的研究归纳为以下方面:

(1)社会主义初级阶段理论的形成依据及其过程。高校学者认为,社会主义初级阶段的形成依据主要包括理论和实际两个方面依据。就理论依据而言,马克思主义经典作家对社会主义发展阶段理论的论述是社会主义初级阶段理论形成的理论渊源。就实际依据而言,学者们作出了不同的概括,但基本上达成了共识。有学者认为,

1956年社会主义改造基本完成以后，我国的具体国情集中体现在：第一，我国已经进入社会主义社会；第二，我国仍处于底子薄、人口多、耕地少、自然资源相对贫乏的经济文化落后状态。[①]也有人从我国社会脱胎于半殖民地半封建社会的历史前提，人口多、底子薄、生产力不发达的现实状况，以及国际社会主义建设史中的经验教训等方面分析社会主义初级阶段理论形成的历史依据。[②]

就社会主义初级阶段理论的形成过程而言，相关研究表明，1981年6月，党的十一届六中全会通过的《关于建国以来党的若干历史问题的决议》，第一次明确提出"我们的社会主义制度还处于初级的阶段"的科学论断；党的十三大比较全面系统地阐述了社会主义初级阶段的理论，是这一理论形成的标志；党的十五大进一步丰富了社会主义初级阶段理论，并进行了更为全面系统的论述。

(2)社会主义初级阶段的历史分期。关于社会主义初级阶段划分标准的研究，如上说明。然而，社会主义初级阶段究竟该定位于哪一段时期，相关的研究给出了不同的说法。有学者认为，社会主义是共产主义的初级阶段，我国现在处在社会主义的初级阶段。我国社会主义初级阶段是从20世纪50年代中期社会主义改造基本完成到高度文明、高度民主的社会主义现代化国家的建成这一段时期。有学者指出社会主义初级阶段与过渡时期具有本质区别，还有学者探讨了社会主义初级阶段与初级阶段的社会主义之间的关系。[③]总之，社会主义初级阶段既不同于社会主义经济基础尚未奠定的"过渡时期"，也不同于未来已经实现社会主义现代化的阶段，它不是泛指任何国家进入社会主义都会经历的起始阶段，而是特指我国在生产力落后、商品经济不发达条件下建设社会主义必然要经历的特定阶段。

(3)社会主义初级阶段的主要内涵与基本特征。高校学者认为，社会主义初级阶段的论断包括两层含义：第一，我国已经进入社会主

① 王兆星.邓小平理论体系研究[M].武汉：湖北人民出版社，1999：126－128.

② 秦宣.邓小平理论研究述评[M].北京：中国人民大学出版社，2002：177.

③ 薛汉伟.论初级阶段社会主义[J].北京大学学报，1998(1)；刘烈龙."初级阶段社会主义"不等于"社会主义初级阶段"[J].理论月刊，1998(5)；徐久刚.不能把"初级阶段社会主义"与"社会主义初级阶段"对立起来[J].理论月刊，1999(1)；余逊达.社会主义初级阶段与初级阶段的社会主义[J].浙江社会科学，1999(1).

义社会,我们必须坚持而不能离开社会主义;第二,我国社会主义现在处于并将长期处于初级阶段,我们必须从这个实际出发,不能超越这个阶段。社会主义初级阶段是"社会主义"与"初级阶段"的辩证统一。社会主义初级阶段中的"社会主义",说的是社会性质和方向前提,"初级阶段",说的是发展水平和过程特征。

高校学者研究指出,中国共产党人对社会主义初级阶段的认识,是随着实践的发展而逐步深化的,这体现在对社会主义初级阶段基本特征的概括上。党的十三大报告把社会主义初级阶段的主要特征概括为五条,10年之后,党的十五大对此又作了精辟的论述,将社会主义初级阶段的基本特征概况为九条,包括现代化发展水平、产业结构状况、经济运行方式、文化教育发展水平、人民富裕程度、地区差别状况、经济政策和其他体制改革、精神文明建设以及国际横向比较等方面的内容。

4. **社会主义发展阶段理论的创新与发展**

有学者指出,以毛泽东、邓小平和江泽民为核心的中国共产党三代领导集体对社会主义发展阶段理论逐步进行了探索、创新和发展。毛泽东对社会主义发展阶段理论进行了有益的探索,既取得了成就,也经历了曲折;邓小平认真总结历史的经验教训,深入研究中国现实国情,提出了社会主义初级阶段理论;在新的历史时期,以江泽民为核心的中央领导集体坚持、运用和发展了邓小平的社会主义初级阶段理论,对社会主义发展阶段理论的创新与发展作出了重要贡献。党的十五大制定了比基本路线更加详细的社会主义初级阶段的基本纲领;党的十六大报告提出了全面建设小康社会的奋斗目标,第一次把全面建设小康社会概括为一个"发展阶段"、"关键阶段",发展了初级阶段理论。有学者认为,以江泽民为核心的中央领导集体对社会主义初级阶段理论的创新和发展主要体现在以下几个方面:"第一,对社会主义初级阶段有了更全面、更深刻的认识,并在此基础上提出了社会主义初级阶段的基本纲领。……基本纲领的制定是对社会主义初级阶段理论的新拓展。""第二,对社会主义初级阶段的长期性有了更加深刻的认识,并区分了'中国特色社会主义'和'初级阶段社会主义'两个概念。……中国特色社会主义概念的内涵扩大,即社会主义不仅在其初级阶段,而且在整个的历史发展阶段中都具有中国特色。""第三,深刻地指出社会主义初级阶段也要经历若干个具体的发展阶段。"① 还有学者指出,"全面建设小康社会是中国特色社会主义发展的一个新的历史时期。它是对马克思主义未来社会发展阶段理论的新发展,是对社会主义初级阶段理论的进一步具体化和深化,是我党对社会主义发展阶段认识的新成果。"②

① 鄢新萍.社会主义发展阶段理论的认识与推进[J].社会主义研究,2004(5):3—5;张奇才.中共三代领导人对社会主义发展阶段理论的创新[J].安徽师范大学学报:人文社会科学版,2002(6).

② 俞玲.社会主义发展阶段理论的新飞跃[J].长江大学学报:社会科学版,2004(2):76—78;常进军,范国庆.中共三代领导人关于社会主义发展阶段的理论探索[J].重庆邮电学院学报:社会科学版,2004(4).

(二) 关于阶级、阶级矛盾与社会阶层理论

高校学者对于阶级、阶级斗争理论的研究主要包括:马克思主义阶级理论研究,西方阶级理论研究,新中国国民经济恢复时期国内主要矛盾研究,以及中国社会主义初级阶段的阶级矛盾与社会主要矛盾问题研究,等等。随着新时期社会发展带来的社会阶层分化,高校学者对社会阶层理论也进行了研究。

1. 马克思主义阶级理论研究

高校学者对马克思主义阶级理论的研究主要集中在以下方面:

(1)阶级的含义和起源。高校学者认为,列宁 1919 年在《伟大的创举》中所界定的阶级应该是阶级的经典定义,这一定义可以分为两部分:一是对阶级概念的一般表述,它概括了阶级概念的四个特征,即阶级是同历史上的生产方式相联系的,生产资料的占有关系是区分阶级的主要标准,阶级地位是由生产资料占有状况决定的,生产方

式也是由生产资料的占有方式所决定;二是对私有制占统治地位时期两大基本对立阶级的特定表述,指明了在一定的社会经济结构中处于对抗地位的两大基本阶级在利益上的根本对立。[①]关于阶级的起源,高校学者从马克思主义经典作家的论述中发现,阶级是生产力发展到一定历史阶段的产物,必须从经济的因素来探究阶级的起源。关于阶级产生的条件,有学者概括为生产力的发展使阶级的出现成为可能,私有制的出现和分工的发展使阶级的出现成为现实;也有学者把阶级产生的条件概括为剩余产品的出现,生产资料私有制的出新,以及社会分工和交换的发展。[②]

(2)阶级划分的标准。高校学者指出,马克思主义认为,对生产资料的占有关系是区分阶级的主要标志。阶级关系的本质就是生产资料占有者与不占有生产资料者之间的剥削与被剥削、统治与被统治的关系。因而,社会阶级划分的根本原因应该从经济方面去寻找,尤其是从生产资料所有制关系方面寻找。

(3)阶级斗争及其目标、作用和结果。所谓阶级斗争,主要是指在阶级社会中不同阶级之间的对抗、对立和冲突,它是阶级整体之间的有组织的斗争,而不是若干阶级成员之间的冲突。有学者从社会形态的角度指出,在剥削阶级占统治地位的整个时期内,阶级斗争经历了奴隶社会、封建社会和资本主义社会三种不同的形态。历史时代不同,阶级斗争和阶级对立的特点也不相同。有学者指出,在阶级社会中不存在各阶级之间的平等,必然存在阶级斗争,而阶级斗争的中心是政治权力,其最终结果必然要导致无产阶级专政。关于阶级斗争的作用,马克思主义认为,那种能够促进社会基本矛盾解决的阶级斗争,是阶级社会向前发展的直接动力。也有学者提出:“马克思主义认为,那种能够促进社会基本矛盾解决的阶级斗争,是阶级社会向前发展的直接动力,但不是唯一的动力,更不是根本动力。”“阶级

① 王邦佐.新政治学概要[M].上海:复旦大学出版社,1998:40—43;王沪宁.政治的逻辑——马克思主义政治学原理[M].上海:上海人民出版社,2004:76.

② 王沪宁.政治的逻辑——马克思主义政治学原理[M].上海:上海人民出版社,2004;王邦佐.新政治学概要[M].上海:复旦大学出版社,1998.朱光磊.政治学概要[M].天津:天津人民出版社,2001.

斗争的作用不仅表现在同一社会形态发展的量变过程中，还突出表现在社会制度的根本质变过程中。”[①]

此外，高校学者还从比较研究的角度探讨了马克思主义阶级理论。例如，有学者在将其与韦伯理论的比较中，从马克思的生产理论、历史维度和价值趋向来理解马克思的阶级理论；也有人借助对赖特的中间阶级理论的分析来论述马克思阶级关系两极分化理论在当代的适用性问题。[②]

2. 社会主义初级阶段的阶级矛盾与社会主要矛盾

高校学者对社会主义初级阶段阶级矛盾与社会主要矛盾的研究主要是以中国共产党历代领导核心的相关论述为依据的。有学者指出，邓小平在马克思主义阶级理论中国化方面作出了突出贡献，主要体现在三个方面：“对中国社会阶级状况进行了科学分析；提出了‘特殊形式的阶级斗争’理论；对处理阶级、阶层矛盾提出了新思路。”有学者指出，邓小平运用马克思列宁主义的基本原理，坚持马克思主义的阶级分析方法，把知识分子看作工人阶级的一部分，把社会主义初级阶段农民的性质界定为社会主义的集体农民，把新出现的社会阶层中有劳动能力的绝大多数人看作社会主义社会中自食其力的劳动者。这就科学地论述了知识分子、农民以及新社会阶层的阶级属性和政治归属问题。[③]有学者对江泽民关于新社会阶层问题的思想进行了研究，认为“江泽民同志‘七一’讲话科学评价了新社会阶层的劳动和劳动所得，对财产多少与政治态度的关系作了明确论述，提出了判断政治态度的标准，破除了影响人们思想前进的一系列障碍，奠定了发展新社会阶层中的优秀分子入党的思想基础”[④]。

有学者首先对主要阶级矛盾与主要社会矛盾的关系进行了研究，认为在剥削阶级占统治地位的社会中，主要的阶级矛盾通常是主要的社会矛盾，然而在剥削阶级作为一个整体被消灭之后，主要阶级

① 朱光磊. 政治学概要[M]. 天津：天津人民出版社，2001：58—77.

② 金林南. 生产、历史与批判——在与韦伯的比较中解读马克思的阶级理论[J]. 马克思主义与现实，2005(1)；吕梁山. 马克思阶级关系两极分化理论在当代的适用性——兼析赖特的中间阶级理论[J]. 辽宁大学学报：哲学社会科学版，2007(2).

③ 杨国斌. 论邓小平对马克思主义阶级理论中国化的贡献[J]. 毛泽东思想研究，2008(4)：74.

④ 郝其宏. 马克思主义党建理论的重大发展——试析江泽民关于吸收新的社会基层中优秀分子入党的论述[J]. 徐州师范大学学报：哲学社会科学版，2001(4)：97—100.

矛盾就不一定是主要社会矛盾。[①]有学者从主次矛盾的辩证关系角度指出,在1956年我国社会主义三大改造完成之前,阶级斗争是我国社会的主要矛盾,在此之后,阶级斗争则由主要矛盾转为次要矛盾,而人民日益增长的物质文化需要同落后的社会生产之间的矛盾则由次要矛盾转化为主要矛盾。

尽管如此,作为特殊形态的阶级矛盾和阶级斗争却仍将在一定范围内长期存在,高校学者就此研究指出:就其内涵而言,所谓特殊形态的阶级矛盾是指无产阶级整体同剥削阶级分子之间的矛盾,是无产阶级同剥削阶级的残余分子和新生的剥削阶级分子以及其他破坏社会主义制度的敌对分子之间的矛盾,不是两个敌对阶级之间的矛盾。就其继续存在的原因而言,主要有三个方面:第一,历史上的剥削制度和剥削阶级遗留下来的影响,不可能在短期内消除;第二,我国经济文化还比较落后,年轻的社会主义制度还有许多不完善的地方;第三,国际敌对势力对社会主义国家实行"和平演变"政策。[②]就其具体的作用形式而言,主要是直接表现的阶级矛盾和激化了的人民内部矛盾。就其特点而言,这种特殊形态的阶级矛盾表现出特殊性、迷惑性、曲折性、复杂性和国际性,无论是阶级斗争的对象、内容和形式,还是阶级斗争的地位和作用,都具有特殊性。就这种阶级矛盾的处理方式而言,有学者区分了阶级矛盾的具体表现形式,认为应该根据不同的情形,采取不同的法律手段;也有学者在阐述了邓小平的论述之后指出,既不能把具有阶级斗争性质的社会矛盾当作阶级斗争,造成阶级斗争扩大化,也不能对阶级斗争的事实视而不见。[③]

还有学者着重分析了社会主义初级阶段的主要矛盾,认为我国当前的主要矛盾是由社会主义初级阶段的基本国情决定的。所谓落后的社会生产,并不是绝对意义上的落后,而是相对意义上的落后。在这个主要矛盾中,矛盾的主要方面是社会生产,解决这个主要矛盾

① 柯祥.历史的经验值得注意——论"过渡时期"主要矛盾问题认识上的误区[J].西安联合大学学报,2000(1).

② 参见潘启泰.马克思主义哲学是认识社会主义初级阶段阶级斗争的思想武器[J].齐齐哈尔师范学院学报,1991(2);王邦佐.新政治学概要[M].上海:复旦大学出版社,1998.

③ 参见王华巍,魏振铭.浅析社会主义初级阶段特殊形态的阶级矛盾[J].长白学刊,1990(2);王邦佐.新政治学概要[M].上海:复旦大学出版社,1998.

需要从发展生产方面入手。正因为如此，社会主义初级阶段的主要矛盾内在地决定了必须以经济建设为中心，这是制定社会主义初级阶段基本路线的主要依据。[①]

3. **社会阶层理论研究**

高校学者对社会阶层的分化和流动作出了描述、分析和解释。概括起来，这些研究主要集中在以下方面：

(1)当代中国社会阶层分化的结构、性质与特征。为了较为清晰地把握当前中国社会阶层的现状，有学者对中国社会科学界关于社会阶层的几种主要分类法作了归纳：第一种分类法以职业分工为标准，把中国社会划分为十六个阶层，涵盖了现阶段中国社会的基本社会群体；第二种分类法使用利益群体的概念，将中国社会阶层结构划分为四个利益群体：即特殊获益者群体、普通获益者群体、利益相对受损群体和社会底层群体；第三种分类法以职业分类为基础，根据组织资源、经济资源和文化资源的占有状况为标准，将中国社会划分为十大阶层：国家与社会管理者、经理人员、私营企业主、专业技术人员、办事人员、个体工商户、商业服务业员工、商业工人、农业劳动者，以及城乡无业、失业、半失业阶层。[②] 十大阶层划分法还在此基础上把这十大阶层划分为五大社会经济等级，包括上层、中上层、中中层、中下层和底层。[③] 还有人从动态历史过程的角度提出了另一种划分方法，认为社会阶层分化是随着经济形式多样化、产业结构调整而发生的一个复合型、多线性的历史过程，根据这一基本线索，形成了现存的四种基本阶层类型：基本阶层，新兴阶层，复兴阶层，以及若干交叉、过渡阶层和“复旧群体”，研究者还对这四种基本类型下的将近十多种具体的阶层和团体进行了细致的分析。[④] 此外，还有学者对新社会阶层的性质以及社会阶层分化的特征进行了分析和探讨。[⑤]

(2)当代中国社会阶层分化的动力、过程与重组。根据近年来高

① 陈占安，孙蚌珠. 邓小平理论和“三个代表”重要思想[M]. 北京：北京大学出版社，2005；桑玉成. 邓小平理论和“三个代表重要思想”概论[M]. 上海：上海人民出版社，2003.

② 这三种分类法的归纳参见：胡秀娥，安姝. 现阶段我国社会阶级阶层变动研究[M]. 北京：中国文史出版社，2005.

③ 汪德平. 社会阶层结构的新变化和劳动价值论的创新[J]. 湖北大学学报：哲学社会科学版，2003(3).

④ 朱光磊. 当代中国社会各阶层分析[M]. 天津：天津人民出版社，2007.

⑤ 参见刘华. 论社会主义初级阶段的新社会阶层[J]. 南方经济，2003(5)；季建国. 现代化：中国社会阶层结构的调适[J]. 社会科学，1991(6)；朱光磊. 从身份到契约——当代中国社会阶层分化的特征与性质[J]. 当代世界与社会主义，1998(1).

校学者对中国社会阶层分化的动力和过程的研究,可以将社会阶层分化的动力概括为两大类:一类是外在动力,包括国家政策的推动作用,市场化改革进程和经济体制转型,经济结构的转变(如所有制结构的变动,产业结构的升级调整和就业结构的转换),收入分配政策及方式的调整,教育和文化的发展,等等;另一类是内在动力,包括社会阶层主体意识的觉醒,利益意识的驱动,以及自身素质的提高,等等。同时,高校学者普遍认为,生产力的迅速发展和市场化取向改革的不断深化是我国社会阶层结构分化的根本原因,而社会阶层分化和重组的过程基本是从解构到结构,从身份到契约。①

(3)当代中国社会阶层分化的多维影响。社会阶层分化的影响是多方面的,高校学者主要从执政党建设、政治秩序与政治发展、经济建设和社会稳定、社会和谐等角度探讨了这种影响。

高校学者认为,社会阶层分化对执政党建设产生了重要的影响。首先,社会阶层分化为巩固党的执政基础和开发、保护党的执政资源提供了一定的机遇。作为执政党的中国共产党,应积极地利用私营企业主、中间阶层和农民工阶层等新兴社会阶层兴起的机遇,开发和拓展执政资源,以提高执政能力。②其次,社会阶层分化也对执政党建设提出了挑战。这些挑战包括:如何引导政治意识,如何协调利益冲突,如何加强党的凝聚力,如何吸收入党,如何提供政治参与的渠道,等等。③而执政党能否驾驭当代中国社会阶层分化所带来的这些问题和挑战,是检验党的执政水平和执政能力的一个重要方面。正因为如此,这类研究还探讨了执政党应该如何应对这些挑战的问题。对此,有学者指出:"中国共产党应该站在巩固执政地位的高度,通过创新与发展自己的功能、政策、组织、人员构成、活动方式方法等,提高党在新的社会阶层中的影响力、吸引力及整合力,赢取整个新的社会阶层的认同、信任、拥护和支持,拓展执政的群众基础。"④也有学

① 胡秀娥,安姝.现阶段我国社会阶级阶层变动研究[M].北京:中国文史出版社,2005;盛晔,张彬.当代中国社会阶层分化:动力、过程和结构[J].内蒙古大学学报:人文社会科学版,2006(7);李新芝.论经济体制转型对中国社会分层机制的影响[J].四川师范大学学报:社会科学版,2007(6).

② 王冠中.转型期中国社会阶层变动与中国共产党执政资源的开发和保护[J].理论与改革,2005(4).

③ 齐卫平,吴鹏森.当代中国的社会阶层分化与执政党建设研究[J].中共党史研究,2002(3);汪永成.新世纪中国共产党加强执政能力建设的环境背景分析[J].理论与改革,2004(5).

④ 汪永成,吴裕得,谢志岿.新社会阶层的政治取向与执政党的发展——基于一项调查的分析[J].理论与改革,2003(6):37—41;齐卫平,吴鹏森.当代中国的社会阶层分化与执政党建设研究[J].中共党史研究,2002(3);蔡建文.社会阶层分化下党的执政能力建设探析——基于社会中间阶层兴起的视角分析[J].理论与改革,2006(2).

者认为，可以从在新的社会阶层中发展党员的角度来增强党的阶级基础，提高党的执政能力。[①]

社会阶层分化对政治秩序和政治发展也产生了重要影响。有关这一论题的研究主要有四种角度：其一，政治参与角度。有学者探讨了私营企业主阶层的政治参与问题，也有学者就整个新的社会阶层在政治参与中所面对的问题及其对策作了分析。[②]其二，政治态度角度。有学者以广东省调查为例，专门就中国社会各阶层的政治心态进行了探讨。研究者主要从政治评价倾向、政治关注倾向、政治参与心理和政治认知等方面对于有代表性的社会阶层政治心态的实际状况、特点、差异及其影响因素加以分析，从各阶层政治心态的角度探讨和论证我国政治体制改革的应然逻辑和有效途径。[③]其三，社会阶层矛盾对政治的影响的角度。有学者研究了各个社会阶层之间的矛盾问题，并提出了相应的对策。他们认为我国社会各阶层之间在总体上不存在对抗性矛盾，更不存在阶级对立，社会各阶层的根本利益、根本目标是一致的，都是中国特色社会主义事业的建设者。[④]其四，政治稳定与政治发展角度。有学者从政治主体、政治权力格局、政治意识和观念、政治关系和政治稳定等多个方面研究了社会阶层结构的变动对政治变化的影响，有学者则探讨了社会阶层分化对政治发展的推动作用。[⑤]

还有高校学者的研究指出，社会阶层分化还对经济发展和社会和谐具有重要影响。

(4)当代中国社会阶层分化的基本趋势。有学者对中国社会阶层分化的总体态势提出了相对具体的观点，认为与各种“体制外”因素相联系的阶层将明显扩大；农民的进一步分化和工人的一体化将同步进行；社会流动趋于加快，“两栖人”趋于减少；“身份”因素将加快退出历史舞台；对分配的控制力度会加大，但差距在短期内难以明

① 陈范华. 增强党的阶级基础，提高党的执政能力——关于在新的社会阶层中发展党员的思考[J]. 西南民族大学学报：人文社科版，2005(12).

② 刘晓文. 新的社会阶层政治参与问题探析[J]. 学术交流，2007(6).

③ 孙永芬. 中国社会各阶层政治心态研究[M]. 北京：中央编译出版社，2007.

④ 周显信. 简论我国社会阶层矛盾的基本现状与基本对策[J]. 马克思主义研究，2003(6).

⑤ 王尚银. 社会阶层结构变动对政治变化的影响[J]. 东岳论丛，2006(6)；黄相怀，余树林. 阶层分化对中国政治发展的挑战与应对[J]. 理论与现代化，2006(2).

显缩小;中等水平收入的阶层规模将会扩大;阶层矛盾增加并非注定引发重大外部性政治冲突。[①]还有学者从人类社会结构变迁的一般规律出发,从相对宏观的角度指出,当代中国社会阶层分化的基本趋势是从“解构”走向“结构”。[②]

① 朱光磊.当代中国社会各阶层分析[M].天津:天津人民出版社,2007.

② 张彬.从“解构”走向“结构”:当代中国社会阶层分化的基本趋势[J].长白学刊,2006(4).

(三)关于党在社会主义初级阶段的基本路线

高校学者对于党在社会主义初级阶段的基本路线和基本纲领的探讨和研究集中体现在以下内容。

1. 党的基本路线的形成过程及其制定依据

高校学者指出,党在社会主义初级阶段的基本路线,是在党的十一届三中全会以后的改革开放和社会主义现代化建设实践之基础上逐步形成的。总体而言,高校学者认为党的基本路线的形成主要经过了一个奠定基础的时期和若干个路线概括的时期。十一届三中全会决定把党和国家的工作重心转移到社会主义现代化建设上来,并作出了改革开放的伟大决策。据此,高校学者普遍认为,党的十一届三中全会已经开始形成基本路线中的主要内容和核心思想,因而开创了党对社会主义初级阶段基本路线的认识过程,奠定了新时期的党的基本路线的基础和框架。十一届四中全会公报第一次对新时期总路线作出了概括;1981 年十一届六中全会通过的《关于建国以来党的若干历史问题的决议》,概括了新时期党的总任务、总路线;1982 年党的十二大报告,对新时期的总任务和总路线作了概括;1987 年党的十三大完整地概括了党在社会主义初级阶段的基本路线,即“领导和团结全国各族人民,以经济建设为中心,坚持四项基本原则、坚持改革开放,自力更生,艰苦创业,为把我国建设成为富强、民主、文明的社会主义现代化国家而奋斗”。标志着党在社会主义初级阶段的基本路线已经完全形成。[①]

关于党的基本路线的制定依据，高校学者的探讨有四种角度：第一种角度从思想路线出发，认为实事求是的思想路线是确立党的基本路线的基础和科学依据；第二种角度从主要矛盾出发，认为社会主义初级阶段的主要矛盾内在地决定了“一个中心、两个基本点”的基本路线，是制定党的基本路线的基石；第三种角度从社会主义初级阶段的长期性出发，认为我国现在正处于并将长期处于社会主义初级阶段，这是制定党的基本路线的现实依据，社会主义初级阶段理论为党的基本路线确立了科学的立论基础；第四种角度从对基本规律的认识出发，认为党的基本路线的依据主要是对我国社会主义建设的基本规律的认识和概括。尽管分析的角度不同，研究者关于党的基本路线制定依据的看法在根本上是一致的，都是从实际出发，将马克思主义基本原理同中国最大的现实国情紧密结合来制定党的基本路线。

2. **党的基本路线的主要内容及其含义**

高校学者对党的基本路线的主要内容及其含义的研究，可以归纳为以下方面：[②]

(1)“把我国建设成为富强、民主、文明的社会主义现代化国家”是党的基本路线所规定的党在社会主义初级阶段的奋斗目标。有学者指出，“富强、民主、文明”既是三位一体的现代化目标，又是有中国特色社会主义的三个重要方面。“富强”是社会经济领域的目标，“民主”是社会政治领域的要求，“文明”是思想文化领域的归宿。三者有机统一，缺一不可，构成为一个全面的奋斗目标。[③]

(2)“一个中心、两个基本点”是实现目标的基本途径和根本保证。高校学者普遍认为，“一个中心、两个基本点”是党的基本路线最核心的内容。

① 秦宣.邓小平理论研究述评[M].北京：中国人民大学出版社，2002；田克勤等.邓小平理论概论[M].北京：高等教育出版社，1999；柯明中，刘文均，饶锋.建设中国特色社会主义概论[M].修订本.北京：中国政法大学出版社，1995；孙显元.邓小平理论[M](上).合肥：安徽教育出版社，1999.

② 关于党的基本路线几个方面内容的概括，参见：柯明中，刘文均，饶锋.建设中国特色社会主义概论[M].修订本.北京：中国政法大学出版社，1995；田克勤等.邓小平理论概论[M].北京：高等教育出版社，1999；毕宪顺.邓小平理论与中国特色社会主义规律[M].北京：新华出版社，2002.

③ 田克勤等.邓小平理论概论[M].北京：高等教育出版社，1999.

“一个中心”,就是以经济建设为中心,大力发展生产力,这是实现社会主义现代化的关键,也是党的基本路线的根本任务。研究者指出,经济建设中心地位的确立,有着深刻的理论根据和现实依据。首先,这是社会主义本质的要求;其次,这是由中国社会主义初级阶段的主要矛盾决定的;再次,我们确定以经济建设为中心,是以科学分析当前国际局势为依据的。

坚持四项基本原则,就是坚持社会主义道路,坚持人民民主专政,坚持中国共产党的领导,坚持马克思列宁主义、毛泽东思想。它是实现根本任务和奋斗目标的政治保证。高校学者普遍认为,四项基本原则是我国的立国之本,规定了我国走什么道路,实行什么样的经济政治制度,由谁来领导和以什么作为指导思想等一系列最根本、最重大的原则问题,决定着国家的性质和发展方向,关系着全国各族人民的利益和命运。[①]对于为什么必须坚持四项基本原则,有学者指出,坚持四项基本原则是中国历史发展的必然结论,是社会主义中国的主要标志,是我们事业健康发展的根本前提与政治保障,只有坚持四项基本原则才能保持一个稳定的社会环境。而要坚持四项基本原则,就必须旗帜鲜明地反对资产阶级自由化,全力巩固人民民主专政,同时还要适应时代的变化与要求,赋予它新的内容。[②]

改革开放是根本动力和基本途径。改革是社会主义发展的直接动力,是解放和发展生产力的必由之路。一方面,社会主义初级阶段的基本矛盾决定必须改变束缚生产力发展的体制性障碍;另一方面,改革也是解放生产力,它不是原有体制细枝末节的修补,而是根本性的变革。因而,根据邓小平的说法,“改革是中国的第二次革命”。有学者进一步阐释了其中的缘由:第一,从改革的目的和性质看,它同革命一样,都是为了扫除发展生产力的障碍,解放生产力;第二,改革涉及社会主义体制的各个方面,如同革命一样具有广泛性;第三,改

① 陈占安,孙蚌珠.邓小平理论和“三个代表”重要思想[M].北京:北京大学出版社,2005;桑玉成.邓小平理论和“三个代表重要思想”概论.上海:上海人民出版社,2003.

② 顾海良.邓小平理论和“三个代表”重要思想[M].北京:中国人民大学出版社,2003.

革必然引起社会生活和人们思想观念的深刻变化，如同革命一样具有深刻性。[①]从根本性质来说，改革是社会主义制度的自我完善。我们的改革不同于一个阶级推翻另一个阶级的政治革命，它是社会主义性质的，必须坚持社会主义方向。

(3)“中国共产党及其领导和团结的全国各族人民”是实施党的基本路线的领导力量和依靠力量。中国共产党是领导和团结全国各族人民的核心力量，是革命和建设的领导核心。坚持党的领导，是社会主义现代化建设的首要前提条件。全国各族人民是贯彻党的基本路线的主体，是实现党的坚强领导的基础，也是社会主义事业发展的力量源泉。

(4)“自力更生，艰苦奋斗”是实现奋斗目标的基本方针。高校学者指出，我国的革命和建设都要把我们的立足点放在依靠自己力量的基点上，都要以高度的事业心和责任感，进行艰苦卓绝的努力。自力更生就是说中国的事情要靠中国自己去解决。当然，自力更生并不排斥外援。艰苦奋斗就是要求党和人民在社会主义现代化事业建设中艰苦创业，奋力拼搏，勇于开拓，同时坚持厉行节约，勤俭建国。

3. 关于党的基本路线的若干重要关系

党的基本路线中的奋斗目标、基本途径和根本保证、领导力量和依靠力量，以及基本方针是具有内在逻辑关系的有机统一整体。学界进一步对党的基本路线的内容和含义中的重要关系进行了研究。

(1)党的基本理论与基本路线的关系。有学者指出，党的基本理论与党的基本路线之间存在着极为紧密的不可分割的联系和关系：一方面，党的基本理论是党的基本路线的基础和前提，党的基本路线是在党的基本理论的指导下形成的；另一方面，党的基本路线是党的基本理论在政治上的落脚点，坚持党的基本理论，最重要最根本的是把它落实到全面地贯彻党的基本路线上去。可以说，党的基本路线

① 桑玉成．邓小平理论和“三个代表重要思想”概论[M]．上海：上海人民出版社，2003.

是贯穿邓小平理论体系的政治主线。

(2)“一个中心、两个基本点”的辩证统一关系。有学者从其相互依存关系出发,认为“一个中心、两个基本点”是一个有机的整体。“一个中心”离不开“两个基本点”,否则,发展生产力的根本目的就不可能实现;“两个基本点”是为“一个中心”服务的,丢掉“一个中心”,“两个基本点”就失去了目的。还有学者指出,要正确理解“一个中心”与“两个基本点”的关系,必须明确坚持以经济建设为中心,“两个基本点”是为“一个中心”服务的。尽管学界对这一关系的研究在角度上和表述上存在诸多不同,但基本认同以下观点:经济建设是中心,四项基本原则是立国之本,改革开放是强国之路;“一个中心”统领和制约着“两个基本点”,“两个基本点”服从和服务于“一个中心”,为经济建设提供政治保证和基本途径;“一个中心”和“两个基本点”统一于建设中国特色社会主义的伟大实践中。

(3)四项基本原则与改革开放的辩证统一关系。有学者认为,两个基本点之间存在“相互依存、相互统一”的关系。还有学者认为,两个基本点相互辩证关系的前提是两者都处于一个统一体内,即处于以经济建设为中心这一根本性全局性的指导方针之内。[①]

(4)改革、发展与稳定的辩证统一关系。有学者探讨了改革、发展与稳定的协调机制问题,认为“社会主义现代化建设必须体现‘改革——发展——稳定’三者统一的原则,以稳定为前提,以改革为动力,以发展为目标,实现‘前提——途径——目标’的有机统一”。而“三者的协调机制,对三者自身和相互关系,都有内在的本质要求,即:可控系统改革+适度持续发展+全面积极稳定”[②]。也有学者从相互包含的角度上分析了三者的关系,认为改革、发展、稳定并不是相互并列的三项工作,而是一项工作的三个方面。改革和发展之中都包含着稳定,而稳定既包含着发展,也服务于发展。[③]总之,高校学

① 秦宣.邓小平理论研究述评[M].北京:中国人民大学出版社,2002.

② 王东.改革、发展、稳定的协调机制论——中国现代化起飞的关键问题[J].北京大学学报:哲学社会科学版,1994(6):4—13.

③ 袁贵仁.试论改革发展与稳定的辩证关系[J].马克思主义与现实,1995(2):35—40.

者的研究指出，改革、发展与稳定有着相互依存、互为条件的辩证统一关系。改革是发展的动力，发展是改革的目的；发展和改革是稳定的基础，而稳定是发展和改革的前提。“发展是硬道理”，要发展就必须改革，在当代中国，“稳定压倒一切”。这是对三者关系的基本共识。

4．坚持党的基本路线的途径和方式

高校学者集中认为：[①]坚持党的基本路线不动摇。必须以邓小平理论武装全党，教育人民；关键是坚持以经济建设为中心不动摇，也有学者认为，坚持党的基本路线不动摇，关键在于领导核心；必须正确处理前述若干重要关系；必须加强党的建设。

① 参见田克勤等.邓小平理论概论[M].北京：高等教育出版社，1999；秦宣.邓小平理论研究述评[M].北京：中国人民大学出版社，2002.

（四）关于邓小平政治思想

高校学者对邓小平政治思想的研究主要集中在三个方面：第一，有关邓小平政治思想科学体系和内容架构的研究，体现着邓小平政治思想研究的全貌；第二，邓小平政治思想研究中的若干重要论题，展现着邓小平政治思想研究的重心；第三，邓小平政治思想对中国政治建设和政治学发展的重大贡献与指导意义，显示着邓小平政治思想研究的价值。

1．邓小平政治思想的科学体系与内容架构研究

高校学者从不同的角度着力探索了邓小平政治思想的科学体系。

有学者指出，邓小平政治思想立足于马克思主义的辩证唯物主义和历史唯物主义，具有严密科学的理论体系。解放思想、实事求是是邓小平政治思想的精髓，全心全意为人民服务是其出发点，发展生产力是其落脚点，建设社会主义民主政治是邓小平政治思想的主题，而照辩证法办事则是邓小平政治思想的重要方法。在此基础上,学者将邓小平政治思想的主要内容概括为十个方面:政治特色论、人民群众论、政治保证论、统一战线论、精神文明论、社会稳定论、惩治腐败论、民主法制论、体制改革论以及国际政治论。[①]在邓小平政治思想的科学体系上,有学者从邓小平与当代中国政治之关系的角度出发,提出了类似的观点,并且在邓小平政治思想的内容架构上提出了新的看法,认为其内容包括政治环境、治国方略、政治制度、国家模本、政治稳定、政治监督、政治文化、政治利益和政治发展等。[②]

有学者把邓小平政治思想体系结构分为三个层次:第一,理论基础,即解放思想、实事求是;第二,出发点和归宿,即最广大人民的利益和愿望;第三,主体架构,即政治本质、当代中国政治构成的基本方面及其治国方略。[③]

还有学者从政治学的角度出发,探讨邓小平政治思想与中国现代化道路之间的内在逻辑,即邓小平的现代化政治逻辑,并阐述了邓小平关于现代化进程中的政治战略、政治策略、政治改革、政治民主、政治发展、政治稳定、政党建设、廉政建设、"一国两制"、全球政治等政治思想,总结了邓小平关于政治与经济、民主与法制、分散与集中、中央与地方、国内与国际等一系列论述。[④]

有学者集中论述了邓小平政治思想的主要内容,即邓小平的社会主义观,包括其社会主义国情观、本质观、发展观、改革观、开放观、市场经济观、民主法制观、精神文明观、外交战略观,以及社会主义主体观,认为这些内容构成了邓小平社会主义观的完整理论体系。[⑤]

还有学者探讨了邓小平政治哲学体系的性质、原则、研究对象、研究规范、主要内容和基本特点,认为其政治哲学包括政治本质论、政治价值论、政治方法论、政治本体论、政治目标论、政治民主论、政治艺术论等,而方向性、实践性、人民性和辩证性则是其基本特点。[⑥]

① 毕宪顺,张子礼.邓小平政治思想论纲[M].东营:石油大学出版社,1995;要兴磊.《邓小平政治思想论纲》评介[J].东岳论丛,1995(6).

② 陈少英,方世南,陆建洪.邓小平与当代中国政治[M].苏州:苏州大学出版社,2002;杨庆.研究邓小平政治思想的新视角——读《邓小平与当代中国政治》[J].苏州大学学报:哲学社会科学版,2003(4).

③ 梅荣政.试论邓小平政治思想体系的结构[J].社会主义研究,1996(5):6-9.

④ 孙关宏等.邓小平政治思想研究[M].对该书的介绍参见:刘世军.邓小平理论中的政治学——读《邓小平政治思想研究》[J].探索与争鸣,1997(7).

⑤ 吴家庆,蒋国海.邓小平的社会主义观[M].长沙:湖南师范大学出版社,2002.

⑥ 张啸尘.邓小平政治哲学思想初探[J].浙江师范大学学报:社会科学版,2002(1);冉兴国等.邓小平政治哲学论纲[J].社会主义研究,2003(2);李俊,任中平.邓小平政治哲学思想析论[J].理论探讨,2005(2);张静如,杨冠琼.邓小平政治哲学解析[J].北京师范大学学报:社会科学版,1996(4).

还有学者从政治文明建设的角度论述了邓小平的政治思想，认为邓小平政治文明建设思想是邓小平理论的重要组成部分，而且邓小平深刻论述了社会主义政治文明建设的战略地位、目标、任务、本质、道路、基本方略、前提条件、动力、关键和根本保证等问题，形成了关于社会主义政治文明建设的科学体系。[①]

2. 邓小平政治思想研究的主要论题

高校学者对邓小平政治思想的研究的主要论题如下。

(1)解放思想、实事求是是邓小平政治思想的精髓。有学者指出，邓小平的政治思想乃至整个邓小平理论都是解放思想、实事求是的产物。邓小平不仅重新确立了"解放思想、实事求是"的思想路线，而且对其进行了新的理论概括，系统阐发了其科学含义、基本内容、精神实质和重大意义。"解放思想、实事求是，既是邓小平全部政治行为的基本准则，也是其政治思维的思想方法论，反映了邓小平政治哲学的本质特征，是邓小平政治思想的精髓。"因而它是邓小平政治思想的哲学基础、逻辑起点和理论前提，也是贯穿于邓小平政治思想的一根主线。[②]

(2)人民的根本利益是邓小平政治思想的出发点和立足点。高校学者普遍认为，邓小平始终把人民的根本利益放在党和国家各项工作的首位。首先，把是否符合人民利益作为党的重大决策的根本准则。以经济建设为中心实际上是以人民利益为中心，改革则是人民的要求，是人民的主意，社会主义现代化建设和改革开放的战略步骤也步步体现着人民的根本利益。其次，把对社会主义本质的理解与人民的根本利益紧密相连。再次，把人民利益作为价值判断的最高标准。高校学者认为，邓小平所概括的"三个有利于"标准是人民利益标准的具体化，实际坚持了生产力标准与人民利益标准的有机统一。

① 秦宣．邓小平政治文明建设思想论纲[J]．毛泽东邓小平理论研究，2005(9)．

② 陈少英，方世南，陆建洪．邓小平与当代中国政治[M]．苏州大学出版社，2002：2—17；毕宪顺，张子礼．邓小平政治思想论纲[M]．东营：石油大学出版社，1995．

(3)党和国家的大局是邓小平政治思想的关键。高校学者对邓小平关于政治大局思想的探讨集中在经济建设、政治稳定和国际政治等方面。第一,经济建设是我国当前最大的政治,而政治就是大局,所以经济建设是大局。研究者认为,邓小平一再指出:“社会主义现代化建设是我们当前最大的政治。”[①]同时,又明确指出:“政治就是大局。”这是贯穿于邓小平政治思想的主线。正是根据这一思想,高校学者指出,邓小平所理解的政治,是长远利益、政治利益、根本利益和国家利益等各种利益关系相互作用的综合表现。[②]在经济建设是大局的问题上,有学者将经济对政治的决定作用称为“经济的政治”,将政治对经济的反作用称为“政治的经济”,认为十一届三中全会以来,“党和国家工作重心的转移过程,实质上就是从‘政治的经济’转向‘经济的政治’的过程,就是恢复、继承、发展马克思主义关于经济决定政治,政治反作用于经济理论的过程。根据我国的国情,应当侧重于强调经济对政治的决定作用的方面。对此,邓小平有许多论述”。因此,“从‘政治的经济’转向‘经济的政治’是邓小平政治思想的主要之点”[③]。第二,稳定压倒一切,保持政治稳定是事关人民最高利益的大局。这也是邓小平大局政治观的一个重要内容。有学者对邓小平有关政治稳定的内涵、重要性,以及如何保持政治稳定的思想作了全面而深入的探讨。第三,和平与发展是当今国际的大局。研究者指出,邓小平所说的和平与发展这一国际大局是全球范围内最大的政治,不仅是中国人民的根本利益所在,也是全世界人民的根本利益所在。国际大局是大前提和大环境,而国内大局是当代中国最大的政治。

(4)建设社会主义民主政治是邓小平政治思想的主题。有学者认为,建设中国特色社会主义民主政治这一主题统领着邓小平政治思想的全部内容。高校学者对这一主题的研究主要集中在以下几下

① 邓小平.邓小平文选:第2卷[M].北京:人民出版社,1994:163,194,234.

② 相关研究参见:陈少英,方世南,陆建洪.邓小平与当代中国政治[M].苏州:苏州大学出版社,2002;叶娟丽.论邓小平关于大局即政治的思想[J].武汉大学学报:人文社会科学版,1999(2).

③ 乔耀章.从“政治的经济”转向“经济的政治”——邓小平政治思想主要之点初探[J].苏州大学学报:哲学社会科学版,1997(4):9-13.

方面：第一，邓小平的社会主义民主观。高校学者认为，邓小平民主观的核心思想就在于认为“没有民主就没有社会主义，就没有社会主义的现代化”[①]。民主既是社会主义的本质要求，又是社会主义现代化的重要目标；中国的社会主义民主政治建设必须从中国国情出发，不能照搬西方民主模式；民主政治建设必须同法制建设紧密结合，民主必须制度化、法律化；社会主义民主政治建设必须有领导、有秩序、有步骤地进行。有学者指出，邓小平揭示了社会主义民主的本质特征，即民主必须与专政、集中、法制、纪律以及党的领导相结合。[②]第二，依法治国，建设社会主义法治国家。高校学者对邓小平有关依法治国的重要性、必要性以及如何实行依法治国的思想进行了探讨。有学者指出，“发展高度的社会主义民主，是邓小平政治思想的灵魂……为了保障人民民主，必须加强法制。法制是邓小平建设有中国特色社会主义政治的成功策略”；“民主与法制的有机结合必然进一步发展为民主化的法制和法制化的民主，而这就是法治”；“从民主、法制到法治，是邓小平建设有中国特色社会主义政治的必然走向”。[③]第三，建设中国特色社会主义政治。[④]

(5)邓小平政治体制与政治制度理论研究。有学者从制度建设的视角来研究邓小平政治体制理论，其中包括研究邓小平对旧体制的批判、体制改革的设想和对新体制建设经验教训的总结，着重研究政治体制改革、民主与法制建设、政党制度建设、领导体制建设、组织人事制度建设、运行机制建设、监督机制建设、民族区域自治制度和“一国两制”建设等，分析了邓小平政治体制理论的历史地位、现实意义和主要特点。[⑤]

(6)邓小平政治思想和政治分析方法的基本特点。有学者指出，邓小平政治思想的主要特征，可以简要地概括为：解放思想、实事求是；在稳定中求发展；政治与经济的有机统一；坚持“两手抓”；注重制

① 邓小平. 邓小平文选：第2卷[M]. 北京：人民出版社，1994：168.

② 宝成关. 政治学思想史[M]. 长沙：湖南教育出版社，2004.

③ 黄强，杨贵龙. 民主·法制·法治——邓小平政治思想探微[J]. 福建行政学院福建经济管理干部学院学报，1999(2)：12—14.

④ 参考前引相关专著以及如下几本教材：田克勤等. 邓小平理论概论[M]. 北京：高等教育出版社，1999；陈占安，孙蚌珠. 邓小平理论和“三个代表”重要思想[M]. 北京：北京大学出版社，2005；桑玉成. 邓小平理论和“三个代表重要思想”概论[M]. 上海：上海人民出版社，2003.

⑤ 李景治等. 邓小平政治体制理论研究[M]. 北京：中国人民大学出版社，1999.

度建设,以法治国。[①]也有学者提出了另一种概括,认为邓小平政治思想的基本特点是:从我国现实社会的客观实际出发,从全党全国理想、方向、全局、战略的角度,深刻揭示了中国现实的政治;从"首要的基本的理论问题"角度,搞清楚中国特色社会主义政治;立足于当代中国的政治实践,以确立"十一届三中全会以来的路线"为重要视角,提出、分析和解决政治问题;从政治问题研究范式的角度看,实现了中国政治理论由"革命论"的研究范式向"建设论"的研究范式的转变。[②]

有学者研究了邓小平政治分析方法的基本特点,包括以辩证的矛盾分析作为政治分析的哲学法则,以着眼于生产力的经济分析作为政治分析的根本方法,以科学的、准确的阶级分析作为社会政治力量分析的指导线索,以利益和利益关系的分析作为分析人民内部政治关系的具体角度,以注重体制分析的制度分析作为探索社会主义政治改革的现实途径。[③]

3. 邓小平政治思想对中国政治和政治学发展的指导意义

高校学者从政治发展和政治学发展的不同角度,研究了邓小平政治思想的指导意义。

(1)邓小平政治思想对当代中国政治发展的指导意义。高校学者从邓小平政治思想的核心内容和内在逻辑来探讨其重要贡献,研究总结为如下方面:第一,真正实现了从"斗争"向"建设"的战略性转变;第二,正确地处理好政治与经济的关系,牢固确立了"抓经济、讲政治"的治国新思维;第三,始终坚持中国政治发展的基本方针和基本目标取向;第四,保持和发挥政治优势,坚定不移地走中国特色的社会主义政治发展道路。

(2)邓小平政治思想对中国政治学发展的指导意义。有学者专门探讨了邓小平理论与当代中国政治学的关系,论证了邓小平政治

① 葛仁钧.论邓小平政治思想的主要特征[J].当代中国史研究,1995(5).

② 金正一,赵立新.论邓小平政治思想的基本特点[J].延边党校学报,2004(3).

③ 王浦劬.试析邓小平政治分析方法的基本特点[M]//现代化进程中的政治与行政.北京:北京大学出版社,1998:3-17.

学理论对当代中国政治学的指导意义，探讨了邓小平理论对于当代中国政治学各分支的贡献和指导价值，分析了邓小平理论与马克思主义政治学学科发展趋势的关系。[①] 有学者研究了邓小平政治思想对马克思主义政治学说的贡献，其中包括实现了社会主义理论从“以政治革命为中心”向“以经济建设为中心”的转变，改革政治体制和完善社会主义政治制度，创造性地发展了马克思主义，以及提出一系列的治国方略，等等。[②]

还有学者研究了正确理解和科学确立邓小平理论在当代中国政治学研究中的指导地位的问题，认为以邓小平理论指导政治学研究，重要的是运用邓小平理论的立场、观点和方法，理论联系实际，以有中国特色社会主义民主政治建设中的实际问题为核心内容，把经验研究与规范研究、宏观研究与中观及微观研究很好地结合起来。[③]

(五)关于“三个代表”重要思想

高校学者对“三个代表”重要思想的研究集中在如下方面。

1. “三个代表”重要思想的形成与发展

高校学者在这方面的研究集中于“三个代表”重要思想形成与发展的前提条件和具体过程等方面。就前提条件而言，主要包括“三个代表”重要思想形成的时代背景、实践基础、历史依据和现实依据。[④] 有学者认为，“三个代表”重要思想形成的时代背景包括全球化“一个时代”说，社会主义与资本主义“两大阵营”说，政治、经济、文化的变化“三大要素”说，包括经济全球化、信息网络化、科技一体化和政治多极化在内的“四大潮流”说，等等。[⑤] 关于“三个代表”重要思想的实践基础、历史和现实依据的研究，高校学者普遍认为，当今世界的发展变化，如世界格局的深刻变动、经济全球化的深入发展和科技革命

① 宁骚，关海庭. 邓小平理论与当代中国政治学[M]. 北京：北京大学出版社，2002.

② 戚珩. 邓小平政治思想对马克思主义政治学说的新贡献[J]. 苏州大学学报：哲学社会科学版，1996(2).

③ 钱振明. 以邓小平理论指导政治学研究[J]. 探索，1998(2)：50—53.

④ 陈占安，孙蚌珠. 邓小平理论和“三个代表”重要思想[M]. 北京：北京大学出版社，2005.

⑤ 秦宣. “三个代表”重要思想研究述评[M]. 北京：中国人民大学出版社，2006.

的全面推进,是“三个代表”重要思想形成和发展的时代背景;自1989年党的十三届四中全会以后的13年间的实践及其经验为“三个代表”重要思想的形成奠定了最坚实的实践基础;马克思列宁主义、毛泽东思想和邓小平理论则为之提供了理论基础。[1]

就“三个代表”重要思想形成和发展的具体过程而言,高校学者作了不同的时期和阶段划分。较为普遍的观点是从历史的线性发展角度把它分为提出、形成和发展三个阶段。其中有学者将这一过程分为初步酝酿、概念提出、完整阐述并确立为指导思想三个阶段。也有学者将之称为孕育、形成和发展三个阶段:从党的十三届四中全会到2000年2月之前是孕育阶段;从2000年2月江泽民考察广东并发表讲话到2001年庆祝中国共产党成立80周年之前是形成阶段;从2001年7月到中共十六大召开是发展阶段。虽然提法不同,但观点基本一致。[2]

2. **“三个代表”重要思想的科学内涵与主要内容**

“三个代表”重要思想的科学内涵和主要内容,是高校学者研究的重点。

关于“三个代表”重要思想的科学内涵,有学者从“三个代表”及其辩证关系来解释“三个代表”重要思想的科学内涵。有学者从“三个代表”重要思想的丰富内容所体现的基本思想出发,认为其科学内涵具体体现在:第一,它是对“什么是社会主义、怎样建设社会主义”问题的进一步回答,这包括进一步回答建设中国特色社会主义的发展道路、发展阶段、发展战略、根本目的、根本任务、发展动力、依靠力量、外交和国际战略等重大问题;第二,它是对“建设一个什么样的党、怎样建设党”问题的创造性回答,这包括明确地回答了党的根本性质、历史方位、执政地位、执政目标、奋斗纲领、执政基础和自身建设等重大问题,切实解决好提高党的领导水平和执政水平、提高拒腐

① 顾海良.从“三个代表”重要思想到科学发展观[M].北京:高等教育出版社,2007;王先俊,张奇才,高礼正.当代中国的马克思主义——邓小平理论和“三个代表”重要思想[M].北京:人民出版社,2005.

② 顾海良.从“三个代表”重要思想到科学发展观[M].北京:高等教育出版社,2007;王先俊,张奇才,高礼正.当代中国的马克思主义——邓小平理论和“三个代表”重要思想[M].北京:人民出版社,2005;彭京华,何绍铭.邓小平理论和“三个代表”重要思想概论[M].北京:社会科学文献出版社,2005.

防变和抵御风险能力这两大历史性课题;第三,它是一个完整的科学的思想体系。[①]还有学者从理论概念、理论体系和行动纲领三个层面阐释"三个代表"重要思想的科学内涵。在对各个概念及其内在的辩证统一关系作了科学、精辟的阐释基础上,研究者指出,"三个代表"重要思想不仅是包含了精髓、主题、中心问题、基本内容、核心和本质在内的科学理论体系,而且是党的各级组织和全体党员的行动纲领。[②]

① 顾海良.从"三个代表"重要思想到科学发展观[M].北京:高等教育出版社,2007.

② 关于"三个代表"重要思想的科学内涵,参见:秦宣."三个代表"重要思想研究述评[M].北京:中国人民大学出版社,2006:105—114.

关于"三个代表"重要思想的主要内容,有学者认为,"三个代表"的表述即"代表中国先进生产力的发展要求,代表中国先进文化的前进方向,代表中国最广大人民的根本利益",是其核心内容。有学者认为党的十六大报告归纳的十条基本经验既是"三个代表"重要思想形成的认识和实践基础,又是其主要内容。大多数学者认为,中共中央印发的《"三个代表"重要思想学习纲要》从16个方面对"三个代表"重要思想的主要内容所作的新概括,包括:建设中国特色社会主义的思想路线、发展道路、发展阶段和发展战略、根本任务、中国特色社会主义改革、对外开放、经济建设、政治建设、文化建设、国防和军队建设、爱国统一战线、祖国完全统一、外交和国际战略、中国特色社会主义的领导核心、执政党建设及根本目的,完整地揭示了"三个代表"重要思想的内容,是学界进行相关研究的重要依据。

3."三个代表"重要思想的科学理论体系与理论特征

高校学者对"三个代表"重要思想的科学理论体系作了探讨。总的来看,这方面研究从判断科学理论体系的标准出发,进而分析"三个代表"重要思想科学理论体系的内部构成,然后再归纳其理论特征。

(1)判断"三个代表"重要思想作为科学理论体系的标准。有学者指出,要构成一个完整的科学理论体系,必须具备三个要素:一是哲学基础,即科学的世界观和方法论;二是立论基础,即着力研究和解决的中心问题或主题;三是围绕主题的全面而系统的基本观点系列。另有学者提出了四个必备要素:一是要有一个坚实的理论基础;二是要有一个贯穿全部理论的明确的主题;三是要有一系列围绕这个主题的首尾连贯、紧密联系、相互贯通的基本观点;四是它必须在实践基础上产生又回到实践中指导实践并为实践证明其正确性。[①]据此,高校学者认为"三个代表"重要思想符合这些标准,是科学的理论体系。

还有学者认为,"三个代表"重要思想之所以是科学的理论体系,是因为:第一,"三个代表"重要思想是内容丰富的有机统一整体,先进生产力是基础和前提,先进文化是灵魂和旗帜,最广大人民的根本利益是主体和目的,三者统一于党的建设新的伟大工程和建设中国特色社会主义的伟大实践;第二,"三个代表"重要思想与马克思列宁主义、毛泽东思想、邓小平理论是一脉相承的科学体系,它们以唯物史观为共同的哲学基础、具备与时俱进的共同理论品格、有着视人民利益高于一切的共同价值取向;第三,"三个代表"重要思想是一个需要不断发展的科学体系。[②]

(2)"三个代表"重要思想的科学理论体系。大多数高校学者从"三个代表"重要思想的科学内涵与主要内容出发,阐明其科学理论体系。学者指出,"三个代表"重要思想具备自身的精髓、主题、目标、核心、本质、中心问题和系列观点,涵盖了社会主义经济建设、政治建设、文化建设、社会建设和党的建设以及国防和军队建设、祖国统一、国际战略和外交工作等方面,涉及改革发展稳定、内政外交国防、治党治国治军等内容,是完整的科学的思想和理论体系。

总之,高校学者认为,"三个代表"重要思想作为科学的理论体系,其内容主要包括以下方面:

① 彭京华,何绍铭.邓小平理论和"三个代表"重要思想概论[M].北京:社会科学文献出版社,2005:349.

② 王先俊,张奇才,高礼正.当代中国的马克思主义——邓小平理论和"三个代表"重要思想[M].北京:人民出版社,2005.

第一，“三个代表”重要思想的精髓。有学者认为，“三个代表”重要思想的精髓是解放思想、实事求是、与时俱进。解放思想要求实事求是，实事求是内含解放思想；解放思想、实事求是，关键在于做到与时俱进；三者具有内在的统一性，是一个思想内涵丰富、理论形态完备的有机统一整体。有学者区分了“三个代表”重要思想的精髓和精神实质。有人认为精神实质是坚持党的先进性，有人认为是立党为公、执政为民，也有人认为应该包括精髓、核心和本质甚至包括主题，还有人认为应该从科学精神、时代精神和创新精神三个方面来把握“三个代表”重要思想的精神实质。[①] 还有学者从认识论基础、历史唯物论基础、马克思主义价值论以及辩证唯物主义方法论基础等方面专门探讨了“三个代表”重要思想的哲学基础。[②]

第二，“三个代表”重要思想的主题。有学者认为“三个代表”重要思想的主题是“建设一个什么样的党、怎样建设党”，有学者认为“三个代表”重要思想的主题是党的先进性和社会主义制度优越性的统一，而发展是实现这一主题的根本途径。还有学者倾向于认为建设中国特色社会主义是“三个代表”重要思想的主题，而发展是执政兴国的第一要务。[③]

第三，“三个代表”重要思想的奋斗目标和历史使命。有学者认为，“三个代表”重要思想的奋斗目标是全面建设小康社会，其历史使命是实现中华民族的伟大复兴。党的十六大从政治、经济、文化等方面勾画出了全面建设小康社会的基本目标。据此，高校学者从多种角度分析了全面建设小康社会这一奋斗目标的丰富内涵，也研究了实现这一奋斗目标必须仅仅抓住的重要战略机遇期。

第四，“三个代表”重要思想的核心。对此，高校学者普遍认为，核心是坚持党的先进性。学者阐述了党的先进性的科学内涵、根本特点、时代要求、评价标准与实现途径，认为保持党的先进性的前提

① 王炳林，于昆.“三个代表”重要思想精神实质研究的回顾与思考[J]. 高校理论战线，2005(2)；王炳林，于昆. 论“三个代表”重要思想的精神实质[J]. 高校理论战线，2005(11).

② 梁树发.“三个代表”重要思想的哲学基础[J]. 中国人民大学学报，2003(4).

③ 张守民，张瑞芝. 牢牢把握建设中国特色社会主义这个主题[J]. 高校理论战线，2006(10)；夏文斌. 深刻理解“三个代表”重要思想的主题[J]. 中国特色社会主义研究，2004(5)；郑又贤. 关于“三个代表”重要思想主题的几点新思考[J]. 福建农林大学学报：哲学社会科学版，2004(1).

在于确立正确的理论和路线,关键在于坚持和改善党的领导,改进党的领导方式和执政方式,提高党的执政能力和执政水平,提高党的拒腐防变和抵御风险能力。党要管党,从严治党是保持党的先进性的重要保障,而保持和发展党员的先进性是党的先进性建设的基础工程。

第五,"三个代表"重要思想的本质。高校学者认为,本质是立党为公、执政为民。学者的研究主要集中在如何正确认识"三个代表"重要思想的本质和如何实现执政为民等方面。高校学者从党的性质、宗旨、历史和现实需要等各个角度论证"三个代表"重要思想的本质是立党为公、执政为民。关于执政为民的途径,高校学者普遍认为,首先必须坚持把人民的根本利益作为出发点和归宿,并且要具体落实到党和国家的方针政策中去,落实到各级领导干部的思想和行动中去,落实到关心群众生产生活的工作中去。其次必须防止脱离人民群众,因为这是党执政后的最大危险。最后要以最广大人民的根本利益为最高标准,实现好、维护好、发展好最广大人民的根本利益。也有学者指出,党要更好地代表最广大人民群众的根本利益,根本的途径就在于实行民主政治,因为"民主政治真正体现了先进文化的前进方向,反映了先进生产力的发展要求。它不仅是党赖以代表人民群众利益的根本的制度化途径,而且是社会主义不懈追求的价值目标和制度形态,是关系社会主义前途和命运的重大问题"。①

(3)"三个代表"重要思想的理论特征。高校学者认为,"三个代表"重要思想具有鲜明的理论特色,概括起来有务实性、时代性、现实性、战略性、针对性、创新性、根本性、超越性、前瞻性和系统性,等等。有学者指出,"三个代表"重要思想具有三大价值特征,包括价值文本的客观性,价值内涵的辩证性和价值取向的人民性。同时,有学者认为"三个代表"重要思想具有三大理论特征,即丰富和发展了党的思

① 胡伟. 以"三个代表"为指南,努力建设社会主义民主政治[J]. 上海交通大学学报:哲学社会科学版,2001(2):16—19.

想路线;对改革开放以来的实践经验进行了系统的总结和科学的概括;进一步揭示了中国共产党执政、社会主义建设和人类社会发展三大规律,开辟了党建和科学社会主义理论的新境界。还有人认为"三个代表"重要思想的思想特征在于坚持了四个统一:与马克思列宁主义、毛泽东思想、邓小平理论一脉相承和与时俱进的统一;指导党的建设和指导国家建设的统一;反对"左"和警惕右的统一;知和行的统一。[①]也有学者指出,"三个代表"重要思想实现了四个重要的转变:在概念上,对中国共产党的界定从内涵定义为主转变到外延定义为主;在性质上,从政治界定转变到全面界定;在结构上,从两分法转变到三分法;在价值评判上,从真理原则转变到真理原则与价值原则的统一。[②]

还有学者还从权力的角度出发,认为"'三个代表'重要思想蕴含着一种独特的权力观。它揭示并强调权力的人民性和共产党的领导具有一致性,党的领导和各级党政领导干部必须符合'三个代表'重要思想的要求,并按照'三个代表'重要思想的要求选择权力客体和使用权力"[③]。

4. **"三个代表"重要思想的历史地位和重要贡献**

关于"三个代表"重要思想的历史地位,高校学者指出,我们党对"三个代表"重要思想的历史地位的认识经历了一个渐进的过程:一方面,党对"三个代表"重要思想在马克思主义科学体系中的历史地位的认识有一个过程;另一方面,党对"三个代表"重要思想在党和国家全部思想和工作中的地位的认识也有一个过程。[④]由此可见,对"三个代表"重要思想的历史地位的认识,实际上有两种角度。一是"三个代表"重要思想在马克思主义科学体系中的地位。高校学者普遍认为,"三个代表"重要思想与马克思列宁主义、毛泽东思想、邓小平理论是一脉相承而又与时俱进的理论体系,是马克思主义中国化

① 唐志龙."三个代表"的价值特征[N].光明日报,2002-12-31;李泽泉.新实践 新理论 新局面——学习"三个代表"重要思想的体会[N].光明日报,2003-08-20;赵诗清.论"三个代表"的思想特征[N].光明日报,2003-07-16;秦宣."三个代表"重要思想研究述评[M].中国人民大学出版社,2006.

② 罗争玉,李屏南."三个代表"重要思想的结构解读和价值评判[J].马克思主义研究,2002(1):23-27.

③ 余章华.论"三个代表"重要思想中的权力观[J].毛泽东思想研究,2003(2):21-23.

④ 颜贻极.论我党对"三个代表"重要思想历史地位的认识过程[J].探索,2004(5).

的最新理论成果,既是对马克思主义的继承,又是对马克思主义的创新和发展。二是"三个代表"重要思想在党和国家建设中的地位。有学者认为"三个代表"重要思想从提出到形成经历了四次提升:第一次是从把"三个代表"重要思想看作对"三讲"教育的指导意见提升到治党理论;第二次是从治党理论提升到治党、治国、治军理论;第三次是从治党、治国、治军理论提升到党必须长期坚持的指导思想;第四次是把"三个代表"重要思想写入宪法实现了从党的指导思想到国家的指导思想的提升。

关于"三个代表"重要思想的重要贡献,有学者从作为思想体系的科学理论出发,认为"三个代表"重要思想实现了马克思主义理论创新,对马克思主义哲学、马克思主义政治经济学、科学社会主义、马克思主义党的建设理论以及中国特色社会主义发展理论,作出了重大的新贡献。[①]有学者认为,"三个代表"重要思想的重大贡献在于对"什么是社会主义、怎样建设社会主义"这一社会主义本质问题的进一步回答,对"建设一个什么样的党,怎样建设党"这一共产党执政问题的创造性回答,从而丰富和发展了马克思主义学说,实现了马克思主义中国化的新飞跃,开辟了马克思主义中国化的新境界。

① 荣长海,张春新,姜晓梅. 作为思想体系的"三个代表"重要思想研究[M]. 北京:人民出版社,2007.

(六)关于科学发展观与构建社会主义和谐社会

高校学者对科学发展观和构建社会主义和谐社会的研究主要集中在以下方面。

1. 科学发展观的提出依据和形成过程

高校学者关于科学发展观与和谐社会的政治学研究,集中在其形成的时代背景、实践基础、理论渊源、形成过程、重大贡献、理论地位和指导意义等方面。

(1)科学发展观形成的时代背景和基本依据。

就时代背景而言,高校学者的研究指出,复杂多变的国际环境背景,既为我国的发展提供了诸如和平与发展潮流、经济全球化趋势、科技日益进步等有利的条件,也使我国的发展面临不少制约因素和严峻挑战。我国新世纪新阶段经济社会发展呈现出阶段性特征,其发展任务和阶段性特征要求与之相适应的发展理念和战略。有学者指出,科学发展观形成的时代背景体现在它是社会主义现代化的本质要求,是 21 世纪人类社会发展的要求,也是对苏联变化历史教训的深刻反思。

就基本依据而言,高校学者的研究主要涉及内容有:其一,理论依据。高校学者从马克思主义经典著作和党的指导思想中探讨科学发展观的理论渊源,认为科学发展观是在继承马克思主义发展观和党的三代中央领导集体关于发展的重要思想的基础上发展形成的。其二,实践基础。科学发展观是在总结我国社会发展的实践经验、深化对社会主义建设规律认识的基础上形成的。其三,国际经验教训。科学发展观是在正确借鉴世界各国发展经验教训、吸收人类文明进步最新成果的基础上形成的。这些经验教训既包括发达国家反省自身发展中的问题时所得出的结论,如增长不等于发展,经济发展不等于社会进步,必须尊重人在发展中的主体地位,发展不能以牺牲生态环境为代价,等等,还包括苏联和第三世界国家所提供的经验教训。[①]

(2)科学发展观的形成过程。有学者认为,科学发展观的形成过程大体上经历了三个阶段。一是提出基本命题的阶段,从 2003 年春抗击“非典”胜利后提出和谐发展方针,到 2003 年 10 月十六届三中全会审议通过《中共中央关于完善社会主义市场经济体制若干问题的决定》。二是形成理论的阶段,从 2003 年 10 月到 2004 年 3 月胡锦涛在中央人口资源工作座谈会上发表讲话。三是确立重要地位的

① 顾海良.关于科学发展观提出的时代背景和基本依据[M]//顾海良.从“三个代表”重要思想到科学发展观.北京:高等教育出版社,2007;鲍宗豪等.科学发展论[M].上海:上海社会科学院出版社,2007;徐晨光.统领——科学发展观研究[M].长沙:湖南师范大学出版社,2006.

阶段,从2004年3月到2005年12月胡锦涛在青海结束考察工作时发表讲话。十六届四中全会和十六五中全会逐步明确了科学发展观在我国社会主义现代化建设中的指导思想地位,而2005年12月胡锦涛所发表的关于《全面贯彻落实科学发展观,推进经济社会又快又好发展》的重要讲话,则对科学发展观的重要意义和指导作用作了集中概括。[①]还有学者从新中国成立以来的发展实践历程分析了中国共产党人探索科学发展的道路,认为科学发展观的演进大体上经历了三个阶段:1949年新中国成立后的29年是“粗放的发展观阶段”;1978年党的十一届三中全会以来的24年是“超常规和非均衡的发展观阶段”;党的十六大以来是“科学发展观形成的阶段”。[②]

① 顾海良.从“三个代表”重要思想到科学发展观[M].北京:高等教育出版社,2007.

② 徐晨光.统领——科学发展观研究[M].长沙:湖南师范大学出版社,2006.

2. **科学发展观的科学内涵和理论体系**

(1)科学发展观的科学内涵和精神实质。高校学者从多种角度阐发科学发展观的科学内涵和精神实质,由此形成的基本共识为:科学发展观的内涵和实质是以人为本,坚持发展的全面性、协调性、可持续性。这其中,发展是第一要义,实现经济社会又快又好地发展是内在实质,以人为本是核心和根本目的,全面发展是主要内容,协调发展是基本原则,可持续发展是基本道路和综合要求,统筹兼顾是指导方针和根本方法。

有学者认为,科学发展观具有确定的内涵,它的基本观点包括:人本发展、全面发展、协调发展、持续发展、和谐发展、科学改革和科学开放观,以及科学党建观。有学者指出,科学发展观既是历史逻辑与现实逻辑的辩证统一,又是自然逻辑与人文逻辑、社会逻辑的辩证统一,这种辩证逻辑超越了“经济增长逻辑”、“现代化逻辑”和“生态主义逻辑”,是科学发展观深刻的逻辑内涵。在此基础上,他们进一步从科学发展观的科学理性、实践理性、价值理性内在一致性的科学建构,来揭示科学发展观的深刻内涵。同时,他们还从社会需求和谐对社会走向科学发展所具有的普遍价值来阐释科学发展观的精神实质。所谓社会需求的和谐，主要是社会需求关系的和谐、社会需求关系和社会需求意识的和谐，其本质特征在于社会需求的开放性、多元性和过程性。[①]有学者还对科学发展观“以人为本”的深刻意蕴进行了阐发，认为以人为本是历史主体性与目的性的统一，人本身是历史的主体和发展的动力，而人的全面发展又是发展的根本目的。当然，对“以人为本”中的“人”的理解是存在争议的，有人认为这里的人只能是普遍意义上的人，是作为社会整体的人，也有人认为还包括作为个体的人。

还有学者在分析中国政治学发展走向的过程中探讨了以人为本的政治学意义，认为“政治学从根本上说，是研究人的生存价值，是一种研究如何实现人类福祉的学问。其目标是使所有人如何生活得更好，如何生活的更有意义、更有价值”。也就是说，以人为本的人文精神是中国政治学发展的题中应有之意。[②]

(2)科学发展观的理论体系。有学者指出，科学发展观作为指导发展的科学的世界观和方法论，具有清晰的理论框架，具备完备的理论体系。在这一科学的理论体系中，发展是第一要义，以人为本是核心，全面协调可持续发展是基本要求，统筹兼顾是落实科学发展观的根本方法，实现经济社会又好又快则是其实质，“一个中心、两个基本点”的基本路线是科学发展所要坚持的根本原则，构建社会主义和谐社会是科学发展观的根本目标，坚持改革开放是推动科学发展的根本动力，加强的党的执政能力和先进性建设是落实科学发展观的根本保证。

高校学者进一步认为，科学发展观有其哲学依据、思想路线和鲜明主题，解决了中国特色社会主义道路的建设目标、发展动力，依靠力量和外部条件等一系列问题，因此是完整的理论体系。有学者从

① 鲍宗豪等.科学发展论[M].上海：上海社会科学院出版社，2007.

② 孙关宏，蒋一澄.中国政治学发展的走向：人文精神与科学精神的融通[J].同济大学学报：社会科学版，2005(6)：57－61.

更广的视域论述了科学发展观作为完整理论体系的基本架构:科学发展观是指导发展的世界观和方法论,求真务实是科学发展观的思想路线,以人为本是其核心价值,发展是第一要义,全面协调可持续发展是基本要求,改革创新是源泉动力,社会主义和谐社会是战略目标,党的执政能力建设和先进性建设是根本保证,社会主义荣辱观是道德基础,和平发展是路径选择。[①]还有学者认为,科学发展观之所以是关于发展的科学理论体系,是因为它的重要观点从整体上全面、系统地回答了在我国"何为发展"、"为何发展"、"如何发展"的基本问题。

(3)科学发展观的基本特征。有学者认为,科学发展观的基本特征在于其发展的全面性、内生性、协调性、开放性和可持续性。需要指出的是,所谓发展的内生性,是指发展的最基本的生长力量存在于民族的内部而不是别的地方,这一内生性含义对于后发展国家至关重要。[②]有学者指出,科学发展观的基本特征在于其时代性与指导性、继承性与创新性、科学性与实践性、全面性与人本性、和谐性与系统性、整体性与层次性、开放性和前瞻性,等等。还有学者指出,发展价值的至上性、发展目的的人本性、发展效益的综合性、发展主体的全面性、发展客体的协调性、发展理论的科学性、发展动力和战略的系统性,以及发展模式选择的合理性是科学发展观的基本特征。[③]有些学者分析了科学发展观的几个维度特征:在空间数量维度上重视发展的全面性,在空间质量维度上强调发展的协调性,在纵向时间维度上注重发展的可持续性。[④]

3. 构建社会主义和谐社会是科学发展观的目标选择和价值追求

高校学者在这一问题上的研究和探讨主要集中在以下几个方面。

(1)社会主义和谐社会的科学内涵、基本特征和政治学含义。有

① 徐晨光.统领——科学发展观研究[M].长沙:湖南师范大学出版社,2006.

② 鲍宗豪,张华京.科学发展观论纲[M].上海:华东师范大学出版社,2004.

③ 王忠武.试论科学发展观的基本特征[M].理论与现代化,2004(3).

④ 余维祥.论科学发展观的多维度特征[J].经济与社会发展,2005(6).

学者认为，社会主义和谐社会的基本内涵包括：第一，“从社会活动主体的角度看，社会主义和谐社会包括人与人、人与社会、人与自身、人与自然的和谐关系”；第二，从价值取向上看，社会主义和谐社会的价值取向不是物而是人，因而是以人为本的社会；第三，“从社会结构的角度来看，社会主义和谐社会是一个有机系统，系统内部的各个子系统之间彼此平衡协调融洽”，内部结构和外部环境均达到和谐；第四，从经济和谐角度看，社会主义和谐社会蕴含着发展的思想，应该是一个经济持续稳定增长、人们生活相对富裕、经济政治文化全面、协调、可持续发展的社会；第五，从政治和谐的角度看，社会主义和谐社会是一个民主法治、公平正义和善治的社会；第六，从文化和谐的角度看，社会主义和谐社会是一个诚信友爱的道德和谐社会。有学者指出，为了准确理解社会主义和谐社会的科学内涵，必须把握其六个基本特征：即民主法治、公平正义、诚信友爱、充满活力、安定有序、人与自然和谐相处。这六个基本特征相互联系，相互作用，蕴涵着社会主义和谐社会的丰富内涵，共同构成一个完整的社会主义和谐社会体系。①

高校学者还探讨了和谐社会的政治学意义。有学者指出：“政治学是一种摆平矛盾的科学或艺术。矛盾的对立和统一，是世界万物发展的普遍规律。所以和谐社会也不是静止的，一成不变的。和谐社会应该是一个不断克服矛盾的过程。随着矛盾的不断克服，国家社会才得以不断发展、前进。”② 还有学者从政治学的理论视角，阐述了“构建和谐社会是政治指导思想与政治目标的高度统一和与时俱进；坚持‘以人为本’是构建和谐社会的根本要求与政治建设本质要求的有机统一”③ 。

(2)构建社会主义和谐社会的指导思想、目标任务和基本原则。高校学者指出，构建社会主义和谐社会必须坚持以马克思列宁主义、

① 张爱华，张有奎. 社会主义和谐社会的基本内涵[M]//李崇富，李建平. 科学发展观与历史唯物主义. 北京：人民出版社，2006；朱西周. 和谐社会的内涵与特征[M]//秦宣. 构建社会主义和谐社会专辑. 北京：中国人民大学出版社，2005；杨思远，王玉玲，刘颖. 新大同说——社会主义和谐社会论[M]. 石家庄：河北教育出版社，2005.

② 赵宝煦. 政治学与和谐社会[J]. 北京大学学报：哲学社会科学版，2005(6)：117－120.

③ 王斌，李康平. 论构建和谐社会的政治学意义[J]. 东岳论丛，2006(6).

毛泽东思想、邓小平理论和“三个代表”重要思想为指导，坚持以科学发展观统领经济社会发展全局。马克思主义是构建和谐社会总的指导原则，而科学发展观是根本的方法论基础。同时，必须从正确把握解决人民群众最关心、最直接、最现实的利益问题切入。由于党的十六届六中全会对构建社会主义和谐社会的九条目标和主要任务作出了详细的阐述和部署，所以高校学者的研究大都以此为据展开阐述。同时，高校学者认为，构建社会主义和谐社会必须遵循以下几条原则：一是坚持以人为本；二是坚持科学发展；三是坚持改革开放；四是坚持民主法治；五是坚持正确处理改革发展稳定的关系；六是坚持在党的领导下全社会共同建设。[①]

(3)以科学发展观为指导，构建社会主义和谐社会。首先，关于以科学发展观为指导构建社会主义和谐社会的依据。高校学者的研究主要集中在理论依据和实践依据方面。高校学者认为，科学发展观是中国化的马克思主义发展观，是促进社会和谐发展的新观念，也是对马克思主义发展观的丰富和发展；科学发展观是我们党对社会主义现代化建设规律认识的进一步深化，是全面建设小康社会和实现现代化的根本指针；科学发展观吸收了世界文明进步的最新成果，把“和谐”理念融进了发展之中；而且，构建社会主义和谐社会是科学发展观的题中应有之义。因此，科学发展观对构建社会主义和谐社会具有重大的指导意义。同时，高校学者指出，建设社会主义和谐社会过程中面临的诸多问题要求必须以科学发展观为指导。[②]

其次，关于科学发展观与构建社会主义和谐社会的内在联系。有学者指出，和谐社会是科学发展观的目标选择和价值追求，二者在目标和价值理念上具有根本一致性。其一，加快经济发展是科学发展观的重要内容，也是构建社会主义和谐社会的物质基础；其二，以人为本是科学发展观的本质规定，也是构建社会主义和谐社会的内

① 顾海良.从“三个代表”重要思想到科学发展观[M].北京:高等教育出版社,2007;王荣华,童世骏.多学科视野中的和谐社会[M].上海:学林出版社,2006.

② 杨思远,王玉玲,刘颖.新大同说——社会主义和谐社会论[M].石家庄:河北教育出版社,2005.

在要求；其三，全面协调可持续发展是科学发展观的基本内容，也是构建社会主义和谐社会的核心内涵。[①]也有学者从发展伦理学的视角分析了二者的关系，认为和谐社会论彰显了科学发展的伦理本质，揭示了科学发展的伦理规律，确立了科学发展的伦理价值，体现了科学发展的伦理智慧。和谐不仅是科学发展的本质和规律，还是科学发展的价值目标和思维智慧。[②]

最后，关于以科学发展观为指导构建社会主义和谐社会的方式。高校学者认为，从总体上看，为了实现构建社会主义和谐社会的目标和任务，必须坚持协调发展，加快社会事业建设；加强制度建设，保障社会公平正义；建设和谐文化，巩固社会和谐的思想道德基础；完善社会管理，保持社会安定有序；激发社会活力，增强社会团结和睦；还必须加强党对构建社会主义和谐社会的领导。一些研究者还对具体的问题进行了探讨，如调整经济结构，转变经济增长方式，完善分配制度，缓解人口和就业压力，建立有效的社会保障体系，等等。

4. **深入贯彻和落实科学发展观的途径**

高校学者就此从多方面多角度进行了探讨：

(1)用科学发展观统领经济社会发展全局，以统筹兼顾的方法推动经济社会又好又快地发展。有学者认为，以科学发展观统领经济社会发展全局的主要途径包括：第一，要坚持发展是硬道理，推动发展这一党执政兴国的第一要务；同时，发展要以经济建设为中心，经济建设则要以提高增长质量为中心，实现安全发展、节约发展、清洁发展和可持续发展。第二，要丰富发展内涵，拓宽发展内容，推动全面发展，实现经济建设、政治建设、文化建设和社会建设的良性互动。第三，要切实转变经济增长方式，走新型工业化道路，加快建设资源节约型、环境友好型社会。在需求结构、产业结构、投入要素和资源使用上都要实现良性转变，尤其要建立良性循环的发展模式。第四，

① 杨思远，王玉玲，刘颖. 新大同说——社会主义和谐社会论[M]. 石家庄：河北教育出版社，2005；刘芳. 和谐社会：科学发展观社会价值目标的必然选择[M]//李崇富，李建平. 科学发展观与历史唯物主义. 北京：人民出版社，2006.

② 鲍宗豪等. 科学发展论[M]. 上海：上海社会科学院出版社，2007.

要大力提高自主创新能力,要坚持协调发展。第五,要坚持以人为本,从最广大人民群众的根本利益出发谋发展,依靠人民群众的积极性和创造力求发展,保障人民群众的政治、经济、文化权益促发展。第六,要按照"五个统筹"的根本要求,统筹城乡发展、统筹区域发展、统筹经济社会发展、统筹人与自然和谐发展,统筹国内发展和对外开放,推进经济社会又好又快发展,将科学发展观贯彻到改革开放和现代化建设的全过程。[①]

(2)用科学发展观指导执政党建设。有学者认为,加强党的执政能力建设是引领科学发展的关键,因而贯彻落实科学发展观就需要提高党执政为民的能力,提高党科学领导发展的能力,提高党正确处理人民内部矛盾的能力。为提高党的执政能力,必须加强党的建设。科学发展观丰富和发展了执政党建设的理论,赋予党的先进性以新的内涵,因而需要用科学发展观统领党的思想建设、干部队伍建设、人才队伍建设、基层组织建设和作风建设。

(3)树立正确的政绩观与科学的评价标准,全面落实科学发展观。高校学者认为,正确的政绩观和科学的评价标准是全面贯彻落实科学发展观的重要保证。一方面,树立与科学发展观相适应的政绩观,是衡量各级领导干部执政行为的重要尺度;另一方面,只有确立科学的社会发展评价标准,才能对贯彻落实科学发展观的实践进行客观、全面和科学的检验,才能真正地贯彻落实科学发展观。

(七)关于马克思主义核心政治价值观

高校学者普遍认为,马克思主义核心政治价值观主要包括马克思主义自由观、平等观、民主观和人权观等。有学者指出分析政治价值体系的意义,认为:"政治价值体系是政治社会的基础,它是文化积

① 顾海良.从"三个代表"重要思想到科学发展观[M].北京:高等教育出版社,2007;赵小芒.科学发展观——马克思主义发展观的创新成果[M].北京:人民出版社,2007.

淀的产物。它的作用在于：决定了社会生活的意义、方向和目标；提供了人们行为评价的标准；规定了社会生活组织的基本原则。”高校学者还阐明了政治价值体系的构成，并从政治价值体系与政治治理模式关系的一般理论出发，分别考察了自由、平等和民主价值选项下所形成的不同政治模式。①

1. **马克思主义自由观研究**

高校学者对马克思主义经典作家的自由观展开了探讨和研究，其研究内容主要包括以下内容：

（1）自由的含义和本质。有学者指出，在马克思主义看来，自由有两种基本的含义：一是哲学意义的自由；二是政治意义的自由。其中，哲学意义的自由又体现在两个层面：其一，自由是对必然的认识，包括对客观世界的规律性的认识和对主体自身的必然的认识；其二，自由是对客观世界的改造，即在实践活动中解决主体和客体的对立，使客体满足主体的需要。前者是指正确地认识世界，后者是指正确地改造世界。“政治意义的自由是指人们在一定的社会关系体系中，得到社会的、法律的确认，并且受到法律、社会规范的保障，可以按照自己的意志选择并进行活动的权利。”在此基础上，高校学者进一步指出，哲学自由与政治自由是两个既相互区别又相互联系的概念：哲学意义的自由与必然、实践相联系，政治意义的自由与法律、社会制度相联系；政治意义的自由建立在正确认识必然的基础之上，它是实现哲学意义的自由的必要环节，而且服从和服务于实现哲学意义的自由这一总体过程。②

有学者在分析劳动与自由的关系基础上指出，人是通过劳动来体现自身的自由性质的。“从本质上说，人的自由就是人在其对自然的自由展现过程中所体现的人对其自身的自由。”一方面是人对自然的自由；另一方面是人在社会关系中的自由，这种社会关系是人与人

① 燕继荣.政治模式的哲学基础——论政治价值体系与政治治理模式的关系[J].内蒙古师范大学学报：哲学社会科学版，2005(5)：56—60.

② 商英伟，白锡能.自由论[M].福州：福建人民出版社，1993；赵明.话说马克思主义“自由观”[J].江西社会科学，2006(5)：48—51.

真正平等结合的社会关系。[①]有学者从利益角度研究马克思主义关于自由的含义,认为马克思主义的自由是与利益相关的。"自由并不只是抽象空洞的真理,而是和不同的人的实际利益密切相关。""自由因利益的不同而有不同的含义,各种利益都需要为自己的存在而辩护。"[②]一些学者专门分析了马克思主义视域中的虚拟自由问题,认为"人的虚拟自由是人在虚拟社会里按照自己在虚拟社会关系体系中所处的地位和权利,在不妨害他人的地位和权利的条件下,能够按照自己的意志和愿望自主进行的虚拟实践活动,从而实现自己发展所需要的一种利益状态,包括虚拟活动自由、虚拟关系自由和虚拟个性自由等"[③]。

还有学者认为,把马克思主义的自由定义为"自由是对自然的认识和对客观世界的改造"实际上没有明确区分"自由状态"和"实现自由的途径"。自由的主要规定性是人的自主性这种状态,而"对自然的认识和对客观世界改造"是实现自由的途径。对必然的认识不是自由本身,而是实现自由的手段。[④]

(2)自由的主体是社会关系中的人。高校学者对马克思主义关于自由的主体的研究主要体现在:第一,马克思主义所指的自由的享有者是"每个人"。"马克思主义所诉求的自由不是阶级的自由,而是'每个人'的自由,'每个人'的自由而全面的发展是人类社会生存的目的和未来理想社会的基本特征。"[⑤]第二,自由的主体是处于一定的社会关系中的人,是现实的人而不是抽象的人。个人总是处于一定的历史条件下,处于一定的社会关系当中,并受这种社会关系和社会制度的制约。[⑥]第三,只有在集体中才能有个人自由。现代国家之所以限制了人的自由,是由于政治生活受物质生活的制约,体现了物质生产方式的要求。实现个人自由就必须打破这种国家限制,而彻底变更国家的根本又在于改变生产方式和物质生活方式。单个个人

① 韩冬雪.论马克思主义的自由观[J].新视野,2001(4):46—48.

② 李海涛.论马克思主义政治价值观[J].南京社会科学,2005(9):52—56.

③ 曾令辉,郑永廷.马克思主义自由观视阈下人的虚拟自由[J].思想教育研究,2008(6):15—19.

④ 赵庆荣,唐月蓉等.马克思主义自由观的再解释[J].浙江教育学院学报,2006(6).

⑤ 马晓燕.马克思主义自由观的政治维度[J].前沿,2005(5).

⑥ 商英伟,白锡能.自由论[M].福州:福建人民出版社,1993.

的力量不可能实现这一目的，只有联合起来的个人实现对生产总和的占有，才能驾驭这些物质的力量并消灭分工，“没有集体，这是不能实现的。只有在集体中，个人才能获得全面发展其才能的手段，也就是说，只有在集体中才能有个人自由”[①]。因此，只有依靠集体和联合的力量才能实现真正的自由。[②]

(3)实践是自由的基础和源泉。高校学者指出，马克思主义把实践看作自由的基础、源泉和动力。实践在人类争取自由过程中的作用主要表现在：首先，自由是对必然的认识，这种认识是在长期的实践过程中逐渐地形成和发展的。其次，自由是根据对必然性的认识去支配外部世界，这又是通过实践来实现的。再次，自由的构成要素之一是主体需要的充分满足，而需要的满足是通过实践和实践的成果来实现的；同时，需要的发展变化也与实践息息相关。最后，以人的能力的全面发展为目的的“真正的自由王国”是以物质生产领域这个“必然王国”为基础的。[③]有学者指出：“在马克思主义哲学中，自由问题本质上是一个实践的问题。实践是自由之源泉，是自由现实化的客观基础，自由随着实践的发展而不断实现。是否以实践为基础是马克思主义自由观与一切非马克思主义自由观的根本区别。”[④]

(4)自由实现的限制。自由的限制包括实现自由的制约因素和保证自由的限制条件。高校学者根据马克思主义论述，把自由实现的制约因素归纳为三个方面：第一，自由要受自然条件及其发展规律的限制或制约。人永远不可能离开自然界或摆脱自然界运动规律的制约而自由自在地独立活动；当然，人又具有能动性和创造性，能正确地认识和运用自然规律。第二，自由要受社会条件及其发展规律的限制或制约。这与自由的主体是社会关系中的人这一观点是一致的。第三，自由要受人自身条件的限制或制约。“人的活动，一方面受到自己体力、精力、认识能力和实践能力的限制，另一方面又要以

① 马克思，恩格斯．马克思恩格斯全集：第3卷[M]．北京：人民出版社，1960：84.

② 王沪宁．政治的逻辑——马克思主义政治学原理[M]．上海：上海人民出版社，2004.

③ 商英伟，白锡能．自由论[M]．福州：福建人民出版社，1993；赵明．话说马克思主义“自由观”[J]．江西社会科学，2006(5).

④ 许春玲，朱鸿亮．实践的科学自由观[J]．广西社会科学，2003(7)：30—31.

克服这些限制或借助某些外界力量来弥补自身的限制","人的自由是对自然的自由、对社会的自由、对自身自由的统一,就是遵循自然规律、社会规律、人自身的发展规律,去发展自己的环境,去合理地改变社会,去完善自己的人性和德性,去自己创造自己的历史",最终实现个人的自由。[①] 上述实现自由的制约因素是障碍性限制。而保证自由的限制条件,即在人类尚未达到理想状态时实现自由的一些条件,属于必要性限制,为此,高校学者分析和阐述了这些限制条件。[②]

(5)自由的实现是一个历史过程。马克思所主张的人的自由是一切人的自由,是自由人的联合体,这种自由必须由"人类解放"来实现。高校学者阐明了马克思主义关于实现自由的关键的论述,其中最重要的是破除私有制。在私有制条件下,人的自由遭到否定,否定的力量来自异化劳动,因为异化劳动将人的自由贬低为手段,现实中人的不自由呈现为自身的活动替资本服务,受资本支配,处于资本的强制和压迫之下。因此,恢复人的自由,关键在于废除私有制。[③] 同时,自由的实现是一个长期的历史过程,每个人的自由发展是一切人自由发展的条件。人们要真正争得自由,成为一个真正自由的人,必须经过漫长的不断实现从必然王国进入自由王国的飞跃过程。从这个意义上可以说,整个人类历史就是不断地从必然王国向自由王国发展的历史。[④]

2. 马克思主义平等观研究

高校学者对马克思主义平等观的研究主要集中在以下几个方面。

(1)马克思主义关于平等观念的概念、范畴和性质。

有学者认为平等概念有多种用法,它既是一种哲学信念,也被认为是一种分配原则。大致而言,平等有四个方面的含义:根本平等是指一种坚信人类生而平等的思想,强调人类的生命在价值上是平等

① 黄伟中.试论马克思主义自由观——自由是有条件的[J].齐齐哈尔大学学报:哲学社会科学版,2001(4).

② 马晓燕.马克思主义自由观的政治维度[J].前沿,2005(5).

③ 王沪宁.政治的逻辑——马克思主义政治学原理[M].上海:上海人民出版社,2004.

④ 商英伟,白锡能.自由论[M].福州:福建人民出版社,1993.

的;形式平等是指社会成员在权利和资格方面的正式身份的平等;机会平等是指每个人起点相同,生活机会相同;结果平等是指收益的平等分配。[①~②]马克思主义认为,平等观念不是永恒的公理,而是一个历史的范畴。有学者就此指出,无论是以资产阶级平等的形式出现,还是以无产阶级平等的形式出现,平等观念本身都是一种历史的产物。"平等不可能脱离且超越于社会现实,它是社会历史的产物,同时,它随着社会生产力的发展和社会历史条件的变革而改变自己的形态。"平等不是永恒的公理,它应该是在一定社会历史条件下的具体平等。[③]有学者分析指出:"在社会的建制中,平等的范围受社会制度、社会体制及社会道德准则的制约,并随着社会经济的进步,平等的范围在不断地扩大。所以,平等具有历史性、相对性和有条件性,这是马克思主义平等观的本质所在。"[④]还有学者根据马克思主义关于平等观念是一个历史范畴的观点,详细梳理和论述了平等观念的发展历程,力求客观地记录下人类在平等问题上的思想足迹。[⑤]

马克思主义还认为,平等观念是经济关系的反映,具有鲜明的阶级性。高校学者指出,平等观念从根本上来说是经济关系的反映。[⑥]平等观念是在不同的历史阶段上、在经济上处于统治地位的阶级的利益及其生产关系的反映,所以自然有阶级的烙印。有学者在论述恩格斯的公平观时指出:"即使在同一种社会经济关系下,即使在同一种社会制度下,不同的阶级由于阶级利益的差别,对公平的标准的理解也是不一样的。"每个阶级都有自己的平等观或者说公平观和公平标准,工人阶级追求的公平是消灭阶级差别。而且,不同历史条件下工人阶级的公平要求是不一样的,工人阶级的公平目标需要随着条件的成熟逐步实现。[⑦]

(2)共产主义的平等理想、实质要求及其实现过程。

首先,马克思主义平等观的最高平等主张体现在共产主义平等

① 燕继荣.平等问题上的观念分歧[N].学习时报,2003－09－22.

② 在关于马克思主义平等观的文献中,暂未查到马克思、恩格斯、列宁对平等概念的界定,其平等的内涵大都体现在关于"对资本主义平等观的批判、平等观念的范畴和性质以及共产主义平等理想以及实质要求"的论述当中。

③ 高志东.恩格斯对杜林平等观的批判及其对我国平等、公平问题的启示[J].湖北经济学院学报:人文社会科学版,2007(6):19.

④ 汪晓莺,付胜国.马克思主义平等观与社会主义和谐社会的构建[J].南昌大学学报:人文社会科学版,2007(5):32.

⑤ 周仲秋.平等观念的历程[M].海口:海南出版社,2002.

⑥ 王沪宁.政治的逻辑——马克思主义政治学原理[M].上海:上海人民出版社,2004.

⑦ 周新城.论恩格斯对马克思主义公平观的科学阐述[J].马克思主义研究,2006(4):55－59.

理想中。高校学者指出,在共产主义的平等理想中,马克思、恩格斯对平等是什么样的以及怎样实现平等进行了论证。在共产主义低级阶段,这种平等理想主要体现在:消灭私有制,建立公有制;将平等建立在生产发展的基础上;由于生产力还不够发达,消费品实行按劳分配的原则;阶级差别已经消灭,国家也将逐步消灭;三大差别逐步消灭,每个人都将得到全面而自由的发展。在共产主义高级阶段,所有剥削、阶级、国家、三大差别都已经消灭,社会在自己的旗帜上写下"按需分配",这是最高的平等境界。①

① 董霞.论邓小平对马克思主义平等观的运用和发展[J].中共云南省委党校学报,2005(2).

其次,无产阶级平等要求的实质是消灭剥削和阶级,实现实质的平等。马克思主义关于平等的一个最鲜明的特点是揭示了私有制是导致社会不平等的根源,要最终消灭私有制就必须消灭阶级和剥削。马克思主义创始人深刻、揭示了资本主义社会形式上的平等和实质上的不平等之间的矛盾,并认为历史的发展必然要扬弃资产阶级的平等观念。有学者指出:"在实质正义和形式正义这两个方面中,马克思主义更为重视实质正义。"因为"实质正义是形式正义的基础。没有正义的制度和法律,就不可能有正义的执行"。马克思主义认为,要做到实质正义,必须把握两个条件:"第一,要使制度和法律体现事物的本质和规律;第二,要使制度和法律体现人民的意志。"当然,马克思主义也意识到,实质正义也需要合适的形式正义来体现。因此,马克思主义肯定了形式正义的独立性,但另一方面,从根本上说,形式正义是为实质正义服务的。②

② 沈晓阳.马克思主义正义观探要[J].马克思主义研究,2006(6):62-67.

再次,共产主义平等理想的实现是一个长期的过程。这个过程从消灭私有制,到各尽所能、按劳分配,再到高度发达的生产力基础上的各尽所能、按需分配。

(3)中国化马克思主义平等观研究。

第一,关于毛泽东的平等观。高校学者认为,毛泽东的平等观主要有三个方面：经济平等是政治平等和社会平等的基础，“其核心在于建立和完善生产资料社会主义公有制，实行各尽所能，按劳分配原则”；政治平等是社会主义平等的保障，“其核心在于发扬人民民主，克服官僚主义，真正实现人民当家作主的根本原则”；“社会平等是指在所有的社会关系中，人民在基本权利、社会地位、声誉和尊严方面应当享受同等的权利。使人民具有平等的社会地位和平等的权利，是毛泽东平等思想的最终目的和归宿”。[①]

第二，关于邓小平的公平观。有学者指出，邓小平从我国社会主义初级阶段的实际情况出发，提出了具有中国特色的符合中国国情的社会主义公平分配理论。他把公平问题上升到社会主义本质的高度加以概括，其内容包括坚持生产资料的社会主义公有制的起点公平思想，坚持社会主义按劳分配原则的过程公平思想，以及坚持全体人民共同富裕的结果公平思想。高校学者认为，邓小平的公平思想“既是对马克思主义公平观的继承和发展，又符合社会主义初级阶段的基本国情，体现了历史原则与道德原则的统一、制度公正与原则公正的统一、功利原则与公正原则的统一，是真正能促进生产力发展和人的全面自由发展的公平思想”[②]。

第三，关于江泽民的公平观。高校学者指出，江泽民的社会公平思想涵盖了我国社会政治、经济、文化等各个方面，社会公平应建立在执政民主的基础之上，要靠经济的发展来实现，其衡量标准还应与社会主义精神文明、思想道德相符合。“这一思想传承于马克思主义公平观，立足于建立社会主义市场经济的实践，既有科学性、普遍性，又有针对性、务实性，为我们研究和解决社会发展中不断出现的公平问题提供了新思路新理念”，因而具有重要的现实意义。[③]

3. 马克思主义民主观研究

(1)马克思主义关于民主的内涵和实质。高校学者指出，马克思

① 郭根山.毛泽东的平等观及其历史价值[J].科学社会主义，2006(2)：24—27.

② 江玉安.论马克思主义公平观在当代中国的发展[J].中州学刊，2007(5)：115—117.

③ 古小丹，于桂荣.论江泽民同志的社会公平思想[J].毛泽东思想研究，2007(4)：89—91.

主义经典作家在批判传统民主学说的过程中,结合无产阶级革命斗争的实践经验,创立了马克思主义的民主观。马克思、恩格斯对民主问题的论述表明了他们对民主问题的深切关注和对民主理想的执著追求。马克思指出:“民主是作为类概念的国家制度。君主制则只是国家制度的一种,并且是不好的一种。”[①] 列宁给民主下了一个经典的定义:“民主是一种国家形式,一种国家形态。因此,它同任何国家一样,也是有组织有系统地对人们使用暴力,这是一方面。但另一方面,民主意味着在形式上承认公民一律平等,承认大家都有决定国家制度和管理国家的平等权利。”[②] 因此,马克思主义民主观的内涵和实质主要体现在以下三个方面:[③]

(1)民主是一种国家形式或国家形态。高校学者指出,马克思主义认为,作为政治上层建筑,国家制度的“民主”,就是“民主制”,它作为一种国家形式,就是一种政体。首先,从根本上讲,民主就是“承认少数服从多数的国家”。国家的消灭就是民主的消灭,国家的消亡也就是民主的消亡。其次,政治民主是一种阶级统治。马克思主义在批判资产阶级民主的过程中就揭示出:资产阶级民主的实质是资产阶级专政。社会主义民主是建立在生产资料公有制基础上的最新型的民主,是无产阶级专政的国家形式。再次,民主意味着公民的平等和参政的权利。列宁在论述民主时,指出了公民平等“权利”和参政制度的重要意义。

(2)民主是为一定的经济基础服务的。高校学者指出,马克思主义历来认为,民主作为国家形态,属于政治上层建筑。在一定的历史阶段,民主的形式和制度及其发展程度是由该时期的社会经济关系决定的。首先,所有制的性质决定了民主的性质。生产资料所有制是生产关系的基础,生产资料所有制形式决定社会中不同集团和个人在生产中的地位以及他们的相互关系。所有制在决定人们的经济

① 马克思,恩格斯.马克思恩格斯全集:第1卷[M].北京:人民出版社,1956:280.

② 列宁.列宁选集:第3卷[M].北京:人民出版社,1972:257.

③ 有关马克思主义民主内涵与实质的研究参见:王沪宁.政治的逻辑——马克思主义政治学原理[M].上海:上海人民出版社,2004;徐东礼,纪政文.民主论[M].济南:山东人民出版社,2003.

关系的同时，也决定了人们的政治关系。其次，社会生产发展水平决定民主所能达到的程度。人类在每一个历史时期所能达到的民主程度取决于人类自身在这一时期所达到的解放程度，而这在根本上取决于这一时期的社会发展水平。再次，经济利益决定民主的选择。在阶级社会中，任何阶级的政治统治都是为实现本阶级的利益服务的，其中经济利益又是首要的。统治阶级采取何种政治统治方式，最终决定于经济利益。①

(3)无产阶级民主是新型民主与新型专政的辩证统一。高校学者研究指出，马克思、恩格斯认为，民主与专政是一个事物的两个方面，民主是对统治阶级而言的，专政是对被统治阶级而言的。列宁也指出，无产阶级领导的国家是新型民主与新型专政相统一的国家，与其他阶级的民主与专政有本质不同。一方面，无产阶级专政是由原先被剥削的广大劳动群众对少数剥削者的专政，是大多数人对少数人的专政；另一方面，无产阶级民主在实行对少数人镇压的同时，把民主扩大到绝大多数居民的身上。②

也有高校学者分析了马克思主义关于无产阶级民主的理论原则，认为马克思主义创始人从社会决定国家这一历史观出发，阐述了无产阶级民主的三个基本原则：即在国家权力的来源上，是社会参与国家；在国家权力的约束上，是社会约束国家；在国家权力的归宿上，是社会收回国家。③也有学者指出，无产阶级民主的发展方向就是社会主义民主。

还有高校学者对马克思主义民主观的其他方面进行了研究，如民主既是手段也是目的，民主与法制、权威的辩证统一，对传统民主观的批判，作为新型民主的社会主义民主，民主集中制原则，以及中国共产党人的民主观，等等。④

① 王沪宁.政治的逻辑——马克思主义政治学原理[M].上海：上海人民出版社，2004.

② 王沪宁.政治的逻辑——马克思主义政治学原理[M].上海：上海人民出版社，2004.

③ 荣剑，杨逢春.民主论[M].上海：上海人民出版社，1989.

④ 徐东礼，纪政文.民主论[M].济南：山东人民出版社，2003；荣剑，杨逢春.民主论[M].上海：上海人民出版社，1989.

4. 马克思主义人权观研究

高校学者对于马克思主义人权观的研究主要包括以下内容。

(1)马克思主义关于人权的历史性与阶级性。高校学者指出,马克思主义人权观认为人权不是天赋的、自然的,也不是永恒的,而是历史的、社会的和商品经济的产物。人权无非是权利的一种表现形式,而权利则是国家通过宪法和法律所确认的公民实现某种行为的可能性。权利的产生有一个历史过程,作为权利的一般表现形式的人权的产生同样有一个历史过程。同时,马克思主义认为人权是受社会经济基础和经济关系制约的。人权的理论基础和物质基础只能从那个时代占主导地位的生产关系中去寻找。高校学者进一步指出,马克思主义的人权具有阶级性。在马克思主义看来,人权从来没有也根本不存在资产阶级人权观所鼓吹的"抽象的"、"无国界的"、"超阶级的"人权。人权同自由、民主一样,总是具体的、属于特定阶级和国家的人权。人权的阶级性集中表现:其一,掌握国家政权的那个阶级即统治阶级充分享受着该国人权并决定着该国人权的性质;其二,一定阶级享受的人权总是同其国家、法律相联系,总是同一定阶级的民主、自由、专政相联系;其三,一定阶级享有的人权总是为该阶级的利益服务,总是服务于该阶级的政治统治。[①]

(2)马克思主义关于人权的具体性和发展性。高校学者指出,马克思主义人权观认为人权是有具体限度和范围的,而不是"绝对的"、"不受任何限制的"。一方面,人权的内容、范围及其实现要受一国政权性质、经济基础和科学文化水平的制约和限制;另一方面,人权的内容、范围及其实施更直接地受法律的限制。个人的人权不能构成对社会的危害,个人在享有权利的同时要承担相应的义务。人权又是发展的,人权的内容、形式和范围同一定的经济文化发展水平和国家、社会的性质相联系,它们会随着经济水平的提高、社会文化的发

① 谷春德.人权的理论与实践[M].西安:陕西人民出版社,1991.

展和政治法律制度的进步而发展变化。[①]

(3)马克思主义的人权最基本的是生存权和发展权，人权的实现要坚持主权原则。高校学者指出，马克思主义人权观的重要内容是生存权和发展权都是最基本的人权，这是享有其他人权的基础性条件。在发展权方面，马克思主义认为，人权最终意味着人的全面发展，这种人权理念的出发点和落脚点都是人，马克思主义所追求的人类生活的理想状态就是自由人的联合体。高校学者还指出，马克思主义人权观坚信："人权与主权是辩证统一的关系，二者不可分割。人权是主权的有机构成部分，它反映了主权的现实情况；同时主权能够为人权提供切实的保障，在没有主权的情况下，人权的保护只能是一句空话。"因此，人权和主权是相互联系、不可分割的，必须通过坚持主权来实现人权。[②]

还有学者对马克思主义人权观关于人权的主体、人权所覆盖的领域、人权的地位，以及马克思主义人权观与资产阶级人权观的原则界限、社会主义人权同资本主义人权的主要区别，以及人权问题与相关政治主题之间的关系等方面的问题作了探讨。[③]

① 谷春德. 人权的理论与实践[M]. 西安：陕西人民出版社，1991.

② 李海涛. 论马克思主义政治价值观[J]. 南京社会科学，2005(9)：51－56.

③ 谷春德. 人权的理论与实践[M]. 西安：陕西人民出版社，1991.

(八)关于"一个国家，两种制度"

"一个国家，两种制度"(简称"一国两制")是指在中华人民共和国内，祖国大陆实行社会主义制度，香港、澳门、台湾实行资本主义制度。在祖国统一的前提下，国家的主体实行社会主义制度，同时在台湾、香港、澳门保持原有的资本主义制度和生活方式长期不变。高校学者对于"一国两制"的研究主要集中在如下方面。

1. 关于邓小平"一国两制"思想的研究

有学者总结阐述了邓小平关于"一国两制"思想的基本观点：在

"一国两制"中"一国"是前提;特别行政区原有社会、经济制度和生活方式五十年不变;对香港、澳门、台湾的政策长期不变;对台湾的政策可以更宽;正确理解中央与特别行政区的关系;特别行政区政府由当地人组成;过渡时期不要出现大波动、要平稳过渡;要有一个稳定的政治制度;要成功体现于基本法。[①]

有学者认为,邓小平提出的"一国两制"是从"和平解放"的思想和实践发展而来,但已经完成了对"和平解放"的质的飞跃,而成为更高层次上的崭新构想。[②]

有学者认为,邓小平的"一国两制"构想具有理论创新和实践价值,"一国两制"构想是对国家理论和国家结构的创新,是和平共处原则的拓展,是未来中国现代化发展图式的绘制,是解决国家间冲突的新思维。[③]

有学者研究了邓小平关于"两制关系"的理论,指出"两制关系"在"一国两制"中的表达,是一个国家内在不同地区同时实行的两种不同制度的关系。"两制关系"的主要内容就是两种制度的对立斗争和共存合作,二者是辩证统一的关系。[④]

有学者认为,邓小平的"一国两制"构想具有三个特征:一是求实性与时代性的统一;二是创新性与普遍性的统一;三是原则性与灵活性的统一。[⑤]

2. **"一国两制"与国家理论**

(1)从国家结构形式角度对"一国两制"的分析。有学者指出,"一国两制"构想是对我国国家结构理论的发展,主要表现在三大方面突破:一是突破了我国单一制下行政区划的传统格局;二是突破了我国单一制下"一国一制"的传统观念;三是突破了我国单一制下地方政府权力范围的传统模式。[⑥]有学者认为香港特别行政区的高度自治权已经突破了我国地方政府的传统权力范围,带有复合制联邦

① 肖蔚云.论香港基本法[M].北京:北京大学出版社,2003:817—821.

② 黄嘉树."一国两制"的由来与发展[J].教学与研究,1992,(5):31.

③ 孙代尧.论"一国两制"构想的创新及其源泉[M]//赵存生,王东.邓小平与当代中国和世界.北京:北京大学出版社,2004:517—521.

④ 蔡娟.邓小平"两制关系"理论研究.北京:中国社会科学出版社,2003:113.

⑤ 陈少英等.邓小平与当代中国政治[M].苏州:苏州大学出版社,2002:215—220.

⑥ 文凯.试论"一国两制"构想对我国国家结构理论的发展[J].东岳论丛,1988,(6):15—17.

成员国权力大于一般单一制地方政府权力的特点，因而使我国的国家结构形式带有某些复合制的特征。[1]有学者认为，具有复合制某些特征的单一制国家结构模式，即在实行“一国两制”的条件下，行使国家主权的是中华人民共和国政府，特别行政区的权力是中央政府根据宪法和法律赋予的；另一方面中央政府又赋予特别行政区以很大权力。[2]有学者比较了“一国两制”与联邦制的国家结构形式，认为“一国两制”的国家结构形式，是具有复合制某些特征的单一制，其具体含义是：实现祖国和平统一后，港澳台特别行政区虽然是中华人民共和国下属的地方政府，却享有高度的自治权，表现在立法权、对外关系、司法权等方面。“一国两制”国家结构形式具有三大特征：一是统一性，国家主权与治权的统一而不可分割；二是民族性，体现为该国家形式符合中国的民族传统和民族意愿；三是兼顾性，兼顾了各个方面的利益。[3]

(2)从主权与治权的角度对于“一国两制”的分析。有学者认为，“一国两制”体现了主权与治权的辩证关系，“一国两制”构想的原则性体现在“一国”的概念上，“一国”就是讲国家主权的不可分割性和中华民族的统一性，主权概念必然包含着与治权的关系，“一国”和“两制”是主权和治权高度有机地结合，从主权与治权的权力关系上，其最大特点是高度自治权。[4]

(3)从国家建设角度对于“一国两制”的分析。有学者认为，香港回归后，“一国两制”实践将进入一个新的阶段，即不仅是实现国家统一的方式，同时也是国家建设的基本目标，其最终目的还是为了使“一国两制”这种方式能在实现国家统一和中华民族全面振兴上起到更为有效的作用。“一国两制”条件下的国家建设的基本问题主要体现为如下几种关系：一是中央和特别行政区的关系，二者之间的核心是一种权力关系；二是发展与稳定之间的关系；三是不同制度文化之

① 赵明俊.“一国两制”与我国的国家结构形式[J].社会主义研究,1990(2):28.

② 丁俊萍.邓小平“一国两制”构想刍议[J].武汉大学学报,1995(3):78.

③ 梁平,徐小钦.“一国两制”与联邦制的国家结构形式比较研究[J].西南民族学院学报(增刊).

④ 王邦佐,王沪宁.从“一国两制”看主权与治权的关系[J].政治学研究,1985(2):14.

间的关系,其核心是两种制度文化如何相互尊重,相互适应,相互促进,共同发展;四是香港问题和台湾问题的关系。[①]

① 林尚立.香港回归与"一国两制"条件下的国家建设[J].复旦学报:社会科学版,1997(4):14—16.

(4)从国家利益的角度对于"一国两制"的分析。有学者指出"一国两制"统一理论体现了国家利益的原则,主要表现为维护国家主权是"一国两制"国家利益原则的最高体现,维护国家安全是"一国两制"国家安全利益原则的准确体现,民族利益与人民利益高于一切是"一国两制"整体利益原则的全面体现,超越社会制度和意识形态的分歧是"一国两制"国家意识形态利益原则的突出体现。[②]

② 潘吾文.论"一国两制"统一理论的国家利益原则[J].党史研究与教学,1999(3):13—16.

3. **"一国两制"理论的价值与意义**

(1)"一国两制"政治文化渊源。有学者认为,从特征上讲中国文化是一种和合文化,"一国两制"继承和体现了中华文化的和合精神。[③]还有学者指出,"一国两制"的文化要义在于从一元的社会主义文化变为多元共存、共生互助的中华大文化。它映照出"多元一体"的传统政治文化本质的时代价值。它集中体现了人们追求统一、反对分裂的文化意愿,体现了传统的民本思想。[④]

③ 宋庆贵."一国两制"构想的文化渊源[J].世纪桥,1999(5):30.

④ 朱兆华."一国两制"的政治文化渊源[J].华北水利水电学院学报:社科版,2002,18(3):18.

(2)"一国两制"与制度创新。有学者认为,"一国两制"是一种制度创新,它成功地解决了如何将制度选择和制度成长结合起来的问题,从而也就避免了将制度选择和制度成长对立或割裂开来的片面性。而且,在某种意义上,"一国两制"作为一种制度创新既不同于初始制度的加强和完善,也不同于原有制度的转向。可以说,"一国两制"是一种帕累托最优的制度创新模式。[⑤]

⑤ 虞崇胜."一国两制"与制度创新[J].深圳大学学报:哲学社会科学版,1998,15(4):52.

有学者指出,"一国两制"从实际出发,科学地处理国家制度与社会制度的关系、国家主权与治权的关系、两种国家结构基本形式的关系、国家职能的阶级属性和社会属性的关系、国家社会属性和民族属性的关系,以及国家继承和政府继承的关系等等,构成"一国两制"国家理论的独特形态。"一国两制"下包含了以下不同制度的并存:第一，不同社会制度的并存，即社会主义制度与资本主义制度的并存；第二，不同政治制度的并存，即民主集中制与多元民主制的并存；第三，不同法律体系的并存，大陆、香港、澳门、台湾将分别施行各自的法律制度，各自成为一个独立的法域。[①]

(3)从国家职能的角度看"一国两制"。有学者认为，"一国两制"突破了国家职能观，实行"一国两制"后，社会主义和资本主义制度的对立和冲突在一国之内得到缓和、各自发展。[②]

(4)"一国两制"对国家统一的意义。"一国两制"是为解决台湾问题而提出来的，港澳的实践证明了其强大的生命力。"一国两制"对于国家统一意义，主要表现在统一观念和模式方面。有学者指出，中国传统的统一理念和模式是"武力统一，一国一制"，"一国两制"则改变了这种统一观念，一是国家是否统一，不再看每一个地方实行的制度和体制是否完全相同，而只看是否满足了几个关键条件，达到了特定的标准；二是以往的统一往往通过战争的方式进行，造成了生命和财产的巨大损失，"一国两制"则是以最低的成本和代价，乃至零代价、低成本实现国家统一；三是以前实现国家统一是单一的政治使命，现在则要求不仅不改变现状，还要求统一让各方获益，实现各方利益的最大化。[③]有学者指出，"一国两制"为祖国统一提供了最佳解决方式和最佳国家结构形式，换言之，"一国两制"是统一中国最合理可行的办法。因为"一国两制"是为了维护民族大局，也是各方面都能接受的，它符合和平与发展的时代主题。[④]还有学者认为，香港同胞的中国"国家认同"意识比回归前有较大幅度的增长，这对于解决台湾问题无疑具有重要的借鉴价值。[⑤]

4. "一国两制"下中央与行政特区的关系

有学者系统地考察了"一国两制"下中央和香港特区的关系，着重论述了划分中央和香港特区职权的五项原则，即维护国家统一和

① 胡伟."一国两制"在国家理论上的贡献及其实践探讨[J].社会科学,1997(9):5.

② 辛庚."一国两制"构想和理论对马克思主义政治学的新贡献[J].陕西师范大学学报:哲学社会科学,1989(3):50.

③ 王振民."一国两制"下国家统一观念的新变化[J].两岸关系,2007(12):20—21.

④ 林尚立等.一个国家,两种制度:实现祖国和平统一的构想与实践[M].上海:上海人民出版社,1998.

⑤ 郭艳,徐博东.回归前后香港同胞"国家认同"的变迁及其对解决台湾问题的启示[J].北京联合大学学报:人文社会科学版,2008,6(1):60.

主权的原则,发挥特别行政区地方主动性、积极性原则,授予香港特区高度自主权的原则,原则性和灵活性相结合的原则,分权和制权相结合的原则。中央和香港特区关系的基本特点是:中央行使维护国家统一和主权的权力,香港特区行使高度自治范围内的地方自治权及其性质,中央和香港特区关系的协调机制,香港特区运作的监督机制。[①]

① 宋小庄.论"一国两制"下中央和香港特别行政区的关系[M].北京:中国人民大学出版社,2003.

有学者认为,在中央与香港特别行政区之间的关系方面应该破除认识上的两种偏差,一是将中央与香港特别行政区之间的关系看作联邦制下联邦与州之间的关系,香港特别行政区只能是单一制国家结构形式下直辖于中央人民政府的一个地方行政区域;二是将香港特别行政区仅仅看作一个一般的地方行政区域的偏差,香港特别行政区在立法权、行政管理权以及独立的司法权和终审权方面具有高度的自治权。[②]

② 肖蔚云."一国两制"与香港基本法律制度[M].北京:北京大学出版社,1990.

有学者从宪法学的角度研究和分析中国处理中央与特别行政区关系的基本理论和思路,探讨中央与特别行政区职权划分遵循的基本原则和基本方法。中央与特别行政区具有中央与其他一般省级地方关系不同之处:二者的关系就社会性质而言,属于社会主义与资本主义关系的一种;二者的关系是历史地发展而来的,必须充分地考虑到特别行政区的历史与现实;二者的关系一旦确定下来,就必须法律化、制度化,使其具有很强的稳定性、连续性和可操作性。处理二者关系应遵循的基本原则是"一国两制"原则,高度自治的原则和法治原则。[③]

③ 王振民.中央与特别行政区关系:一种法治结构的解析[M].北京:清华大学出版社,2002.

5. "一国两制"下的政治体制和政治发展

关于特别行政区的政治体制。有学者认为,香港特别行政区在"一国两制"方针下的政治体制实行"行政长官负责制",即行政长官代表香港向中央人民政府负责,并向香港特别行政区负责,其特点是：行政主导，司法独立，行政与立法既相互制约又互相配合。[①]有学者对"一国两制"下港澳地区的政治体制进行了阐释：香港特别行政区是一个以行政长官为中心的政治体制，由行政长官、行政机关、立法机关和司法机关等方面组成。[②]有学者指出，港澳特别行政区是"一国两制"率先垂范的伟大实践，但是由于港澳问题的大同小异，决定了"一国两制"模式的同中有异，例如，在政治体制方面，二者在行政长官的资格、主要官员的资格、立法机关、司法体制以及宣誓效忠等方面存在差异。[③]有学者专门研究了香港特别行政区政治体制中的行政主导，指出香港回归之前政治体制中就突出行政主导，即香港的现实是以行政为主导的政治体制，要保证香港特别行政区的政治体制与香港现行体制相衔接而和平过渡，必须赋予行政长官相适应的权力，保持行政效率和效能，使原有的行政主导得到体现。当然，对行政长官的监督也必不可少。[④]

关于特别行政区的政治发展。有学者论述了"一国两制"提出后以及香港回归后的政治发展，其中包括港人的政治参与、香港的政党政治、香港特别行政区政府以及香港的政治改革。香港特别行政区政治发展的内容包括：一是"一国两制"对港人政治角色的影响；二是"一国两制"的实施成效及港人与国际社会的评价；三是探讨了港人政治参与的现状与问题；四是分析了香港主要政党回归后的发展及前景；五是分析了香港特区政府威望下降的原因；六是探讨如何理解按香港实际情况修改行政长官和立法。[⑤]有学者研究了香港公营部门的改革，一方面论述了香港公营部门改革的动因、非官僚体制化的主要表现，另一方面，则是分析了某些政府部门按商业运作的具体运作方式。[⑥]有学者探讨了"九七"后的香港行政改革和发展的总体趋势，作者认为是在实行双重转型：一是从工业经济时代的"官僚政府范式"走向知识经济时代的"企业化政府范式"，二是从英国人的殖民

① 许崇德."一国两制"方针下的政治体制[J].法学家，1997(5)：45.

② 姚礼明.当代各国政治体制：中国港澳台地区[M].兰州：兰州大学出版社，1998.

③ 高炜.港、澳"一国两制"模式之比较[J].统一论坛，1999(2).

④ 毛峰.论香港政治体制中的行政主导[J].法学评论，1997(2)：48.

⑤ 孟庆顺."一国两制"与香港回归后的政治发展[M].香港：香港社会科学出版社有限公司，2005.

⑥ 张定淮.香港公营部门改革[M].北京：中央编译出版社，2000.

管治走向“一国两制”条件下中国香港人的高度自治,前者可以称之为“去官僚制化”趋势,后者则是“去殖民化”趋势。[①]

① 汪永成.双重转型:“九七”以来香港的行政改革与发展[M].北京:社会科学文献出版社,2002.

(九)关于行政管理体制改革

政治学恢复重建以来,行政管理体制改革一直是高校学者研究的热点问题。在学术发展进程中,高校学者对行政体制改革理论的研究呈现伴随我国行政体制改革实践而发展的动态演进特征,其研究重点从20世纪80年代中期对于机构改革的关注,到后来对政府职能转变的重视,再到当前的综合配套改革。可以认为,高校学者对于我国行政管理体制及其改革的认识逐步深化,相关研究和探讨日益广泛,逐步超出行政管理体制而涉及政治体制、经济体制、文化体制和社会体制及其改革。

改革开放以来,高校学者对行政管理体制改革的理论研究主要集中在行政管理体制改革的基本理论、行政管理体制改革的理论认识、科学发展观与深化行政管理体制改革等方面。

1. 行政管理体制改革的基本理论

(1)行政管理体制的含义

行政管理体制,通常也可称为行政体制。对于行政管理体制的含义,不同的学者有着不同的理解。有学者认为,所谓行政体制,是相对于立法体制、司法体制而言,指管理国家行政事务的政府机关的设置、职权的划分与运行等各种制度的总称,它是上层建筑的范畴,是国家政治体制不可分割的重要组成部分。[②]

有学者认为,行政体制是政府系统内进行权力、机构设置和运行的一种机制,它可以保证政府呈良性运行状态。[③]

有学者从主体的角度来界定行政体制,把行政体制作了广义和

② 黄达强,刘怡昌.行政学[M].北京:中国人民大学出版社,1988:70.

③ 齐明山.试论行政体制的结构与政府机构改革的动力[J].云南行政学院学报,1999(2).

狭义的区分，认为狭义的行政体制特指政府体制，广义上的行政体制包括执政党在内的一切国家机关的体制；就我国政治发展的现状而言，行政体制改革应取其狭义。[①] 另有学者从政府的概念入手指出，广义的行政管理体制涉及与国家公共行政管理相关联的诸方面的法权主体与其相互关系，并以这些法权主体相互关系的改变或调整为体制改革的核心内容，而狭义的行政管理体制特指以狭义政府即国家行政机关为中心的国家行政系统。[②]

值得注意的是，高校学者对于行政管理体制的探讨，首先在于把行政体制从政治体制、经济体制的概念中分离出来，并赋予其相对独立的意义。因此，高校学者在解释行政体制的含义时，同时也讨论它与政治体制和经济体制之间的关系。因此，有学者从政治体制的角度来界定行政体制，认为政治体制包括三个层面：一是各种政治组织（政党、政治团体）与政权组织之间的关系及其运行制度；二是政权的组织形式或政体；三是政府（行政机关）的机构设置和运行机制，即行政体制。[③] 因此，行政体制是政治体制的有机组成部分。

近年来，高校学者运用行政体制的概念来阐述行政体制改革等问题。在核心概念的理解上，学者们基本认同已有的解释，只是在具体表述时，由于所研究问题的不同而有不同的侧重。

(2)行政管理体制改革的内容。

高校学者一般把行政管理体制改革的内容界定在行政体系内部。有学者认为，行政体制改革的主体任务应该是行政体系的内部改革问题，内部的改革任务主要包括政府职能定位（主要是建立政府调控体系）、机构调整（包括一些事业单位的机构调整）、中央政府与地方政府权限调整、干部人事制度改革（建立和完善国家公务员制度）、加强行政民主法制建设以及培育行政新文化等。而党

① 胡伟．政府过程[M]．杭州：浙江人民出版社，1998：292．

② 张国庆．当代中国行政管理体制改革论[M]．长春：吉林大学出版社，1994：24—25．

③ 王惠岩．当代政治学基本理论[M]．天津：天津人民出版社，1998：195—199．

政关系优化、政府与企业责权关系的改革(政企分开)、政府与社会(包括社会中介组织)关系的理顺以及政府与市场之间功能的界分等,则是行政体系外部的改革任务。就行政体制改革本身的目标和内涵而言,内部改革是主体任务,外部改革是对内部改革的配套和服务。[①]

还有学者认为,行政体制改革应涉及四个方面:政府与社会的关系,政府与市场(企业)的关系,政府与人民的关系,政府内部的改革。[②]

2. 行政管理体制改革的理论认识

(1)行政管理体制改革的战略地位。

关于行政体制改革在中国改革中的战略地位问题,高校学者广泛认为行政体制改革介于经济体制改革和政治体制改革之间,是经济体制改革和政治体制改革的"结合部"。它既是经济体制改革的必然结果,也是政治体制改革的必然先导。

就目前的研究状况看,高校学者对行政体制改革"结合部"的地位已基本达成共识,但对"三大体制改革"的先后序列、行政体制改革与经济体制改革和政治体制改革之间驱动与制约的关系,还有不同看法。有学者认为,行政体制改革的"上下结合部"地位,确立了中国体制改革"经济——行政——政治"式的基本序列,即先经济体制改革后行政体制改革再政治体制改革的总体进程。[③]有学者指出:"行政体制改革就是行政主体自觉适应社会环境的过程。由于社会环境总是不断变化的,因而行政系统必须周期性地进行变革,以适应社会环境的变化。"因此,我国的行政体制改革是政府体系阶段性地适应变化中的外部社会环境,主要是经济体制改革和政治体制改革的实际进展和需求的"适应性改革"。[④]也有学者认为,我国行政体制改革应摆脱对于经济体制改革的"刺激——回应"的逻辑局限性,推行行

① 胡伟,王世雄.构建面向现代化的政府权力[J].政治学研究,1999(3).

② 周志忍.我国行政体制改革的回顾与前瞻[J].新视野,1996(4).

③ 张国庆.当代中国行政管理体制改革论[M].长春:吉林大学出版社,1994:34—35.

④ 张安庆,汪洋.当代中国社会环境与行政管理体制改革[J].武汉大学学报.1993(2).

政体系的自我革新和主导型的行政体制改革。作为中国"后进式"、"追赶型"现代化任务一部分的行政体制改革,它本质上要求成为经济社会变革的先导。[①]

有学者认为,不可把行政体制改革的"上下结合部"地位简单理解为体制改革"经济——行政——政治"的机械性时间顺序,在行政体制改革的实际进程中,有一个改革的边界问题,即行政体制改革如何谋取与经济体制改革和政治体制改革在合理时序与幅度上的互相配合。[②]有学者把现阶段行政体制改革的"结合部"地位的动态边界概括为以下四个方面:一是经济体制改革对行政体制改革的驱动(决定)作用;二是政治体制改革对行政体制改革的直接制约作用;三是行政体制改革对经济体制改革的促进或障碍作用;四是行政体制改革对政治体制改革的带动作用。[③]

(2)行政管理体制改革的动力和阻力。

有学者指出,我国行政体制改革的动力来源包括:社会主义市场经济体制不断完善和经济增长方式的变化;社会组织形式、利益格局、社会阶层的分化与流动;建设社会主义政治文明,社会主义民主法制水平的提高,公民民主意识、法律意识的增长,政治体制其他领域的改革与完善;经济全球化,外部规制与高度开放环境提出的新要求;信息技术发展提出的挑战;等等。[④]

有学者认为,我国行政体制改革的外部动力包括经济体制变革、政治体制改革、社会文化体制变迁和国际环境的变化,其中,经济体制改革是决定性的外部动力。而权力结构调整、机构改革、职能转变、人事制度改革等构成了行政体制改革的内部动力。[⑤]

有学者把我国行政改革的阻力概括为行政环境和行政系统两个方面。从行政环境方面看,行政改革阻力来自经济体制模式模糊性、市场经济发展不充分性以及配套程度的制约等三个方面的制约。从

① 王沪宁.论九十年代中国行政改革的战略方面[N].文汇报,1992-06-26.

② 张成福.行政改革战略规划及实施中的十个问题[J].中国机构与编制,1994(11).

③ 任晓.中国行政改革[M].杭州:浙江人民出版社,1998;张国庆.当代中国行政管理体制改革论[M].长春:吉林大学出版社,1994.

④ 曾峻.近年来国内学术界对行政体制改革总体思路的研究[J].上海行政学院学报,2007(3).

⑤ 扶松茂.我国行政体制改革的动力机制研究[J].上海行政学院学报,2004(4).

行政系统看,则包括:基于利益和权力的调整而产生的阻力、基于习惯和官本位意识产生的阻力、基于对不确定性的忧虑而产生的阻力、基于依赖性而产生的阻力和基于曲解而产生的阻力。[①]

有学者认为,我国行政管理体制改革的难点在于:政府机构和官僚的自身利益问题;改革的配套与平衡问题;人员编制问题;依法行政的制度建设问题。[②]

(3)行政管理体制改革的目标及模式。

关于行政体制改革的目标选择,由于行政体制改革本身的高度复杂性,在不同的时间、背景和层次上,关于行政体制改革目标及模式的学术观点也不尽相同。

高校学者通常把我国行政体制改革的目标概括为一个包容着多元内涵的价值体系,它主要涵盖"精简"、"高效"、"统一"、"民主"、"廉洁"、"法治"等一系列目标单元。有学者认为行政体制改革的目标在于实现行政管理的现代化,即实现法治化、民主化、科学化、高效化。[③]有学者提出,中国行政发展的目标是建立高效、公平、廉洁、开放的行政系统。[④]另有学者认为,上述目标解释过于笼统,行政体制改革的最终目标应是建立这样一种行政体制,它角色本分、行为规范、职能范围适度、职能结构合理、权力范围有限但效力很高,在完善的责任保障机制的基础上保持权力的必要集中,精干、廉洁、高效并充满活力。[⑤]有学者则把以往对改革目标的讨论概括为效率与民主之争,并提出行政体制改革的核心目标应是效率,民主化是行政体制改革的保障。[⑥]

近年来,随着科学发展观和建设和谐社会等理念的提出,"服务"、"责任"、"公共性"等也被涵盖进了行政体制改革的目标,并形成了"法治政府"、"有限政府"、"高效政府"、"廉洁政府"、"透明政府"、"责任政府"、"服务型政府"等一系列目标模式。有学者认为,我国行

① 汪永成.中国行政改革的阻力:来源分析与消解策略[J].理论与改革,1999(1).

② 王乐夫,倪星.公共行政学[M].北京:高等教育出版社,2006:410—411.

③ 胡象明.试论行政管理现代化及其与政治现代化的关系[J].政治学研究,1998(3).

④ 王沪宁.论90年代中国的行政发展:动力与方向[J].天津社会科学,1992(5).

⑤ 周志忍.我国行政体制改革的回顾与前瞻[J].新视野,1996(4).

⑥ 胡伟,王世雄.构建面向现代化的政府权力[J].政治学研究,1999(3).

政体制改革的目标是法治政府、责任政府、透明政府和有效政府，它们不分主次，同等重要。[①]有学者则认为，我国行政体制改革的目标是建设服务型政府。[②]还有学者认为，我国行政改革的目标是建构责任政府。[③]

有学者指出，我国行政体制发展处于转型时期的特点决定了其发展目标的多重性，即进行结构调整、能力建设与服务改进。[④]有学者则认为，我国行政体制改革的目标包括三层含义：一是通过机构改革实现政府组织的理性化；二是通过职能改革实现政府功能的市场化；三是通过政策变革实现政府对社会的服务化。[⑤]

3. **科学发展观与深化行政管理体制改革**

(1)行政管理体制改革实践的回顾与评价。

有学者认为，自1978年以来，我国行政体制改革大体可以分为三个阶段：从1978年到2002年的行政改革，其核心使命是解放和培育市场；自2003年以来，中国行政改革进入了历史新阶段，其核心使命是重塑政府；展望未来，中国行政改革需要重组事业单位，培育和发展非政府组织。只有依赖政府、市场和非政府组织三驾马车的联合驱动，才能打造更好的公共治理。[⑥]

有学者认为，近30年的行政体制改革是我国政府公共性不断理性回归的过程，主要包括行政改革目标、行政领域、行政管理体制、行政价值体系、政府责任、政府事务、行政过程、行政权力、行政监督、行政考核等诸多方面的公共性回归。[⑦]

有学者把我国行政管理体制改革的主要特征概括为：其一，坚持立足国情，理论联系实际，因地制宜。其二，以发展为主线，坚持与经济体制改革配套进行。其三，采取重点突破、有所侧重、全面推进的改革策略。其四，正确处理改革、发展和稳定的关系。[⑧]

有学者指出，我国行政体制改革面临以下的新形势和新问题：一

① 苏保忠等．行政管理体制改革思路综述[J]．中国行政管理，2006(4)．

② 范重庆，范绍庆．服务型政府：我国行政改革的目标选择[J]．实事求是，2005(2)；黄海燕．关于我国行政体制改革的路向及其措施的探讨[J]．辽宁行政学院学报，2006(1)．

③ 孙彩红．责任政府：当代中国政府改革的目标选择[J]．中国行政管理，2004(11)．

④ 谭功荣．中国行政体制改革的逻辑分析[J]．天津行政学院学报，2005(4)．

⑤ 容志．中国行政体制改革的模式、特征与目标[J]．求索，2008(1)．

⑥ 杨宏山．中国行政改革"三步走"发展模式探析[J]．中国行政管理，2007(7)．

⑦ 周庆行，吴长东．近三十年行政改革的回顾与反思[J]．重庆行政，2008(1)．

⑧ 王乐夫，倪星．公共行政学[M]．北京：高等教育出版社，2006：408—409．

是与我国的经济社会发展和人民群众的要求相比,与贯彻落实科学发展观、构建社会主义和谐社会的基本要求相比,我国的政府管理仍然存在着诸多不相适应的方面。二是在发展的关键时期和改革的攻坚阶段,行政体制改革成为制约各项改革的突破口和瓶颈,行政体制改革与各项改革的整体性和配套性更强,难度更大。三是人民群众对公共服务的需求越来越高,这与政府能够提供的公共产品和公共服务的能力形成强烈的矛盾。这些新形势和问题的存在,要求进一步深化行政管理体制改革。①

(2)深化行政管理体制改革的思路和方向。

有学者认为,深化行政管理体制改革的突破口和切入点,是建设服务型政府。当前和今后一段时期,行政管理体制改革必须从体制(机构)、职能(角色)、过程(流程)、和技术(方法)以及中央与地方关系等方面着手进行改革,主要包括:推行"大部制"改革,健全部门间协调配合机制;决策、执行与监督的相对分离与协调;建立与完善基本公共服务体系;改进政府的管理方式;探索有利于服务型政府建设的中央与地方关系构架。②

有学者将未来中国行政体制改革的方向归纳为:进行综合配套改革是行政体制改革的基本方向;职能转变仍然是行政体制改革的核心环节;精简管理层次与管理幅度是行政体制改革的重点所在;创新运行机制是行政体制改革的新取向;城乡一体化是行政体制改革的未来蓝图。③

有学者认为,加速推进行政体制改革,需要从以下几个方面着手:首先,行政改革需要寻求政治层面的权威推动力量。其次,需要依靠公民有序的政治参与力量。再次,要发挥行政系统内部的互动了力量。最后,需要完善行政法制和组织结构等制度保障体系。④

有学者指出,我国未来的政府体制改革将在组织变革、职能转变

① 陈振明.深化行政管理体制改革,加快服务型政府建设——中国政府改革与治理的新趋势透视[J].福建行政学院学报,2008(4).

② 陈振明.深化行政管理体制改革,加快服务型政府建设——中国政府改革与治理的新趋势透视[J].福建行政学院学报,2008(4).

③ 李水金.当代中国行政体制改革的前沿理论及基本走向[J].理论探讨,2006(3).

④ 杨宏山.中国行政改革"三步走"发展模式探析[J].中国行政管理,2007(7).

和配置以及政治体制改革三个领域展开。其基本趋势是：我国政府还将进一步按照精简、统一、效能的原则进行机构改革，并实现机构和编制的法定化，但是这需要进一步转变政府职能，并需要实质性的政治体制改革。[①]

有学者则提出了更为全面和系统的未来行政体制改革的思路：在目标模式上，由原来的经济调试性改革转向社会回应性改革；改革的内容由传统的以权力为中心，转为权利和权力并重；在改革的指导原则上，由以市场经济规律为导向的改革转到以行政管理自身规律为导向的改革；在路径程序上，由原来的行政推进式改革转向法律推进式改革。[②]

① 毛寿龙.中国政府体制改革的过去与未来[J].江苏行政学院学报,2004(2).

② 薛刚凌.行政体制改革研究[M].北京：北京大学出版社，2006:99—107.

(十)关于政府职能转变

政府职能转变，是20世纪80年代中期以来高校学术研究的热点问题，也是高校学者伴随我国行政管理体制改革的实践展开研究的重点课题。高校学者对于政府职能转变的理论研究主要集中在政府职能的基本理论、对政府职能转变的理论认识以及地方政府职能转变的研究等方面。

1. 政府职能的基本理论

(1)政府职能的含义。

对于政府职能的含义，高校学者有不同解说。有学者认为，所谓行政职能，指行政机关在管理活动中的基本职责和功能作用，主要涉及政府管什么、怎么管、发挥什么作用的问题。[③]有学者指出："行政职能是国家行政机关承担的国家职能，是相关政治权利主体按照一定的规则，经由一定的过程，通过多种表达形式实现彼此价值观念和利益关系的契合，从而赋予国家行政机关在广泛的国家政治生活、社

③ 夏书章.行政管理学[M].广州：中山大学出版社，1998:49.

会生活中的各种任务的总称，是国家行政机关因其国家公共行政权力主体的地位而产生，并由宪法和法律加以明示规定的国家行政机关各种职责的总称。"[①]

高校学者在对政府职能的含义进行界定的同时，还分析了政府职能的特点。有学者认为，政府职能是一个由国家行政管理活动的各个方面(政治、经济、文化、社会)、各个环节(计划、组织、协调、控制)所构成的有机整体，它具有系统性、层次性、动态性和环境适应性的特点。[②]

也有学者认为，政府职能并不是自然和固有的，而有其产生和"获得性"过程。政府职能一经产生或获得就具有相对稳定性，但也不是一成不变的。政府职能的实际内容会随着历史和社会经济的发展而发展，随着不同时期的任务和形势的变化而变化。[③]

(2)政府职能与相关概念。

关于政府职能与行政职能、公共行政职能等概念，高校不少学者在使用过程中并未严格区别。有学者指出，行政功能亦称为政府职能。[④]有学者认为，行政职能又称为公共行政职能，在某些条件下也称为政府职能。[⑤]但也有学者对此持不同意见。有学者认为，公共行政职能和政府职能是两个不同的概念，前者是从与立法职能、司法职能相区别的角度较为抽象地探讨公共行政组织管理什么的问题，后者的内涵则较为具体，它把政府作为政权实体，考察其地位、作用和职责。公共行政是由国家行政组织进行的一种较高层次的管理活动，表明公共行政组织管理社会公共事务的一般的或普遍的职责或作用，表现的是管理活动的共性方面。政府职能并不等同于公共行政职能。一方面，公共行政职能并不是完全由政府履行的；另一方面，政府是构成国家政权的政治实体，它还具有特殊的政治职能。[⑥]有学者则认为，在当代中国，"政府"的外延是大于"行政"的。转变政

① 张国庆.行政管理学概论[M].北京:北京大学出版社,2000:84.

② 钱振明.现代政府职能的发展趋势及其本质[J].社会主义研究,1996(1).

③ 乔耀章.论获得性政府职能及其重心转移[J].江海学刊,1996(4).

④ 黄达强,刘怡昌.行政学[M].北京:中国人民大学出版社,1988:12.

⑤ 张国庆.行政管理学概论[M].北京:北京大学出版社,2000:84.

⑥ 彭和平.公共行政管理[M].北京:中国人民大学出版社,2004:105,120.

府职能，不能理解为仅仅是对狭义的行政机关职能的转变，而是指整个政府职能的转变。①

关于政府职能与政府能力的关系，有学者指出，政府职能与政府能力是两个关系极为密切的概念。政府职能是指政府在一定时期内根据国家和社会发展的需要应该承担的职责和功能，政府能力则指政府实际能够履行这种职责和功能的程度。可见，政府职能框定了政府能力的基本内容和发展方向，政府职能的变化必然要求政府能力的相应调整；反过来，政府能力的大小强弱则决定了政府职能的实现程度。②有学者则认为，现代国家政府的宏观公共行政能力与政府职能相关；在政府基本职能确定的条件下可以认为，政府的宏观公共行政能力实际上是政府履行政府职能的能力。"政府职能"是一个"职"与"能"互为表里、相互依存的问题，其中"职"是政府职守，而"能"是政府公共行政能力。③

(3)政府职能的构成。

高校学者一般认为，政府职能可以从不同角度进行考察。有学者认为，可以从下列角度对政府职能进行考察：从所作用的领域看，可以分为政治职能、经济职能、文化职能、社会职能等；从管理过程和方式看，可以分为计划职能、组织职能、控制职能以及指挥职能、协调职能、沟通职能、监督职能等；从职能的性质看，可以划分为统治性职能、保卫性职能、管理性职能、服务性职能等。④

有学者认为，政府职能包括基本职能和主要职能两个方面。基本职能主要指阶级统治职能和社会管理职能；主要职能包括指导、管理、服务、协调、监督和保卫六种职能。⑤

也有学者指出，政府职能体系包括政府的基本职能和运行职能两部分。基本职能包括政治职能、经济职能、文化职能和社会职能，运行职能主要包括决策职能、组织职能、协调职能和控制职能。⑥实

① 张康之，李传军．公共行政学[M]．北京：北京大学出版社，2007：162.

② 金太军等．政府职能梳理与重构[M]．广州：广东人民出版社，2001：34.

③ 张国庆．行政管理学概论[M]．北京：北京大学出版社，2000：563.

④ 黄达强，刘怡昌．行政学[M]．北京：中国人民大学出版社，1988：32.

⑤ 徐兆明．转变中的政府职能——全国政府职能理论讨论会综述[J]．中国行政管理，1986(10).

⑥ 夏书章．行政管理学[M]．广州：中山大学出版社，1998：53—56；齐明山．行政学导论[M]．北京：大众文艺出版社，2001：47—57；张康之，李传军．公共行政学[M]．北京：北京大学出版社，2007：164—167.

际上,高校学者在讨论政府职能时,通常主要指其基本职能,即政府的政治职能、经济职能、社会管理职能、文化职能。[①]

近年来,高校学者对于政府职能的认识逐步深化,基本趋向认为我国政府职能主要包括“经济调节、市场监管、社会管理、公共服务”四个方面。目前,关于构建和谐社会过程中政府的职能定位,逐渐成为高校学者探讨的热点问题。关于政府在构建和谐社会过程中的基本职能,高校学者的主要研究体现为:一是强调政府的制度供给职能;二是强调政府的公共服务职能;三是强调政府的社会管理职能;四是强调政府的社会整合功能。[②]

2. 关于政府职能转变的理论

(1)政府职能转变的含义和内容。

关于政府职能转变的含义,高校学者基本有两种观点。一种观点是将其理解为政府经济职能的转变,而且这种理解具有把政府行使职能的方式、方法的转变当作政府职能转变本身的倾向。如有学者认为,政府职能的转变包括三层含义:第一,政府职能是发展变化的;第二,政府职能的演变更进一层是政府的社会管理职能的转变,特别是经济管理职能的转变;第三,政府职能转变实际上就是政府能力的转换和提高。政府职能转变的内容主要包括:政府的基本职能要实现重点转移;由现在的社会主义有计划商品经济向社会主义市场经济过渡;宏观管理和微观管理的问题;集权和分权相结合;政企分开。[③]

另一种观点认为,政府职能转变应包含政府经济职能的转变以外更广的含义。如有的学者将政府职能转变的基本内容归纳为职能重心、职能方式、职能关系等方面的转变。[④]

有学者认为,政府职能转变的实质在于政府职能结构“重心”的转移。政府职能的转变意味着:随着时空的流变,政府职能结构的重

① 沈荣华.关于转变政府职能的若干思考[J].政治学研究,1999(4).

② 汪永成等.构建和谐社会进程中政府的职能定位与能力建设[J].中国行政管理,2005(10).

③ 谢庆奎.论政府职能的转变[J].政治与法律,1993(1).

④ 夏书章.行政管理学[M].广州:中山大学出版社,1998:58—61.

心从某个职能转向另外一个职能;在政府职能结构重心位移的同时,政府职能结构内部各个子结构的内涵会发生或多或少的变动。首先是职能内涵的收缩或扩张,其次是职能行使方式、方法等手段的变化。[①]

也有学者认为,政府职能的优化应沿着两条主线展开:职能范围的合理定位与职能结构的调整。职能范围合理定位的主要内容是调整政府与社会(包括市场)的关系,发挥社会和市场的力量;职能结构优化的核心是调整不同类型职能在职能总体中的比重及相对地位,其内容包括强化社会职能,弱化经济职能;强化服务职能,弱化管制职能等。[②]

近来,高校学者对政府职能转变的内涵有了新的认识。有学者指出,多年来,政府职能转变集中于经济领域,改革的核心问题是确定政府在哪些方面有所作为,哪些方面有所不为。时至今日,政府职能转变有了深层次的内涵和新的表现形式。政府职能转变的侧重点不再是回答“该不该管”,而要深入到“如何去管”的问题。[③]

(2)对我国政府职能转变实践的总体认识。

关于我国政府职能转变的成就和不足,高校学者认为,改革开放以来,我国政府职能转变在以下四个方面取得了较大进展:一是经济管理职能得到初步转变。初步建立了以间接手段为主的宏观调控体系,政企分开迈出较大步伐。二是行政审批制度改革取得进展。三是政府机构调整基本到位。四是公共服务改革取得了一定成效。[④]关于政府职能转变方面存在的不足,高校学者也从不同的角度进行了概括,但主要还是集中在政府的“越位”、“缺位”与“错位”等问题上。[⑤]

高校学者还对我国政府职能转变的过程和特征进行了探讨。有学者认为,我国政府职能转变经历了全能型政府职能、有限型政府职

① 施雪华.社会转型与政府职能转变[J].天津社会科学,1995(2).

② 周志忍.我国行政体制的特征与政府职能优化[J].唯实,1997(6).

③ 周志忍.新时期深化政府职能转变的几点思考[J].中国行政管理,2006(10).

④ 束锦.“深化行政管理体制改革,推进政府职能转变”研究综述[J].云南社会科学,2008(3).

⑤ 黄庆杰.20世纪90年代以来政府职能转变述评[J].北京行政学院学报,2003(1).

能和服务型政府职能三个发展阶段,每个发展时期具有不同的特点。[1]

(3)推进政府职能转变的思路和对策。

转变政府职能是一个过程。高校学者对政府职能转变途径的认识,是伴随着经济体制改革和行政体制改革的深入而逐步深化的。

20世纪90年代,转变政府职能问题是适应计划经济向市场经济体制转变提出的。针对当时政企不分的状况,高校学者从一开始就把政企职责分开作为转变政府职能的基本途径。与此同时,高校学者也认识到,机构改革是政府职能转变的必经之路,职能转变必须和机构改革同步进行。[2]在相当长时间里,我国政府职能转变的实现方式是以政企分开为主线,以减少政府微观经济管理职能为核心内容的机构改革。但是随着行政管理体制改革的深入,高校学者认识到,政府管理经济和社会的方式从过去直接管企业改为以行政审批为主,政府职能并没有发生本质上的变化,转变职能步履维艰。要改变这种状况,必须改革行政审批制度,这是政府职能转变进一步推进的突破口。[3]因此,自2000年起,我国开始实行行政审批制度改革,政府职能转变才取得实质性进展。当前这一改革仍在继续深入。同时,从党的十六届三中全会开始,转变政府职能进入了全面创新阶段。理论界对政府职能转变的又有了新的认识,基点是着眼于行政管理制度的全面创新。[4]

关于进一步推进政府职能转变的途径,当前高校学者普遍认为:一是按照“法治国家”的要求,全面落实依法行政;二是按照“市场经济”的要求,切实实现政企分开、政事分开、政社分开;三是按照“和谐社会”的要求,全面履行政府职能;四是按照“服务型政府”的要求,切实推进行政审批制度改革,实现政府管理方式的转变;五是按照“新公共管理”的要求,重视培育和发挥第三部门在社会管理方面的作

① 李文良.我国政府职能转变的历史追溯[J].北京电子科技学院学报,2007(3).

② 刘玉萼,胡凯红.政府职能转变的目的和途径探讨[M]//张志荣等.行政体制改革与转变政府职能.北京:社会科学文献出版社,1994:32—33.

③ 李文良等.中国政府职能转变问题报告[M].北京:中国发展出版社,2003:289.

④ 何强.地方政府职能转变的动力机制与路径[J].黑龙江社会科学,2008(1).

用。[①]

有学者认为，要真正实现政府职能的转变，建设服务型政府，当前应主要抓好政府职能的法治化、重构政府绩效评估体系和培育公民社会的自主性等方面的工作。[②]

还有学者提出了政府职能在政府、社会、市场之间转移的概括性框架，这一框架根据政府、社会、市场三者各自不同的特点，遵循“功能匹配”的原则，分析了分别应由政府、市场、社会来行使的具体职能。[③]

3. **地方政府职能转变的研究**

(1)地方政府的职能定位。

有学者认为，相对于中央政府“调控—服务型”的职能定位而言，地方政府职能的服务性更加突出，因此地方政府的职能定位应是“公共服务型”。具体体现为：服务型地方政府是地方经济发展的推动者、市场运行的监管者、社会事务的管理者、公共服务的提供者、资源环境的保护者、社会公平的保障者和社会稳定的维护者。[④]

有学者认为，我国当今地方政府的职能应当定位在弥补市场缺陷，引导市场经济体制的建立和完善，着重进行公共管理和公共服务，以满足社会各阶层、各方面的公共需求。根据以上定位，可将地方政府的职能分解为两类：一是引导性职能，二是在完备的市场经济环境中政府应当具备的一系列以公共管理和公共服务为重点的职能。同时，必须根据各地方政府行政层级的高低、管辖区域的大小、人口的多少、经济和社会的不同发育程度、资源和产业结构的差异等各方面的情况综合考虑来厘定地方政府职能。[⑤]

(2)地方政府职能转变的障碍。

有学者认为，当前地方政府职能转变过程中存在的障碍性因素主要体现在三个方面：第一，“政府承包责任制”的存在及其影响；第

① 苏保忠，龚云，张正河．行政管理体制改革思路综述[J]．中国行政管理，2006(4)．

② 翟桔红，徐水安．政府职能厘析[J]．中南财经政法大学学报，2007(2)．

③ 杨欣．政府·社会·市场——论中国政府职能转移的框架[J]．经济体制改革，2008(1)．

④ 汪来杰．论我国服务型地方政府的职能定位[J]．社会主义研究，2008(3)．

⑤ 吴翔．地方政府职能定位的新思考[J]．天水行政学院学报，2006(5)．

二,地方政府经济管理职能的过多存在及其后果;第三,政企不分的现行干部人事制度及其影响。[①]

有学者认为,制约县级政府职能转变的"瓶颈"在于:行政主体急于求成,按自己的想法包办代替农户和各企业内部的经营活动;不能按市场原则有效配置资源;缺乏足够的市场监管;为农户和企业提供政策、科技和信息服务的功能较弱。[②]

(3)地方政府职能转变的路径与内容。

有学者指出,制度创新是地方政府职能转变的路径,其基本思路是加强客观经济调控、完善行政审批制度、健全社会保障体系。[③]有学者认为,地方政府对于中央政府和民众的双重信息垄断是职能有效转变的羁绊。因此地方政府职能转变的关键在于更多发挥服务功能,建立透明、竞争、民主、有效的地方公共物品供给机制。[④]也有学者认为,我国地方政府职能转变的内容包括:明确各级政府的职能定位,规范各级政府的行政行为,进一步深化审批制度改革,提高政府政策法规的透明度,变管制政府为服务政府,构建电子政府,发展行业协会和中介机构,等等。[⑤]还有学者认为,重塑地方政府职能是市场取向型政府职能的定位和建构,其途径包括:理顺地方政府利益关系,保证政府干预的公正超脱;推进地方政府机构改革;培育和促进社会中介组织的发展;加强法制建设,规范地方政府行为。[⑥]

① 陈世香.当前我国地方政府职能转变的主要障碍及对策[J].中共福建省委党校学报,2000(1).

② 赖邦凡,谭兴中.县级政府管理创新探析[J].国家行政学院学报,2002(3).

③ 何强.地方政府职能转变的动力机制与路径[J].黑龙江社会科学,2008(1).

④ 沈荣华,钟伟军.信息非对称视角下我国地方政府的职能转变[J].中国行政管理,2002(6).

⑤ 张立艳.入世后我国地方政府职能的转变[J].前沿,2006(2).

⑥ 梅继霞.政府错位与地方政府职能重塑[J].江西行政学院学报,1999(2).

(十一)关于服务型政府

1.服务型政府的研究起源

高校学者对服务型政府的研究起源,可以追溯到对"服务行政"的相关研究。在我国,"服务行政"概念的使用可以追溯到1995年。有学者从行政法学视角提出和使用了"服务行政"相关概念,并指出,由于市场经济的建立与发展，应该改变过去那种把人当作管理标的物的传统行政法理论，应从以“管理”为目的到以“服务”为宗旨，并以此思想主导行政立法工作。

在行政法学界运用“服务行政”概念分析行政法学基础理论和基本议题时，高校学者开始将“服务行政”概念运用于行政学研究领域。如有学者认为，公共行政与经济、社会发展的冲突表现之一就是“管理行政”与“服务行政”的冲突，我国行政现代化的目标取向就在于使公共行政由国家权力的载体过渡为为公众提供服务的实体。[①] 还有学者指出，我国是一个拥有权威行政传统的国家，在社会转型期，权威行政与服务行政情结呈现出一种犬牙交错、相克相生的状态，而服务行政体现了社会主义国家和社会的性质，服务行政虽不能朝夕确立，仍是我国政府、企业和社会管理发展的必然趋势。[②] 也有学者在20世纪80年代就提出国家行政管理必须面向服务，并提出在形式上体现为一种服务模式，在内容上可以随着时代的需要而不同。[③] 另有学者提出并阐述了“服务行政模式”问题，认为社会主义的公共行政应该是不同于传统统治行政和近代管理行政的服务行政模式，这种模式会继承管理行政中的全部社会管理职能，但这种管理是建立在为社会服务的原则基础上的，管理是手段，服务才是目的。[④] 总体看来，这一时期，高校行政管理学者对于“服务行政”的理解还处于概念提出和阐释阶段。从1998年开始，高校学者关于“服务行政”的探讨逐渐从概念引入发展到模式构建的层面。

2000年，有高校学者首次提出服务型政府的概念，认为“政府规模的膨胀造成了许多负面影响，而限制政府规模膨胀的一切理论设计和实践方案又都是不成功的。所以，限制政府规模的问题必须在政府类型的根本变革中才能得到解决，那就是用服务理念取代传统的统治理念和近代以来的管理理念，建立起服务型的政府模式”[⑤]。

① 张成福，党秀云．中国公共行政的现代化——发展与变革[J]．行政论坛，1995(1)．

② 马敬仁．转型期的中国政府、企业与社会管理——中国管理情结解析[J]．中国行政管理，1996(1)．

③ 周世逑．国家行政管理必须面向服务[J]．社会科学家，1987(3)．

④ 张康之．行政道德的制度保障[J]．浙江社会科学，1998(4)．

⑤ 张康之．限制政府规模的理念[J]．行政论坛，2000(4)．

此后,政府部门陆续提出建设服务型政府,如上海市在2001年明确表示"上海要在全国率先建立一个高效、精干的服务型政府";2001年,大连市第九次党代会提出建设服务型政府的目标;成都市于2002年2月开始启动建设规范化服务型政府的试点工作,并且探索出了一些建设服务型政府的宝贵经验。在此背景下,高校学者发表若干服务型政府的论文,服务型政府的概念逐步实现学术与实践的结合,并且被学术界广泛讨论。

2. **服务型政府的内涵**

(1)服务型政府概念的讨论。

关于服务型政府的含义,高校学者具有不同视角和看法。

从政府职能历史演进的视角看,有学者认为,政府从统治型向管理型再向服务型的转变是一个历史趋势,是一个规律性的发展过程,相应的行政模式也由"统治行政"向"管理行政"再向"服务行政"转变,这是统治和管理、管理和服务此消彼长的动态变化过程。在此基础上,该学者将近代社会以前的行政视为"统治行政",相应的政府类型也就是统治型政府,将近代社会的行政视为"管理行政",相应的政府类型就是管理型政府,将新公共管理运动以来的行政视为"服务行政",相应的政府类型就是服务型政府。①

从政府工作方式转变的视角看,有学者认为,地方政府在改革中所采取的集中服务提供,改善服务态度,设立"政务超市"、"阳光大厅"、"一站式服务"、"审批中心"等的尝试,就是在进行服务型政府的建设,反过来,将这些新的工作方式引入公共管理中的政府,就是服务型政府。②

另有学者认为,所谓服务型政府就是指政府遵从民意的要求,在政府工作目的、工作内容、工作程序和工作方法上用公开的方式给公民、社会组织和社会提供方便、周到和有效的帮助,为民兴利,促进社

① 张康之.寻找公共行政的伦理视角[M].北京:中国人民大学出版社.2002.

② 尹戈,陈先芳.建设廉洁、高效的服务型政府[J].中国行政管理,2003(3).

会稳定发展。服务型政府的服务主体是各级政府，服务对象是公民、社会组织和社会，服务的宗旨是为民兴利，促进社会的稳定发展，服务的内容是由民意决定，服务的方式是公开透明的方式。[①] 也有学者认为，"服务型政府，概括起来，即将政府由原来的控制者，改变为兴利者和服务者。服务型政府意味着：施政目标，由机关和专家决定到由民众希望和合法期待来决定；以成本—效益为基础的效率考量，转变为民众评估的考量；由政府以控制为要务转变为以传输服务为要务；由对特定'功能'、'权威'、'结构'的服从，转变为对'使命'、'顾客'、'成果'的认同；从一味强调按章办事到强烈的当事人取向，考虑到民众的具体情况；从独断专行的领导到民众参与领导"[②]。

(2)服务型政府的相关概念研究。

在高校行政管理研究中，服务行政先于服务型政府提出。但是，服务行政的讨论并没有随着服务型政府概念的形成而终结。在服务型政府受到广泛讨论时，依然有不少学者论述服务行政的理念和意义。有不少学者在服务型政府概念提出以后，撰文论述服务行政问题。[③] 有学者干脆把服务行政和服务型政府看作同一个问题的论述。[④]

公共服务型政府的概念是 2003 年"非典"事件之后出现的新概念，这个概念的提出，是基于对"非典"事件的反思。公共服务型政府的提出者认为，要想使政府职能更多地作用于公共服务和社会管理，就必须实现政府改革的实质性转型，即由原来的经济建设型政府转变为公共服务型政府，也就是政府应该从经济领域中退出，把主要职能定位于诸如公共教育、医疗、公共卫生以及研究和发展等公共服务领域。

关于服务型政府和公共服务型政府这两个概念，高校学者主要有两种看法：第一，将服务型政府与公共服务型政府各自表述，互不

① 吴玉宗．服务型政府概念、内涵与特点[J]．西南民族大学学报：人文社科版，2004(2)．

② 张成福．面向21世纪的中国政府再造：基本战略的选择[J]．教学与研究，1999(7)．

③ 洪威雷，黄华．服务行政——21世纪中国行政管理的方向选择[J]．湖北大学学报：哲学社会科学版，2001(2)；肖文涛．社会转型与政府行政范式转换[J]．东南学术，2001(6)；周洪敬．服务行政——公共行政的新方向[J]．党政论坛，2002(3)；沈荣华．论服务行政的法制架构[J]．中国行政管理，2004(1)．

④ 程倩．行进中的服务行政理论——从2001年到2004年我国"服务行政"研究综述[J]．中国行政管理，2005(4)．

承认。不少学者在讨论其学术观点时,采取二者只提其一的做法,而没有将服务型政府和公共服务型政府进行对比分析。第二,将服务型政府与公共服务型政府等同,认为服务型政府就是公共服务型政府。如有综述性论文同时论述了服务型政府理论和公共服务型政府理论,但并没有对两者进行对比分析,只是认为它们都属于服务行政的范畴;[1]有学者在引用服务型政府定义的基础上讨论了建设公共服务型政府的途径,事实上将两个概念等同起来。[2]

3. **服务型政府的理论基础**

高校学者从公共行政理念的转向和政府失灵及其矫正两个角度为推进服务型政府建设寻求理论依据,认为公共行政的变革是以理念为先导的,而公共行政的理念有着自身的发展轨迹,即由统治到管理再到服务。有学者总结了矫正政府失灵的一般对策,即加强制度约束、进行市场化改革和转变政府职能,认为建设服务型政府是解决政府失灵的关键。[3]有学者从四个方面为建设服务型政府提供了理论依据:第一,从政治学的视角看,马克思主义的民主理论是服务型政府建设的理论源泉;第二,从行政学的视角看,现代公共行政学理论是服务型政府建设的直接支撑;第三,从行政法学的视角看,行政法治观念正在经历从管理行政到服务、从注重行政权力的行使到注重对相对人权利的尊重、从以物为中心到以人为本的变革;第四,从公共经济学的视角看,公共产品支出原理为服务型政府建设提供了理论依据。[4]也有学者探讨了服务型政府的理论依据,提出人民主权理论、新公共管理理论、行政法治理论、为人民服务理论分别为服务型政府建设提供了政治学、行政学、行政法学理论依据以及最根本的理论落脚点。[5]还有学者从探讨服务型政府的服务理念和价值基础出发,将服务型政府的理论基础归纳为民主行政理论、治理理论和后现代理论。[6]

① 程倩.行进中的服务行政理论——从2001年到2004年我国“服务行政”研究综述[J].中国行政管理,2005(4).

② 陶学荣,黄元龙.论公共服务型政府建设途径[J].甘肃社会科学,2005(3);周恩来政府管理学院课题组.公共服务型政府建设问题研究分析[J].南开学报,2005(5).

③ 束锦,肖靓.全面推进服务型政府建设——基于矫正政府失灵角度的探讨[J].甘肃社会科学,2005(3).

④ 肖陆军,杨丹.服务型政府的特点及其理论依据[J].理论学刊,2005(6).

⑤ 何水.服务型政府建设的理论依据与现实背景[J].云南社会科学,2005(4).

⑥ 刘俊生.论服务型政府的理论基础与价值基础[J].南京社会科学,2004(5).

4．服务型政府的建设路径

关于如何建设服务型政府，高校学者的研究主要有以下几个方面：

（1）从政府制度创新的角度论述。有学者认为服务型政府的建设是一项系统工程，涉及观念更新、政府职能转变、民主与法制建设、政治文明建设等诸多方面，需要一个时间较长的过程，这个过程就是政治与政府创新的过程。而政治创新和政府创新紧密相连、相互促进、相互融合和重合。因此，服务型政府建设的基本途径，就是政府创新，即通过政府改革、发展和创新的途径，逐步实现服务型政府的目标。[①]有学者具体提出了如何进行政府变革，推进服务型政府建设的措施。

① 谢庆奎．服务型政府建设的基本途径：政府创新[J]．北京大学学报：哲学社会科学版，2005(1).

（2）从政府与公民关系的角度论述。有学者认为，在构建服务型政府的过程中，公民社会的培育与成长是十分重要的。也就是说，在服务型政府的构建与公民社会的培育之间，存在一种相互依存和相互支援的互动关系。构建服务型政府的实践催生了公民社会组织的发育，同时，公民社会的成长推动了服务。[②]

② 兰华．我国公民社会发展与服务型政府建设——治理理论视角[J]．山东大学学报，2005(5).

（3）从服务型政府建设的要素角度论述。有学者从与服务型政府建设相关的要素出发，提出建设服务型政府的措施。也有学者指出，一个具有良好效能的服务型政府需要从服务意识与理念、服务职能与制度、服务基础与环境等层面进行整体性的构建及完善。[③]

③ 王川兰．论服务型政府的困境、超越与建构[J]．公共管理学报，2005(4).

（4）从借鉴现代公共管理理论与实践角度论述。有学者认为，服务型政府体制建构应借鉴新公共管理理论与实践，可以有三个基本的路径选择：政府服务体制建构的市场化取向；“全面质量管理”进入政府管理领域；以政府服务结果评价为内容的政府绩效管理。[④]

④ 刘祖云．“服务型政府”价值实现的制度安排[J]．江海学刊，2004(3).

（5）从政府观念转变角度论述。有学者提出，构建服务型政府，其核心是政府观念的转型，具体而言，就是要变全能行政观念为有限行政观念，变强制行政观念为引导行政观念，变暗箱行政观念为透明行政观念,政绩评估标准应从数量扩张到公众满意。[①]

(6)从综合思考角度论述。有学者认为,社会环境的变化促使政府从管制型政府向服务型政府转变,但这一转变是长期过程,这涉及政府从根本上转变观念、转变工作态度、转变行为方式,也就是从根本上抛弃过去的计划经济时代所遗留下来的一切旧的东西,以及改革开放以后的新形势下所沾染的新的消极因素。要建设服务型政府,第一,要求政府彻底转变官本位的观念,树立公民本位的观念;第二,要使政府的部门或单位彻底放弃小团体利益,而树立起人民的利益高于一切的观念;第三,彻底转变政府职能,改变由政府控制一切社会资源的状况和行政权力对市场的不正当干预,杜绝官商勾结的腐败现象;第四,彻底从人治政治的轨道转变到宪政即法治政治的轨道上来,使公民的权利得到宪法和法律的切实保障,使政府的权力时时处于宪法和法律的约束之下,为此必须建立违宪的审查制度和机构及与此相配套的一系列制度,特别是其中的问责制度;第五,在高度民主的基础上提高公民政治参与和舆论监督的力度,使政府的决策和政策的执行真正置于全社会的约束和监督之下,把社会对政府的评价作为政府政绩的主要标准;第六,在基层自治和社会团体自主发展的基础上促进公民社会的成长,形成民主和政治参与的深厚的社会基础。[②]

实际上,高校学者关于如何建设服务型政府的论述,更多具有未来政府改革的指向意义。

(十二)关于责任政府、法治政府、廉洁政府

1. 责任政府

高校学者对于责任政府的理论研究主要集中在如下方面。

① 李传军.服务型政府的观念前提[J].江西行政学院学报,2004(S2).

② 李景鹏.从管制型政府向服务型政府的转变[J].新视野,2004(5).

(1)责任政府的内涵。

有学者认为,责任政府的关键就是一个责任信念,只有当一个政府很好地转变了政治观念,明确了政府在各项工作中的责任,在实践中认真地实现这些责任,并建立起严格的责任追究制度的时候,这个政府才能称得上是责任政府。[①] 有学者认为,责任政府既是一种价值,也是一种制度安排。"责任行政或责任政府既是现代民主政治的一种基本理念,又是一种对公共行政进行民主控制的制度安排。"[②] 另有学者认为:"在现代政治实践中,所谓责任政府并不是一种意志表示,而是一种政治原则,以及建立在这种政治原则基础上的政府责任制度。"[③]

(2)责任政府的责任体系与责任主客体。

有学者指出,现代责任政府具有多种表现形式和丰富的内涵,它建立在制度责任和伦理责任相结合的基础之上,是一种制度责任和伦理责任的高度统一,是制度内化和道德内化的综合体现。这种观点突出了政府责任的两个方面的内容,即制度责任和伦理责任的统一。[④]

有学者认为,政府责任主要有主观责任和客观责任两个方面的内容。同时,政府责任可以进行广义和狭义的不同定义。从广义的角度看,政府责任意味着政府组织及其公职人员履行在整个社会中的职能和义务,即法律和社会所要求的义务;从狭义的角度看,政府责任意味着政府机关及其工作人员违反法律规定的义务,违法行使职权时,所承担的否定性的后果,即法律责任。具体而言,主要包括道德责任、政治责任、行政责任,政府的诉讼责任和侵权赔偿责任。[⑤] 有学者则认为责任政府在理论意义上有三个层次:一是个体意义上的理解,就是对自己的行为后果负责;二是从集体意义上理解责任政府,政府代表公共利益,这使得它必须承担相应的集体责任;三是制

① 李景鹏.政府的责任和责任政府[J].国家行政学院学报,2003(5):17.

② 张成福.责任政府论[J].中国人民大学学报,2000(2):77.

③ 王邦佐,桑玉成.论责任政府[N].解放日报,2003—05—13.

④ 张定淮,涂春光.论责任政府及其重建机制[J].中国行政管理,2003(12):75.

⑤ 张成福.责任政府论[J].中国人民大学学报,2000(2):75—76.

度意义上的责任,不同的制度安排决定了不同的角色与责任。[①]

(3)我国建设责任政府的路径选择。

高校学者普遍认为,建设责任政府需要建立必要的制度体系。有学者分析指出,实现责任政府可以从四个方面切入,即政府职能的定位、价值新取向的确立,行为模式的转换以及官员"问责制"的推行。[②]有学者指出,如果没有健全的监督机制对政府责任履行情况进行监督,责任政府只能成为公民难以企及的愿望。因此,建立系统、全面和有效的责任监督机制是实现责任政府的基本前提。这些机制主要有完善的民主监督体制、健全的法律监督制度和良好的监督机制。[③]也有学者认为,制度建设不是责任政府建设的唯一途径,除了制度建设,还应该通过公民参与公共管理,才能直接促进政府的责任行为。[④]

2. **法治政府**

高校学者对法治政府的研究主要包括以下内容。

(1)法治政府的内涵及其理念。

有学者认为法治政府有广义和狭义之分。广义的法治政府是指全国的国家机关体系,包括立法机关、行政机关和司法机关都严格依法行使职权,在法律的统治、管理和规范之下;狭义的法治政府其基本内涵是指作为行使国家行政权力的各级政府及其组成单位,根据宪法和法律产生和建立,其职权和职责由法律来规定,其行使权力的方式和程序由法律来确定,是否越权和滥用权力由法律来评价,其权力的行使过程及其结果受到法律的监督和控制。该学者进一步指出法治政府的理念包括有限政府、服务政府、阳光政府、诚信政府、依法治理的政府、责任政府和服务政府等。[⑤]

有学者认为,法治政府主要是依据宪法及其宪法性文件组成,并依法治理和依法行使权力的政府;他把法治政府理解为权力具有限

① 毛寿龙.责任政府的理论及其政策意义[J].行政论坛,2007(2):5—6.

② 张定淮,涂春光.论责任政府及其重建机制[J].中国行政管理,2003,12:77—79.

③ 陈国权.论责任政府及其实现过程中的监督作用[J].浙江大学学报:人文社会科学版,2001(1):28—34.

④ 吴威威.构建责任政府的理论思考[J].湖北社会科学,2004(1):62—64.

⑤ 刘旺洪.法治政府的基本理念[J].南京师范大学学报:社会科学版,2006(4):24—29.

制性和权力必须适当分工的政府，认为“法治政府”是与公民自由的保障和公民权利有效保护密切相关的。[①]

也有学者认为，法治政府应是指政府机构的设立和运作，包括政府立法、司法和行政在内的政府整体行为与个体执法行为都合法化、合理化、规范化的政府，是依据体现广大人民意志、意愿和民主、公平、正义等价值理念的法律而设立和运作的政府，是以良法之治、政府受法律控制、控权护权统一、保障公民权利、行政救济和司法保障为价值取向的政府。[②]

还有学者从三个层面理解法治政府的内涵：第一层面是法律技术方面的含义，它包括政府需要受法律的限制，没有法律根据政府活动是非法的；第二层面是关系层面，它包含着立法与行政，司法与行政，企业、社会、公民之间的平等一系列平等的关系；第三层面是宪政意义的含义，即政府内部和外部是一组自由、平等、正义的关系，政府公共领域的行为要严守“权力法定”、“越权无效”的原则。[③]

(2)关于法治政府的标准研究。

有学者认为，法律独立于政府之外，而政府要受法律的支配，建立法治政府是依法治国的主要内容，因此，法治政府的标准应该是：法律由代表全体人民利益的立法机关所制定，体现全体人民意志；政府的行政权力由这种法律所赋予，政府组织的设置、权力的行使和利益的取得受这种法律的制约；政府严格忠实服从和执行这种法律，成为人民实现民主权利的工具；政府的行为受到人民的有效监督，政府的错误行为能够得到有效救济，政府要承担相应的法律责任。[④]

有学者指出，法治政府的标准包括四个方面的指标，这四个指标之下有具体的其他指标，以此构成系统指标体系。这四个指标分别是：法治政府的价值标准；法治政府的职权范围标准；法治政府的行政体制构造标准；法治政府的权力运行机制标准。该学者对这四个

① 青维富．法治政府之意蕴探析[J]．理论导刊，2007(12).

② 申来津，李晓琴．法治政府的本体追问与价值取向[J]．学术交流，2007(3)：33.

③ 周晓丽，毛寿龙．中国法治政府的进程及其面临的挑战[J]．东南学术，2008(2)：50—55.

④ 申来津，李晓琴．法治政府的本体追问与价值取向[J]．学术交流，2007(3)：33—36.

指标标准进行了细化后,得出了一套较为完整的法治政府衡量指标体系。[①]

高校学者对于法治政府的研究,与地方政府的探索具有密切联系。如2007年11月,深圳市出台了《深圳市建设法治政府总指标体系》(建议稿),用来评价和推动深圳市法治政府建设。该指标体系主要从制度建设、机构职责与编制、行政决策、行政审批、行政处罚、行政服务及信息公开、行政监督、行政救济、行政责任、财政管理等十个方面的法制化情况入手,设置评判指标体系。高校学者参与了这一工作并且发挥了作用。

(3)建设法治政府的途径。

有学者对我国建设法治政府的核心条件进行了分析,包括立法滞后、判决执行难以到位,执法的随意性、法律的非透明性,市场经济和法治社会尚未发展壮大、传统的等级观念和特权思想积淀等,使得法治政府的进程面临种种挑战。[②]

有学者认为,建设法治政府,第一,必须建立健全行政法律体系,为进一步加强法治政府建设提供法律制度保障;第二,转变政府职能、深化行政管理体制改革是建设法治政府的首要任务、重要内容和根本保障;第三,理顺行政执法体制、加快行政程序制度建设,调整行政执法主体结构、明确执法职权和义务等;第四,完善行政监督机制,健全行政机关的组织法和程序法制度,完善政务公开、信息公开,健全人大的监督职能,如问责、引咎辞职、罢免等监督制度;第五,还可从司法机关的监督和行政权的自我监督等入手建设法治政府。[③]有学者从政府责任制度体系、严格实施行政执法责任制、强化全方位监督机制、提高公务员素质四个方面,提出了法治政府建设应着力提高的方面。[④]

有学者则强调观念的塑造,认为建设法治政府应强化宪法至上、

① 刘旺洪.法治政府的基本理念[J].南京师范大学学报:社会科学版,2006(4):24—29.

② 申来津,李晓琴.法治政府的本体追问与价值取向[J].学术交流,2007(3):33—36.

③ 王作全.对进一步加强法治政府建设的思考[J].中国行政管理,2008(3):39—41.

④ 唐德先.建设现代法治政府问题的探讨[J].东北师范大学学报:哲学社会科学版,2003(5):55—56.

尊重人权、行政权限、行政民主、行政服务、行政程序、政府诚信、监督责任、权利救济、法治渐进等观念。[①]另有学者从建设法治政府的原则角度，分析了应该注意遵循的原则，包括坚持党的领导、人民当家作主、依法行政高度统一的原则；坚持"以人为本"与维护宪法和法律权威高度统一的原则；依法行政与以德行政高度统一的原则；行政合法与行政效率有机统一的原则；开拓创新与循序渐进有机统一的原则。[②]

3. **廉洁政府**

(1)廉洁政府的含义。

廉洁是廉政的内容之一，因此，高校学者对于廉洁的研究是从廉政入手的。关于廉政，有学者认为其基本含义是"为政清廉公正"，其对立面是贪污、腐败。廉政的内涵有广义和狭义两种。狭义的廉政其基本要求是为政清廉公正。广义的廉政至少包括：精简机构，精兵简政，防止和克服机构臃肿；厉行节约，杜绝铺张浪费；主持公道，为民除害；政治开明，广开言路。[③]有学者认为，廉政的"廉"是指清正、廉洁，表示公正清明，不损公肥私，不奢侈浪费、不贪污腐化。廉政的"政"是指政治、行政，即治理国家的活动。廉政主要是指国家的行政机关和行政工作人员公正无私、清明廉洁。廉洁指的是政府廉洁，行政管理活动廉洁，行政工作人员廉洁。[④]另有学者将廉政的基本含义理解为两个方面：一是廉洁，即不贪之意；二是廉价，作为商品经济的范畴即是价格便宜。廉政的要求包括吏治廉洁、廉价政府、政风清明、反腐败四个方面。[⑤]

有学者将廉政作为与腐败对立的一个重要范畴，提出廉政就是廉洁从政、廉洁政府或为政清廉的简写，它是指国家公务人员在公务活动中保持廉洁而不以权谋私的政治行为和政治现象。[⑥]也有学者认为，廉政中的"廉"包含两层意思，一是廉洁，即不贪污腐化，二是节

① 莫于川．建设法治政府、推动法文化革新——依法行政须树立现代行政法治观念[J]．理论与改革，2004(5)：111.

② 刘旺洪．法治政府的基本理念[J]．南京师范大学学报：社会科学版，2006(4)：24.

③ 崔敏．廉政含义范围之我见[M]//上海《法学》编辑部等．当代中国廉政法制．上海：复旦大学出版社，1990.

④ 侯少文，宋新斌主编．廉政建设思想宝库[M]．济南：济南出版社，1995.

⑤ 章玉良，陈宗瑜．廉政建设论——市场经济条件下廉政与反腐机制研究[M]．长沙：湖南人民出版社，1998.

⑥ 王茂林，刘小明，孟翔凤．廉政建设概论[M]．北京：法律出版社，1991.

约、节俭,不奢侈浪费。他认为廉政中的"政",是包括行政机关、执政党、立法机关和司法机关在内,以及一些具有公共权力的机构,如工会、共青团、妇联和一些企事业单位。因此,廉政就是廉洁从政。[①]

按照以上理解,高校学者认为,廉洁政府就是掌握公共权力的组织及其工作人员,在行使公共权力的过程中,不以权谋私、清正廉明。高校学者普遍认为,广义的廉政就是廉洁政府、廉价政府,而廉洁政府的建设也被简称为"廉政"。

(2)关于廉洁政府的研究。

高校学者对于廉洁政府的研究,或是从廉价政府入手,着重于行政成本,或是从廉洁政府的建设即"廉政建设"入手,尤其是以反腐败为重点。有学者认为,节制行政开支就是加强廉洁政府的建设问题,廉洁政府既包含政府官员个体的廉洁,同时也包含政府整体的廉洁,即包含了节制政府行政开支以降低行政成本的要旨。[②]以节制开支为核心的廉价政府与廉洁政府具有很大的关联性。廉价政府是要求政府及其官吏在履行社会管理的过程中,尽量压缩其维持经费,减轻国民负担;而政府规模和政府消费水平是影响其成本的两个方面。[③]廉价政府被认为是廉洁政府的前提,注重政府的运行成本。严格意义上的廉洁政府或廉价政府具有更为丰富的内涵,但致力于通过清理行政性收费以体现廉洁政府的举措,无疑是其题中的应有之意。[④]

关于建设廉洁政府问题,高校学者主张应该通过权力来制约权力,防止专制集权导致个人的独断和权力滥用,同时,应该实行政务公开,把人民赋予的权力对人民公开,把权力运行的全过程对人民公开,把权力运行的结果对人民公开。只有把权力置于人民的监督之下,才可以打造出廉洁高效的政府。只有从体制建设、法规建设、政策建设,乃至意识形态方面下工夫,廉政建设才有坚实的基础。[⑤]有学者提出,应该健全行政监督体制,优化整合行政监督资源,突出行

① 李成言,谷雪,倖锡金.廉政政策分析[M].北京:北京大学出版社,2002.

② 桑玉成.节制行政开支与廉洁政府建设[N].鄂尔多斯日报,2008-07-21.

③ 桑玉成.从廉价政府看政府成本[J].云南行政学院学报,2002(2):39-42.

④ 桑玉成.让"廉洁政府"成为政府发展取向[N].解放日报.2008-06-24.

⑤ 李成言,刘庄振.廉政发展[M].北京:北京大学出版社,2004.

政监督重点，例如，收入申报制度在有效遏制腐败方面，所发挥的功能不够，而范围更广的财产申报制度，可更有效的遏制腐败。[①]虽然集中权力严厉打击腐败十分必要，但进行制度变革，建设适当的制度平台，被认为是廉洁政府建设的治本之策。[②]

① 桑玉成．财产申报更能遏制腐败[J]．领导决策信息，2002(12)：10.

② 毛寿龙．腐败惩治与制度变革——远华案的制度分析[J]．南风窗，2002(4)：14－15.

（十三）关于依法行政

1．依法行政的含义、原则与要求

（1）依法行政的含义。

有学者认为，依法行政的基本要义是指国家行政机关及其工作人员，在组织、职权以及行政管理活动的原则、制度、程序、方式等各个方面，都由宪法、法律、法规及其他规范性文件加以规定，行政机关及其工作人员严格依照规定，设置机构、划分行使职权、配备人员，对国家和社会事务进行有效的组织和管理；也就是国家行政要贯彻法治原则，行政行为于法有据，依法办事。[③]

③ 蔡立辉．论依法行政与公民权利——依法行政的政治学思考[J]．社会科学研究，1999(2)：19－25.

有学者认为，“依法行政”中的“依”即依照，“法”应该从广义上理解，即包括狭义上的立法机关制定的宪法、法律，也包括行政机关制定的法规、条例、规章等。“行政”是指所有与行使行政权力相关的活动，其主体不仅包括国家行政机关，也包括立法机关、执政党和企事业单位等。[④]有学者对“依法行政”中“法”的界定进行了扩展分析，并探讨了行政与法的关系。他们认为，依法行政中的“法”应该是本质上体现公意的法而非长官意志、个人意志的反映；形式上应该限定在法律和法规两种形式，在规章数量过多、质量不高的情况下，应该有限的承认符合宪法、法律、法规的规章；在要素上应该包括法律原则以及法律目的、法律精神；在渊源上应该采用成文法主义。[⑤]

④ 王丛虎．论我国公务员依法行政的能力[J]．天津行政学院学报，2004(3)：32－35.

⑤ 吴雷，杨解君．试论依法行政[J]．法商研究，1998(5)：3－11.

在对依法行政的构成要素理解方面，高校学者的主要观点集中

于行政法学界的研究和思考。有学者认为,依法行政包括越权无效和自然公正两方面要素,即越权的行政行为不具有法律效力,以及任何人或团体在行使权力可能使别人受不利影响时,必须听取对方的意见,每个人都有为自己辩护和防卫的权利。① 也有学者认为依法行政有三要素,即法律保留、法律优先和司法救济。有学者主张"四要素说",认为依法行政中,任何行政职权都必须基于法律的授予才可能存在;任何行政职权的行使都必须根据法律、遵守法律;任何行政职权的委托及其运用都必须具有法律根据,符合法律要旨;任何违反上述三点规定的行政活动,非经事后法律认许,均得以宣告"无效"。②

(2)依法行政的原则。

有学者将依法行政的原则归纳为:法律优位原则、行政权由法设定和依法授予原则;行政权依法与合法行使原则;行政权依法接受监督原则;行政权违法无效与承担相应法律责任原则。③ 此后,学者对依法行政原则的阐述不断增多,逐步明确依法行政不仅是政府行政管理的法律手段,而且也要约束和控制国家行政权力,即依法治权、依法治官。高校学者普遍认为,依法行政的实质和中心是依法治官而不只是治民,是依法治权而不只是治事。有学者从政治学的角度分析认为,依法行政是"人民主权"的宪政原则和法治原则的生动体现,国家一切权力属于人民是依法行政原则的核心理念。依法行政实际上是根据人民的利益和意志而不是根据某个人的意志来约束行政随意性,使国家行政管理活动体现人民的利益和意志,即体现人民民主。依法行政从国体和政体辩证关系的角度,有效解决了法治与人治、行政与法、权与法、国家行政机关与人民的关系。④ 另有学者认为,依法行政是行政机关在观念、组织、人员、职能和制度建设等各个方面从人治行政到法治行政的全面转变,是我国政府管理模式的一场真正深刻的革命。⑤

① 王名扬.英国行政法[M].北京:中国政法大学出版社,1997.

② 罗豪才.行政法学[M].北京:中国政法大学出版社,1996.

③ 吴雷,杨解君.试论依法行政[J].法商研究,1998(5):3—11.

④ 蔡立辉.论依法行政与公民权利——依法行政的政治学思考[J].社会科学研究,1999(2):19—25.

⑤ 薛昊旸.市场经济条件下的依法行政[J].中国统计,2005(7):44.

(3)依法行政的要求。

“有法可依、有法必依、执法必严、违法必究”是我国社会主义法制的基本精神和原则，也是依法行政的指导方针。有学者对这四条原则各自的现状、地位和要求进行了分析，认为“有法可依”在我国的“依法行政”进程中发展较快，行政立法保持了较好的势头；不过“有法必依”作为普遍要求，在实践过程中，行政主体和行政相对人表现有明显差异；“执法必严”是对执法者执行情况的期望和评估，表明法律不应是摆样子的具文，而应得到认真的兑现；“违法必究”是同宪法中“一切违反宪法和法律的行为，必须予以追究”相一致的，若违法不究就是对“有法可依”、“有法必依”、“执法必严”的全盘否定。[①] 另有学者指出，行政法制是国家整个法制的核心，依法治国主要在依法行政，依法行政是现代行政管理的一条根本法律原则，是行政法治的核心和内在要求，表明法是高于行政的。对于“有法可依”，其主要涉及行政立法，而提高立法质量应遵循符合中国国情、维护社会主义法制统一和尊严的原则来推进；“有法必依”是普遍的守法和执法原则，是加强社会主义法制的关键；“执法必严、违法必究”旨在维护社会主义法制的严肃性和权威性；前者要求执法机关和执法人员的行为必须有法律上的依据、符合法律的规定，后者指对于一切违法犯罪行为都必须依法平等的予以追究和制裁，任何组织和个人不能例外。[②]

还有学者认为，依法行政或合法性原则应包括行政主体的合法性，行政机关必须在法定职权范围内行使国家行政管理权，合理行政，严格按照正当法律程序进行，行政的高效与便民，政府诚实守信，职权和职责相统一等七条具体要求。[③] 另有学者指出，中国依法行政的进程始于行政诉讼法的制定，它不仅使刑事、民事、行政三大诉讼制度在中国基本完备，而且由此开始了依法行政的历程。同时，判断依法行政的标准不仅仅是行政机关的活动是否有法律依据，以及是

① 夏书章．现代行政管理与依法行政[J]．政治与法律，1996(6)：25—26．

② 林锦峰．论现代行政管理的依法行政[J]．学术研究，2001(9)：46—49．

③ 刘旺洪．论法治政府的标准[J]．政法论坛，2005(6)．

否符合法律,其基本的要求是行政机关的活动是否侵犯公民的合法权益,侵犯公民的合法权益是否有相应的制度予以补救。[1]

① 张树义.依法行政—行政许可—法治政府[J].中国行政管理,2005(1):28—31.

2. **“依法行政”与“以法行政”的区别**

在依法行政的推进过程中,产生了“依法行政”与“以法行政”之间的区别和联系的讨论。有学者对“以法行政”和“依法行政”的关系进行了分析,认为历史上的行政法制化恰恰是为了解决如何用法律去规范行政主体及其行为,而不是行政主体如何运用法律,也就是着重于“依法行政”而非“以法行政”。从逻辑上看,“以法行政”即政府部门努力运用法律手段来管理经济和社会事务,已经成为现代行政管理的基本途径之一,它必须以“依法行政”为基础。有学者认为,以“依法行政”为核心的现代行政法制是现代国家行政模式的一个不可或缺的组成部分,导致其产生和发展的原因,一是资本主义经济关系的发展,二是政治民主化,三是科技革命和生产力高度发达引起的现代社会事务的增加和复杂化。因此,应该努力建立起一套以“依法行政”为核心的现代行政法制,这既是改革的目标,也是一种手段。[2]

② 林至敏,史宇航.关于行政法制化的思考[J].政治学研究,1987(1):35—38.

另有学者认为,“以法行政”是以法律为治理老百姓的工具;而一些地方的依法治市、依法治县等就是“以法行政”;其内涵意蕴是政府只拥有法律赋予的权力,可以不履行法律规定的义务,而老百姓必须承担法律规定的义务。“以法行政”仅停留在传统的法律工具主义阶段,认为法律是政府的工具,人民是治理的对象。相比之下,“依法行政”则是法治社会的产物,要求政府和老百姓都受法律的约束,法律的功能核心是约束政府,政府行政行为都必须有法律依据,主体法定、职能法定、权力法定、程序法定。[3]

③ 郭宝平.依法行政还是“以法行政”?[J].中国行政管理,2002(11):47.

3. **依法行政与依法治国的关系**

关于依法行政与依法治国的关系,有学者指出,依法行政是依法治国基本方略在行政领域的运用,它不仅是依法治国的核心和关键所在，更是依法治国的难点所在。依法治国方略的实施和中国加入WTO，要求一切政府机关都必须自觉、严格地依照法律、法规办事，政府机关的一切行政行为都必须有法律授权并有法律依据。[①]在市场经济条件下和我国社会主义现代化的过程中，必须实行依法治国、以法行政；而依法行政、法严政通、行政得人，以及政通人和之间存在着内在联系，其关键是依法行政。[②]

① 夏书章．依法行政问题研究的新探索[J]．中国行政管理，2003(5)：63.

② 夏书章．依法行政[J]．中国行政管理，2001(2)：47.

高校学者普遍认为，依法治国要顺利进行，首先要求依法行政的全面展开；依法治国中心支柱的确立，关键在于依法行政的切实加强；依法治国的最终实现，在相当大程度上取决于依法行政的真正成效。

4．**推进依法行政的途径**

有学者认为，传统的行政体制、行政习惯和行政心理，以及行政执法体制不健全、不完善，泛市场化倾向和利益驱动等，是行政执法中有法不知、有法不依、执法不严、违法不究、有章不循、有令不行、有禁不止等现象产生的原因。[③]有学者探讨了依法行政需要克服的倾向，包括计划情结、管理冲动、收费罚款偏好、唯上是从等，并认为科学的法律体系，职责法定和完备的行政监督体系等是依法行政的必备条件。[④]

③ 戴长征．落实依法行政的关键所在[J]．中国行政管理，1997(9)：19—20.

④ 李亚非．关于实现依法行政的几点思考[J]．中国行政管理，2007(12)：34—36.

对于依法行政中所存在的难点和障碍，有学者提出了解决的思路和方法。例如，有学者认为改革体制、转变职能、明确责任，建章立制、加强监督，教育培训、提高素质等是化解依法行政中所存在问题的途径。[⑤]另有学者对依法行政的法治化进行了分析，认为应逐渐加强依法行政中的主体性、民主性、正义性、科学性、规范性、程序性、责任性、激励性、监控性、协调性等“十性”。[⑥]

⑤ 戴长征．落实依法行政的关键所在[J]．中国行政管理，1997(9)：19—20.

⑥ 莫于川．依法治国和依法行政法治化[J]．理论与改革，1997(3)：46—48.

此外，有学者提出要注意法制的统一性。其一，坚持行政法规、地方法规及部门规章不得与国家的宪法、法律相抵触，认为保证社会主义法律体系的统一是依法行政的前提;其二,要结合政府机构改革和政府职能转变的实际,理顺管理关系,明确权限和职责范围;其三,要通过提高行政工作人员的素质与执法水平,以及加强监督来推进依法行政。[①]

① 蔡立辉.论依法行政与公民权利——依法行政的政治学思考[J].社会科学研究,1999(2):19—25.

对于行政人员的素质与执法水平,有学者专门以"公务员依法行政能力"作为研究课题,分析了其基本内容。依据2003年人事部发布的《国家公务员通用能力标准框架(试行)》,依法行政能力主要被概括为:有较强的法律意识、规则意识、法制观念;忠实遵守宪法、法律和法规,按照法定的职责权限和程序履行职责、执行公务;准确运用与工作相关的法律、法规和有关政策;依法办事,准确执法,公正执法,文明执法,不以权代法;敢于同违法行为作斗争,维护宪法、法律尊严。

有学者指出,目前我国公务员依法行政的法制观念和意识淡薄,依法行政体制还未理顺,依法行政的绩效评估机制尚不完善等,导致公务员与违法行为作斗争的信心和观念非常缺乏。因此,应从行政执法体制创新、公务员依法行政的培训制度、公务员依法行政能力评估体系和激励制度的建立、公民的法制观念教育等入手,提高公务员的依法行政能力。[②]

② 王丛虎.论我国公务员依法行政的能力[J].天津行政学院学报,2004(3):32—35.

二、政治学基本理论及其相关专题研究

(一)关于政治的含义和政治学基本理论体系

政治是政治学中最基本的概念和范畴,也是政治学发展的逻辑

起点。政治的含义对于政治学基本理论体系具有直接基础性，对于政治学科的研究内容和现实发展产生着重要影响。因此，对于政治学学术发展具有重要意义，是高校学者研究的重要基础理论课题。

1. **政治的含义**

改革开放30年来，尤其是从政治学学科恢复以来，界定政治含义是政治学理论研究的首要命题。首先，高校学者对于既有政治观进行分析。这些分析涉及道德政治观、神学政治观、权术政治观、管理政治观、法律政治观以及政策和决策政治观。[①]

其次，政治学恢复重建后，高校学者对政治含义的探讨主要是从马克思主义政治含义开始的。在这期间，学者对于马克思、恩格斯和列宁等马克思主义经典作家的有关论述进行了研究，系统地梳理马克思主义经典作家有关政治含义的论述。其中主要观点包括，马克思、恩格斯所提出的“一切阶级斗争都是政治斗争”观点，以及列宁提出的“政治是经济的最集中的表现”、“政治就是各阶级之间的斗争”、“政治是一种科学，也是一种艺术”、“政治就是参与国事，指导国家，确立国家活动的方式、任务和内容”、“政治中最本质的东西即国家政权机构”以及“什么是政治？一是无产阶级先锋队对它的群众。二是无产阶级对农民。三是无产阶级（和农民）对资产阶级”等观点。[②]依据马克思主义经典作家的这些相关论述，高校学者普遍认为，政治是与阶级、国家以及国家政权有关的社会现象。

经过以上梳理、研究和总结，高校学者关于马克思主义政治含义的主要看法包括：“其一，政治是各阶级为维护和发展本阶级的利益，而处理本阶级内部以及与其他阶级、民族、国家的关系所采取的直接的策略、手段和组织形式。其二，政治是一定阶级或集团为实现其经济要求，而夺取政权和巩固政权的活动，以及实行的对内对外的全部政策和策略。其三，政治是主要由政府推行的、涉及各个生活领域

① 对于这些非马克思主义政治含义的提及，学者们各有其不同的侧重点。这里选择部分著作作为参考：王惠岩的《政治学原理》（吉林大学出版社1985年版），该书主要提及了道德、权术、法律和管理四种基本政治观；王惠岩的《政治学原理（第二版）》（高等教育出版社1999年版），该书提及了政策政治观的含义；王浦劬的《政治学基础》（北京大学出版社1995年版），该书主要提及了道德、神学、权力和管理四种基本政治观；王浦劬的《政治学基础（第二版）》（北京大学出版社2006年版），该书提及了决策政治观。

② 对于马克思主义政治含义的探讨，许多学者都进行了较为系统的梳理。这里选择部分著作和论文作为参考：刘星汉、王邦佐、孙关宏、王沪宁的《马克思主义政治学》（复旦大学出版社1993年版），李景鹏的《政治》《中国大百科全书·政治学》（中国大百科全书出版社1992年版，481—484）；王沪宁的《政治的逻辑——马克思主义政治学原理》（上海人民出版社1994年版）。

的、在各种社会活动中占主要地位的活动。其四,政治是阶级社会的产物,是阶级社会的上层建筑,集中表现为统治阶级和被统治阶级之间权力斗争、统治阶级内部的权力分配和使用等。"[①]

依据对于马克思主义政治含义的上述理解,不同高校学者对政治含义进行了定义。有学者认为,"政治的最重要的属性是阶级性,是国家生活中一切阶级之间的关系和斗争"[②]。有学者认为,"政治是阶级社会的产物,是有阶级社会的经济基础的上层建筑,是经济的集中表现,是以政权为核心的阶级关系和人民内部的全局性的关系"[③]。还有学者认为,"政治是经济的集中表现,在阶级社会中,政治主要表现为阶级和阶级之间的斗争,斗争的根本问题是国家政权问题;在社会主义社会中,阶级斗争仍然存在,阶级斗争当然是政治,但政治逐渐地主要地表现为经济建设,政治大量地存在于人们的内部关系中"[④]。

随着社会主义改革开放和经济建设的发展以及国际形势不断变化,社会现实中不断呈现出新的政治现象和政治特点,进而促使高校学者对马克思主义政治含义进行进一步思考。有学者认为,随着社会主义社会的到来和发展,政治现象呈现出诸多新特点。这些特点主要是,随着阶级关系的变化,国家的职能正在发生着重大变化(其中主要表现为国家的社会职能不断扩张),非阶级的社会矛盾日益突出,各种集团性利益的兴起对社会产生了复杂的影响,各种权力现象对于政治的影响也变得更加显著。[⑤]有学者认为,"可把政治学研究对象分为狭义和广义两种。就狭义而言,国家的活动、形式和关系及其发展规律,是政治学的研究对象;就广义而言,在一定经济基础之上的社会公共权力的活动、形式和关系及其发展规律,是政治学的研究对象。无论是狭义的内容还是广义的内容,都具有二维的含义。从时间上看,狭义的对象涉及阶级社会的政治现象,广义的对象则包

① 李景鹏. 政治[M]//中国大百科全书·政治学. 北京:中国大百科全书出版社,1992:481—484.

② 赵宝煦. 政治学概论[M]. 北京:北京大学出版社,1982:5.

③ 王惠岩. 政治学原理[M]. 长春:吉林大学出版社,1985:10.

④ 皮纯协,王邦佐,孙关宏. 政治学教程[M]. 郑州:河南人民出版社,1983:7.

⑤ 李景鹏. 权力政治学[M]. 哈尔滨:黑龙江教育出版社,1992:4—12.

括人类历史发展的各个阶段；从空间上看，狭义的对象涉及国家的政治现象及活动的一般理论，而广义的对象则包含国家的活动、形式与关系，以及与社会公共权力相关联的各种权力现象和社会政治关系、行为与活动"[①]。有学者认为，政治的含义可以从狭义和广义两方面来理解，狭义的政治含义是从政治活动自身而言的，广义的政治含义则是从社会经济基础而言的，马克思主义政治含义主要是一种广义政治观。[②]

基于这样的认识，有学者认为："政治是发生和运行于上层建筑领域中的一种社会历史现象，它是某些特定的社会主体维护自身利益的特定方式和由此结成的特定关系。"[③]有学者认为："政治应该定义为：在一定的经济基础上，人们围绕着特定利益，借助于社会公共权力来规定和实现特定权利的一种社会关系。"[④]有学者认为："政治是阶级社会中以经济为基础的上层建筑，是经济的集中表现，是以政治权力为核心展开的各种社会活动和社会关系的总和。"[⑤]还有学者认为："狭义上讲，政治是人们为获取和保持公共权力而展开的活动和斗争；广义上讲，政治是公共权力作用于社会的目的、方式和后果。总之，政治就是社会公共权力产生、变更和运作的过程和结果。"[⑥]由此，政治含义不仅对阶级和国家政治现象给予了重要关注，而且对于政治权力和利益政治现象也给予充分的关注。政治含义的发展使政治现象的研究从上层建筑领域扩展到社会经济基础与上层建筑之间的关系上。此外，有学者对政治含义进行更广泛的梳理，并认为除了前述有关政治含义的学说外，政治含义还有经济政治说、功能政治说、关系政治说和总体政治说等共十种有关政治含义的解释。[⑦]

与此同时，高校学者更加注重对政治的社会基础的研究。社会经济的发展要求政府不断增强其社会经济职能，执政党建设和政治协商制度要求加强对政党问题的研究，社会分工的发展要求加强对

① 张友渔等．序言[M]//中国大百科全书·政治学．北京：中国大百科全书出版社，1992.

② 胡伟，唐贤兴．论政治——中国发展的政治学思考[M]．南昌：江西人民出版社，1996：110－117.

③ 李景鹏．权力政治学[M]．哈尔滨：黑龙江教育出版社，1992：12.

④ 王浦劬．政治学基础[M]．北京：北京大学出版社，1995：8.

⑤ 王惠岩，政治学原理[M]．第1版．北京：高等教育出版社，1999：5.

⑥ 胡伟，唐贤兴．论政治——中国发展的政治学思考[M]．南昌：江西人民出版社，1996：117.

⑦ 胡伟，唐贤兴．论政治——中国发展的政治学思考[M]．南昌：江西人民出版社，1996：102－109.

社会团体利益的研究,人民生活物质生活水平的提高使人们的政治参与和政治民主意识不断提高,社会利益分化要求政治思想能够适应复杂的社会经济形势,迅速变化的国际形势要求加强对不发达国家的政治发展的认识,如此等等。现实社会利益基础的变化对于政治含义的理解提出新的现实要求,这就需要政治含义充分考虑政治关系、政治主体、政治行为、政治观念和政治发展等具体领域的实际状况。由此,从变化着的社会基础角度来把握政治现象就成为理解政治含义的重要出发点,这样就为从广义上理解政治含义提出了要求。

有学者进一步划分了狭义政治和广义政治的重要区别,认为改革开放以来中国政治含义大致可以分为狭义政治观、多视角政治观和广义政治观,广义政治含义的发展经历了对于宏观政治的关注、对于政治的经济基础的关注、对于政治广义性的关注、对于政治狭义性和广义性区分的关注、对于政治的社会利益基础的关注等发展阶段。[①]有学者依据社会政治实践发展的要求,从政治的社会利益关系基础的广义政治视角出发,对政治学理论的逻辑起点、逻辑进路、分析内容和分析观点进行了调整,加强了对于社会共同利益、政治权利、政治统治和政治管理等与政治的社会利益关系基础有关内容的论述。[②]

有学者认为:"广义政治的基本含义可以概括为:以人为中心的政治主体,并由其历史惯例或法律规范确认的社会利益全局关系所支配的公共权力或权威性的活动和过程。也就是说,人是一切政治活动的中心,社会利益全局关系是形成政治活动的基础,公共权力或权威是实现政治目标的手段,政治过程就是政治实施的艺术。"[③]

2. **政治学基本理论体系**

政治的含义决定着哪些特定社会现象应该成为政治学所应该反

① 刘德厚.广义政治论——政治关系社会化分析原理[M].武汉:武汉大学出版社,2004:96-104.

② 王浦劬.第二版序言[M]//王浦劬.政治学基础.第2版.北京:北京大学出版社,2006:5-10.

③ 刘德厚.广义政治论——政治关系社会化分析原理[M].武汉:武汉大学出版社,2004:114.

映和研究的对象，进而决定着哪些内容应该成为政治学基本理论体系的组成部分。由此，政治的含义对于政治学基本理论体系有着基本的规定性，特定的政治含义决定着特定的政治学基本理论体系的构成。因此，政治含义的范畴转变体现和引导着政治学范式的转变，政治学的基本理论体系随之改变，并为政治学的其他理论提供支撑。[①]

30 年来，政治含义的发展促进了政治学基本理论体系的发展。

首先，阶级和国家构成了政治学基本理论体系的基本内容。阶级内容主要包括阶级的一般原理和不同社会形态下的阶级状况。阶级的一般原理主要包括阶级的概念、阶级的产生和消亡与阶级斗争的概念和作用等内容。不同社会形态下的阶级状况主要包括资本主义社会和社会主义社会的阶级状况、发展阶段以及阶级斗争状况等。

国家理论是政治学基本理论体系的重要内容，其主要包括国家和阶级之间的关系，国家的性质、特征和历史类型，国家政治统治体系以及不同社会形态背景下国家的状况。从国家与阶级的关系来看，高校学者普遍认为，国家是阶级统治的工具，阶级通过国家建立符合自身阶级利益的政治统治，从而实现本阶级的利益。从国家的一般原理来看，其主要内容包括国家的概念、国家的起源和消亡、国家的本质和职能、国家的历史类型及其更替、国家形式和国家机构等方面的内容。从不同社会形态下国家的状况来看，资本主义国家是资产阶级统治的国家，私有制和剥削雇佣劳动关系是其国家权力的基础。这种经济基础不但决定了国家的基本价值取向和行为规则，也决定了资本主义国家变化和发展的过程和阶段性。社会主义国家是对于资本主义国家的否定，它建立在社会主义公有制为主体地位的经济基础上，通过社会主义民主和社会主义专政建立了人民的统治。

① 严强，孔繁斌．政治学基础理论的观念——价值与知识的论辩[M]．广州：中山大学出版社，2002：137.

其次,除了阶级和国家方面的内容以外,部分高校学者还增加国家与宗教、国家与民族、国际政治、国际法和对外关系、行政管理、思想政治工作等相关内容作为政治学基本理论体系的组成部分。

再次,社会利益和政治权力内容构成了政治学基本理论体系的主要内容。从利益和政治权力的视角出发,在政治学理论体系中包含政治主体、政治行为、政治观念、政治文化和政治发展形式等方面的内容。

从政治主体方面来说,除了国家和阶级是最重要的政治主体以外,政治主体还包括民族、政党、政府、群体、政治家以及社会成员个人等。从政治行为方面来说,阶级斗争和阶级统治进一步扩展到政治斗争和政治统治,此外,政治管理、政治支配、政治竞争、政治合作和政治参与也都是重要的政治行为。[①] 从政治观念和文化方面来说,在统治阶级的政治思想以外,特定国家和民族的政治文化、非统治阶级的政治思想、社会成员的政治心理以及社会成员的政治社会化过程也都是政治观念的重要组成部分。从政治发展方面而言,革命是最重要的政治发展形式,同时政治改革和政治民主也是重要的政治发展过程。

① 李景鹏.权力政治学[M].哈尔滨:黑龙江教育出版社,1992.

广义政治含义从政治的社会基础出发,使政治学基本理论体系可以容纳更多的政治主体、政治行为、政治观念以及政治发展形式。

(二)关于政治学研究方法

高校学者在深入研究、掌握和运用马克思主义政治学研究方法的基础上,引介、分析、批判和吸收国外政治学的方法,另一方面,立足于中国现实,在深入调查的基础上开展了颇有成效的经验性政治学研究。由此,高校政治学研究逐渐从单学科研究走向多学科研究,从单一方法走向多种方法的研究，并且密切配合中国改革的实际，探讨了现实政治体制改革中所涉及的广泛问题。[①]

1. **反思方法论与学科规范的自觉**

政治学方法是政治学研究中“认识和把握研究对象的原则、步骤、程序、角度和格式，是人们主观达之于客观的基本方式和法则”[②]。在具体的研究方法上，根据不同的划分标准，可以对各种研究方法加以粗略地分类。有学者认为，人类的思维中存在理性和非理性两类因素，因此政治学研究方法可以分为科学的研究方法、反科学的研究方法和非科学的研究方法，以社会理性思维为主导，并以非理性思维为补充的科学研究方法才是值得提倡的。[③]有学者则提出，依据与事实一价值的关系，有规范研究方法与经验（实证）研究方法之分。这两种方法是政治学的基本研究方法。依据政治学方法论的不同历史发展阶段，又有传统研究方法与现代研究方法之分。前者通常包括规范研究、历史方法、制度方法与法律方法等。后者则通常包括在实证的、经验的行为主义研究方法的总名称之下。在政治学研究中，因为其他社会科学与自然科学及其方法论对政治学的影响，又出现了经济学方法、社会学方法、人类学方法、心理学方法、生物学方法、系统分析、结构功能分析、沟通理论、博弈理论等。由于世界近现代各种社会政治思潮对政治学的影响，在西方国家还出现了所谓“精英主义”方法和“多元主义”方法等。高校学者围绕规范和经验、价值中立等问题对政治学方法论进行了研究，探讨了中国政治学研究中存在的方法问题。

(1)关于规范和经验方法的研究。

有学者认为，政治学的研究目的，不是发现支配政治现象的客观规律，而是发现作为政治现象客观基础的社会共同利益；政治研究具有形而上性质。经验的、实证的研究不能圆满解答政治学面临的问

① 张友渔等. 中国大百科全书·政治学[M]. 北京：中国大百科全书出版社，1992：6.

② 王浦劬等. 政治学基础[M]. 北京：北京大学出版社，2002：33.

③ 严强，魏姝等. 政治学研究方法[M]. 南京：江苏教育出版社，2007：27.

题。中国政治学的未来,决定于政治学自己的努力,尤其决定于政治学能否跳出经验科学的局限,在基础理论研究中获得重大突破,按照政治本身所特有的性质、结构和规律,确定政治学的研究目的、研究对象和研究方法,形成能够引导研究逐步深入政治现实的学术范畴。[①]有学者则认为,"在中国政治学研究中,偏重规范研究而经验研究不足;研究的不规范性现象较为突出。一是规范研究不规范,如缺乏理论预设、问题意识,文献引用、评论不规范;二是经验研究不似经验研究,资料获取途径单一、资料分析方法单调;三是研究方法陈旧单一的局面并未打破。要摆脱政治学研究方法的落后状态,推进中国政治学的新发展,一个当务之急是要大胆地借鉴、运用和创新研究方法"[②]。有学者认为,当代中国政治学研究应将规范方法与经验方法有机结合起来,必须把政治性与学术性有机结合起来,仍应以国家和政治制度为研究的中心内容。[③]有学者进一步指出政治学与行政学研究中实证主义方法运用存在的问题,指出目前多数抽样调查的研究主题大都关注政治参与的意识和行为,人们的政治态度和价值观。而"对于更为具体的、现实的、中国政治体制改革过程中所遭遇的和可能遭遇的各种问题,人们对政治体制改革的态度、信心、预期和承受能力,对政府责任与权力、资源配置等现实问题的研究尚不充分。并且,对于参与调查可以发挥优势的公共政策评估和预警、政治体制改革效果和影响力评估、政治和社会深层次变化方面的研究也不够深入"[④]。

(2)对价值中立问题的研究。

有学者认为,"价值中立"是指一旦社会科学家根据自己的价值观念选定了研究课题,就必须终止使用自己的或他人的价值观念,而遵循所发现的资料的指引,不能把自己或他人的价值观念强加于资料,无论研究的结果对自己有利还是不利,都应该如此。这是社会科

① 吕嘉.中国政治学研究方法的困境与出路[J].探索,2001(5):49.

② 肖唐镖,陈洪生.经验研究方法在我国政治学研究中应用的现状分析[J].政治学研究,2003(1):120.

③ 金太军.规范研究方法在西方政治学研究中的复兴及其启示——兼论当代中国政治学的发展[J].政治学研究,1998(3):21.

④ 严洁.中国政治学概率抽样调查的实践与特点[J].江汉论坛,2006(3):19.

学与意识形态、与个人对社会的价值态度的根本区别之所在。[①] 自20世纪80年代以来,高校学者有关政治学价值中立的争论不断。有学者认为,从历史来看,"价值中立"代表了政治学研究的一种科学理想;从现实来看,"价值中立"也只能是政治学研究的一种理想,并不能真正实现。[②] 有学者提出,从政治伦理的视野来看,政治与伦理不能分离 ,因此,行政不能从政治中分离,保持价值中立。[③] 但有学者则认为:"政治学研究可以划分为发现和验证两个过程。发现阶段无法做到价值中立,但验证阶段能够实现。政治科学家如果在研究中遵循逻辑一致性和经验可证性两个标准,那就能获得可验证的、具有交互主观性的或客观的知识,就做到了方法论上的价值中立。不能因为发现阶段无法做到价值中立就完全否定经验研究和分析性研究中价值中立的可能性。"[④]

(3)学科规范的自觉。

近30年来,高校学者融汇国内外政治学方法的研究成果,注重政治学研究方法的概念和理论,对政治分析的途径作了比较全面、系统的梳理和阐释。有学者深入探讨了政治学研究的元方法问题,对知识的本质和形成机制,社会科学研究的方法基础、方法设计和方法应用等问题进行了较为系统的阐释,认为政治学研究有一套方法基础的体系,它包括政治学科学研究的性质、认识论基础、知识论基础、研究模式、道德责任几个主要方面。[⑤]

高校学者在坚持马克思主义方法论的同时,认真研究了国外政治学方法论,将"系统论、信息论和控制论最先引进政治学的研究领域"[⑥],实证主义方法论的异军突起,成为与规范研究并存的方法。在社会学、经济学等学科方法的影响下,博弈论、调查研究方法、数理、模拟分析方法、均衡分析方法等逐步为政治学者所接受;而权变方法、系统科学方法、模糊数学方法和层次分析方法也进入高校学者

① 叶娟丽.政治学研究的"价值中立"——以行为主义政治学的科学理想为例[J].华中师范大学学报:人文社会科学版,2007,45(6):53.

② 王惠岩.政治学原理[M].北京:高等教育出版社,1999.

③ 于霞.政治伦理视野内的行政"价值中立"[J].学术论坛,2007(6):74.

④ 沈友军.政治学经验研究和分析性研究中价值中立的可能性[J].武汉大学学报:哲学社会科学版,2006(2):197.

⑤ 严强,魏姝等.政治学研究方法[M].南京:江苏教育出版社,2007:4.

⑥ 王沪宁.中国政治学的研究新趋势:1980—1986[J].政治学研究,1987(2):3.

的视野。学术研究在方法论选择和运用上广泛借鉴和采用多种研究方法,如新制度主义、公共政策分析、政治发展分析等方法来分析中国的现实问题。近十年来,政治学研究理论与实践(规范与经验)结合更为紧密。更加广泛的社会目标和社会利益,而非任何"发现真理的内在逻辑",成为科学研究背后占据主导地位的动力。有学者开始提出中国特色的政治学研究方法和策略。这一时期的研究方法开始将宏观的制度研究与中观的社会问题探讨相结合。[①]

① 张永桃.中国政治学二十年(1978—1998)[J].江苏社会科学,1998(6):32.

2. **政治分析的基本路径**

政治分析的基本路径指的是研究政治现象所遵循的通则,即选择研究问题、研究资料和研究角度的准则,它为政治学研究提供一定的分析框架和理论模式。有学者从政治分析所依赖的学科知识和价值体系入手,探讨了政治分析的概念体系和一般方法,集中阐释了政治权力分析、政治合法性分析、政治系统分析、政治结构功能分析、政治制度分析、政治行为分析、政治决策分析、政治文化分析、政治国际分析、政治发展分析等主要研究途径。[②]总体上来看,高校学者对政治学分析的基本路径的研究主要集中在对马克思主义政治分析、行为主义政治分析、新制度主义政治分析、公共选择理论和方法分析、政策过程分析、政治发展分析等方面。

② 燕继荣.现代政治分析原理[M].北京:高等教育出版社,2004.

(1)关于马克思主义政治学方法的研究。

政治学方法论研究的发展首先是从深入研究马克思主义政治学重要理论开始的。从80年代上半叶,高校学者在学科恢复重建时,相继编写了政治学原理作品,为马克思主义政治学方法的研究奠定了基础。有学者认为,在政治学研究方法中,马克思主义政治研究方法具有科学性和实践性的特点,它是我们研究政治现象的指导性方法。唯物辩证法是其思想方法论的精髓。而辩证法对于矛盾的研究,是政治学其他一切方法的基础,构成了马克思主义政治研究的根本方法。马克思主义政治研究的基本途径包括历史分析方法、经济分析方法、阶级分析方法;利益分析方法。[①] 有学者着重论述了马克思的研究方法、叙述方法的基本内容及这两种方法之间的辩证关系,并且指出,从理论探索者从事自己工作的时间次序上看,研究方法在先,叙述方法在后,这一次序是确定无疑的。所以在一般的情况下,研究方法总会对叙述方法造成直接性的影响;从读者了解作者(即理论探索者)的方法的时间次序上看,总是先接触作者的著作,即通过作者的叙述方法去了解和领悟他的研究方法。[②] 也有学者提出马克思政治学研究有三大原则,即本体论唯物主义原则、叙述理论"从抽象到具体"原则、矛盾分析原则。[③] 还有学者提出,当代西方政治学方法论逐步趋向于辩证倾向,并且从不同侧面间接承认了社会基本矛盾运动分析的方法,从而将政治学方法论领域内唯物主义与唯心主义、辩证法与形而上学的论争,推向一个更高的层次。[④]

(2)关于行为主义政治学方法的研究。

自80年代起,高校学者就致力于介绍和分析行为主义政治学派的理论。有学者对行为主义政治学方法论进行了专门研究,归纳指出:"行为主义是指行为主义政治学派所禀持的一种政治学研究理论和方法,称之为行为主义政治学方法,或者行为主义方法、行为方法、行为途径,它强调运用实证方法研究个体或团体的政治行为,主张政治学研究的'价值中立',是行为主义政治学派的主流研究方法,后随着行为主义政治学派的终结,逐渐被后行为主义政治学继承、改造和扬弃。行为主义政治学方法有其特定的研究范围,那就是着重研究个人和团体的政治行为;行为主义也有其特定的方法论原则,那就是强调运用自然科学的方式和方法来研究政治现象;行为主义还有其特定的研究途径,那就是重视定量分析以及对政治现象的实证研究,并强调政治学研究中的'价值中立',认为政治学研究中的'价值中

① 王浦劬等.政治学基础[M].北京:北京大学出版社,2002:33—37.

② 俞吾金.论马克思的研究方法和叙述方法之间的关系[J].马克思主义与现实,2000(6):23.

③ 胡义成.人权研究方法论反思[J].法律科学,1994(4):12.

④ 薛伟江.当代西方政治学方法论演进的唯物辩证倾向[J].学术论坛,2005(11):56.

立'不仅是必要的，而且也是可能的，其具体方法就是对政治现象进行实证研究，力求使政治学变成一门纯经验的科学。"[①]与此同时，该学者阐述了行为主义方法论本身的局限以及对我们的启示[②]，并强调，"行为主义政治学在20世纪中期的兴衰，反映了政治学研究方法内在的矛盾性、特殊性和复杂性，这集中体现为研究对象和研究主体之间的矛盾、研究目的与研究手段之间的矛盾、科学方法与意识形态之间的两难关系。构建有中国特色的新的政治学研究方法论，必须正确处理好这几对矛盾关系。这种新的方法论，应该是多元的、开放的。就其理论主张而言，它既强调政治学研究的政治性，又强调政治学研究的科学性；既能客观反映现实政治生活，又能倡导政治生活的理想"[③]。

(3)关于公共(理性)选择理论和方法的研究。

高校学者对公共选择理论的研究始于20世纪80年代末。早期研究主要是评介国外公共选择理论的经典观点和研究方法。随着对布坎南、塔洛克等人著作的译介，高校学者逐步从理论和实践的角度关注公共选择理论。有学者认为，公共选择理论从经济学的途径及方法入手分析政治问题，为政治学研究提供了一个新的视野、新的研究途径，是对现代政治学研究的一个有益的补充，反映了当代政治学研究中的政治和经济整合的趋势。[④]也有学者提出，公共选择理论运用个人主义方法论、经济学的交易论以及"经济人"假说对政府失败作了揭示，并提出了补救政府失败的政策主张，它提出了一种"政府失败理论"，对西方新公共管理的产生和发展起了理论支撑作用，市场的竞争机制为克服政府失败提供了可能。[⑤]也有学者对公共选择理论的方法论进行了分析和比较研究，指出公共选择理论虽然有着共同的方法论特征，但是在公共选择理论体系内不同的理论往往在假设和研究的方法上有明显的差别。[⑥]还有学者认为，作为一种新的经济学派，公共选择理论的出现，体现了经济学自身内在逻辑和外部

① 叶娟丽.行为主义政治学方法论研究论纲[J].武汉大学学报:社会科学版,2002,55(5):31.

② 叶娟丽.行为主义政治学方法论研究论纲[J].武汉大学学报:社会科学版,2002,55(5):28.

③ 叶娟丽.政治学研究方法的悖论——兼论行为主义政治学的启示及教训[J].武汉大学学报:哲学社会科学版,2004,57(5):52.

④ 陈振明.公共选择理论与当代政治学研究[J].思想理论教育导刊,1997(4):18—20.

⑤ 徐增辉.公共选择理论与西方新公共管理的兴起[J].理论导报,2008(5):38—41

⑥ 阮守武.公共选择理论及其应用研究[J].中国科学技术大学2007年博士论文.

世界发展的要求。公共选择理论的意义并不是简单地用指出政府的失败来显示其自由主义的性质，而是从人的性质——人的经济性指出了改变这一切的方式和原则。[①]

也有学者提出，作为当代新自由主义或新保守主义思潮的一支中坚力量，公共选择理论具有明显甚至是致命的局限性，如过分地依赖于“经济人”假说，把政治过程与经济过程加以机械类比，把市场经济中的交换原则无限制地运用于政治领域；掩盖了当代资本主义国家、政府和政党的阶级实质，抹杀了资产阶级政客是垄断资本家利益代言人的事实；没有把西方民主制的缺陷和政府失灵及决策失误与资本主义的生产关系以及资本主义的基本矛盾联系起来考察，它因资本主义国家干预的局限性而得出反对国家干预，要求放任自流的保守主义结论；它对西方代议民主制缺陷和政府失灵等问题的分析并不是要推翻资本主义制度，而是要改善和维护这一制度，特别是企图通过改革政治过程及完善民主技术来达到这一目的，因而这一理论充其量不过是一种改良主义理论。公共选择学者提出的各种理论还有诸多缺陷，提出的一些政策建议也是不切实际的。[②]

有学者深入分析了公共选择理论，指出自从1951年阿罗出版了《社会选择和个人价值》以来，理性选择学术研究在政治科学领域得到急剧的发展。一方面，理性选择模式的理论推敲过程，取得了巨大的进展。理性选择分析所遇到的巨大挑战吸引了大量学者，但是其结果却使得理性选择理论的发展愈来愈复杂，并且具有狡辩性。另一方面，理性选择模式在经验上应用成功的事例寥寥无几。因此，虽然这一理论模式具有特定优势(比如分析集体行动、政党、政治家、投票周期等)，但是实际上名不副实。[③]

(4)关于新制度主义方法的研究。

20世纪80年代，高校学者注意到新制度主义思潮在西方社会

① 张健.美国经济学的新垦地——评公共选择理论[J].美国研究,1990(1):93—107.

② 陈振明.公共选择理论与当代政治学研究[J].思想理论教育导刊,1997(4):18—20.

③ 袁瑞军.理性选择理论的病变:政治学应用批判[M].桂林:广西师范大学出版社,2004.

科学中的兴起。进入90年代,对新制度主义的研究开始增多。有学者指出,相对于理性选择制度主义,历史制度主义直到晚近才被中国政治学界所了解。有学者则提出:"新制度主义政治学的研究主要集中于发达国家的中层性制度安排与政策产品的关系,因而西方学者将新制度主义定位为中层理论。其实,直接来源于制度变迁理论的新制度主义具有宏观理论属性。制度的分层性尤其是研究议程意味着新制度主义具有不同的属性。对于以观念、制度结构和制度安排为变量的宏观性制度分析框架,可用中国历史上的经典案例加以检验。"①有学者从历史和制度的视角研究国家的治乱兴衰。有学者把历史制度主义运用到国际政党比较研究中,认为英国和美国不同的制度结构和政党组织特征塑造了选民的投票行为。②有学者运用历史制度主义分析框架研究中国地方人大问题,指出人民代表大会制度给了各级人大很大的发展空间,最近出现的制度创新将会在实践中逐步落实。③也有学者在对浙江温州民间商会的研究中,考察了浙江温州民间商会的生发机制、组织模式及其治理机制,剖析了这一民间性、自治性和服务性行业组织的自主治理实践及其面临的制度困境。④

(5)关于政策过程分析方法的研究。

在公共政策研究中,高校学者在马克思主义理论的指引下,以科学社会主义理论为元理论来认识政策过程问题。也有学者采用拉斯韦尔的"阶段启发法",从阶段角度阐述政策过程。21世纪初,高校学者对于政策过程的研究形成专门理论,有学者提出并构建了"上下来去"的政策过程模型。⑤有学者通过反思我国政治发展理论和政治变迁理论的体系缺失,提出建立指导政治改革经验性分析的中层理论的构想,以政治改革的政策选择、政策制定和政策实施过程为基本范畴,试图构建政策过程的分析理论,运用于中国政治改革的经验性描述和理论概括。⑥有学者从讨论中国政策科学发展的基本情况和

① 杨光斌,高卫民.探索宏观的新制度主义[J].中国人民大学学报,2007(4):78.
② 王庆兵.从历史制度主义路径看英美两国政党认同的转换[J].经济社会体制比较,2004(4):80.
③ 何俊志.制度等待利益——中国县级人大制度模式研究[M].重庆:重庆出版社,2005.
④ 陈剩勇等.组织化、自主治理与民主——浙江温州民间商会研究[M].北京:中国社会科学出版社,2004.
⑤ 何华兵,万玲.发展中的政策过程理论[J].云南行政学院学报,2006(6):32.
⑥ 徐湘林.从政治发展理论到政策过程理论——中国政治改革研究的中层理论建构探讨[J].中国社会科学,2004(3):108.

特点入手，分析了政策科学在我国发展所面临的问题和困境的根源，试图从社会科学本土化的角度探讨中国公共政策科学追求自身完善，摆脱学科发展困境的某些理论和方法的问题。[①]

(6)关于政治发展分析方法的研究。

有学者对于政治发展的动力和目标作了探讨，认为政治发展的动力主要来自经济生活，而且是经过一个复杂的过程才能不同程度地和从不同方面逐渐地被提出。政治改革的程度、幅度，取决于经济发展所提供的动力和可能性的具体情况，而且取决于这种经济动力转化为政治动力的状况。[②]有学者从分析起点和导向出发，梳理了政治发展的代表性理论："以民主为导向的现代化理论"、"以秩序为导向的稳定理论"、"以制度为导向的变迁理论"以及"以民主化浪潮为导向的第三波理论"。高校学者指出，西方现代化理论的致命缺陷是缺乏唯物主义理论的指导。这导致西方政治发展理论表现出两大弱点：一是宏观上在价值观领域的西方中心主义；二是微观上在分析工具领域的局限性。[③]有学者归纳指出，从理论逻辑角度看，至少存在三组研究和分析意义上可能的政治现代化模式，从政治现代化的动力角度划分，可以把政治现代化划分为内生型、外植型和内生外植结合型。从政治现代化的次序角度划分，可以用时间和空间不同意义上的划分，从时间意义上，有先发型和后生型的分析模式，从空间意义上，可以把政治现代化划分为欧美型、苏东型、德日型、北欧中欧型、东亚型、中国型和其他发展中国家型。从政治现代化过程意义上，可以把研究分析模式划分为渐进型、突变型和渐进突变结合型。[④]有学者则认为："任何政治发展，只有兼顾了民族性与现代性，才能够有所成就，而当两者出现不协调甚至有所偏废的时候，政治发展就会陷于停滞甚至是倒退。民族性与现代性的统一是中国特色政治发展道路的本质体现。只有在充分借鉴东西方国家政治发展历史

① 徐湘林.中国政策科学的理论困境及其本土化出路[J].公共管理学报，2004(1)：42.

② 李景鹏.试论政治发展的动力与目标[J].天津社会科学，1998(3)：31—52.

③ 王孝勇，周莹冰.西方政治发展理论的生成、发展与批判[J].前沿，2008(1)：35.

④ 施雪华.政治现代化比较研究[M].武汉：武汉大学出版社，2006.

与经验教训的基础上,锐意改革、大胆创新,才能推进当代中国的政治发展。"[①]还有学者探讨了政治发展与政治现代化两者之间的关系,指出:政治现代化是政治发展的一个阶段,是政治发展的一个特定的历史时期;政治现代化是政治发展在现代社会的特殊表现;政治现代化是政治发展的一种存在状态和实践过程;政治现代化是政治发展的必然要求。[②]

① 李金河.中国特色政治发展道路的本质:民族性与现代性的统一[J].当代世界与社会主义,2008(1):60.

② 孙景珊.政治现代化:政治发展的一种存在状态和实践过程[J].云南社会科学,2005(4):7—8.

(三) 关于国家的理论

国家理论研究是高校政治学学术研究的重点领域,随着社会主义国家建设和改革开放的发展,高校学者关于国家的理论研究也逐步深化。总起来看,高校学者关于国家理论研究主要集中在国家性质、国家权力、国家职能、国家能力、国家自主性、国家结构形式和现代国家建设与治理等方面。

1. 国家性质研究

马克思主义认为,国家是阶级斗争的产物,是阶级统治的工具。高校学者根据马克思主义国家学说,对于国家性质展开了分析和论述。有学者认为,国家是有阶级社会的组织,当阶级出现,阶级矛盾发展到不可调和时就产生了国家,当阶级完全消灭,没有阶级和阶级差别,国家自然消亡了。国家的本质就是阶级统治、阶级专政,当生产力发展,生产关系相应变革,国家的性质也会随之发生改变。国家是实现统治权力的机器,具有强制性和主权性。[③]

③ 王惠岩.政治学理论[M]//王惠岩文集:第一卷.北京:中国大百科全书出版社,党建读物出版社,2007:58.

有学者阐释了马克思主义国家学说的基本内容,从国家的起源和本质看,国家是阶级矛盾不可调和的产物,是阶级统治的机关,是剥削阶级对被压迫阶级的工具;从国家的历史类型看,从奴隶制国家到资产阶级国家,都代表了不同的阶级利益,为各自的经济基础服务;从资产阶级的民主看,资产阶级民主具有一定的进步意义,但是其本质具有虚伪性和阶级性;从无产阶级的历史使命看,无产阶级革命必须打碎资产阶级的国家机器,建立民主的、统一的新型国家。[①]该学者还认为,国家有两个基本特征:一是国家按地区划分它管辖的居民和统治范围;二是国家是居于社会之上的公共权力,是特殊的强力机关。第二个特征反映了国家的本质。[②]

也有学者认为,国家的产生是基于统治阶级的意志,国家政权始终掌握在统治阶级手中,国家权力始终是用来为统治阶级的利益服务的,国家的本质就是国家的阶级性质,也就是哪个阶级占统治地位并实行专政。[③]

2. **国家权力研究**

(1)关于国家权力的基本理论。有学者认为,国家作为社会权力的总体,主要表现为各种统治权力的总和,国家统治权力处于各种制约性权力或反权力的作用下。作为公共权力的国家权力,它是渗透着阶级性的社会权力。国家权力从结构与功能的角度看,它具有不同的层次并承担着不同的功能,国家权力的中间层次,是国家权力的力量基础的巨大权力势能的积累过程,比权力势能较低的层次则是国家权力的输出系统及其运行过程,最后则是国家权力的客体,其本质是吸纳能量,从而使权力意图得以实现。[④]

有学者创造性地提出了政治统治体系的理论,认为政治统治体系是由全部统治机构组成的,这些政治组织和机构各有特点,具有不同的功能,并且相互联系、相互依存,按一定的结构组成一个有机的整体。政治统治体系是社会整体的一部分,是由其阶级性质和社会历史条件所决定的。[⑤]

(2)关于公民权利与国家权力。有学者认为,从根本上来说,公民权利与国家权力都是社会物质财富直接或间接的转换形式,都是

① 邹永贤.国家学说史(中)[M].福州:福建人民出版社,1999:701.

② 邹永贤.对马克思主义国家学说中几个问题的再认识[J].马克思主义与现实,2002(1):14.

③ 王邦佐等.新政治学概要[M].上海:复旦大学出版社,1998:75—77.

④ 李景鹏.权力政治学[M].哈尔滨:黑龙江教育出版社,1995:48—50.

⑤ 王惠岩.当代政治学基本理论[M].天津:天津人民出版社,1998:86—88.

社会整体利益的法律表现。但是,在现实生活中,二者又分别代表着构成社会整体利益的两个不同部分。在现代国家,国家权力的合法性和根源都是建立在公民权利和授权的基础上,国家权力不得违背人民的利益和意志,不得侵犯公民权利和自由,而且必须很好地服务于公民权利。同时,人民有权通过行使各种公民权利来监督和制约国家权力的行使。国家权力与公民权利的相互关系构成了法治国家的基础。但是在现实的政治过程中,国家权力与公民权利之间却往往存在矛盾和冲突,原因在于国家权力相对于公民权利具有更直接、更强烈的利益属性。[①]有学者站在社会和谐的角度论述国家权力与公民权利之间的良性互动关系,国家权力与公民权利的关系是,后者是前者的本源,前者则是后者的保障,二者既此消彼长,又相互依存。[②]还有学者分析了国家权力与公民权利协调发展的民主政治基础,主张通过法治完善实现公民权利与国家权力协调发展的途径。[③]

(3)中国国家权力配置问题。有学者考察了当代中国国家权力配置的变迁趋势,一是国家权力体制建构的原则和方法的变迁,即从强调执政党领导为核心的原则和方法,发展完善为执政党为主体,民主党派和无党派人士为参政主体的多党合作的原则和方法,从政治挂帅到以经济建设为中心,从单一的议行合一发展完善为一定程度的分权制衡;二是国家权力组织体制的变迁,包括人大地位在改革开放后得到重新强调,人大组织结构和制度的逐渐完善;三是国家权力领导体制的变迁,提出五种体制及其变迁关系;四是国家权力体制内部各分支权力之间相互关系的变迁。[④]

(4)关于国家权力运行机制。有学者认为应该建构结构合理、配置科学、程序严密、制约有效的国家权力运行机制,这就必须考察以下方面内容:一是国家权力所有权及占有、使用、支配、受益权的关系原理;二是进一步理顺不同种类国家权力的横向关系;三是合理确定

① 马书波.论公民权利与国家权力的关系[J].当代世界与社会主义,2007(1):113.

② 周莅春.构建和谐社会必须实现国家权力与公民权利的良性互动[J].新长征,2007(4):23.

③ 李文汇.论公民权利与国家权力协调发展的宪政基础[J].西南民族学院学报:哲学社会科学版,2000,21(6):121.

④ 施雪华.当代中国国家权力配置变迁的特点与趋势[J].中国特色社会主义研究,2004(1):20—25.

中央与地方的纵向权力配置；四是国家权力内部决策权、执行权、监察权的有效分离与合成。①

3. **国家职能研究**

有学者认为，国家职能是国家本质的内在要求和具体体现，是国家活动的总方向、基本使命、基本目的，是指全部国家机器的基本职责和整体功能。国家职能可以分为内部职能和外部职能。外部职能主要是维护国家的领土完整和统一，并与国际社会进行互动来往。国家的内部职能，从国家活动的性质和方式看，可以相对地划分为政治职能和社会职能，前者是指国家的阶级统治职能，是国家运用暴力、法制等特殊的强制力，控制被统治阶级，镇压被统治阶级及一切破坏现存的政治法律秩序、社会秩序的分子的反抗的政治管理职能；后者指统治阶级运用国家权力执行对社会公共事务的社会管理的职能。从理论上来说，社会管理职能存在的前提是社会的存在，而政治统治的职能存在的前提是国家的存在。国家的政治职能与社会职能是相互依存、密不可分的。②

高校学者进一步研究了马克思国家职能二重性的理论，国家具有政治统治与经济管理二重职能。实现国家职能的二重化实质就是国家把自己的政治职能以及执行这些职能所行使的权力逐步交给社会，逐步培育、健全社会自我调节控制体系。③还有学者认为，国家职能的本质特征就是社会管理，即国家政权机构对个人和群体的思想和行为进行有目的的约束和控制、引导和调节，以保证整个社会的良性运行、协调发展。④

有学者认为，在社会主义国家，旧政府合理职能的继承没有结束，国家的经济职能发生了一些重要的变化，如邓小平提出的社会主义共同富裕的目标，就是社会主义国家的一个新的职能。⑤有学者研究了社会主义市场经济条件下的国家职能，认为在社会主义市场经

① 田芝健.论完善当代中国的国家权力运行机制[J].江海学刊，2004(6)：186.

② 王惠岩.政治学原理[M].北京：高等教育出版社，2006：45.

③ 孙广厦，朱海江.马克思恩格斯国家职能二重化理论的评析[J].河北青年管理干部学院学报，2002(1)：4.

④ 聂应德.社会管理是国家职能的本质特征[J].南充师范学院学报，1986(4)：76.

⑤ 邹永贤.对马克思主义国家学说中几个问题的再认识[J].马克思主义与现实，2002(1)：16－17.

济条件下,国家应该致力于贯彻以平等为核心的社会主义原则,引导公民建立一种积极的公共生活,承担起推动社会精神文明和道德进步的职能。[①]有学者考察了当代中国国家职能变迁的历史并得出如下结论:现代国家的历史是一个国家职能的内涵与外延不断扩大的过程;统治职能作为国家的立国之本,始终是国家职能的重要内容;在国家职能内部有一个重心转移的问题,即由统治职能向社会职能的转移尤其向经济职能的转移;要注意国家职能内部各种职能的协调。[②]

① 韩冬雪.超越自由主义的政治理念——社会主义市场经济条件下的国家职能[J].中国行政管理,2000(9):12.

② 牛文育.变革中我国国家职能的理论与实践[J].兰州大学学报:社会科学版,1996(1):68.

4.国家能力研究

(1)关于国家能力的基本理论研究。有学者认为国家能力就是指国家将自己的意志、目标转换为现实的能力。[③]还有学者认为,国家能力是为实现国家职能规范的目标和任务,国家所具有的保证其政策和意志的有效性,维持自身的稳定存在和发展,高效治理社会的能量和力量的总和。[④]还有学者则认为,国家能力实际也就是国家政策的贯彻能力。[⑤]有学者在总结和分析了上述观点后提出了自己的界定,所谓国家能力是统治阶级通过国家机关行使国家权力、履行国家职能,有效统治国家、治理社会,实现统治阶级意志、利益以及社会公共目标的能量和力量。[⑥]

③ 王绍光,胡鞍钢.中国国家能力报告.香港:牛津大学出版社,1994:5.

④ 孙明军.政治发展进程中的国家能力及其限度分析[J].社会科学战线,1999(3).

⑤ 时和兴.关系、限度、制度:政治发展过程中的国家与社会[M].北京:北京大学出版社,1996.

⑥ 黄宝玖.国家能力:含义、特征与结构分析[J].政治学研究,2004(4):70.

(2)关于国家能力的结构要素分析。有学者认为,国家能力主要包括四种能力:一是汲取能力,国家动员社会资源的能力,国家汲取财政的能力是其集中表现;二是调控能力,国家指导社会经济发展的能力;三是合法化能力,国家能够通过其行为和政策赢得人民认同的能力;四是强制能力,国家运用强制和暴力手段维护其统治的能力。[⑦]还有学者将国家的政治统治能力与政治管理能力结合起来,国家能力可分为如下几个方面:一是社会抽取能力,表现为国家从社会中获得财政支持和人力服务的可能性;二是社会规范能力,一方面表

⑦ 王绍光,胡鞍钢.中国国家能力报告[M].香港:牛津大学出版社,1994:5—6.

现为对社会结构的规约，另一方面表现为对资源的分配；三是社会控制能力，依靠强制性手段对社会进行控制；四是社会适应能力，包括制度创新能力和政策创新能力。①

(3)关于当代中国国家能力建设研究。有学者认为，中国国家能力下降并非国家权力不足，而是国家政治结构实行“全能主义”，国家权力过大的后遗症。②国家权力过大而造成国家能力下降，有学者主张削减国家权力的作用范围，提高国家能力。所谓适度削减国家权力运作范围，就是指国家在相当程度上允许市民社会确定其行动范围，所谓提高国家能力，则是指国家在渗透市民社会的过程中，有效提高其决策能力。③还有学者指出了国家能力强化的特殊背景：一是中国政治发展模式的选择，即强国家—强社会；二是面临现代化后发国家普遍的难题；三是改革的要求；四是全球化的发展。这四种力量的交织，凸显出强化国家能力在当代中国政治发展中的战略支撑点地位。④

5. **国家自主性研究**

(1)马克思主义国家自主性理论研究。

有学者从三个方面研究了马克思主义国家自主性理论：首先是经济基础的决定作用与上层建筑的独立自主性问题，按照阿尔都塞、普兰查斯和杰索普多元决定论的观点，上层建筑在本质上是独立自主的。上层建筑的独立自主性必然表现在政治与经济的相互关系中。其次是国家相对于统治阶级的自主性，主要表现在三个方面：维护社会公共利益，从事社会管理；维护社会共同秩序，调节阶级冲突；维护统治阶级的整体利益，调节阶级内部矛盾。最后则是集团政治与官僚的自主性，当官僚集团与统治阶级并无直接的或明显的对应关系时，统治阶级无法自由地操纵国家机器，官僚得以膨胀其相对于统治阶级的自主权。⑤

① 时和兴.关系、限度、制度：政治发展过程中的国家与社会[M].北京：北京大学出版社，1996.

② 李强.国家能力与国家权力的悖论[M]//张静.国家与社会.杭州：浙江人民出版社，1998.

③ 杨弘，刘彤.现代政治学分析基础[M].北京：人民出版社，2004.

④ 龚上华.论国家能力的强化是当代中国政治发展的战略支撑点[J].江西社会科学，2001(3):147.

⑤ 郁建兴.马克思国家理论与现时代[M].上海：东方出版中心，2007.

(2)国家自主性与现代化的关系研究。

有学者认为,国家自主性的程度关键在于国家和政府本身的性质与特点,政府本身的特点又涉及两个因素:一是政府机构的能力,二是政府独立于社会中各利益群体的自主性程度。对于后发外生型现代化国家而言,国家自主性能否在现代化进程中积极发挥作用,必须能妥善处理如下三种关系:一是政治家的态度,二是各种重要的利益集团,三是民众的消费压力。对于中国而言,在改革开放之前,在总体性的社会结构中,国家几乎垄断了全部重要的稀缺性资源,从而形成了国家对于社会的极强的自主性程度。改革开放是以"让权放利"为特点,却使得"结构蜂窝化"和"政策执行变通化"复活并强化,而法团主义的制度结构和政府行为的企业化、市场化现象,各种因素的交织造成了国家自主性的削弱。①

① 孙立平.向市场经济过渡过程中的国家自主性问题[J].战略与管理,1996(4):66.

有学者认为,国家自主性是指国家作为社会公共利益的代表,超越于社会特殊利益集团,为实现社会公共利益目标而自主行事的性质。国家只有具备一定的自主性,才可能成为调节社会关系的第三种力量。在后发外生型国家的政治现代化过程中,决定国家自主性程度的两个方面,即国家对特殊社会利益集团的超越性和国家能力,由于现代化过程的特殊性而存在着弱化的可能,从而使国家自主性受到挑战,进而阻碍政治现代化的进程。②

② 陈舟望.政治现代化与国家自主性[J].理论与现代化,1998(1):27.

有学者研究了当代中国社会阶层结构的变迁与国家自主性的演变之内在关系,在改革开放之前,超强国家自主性的形成促成了改革前干部、工人和农民的三分式社会阶层结构。改革开放以来,国家自主权力相对于社会权力的扩大,在范围、程度和结构上都发生了变化,超强国家自主性在一定程度上被削弱。国家自主性的演变推动了社会阶层结构的变迁。③

③ 潘修华.当代中国社会阶层结构变迁与国家自主性演变[J].南通大学学报:社会科学版,2005(3):33.

(3)国际体系中的国家自主性。

有学者分析了国际制度与国家自主性之间的关系,由于国家居于国内政治经济和国际政治经济的交界面,国家具有相对于社会的自主性。国家自主性作为一个变量是随着国内社会经济结构和国际体系的变化而有所增减。作为国际体系的一种变现形式,国际制度既可以削弱也可以增强国家的自主性。当国际制度所发挥的功能与国家的目标基本一致时,国家会将国际制度引入国内治理来增强其自主性。[①]

6. **国家结构形式研究**

(1)国家结构形式的一般理论。

有学者对国家结构形式的一般理论进行了研究和阐述,其主要内容包括:一是采纳社会权利分析方法研究国家结构形式;二是重新界定了国家结构形式的概念,即国家结构形式是在国家机构体系内纵向配置国家权力行使权并规范其运用程序的制度模式;三是从社会权利分析的观点看,国家结构形式的本质是相应的公共利益和相应的财富在中央和地方各级政府间的分配、运用方式;四是分析了影响当代国家结构形式的主要因素,包括经济体制、政体、政权组织形式、执政党组织体制以及非体制性因素;五是区别了国家结构的两种形式,即单一制与联邦制,从根本上来说,二者的区别就是要看主权权力是由全国性政府独占还是由其与区域性政府分享,由全国性政府独占主权权力的是单一制,由全国性政府同区域性政府分享主权权力则是联邦制,二者还有一些具体的区别;六是提出了主导国家结构形式发展的规律,即社会权利分解规律和国家权力分解规律;七是对单一制和联邦制的形成、类型、实践、优劣、历史地位进行了仔细的剖析。[②]

① 田野.国际制度与国家自主性——一项研究框架[J].国际观察,2008(2):26.

② 童之伟.国家结构形式论[M].武汉:武汉大学出版社,1997.

(2)中国国家结构形式研究。

有学者研究了新中国国家结构形式的形成过程。中国共产党在国家结构形式的选择方面经历了从自由联邦制到以民族区域自治为补充形式的单一制,单一制的最终确立是多种因素共同作用的结果,包括新中国建立之初的政治环境、民族特点以及中国共产党的组织原则和领导体制。在国家结构形式下的中央与地方关系主要是一种国家权力的分配关系。国家结构形式决定着行政区划,行政区划则是国家结构形式的直接表现形式。民族区域自治和特别行政区的存在使得我国单一制的国家结构形式出现了一些新的变化。[①]

有学者研究了民国时期的国家结构形式,他们认为,中华民国建立前后曾经历了从联邦制到单一制的选择,到国民党统治时期单一制国家结构形式基本确立。民国时期国家结构形式的实践表明,中央集权缺乏相应的权威,地方分离割据势力严重,地方自治则往往被中央和地方的官僚所利用。以独裁为特征的中央集权和地方割据都是一种官治,而官治则是民国时期国家结构形式实践中的病变。[②]

还有学者从历史的角度研究了中国早期国家结构,中国早期国家结构在发展过程中也经历了一些变化:夏商时期出现了共主制政体下的原始联盟制、西周时期的分封制政体下的早期复合制国家以及战国时期郡县制政体下的早期单一制国家结构形式。[③]

① 杨小云.新中国国家结构形式研究[M].北京:中国社会科学出版社,2004.

② 侯德泉,侯晚梅.民国时期国家结构形式的制度选择与实践行程[M].社会科学辑刊,2005(3):130.

③ 周书灿.中国早期国家结构研究[M].北京:人民出版社,2002.

7. 现代国家建设与治理

(1)关于现代国家的认知。现代国家是一个具有特定含义的概念,高校学者对现代国家的认知始于20世纪80年代中后期,如有些学者通过历史的角度对欧洲国家的政治现代化路径进行了分析,而对于现代国家的探讨则是21世纪初才开始的。有些学者认为,现代国家在国际层面上使"主权"这个概念更明确,可以说是"主权国家"的开端;在国内层面上,现代国家比一般意义的国家(如帝国)和其他政治实体内部分工更专业化、组织更严密、法规更明确、制度更健全。现代国家建设与民族国家建设是同步的。[①]还有学者综合了韦伯、埃利亚斯和奥尔森的现代国家理论，认为现代国家具有如下特征：一是现代国家体现为在特定领土上存在一套独特机构，这一结构垄断了合法使用暴力的权利；二是现代国家对暴力的垄断是与它对税收权的垄断联系在一起的；三是国家合法地垄断使用暴力和税收权力的目的不在于为国家机构本身谋求福利，而在于为一国的人民提供“公共产品”。[②]

(2)关于中国的现代国家建设。有学者认为，相对于传统国家而言，现代国家具有两个基本的特性：一是民族—国家，一是民主—国家。前者是现代国家的组织形式，以主权为核心；后者是现代国家的制度体系，以主权在民为合法性基础。有学者认为，民族国家“就是建立起统一的中央集权制政府的、具有统一的民族阶级利益以及同质的国民文化的、由本国的统治阶级治理并在法律上代表全体国民的主权国家”[③]。现代国家构建中民族—国家与民主—国家呈现为非均衡性特征，由此引起政治整合和文化整合的矛盾。对于中国国家建设而言就是要建构一个民族—国家与民主—国家均衡的现代国家。[④]有学者分析了中国现代国家构建的四条主线：一是韦伯意义上的现代行政科层制的成长，二是国家能力的增强，三是政权合法性的巩固，四是公民社会的成长。[⑤]

(3)现代国家的治理。国家治理是高校学者探讨的主题，治理与善治是政治建设的重要内容。有学者认为大国治理是中国国家治理的现实基础，集中体现了中国国家治理过程中有限的社会资源总量与超大规模社会对国家治理资源大规模需求的矛盾。[⑥]

① 朱天飚.比较政治经济学[M].北京：北京大学出版社，2006.

② 李强.后全能体制下现代国家的构建[J].战略与管理，2001(6)：78—79.

③ 宁骚.民族与国家——民族关系与民族政策的国际比较[M].北京：北京大学出版社，1995：269.

④ 徐勇.“回归国家”与现代国家建构[J].东南学术，2006(4)：18.

⑤ 贺东航.国家构建理论与中国现代国家构建历程探析[J].江汉论坛，2008(6)：12.

⑥ 唐皇凤.大国治理：中国国家治理的现实基础与主要困境[J].中共浙江省委党校学报，2005(6)：96.

(四)关于政府的理论

高校学者对政府的理论研究主要涉及政府含义、责任、法治和民主政府、政府过程、政府发展和地方政府等各方面。

1. 政府含义

(1)政府的本质。

关于政府的本质是政府研究的首要问题。有学者研究了政府理论的发展历史、考察了政府的宏观政府生态和微观政府结构等问题,认为政府属性取决于国家属性,具有阶级性和社会性双重属性。[①]有学者认为,政府在广义上是指国家中统治阶级借以行使国家权力和进行统治的机构。它不仅包括行政机构、立法机构和司法机构,而且还包括军队、警察等暴力机构。[②]有学者认为政府本质是阶级性、社会性与自利性。[③]有学者认为,政府以一定的国家与社会关系的模式为基础,据此研究了政府基础的含义与思想实例,并以国家与社会关系模式的三大基本要素为标准划分了政府基础的三个模型,研究了关于政府基础对政府制约性的个案研究和当代中国政府基础问题的研究。[④]

(2)政府职能、成本与权威研究。

有学者研究了政府权能理论,探讨了政府的权力、职能和能力之间的相互关系及其发展规律,指出政府权力和能力之间的正负关系取决于两者达成怎样的比例协调关系。[⑤]有学者对政府职能进行梳理与重构,研究了传统计划经济体制下中国政府职能的形成、特征与弊端,改革推动下的政府职能的转变:政治职能发生中心转移、经济职能出现战略重构、社会职能不断强化。[⑥]有学者对中西方历代公共利益思想进行回顾,对公共利益与个人利益、国家利益、人民利益进

① 乔耀章.政府理论[M].苏州:苏州大学出版社,2003.

② 芮明春.政府学[M].北京:中国人事出版社,1993.

③ 谢庆奎.政府学概论[M].北京:中国社会科学出版社,2005.

④ 商红日.政府基础论[M].北京:经济日报出版社,2002.

⑤ 施雪华.政府权能理论[M].杭州:浙江人民出版社,1998.

⑥ 金太军等.政府职能梳理与重构[M].广州:广东人民出版社,2002.

行比较分析，从公共利益实现机制的角度思考政府职能的实现方式，提出了公共利益的基本内涵、公共利益与政府的主要联系，还提出了界定了政府职能必须要厘定政府与市场、政府与社会乃至政府与公民的关系。[①]有学者从全能型政府行政体制的特征入手，认为政府职能的调整与优化是当代行政改革的一大主题。实现政府职能的优化，迫切需要一套新的绩效示标体系以衡量政府的作为或工作绩效。[②]有学者研究了政府的角色与职能、政府职能分析、政府职能关系、市场化进程中的政府职能和全球化时代的政府职能等。[③]

有学者研究了政府成本，认为它包括政府会计成本、政府机会成本、政府风险成本、政府社会成本和政府边际成本，同时，探讨了政府成本成因、政府成本周期、政府成本链条、政府成本转嫁等政府成本运行机理，概括出“政府成本最小化”理论及其数学表述。[④]有学者分析政府权威的原生过程、政府权威的特征，各社会形态中的政府权威表现形式，政府权威的主体、客体因素和政府权威的价值意义。[⑤]有学者对改革开放20多年来对中国政府政治研究的成就与不足进行了系统的梳理和总结，对各种研究方法进行了综合考察和概括性的分析，并提出当代中国政府与政治研究的“综合六维变量”：历史文化传统、经济体系、社会体系、政府体系、意识形态和国际社会。[⑥]

2. **责任政府、法治政府与民主政府**

责任政府、法治政府和民主政府是政治学研究的重要课题，在学术研究中形成了有关理论成果。

(1)责任政府。

有学者认为指出政府与公民的平等交换、平等制约和平等服从宪法和法律的理念是明确政府责任的理论基础。建设责任政府，既要特别注重借助政府外部的制度性力量制约政府，同时也要关注来自公民和社会的力量对政府的制约。[⑦]有学者认为走向市场经济的

① 麻宝斌. 公共利益与政府职能[M]. 长春：吉林人民出版社，2003.

② 周志忍. 我国行政体制的特征与政府职能优化[J]. 唯实，1997(6)：32—35.

③ 曹闻民. 政府职能论[M]. 北京：人民出版社，2008.

④ 周镇宏，何翔舟. 政府成本论[M]. 北京：人民出版社，2001.

⑤ 徐国亮. 政府权威研究[M]. 济南：山东大学出版社，2006.

⑥ 陈红太. 当代中国政府体系与政治研究法[M]. 北京：经济日报出版社，2002.

⑦ 李景鹏. 政府的责任和责任政府[J]. 国家行政学院学报，2003(5)：16—19.

中国行政管理模式，至少应该具有“此政府”(即明确责任的政府)、“硬政府”、“小政府”、“廉政府”四重属性，并称这样的模式为“责任政府”，即对社会生活给予必要、适度干预的“有限责任政府”。[①]有些学者认为责任政府这一政治理念，由政府与人民之间的基本关系和政府在国家权力体系中的特定地位所决定，在现代政治实践中，所谓责任政府并不是一种意志表达，而是一种政治原则，以及建立在这种政治原则基础上的政府责任制度。[②]有学者则认为责任政府意味着政府能积极地回应、满足和实现公民的正当要求，责任政府要求政府承担道德的、政治的、行政的、法律上的责任。同时，责任政府也意味着一套对政府的控制机制。[③]还有学者认为，从理论上理解责任政府，至少应该包括个体意义、集体意义和制度意义上的三层理解。进一步推进责任政府建设，最重要的是要在制度上确立种种责任，主要包括：政治责任，行政责任，专业部门的责任，行政执法责任，人大代表、检察官和法官的责任，政府官员的法律责任，以及领导人要承担的道义上的责任等。[④]有学者认为，责任政治要求政治责任必须得到实现，政治责任实现的基本条件是权力制约与政务公开。评判政治责任是否实现的基本立场和态度是理性地看待政治责任主体的行为效果或后果。[⑤]

(2)法治政府。

有些学者研究了中国法治政府的目标与路径选择、背景及实践进程、法治政府的决策机制与程序、行政执法体系和行政监督体制。[⑥]有学者以“背景—理念—原则—制度”为分析模式，研究了由民主化、市场化、文明化、全球化所构成的法治行政的基本背景，行政权力与公民权制衡关系，行政法上公平与效率的协调关系，程序法治对于政府依法行政、人权保障的意义。[⑦]有学者从现代化的角度出发，论证了现代化与法治的内在关系，以及法治现代化的主要内容和一

① 陈庆云.“小政府”与“责任政府”[J].中国行政管理，1994(12):21.

② 王邦佐，桑玉成.论责任政府[J].解放日报，2003－05－13.

③ 张成福.责任政府论[J].中国人民大学学报，2000(2):75－82.

④ 毛寿龙.责任政府的理论及其政策意义[J].行政论坛，2007(2):5－10.

⑤ 张贤明.政治责任的逻辑与实现[J].政治学研究，2003(4):46－52.

⑥ 刘靖华，姜宪利等.中国法治政府[M].北京：中国社会科学出版社，2006.

⑦ 肖金明.法治行政的逻辑[M].北京：中国政法大学出版社，2004.

般进程，同时对当代中国进行政府法治建设的"本土资源"、邓小平的法治观和政府法治建设的途径进行研究。[①] 有学者从法治原理与政府治理的角度，梳理了法治与政府的理论勾连；从思想与制度的层面，研究了世界各个主要国家法治政府的理念与制度演进；并探讨了法治政府的中国命运与问题，分析了法治政府在中国成立的背景、成立的正当性以及法治政府在中国的出路。[②]

(3)民主政府。

有些学者研究了民主政府、法治政府和责任政府三者的关系，认为民主理论为责任政府提供了坚实的理论论证和基本的政治架构，法治则是责任政府不可或缺的法律保障。[③]

3. **政府过程**

关于政府过程的理论研究，有学者运用政府过程的理论与方法，研究了广义上的中国政府的实际运行状况、中国国家政治权力结构与党政关系、政府过程的开端，意见表达与意见综合、决策和决策的执行、政府过程的保障机制，信息传输与监督等问题。[④] 还有学者考察了当代中国的宪政、领导和政策的形成机制、政府过程的人格化结构、利益输入结构、决策的过程、精英决策的有序性、无序性和决策过程中的政治冲突，提出了权力精英"内输入"的概念、政府执行的结构一功能系统，影响政策结果的各种因素，并从渐进决策的视角对当代中国政府决策与执行的关系进行了探索。[⑤] 有学者研究了政府过程的学说与方法及其在中国的适用问题，梳理了政府过程理论萌芽、形成、发展与普及过程，并指出政府过程的方法论特征是"政府过程"中的政府是"大政府"和现实的政府，"政府过程"中的"过程"是指政府的实际运作活动。[⑥] 有学者指出，在当代中国，执政党、参政党和利益集团共同构成了中国的政府过程，三者的相互关系是：执政党和参政党通过政党联盟共同进入政府过程，参政党和利益集团也可以直

① 沈荣华.现代法治政府论[M].北京：华夏出版社，2000.

② 张树义.法治政府的基本原理[M].北京：北京大学出版社，2006.

③ 陈国权，徐露辉.责任政府的法治基础与政治构架[J].江海学刊，2005(3)：100—105.

④ 朱光磊.当代中国政府过程[M].第2版.天津：天津人民出版社，2002.

⑤ 胡伟.政府过程[M].杭州：浙江人民出版社，1998.

⑥ 朱光磊.政府过程的学说与方法及其在中国的适用问题[J].南开学报：哲学社会科学版，1994(4)：44—52.

接影响政府公共政策,这与西方集团理论所揭示的"接近"理论有所不同。[①]

4. **政府发展**

(1)政府创新。

有学者认为政府创新的内涵包括理论创新、体制创新、人员创新、操作创新。政府创新的目标是建立政治、经济、社会、文化协调与可持续发展的服务型政府;政府创新的动力来自于国内外形势的压力、政治精英的努力以及社会发展的需求;政府创新的途径主要是政治改革、行政改革、执政党执政方式的转变。[②]有些学者研究了中国政府管理创新的政治生态环境、历史实践、创新的机制与模式和中国地方管理、决策和施政的创新。[③]还有些学者认为政府创新应该是一种"综合创新"。要使这种综合创新成为现实,在很大程度上取决于或有赖于"政府自觉"及其向度。[④]有学者进一步认为,政府创新要以政府职能转变为前提,以政府创新来推动政府职能的转变;政府职能转变要以政府创新作保障,以政府职能转变来带动政府创新。两者的关系是互为因果、相互促进的。[⑤]有学者以广西五保村供养模式为案例,认为农村社会保障体制转型有赖于地方政府创新能力的发挥,而制度创新只有符合本土的实际情况才会有其生命力。[⑥]有学者分析了地方政府创新的客观空间和动力,探讨了它在坚持与推广方面存在的问题、原因及对策,论述了地方政府创新与政府体制改革之间的关系。[⑦]有学者梳理了当代中国行政体制改革的历史发展,并研究了转型中中央政府和地方政府各自的变革形态。[⑧]有些学者研究了中国政府管理创新,包括中国政府管理体制创新、中国政府公共政策创新、中国政府流程再造、中国政府全面质量管理和战略管理创新。[⑨]有学者以北京市为例,以多中心的制度变迁理论为分析方法,研究了政府改革与制度创新,分析了北京市政府改革的具体制度变

① 姚尚建.当代中国的政治联盟与政府过程——责任政党政府的理论视角[J].福州大学学报(哲学社会科学版),2008(1):45—51.

② 谢庆奎.论政府创新[J].吉林大学社会科学学报,2005(1):136—143.

③ 刘靖华,姜宪利.中国政府管理创新(四卷本)[M].北京:中国社会科学出版社,2004.

④ 乔耀章,芮国强.政府创新与政府自觉[J].学术界,2002(4):42—52.

⑤ 谢庆奎.职能转变与政府创新[J].国家行政学院学报,2002(1):19—22.

⑥ 徐湘林.农村社会保障体制转型与地方政府创新——广西五保村建设的理论启示[J].新视野,2006(1):37—39.

⑦ 李景鹏.地方政府创新与政府体制改革[J].北京行政学院学报,2007(3):1—4.

⑧ 任晓.中国行政改革[M].杭州:浙江人民出版社,1998.

⑨ 李庆钧,陈建.中国政府管理创新[M].北京:社会科学文献出版社,2007.

迁、政府制度创新的动因、机制与路径选择。[①]有学者认为政府管理创新的切入点是民众参与到政府的绩效评估中去，政府管理创新的难点在于如何调动公务员的积极性，参与到创新活动中去。[②]有学者从政党与社会的关系来分析政府创新的限度，认为全能主义模式下，国家化执政党通过领导控制的方式执政，此时的政府创新只能是技术式创新，政府创新所要解决的核心问题是执政党执政方式的创新；政治市场模式下，交易型政党通过开放竞争的方式执政，此时的政府创新形式是政府企业化，政府创新的核心是体现公平。[③]有学者在制度变迁的理论框架下，运用博弈工具动态地分析中央政府、地方政府和微观主体相互作用的博弈过程与博弈策略，认为地方政府进行的是伪创新，需要规范地方政府创新的行为。[④]

(2)服务型政府。

有学者认为，服务型政府的目标和形态是民主政府、有限政府、责任政府、法治政府、绩效政府；实现服务型政府目标的基本途径是政府创新。政府创新包括理论创新和实践创新。[⑤]有些学者认为公共服务型政府是政府公共管理的未来发展，并研究了公共服务型政府的基本架构和核心要素，提出要大力建设公共服务型政府。[⑥]有学者认为服条型政府不等于全能政府，建设服务型政府不是建设保姆型国家，建设服务型政府是一个再造政府和重建社会同时进行的双边过程。[⑦]有些学者认为，在建设服务型政府时，在主体方面应强调政府与社会双向互动；在政府纵向间分工方面，应强调合理划分职责，减少“职责同构”；在政府横向分工方面，应强调充分发挥所有国家机关和国有事业单位的作用。[⑧]有学者研究了服务型政府兴起的历史与逻辑，认为服务型政府是一种新型的政府模式，它是管理主义政府模式在现代进行结构转型的产物，在服务型政府中，服务成为政府职能构建的方向，规范着政府的行政理念与行政行为。[⑨]有学者从公民的角度研究服务型

① 王伟.政府改革与制度创新：以北京市为例[M].郑州：郑州大学出版社，2007.

② 王强.学习型政府——政府管理创新读本[M].北京：中国人民大学出版社，2006.

③ 王清.论政党模式与政府创新的限度——一种比较分析的视角[J].上海交通大学学报：哲学社会科学版，2007(3)：37—42.

④ 于芳.政府创新的博弈分析[J].理论导刊，2006(5)：8—11.

⑤ 谢庆奎.服务型政府建设的基本途径：政府创新[J].北京大学学报：哲学社会科学版，2005(1)：126—132.

⑥ 王乐夫，陈干全.政府公共管理[M].北京：中国社会科学出版社，2007.

⑦ 燕继荣.服务型政府Vs“保姆国家”[J].双周刊，2008(1)：15—16.

⑧ 朱光磊，薛立强.服务型政府建设的六大关键问题[J].南开学报：哲学社会科学版，2008(1)：47—54.

⑨ 李传军.管理主义的终结——服务型政府兴起的历史与逻辑[M].北京：中国人民大学出版社，2007.

政府,认为公民参与是建构强调"公民本位"的服务型政府的本质要求,政府需要逐步拓宽公民需求和利益表达机制。[①]

5. **地方政府研究**

有高校学者团队对地方政府进行了大规模研究,形成了系列丛书,涉及个案分析,包括从省、市、行署到县、市、乡、镇政府研究和在个案研究的基础上的理论研究。[②]有学者认为,地方政府是由中央政府为治理国家一部分地域或部分地域某些社会事务而设置的政府单位。其基本的特征是:权力的非主权性、权限的局部性和职责的社会性。[③]有学者以狭义的地方政府为研究对象,分析了地方政府的权力配置和权力关系,特别把地方政府的结构分为科层结构、党政结构和宪政结构,三种结构之间既合理又存在摩擦。[④]还有学者专门就地方政府治理进行了专门论述,通过对苏南地方政府治理模式的分析,说明地方政府的职能转变与角色定位,特别是其中的制度创新和服务性政府的构建。[⑤]地方政府之间的关系包括竞争与合作成为学者们所关注的焦点问题,有学者从退出选择的角度对地方政府竞争进行分析,并区分了地方政府间竞争的政治和市场两个维度,由于突出了大众退出选择在地方政府间竞争中的重要地位,规范当前我国地方政府竞争就需要跳出集权一分权的简单对立,引入一个新的变量一社会。[⑥]还有学者则通过个案分析的方法对制度变迁中的地方政府行为进行了分析,认为县级行为与乡镇政府行为之间存在一定的差距,县级行为的变迁表现为三种形式:主导型行为、推动型行为和服务型行为。[⑦]

(五) 关于政治权力的理论

政治权力是政治学中重要的基础概念。高校学者对于政治权力

① 李玲玲,张艳.论建构服务型政府和公民参与[J].学习与实践,2007(9):83—87.

② 谢庆奎等.中国地方政府体制概论[M].北京:中国广播电视出版社,1998:总序.

③ 徐勇,高秉雄.地方政府学[M].北京:高等教育出版社,2005:4—8.

④ 沈荣华.中国地方政府学[M].北京:社会科学文献出版社,2006.

⑤ 沈荣华,金海龙.地方政府治理[M].社会科学文献出版社,2006.

⑥ 刘亚平.当代中国地方政府间竞争[M].社会科学文献出版社,2007.

⑦ 胡伟.制度变迁中的县级政府行为[M].中国社会科学出版社,2007.

的理论研究主要包括政治权力的含义和特征、政治权力的一般理论以及政治权力制约关系等。

1. **政治权力的含义**

政治权力的含义是政治权力理论的基础范畴。有学者在对国内政治学者政治权力研究进行的综述中认为，政治权力内涵的界定主要分为四种基本的观点，即能力中心说、关系中心说、影响力中心说以及结构主义中心说。此外，还有决策说、控制说、意志说、领导说以及结果说等。[①]

关于政治权力的制约能力说，在20世纪90年代，有学者就提出，所谓"政治权力就是某一政治主体依靠一定的政治强制力，为实现某种利益或原则而在实际政治过程中体现出的对一定政治客体的制约能力"[②]。在此基础上，这一观点进一步深化，认为"政治权力就是某一政治主体依靠一定的政治力量和资源，为实现某种利益或原则而在实际政治过程中体现出的对一定政治客体的制约能力"[③]。由此表明，政治主体也可能采取非强制力来制约政治权力客体，而特定政治资源能够提供强制力和非强制力。

关于政治权力的制约关系说，有学者指出："政治权力实际是人们选择以力量对比和力量制约方式作为实现和维护自身利益要求的过程中，聚集形成的一种力量，它是在特定的力量对比关系中，政治权力主体拥有的对其他社会和政治力量及其他政治权力客体的制约力量。"[④]由此表明，人们为了维护自身的利益，在运用特定的实现手段上也具备一定的选择性。

另有学者提出，政治权力处于特定的社会经济结构中，政治权力是按照特定社会规范进行的，因此，"政治权力，乃是指处于一定社会—经济结构中的权力主体，为求得自身利益的实现，而在基本社会规范（包括宪法、法律等规范性文件以及社会政治文化的价值要求）

① 江美塘，姜苏东．再议"政治权力"——"政治权力"的概念分梳与特征归纳[J]．学术探索，2001(5)增刊：1—4.

② 李景鹏．权力政治学[M]．哈尔滨：黑龙江教育出版社，1992：33.

③ 李景鹏．权力政治学[M]．哈尔滨：黑龙江教育出版社，1992：28.

④ 王浦劬．政治学基础[M]．第2版．北京：北京大学出版社，2006：67.

的指导下,以一定方式对政治权力客体施加影响、使其服从之的行为及过程"[①]。

关于政治权力的形成,有学者认为,社会利益分化使得具有共同利益的群体必然要产生对外保持与其他群体的差异、对内维护群体的共同利益。这样,社会利益分化就会产生出政治主体的结构关系,不同政治主体为了寻求自身共同利益的实现就要寻求对于其他政治主体的制约,进而促使了政治权力的形成。[②]有学者认为,政治权力的基础是人们的利益,人们之间的利益关系是政治权力形成的重要条件。"政治权力形成的必要前提在于,当各种实际力量发生对比关系时,一方的力量能够超过另一方,从而使这种力量对比关系转变成一方对另一方的制约关系。"[③]

关于政治权力的特征,有学者认为,政治权力具有主体利益性、强制约束性、专属排他性、扩展延展性和多种职能性等方面特征。[④]有学者认为,主要表现为公共权力的政治权力具有普遍性、至上性、排他性和超然性的基本特征。[⑤]有学者认为,政治权力具有相对性、单向性、工具性和有后果性等特征。[⑥]有学者认为,从宏观方面而言,政治权力具有强制性、阶级性、组织性、自主性和历史性五个方面的特征,从微观方面而言,政治权力具有相对性、后果性、互动性和扩张性四个方面的特征。[⑦]有学者认为,政治权力具有相互依赖性、强制性、工具性、扩张与侵犯性和不对称性的特征。[⑧]还有学者认为,权力现象在人类历史中是一种普遍的政治现象,政治权力具有基本性、强制性、相互性和"准实体性"四个方面的特征。[⑨]

2. 政治权力一般理论研究

政治权力的一般理论主要是指有关政治权力的要素、资源和基础,政治权力的结构、类型,不同类型政治权力之间的关系和政治权力的作用方式方面的研究。

① 江美塘,姜苏东.再议"政治权力"——"政治权力"的概念分梳与特征归纳[J].学术探索,2001(5)增刊:3.

② 李景鹏.权力政治学[M].哈尔滨:黑龙江教育出版社,1992:35.

③ 王浦劬.政治学基础[M].北京:北京大学出版社,1995:74—75;王浦劬.政治学基础[M].第2版.北京:北京大学出版社,2006:66—67.

④ 王浦劬.政治学基础[M].第2版.北京:北京大学出版社,2006:71—75.

⑤ 周光辉.论公共权力的合法性[M].长春:吉林出版集团有限责任公司,2007:5.

⑥ 万斌.权力和政治权力的一般考察[J].浙江社会科学,1995(2):36—37.

⑦ 江美塘,姜苏东.再议"政治权力"——"政治权力"的概念分梳与特征归纳[J].学术探索,2001(5)增刊:3—4.

⑧ 赵全军,陈艳艳.权力概念的多面解读[J].云南社会科学,2004(4):21.

⑨ 杨龙.论权力的特性与基础[J].云南行政学院学报,2001(6):9—11.

(1)政治权力的要素和资源。有学者从发生结构的角度认为，政治权力的要素主要包括政治主体、政治力量和资源、利益和政治客体四个基本方面。具体而言，“政治权力包括如下的要素：第一，政治主体；第二，目的性(即利益)；第三，强制力(亦包括非强制力的借用)；第四，权力作用的对象(即权力客体)；第五，权力主体对客体的一定作用方式；第六，权力格局；第七，权力关系的稳定度”[①]。有学者则从主观和客观的实际因素角度出发，认为政治权力的形成是政治权力主体动员和凝聚有效政治资源的能动过程。因此，政治权力的要素既包括客观方面的要素，如生产资料、物质财富、暴力、自然资源、地理条件、政治权力客体的服从心理等方面，也包括主观方面的要素，包括能力素质、身份资格、理论和策略、组织等方面。[②]还有学者认为，暴力、知识、财富、习俗、制度和组织等都是构成政治权力的重要因素和资源。[③]

(2)政治权力的基础。从政治权力的阶级基础而言，有学者认为，阶级是在统治阶级和被统治阶级的斗争发展成全社会规模的斗争时进入政治生活并成为政治主体的，因此阶级构成了政治权力的基础。[④]有学者认为，政治权力主体是由利益主体转变而来的，特定利益主体的性质由特定的社会经济关系决定，这样表示着人们在社会经济关系中地位及其关系的阶级就构成政治权力的阶级基础。[⑤]从政治权力的合法性基础而言，有学者认为，“政治权力的合法性是指政治权力客体所认可的政治权力主体占有及运用权力的正当性。政治权力合法化的目的，是要为社会成员提供某种价值取向，使参与政治生活的人们意识到，政治权力主体占有和行使权力是正当的，而权力客体服从来自于权力主体的命令则是他们的道德义务，从而为政治权力构建一种价值基础”[⑥]。从政治权力的社会心理基础而言，有学者认为，政治权力的基础包括内部基础和外部基础两个方面。

① 李景鹏.权力政治学[M].哈尔滨：黑龙江教育出版社，1992：35；李景鹏.权力政治学[M].修订版.北京：北京大学出版社，2008：29.

② 王浦劬.政治学基础[M].北京：北京大学出版社，1995：76—80.王浦劬.政治学基础[M].第2版.北京：北京大学出版社，2006：67—71.

③ 杨龙.论权力的特性与基础[J].云南行政学院学报，2001(6)：12—14.

④ 李景鹏.权力政治学[M].北京：北京大学出版社，2008：53—56.

⑤ 王浦劬.政治学基础[M].北京：北京大学出版社，1995：84—85.

⑥ 周光辉.论政治权力的合法性[J].天津社会科学，1991(1)：50—55.

政治权力的内部基础主要是政治权力主体的权力欲望和政治权力客体的服从心理,政治权力的外部基础主要包括暴力、财产和财富、知识、身份、组织和团体、年龄和资历、政绩或某种善行、人的个性特征、某种理论和信仰以及说服等十种形式。[①]

(3)政治权力的结构。有学者认为,社会利益分化促使了政治主体结构的产生和发展,政治主体结构包括内部结构和外部结构两个基本组成部分。"考察政治主体的内部结构所要解决的是主体的统一的利益和政治意志如何形成的问题,而考察政治主体的外部结构所要解决的是各主体的政治意志的相互作用和状况的问题。"[②]政治权力结构则是从政治行为相互作用的一定效应来观察政治主体之间的政治关系时所具有的结构,政治权力结构与政治主体结构具有很大的相似性。具体而言,政治权力结构主要包括权力作用的方向和方式、权力作用的层次、权力作用的时间以及权力作用的程度和结果等四个方面的要素。[③]有学者认为,"政治权力结构是指特定社会中各种政治权力之间以及各个权力主体之间的相互关系的总体构成",政治权力结构是在横向和纵向两个方面展开的,政治权力结构具有网络性、方向性、边缘变动性和内部动态性的特点。[④]

(4)政治权力的类型。有学者对于政治权力的类型进行了系统梳理,并提出了政治权力类型的相关体系。具体来说,按照政治权力主体的社会性质,可以将政治权力划分为原始社会的政治权力、奴隶主阶级的政治权力、封建主阶级的政治权力、资产阶级的政治权力和无产阶级的政治权力;按照政治权力主体的组织类型划分,可以将政治权力分为社会公共权力和执政党权力;按照政治权力主体的层级划分,可以把政治权力划分为中央权力和地方权力、上级权力和下级权力;按照政治权力的功能划分,可以将社会公共权力划分为立法权、行政权和司法权。[⑤]有关政治权力类型的这些划分,为较好地分

① 高旺.论政治权力的社会心理基础[J].中国青年政治学院学报,2001,20(3):35—37.

② 李景鹏.权力政治学[M].哈尔滨:黑龙江教育出版社,1992:28.

③ 李景鹏.权力政治学[M].哈尔滨:黑龙江教育出版社,1992:26—28,38—39.

④ 刘津洁,杨龙.论政治权力结构[J].云南行政学院学报,2002(2):13—17.

⑤ 王浦劬.政治学基础[M].北京:北京大学出版社,1995:84—91;王浦劬.政治学基础[M].第2版.北京:北京大学出版社,2006:75—80.

析不同政治权力之间的关系创造了条件。也有学者从政治权力的运动方式对政治权力进行分类，将政治权力分为强制性权力、功利性权力、操纵性权力、人格型权力以及合法性权力。[①]有学者从政治权力的形式化层面出发，将政治权力划分正式权力和非正式权力。[②]

(5)政治权力的作用方式。有学者认为，政治权力施诸政治权力客体的方式并不仅仅局限于强制方式，而是包含着多种作用方式。具体而言，政治权力的作用方式包括暴力方式、压力方式、命令方式(指令方式)、规范方式(规约方式)、说服方式、奖酬方式和处罚方式等多种方式。[③]也有学者认为，政治权力的作用方式主要包括强制形式、诱导形式、操纵形式和说明形式等四种基本形式。[④]

(6)政治权力关系。有学者认为，政治权力关系是指不同类型的政治权力之间的关系。具体而言，政治权力关系的主要内容包括不同社会性质的社会公共权力之间的关系、执政党权力和社会公共权力之间的关系、中央权力和地方权力之间的关系、立法权力、行政权力和司法权力之间的关系。[⑤]这五种基本的政治权力关系是较为重要的。有学者认为，权力关系的一般特征在于权力存在于人与人之间的支配和服从的关系中，权力关系的本质属性是从属性，其根本产生于人们之间相互依赖的不对称性，亦即权力主体对权力客体的依赖程度小于权力客体对权力主体的依赖程度。[⑥]

3. **政治权力制约研究**

政治权力制约是指政治权力或其他社会力量和因素对政治权力的制约，政治权力是政治权力有限性的具体表现形式，它说明政治权力的运行需要具备特定的外部条件。政治权力之间的制约关系是政治权力关系的一种特定形式，是狭义上的政治权力制约；其他社会力量和因素对于政治权力的制约，则是广义上的政治权力制约。

从狭义的政治权力制约方面来看，有学者对马克思和恩格斯有

① 杨光斌.政治学导论[M].第2版.中国人民大学出版社，2004:27—31.

② 何小青，江美塘.“正式权力”与“非正式权力”——对政治权力的一项基础性研究[J].学术论坛，2001(5):37—40.

③ 王浦劬.政治学基础[M].北京：北京大学出版社，1995:96—98；王浦劬.政治学基础[M].第2版.北京：北京大学出版社，2006:85—88.

④ 万斌.权力和政治权力的一般考察[J].浙江社会科学，1995(2):38.

⑤ 王浦劬.政治学基础[M].北京：北京大学出版社，1995:84—91；王浦劬.政治学基础[M].第2版.北京：北京大学出版社，2006:80—84.

⑥ 周光辉.论公共权力的合法性[M].长春：吉林出版集团有限责任公司，2007:14—16.

关政治权力制约的思想进行了研究认为,马克思和恩格斯认为包括分权制度在内的政治权力制约实际上是政治权力分工,这种分工有利于资产阶级统治的实现。[①]有学者对社会主义权力制约进行了初步研究,认为社会主义政治权力制约应当是多层次的分权和制约,应当保证社会主义社会整体利益的实现,应当是外部监督和内部制约的统一。[②]

从广义的政治权力制约方面来看,对于政治权力的制约不仅包括"以权力制约权力",还包括"以权利制约权力"和"以社会制约权力"。有学者认为,"以权力制约权力"实际上是人民主权的具体体现形式,因而"以权利制约权力"比"以权力制约权力"更有意义和价值。[③]有学者认为,"以权力制约权力"的权力分立思想是与传统政治民主紧密联系在一起的,但这种政治权力制约方式具有局限在国家政治生活领域、刚性有余弹性不足、对权力制衡的内容重视不够以及对人们的权力重视不够等缺陷;"以权利制约权力"则是与法治民主联系在一起的,这种政治权力制约方式更多的是法律依据上的、是理论意义上的,权利主体实际上很难与国家政治权力相对抗。"以社会制约权力"则可以通过参与治理形式使社会能够发挥制约权力的作用。[④]有学者从不同学科对于权力制约的观点出发认为,政治权力制约存在政治学、法律学、伦理学和社会学四种类型的基本范式。"以权力制约权力"属于政治学范式,这种范式缺乏对公民和公众的愿望、权利和利益的尊重;"以法律制约权力"属于法律学范式,这种方式的缺陷在于法律是由政治权力制定的同时又需要政治权力的保障才能够得到执行,现实结果往往是法律不能有效制约权力;"以道德制约权力"属于伦理学范式,但是道德本身的力量主要存在于血缘关系为主的农耕社会,同时道德诉诸政治权力执掌者的自我约束能力,但是现实是人们的道德无法约束自己的行为;"以社会制约权力"属

① 叶皓.马克思恩格斯权力制约思想初探[J].社会主义研究,1989(3):39—41.

② 黄百炼.浅议社会主义权力制约制度的基本特点[J].湖南社会科学,1989(2):33—35.

③ 夏明.用"权利"制约"权力"[J].社会科学,1988(6):23—24.

④ 郭道久."以社会制约权力"——民主的一种解析视角[M].天津:天津人民出版社,2005:61—153.

于社会学范式，这种范式需要注意的是缺乏政治权力的社会必须是独立的，同时在国家和社会之间还要保持良好的生态关系。[①]

在政治权力制约研究过程中，高校学者对西方资本主义国家所采取的"三权分立"思想进行了深入分析，并对在中国主张"三权分立"进行了有力的批判。有学者认为，"三权分立"是典型的资产阶级国家形式，其目的是为资产阶级的阶级统治服务的，有着明显的历史和阶级的局限性。社会主义国家形式高于议会制和三权分立，适应中国社会主义的人民代表大会制才是适合中国的国家形式。[②]有学者认为，"三权分立"的立足点是超阶级的国家观，它在理论和现实上是脱节的，其目的是保证资产阶级的自由和财产权，但是并不能掩饰其资产阶级专政的本质，因而从总体上是应予否定的。社会主义国家采取的是民主集中制和议行合一的国家形式，人民代表大会制度是优越于"三权分立"的社会主义国家形式。[③]有学者认为，"三权分立"是资产阶级的政治制度，孙中山先生依据该原则创立的分权制度在中国并没有行得通，"三权分立"在中国失去了存在的经济基础和阶级基础，中国共产党领导下的人民代表大会制度是历史的选择，在中国实行"三权分立"思想都是不现实的。[④]

(六) 关于政治权利的理论

1. 政治权利的一般理论

(1)政治权利的含义。有学者以"利益——权力——权利"的逻辑发展线索，认为权利是在特定的社会经济基础上，由社会公共权力确定的社会成员获得自身利益的特定资格，它本质上是一种社会利益的分配关系，因此，政治权利是社会成员实现利益分配的政治资格。[⑤]有学者认为这一定义正确地从利益出发把握政治权利，较为深

① 喻中. 权力制约的中国语境[M]. 济南：山东人民出版社，2007:2—12.

② 吕世伦. 资产阶级"三权分立"和人民代表大会制[J]. 学习与探索，1980(2):4—10.

③ 何华辉，许崇德. 浅论"三权分立"[J]. 法学评论，1980(5):1—9.

④ 徐长安. 资产阶级的"三权分立"原则与我国的现实[J]. 广西师范大学学报：哲学社会科学版，1987(4):26—31.

⑤ 王浦劬. 政治学基础[M]. 北京：北京大学出版社，1995.

入地指明了政治权利的功能，但是，政治权利并非仅仅属于利益本身而具有政治手段意义，而应该具有价值意义，在此基础上，政治权利应该定义为，公民参与并影响政治生活从而得以在社会的政治生活领域实现人的内在需要的权利。在最终的意义上，政治权利是使公民在社会的政治生活领域实现个体的内在需要的权利，参与并影响政治生活则是达到这一目的的必经途径。因此，政治权利还应被认为是利益本身。[①]

(2)政治权利的形成。有学者指出，政治权利是指在特定的经济社会关系及其体现的利益关系基础上，由政治权力确认和保障的社会成员和社会群体的主张其共同利益的法定资格，并明确了利益、权力和权利的关系，认为政治权力确认和保障权利，而不是发明和创设权利；权利不是政治权力或者其他力量和人员发明和创造出来的，而是在社会利益关系的基础上形成的，政治权力是在发现这种利益基础上形成的权利后，而予以确认和保障的。[②]

(3)政治权利的要素结构、表现形式和特征。有学者指出，完整的公民政治权利由公共事务决定权、担任国家公职权、对国家权力的制约权、联合行动权和知政权五个部分有机构成，这个权利体系从政治生活内容的角度看，包括了国家权力主体的权利、法律的权利、特定事项的权利、政治信息的权利、政治社团的权利五个部分。[③]有学者研究了权利政治，认为权利政治的特征包括政治主体都是一定的利益主体，法律是政治关系调整的主要方式，权利本位文化是权利政治文化的应有内涵；并指出主权在民思想是权利政治的逻辑来源，宪政与秩序是权利政治的制度建构，法治与道德是权利政治的治理模式，制度正义是权利政治的价值和伦理。[④]

(4)政治权利的转型与发展。高校学者认为，当代政治权利正在发生转型。有学者研究了当代中国政治权利规范的转型，认为其基

① 李琦.公民政治权利研究[J].政治学研究,1997(3):35—40.

② 王浦劬.政治学基础[M].第2版.北京:北京大学出版社,2006.

③ 李琦.公民政治权利的要素与结构[J].厦门大学学报:哲学社会科学版,1997(3):13—18.

④ 范进学.权利政治论——一种宪政民主理论的阐释[M].济南:山东人民出版社,2003.

本趋势是公民逐渐获得更充分的政治自由权利，这一转变是通过政府职能的转变而促使发生的，它对政治生活方式的影响表现为，它改变着当权者与公民之间的关系，要求政治权力机构之间的关系发生相应的变化，使得政治稳定的保证方式也将发生变化。[①]

2. **政治权利与其他要素的关系**

(1)政治权利与政治权力的关系。有学者讨论了政治权力与政治权利关系的二重性，认为他们之间呈现对立统一的互动关系，其对立性主要表现为两者在权限划分与配置上的反比例关系和两者在政治运行中的双向互控；其统一性表现为两者的相互依存和相互转化。两者对立性和统一性的基础和根源，表明两者关系的实质是公共利益与个体利益的关系问题。政治权力与政治权利的关系及其历史演变表明，两者的关系通常呈现出三大规律性特点，即：政治权利的范围日趋扩大，政治权力的范围日趋缩小；两者关系日趋法制化、明晰化；两者的关系表现为一个动态的平衡过程。[②]有学者以《中华人民共和国宪法》中的政治权利的演进为研究对象，研究认为，政治权利是公民与国家相互联结的一种关系，其关键在于作为权利的确立者和保障者的国家与社会个体的关系如何构成的问题。两者的关系如何安排及其如何构成，这一方面将决定权利的内容与如何保障的问题，另一方面也从中反映出权利的文化和社会特征。[③]有学者分析了斯宾诺沙、边沁到霍菲尔德的学说，从自然状态、法律状态和道德状态三方面研究了权利与权力的关系，认为这三位思想家有关权利和权力关系的观点可以概括为两个方面：一方面，依据斯宾诺沙的观点，在自然状态下，权利等于权力。也就是说，个人有能力做到的就是他可能做到的，即权力决定权利。这时，没有任何道德和法律参与进来。另一方面，依据边沁和霍菲尔德的观点，在法律状态下，权力是权利的子范畴。但是，在道德状态下，两者关系如何却很少被讨论到。在研究两者关系从自然状态过

① 常健.当代中国权利规范的转型[M].天津：天津人民出版社，2000.

② 王英津.论政治权力与政治权利关系的二重性[J].中国人民大学学报，2003(5)：91—98.

③ 郎友兴.《中华人民共和国宪法》中的政治权利及其社会学意义[J].开放时代，2001(11)：24—33.

渡到法律状态的过程中,道德状态环节发生了缺失。[①]

(2)政治权利与公民权利、自然权利的关系。有学者从人权与公民权、作为价值目标的权利、权利与社会责任三个方面,论述了马克思的权利思想,认为在马克思那里,权利现象存在着应然意义上的人权与实然意义上的公民权之间的区别,而人权乃是社会主体价值的确证方式;权利现象的最深刻的根源,存在于现实的人们的社会经济活动之中,并且建立在人的价值实现的基础之上;体现在权利中的行为标准,意味着主体的自主性和主体自由选择方式的能力。[②]有学者研究了卢梭从自然权利到政治权利的学说,认为卢梭所说的自然权利并不是严格意义上的政治权利,他所说的政治权利也不是自然权利,而是作为政治共同体的公民的权利。政治权利是属于作为主权者的公民的权利,它的基础是政治共同体,而政治共同体是由公约和公意所产生的,因此,自然权利和人权必须转变为政治权利才能得到行使和保障,政治权利的唯一目的是保护自然权利。[③]

3. **关于政治权利具体权项的研究**

有学者研究了公民监督权行使的条件和机制,认为公民监督权是一项具有"人民主权"性质的权力,它构成了一个国家监督体系的基础。我国现行监督体系效能不佳的基本原因在于缺乏公民监督的动力源泉。强化公民监督权,必须完善和创新公民监督权行使的条件和机制,包括提高公民监督权行使的组织化程度;适时引入公益诉讼制,充分发挥公民诉权监督的作用;强化公民监督同人大监督的结合,建立人大监督专员制度等。[④]有学者探讨了中国农民的参政权,认为参政权是我国公民重要的政治权利,并归纳了当代中国农民的政治参与的不同类型:革命性参与和建设性参与、制度性参与和非制度性参与、合法性参与和非法性参与、自主性参与和动员性参与、工具性参与和价值性参与、权力主导性参与和权利导向性参与。[⑤]有学

① 高鹏程.权利与权力的关系——从斯宾诺莎、边沁到霍菲尔德[J].北方论丛,2007(6):119-123.

② 公丕祥.权利现象的价值分析——马克思权利思想述论[J].南京社会科学,1991,2:63-69.

③ 李平沤.主权在民Vs"朕即国家":解读卢梭《社会契约论》[M].济南:山东人民出版社,2001.

④ 程竹汝.完善和创新公民监督权行使的条件和机制[J].政治与法律,2007(3):45-49.

⑤ 周作瀚,张英洪.中国农民的政治参与和参政权[J].政治学研究,2007(2):36-44.

者应用社会学和统计学方法，对英国妇女选举权运动进行综合分析和评述，并对可量化的数据进行定量分析，对与妇女选举权运动有关人物的家庭出身、政治倾向、宗教信仰、文化程度、海外背景等进行量化统计，绘出曲线，从而对两者的消长作出正确的判断。[①] 有学者研究了迁徙自由权，通过"迁徙自由"这一具体权利的深层次考察，论证"迁徙自由"为什么应该是人的一项基本权利。在对"迁徙自由"权利生成、发展变化的具体论证的过程中，作者对权利的最原初形成、后来的演变作了一个进化论的梳理，并在对自然权利反思的基础上，提出了迁徙自由是人的"本能权利"的观点。[②]

① 陆伟芳．英国妇女选举权运动[M]．北京：中国社会科学出版社，2004.

② 张永和．权利的由来——人类迁徙自由的研究报告[M]．北京：中国检察出版社，2001.

（七）关于政治文化的理论

按照研究对象的差异，高校学者对政治文化的研究可以分为政治文化的一般理论、中国传统政治文化研究、当代中国政治文化研究和西方政治文化研究四大类，其研究及其成果如下。

1. 政治文化的一般理论

（1）政治文化的含义。

20 世纪 80 年代末，学者们对政治文化的含义展开了热烈讨论。按构成要素的差异，高校学者对政治文化的界定有三种不同的观点：一是把政治文化作为政治心理加以研究；二是把政治文化视为政治理论、政治心理和政治伦理的综合；三是视政治文化为政治理论、政治心理和政治制度的结合体。

有学者认为："政治文化是政治体系的基本倾向或心理方面。它包括一个民族在特定时期普遍奉行的一整套政治态度、信仰、情感、价值等基本取向。它由一个民族的地理环境、民族气质、宗教信仰、政治经济的历史发展进程等因素形成。影响甚至决定着一个民族或每个政治角色的政治行为方式、政治要求的内容和对法律的反应。……政治行为是它的外部表现,政治制度是它的凝固形态,政治学说是它的理性升华。”①

有学者认为,政治文化是表现由一国政治体制、政治传统决定的公民和法人在取得经济、政治合法利益方面产生的政治意识和政治行为总态势的政治学范畴,是社会意识形态和上层建筑的综合体现;它在心理、政治、社会分析结合的方面提供了判定一国政治发展现状、程度和方向的方法论基础。②

还有学者认为,政治文化乃是在一定社会物质生活条件作用下,民族、国家、阶级和集团所建构的政治规范、政治制度和体系以及人们关于政治现象的态度、感情、心理、习惯、价值观念和学说理论的复合有机体。③

(2)政治文化的特征与性质。

有学者认为,政治文化的特征是:第一,政治文化属于政治领域的主观意识形态范畴,是仅仅能以符号表示的非物质文化;第二,政治文化虽然是文化的一般在政治领域的特殊表现,但是,有关政治的精神文化产品或许可以被称为宽泛意义的政治文化,却并不一定都是严格意义的政治文化;第三,在严格意义上政治文化可以理解为社会成员的一种时间上较为持久、空间上较为广泛的政治主观取向;第四,不能把体现于从事政治工作人员身上的所有文化现象都视为政治文化;第五,政治文化与领导文化、管理文化相区别。

有学者认为,特定政治文化的性质是由特定政治关系所决定的。在阶级社会中,政治文化具有鲜明的阶级性,而民族、集团、区域等也会在政治文化中留下深刻的烙印。政治文化作为一种社会意识形态现象,又具有相对独立性和能动性。一方面,它不是机械地随着特定政治关系变化而变化,而是可以通过观念的方式保留下来;另一方面,它对社会政治

① 徐大同.西方政治文化传统:序//丛日云.西方政治文化传统.哈尔滨:黑龙江人民出版社,2002:3.

② 赵军.如何认识政治文化及其研究的社会意义[J].政治学研究,1987(3).

③ 公丕祥,李义生.商品经济与政治文化观念[J].政治学研究,1987(2).

关系和政治生活又具有巨大的心理和精神支配作用。[①]

还有学者认为，政治文化的属性有三个方面：第一，政治文化是一种主体文化；第二，政治文化是一种潜在文化；第三，政治文化是一种中介文化。[②]

(3)政治文化的构成与影响因素。

有学者认为，政治文化主要由三个方面构成：一是以理论形态出现的政治理论、政治意识，二是以感情、习俗等表现的政治心理，三是在上述两方面作用下形成的政治价值和判断。[③]还有学者认为，政治文化应由属于本体结构的政治心理、政治意识、政治行为三大层次构成。[④]还有学者认为，政治文化包括三个方面：一是政治心理，它主要与个人有关，包括个人的政治信仰、态度、气质性格等；二是政治运行机制，主要与政治系统有关，制度既制约着个人的政治参与，本身又是成员取向的集合与凝结；三是政治思想和政治哲学，即个人与整体的政治意识经过思想家的理论抽象，升华为政治思想和政治哲学。[⑤]

有些学者认为，政治文化影响因素包括外在影响因素和非政治性影响因素。外在影响因素包括政治经验的影响、政治系统的控制作用和政党制度的变量；非政治性影响因素包括：阶级和阶层、种族和民族、语言和宗教、职业、收入和受教育程度、社会态度的共同特征对政治文化的影响、全面生活满足感和政治满足感、人际信任感、经济发展与政治满足感。[⑥]

2. **中国传统政治文化研究**

(1)中国传统政治文化的含义。

关于中国传统政治文化含义的研究主要包括对其结构、特点和功能的研究。

有学者研究了中国传统政治文化的结构和特点，认为中国传统政治文化由政治思想、政治制度和政治心理三个层次构成，其中，中

① 王浦劬.政治学基础[M].第2版.北京：北京大学出版社，2006：241.

② 马文辉.论“政治文化”的实质与属性[J].政治学研究，1996(4).

③ 戚珩.政治文化结构剖析[J].政治学研究，1988(4).

④ 孙正甲.政治文化学概论[M].哈尔滨：黑龙江人民出版社，1995：5.

⑤ 郑敬高.从三个层面看中国传统政治文化的特质[J].政治学研究，1989(4).

⑥ 潘一禾.观念与体制：政治文化比较研究[M].上海：学林出版社，2002：148—173.

国传统政治思想是中国传统政治文化最为核心的部分,从这个意义上看,传统的政治思想可以代表广义的中国传统政治文化。儒、道、法三家是传统政治思想的核心内容,人文主义、封闭与排斥、经学方法是传统政治文化的特征。[①]有学者认为"人本主义"是西方文化中的观念,不足以反映中国传统政治文化的特征,中国传统政治文化的基础是"国家最高所有权支配下的小农经济"这一社会经济结构和在此基础上形成的"以专制王权为核心的庞大的官僚系统"的社会政治结构的结合体。传统政治文化的突出特点是其务实性,即注重人事,与人的政治实践紧密结合;注重治国之道,而不注重制度的研究。[②]有学者则认为中国传统政治文化呈现多层次的结构,其内容包括王权主义、宗法观念、清官思想和平均主义,贯穿多层次结构中的一条主线是王权主义,王权主导政治,这是中国传统政治文化的根本特征。[③]在承认王权的基础上,有学者认为中国传统政治文化是一种"臣属型"的政治文化,其突出特点是等级色彩鲜明:以一个中心元点(君主)出发的单向辐射性政治意识形态,天、君、国、家长合而为一体的政治认知,以"忠""孝"为核心的、以伦理为中心的政治评价体系,各色臣民主体性的普遍丧失。[④]有学者主要从政治价值、政治观念、政治人格、政治道德、政治社会化与政治思维等方面,研究了传统政治文化的价值结构。[⑤]

关于中国传统政治文化的功能,有学者研究了"政教合一"这一社会体制和政治文化模式的起源、结构、功能及其对古代官僚制度的影响,认为"政教合一"的文明模式,使政治过分依赖意识形态对社会的整合作用,不仅抑制了社会各个领域的分化,同时,也减缓了社会整合对政治体制不断精密化的需要,使得古代的行政管理长期停留在简单的水平上。[⑥]有学者分析了传统政治文化的负面功能,即它造成了中国政治权力分配和行政体制的缺陷。[⑦]但是,也有学者肯定了

① 朱日耀.中国传统政治文化的结构及其特点[M]//朱日耀等.论中国传统政治文化.长春:吉林大学出版社,1987:1—13.

② 徐大同,高健.试论中国传统政治文化的基础与特征[J].天津社会科学,1987(5):3—8.

③ 刘泽华,葛荃.王权主义的刚柔结构与政治意识——中国传统政治文化特点分析[M]//朱日耀等.论中国传统政治文化.长春:吉林大学出版社,1987:26—42.

④ 金太军,王庆五.中国传统政治文化新论[M].北京:社会科学文献出版社,2006.

⑤ 葛荃.中国政治文化教程[M].北京:高等教育出版社,2006.

⑥ 杨阳.王权的图腾化——政教合一与中国社会[M].杭州:浙江人民出版社,2000.

⑦ 成臻铭.中国古代政治文化传统研究.北京:群言出版社,2007.

中国传统政治文化为中国社会稳定提供文化底蕴。这是因为中国社会的稳定是一种人类自身、人与自然的和谐状态。通过修身实现人际和谐,通过治国实现群体和谐,通过平天下实现天人和谐。传统政治文化的现代价值取向,有利于促进社会的和谐与稳定。[①]有学者提出传统政治文化的现代化是政治现代化的首要前提,这是因为:从中西早期政治现代化的总体情况来看,传统政治文化一方面为各自的政治现代化提供了逻辑起点和理论依据,另一方面又制约着各自政治现代化的价值选择和发展速率。[②]

(2)政治文化的应用性研究。

高校学者这方面的研究成果分为两类:其一,以政治文化为研究视角或分析方法展开研究。有学者以政治文化为研究视角,以清末政论报刊的社会动员功能为研究对象,分析了清末政治文化转型期间,政治化思维、政治文化与言论的体制化、传播形式的政治文化意味对清末政论报刊的影响。[③]有学者以政治文化为分析方法,研究了中国古代士人群体中,晚明东林党人"以身殉道"这种行为背后的生命意识,认为王权政治的文化模式,使他们在理想现实中陷入"精神巨人"和"政治侏儒"的两难境地。[④]其二,直接以政治文化为对象展开应用性研究。有学者认为秦始皇的帝王专制主义理论集先秦思想文化之大成,并与权力相结合,是后世帝王观的范本。[⑤]有学者探讨了晚清、民国和革命根据地三个历史时期乡村政治文化变迁的方向,这种方向在总体上表现为国家权力加速向乡村渗透,乡村传统权威在国家权力的挤压下,逐渐呈现出衰落的迹象。国家权力的下沉没有完全动摇地方绅士的权威,血缘、地缘、礼教、族规在乡村中依然占有突出地位。[⑥]有学者运用政治文化分析了民国初期省籍意识,[⑦]有学者从社会制度系统的公共制度层面和私域制度层面研究了土家族古代社会制度与文化。[⑧]

① 曹德本,宋少鹏.中国传统政治文化与社会稳定[M].长春:吉林大学出版社,2001.

② 黄颂,黄琳.关于传统政治文化对政治现代化之影响的思考[J].孝感学院学报,2006,26(5):5—9.

③ 唐海江.清末政论报刊与民众动员——一种政治文化的视角[M].北京:清华大学出版社,2007.

④ 葛荃.晚明东林党人"生命意识"析论——关于士人精神的一种政治文化阐释[J].清华大学学报:哲学社会科学版,2004(4):33—41.

⑤ 刘泽华.秦始皇神圣至上的皇帝观念:先秦诸子政治文化的集成[J].天津社会科学,1994(6):71—75.

⑥ 骆正林.近代中国乡村政治文化的变迁——国家政权建设与乡村传统权威的衰落[J].重庆师范大学学报:哲学社会科学版,2008(2):26—35.

⑦ 杨妍.地域主义与国家认同——民国初期省籍意识的政治文化分析[M].天津:天津人民出版社,2008.

⑧ 宋仕平.土家族古代社会制度文化研究[M].北京:民族出版社,2007.

3. **当代中国政治文化研究**

当代中国政治文化研究是指以1949年以后的政治文化为研究对象的研究。研究成果集中在理论分析与实证研究两个方面。

(1)对当代中国政治文化的理论分析。

大致来说,关于当代中国政治文化的理论分析主要集中在含义、特征和文化转型与发展三个方面。

高校学者研究和阐述当代中国政治文化的意识形态特点。有学者认为,中国特色社会主义政治文化是以马克思主义、毛泽东思想、邓小平理论和"三个代表"重要思想为主导,以民主法治观念为核心内容,以人为本、以社会主义为基本价值取向的公民政治文化,是将马克思主义、中国传统政治文化精髓、西方政治文明的先进成果与中国的现实国情和时代精神结合起来的社会主义新型政治文化。[①]在此基础上,有学者对当代中国政治文化的多元性进行分析,认为处于转型期的政治文化并非单一性或整合性的,而是呈现出多元并存的格局。这种多元性主要表现为,马克思主义指导下的新型政治文化处于主导地位,中国传统政治文化和外来西方政治文化是两种主要的政治亚文化。[②]但是,另有位学者指出,中国现代政治文化呈现多元并存与一元指导的局面:在国家层面上,马克思主义、自由主义与中国传统政治文化的并存,马克思主义居于指导地位;在社会层面上,社会主义、儒家文化与宗族文化并存,社会主义居于主导地位;在公民层面上,爱国主义、集体主义与个人主义共存,集体主义居于主导地位。[③]

关于当代中国政治文化转型与发展,有学者研究了政治文化的历史结构和因素结构、历时性结构和共时性结构、既存结构和发展结构,指出中国政治文化近代以来的演化路径是从"文化中轴的政治文化"向"制度中轴的政治文化"转变。[④]有学者研究了政治文化变迁的

① 高建,乔贵平.中国特色社会主义政治文化的内涵与特征[J].山西师范大学学报:社会科学版,2007(6):16—19.

② 虞崇胜,李艳丽.当代中国政治文化的多元性分析[J].学习论坛,2004(11):46—50.

③ 张胜利.中国现代政治文化的多元并存与一元指导[J].理论探讨,2007(5):12—14.

④ 王沪宁.转变中的中国政治文化结构[J].复旦学报:社会科学版,1988(3):55—64.

两种途径：主动的政治文化变迁和被动的政治文化变迁，并认为政治文化的生长过程和衰败过程的结合，构成政治文化历史变迁的全过程。[①]有学者研究了市民化在现代政治文化建构中的作用。[②]有学者研究了全球化对当代政治文化社会化的影响，认为经济全球化的加速过程，必然伴随着其主导意识形态——新自由主义向全球范围的渗透和扩张，这一过程即是其主导政治文化社会化的过程，这一过程对各国政治文化的独立性提出了挑战。[③]有学者研究了后革命时代对政治文化的影响，并观察了公共政治文化对革命政治文化的取代与兴起。[④]有学者从历史的角度，指出“文化大革命”将中国传统政治文化重人治、轻法治的缺陷充分显露出来。因此，我们在构建当代中国政治文化时，要在重视精神理想的中国政治文化中，注入法治文化的基本要素，形成更科学的政治文化。[⑤]有学者研究了传统文化的现代化问题，指出，传统政治文化与当代政治文化有会通之处，传统政治文化需要实现从革命到改革、从革命到建设、从革命到执政、从封闭到开放的转型与创新。[⑥]有学者研究了政治文化变迁的机制包括有序化机制、惯性抵抗和文化滞后、渐变、突变和意识形态的超越。[⑦]

(2)对当代政治文化的应用研究。

有学者以苏南地区为案例，对农村基层民主建设进行政治文化的分析，认为苏南地区的政治文化是一个有着自身特殊的“社会遗传基因”生命内发生的，并与特定的农村管理体制形成双向互动机制。[⑧]有学者研究了村民自治的政治文化基础，认为农村政治文化的现状表现为政治文化结构上的差异和政治文化内容上的冲突，这影响了村民自治的运作环境、运作过程、效果和村民自治主体的行为模式选择。[⑨]有学者以安徽和县浏塘村为对象，从实证的角度描述安徽一个普通村庄因现代化的扩散而导致的乡村政治文化的变迁，从而试图说明现代化的扩散对乡村政治文化变迁的影响。[⑩]

① 李景鹏.政治文化历史变迁析论[J].天津社会科学,2006(5).

② 徐勇.市民社会:现代政治文化的原生点[J].天津社会科学,1993(4):49—52.

③ 孙兰英.全球化与当代政治文化社会化[J].南开学报:哲学社会科学版,2005(1):113—118.

④ 任剑涛.后革命与公共文化的兴起[J].开放时代,2007(2):148—158.

⑤ 关海庭.当代中国政治文化构建的一种历史审视[J].当代中国史研究,2001(5):73—83.

⑥ 吕元礼.政治文化:传统与现代的会通[M].北京:人民出版社,2004.

⑦ 王卓君.文化视野中的政治系统——政治文化研究引论[M].南京:东南大学出版社,1997.

⑧ 于毓蓝.农村基层民主的政治文化分析——苏南模式[M].北京:社会科学文献出版社,2006.

⑨ 戴玉琴.村民自治的政治文化基础——苏北农村个案分析[M].北京:社会科学文献出版社,2007.

⑩ 周世亮.现代化的扩散与乡村政治文化的变迁——以改革开放以来安徽和县浏塘村为例[J].郑州航空工业管理学院学报:社会科学版,2007(4):159—162.

4. **西方政治文化研究**

与中国传统政治文化的研究相比,国内高校学者对西方政治文化的研究比较薄弱,所产生的有代表性的成果较少。

(1)西方政治文化的评介与研究。

有学者对西方政治文化进行了历史考察,研究了古代希腊、古代罗马和中世纪西欧的政治文化,把西方政治文化视为希腊城邦政治结构与公民文化,罗马共和精神和法律传统、中世纪基督教政治价值观和二元化权力体系以及日耳曼传统相互融合的复合型产物,勾勒出西方政治文化基本要素,如自由、平等、人权、分权等价值的形成与演进的过程,以及各个要素之间相互作用、融合从而成为一个有机体系的过程。[①]有学者对西方行为主义流派关于政治文化的代表作,以及 20 世纪 80 年代西方政治文化研究复兴后的理论成果进行了综述和评价,集中介绍了派伊、亨廷顿、阿尔蒙德等关于政治文化的研究成果,同时评介了英格尔哈特等人的文化特征群的扩展理论,A. 维尔达夫斯基有关政治偏好以及文化模式的理论,H. 爱克斯坦关于政治变化的文化理论的假说。[②]另有学者以国别、人物为对象研究了西方政治文化。有学者从政治文化的角度研究了法国大革命,这不同于单纯从阶级斗争研究革命,而是强调人们的政治行动不仅受到经济利益的驱使,而且还受到各种看不见、摸不着的精神、思想、感情、心理激素的推动。法国大革命留下了丰富的政治文化传统,并创造了一种"内战式的政治风格",对后世产生重要影响。[③]有学者研究了中亚各国制度变迁的政治文化动因,认为中亚政治文化的特征是脆弱性与易变性、分裂性与断裂性、专制性与对权威的顺从性,政治文化成为影响各国政治、经济、社会三个领域变迁的基本因素。[④]有学者从认同危机和合法性危机两个方面,分析了伊斯兰复兴的政治文化根源,认为伊斯兰复兴是认同危机和合法性危机的产物,两者存

① 丛日云. 西方政治文化传统[M]. 哈尔滨:黑龙江人民出版社,2002.

② 王乐理. 政治文化导论[M]. 北京:中国人民大学出版社,2000.

③ 高毅. 法兰西风格:大革命的政治文化[M]. 杭州:浙江人民出版社,1991.

④ 杨恕,曾向红. 中亚各国制度变迁的政治文化动因[J]. 俄罗斯中亚东欧研究,2007(6):16—25.

在紧张与对立，这使得伊斯兰文化面临现代与传统的双重挑战，处于两难境地。[①]有学者通过描述性统计，对新加坡的大众政治文化进行了初步的评估。[②]有学者研究了宗教改革对现代西方政治文化的影响，认为马丁·路德的宗教改革，蕴含着非宗教或反宗教的世俗化倾向，是西方传统社会向现代社会转变的一个标志，为以个人主义、相对主义、法治主义和自由主义为基本内容的西方现代政治文化的发展开辟了道路，规定了基本方向。[③]有学者研究了希腊城邦的公共空间与政治文化，认为在古希腊，只有公共空间是合法的，一切私人空间都是非法的，这导致了轻个人权利、重集体权利，公民享有积极自由而非消极自由的政治文化的产生。[④]有学者研究了阿尔蒙德的政治文化理论，并指出其弱点在于注重纯形式的分析，排列因素以找出各种政治现象之间的形式上的关联，而不太注重研究现象的本质。[⑤]

高校学者对西方政治文化的研究方法也进行了研究。有学者研究了西方政治文化研究复兴后的方法论变革，认为其表现为：从偏重微观解释的研究到微观与宏观的互动，从主观心理向度的研究到主观与客观的连接，从相对稳定的静态解释到静态与动态的统一，从关注传统因素的分析到重视传统与现代的融合。[⑥]有学者研究了政治文化研究的新方法——文化论研究方法的符号学模式，认为新的政治文化研究方法在社会关系和互动、“意义体系”的确定、文化为行为提供规则等方面有其独特的长处。[⑦]

(2)中西政治文化传统的比较。

很多高校学者就中西政治文化传统的差异作了比较。有学者分别比较了中西历史上公民的政治思维方式、权力分配、公民地位、治国理论等几个方面的差异。[⑧]有学者认为，中西传统政治文化的差异主要表现为：伦理政治文化与法政治文化的差异，无神政治文化与宗教政治文化的差异，集权政治文化与分权政治文化的差异。[⑨]有学者

① 刘靖华.伊斯兰复兴的政治文化与意识形态研究[J].西亚非洲，1988(4)：1—12.

② 李路曲.新加坡政治文化的形成与演变[J].东南亚研究，1991(3)：1—9.

③ 燕继荣.论宗教改革与现代西方政治文化的关系[J].学习与探索，1993(5)：77—82.

④ 黄洋.希腊城邦的公共空间与政治文化[J].历史研究，2001(5)：100—107.

⑤ 张德文.比较政治研究的新途径：政治文化论[J].思想战线，1989(5)：19—23.

⑥ 杜玉华.论西方政治文化研究复兴后的方法论变革[J].学术论坛，2002(6)：154—157.

⑦ 周长焕.政治文化研究的新方法——文化论研究方法的符号学模式[J].社会科学研究，2002(5)：76—80.

⑧ 徐大同，高建.中西传统政治文化比较研究[M].天津：天津教育出版社，1997.

⑨ 孙永芬.简论中西传统政治文化的差异及其根源[J].学术研究，2001(6)：104—107.

认为中西政治文化传统，在体制构设指导原则上，存在一元化与多元化的差异；在政治权力认知上，存在统一性与公共性的差异；在个人与国家方面，存在整体本位与个体本位的差异；在公众政治角色上，存在子民与公民的差异。[①] 有学者具体比较了中日两国政治文化的差异，认为：中日政治文化同源不同质；中国政治文化是一元强化型，而日本政治文化是多元复合型；中国政治文化以地缘、血缘、人缘为机制发挥作用，日本政治文化以纵式板块化结构为机制而发挥作用。[②] 在此基础上，有学者研究了影响政治文化的古代经济活动方式的差异，认为在古代，中西方在经济活动方式上存在国有土地为主导与私有土地为主导的差异；分散型的小农经济和相对集中型的庄园经济的差异；官局为主的工商业经济与民营为主的工商业经济的差异。这是影响政治文化传统差异的重要因素。[③]

有学者比较了中国民本型政治文化与西方民主型政治文化传统的区别，主要有：君权与民权的区别；人治与法治的区别；封建主义的政治文化传统与资本主义的政治文化传统的区别。[④]

① 柏维春. 政治文化传统——中国和西方对比分析[M]. 长春：东北师范大学出版社，2001.

② 任志安. 中日两国政治文化比较研究：意义、图式和框架[J]. 日本学刊，1999(3)：30—42.

③ 孙仪凤. 中西比较：古代经济活动方式的差异及其对政治文化的影响[J]. 学术研究，2002(6)：121—125.

④ 陈炳辉. 从民本与民主思想的比较看中西政治文化传统的区别[J]. 厦门大学学报：哲学社会科学版，1989(2)：9—15.

(八) 关于政治文明的理论

高校学者对政治文明的研究包括政治文明的基本理论和社会主义政治文明建设的理论研究。

1. 政治文明的基本理论

政治文明的基本理论研究主要包括政治文明的含义、结构、功能以及与政治诸要素的关系等方面。

(1)政治文明的含义。

高校学者对政治文明的含义进行探讨并且形成理论观点，这些观点主要是：

第一，社会政治进步论。有学者认为政治文明，是指人类社会政治生活的进步状态。从静态的角度看，它是人类社会政治进程中取得的全部成果；从动态的角度看，它是人类社会政治进化发展的具体过程。[①]也有学者认为政治文明是一个标志政治领域的整体性进步状态的概念。[②]

第二，政治成果总和论。有学者认为政治文明是人类改造社会所获得的政治成果的总和，是人类政治智慧的结晶和政治发展程度的标志。[③]有学者认为政治文明的最初含义是公民参与公共事务所具有的智慧文化，启蒙思想家将它同理想社会构想相联系，用以表示人类历史进步，因此，政治文明的现代含义是以文化发展为核心的社会全面发展。[④]

第三，政治制度文明论。有学者认为政治文明的本质在于制度文明。[⑤]这里的制度主要是指政治制度文明，包括国家民主制度文明、法制文明、政党制度文明等方面。[⑥]

(2)政治文明的结构。

高校学者对政治文明的结构与构成要素研究形成若干理论观点。以构成要素的数量为分类标准，关于政治文明结构要素的研究的主要观点是：

第一，二维结构论。有学者认为，政治文明的内容由两个方面构成：一是制度形式的政治文明，即制度文明，包括政治制度、政治体制和法律制度；二是精神形式的文明，即政治意识文明，主要包括政治思想、公民的政治素质、政治心理等。另外，有学者从主客体的角度，认为政治文明由政治文明主体和客体两部分构成，主体包括作为领导主体的党和政府、作为重要主体的知识分子和作为基本主体的普通公民；客体包括政治意识文明、民主政治制度和基层民主实践。[⑦]

第二，三维结构论。高校学者认为政治文明是由政治意识文明、政治制度文明和政治行为文明三个部分构成的三维结构体系。[⑧]有学者指

① 虞崇胜．浅析政治文明建设[J]．武汉大学学报：人文社会科学版，2000，53(3)：416—419.

② 周平．政治文明：含义、结构和演进[J]．云南行政学院学报，2005(1)：29—33.

③ 金太军．政治文明：历史发展与中国特色[J]．政治学研究，2002(3)：33—39.

④ 杨龙芳．西方政治思想中的“政治文明”概念[J]．深圳大学学报：人文社会科学版，2002，19(6)：32—38.

⑤ 胡伟．关于政治文明建设若干问题的思考[J]．上海交通大学学报：哲学社会科学版，2003，11(2)：3—8.

⑥ 张江明．新时期建设政治文明的战略意义[J]．学术研究，2002(9)：56—58.

⑦ 李亚新．政治文明建设[M]．北京：中国言实出版社，2004.

⑧ 刘钰．第三种文明——社会主义政治文明建设研究[M]．南京：南京大学出版社，2004；谢俊春．试论马克思恩格斯的政治文明思想[J]．政治学研究，2003(2)：11—19.

出,政治意识文明是政治文明的内在灵魂;政治制度文明是政治文明的规范要求;政治行为文明是政治文明的外在表现。[①]有学者指出,政治文明的三维结构要素对应的价值分别是有容的政治意识文明,有衡的政治制度文明和有序的政治行为文明。[②]有学者从政治制度、政治意识和政治行为三个方面梳理了中国传统政治文明的演变,并在此基础上,探讨了中国社会主义政治文明建设的现状、基本原则和建设途径。[③]

第三,多维结构论。"四要素说"认为,政治文明主要由先进的政治文化、先进的政治制度、文明的政治行为和高素质的政治主体构成。"五要素说"认为,政治文明主要由文明的政治主体、先进的政治文化、合理的政治制度、规范的政治行为以及和谐的政治关系等五方面要素构成。[④]还有学者认为,政治文明建构的基本要素为体制、制度、主体、思想、原则五要素。[⑤]

(3)政治文明的功能。

有学者研究了政治文明在人类社会文明中的地位,认为作为人类社会文明重要组成部分的政治文明,不仅是人类文明发展进步的重要标志,而且直接影响着物质文明和精神文明的健康发展。[⑥]政治文明建设是新世纪中国政治发展的优选之路。新世纪中国政治发展,应该逐步由通过政治体制改革推动政治发展转移到通过政治文明建设促进政治发展的轨道上来。[⑦]有学者研究了政治文明对建构和谐社会的作用,认为在影响和谐社会的众多因素中,政治文明建设承担着价值的有机整合、利益的合理分配、政策的有效供给以及人权保障等职能,对其他因素发挥着导向性的作用,因而在构建社会主义和谐社会的历史进程中具有极其重要的作用。[⑧]有学者认为,社会主义政治文明是解决公共行政思想危机、推动政府制度变迁的外在推力和内在动力;政府制度变迁的外在推力主要包括党的领导、人民民主和依法治国,内在动力主要包括制度建设、制度设计和制度安排。[⑨]

① 虞崇胜.政治文明论[M].湖北:武汉大学出版社,2003.

② 张允金.走向政治文明——全球化时代的文化视角[M].银川:宁夏人民教育出版社,2007.

③ 朱伟方,袁蕴洁,方蕾,孙爱华.中国社会主义政治文明建设探索[M].徐州:中国矿业大学出版社,2004.

④ 杨弘,刘彤.论政治文明的构成要素及其相互关系[J].政治学研究,2005(1):187—189.

⑤ 那述宇.政治文明建构的要素分析[J].政治与法律,2003(2):4—7.

⑥ 虞崇胜.政治文明在人类社会文明中的地位[J].政治学研究,2002(3):18—26.

⑦ 虞崇胜.政治文明建设.新世纪中国政治发展的优选之路[J].天津社会科学,2001(3):7—13.

⑧ 程竹汝.试论政治文明建设对构建社会主义和谐社会的意义[J].政治学研究,2006(2):32—37.

⑨ 金太军,张劲松,郑永兰.政治文明:政府制度变迁的推动力[J].华中师范大学学报:人文社会科学版,2004,43(4):39—47.

2. **社会主义政治文明建设**

以研究内容为分类标准，高校学者关于社会主义政治文明建设的研究和理论成就主要集中在建设意义、目标、路径等方面。

(1)社会主义政治文明的建设目标。

有学者指出，社会主义应该建立一种高级形态的政治文明，这是因为"在社会主义，由以公有制为主体、多种所有制经济成分共同发展的基本经济制度所决定的社会主义政治文明，是根据人民是社会主人的政治理念所设置的社会主义政治制度和社会主义法治方法的运用，是比资本主义民主政治更高阶段的社会主义民主政治的完善和发展，是人类历史上最高的政治文明"[①]。有学者指出政治文明建设的终极目标是人类自身的发展和进步。以人为本是个人的发展和社会的发展的统一。社会主义是实现人的全面发展的社会，以人为本是社会主义本质的内在要求。因此，社会主义政治文明建设必须坚持以人为本，以人为本是社会主义政治文明建设的出发点和最终归宿。[②]有学者提出了关于政治文明建设战略的六个方面的思考：政治文明建设需要满足"三向度"目标，即社会主义、中国特色和人类进步；需要实现"三原则"统一，即人民当家作主、党的领导和依法治国；需要正确认识并处理政治的生态环境与合理借鉴的关系；需要树立宪法法律的绝对权威来推进法治化进程；需要确立全球化背景下的政府管理理念和目标；需要制定切实的政治发展战略以推进政治发展。[③]有学者从纵向研究了新中国成立以来党领导政治文明建设的历史经验，指出社会主义政治文明建设必须把坚持党的领导、人民当家作主和依法治国统一起来；必须依靠人民群众来建设社会主义政治文明；必须以制度建设为重点，把坚持基本政治制度与改革政治体制统一起来；必须把政治文明建设与物质文明建设、精神文明建设统一起来。[④]有学者指出目标选择、价值取向、制度保障和核心要素是

① 王惠岩. 建设社会主义政治文明[M]//王乐理. 公共管理研究(2). 广州：中山大学出版社，2004：8—11.

② 虞崇胜. 以人为本：政治文明建设的出发点和最终归宿[J]. 华中师范大学学报：人文社会科学版，2004，43(5)：50—58.

③ 桑玉成. 关于推进我国政治文明建设的战略思考[J]. 上海师范大学学报：哲学社会科学版，2004，33(4)：1—8.

④ 蒋国海，朱庆跃. 论建国以来党领导政治文明建设的历史经验[J]. 湖南师范大学社会科学学报，2005，34(2)：62—66.

当代中国政治文明建设的四个战略向度，而构建和谐社会、贯彻以人为本、实现依法治国、加强政党建设正是上述四个向度的对应坐标系统。[①]有学者指出，中国社会主义政治文明建设既应适度张扬个体权利意识，又应坚决维护人民群众这一最广泛主体的切身利益，努力推进社会全面公正与平等；既要以制度规范社会行为，又要发挥道德教化的积极功能，引导政治行为从善如流；既要提倡政治文明，更要防范政治不文明；应以人的自由全面发展和社会的全面解放作为最终的价值目标。[②]

(2)建设社会主义政治文明的影响因素。

第一，制度环境与历史传统对社会主义政治文明建设的影响。有学者研究了全球化对政治文明建设的影响，指出全球化要求当代中国政治文明，应该尊重政治文明的基本法则，并且显示出政治文明的社会主义中国特色。[③]有学者探讨了实践理性、自由、平等、民主和法治观念对社会主义政治文明建设的影响。[④]有学者探讨了古代政治文明和近代政治文明对现代政治文明的影响，并对中国社会主义政治文明的发展逻辑进行探讨。[⑤]有学者分析了中国政治传统为现代政治文明建设提供的知识储备与设置的障碍。[⑥]

第二，政治和行政对社会主义政治文明建设的影响。有学者研究了政治文明与政治发展之间的关系，认为政治文明与政治发展密不可分。政治发展实质上就是政治文明的演进过程，中国政治发展过程就是社会主义政治文明的建设过程。中国政治发展就是要建设高度发达的社会主义政治文明。[⑦]有学者探讨了政治合法性、政党政治对社会主义政治文明建设的影响。[⑧]有学者研究了政治文明与社会治理体系的核心价值的关系，认为在社会治理的层面上，社会主义政治文明是以公共管理的形式出现的，它的核心价值是服务。社会主义政治文明建设的途径是社会治理体系的变革、发展和完善。社

① 王卓君.政治文明建设的四个向度[J].南京工业大学学报：社会科学版，2005(3)：5—12.

② 徐俊忠，黄寿松.社会主义政治文明的应有境界——从与西方政治文明、中国传统政治文明比较的视角看[J].中山大学学报：社会科学版，2004，44(2)：87—93.

③ 臧乃康.全球化背景下的中国政治文明建设[J].中共中央党校学报，2003，7(1)：103—107.

④ 康健，晓韦，石谦.政治文明全书(四卷本)[M].郑州：河南人民出版社，2003.

⑤ 程竹汝，罗峰，余祖军，李淑华.政治文明——历史维度与发展逻辑[M].上海：上海人民出版社，2004.

⑥ 朱昔群.呼唤政治文明[M].成都：四川人民出版，2003.

⑦ 丁志刚，王宗礼.社会主义政治文明建设与中国政治发展[J].政治学研究，2002(3)：27—32.

⑧ 王振亚，王保贤，张亚泽.政治文明与当代中国政治发展[M].北京：人民出版社，2006：206—268.

会主义政治文明可以理解为以服务价值为核心的服务型社会治理体系与其制度模式的总和。[①]有学者研究了责任政府与政治文明的关系，认为责任政府是对公民承担明确责任、切实履行其职能的，高效、廉洁、诚信的政府与政治文明存在着密切联系，它是民主政治发展的基本诉求，是权力制约的必然产物，是法治的题中应有之义。要推进社会主义政治文明，必须建设责任政府。[②]

第三，公民权利对社会主义政治文明建设的制约。有学者从公民权利的角度研究了行政公开与政治文明的关系，认为公民权利的维护和实现，是政治文明建设的难点和关键。公民权利的保护和发展程度，是衡量政治文明程度的重要标准。行政公开体现了对公民知情权、人格权、参政权、生存与发展权的尊重与保障，是政治文明的重要特征与重要标志。[③]

(3)社会主义政治文明的建设途径。

第一，社会主义民主在政治文明建设中的重要作用。有学者认为民主是现代政治文明的核心。因此，推进社会主义政治文明的关键是以民主来实现人类合作，全面推进社会主义民主的制度化、规范化和程序化，化解各种利益冲突所带来的风险，切实加强党的执政能力建设。[④]有学者认为中国特色社会主义政治文明的基本内涵就是社会主义民主政治。因此，建设社会主义政治文明，必须坚持党的领导与人民当家作主和依法治国的有机统一，坚持依法治国和以德治国的有机统一。[⑤]有学者研究了传统文化中的精华对当代中国政治文明建设的启示，即：民本传统对加强社会主义民主的启示，整体本位的价值传统对实现和维护政治统一的启示，道德至上的价值取向对依法治国和以德治国相统一的治国方略的启示。[⑥]

第二，社会主义法治与政治文明的建设。有学者认为“社会主义法治国家是政治文明的高级形态”，和谐社会的建构需要政治文明和

① 张康之．政治文明与社会治理体系的核心价值[J]．社会科学研究，2004(2)：20－24.

② 何士青，徐进．责任政府与政治文明[J]．国家行政学院学报，2004(2)：63－66.

③ 朱立言，陈宏彩．行政公开——政治文明的重要标志[J]．公共管理学报，2004，1(1)：15－21.

④ 周作翰．加强执政能力建设的关键：全面推进社会主义民主——基于政治文明的角度[J]．当代世界与社会主义，2005(1)：87－90.

⑤ 关海庭，吴群芳．中国特色社会主义政治文明的内涵与建设途径探析[J]．政治学研究，2003(2)：25－29.

⑥ 王岩，黄汝娟．传统文化中的合理因素对当代中国政治文明建设的启示[J]．马克思主义与现实，2006(3)：169－171.

法治建设齐头并进。[①]有学者从政治文明的内部结构入手，论证了建设社会主义政治文明必须建立、健全并不断完善各项民主和法律制度，推进政治制度文明建设；实施依法治国方略，加强政治行为文明建设；大力培育和增强公民的民主和法制意识，强化政治意识文明建设。[②]有学者认为建设政治文明最根本的是要把坚持党的领导、人民当家作主和依法治国有机统一起来，要加强制度建设，实现社会主义民主政治的制度化、规范化和程序化。[③]

第三，建设社会主义政治文明的有序发展道路。有学者认为，政治文明是人类在阶级社会，基于阶级统治需要，为建立公共秩序，推动社会进步而对公共权力所形成的价值规范和制度安排。中国的现实决定了中国社会主义政治文明建设应在党的领导下走稳步推进、有序发展的道路。[④]有学者认为政治文明的主题是建立合理的公共秩序。从政治学的角度看，合理的公共秩序，是与社会占主导地位的价值观念、文化公理相一致，并以社会大多数成员自愿合作和普遍承认为基础所形成的秩序。[⑤]

① 李龙.政治文明与法治国家[M].武汉:武汉大学出版社,2007:序言8—9.

② 赵光元,丁俊萍.建设社会主义政治文明的基本路径探析[J].马克思主义与现实,2006(2):152—154.

③ 彭国甫,颜佳华等.政治文明论纲[J].湘潭大学社会科学学报,2002,26(6):3—8.

④ 林尚立.社会主义政治文明建设理论与战略探讨[J].政治学研究,2004(2):34—41.

⑤ 周光辉.政治文明的主题——人类对合理的公共秩序的追求[J].社会科学战线,2003(4):186—190.

(九) 关于国家与社会的关系

高校学者对于国家与社会关系的研究始于20世纪80年代末90年代初。总体来看，高校学者对于国家与社会关系的研究主要集中在：国家与社会关系的基本理论，国家与社会关系的模式，当代中国国家与社会关系的变迁过程，构筑新型的国家与社会关系。

1. 关于国家与社会关系的基本理论

(1)国家与社会关系的内容。

有学者认为，国家与社会关系的研究包括如下内容：一是国家职能的社会基础；二是社会对国家的制约与决定作用；三是国家组织及其关系形态在社会空间中扩展的广度与渗透的深度及其相应的动力机制；四是国家对社会的作用，国家为满足社会需求而进行的活动，主要研究国家在一定程度上独立于社会而对后者的改造、促进或者阻碍作用；五是国家与社会的持续互动机制，包括信息和资源的流动。[①] 国家与社会的关系模式则反映了三重内涵：一是反映了人类共同生活的模式；二是反映了一种社会的等级关系；三是反映了人类共同体对于社会资源的某种特定配置与组织方式。[②] 国家与社会是一种辩证关系：一方面，社会不仅通过自身固有的各种因素(包括经济基础、民族因素、民族传统、风俗习惯、宗教信仰、意识形态等)对国家施加影响，而且还借助于一整套特有的机制约束国家的行为。尽管国家拥有暴力机器，社会对国家仍具有一种最终决定权的作用。另一方面，国家在正常情况下垄断了合法使用暴力的权力，并且拥有一个社会中最有效、最发达的行政官僚体系，从而对社会形成了一种统治能力。[③]

(2)马克思主义关于国家与社会关系的理论研究。

有学者研究和分析了马克思主义关于国家与社会关系的理论，认为：第一，马克思主义认为国家起源于国家分化为阶级之后的产物，可以说是社会冲突的结果；第二，国家作为一种上层建筑，归根结底要受到经济基础的规约，社会经济发展的形态决定了国家的发展类型；第三，是国家具有一定的阶级属性，对于在经济上占统治地位的阶级国家要给予保护，并体现该阶级的意志；第四，国家不仅是阶级统治的产物，还是社会分工的体现；第五，国家虽然体现了统治阶级的意志，但是在特定的条件下，国家仍然有一种自主性；第六，资产阶级国家与市民社会是对立的，此乃无产阶级革命的历史起点，革命不仅是政治革命，而且是对社会的改造过程。[④]

(3)市民社会与国家。

市民社会是与国家相对的一个概念，有学者总结了市民社会的

① 唐士其.国家与社会的关系——社会主义国家的理论与实践比较研究[M].北京：北京大学出版社，1998:5.

② 唐士其.国家与社会的关系——社会主义国家的理论与实践比较研究[M].北京：北京大学出版社，1998:6—7.

③ 唐士其.国家与社会的关系——社会主义国家的理论与实践比较研究[M].北京：北京大学出版社，1998:28—32.

④ 唐士其.国家与社会的关系——社会主义国家的理论与实践比较研究[M].北京：北京大学出版社，1998:56—74.

几种不同的界定:一是市民社会主要限于经济领域,由以盈利为目的的、按普遍原则来规范的各种社会组织所构成;二是市民社会除经济领域外,还包括一些非经济的空间和功能;三是市民社会有别于国家在于其市民性,由于其社会性而不同于家庭等社会群体;四是市民社会具有自立、自主、个性自由、多元社会组织和自律五个特征。[①] 有学者主张构建中国的市民社会,就是要形成自治的社会领域以改变长期以来国家与社会高度一体化的模式,因此就需要有意识地从事一种有目的的建构工作,也就是重塑国家与市民社会的关系。[②]

① 景跃进."市民社会与中国现代化"学术讨论会述要[J].中国社会科学季刊,1993,秋季号.

② 邓正来,景跃进.建构中国的市民社会[J].中国社会科学季刊,1992,秋季号.

2. 关于国家与社会关系的模式

高校学者对于国家与社会关系的实际模式和分析模式进行了探讨,并且形成有关观点:

(1)分类控制模式。有学者认为,改革开放以来我国大量社会组织涌现,但是,取代计划经济的并非社会自治,而是一套新的国家支配体制,即分类控制体系,就是国家根据利益需求和社会组织的挑战能力和社会功能的不同而采取不同的控制体制。在这一体系中,国家以不同方式控制社会秩序,同时,也有意识地利用社会组织提供公共物品的能力,并且为社会组织提供一定的制度和政策支持。[③]

③ 康晓光,韩恒.分类控制:当前中国大陆国家与社会关系研究[J].开放时代,2008(2):38.

(2)总体性社会的模式。有学者认为,中国社会在改革开放之前可以被称为"总体性社会",即社会的政治中心、意识形态中心、经济中心重合为一,国家与社会合为一体以及资源和权力高度集中,使国家具有很强的动员与组织能力,但结构较为僵硬凝滞。相对于国家而言,社会则是分化程度很低,分化速度缓慢,具有较强的同质性。[④]

④ 孙立平等.改革以来中国社会结构的变迁[J].中国社会科学,1994(2):50.

(3)新权威主义的模式。有学者指出,新权威主义具有三个特点:一是新权威主义的治国者在经济上具备现代化取向,其所设定的发展目标与市场经济相吻合;二是新权威主义在政治上凭借庞大及有效的官僚体制和强有力的军事力量，实行自上而下的统治；三是具备现代化取向的新权威主义对西方资本、技术和文化采取开放的姿态。[①]由此可见，新权威主义模式下的国家与社会关系是，国家在国家与社会关系中仍然居于主导和裁判者的地位，由国家主导的市场有了相当程度的发展，社会则具有了一定的发展空间，但仍然处于国家权威的控制之下。

① 萧功秦. 新权威主义：痛苦的两难选择[J]. 文汇报，1989－01－17.

（4）后全能主义模式。有学者将改革开放后的中国政治视为后全能主义。关于后全能主义下的国家与社会关系模式，有学者总结如下：一是“政退市进”，即政府在经济生活中的控制和支配的范围在缩小、力度在减弱、方式在转变，但政府主导市场经济的地位并未动摇；二是“政退社进”，即国家对社会生活的控制和支配发生了相同的变化，社会自主和自治的空间不断拓展，民间组织获得了长足的发展；三是“政退民进”，一方面人民代表大会对政府的制约作用加强，另一方面政府不断向责任政府和服务型政府迈进；四是“权退法进”，政府行为不断受到宪法和法律的制约，司法独立性有所加强；五是“政退党进”，党的权力不断扩展。[②]

② 李景鹏. 后全能主义的公民社会[J]. 中国改革，2005(11)：36.

（5）法团主义模式。法团主义模式在某种程度上解释了国家与社会之间的合作关系。[③]有学者认为，组合主义（法团主义）本质上是国家与社会之间一种特殊的协调机制，它用一种特殊的联系方式把国家和社会集团联系在一起，进行权力和资源、权威和合法性、控制和同意的互惠交换。其协调和运作取决于两个关键要素：一是社会集团的代表权垄断，二是社会集团与国家之间的权力关系。[④]

③ 张静. 法团主义[M]. 北京：中国社会科学出版社，2005.

④ 颜文京. 调整国家与社会关系的第三种模式——试论组合主义[J]. 政治学研究，1999(2)：87.

（6）协同发展模式。有学者根据北京大学中国社会团体研究中心对两省一市2000多个社团的调查数据，提出并且初步检验了自主的、实施民主治理的民间组织有利于政府施政的假设，获得正面结果。基于这一经验研究，提出国家新的社会发展战略，即通过为公民社会增权,强化社团组织的自主性,提高民间组织的能力,从而形成一个国家行政能力强大、社会组织富有活力的新局面。这个社会发展战略就是公民社会与国家的协同发展战略。[①]

① 顾昕,王欢,严洁.公民社会与国家的协同发展[J].开放时代,2006(5):103-111

3. **中国国家与社会关系变迁**

(1)计划经济体制下的国家与社会关系。

有学者研究了计划经济体制模式下的国家与社会关系,认为:第一,建立社会主义的国家大多处于现代化的进程中,推动经济的发展需要借助于强有力的国家,因此需要对社会进行较多的有力组织,由此造成了国家与社会关系变动剧烈;第二,计划经济模式是指高度集权的计划经济体制,在这种体制下的国家与社会关系表现为国家对社会的严密渗透和控制,并造成社会国家化;第三,国家与社会之间的张力使计划经济模式进一步强化国家对社会的控制,从而造成政治高度集权,经济停滞,社会的保守化;第四,计划经济模式必须进行改革,改革的方向是减少国家对社会的控制幅度和强度,限制等级行政关系在社会生活中起作用的范围,充分发挥各种社会组织的积极主动作用,尤其是各种经济实体以及市场原则在社会资源配置和社会联系方面的作用,其中心任务就是社会主义市场经济体制建设。[②]

② 唐士其.国家与社会的关系——社会主义国家的理论与实践比较研究[M].北京:北京大学出版社,1998.

(2)现代化过程中国家与社会关系的变迁。

有学者认为,后发国家的现代化是在国家与社会高度同一基础上推动的现代化,国家与社会缺乏足够的分离过程,导致社会不具备基本的权利意识,以及自我管理、调节和制衡国家的能力,从而铸造了后发现代化国家与社会独特的结构,这一结构进而造成后发国家的发展逻辑,即"强国家-强社会"的模式。而对于有些国家而言,在建立之初就形成了国家与社会高度同一,与之对应的却是"强国家-弱社会"的模式。[③]

③ 杨敏.后发现代化的发展逻辑与现实悖论——从国家与社会的分离看社会现代化[J].贵州社会科学,2000(4):47.

(3)国家与社会关系变迁的动因和中介力量。

有学者指出,改革开放30年来国家与社会的关系由高度一体化向良性分化转变，其主要原因在于：一是国家的社会控制幅度明显缩减，国家直接控制的社会资源大大减少，非公有制经济飞速发展；二是国家的社会控制手段趋向多样化；三是国家权力结构也在不断调整和完善；四是社会阶层因所有制结构的变化而呈现多样性，社会结构从同质的单一性社会向异质的多元社会转型；五是基层民主与社会自治的发展。[①]

关于国家与社会关系变迁的中介力量，一种观点认为主要是非政府组织的作用。有学者以研究温州商会来考察政府与企业的关系，认为我国政府职能转变的一般过程为公共权力由无限到有限、公共权力范围不断缩小，而社会权利和个人权利不断扩展，浙江省温州市政府的职能转变则与之有别，其经历了从无为到有为、有所不为，政府从守夜人的角色到扩大政府权力、承担相应责任的过程。政府的无为政策在培育市场经济的同时，也促生了商会在温州的兴起和发展。温州商会的兴起使温州政府职能转变和权力转移成为可能，商会也可以为政府服务。同时，温州商会在某些方面与温州政府也存在紧张关系。温州商会的发展不仅改造着政府与企业的关系，也对国家与社会的关系产生了积极影响。[②]有些学者以国家与社会"相互授权"的理论来研究国家与非政府组织的关系，特别对改革开放后的专业社团进行了研究，指出国家对专业社团的超强控制已经改变，专业性社团成立的合法渠道已经存在，国家一方面仍然要控制专业社团，另一方面又提供支持。同时，政府已经从全能型政府向服务型政府转变，在这一过程中专业社团也获得了很多服务项目，从而使得政府与专业社团相互授权。[③]

关于国家与社会关系变迁的中介力量，另一种观点认为主要是基层社会自治的作用。有学者研究了村民自治对国家与农村社会关系的制度化重构，其表现在：第一，在宪法和法律制度的安排下，国家的组织边界止于乡镇政权一级；第二，传统国家与农村社会的关系模式

① 牛涛.改革开放30年来中国国家与社会关系的重构[J].领导之友,2008(4):34.

② 郁建兴等.在政府与企业之间——以温州商会为研究对象[M].杭州:浙江人民出版社,2004.

③ 顾昕,王旭.从国家主义到法团主义——中国市场转型过程中国家与专业团体关系的演变[J].社会学研究,2005(2):172.

在村民自治的框架下趋于解体,主要是因为村委会的授权主体已经由乡镇政府转移到农村的选民手中;第三,村委会在一定意义上是农村的自组织力量,从而成为架构国家与农村社会关系的桥梁;第四,国家与农村社会关系的组织化、实体化和法律化,保证了国家对农村社会的动员与整合。[①] 还有学者研究了城市社区的发展,认为改革开放以来,城市社区获得了发展的空间,原因在于:一是政府放权给社会,二是单位体制逐步解体,三是体制外的群体出现。城市社区的发展在一定意义上重塑了国家与社会的关系,最初国家依托于社区对城市基层社会进行管理,随着社会发育成长,社区自主整合机制就可能被建立,社会就能成为管理的主体,从而实现国家治理向社会治理的转变。[②]

① 金太军,王运生.村民自治对国家与农村社会关系的制度化重构[J].文史哲,2002(2):151.

② 郭圣莉.国家与社会关系视野中的当代中国城市社区发展[J].理论与改革,2006(4):59.

4. **构建新型的国家与社会关系**

关于构建新型的国家与社会关系,高校学者提出了建议,其观点可以概括为:一是国家与社会的适度分离;二是国家与社会的"互强";三是国家与社会关系的制度安排。具体观点如下。

有学者认为,应根据发展各阶段的不同情况来决定改革政府与社会关系的进度和限度,从而使政府与社会的关系向应然方向迈进,具体而言有以下几个方面:一是增强政府提供公共产品的作用,政府提供市场运行规则、政治生活和社会生活的规则,并有效地实施这些规则;二是禁止行政权力非法地和不适当地介入市场过程,全面转变政府职能,真正实现政事、政企分开;三是创造各种条件发展社会自主力量,使其向社会自治和制约政府的方向逐渐成长。[③]

有学者研究了新中国成立后城市街区的权力变迁过程,发现城市基层社会,国家与社会向强国家与强社会的方向发展,一方面国家力量不断增强,行政力度加大,另一方面社会组织网络也在政府的扶持下不断扩展,社会自治空间由此成长。在这一过程中,国家与社会相互增强,共同发展。[④]

③ 李景鹏.走向现代化中的国家与社会[J].学习与探索,1999(3):77—78.

④ 朱健刚.城市街区的权力变迁:强国家与强社会模式——对一个街区权力结构的分析[J].战略与管理,1997(4):52.

有学者认为应该改革国家介入社会的模式，首先，在中国建立驱除功利性经济主义考虑和实质合理性的形式主义法治，进而培育国家政治的工具技术主义的合理性，以减少政治科层对社会的非理性介入；其次，为适应技术主义的要求，国家应从直接介入社会更多地向间接介入转变；最后，在以社会本位的国家关怀中，中央集权不应简单地收取单元主义的权力，而应虚化单元对社会可能的非理性侵入。[①]

① 焦文峰.国家介入社会分析[J].江苏社会科学,1997(4):72.

有学者主张国家与社会关系的制度性创新，通过制度创新的方式确立国家的限度，建立起国家权力的相对自主性机制、国家行动的适度有效性机制和国家权威的制度化合法性机制。就国家与社会整体关系来说，只有将国家限度的制度创新与构建市民社会的制度创新结合起来，才能建立起市场经济条件下国家与社会之间的良性互动关系。[②]

② 时和兴.关系、限度、制度：政治发展过程中的国家与社会[M].北京：北京大学出版社,1996:259.

（十）关于政府与市场的关系

1．政府经济学与公共经济学

（1）政府经济学和公共经济学的研究主题。

有学者从比较政府经济学与公共经济学的差别入手，确定两者的学科领域特点。在研究对象和范围的差别上，公共经济学研究包括非政府性公共组织在内的所有公共部门的经济行为和规律，政府经济学主要研究政府作为经济主体时的经济行为和规律；在运用的理论和分析工具上，公共经济学的理论是福利经济学，分析工具是规范和实证的分析，在此基础上，政府经济学还必须借助于政治理论，对经济现象进行政治分析；从学科性质定位来看，公共经济学定位于经济学，而政府经济学是一门交叉学科。[③]有学者认为，公共经济学的主体呈现多中心趋势：政府、私人企业、社区、第三部门和国际组织

③ 郭小聪.政府经济学[M].北京：中国人民大学出版社,2003:7—8.

都可以成为公共经济的主体,其中,政府处于核心地位,是最主要的主体。基于公共利益的立场,有学者认为公共经济学的主要研究内容有公共需要、公共利益与公共产品分析,公共选择与公共经济决策,公共支出与公共收入,公共资源及其配置,公共投资与公共生产,公共采购与公共交易,公共分配与社会保障,公共经济政策与公共经济管理等,同时区分了不同层级的政府对市场的影响,并探讨了地方公共经济。[①]有学者研究了政府经济学的学科特点与历史发展,市场经济条件下政府介入经济的理由、政府的经济职能及公共选择过程中所体现的政府行为特征,政府支出、政府税收的理论与实践分析,政府经济政策分析等内容。这些内容一方面继承了以往政府经济学的基本理论框架,同时也为进一步研究提供了基础性参考。[②]

(2)经济对政治和政府的影响。

有学者研究了政府与市场,认为市场和国家是社会进步的两个轮子,市场发展动态轨迹是国家、政治与社会的互动,但是,市场也存在缺陷,此时需要政府干预。在此基础上,作者也指出,需要谨防政府对市场经济的过度干预,政府需要转变职能并进行机构改革。[③]有学者认为政府活动的需求,在很大程度上是由被察觉到的市场缺陷所引起的。政府的介入活动,主要是用公共政策去弥补市场的缺陷,所以,公共政策的制定和实施,要从政府与市场的供求关系上找出一个相对满意的平衡点。[④]有学者研究了经济的政治功能及其结构体系,认为经济的政治功能是经济功能结构在社会政治生活中的一种表现,而经济功能是指在特定社会条件下和环境中,经济在社会生活中所起的各种不同作用的总和。经济对社会政治具有决定功能、渗透功能、调节功能、规范性功能和政策功能。[⑤]有学者研究了印度拉奥经济改革,指出以自由化、全球化、市场化和私有化为方向的全面的、循序渐进的拉奥经济改革的政治影响包括:缓和了中央地方关

① 黄恒学.公共经济学[M].北京:北京大学出版社,2002.

② 杨龙,王骚.政府经济学[M].天津:天津大学出版社,2005.

③ 曹沛霖.政府与市场[M].杭州:浙江人民出版社,1998:40—70.

④ 陈庆云.论政府、市场、公共政策[M]//现代化进程中的政治与行政.北京:北京大学出版社,1998:759.

⑤ 刘德厚.论经济的政治功能及其结构体系问题[J].求索,1995(1):18—23.

系，扭转了议会民主制运转的扭曲，促进了印度民众积极的政治参与、印度政党体制的民主多元化和印度国际大环境的改善，因此，从总体上来说，拉奥改革巩固了印度民主。[①]

2. 政府经济职能及其制度框架

(1)经济转型对政府职能的影响分析。

有学者指出当代中国经济的客观实际表明，政府处于经济发展的中枢地位。因此，创造一个有利于解放和发展生产力的政府环境极为重要。为此，政府要转变职能，把企业从政府的各种束缚中解放出来，同时，要彻底改变传统计划经济的政府模式，建立社会主义市场经济的政府模式。[②]有学者研究了政府培植市场体制职能，政府转变经济职能在经济与政治体制改革中的中介地位和联动作用，转型时期政府敢于方式转变的条件，中国经济体制转型中地方政府角色转换和中央地方关系的发展趋向，等等。[③]有学者提出了重构政府经济基础，认为这将促使政府加快转变政府职能、深化政府行政管理体制改革和政治体制改革的进程。[④]有学者研究了经济转型对我国权力制度的影响，指出：在我国经济转型过程中，国家一方面大力推动市场经济的制度创新并保护有效产权，同时也在努力保护无效率的产权组织并因此而抵消了某些市场化努力。这种悖论现象显示了国家的租金最大化和社会产出最大化之间的冲突，这种冲突直接制约了一个国家的经济发展。进一步的经济改革将会弱化业已存在的国家的相互冲突的行为。[⑤]有学者以中国社会主义市场经济体制的发展和政府职能转换为社会背景，从政府职能创新入手，具体分析了政府所承担的经济政策管理、国有资产管理和经济行政管理手段等内容。[⑥]

(2)政府的经济管理方式研究。

第一，关于行政审批的理论和实践分析。高校学者主要关注行政审批制度的改革。有学者指出，行政执行体制的转变是行政审批

① 张淑兰．印度拉奥政府经济改革研究[M]．北京：新华出版社，2003.

② 张永桃，孙亚忠．建立社会主义市场经济的政府模式[J]．南京社会科学，1992，51(5)：42—46.

③ 王浦劬，徐湘林．经济体制转型中的政府作用[M]．北京：新华出版社，2000.

④ 乔耀章．重构政府经济基础——对转变政府职能问题的深度思考[J]．浙江学刊，2004(4)：16—26.

⑤ 杨光斌．中国经济转型中的国家权力[M]．北京：当代世界出版社，2003.

⑥ 蒋云根．中国经济行政管理学[M]．上海：中国纺织大学出版社，2000.

制度改革顺利进行的必要条件,建立新型的政府责任制则是彻底实行传统行政执行体制转变的突破口。行政审批制度的改革必须涉及现行行政体制如何从传统的准动员型模式向民主法治型模式转变这一深层问题。[①]有学者认为行政审批制度改革应分三个阶段进行,即以法律、法规为标准、依据公共利益为标准和依据创建服务型政府的目标追求为导向而进行三个阶段的改革。[②]有学者认为合理的行政审批对提高政府管理效率具有支持作用,但以过多行政权力为依赖的行政审批往往会走向泛滥而导致低效。该学者以浙江省温州市行政审批制度改革作为案例,研究指出引入市场竞争机制、强调顾客导向、提高服务质量的绩效管理是行政审批制度改革的方向。[③]

第二,关于市场机制在政府管理中的应用。有学者研究了竞争型政府,这是市场机制与工商管理技术在政府管理中的应用。该学者研究了竞争型政府兴起的一般理论,具体分析了一些常用的市场化工具,包括民营化、合同承包、用者付费、特许经营、凭单制、产权交易、全面质量管理和流程再造等,并选取了若干市场化工具应用的案例来探讨在特定的政府管理领域中如何应用这些市场化工具。[④]

第三,关于不同层级政府的经济管理模式的研究。有学者研究了中国市级政府经济管理部门改革的问题,认为特大城市的政府经济管理机构改革的目标模式大体有三个方面:从机构的横向结构看,可由计划指导系统、经济调节系统、经济监督系统和经济信息系统四大系统组成;从机构的纵向结构看,应在政企职责分开的前提下力求简化城市政府经济管理的层次;从机构的管理职能看,应由过去的微观管理为主转向宏观管理为主,由目前的管理企业转为管全行业。[⑤]

3. **关于公共产品的理论**

(1)公共产品的含义和类型。

有学者以公共产品作为核心概念,研究了公共产品的性质、特

① 徐湘林.行政审批制度改革的体制制约与制度创新[J].国家行政学院学报,2002(6):20—25.

② 张康之.行政审批制度改革——政府从管制走向服务[J].理论与改革,2003(6):42—45.

③ 胡税根,翁列恩.绩效管理视野中的行政审批制度改革——以温州市行政审批制度改革为例[J].政治学研究,2005(3):86—95.

④ 陈振明.竞争型政府——市场机制与工商管理技术在公共部门管理中的应用[M].北京:中国人民出版社 2006.

⑤ 熊朝华,李牧,陈绪群,向欣.城市政府经济管理部门改革中值得研究的若干问题[J].政治学研究,1986(4):28—32.

征、公共产品偏好显示和有效供给的途径等问题，区分了非竞争性和非排他性的多种产品分类，并认为在产品划分的二重标准中，排他性是根本的，非竞争性只是一个必要条件。[①]有学者以英国PFI制度创新为视角，研究指出，从BOT向PFI转换，是一条公共物品供给的低成本路径。英国PFI制度创新给中国的启示是：自上而下的、国家—市场主导型的公共物品供给体系向自下而上的、民间主导型的公共物品供给体制转换，它既满足公平价值，又满足效率价值，并降低公共财政的支出规模，提供低成本、高质量的公共服务。[②]有学者从物品属性的角度研究了政府和市场的角色定位，认为市场提供的是私有物品，政府供给的是公共物品，因此，政府只应管公共物品的供给，而不必管私有物品的供给，政府应该站在社会利益冲突之外，以凌驾于当事人之上的社会第三者身份来提供公共物品。[③]

(2)公共选择理论研究。

作为供给公共产品的决策机制理论，公共选择理论受到高校学者的关注。但是，由于公共选择理论来源于西方，因此，高校学者在引介的同时，进行了分析和评价。有学者认为，尽管公共选择和政策分析学者的“政府失败论”因政府干预行为的局限而往往得出反对国家干预、否定政府作用的保守主义结论，但他们对政府失败现象的表现、类型和根源进行了有特点的分析，并提出了纠正及防范政府失败的某些建议。[④]有学者指出，公共选择理论是西方行政改革的主导理论，其基本原则是调整政府与市场，政府与社会的关系，并利用市场与社会力量提供公共服务，弥补政府财政与服务能力的不足。[⑤]有学者对布坎南等公共选择理论家在政府失败及其根源和补救“政府失败”的政策建议进行了研究，认为他们补救政府失败的措施包括：创立一种新政治技术，提高社会民主程度，在公共部门恢复自由竞争，改善官僚体制的运转效率，改革赋税制度，约束政府权力。[⑥]有学者

① 许彬. 公共经济学导论——以公共产品为中心的一种研究[M]. 哈尔滨：黑龙江人民出版社，2003：64—74.

② 甘峰. 公共物品供给：从BOT向PFI转换中的低成本路径——基于英国PFI创新的服务型政府视角[J]. 中国行政管理，2006，252(6)：108—111.

③ 杨宏山. 当代中国政治关系[M]. 北京：经济日报出版社，2002：309—327.

④ 陈振明. 非市场缺陷的政治经济学分析——公共选择和政策分析学者的政府失败论[J]. 中国社会科学，1998(6)：89—105.

⑤ 周志忍. 公共选择与西方行政改革[J]. 新视野，1994(6)：46—48.

⑥ 丁煌. 公共选择理论的政策失败论及其对我国政府管理的启示[J]. 南京社会科学，2000(3)：44—49.

从行政的角度研究并阐述公共选择理论的含义,认为它指出了政府干预行为的限度和政府失败的表现及原因,对我国市场经济体制转型具有一定启发意义。[①]有学者对官僚自主性及其矫治问题展开研究,认为公共选择理论与传统政治学对官僚自主性问题得出的结论是相似的,前者的研究特色和贡献主要体现在其分析的视角和方法,其分析视角的新颖、逻辑的严密而具有更强的说服力,不过,其结论还须经受更多经验事实的检验。[②]

(十一)关于非政府组织与公民社会

1. 关于非政府组织的研究

(1)非政府组织的含义、属性与类型。

有学者研究了非政府组织这一题域的由来与发展、学理概念的探讨与类型学研究、发生学解释与学理性评判,对非政府组织的概念探讨和类型划分进行了综述性研究。[③]有学者探讨中国非政府组织的定义、分类和历史,分析了我国非政府组织的现行法规、活动和作用、存在的主要问题等,并对其发展趋势作出了展望。[④]有学者认为,如果把事业单位排除在外,我们可以把所有的非政府组织称为社会团体,它可以分为公益性的社会团体和互益性的社会团体,并分析了两类社会团体目前在发展中存在的各种问题。[⑤]有学者分析认为,在市场和政府功能不足的状况下,社团组织广泛存在具有特定的必要性和社会意义,强调社团发展的公益性、互益性、民间性和非营利性等特征,分析社团组织在促进政府职能转变,解决政治、经济、社会问题中的作用,并对社团功能、组织结构、运行机制等问题进行了具体研究。[⑥]清华大学非政府组织研究中心于1999年开始的"中国改革开放以来民间非营利组织基本情况的调查研究"的课题,提供了关于

① 倪星,何晟.公共选择理论的政治学含义[J].探索,1997(4):49—53.

② 袁瑞军.官僚自主性及其矫治——公共选择学派有关论点评介[J].经济社会体制比较,1996(6):70—75.

③ 张小劲.非政府组织研究:一个正在兴起的热门课题[J].宁波党校学报,2002(6):20—26.

④ 王名.中国的非政府公共部门(上)[J].中国行政管理,2001(5):32—36;王名.中国的非政府公共部门(下)[J].中国行政管理,2001(6):39—43.

⑤ 李景鹏.关于NGO若干问题的探讨[M]//范丽珠.全球化下的社会变迁与非政府组织(NGO).上海:上海人民出版社,2003:143—156.

⑥ 毕监伍.社团革命——中国社团发展的经济学分析[M].济南:山东人民出版社,2003.

中国非政府组织调查的问卷分析报告和多个案例报告。[①]

高校学者把非政府组织又称为第三部门，对于非政府组织的研究体现为对于第三部门的研究。高校学者探讨了完善我国公益机构的公共责任机制的途径的问题，同时，以希望工程为案例，分析论述了其内部监督机制和外部监督机制，指出希望工程公共责任成功的秘诀在于组织自律，自律主要表现在较完善的内部监督和管理机制，具体包括财务和基金管理、监察管理、项目和巡视员制度；外部监督机制。其外部监督制约是中国青基会以不同形式动员和利用的结果，包括体制资源的动员和利用、社会资源的动员和利用、捐赠者的直接监督。从一定程度上来说，它们是中国青基会自律的副产品，由此带来一系列理论问题，如自律行为的支撑物是什么，其模式是否具有普遍价值等。[②]有学者通过田野调查掌握的第一手资料，从不同的侧面和层次切入研究了第三部门的发展：从结构性激励角度研究了第三部门机构发展的制度背景与社会环境，从反身性激励角度研究了第三部门发展的动力，通过特定个案，研究了第三部门发展过程中精英类型的转化。[③]

(2)非政府组织的功能分析。

有学者阐述了非政府组织作为一种相对独立并拥有一定社会基础的民间组织所具有的政治功能和作用，以及在组织效率方面可能存在的缺失，认为非政府组织对双重失灵的补充性与政治特性和效率缺失，共同构成了其组织与政府之间的复杂关系，从而在相当程度上决定了非政府组织发展空间的限度。[④]有学者在对中西公益事业史进行比较的基础上，认为第三部门有三种功能：一是推进取代“传统现代化模式”的“可持续发展”，实现“后民族国家”的全球化社团革命；二是建设“公民社会”的主要力量，甚至它就是“公民社会”本身；三是以非政府形式提供公共物品的一种机制，亦即民间公益事业。

① 王名．中国NGO研究——以个案为中心2000[J]．联合国区域发展中心，2000；王名．中国NGO研究——以个案为中心2001[J]．联合国区域发展中心，2001.

② 周志忍，陈庆云．自律与他律：第三部门监督机制个案研究[M]．杭州：浙江人民出版社，1999.

③ 郭于华，杨宜音，应星．事业共同体：第三部门激励机制个案探索[M]．杭州：浙江人民出版社，1999.

④ 徐湘林．政治特性、效率误区与发展空间——非政府组织的现实主义理性审视[J]．公共管理学报，2005(3)：7—11.

这三种功能由不同历史形态决定，具有累进叠加性。[①]有学者以自然之友成立以来与政府关系的演变历程为个案，指出它与政府呈现出合作互补的一面，却很难将它简单理解成环境非政府组织与政府间关系格局正在发生阶段性变化的经验性证据。[②]

(3)非政府组织的发展途径。

有学者认为，从宏观的层面讲，社会选择模式代替政府选择模式，是一种更加适合中国经济社会发展趋势的社团生成模式；从微观层面讲，中国社团可以分为会员互益型、公益型、互益和公益相结合的中间型三种类型。该学者进一步分析了中国社团从“形式参与”到“有效参与”的理想变革途径。[③]有学者指出，20世纪90年代以来，随着中国经济发展和社会结构变迁，中国民间环保团体已经处在转型过程中。但是，在出现明显转变的同时，我国民间环保团体又延续了其某些性格，包括：理性性格、合作性格、在体制内运作、他人指向或表意取向。[④]有学者梳理了法国、德国、俄罗斯、匈牙利、波兰、日本、韩国、印度、菲律宾、美国、加拿大、澳大利亚、巴西社团发展的历史进程，并指出近现代社团组织具有“从自愿到自由”的发展趋向。[⑤]有学者研究了1995年以来，中国非政府组织的变化和发展趋势，认为非政府组织的自主性不断增强、实力不断提高、社会影响日益增大，并认为中国非政府组织发展的趋势有两条路径：一是自下而上的非政府组织发展，二是自上而下的非政府组织发展。[⑥]有学者探讨了农村非政府公共组织的发展，认为民主与治理的反差是农村非政府公共组织的理论基础，公共利益是农村非政府公共组织实践的理性基础，公共空间是农村非政府公共组织实践的社会基础，公共领域是农村非政府公共组织的机制，并认为国家主导和村民自主的有机统一才是当代农村基层政治发展的现实出路。[⑦]有些学者以广东番禺打工族文书处理服务部为例，研究了中国非政府组织生存与发展的两个

① 秦晖．政府与企业以外的现代化：中西公益事业史比较研究[M]．杭州：浙江人民出版社，1999.

② 郇庆治．环境非政府组织与政府的关系：以自然之友为例[J]．江海学刊，2008(2)：130－136.

③ 王名等．中国社团改革——从政府选择到社会选择[M]．北京：社会科学文献出版社，2001.

④ 洪大用．转变与延续：中国民间环保团体的转型[J]．管理世界，2001(6)：56－62.

⑤ 王建芹．从自愿到自由——近现代社团组织的发展演进[M]．北京：群言出版社，2007.

⑥ 邓国胜．1995年以来中国NGO的变化与发展趋势[M]//范丽珠．全球化下的社会变迁与非政府组织(NGO)．上海：上海人民出版社，2003：287－302.

⑦ 吴新叶．农村基层非政府公共组织研究[M]．北京：北京大学出版社，2006.

制约因素:制度因素与社会资源因素。制度约束主要表现在宏观体制和法制环境的约束;社会资源约束主要表现在组织合法性、资金、人力资源、政府支持、社会合作与认同上的约束。[①]在此基础上,有学者探讨了非政府组织本身的发展。有学者分析了国外的非营利性评估机制与标准,研究了非营利组织的组织使命与战略规划、项目和能力评估。[②]有学者研究了非营利组织战略管理的兴起、思想、战略环境、管理和监管战略、社会动员战略、市场营销、人力资源管理战略,并指出了全球化对非营利组织战略管理发展的挑战。[③]

2. **公民社会的研究**

(1)公民社会基本理论探讨。

第一,关于公民社会的界定。有学者认为,中国的公民社会一般是指:一是相对独立和自治于国家和政府政治行政领域的社会经济文化领域以及非政府的参政议政领域;二是在社会经济文化领域和非政府的参政议政领域中活动的具有相对独立自治地位,并按照平等自由的契约关系规则调节内部的相互关系而建立起来的社会组织系统。[④]有学者界定了中国市民社会的概念,即指社会成员按照契约性规则,以自愿为前提和以自治为基础进行经济活动、社会活动的私域,以及进行议政参政活动的非官方公域。[⑤]

第二,关于公民社会的产生。有学者考察了公民社会的起源,认为从身份到契约的西方社会发展历程,是公民社会因素的积累和发展过程。由个人主体性权利的积累和增长推动的各种社团的兴起是其中的一条主线。非西方国家的公民社会的兴起,则源于本土社会历史条件与西方现代公民社会观念和模式的冲突与交融。[⑥]

第三,关于公民社会与市民社会。有学者认为,现代公民社会是与市民社会不同的概念和历史现象,现代公民社会的起源意味着市民社会以及相应的思想观念的终结。[⑦]

① 邓莉雅,王金红.中国非政府组织生存与发展的制约因素——以广东番禺打工族文书处理服务部为例[J].社会学研究,2004(2):89—97.

② 邓国胜.非营利组织评估[M].北京:社会科学文献出版社,2001.

③ 陈漭.非营利组织战略管理问题研究[M].哈尔滨:黑龙江人民出版社,2003.

④ 施雪华.建构有成熟规则的中国公民社会[J].学习月刊,2005(8):24.

⑤ 邓正来,景跃进.建构中国的市民社会[M]//邓正来.国家与社会:中国市民社会研究.成都:四川人民出版社,2008:7.

⑥ 张乃和.现代公民社会的起源[M].哈尔滨:黑龙江人民出版社,2007:3—4.

⑦ 张乃和.现代公民社会的起源[M].哈尔滨:黑龙江人民出版社,2007:12.

第四,关于全球公民社会。有学者对全球公民社会进行概念性考察,指出全球公民社会是新形势下"全球化"与"公民社会"的结合,它在某种程度上依存于主权国家,另一方面它又不断地挑战着主权国家的概念;它蕴含着建立超越主权国家的全球民主秩序的希望,也存在着强化全球不平等的可能性。[①]

(2)市场经济、民主政治与公民社会的关系。

高校学者认为,市场经济与公民社会、公民社会与民主政治之间具有良性互动的关系。有学者研究了后全能主义对中国公民社会建设的影响,指出后全能主义的特点是:政退市进、政退社进、政退民进、权退法进和政退党进,前四者无疑有利于公民社会的发展,而政退党进究竟是有利于还是不利于公民社会的发展,取决于"党进"的性质的程度。[②]有学者认为,市场经济领域是市民社会的重要组成部分,它的发展为市民社会准备了基本要素;同时,市民社会又有利于民主政治的发展。[③]有学者认为,公民社会对民主化具有推动作用,并从结构—功能、政治文化和全球化三个维度分析了公民社会对民主化的推动作用是如何可能的。[④]有学者指出,合法的公民社会是执政党、政府与公民之间的一道避免出现动乱的防火墙、过滤器,是21世纪中国社会稳定发展的一股最大、最可靠的社会力量。[⑤]关于市场经济与公民社会的良性关系,也有学者持相反的观点。有学者指出,虽然市场经济有助于消除专制集权控制为社会成员自由的社会活动创造空间,但是它却无法提供社会价值的产生空间,也不能培育出公民社会所需要的合作精神与公共责任感。相反市场的内在运作机制所具有的恰恰是对公民社会的建立的损害作用和对社会成员"原子化"与机会主义倾向的诱发。[⑥]

(3)公民社会的发展途径。

有学者指出,社团空间的监管体系具有强烈的国家法团主义特

① 郁建兴,周俊.全球公民社会:一个概念性考察[M].文史哲,2005(5):5—14.

② 李景鹏.后全能主义时代的公民社会[J].中国改革.2005(11):36—37.

③ 储建国.市场经济、市民社会和民主政治[J].武汉大学学报:哲学社会科学版,1999(1):57—60.

④ 庞金友.当代公民社会与民主化:一种可能性的分析[J].北京科技大学学报:社会科学版,2006(3):36—43.

⑤ 施雪华.建构有成熟规则的中国公民社会[J].学习月刊,2005(8):23—26.

⑥ 陶传进.市场经济与公民社会的关系:一种批判的视角[J].社会学研究,2003(1):41—51.

征，应该高度强调国家的控制，同时在社团的唯一性、代表性、垄断性等方面，施加严格限制。推进公民社会发展之道在于打破国家与社会零和博弈的观念，代之以国家与社会相互增权的新理念。[①]有学者研究了"群众社会"与"公民社会"的区别，指出群众是一个政治概念，公民是一个法律概念；中国应该从群众走向公民，从人治传统走向法治现实。[②]有学者研究了共和主义视野中的公民政治，认为公民身份是公民政治的基本前提；公民参与是公民政治的基本途径；公民美德是公民政治的内在灵魂；公民自由是公民政治的终极目的。[③]公民教育是培育公民精神的重要途径。有学者在北京地区以抽样调查方式，对作为"未来公民"的青少年的政治社会状况进行调研，包括青少年的政治意识、态度、情感及其形成和发展的特点、过程与途径等方面，研究肯定青少年对于社会权威是基本信任的。[④]

① 顾昕.公民社会发展的法团主义之道——能促型国家与国家和社会的相互增权[J].浙江学刊，2004(6)：64—70.

② 刘志光，王素莉.从"群众社会"走向"公民社会"[J].政治学研究，1998(5)：1—5.

③ 刘诚.现代社会中的国家与公民——共和主义宪法为视角[M].北京：法律出版社，2006.

④ 房宁，樊未晨.未来公民的社会意识——北京地区中学生政治社会化状况调查[J].青年研究，1999(1)：18—22.

(十二)关于民族政治的理论

高校学者对于民族政治的理论研究集中在如下方面。

1. 民族政治的基本理论

为了适应社会主义政治和民族关系发展的需要，高校学者自政治学恢复重建后，就努力构建民族政治学的理论体系，努力把民族政治学作为政治学的一个分支学科予以研究，通过运用政治学的基本理论、研究方法和分析框架，系统分析民族政治关系和政治生活。[⑤]

在民族政治的理论研究方面，高校学者研究的课题主要有：

(1)民族政治的内涵。

有学者认为，民族政治的内涵包括五个方面的内容：一是构建民族的公共权力系统；二是运用民族的公共权力；三是调整族际关系；四是建立民族的政治组织；五是开展民族的政治活动。[⑥]

⑤ 周平.民族政治学导论[M].北京：中国社会科学出版社，2001.

⑥ 周平.民族政治学[M].第2版.北京：高等教育出版社，20007：36.

(2)民族与国家的相互关系。

有学者认为,民族与国家是两个不同的社会历史范畴,二者之间的互动构成了民族政治的主要内容。国家对于民族而言具有几种不同的情况:一种是国家的扩张与民族的发展同步进行,二者的活动范围具有一致性;一种是国家超越本民族的范围向外扩张,民族仍然留在本土;一种是国家的扩张使得本民族的特征消亡;一种是民族之间的嫁接;一种是民族分裂的形成。民族相对于国家而言,则呈现为单一民族国家、多民族国家和跨国家民族等不同情形。①

(3)民族国家的界定。

有学者认为,所谓民族国家"就是建立起统一的中央集权制政府的、具有统一的民族阶级利益以及同质的国民文化的、由本国的统治阶级治理并在法律上代表全体国民的主权国家"②。民族国家的基本特征是:其一,民族国家必须是独立和统一的;其二,中央集权制,这是促进民族统一的有力工具;其三,主权人民化;其四,国民文化的同质性;其五,具有统一的民族市场,也就是统一的国内市场。③

(4)民族主义问题。

有学者对世界民族主义的发展作了分析,描述了近代世界民族主义在西方的起源,在东欧和亚非拉地区的发展进程,着重讨论了西方民族国家的兴起、亚非拉地区民族运动和民族冲突的表现与原因。④有学者认为,民族主义的作用在民族上升期和衰弱期的可信性是不同的,民族主义的主张在民族上升期具有负面的不可控性,建构的民族主义对外具有侵略性、对内具有压抑性,属于工具非理性的并具有一定危险性的意识形态。⑤

2. **中国的少数民族政治研究**

(1)中国少数民族政治体系作为一种次级政治体系存在。

有学者根据产生领域的不同,将民族政治体系分成两类,即国家

① 宁骚. 民族与国家——民族关系与民族政策的国际比较[M]. 北京:北京大学出版社,1995:252-258.

② 宁骚. 民族与国家——民族关系与民族政策的国际比较[M]. 北京:北京大学出版社,1995:269.

③ 宁骚. 民族与国家—民族关系与民族政策的国际比较[M]. 北京:北京大学出版社,1995:271-280.

④ 王联. 世界民族主义论[M]. 北京:北京大学出版社,2002.

⑤ 高鹏程. 论建构的民族主义[J]. 南京社会科学,2005(7):41.

形态的民族政治体系和非国家形态的政治体系，前者产生于国家政治生活，后者产生于市民社会。[①]在此意义上，少数民族政治是作为一种非国家形态的政治体系存在，即少数民族政治体系。所谓少数民族政治体系，是指一种以少数民族社会为基础存在、确定或划分出来的政治体系，它是少数民族政治的存在形式。相对于国家政治体系而言，少数民族政治体系是统一国家政治体系内的次级体系，其主要形态就是民族区域自治。[②]有学者从政治体系的定义、经济文化类型、政治行为主体、政治制度等方面分析了少数民族政治体系的基本特征。[③]

(2)少数民族政治文化研究。

少数民族在长期的发展过程中形成了特定的政治文化形态，这种政治文化直接影响了少数民族的政治发展乃至国家的政治发展。高校学者探讨了特定少数民族和民族地区的政治文化的变迁过程。有学者分析了蒙古族政治文化的形成过程并指出，蒙古族政治文化集中体现为"黄金家族"统治思想，其受蒙古族生产生活的地理环境与气候条件、生产方式与经济形态、社会政治结构及宗教等因素的制约，是经历了长期的积淀和政治社会化而形成的。[④]有学者分析了西北少数民族在现代化进程中的政治文化转型，认为西北少数民族在历史上形成的政治文化形态，是一种与历史演进和经济社会发展相适应的政治文化。随着现代化的进程，西北少数民族的政治文化也呈现出世俗性、开放性、进取性、融合性等特征。[⑤]有学者对云南少数民族政治文化进行了专门研究，指出云南少数民族政治文化是我国统一政治文化中的政治亚文化，各个少数民族的政治文化还保持了相当大的独特性和差异性。同时，根据政治认同、政权取向、政治信任、竞赛规则、对"输入"与"输出"取向以及政治认知等六个维度对云南少数民族进行了调查研究，分析指出，云南少数民族的政治文化呈现为"非参与型"政治文化形态和传统的、整合的以及与现代政治

① 高永久，秦伟江.论民族政治体系的建构[J].西南民族大学学报：社会科学版，2007(6):8.

② 周平.中国少数民族政治分析[M].昆明：云南大学出版社，2000:11—36.

③ 蔡明干.试论少数民族政治体系的特征[J].承德民族师专学报.2007,27(4).

④ 聂晓灵.试论蒙古族政治文化的形成[J].内蒙古民族大学学报：社会科学版，2003,29(8):13.

⑤ 丁志刚，韩作珍.我国西北少数民族现代化进程中的政治文化转型[J].西北师大学报：社会科学版，2003,40(6):120.

体系相耦合的"混合型"政治文化形态。[①]

(3)少数民族的政治发展研究。

第一,关于少数民族发展政治发展的内涵研究。有学者指出,少数民族的政治发展是作为统一国家政治体系内一个次级政治体系的少数民族政治体系,随着国家政治发展的进程,适应少数民族经济和社会的发展,从一种政治关系结构模式向另一种政治关系的结构模式的变迁,从而建构起一种更加合理的政治关系模式。[②]还有学者将民族政治发展的内涵界定为:特定的民族政治系统在历史发展中,结构渐趋分化、政治文化渐趋世俗化、政治参与渐趋扩大化以及政治能力渐趋增强的过程。[③]中国少数民族的政治发展的基本内容包括:坚持和完善民族区域自治制度,巩固和发展平等、团结、互助的社会主义民族关系,促进民族共同繁荣。[④]

第二,关于少数民族的政治整合研究。政治整合是少数民族政治发展的主要内容之一。有学者分析了当代中国和谐民族政治观,强调注重通过发展不同民族之间内在和谐关系来加强政治整合。[⑤]有学者指出,应该根据实际情况,选择符合民族地区特殊性的政治整合路径。[⑥]有学者则以西南少数民族社会变迁为案例对民族权利与国家整合之间的关系进行了专门论述,认为国家的整合过程与国家维护少数民族的权利过程是有机统一的互动过程,国家整合是在不断维护少数民族权利的过程中得以实现的,而这个过程的现实推动力源于现代化的发展。[⑦]

第三,关于少数民族的政治参与研究。少数民族的政治参与主要表现在各少数民族积极参与本民族或民族社会的政治事务和积极参与国家政治生活。[⑧]有学者对少数民族的政治参与进行了分析,认为少数民族的政治参与是我国以少数民族公民为主体的政治参与,它具有明显的少数民族社会的特征。改革开放以来,少数民族政治

① 周平.云南少数民族政治文化论[M].昆明:云南大学出版社,1995.

② 周平.中国少数民族政治分析[M].昆明:云南大学出版社,2000:241.

③ 高永久,王转运.民族政治发展的目标选择研究[J].云南师范大学学报:哲学社会科学版,2007,39(6):2.

④ 马尚云.关于少数民族政治发展的思考[J].内蒙古大学学报,:人文社会科学版,2004,36(5).

⑤ 常士訚.民族政治与多民族国家的政治整合——当代西方族群政治论局限与中国和谐民族观的意义[J].中共福建省委党校学报.2006(3):23.

⑥ 侯万锋.民族因素与多民族国家的政治整合——以西部地区为例[J].云南行政学院学报.2006,6.

⑦ 付春.民族权利与国家整合——以中国西南少数民族社会形态变迁为研究对象[M].天津:天津人民出版社,2007.

⑧ 石亚洲,沈桂萍.我国少数民族政治政策与少数民族政治参与[J].黑龙江民族丛刊.2003,(2):35.

参与的动力和积极性不断增强，少数民族的政治参与的主动性大大提高，范围不断拓展，制度化程度逐步提高，而其政治参与的水平也有明显的提高。少数民族政治参与具有重要的正面意义，但也应该防范和约束其负面性。[①]

第四，民族自治与政治稳定。民族自治地方的政治稳定直接关系到少数民族的政治发展。有学者分析了民族自治地方的政治稳定的基本含义：一是民族自治政权和民族区域自治制度的稳定；二是各民族政治生活的有序性；三是国家共同体的统一性。影响民族自治地方政治稳定的因素主要有民族自治地方社会主要矛盾、文化心理的变化、民主参与机制和程序的不健全、改革过程中民族工作的失误、国际环境的因素以及宗教问题诱发的不稳定。[②]有些学者分析指出，边疆少数民族地区的政治稳定即边疆少数民族地区政治生活运行的有序状态，包括各种政治机构和组织的关系协调，运行平稳，功能得到有效的发挥，以及其他的政治社会关系保持有序，不发生突然性政治事变。衡量边疆少数民族地区政治稳定的指标和量化要素则包括政治秩序、政治制度、政治取向和政治参与等。[③]

有学者专门研究了西北民族地区的政治稳定，分析了西北民族地区政治稳定的态势及影响因素，这些因素包括社会结构、经济发展、民族关系、文化、政治发展以及政治控制等，其中，西北民族地区社会结构呈现“板块式”特征，也就是社会各单元、各部分之间缺乏内在的统一性，联系松散，社会整合程度低，是影响该地区政治稳定的重要根源。[④]

(4)少数民族地区的政府研究。

第一，历史的考察。有学者考察了云南民族政治制度史，将其划分为三大历史时期，从先秦至唐宋以羁縻制度为主，元明清则是以土司制度为主，到了近代则是“土流并治”，逐步加大了流官的统治权力。[⑤]还有学者分析了云南民族地方行政制度的演进过程，指出云南

① 周平. 中国少数民族政治分析[M]. 昆明：云南大学出版社，2000

② 刘韵涵，方盛举. 论民族自治地方的政治稳定[J]. 思想战线. 1997(1)：21.

③ 马啸原. 边疆少数民族地区政治发展与政治稳定[M]. 昆明：云南大学出版社，2000：260.

④ 王宗礼，谈振好，刘建兰. 中国西北民族地区政治稳定研究[M]. 兰州：甘肃人民出版社，1998：99.

⑤ 谢本书等. 云南民族政治制度史[M]. 昆明：云南人民出版社，1996.

少数民族地区自秦汉以来既存在着与中原广大地区统一的行政制度,也存在着另一套与中原地区不同的行政制度。这一套不同于中原地区的特殊的行政制度在历史的演变中,上一历史时期出现的行政制度作为既有的条件总是影响着下一历史时期行政制度的走向及其变革的进程。[①]

第二,基层政权研究。有学者运用结构-功能方法分析了西北民族地区的乡镇政权建设,指出改革开放以来,基层政权与农牧民群众的原有关系格局已经被打破,基层政权权力体制逐渐趋向科学化与合理化,乡镇国家权力机关也开始向实体化发展,机关的规范管理逐步走上正轨,干部结构也慢慢实现了代际更替,基层民主建设有所发展。[②]还有学者分析了中国少数民族地区农村基层政权建设,认为基层政权控制力出现弱化,需要加强对基层政权建设的重视。[③]

第三,民族自治地方政府发展研究。

关于民族自治地方政府的属性分析。有学者认为,民族自治地方政府具有三大属性,即民族性、政治性与公共性。民族性通过发展民族关系、自治机关民主化、自治权以及政治过程等方面反映出来;政治性与民族性相结合,在处理民族政治关系和构建民族政治秩序中表现出来;公共性与民族性相融合,通过管理客体、公共权力、价值取向和公共利益等方面表现出来。民族性是最为突出的属性,是政治性、公共性的内核,民族自治地方政府是三者的统一。[④]

关于民族自治地方政府发展分析。有学者运用政府发展理论对我国民族自治地方政府的发展进行了研究,认为民族自治地方政府必须把国家政治体系的一体化要求和少数民族的特殊性有机地结合起来。民族自治地方政府不仅是管理民族自治地方公共事务的公共权威机关,而且还是平衡国家与少数民族之间利益关系的主要力量和工具。同时,应该把“自治”作为民族自治地方政府最基本的管理

① 张晓松等.云南民族地方行政制度的发展与变迁[M].昆明:云南人民出版社,2005:后记.

② 刘建兰,王宗礼.中国西北民族地区乡镇政权建设研究[M].兰州:甘肃人民出版社,1996:106-113.

③ 匡自明.中国少数民族地区农村基层政权建设研究[M].昆明:云南大学出版社,2003:6.

④ 张劲松.民族自治地方政府的属性分析[J].云南社会科学,2004(1):78.

方式。民族自治地方政府应该善于用好特有的自治权，并且以此为契机，逐渐形成民族自治地方政府特有的、科学的、有效的管理方式和模式。[①]

关于民族自治地方政府的特殊性分析。有学者认为民族自治地方政府的特殊性表现在两个方面：一是民族区域自治制度，二是民族自治地方的特殊环境。[②]

关于民族自治地方政府的公共服务问题。有学者认为我国民族自治地方政府公共服务供给具有一定的特殊性，需要提高其政府公务员的素质和服务观念；用竞争性理念重塑民族自治地区政府的形象，实现公共服务主体的多元化；构建公共服务供给和需求的表达参与机制，提高公共服务供给的有效性；国家应加大对民族自治地区政府公共服务的财政转移支付力度。[③]

3. 国外民族政治研究

高校学者对于国外民族政治的研究主要包括民族关系、民族政策等方面的研究。有学者通过理论探讨和个案分析相结合的方法分析了非洲民族主义思想的特征，探讨了非洲民族主义与其知识分子之间的内在关系。而宗教运动也是非洲民族主义的重要内容，非洲国家独立后民主运动遭遇了各种困难和挫折，通过对非洲民族主义的研究，我们应该对发展中国家民族国家的构建有更为清醒的认知。[④]有学者对东南亚的民族主义和族际关系进行了仔细研究，东南亚地区是世界上典型的多民族地区，在民族主义的发展轨迹中，东南亚经历了从民族解放运动到民族分裂运动的变迁；在族际关系的变迁中，则是从对抗、适应到融合；在民族经济的发展中，则是从殖民地时期的被剥夺状态向独立自主发展的演变；在民族文化的变迁中，则是一种既融合又并存的复杂现象。[⑤]还有些学者研究了跨国家的民族、民族的迁移等主题。

① 方盛举.中国民族自治地方政府发展论纲[M].北京：人民出版社，2007：序.

② 周平等.中国民族自治地方政府[M].北京：人民出版社，2007.

③ 党秀云，周晓丽.论服务型政府理念下民族自治地区公共服务的有效供给[J].中共长春市委党校学报.2007(4)：73.

④ 李安山.非洲民族主义研究[M].北京：中国国际广播出版社，2004.

⑤ 陈衍德.对抗、适应与融合：东南亚的民族主义与族际关系[M].长沙：岳麓书社，2004.

(十三)关于中国特色社会主义民主

高校学者根据中国国情，对社会主义民主的基本问题进行了研究，其主要内容如下。

1. 社会主义民主的本质和特性

高校学者从20世纪80年代起，围绕民主和专政、民主和社会主义等问题研究了社会主义民主理论，其主要研究课题如下。

(1)社会主义民主的阶级性。

有学者认为，“社会主义民主就是国家权力属于人民”，“社会主义民主最本质的问题，就是应该由人民群众来决定由哪些人来组成国家政权，由哪些人来执行人民的意志”。[①]“民主是商品经济的要求，一个国家哪部分人真正享有民主权利不是什么人主观决定的，而是由生产资料所有制决定的。市场经济是社会化大生产的商品经济。社会主义国家实行的是社会主义市场经济，是以公有制为主体多种经济成分所构成的所有制，这就决定了我国实行的民主性质是人民民主。”[②]有学者认为：“虽然资产阶级政治家提出的民有、民治、民享，看到了民主内容的这三个方面，但是由于他们所说的‘民’指的是资产阶级，所以那是借一般民主之名，行资产阶级民主之实，结果反而把民主的真实内容掩盖起来了。揭示民主的阶级内容，对资产阶级政治家所提出的一般民主进行阶级分析，这是马克思主义科学的民主观的根本点。”[③]资产阶级民主制在本质上永远无法与社会主义民主相提并论。作为国家政治制度的社会主义民主，它是最高类型的民主，与资产阶级民主有本质的区别。但是它也同样不是全民的民主，只是改变了民主的阶级归属关系，使数千年来占人口多数的人民群众第一次当家作主，管理国家，而对极少数与人民为敌的剥削

① 王惠岩.建设社会主义政治文明[J].政治学研究,2002(3):1.

② 王惠岩.建设社会主义政治文明[J].政治学研究,2002(3):2.

③ 张光博.对民主与法制问题应进行具体分析[J].政治与法律,1987(6):12.

阶级及反对、破坏社会主义事业的敌对分子实行专政。[①]

(2)社会主义民主的广泛性。

有学者认为:“社会主义民主是广大劳动人民所共享的民主,这一最基本的特征决定着它必然随着社会主义事业的发展而日益扩展和深入到社会生活的各个领域,日益扩大其物质基础与物质保障。因此,社会主义民主和以往各种类型的民主比较起来,具有无比的优越性,它是人类历史上最高类型的民主。”[②]“社会主义的民主,就其质的规定性说,它具有鲜明的无产阶级的性质;就其发展说,具有过渡性;就其内容说,具有多样性。社会主义民主是无产阶级的国家民主制向共产主义民主制的过渡,是人民民主理论的继续和发展,它既要求发展和完善国家形态的民主,也要求不断扩大人民的社会生活领域的民主。”高度社会主义民主不仅仅根本区别于、高于资本主义民主,而且它还是社会主义民主自身的高度发展,是为国家的消亡,“自由人的联合体”的实现创造社会条件。[③]有学者认为,社会主义民主并非仅仅局限在国家权力范围内,“只有从劳动者自治的角度来理解社会主义民主的实质,只有把社会主义民主首先理解为无产阶级和广大劳动人民在社会经济生活的各个方面实行自我管理,从而简化国家干预社会生活的职能,才能真正有利于实现人民对国家权力的控制,真正有利于消除各种压迫”[④]。有学者认为:“社会主义民主除了国家形态民主以外,还包含了非国家形态的民主。除了政治生活即国家形态的民主,还包括经济、文化、社会生活等领域的民主。”[⑤]“两种形态的民主有原则上的区别,其适用范围和发展趋势都不同,国家形态的民主随着社会经济、政治、文化等条件的成熟而趋向消亡;非国家形态的民主日臻发展完善,最后成为民主的唯一形态。国家形态的民主需要非国家形态民主的支持和配合,非国家形态民主需要国家形态

① 谢作陶.论民主的特性与社会主义民主建设[J].社会科学,1990(1):40.

② 何华辉,杨立凡.试论社会主义民主的几个理论问题[J].武汉大学学报,1979(4):9.

③ 刘德厚.试论高度的社会主义民主新概念对马克思主义民主理论的发展[J].社会主义研究,1984(2):12—16.

④ 马德普.自治与参与——作为目的论的社会主义民主[J].政治学研究,1996(2):15.

⑤ 徐鸿武.社会主义民主理论在实践中的发展[J].马克思主义研究,1987(1):51.

民主作保障。”[①]

(3)社会主义民主的特殊性。

有学者认为:“从量的规定性看,民主又是一个过程,有一个民主化程度问题。在一定历史条件下产生的民主,它必然经历一个由量到质的逐步发展与完善的过程,而不能一蹴而就。民主的过程性主要取决于民主的主客观条件。”[②]有学者认为:“民主政治建设必须同经济建设、文化建设相适应、同步。如果不同时建设民主政治,一段时间内经济上也能够发展,但这样整个社会就很不协调,社会矛盾就会尖锐,经济发展速度就不能继续下去。由于实现民主需要一定的经济、政治、文化、社会条件,而这些条件在不同的国家或同一国家的不同时期可能极不相同,因而,世界各国的民主都或多或少会带有自己的特征。”[③]有学者对当代中国民主的有利条件和不利条件进行了初步分析,认为“民主制度的建立是要有一定基础的,民主的实现是需要一定条件的,一个国家的民主化的成功与否是与一定的经济、文化、政治条件密切相关的。根据实际的国情,当代中国的民主只能是社会主义民主,当代中国的政治民主化只能是走有中国特色的社会主义民主政治的道路,这是现实的选择”[④]。也有学者提出:“我们现在使用的民主话语(包括基本假设、主要概念、分析框架)多数是由西方国家的人们按照西方民主发展的历史和经验建构起来的,对民主的理解,常常也是在参照西方国家的做法后形成的。甚至讨论的热门话题,有些也是在西方国家语境中才是有意义的话题。我们应该找出真正在中国有意义的问题,逐步形成自己的问题意识、解题思路和民主话语系统,用我们自己的视角对中国的政治现象进行创造性思考,改进现有的民主理论,以更好地分析和指导中国的民主实践。”[⑤]

① 徐鸿武.社会主义民主建设需认清的六个理论与实践问题[J].中国特色社会主义研究,2000(2):37—40.

② 谢作陶.论民主的特性与社会主义民主建设[J].社会科学,1990(1):40.

③ 高放等.部分理论工作者谈社会主义初级阶段的民主政治建设[J].科学社会主义,1987(48):11.

④ 陈炳辉.当代中国民主的条件分析[J].马克思主义与现实,2006(5):74.

⑤ 余逊达.深入研究有中国特色的社会主义民主政治[J].浙江社会科学,2001(2):21—22.

2. 社会主义民主的价值意义

从社会主义民主的价值意义上看，社会主义民主是手段还是目的，是高校学者讨论的问题。“作为目的就是说，社会主义民主不管有什么样的功利后果，其本身就是值得追求的，也就是说它本身具有内在的价值。而作为手段则不同。手段的价值是它的外在价值，即该事物对于其他事物的价值。社会主义民主作为手段就意味着，它的存在和发展还要以能否促进其他价值目标（如生产力发展、安全、公正、团结等）的实现为转移。”[①]

有学者从经济基础与上层建筑的关系出发，认为社会主义民主是建设社会主义现代化国家，提高人民物质生活和文化生活需要的手段。我们之所以加强民主与法制建设，建设高度民主的社会主义国家，归根结底是为了建设工业、农业、科学技术和国防现代化的社会主义强国。为民主而民主，对于统治阶级自己也是要不得的。另一方面则因为手段性的民主价值又是通过促进社会发展和稳定得到体现的。社会主义民主有利于资源开发，有利于科学决策，有利于提高效率，有利于维护稳定。“在社会主义国家，再提出所谓为争取民主而斗争的口号，就是把矛头指向人民民主的倒退行为，搞资本主义复辟；因为取得政权，从国体的意义上说，就完成了争取民主斗争的任务。”[②]

有学者强调社会主义民主的内在价值，认为“社会主义民主作为目的是消灭压迫、实现劳动者的自治。消灭压迫和消灭剥削是无产阶级斗争的两个相辅相成的目标，是无产阶级解放的基本内容，也是无产阶级利益的根本体现。没有民主就没有社会主义，实际上就是说不消灭压迫、不实现人民群众的自我管理，就不是完全意义的社会主义。社会主义民主的本质或内在价值不是能为公民创造多少福利，而是能够创造负责任的公民即自由的人”[③]。有学者认为：“民主

① 马德普. 自治与参与——作为目的论的社会主义民主[J]. 政治学研究，1996(2)：14.

② 孙国华. 民主建设必须纳入法治轨道[J]. 中国法学，1990(5)：6—9.

③ 马德普. 自治与参与——作为目的论的社会主义民主[J]. 政治学研究，1996(2)：16.

作为人的一种社会活动，是人的本质力量的具体体现；探讨民主的内在价值，是为了揭示人们追求民主的合理性。民主不单纯是如何安排公共权力的问题，更重要的是，它与人们的人生态度、生活方式、生存状态息息相关。"[①]还有学者提出："从辩证法的观点来看，目的与手段的关系是相对的，而不是绝对的。把民主仅看作手段是片面的，目的与手段的关系是相对的，可以互相转化，从社会主义的战略目标和基本特征来认识，应该首先把社会主义民主看作目的，才能在思想和实践上高度重视民主的建设。因此，不能对手段与目的的问题，作绝对的机械的理解。"[②]

① 周光辉.超越政治学——对民主的经济、道德和认知价值的分析[J].吉林大学社会科学学报，1999(5):60—68.

② 徐鸿武.社会主义民主理论在实践中的发展[J].马克思主义研究，1987(1):53.

3. **社会主义民主的内容与形式**

有学者认为，搞民主政治建设不仅是解决一个要不要民主的问题，更重要的是解决怎样搞民主，即选择和建设一种什么样的民主形式。有学者认为："民主把实现社会主义民主内容的方法、手段规范化，这是保障社会主义民主实现的需要。如果只对社会主义民主内容作规定，而对如何实现民主内容缺乏程序化保障，那么社会主义民主就很难实现。"[③]

③ 王惠岩.建设社会主义政治文明[J].政治学研究，2002(3):1—4.

有学者则认为："坚持和发展社会主义民主，既包括民主内容的不断丰富，国体的充分展现，也包括民主形式的不断完善。没有无内容的形式，也没有无形式的内容。"[④]"民主的内容，是指由谁来当家作主，即民主的阶级属性。它包括政权属于谁、依靠谁、为了谁等三个互相联系的方面。民主的形式，是指掌握政权的阶级如何当家作主，也就是享有民主的阶级实行统治所采取的形式，包括所采取的组织原则、组织制度和活动程序等。民主的内容决定民主的形式，民主的形式为民主的内容服务。我国社会主义民主的内容，则决定了它的形式为人民代表大会制、共产党领导下的多党合作，以及适应我国国情的社会主义选举制度和法制，并以民主集中制作为基本原则，把

④ 孙国华.民主建设必须纳入法治轨道[J].中国法学，1990(5):6—9.

各个环节统一起来。这样,民主的内容和形式的统一,国体和政体的统一,也就是通常被称为的民主共和国。”[①]

① 张光博.对民主与法制问题应进行具体分析[J].政治与法律,1987(6):3—7.

4. **社会主义民主政治建设**

高校学者根据我国民主政治建设的战略即党的领导,人民当家作主和依法治国的统一,对民主政治建设展开了研究。

(1)依法治国与社会主义民主。

有学者认为,法制在国家、社会生活中的地位和作用,是与该国政治制度民主化的程度成正比的。政治制度民主化的程高越高、越大,法制在社会生活中的地位和作用也越高、越强。社会主义民主的状况不仅决定于法和法律制度的存在,而且更重要的是要看是否真正依法办事,实行法治,实行依法治理的原则。[②]制定确认人民当家作主的、体现人民意志、确认和保障公民政治权利和自由的法律,使民主制度化、法律化很重要。更重要的是公民实际上是否有享受这种权利与自由的可能,公民实际上有无享受这种权利和自由的条件,国家是否为公民权利、自由的真正实现创设条件。[③]有学者从人治与法治的角度来讨论民主与法制的辩证关系,强调法制程序和人民意志具有共同的重要性,人治与法治的根本区别在于对待人民群众的态度上:人治把人民群众当作治理的或管理的对象,要求人民群众按长官意志办事。法治则要求领导者、管理者按人民意志办事。保障人民的权利,衡量一个国家实行的是法治还是人治,主要看法律在统治方法中占什么地位,法律在统治方法中是主要方法,就是法治。“首先,制度化、法律化的内容是民主,法制是民主的体现。如果规则的内容反映的是一个人或少数人的意志、利益和要求,虽然有制度有法律,也不是法治而是人治。其次,制度化、法律化的人民意志必须是最高意志。任何法治国家,代表统治阶级意志的法律必须是最高意志,有极大的权威,任何人都无权随意改变它。如果需要改变,必

② 孙国华.民主建设必须纳入法治轨道[J].中国法学,1990(5):6—8.

③ 孙国华.民主建设必须纳入法治轨道[J].中国法学,1990(5):6—8.

须通过相应的法律程序,这才是法制。再者,制度化、法律化的人民意志的实现,必须是法律面前人人平等。法制的核心是公民在法律面前一律平等,一切公民、一切国家机关和武装力量、各政党和社会团体,各企业事业组织,都必须遵守宪法和法律。"[①]

① 王惠岩.论民主与法制[J].政治学研究,2000(3):8.

(2)社会主义民主与党的领导。

有学者认为,社会主义民主与党的领导的关系,主要是指执政党与其他政党、政治团体之间的关系。在我国,这种关系就是中国共产党与各民主党派、各政治团体之间的关系,这种关系的制度体现,就是我国的政党制度。一个国家采取什么样的政党制度,不是由人的主观意志决定的,而由其政治总格局决定的。有什么样的政权性质,就有什么样的政治总格局。有什么样的政治总格局,就有什么样的政党制度。中国共产党处于领导地位,其他各种政党、政治团体处于被领导地位,它们之间的相互关系体系就是我国社会主义政治总格局,这个政治总格局决定了我国的政党制度是中国共产党领导下的多党合作与政治协商制度。由于社会主义国家享有民主的广大人民群众的根本利益和奋斗目标是一致的,而广大人民群众享有民主权利的实质是动员广大人民群众的积极性、创造性,共同建设社会主义现代化的伟大事业。因此,党的领导与民主的关系问题,就是党如何发挥各民主党派、政治团体的作用,动员他们所联系的各方面群众的积极性、创造性的问题。[②]

② 王惠岩.论民主与法制[J].政治学研究,2000(3):1-11.

有学者则认为,社会主义民主建设同中国共产党的领导是不可分割的,一方面,实现党的领导必须建设高度的社会主义民主,离开社会主义民主就不可能实现党的正确领导;另一方面,坚持党的领导又是建设社会主义民主的根本保证,脱离党的领导在中国就不可能有真正的社会主义民主。"现代社会的政党制度决定了民主作为国家形态,是离不开政党的干预和领导的,这也是现代民主的基本特征。这一特征是共性和个性的统一,不同阶级的政党决定着不同的国家形态的民主的内容和形式,形成不同的民主特征。在我国坚持和保证中国共产党的领导是我国社会主义民主的本质特征。只有中国共产党的领导才能协调各种矛盾,团结人民群众,保证社会的安定团结、国家的统一,创造社会主义现代化建设的社会环境。坚持党对社会主义民主的领导,既是我国社会主义民主的经济基础的客观要求,也是人民利益的一致要求。只有在党的领导下,逐步实现社会主义现代化,才能逐步为建设社会主义高度民主创造必要的经济、文化条件。”[①]

(3)社会主义民主与集中。

有学者认为,民主集中制是解决人民内部矛盾的方法,是党的建设的主要原则。民主集中制体现在制度上,是我们国家制度、政党制度和社会团体的组织原则和活动原则,它们的活动必须遵循民主集中制原则。[②]民主的实质是人民内部利益关系的分配形式。民主与集中是各种利益关系的反映,这种利益关系表现在公民与政府之间的关系上,就是民主基础上的集中,集中指导下的民主。在民主基础上的集中,是指政府制定的政策、法规和具体决策必须是公民意志的体现,必须代表公民的整体利益。在集中指导下的民主,是指公民个人行使民主自由权利时,必须在遵守政府的政策法规的前提下行使,也就是说公民的个人利益要在服从集体利益和不损害集体利益的前提下获取。同时,民主集中制还指在政治生活中实行少数服从多数的原则。这是统治阶级内部的民主原则,在我国是人民内部政治生活的民主原则。实行少数服从多数,这是民主的原则。形成统一的意见,作出统一的决定之后,大家都要服从,这又是集中的原则。[③]

(4)党内民主与人民民主。

1999年,高校学者从民主政治建设的“转型”与“巩固”的二维视

① 冉昌光.论党的领导与社会主义民主[J].四川大学学报:哲学社会科学版,1990(1):3-8.

②王惠岩.论民主与法制[J].政治学研究,2000(3):1-11.

③ 王惠岩.论民主与法制[J].政治学研究,2000(3):1-11.

角出发，提出社会主义民主建设的战略和发展途径，提出“中国现阶段应当努力开发民主化的体制内资源，在民主化的道路上选择先共产党内后共产党外、先中央后地方及基层、先精英后大众的体制内渐进发展路线。在现行基本政治制度框架内寻找和培育民主的生长点，首先发展党内民主并从中央做起，是我国民主政治发展的一种现实的、平缓的同时也是积极的途径”。而“以推进党内民主作为我国的民主化的现实途径，不仅是基于中国政治现状的策略考虑，也是由中国的历史文化、社会条件、国家目标和国际环境所决定的”。实施这一战略，需要首先建设党内民主，其建设的途径应该是党内民主应自上而下与自下而上相结合，但要以自上而下为主，从中央做起；党内民主化从中央做起的基础，是按照民主集中制的原则和党章的规定，正确处理党的全国代表大会、中央委员会和中央政治局、政治局常委会的关系；加强党的全国代表大会和中央委员会作用的关键在于实行差额选举，强化其选举功能。[①] 此后，该学者进一步分析指出，“民主政治作为有效维护合法性的根本制度途径，在当前已成为不以任何人和任何国家的意志为转移的时代潮流。中国的民主政治发展要超越西方式多党竞争的体制，就要在坚持共产党领导的前提下，通过党内民主的制度化来逐步实现国家政治生活的民主化，形成一种非多党竞争的民主体制，把党的领导、人民当家作主和依法治国有机结合起来”[②]。有学者认为，扩大党内民主带动人民民主的途径是由我国政治文化、政治动力、政治认同和政治发展的特性决定的。[③] 通过扩大党内民主、示范和带动人民民主，推进国家民主政治建设是一种战略的选择。人民民主不是党内民主的简单外溢，党内民主示范和带动人民民主需要一套运行和实现的机制：包括党内民主对人民民主的价值示范效应、党内民主的实践对人民民主的经验性示范作用、党内民主和人民民主的制度互动关系，以及党内民主升

①胡伟. 党内民主与政治发展：开发中国民主化的体制内资源[J]. 复旦学报，1999(1).

②胡伟. 关于“党内民主”的若干问题的思考[J]. 江苏行政学院学报，2002(4).

③ 彭恩胜，刘爱莲. “以扩大党内民主带动人民民主”的政治生态分析[J]. 求实，2008(8)：24—27.

华为人民民主并创造出中国民主政治的新模式。[①]也有学者认为，从我国的民主实践看，由于经济社会发展和利益的关联性，人民民主推动着党内民主；而从中国共产党的地位、作用及其成员的角度看，又需要通过发展党内民主带动人民民主；在民主运行中，需要从发展进程、发展动力、组织建设、制度建设和运行机制方面，促进党内民主与人民民主的有机衔接和良性互动。[②]要实现以党内民主推动人民民主发展的目的，必须成功地找到实现党内民主与人民民主良性互动的连接点。必须通过一系列制度创新，不断推进党内民主与人民民主的互动。从我国现实政治发展来看，特别需要逐步推进党的代表大会常任制试点改革，不断完善人民代表大会制度，进一步创新和完善党务公开制度，深化党内民主选举和民主监督制度的改革。[③]还有学者提出，党内民主既为人民民主提供合法性支持，也朝着维护和发展人民民主的方向运行，没有党内民主就没有国家生活的民主。但同时也要看到，政党是非政权性质的社会政治组织而不是国家机关，因而，我们不能把存在于不同界域的党内民主与人民民主等同起来，抹杀它们之间的界限，更不能将党内民主对人民民主的示范和带动作用仅仅看成是前者向后者的简单延伸与放大。[④]

① 金安平.从发展党内民主走向人民民主[J].科学社会主义，2008(3):24—30.

② 徐勇.论党内民主与人民民主的有机衔接和良性互动[J].社会主义研究，2008(4):1—5.

③ 黄金辉.党内民主与人民民主良性互动的途径[J].社会科学研究，2007(7):66—69.

④ 王俊拴.党内民主对人民民主的示范和带动作用分析——学习十六大报告的点滴体会[J].政治学研究，2003(2):30—36.

(十四)关于反腐败和廉政建设

高校学者对反腐败和廉政建设的理论研究主要包括腐败与廉政的内涵、腐败的危害、成因以及腐败问题的研究方法与廉政治理的路径选择等方面的内容。

1. 腐败的定义

腐败的原意指的是物质的一种化学运动状态，即物质由原来的纯粹状态而变质和腐烂。在现代社会，“腐败”概念被引申为社会科学,特别是政治学研究的一个重要范畴,泛指人类的道德行为或社会风气的败坏,其外延不断扩大,几乎包括了社会上所有不适当的行为。[1]不过,不同的学者对腐败的定义也不尽相同。有学者综述这些定义指出,学者们研究角度不同,"有的是从政治制度和社会行为规范角度;有的是从法律规则的角度;有的是从经济学供给、需求和交换的角度;有的是从伦理道德的角度;还有的是与廉政概念比较的角度探讨什么是腐败;等等"。"分析腐败概念的侧重点也不尽相同,政治学家围绕着权力运行及其行使;经济学家关注的是市场秩序的建构和经济行为;法学家偏重于实施法律条文和行为认定;社会学家倾向于社会关系与利益的划分;文化研究者则强调必须看到不同文化的差异,将腐败作为一种文化现象加以分析说明。"[2]这些定义基本上是以公职、市场、公益三者为轴心[3]而作出的。

关于以公职为轴心的定义,即从人们与公共职务的关系以及公职人员所承担的职责来确定腐败的定义,也就是说为了个人利益而不当使用公共权力,违背职责,游离规范,脱开法律。在此基础上,有学者指出,腐败是指"政治权力从原本纯洁状态中发生蜕变成为政府官员非法或非道德谋取个人好处的工具"[4]。

关于以市场为轴心的定义,这类定义受到经济学方法的渗透,也受到一些发展中国家政治体系不健全的制约,这类定义确定腐败的官员把公共职位视为一种经营,尽量扩大它的收益,公职成为一个"最大化的单位",取决于市场状况,取决于公共需求曲线上最大收益的点,即学术界所述的寻租理论。

关于以公益为轴心的定义,有学者认为第一类定义太狭窄,第二类定义太宽泛,因而采用公益概念,即无论何时掌握公职的人为得到金钱或其他报酬而采取有利于提供报酬的人和损害公众及公众利益的行为时,腐败就存在了。从这个角度出发,为特殊利益而侵犯共同

① 过勇.经济转轨、制度与腐败[M].北京:社会科学文献出版社,2007:12—13.

② 王传利.给腐败号脉——新中国腐败频度与控制强度相关性分析[M].北京:群众出版社,2004:3.

③ 王沪宁.腐败与反腐败——当代国外腐败问题研究[M].上海:上海人民出版社,1990:6.

④ 刘明波.外国监察制度——国外是怎样反腐败的[M].北京:中国人民大学出版社,1994:5.

利益即腐败。

有学者综合各种腐败的定义将腐败初步定义为“公职人员不正当地行使公共权力以谋取私利的行为”，并进一步指出：“这个定义的优点在于它包含了腐败行为得以发生的三个构成要件：公共权力的掌握是腐败行为得以发生的前提，谋取私利是腐败行为发生的主观动机，违背社会公认行为规范是判断腐败行为的依据和标准。”[①]

2. **廉政的内涵**

高校学者对廉政的含义有如下解释：

有学者认为，廉政的基本含义可以理解为“为政清廉公正”。[②]

还有学者认为，“廉政”是与腐败相对立的一个重要范畴。“廉政”就是廉洁政治、廉价政府或为政清廉的简写。“廉政”虽然能说明和概括一种政治现象，但不同国家、不同时代对“廉政”有自己的看法和理解。在中国古代有“清政”说，在近代西方有“廉价政府”说，在现代西方有“政治行为规范”说，在我国目前有“政治民主”说和“权力文明”说。这种观点认为，廉政是一种与腐败相反的政治行为和政治现象，即国家公务人员在公务活动中保持廉洁而不以权谋私的政治行为和政治现象。[③]

以上几种解释，尽管对廉政的外延理解不一样，但至少在将廉政的“廉”理解为廉洁、清廉这一点上是一致的。对此，有学者将廉政理解为“廉洁从政”。其基本内涵可以从以下两个方面加以分析：一方面，是对“廉”的理解，另一方面是对从政的理解。廉政的“廉”在这里包含两层意思：一是廉洁，也就是不贪污不腐化，这既包括经济上的行为如行贿受贿，也包括政治上的行为如买官卖官，还包括社会上的行为如腐化堕落；二是节约、节俭，也就是平时所说的奢侈浪费的对立面。对从政的理解关键是要明确从政的主体。判断一个主体是否为从政主体的一个标准是，该主体拥有的权力是否是公共权力或者公共

① 李成言. 廉政工程：制度、政策与技术[M]. 北京：北京大学出版社，2006：3.

②关于对廉政内涵的理解参见本报告第187页“廉洁政府”的相关论述。

③ 王茂林，刘小明，孟翔凤. 廉政建设概论[M]. 北京：法律出版社，1991：6.

权力的延伸。那么,廉政建设就是指为保证公共权力的拥有者廉洁从政而采取的各种行为。这些行为大致可以划分为三个层面:其一是道德建设,如中国廉政建设中的廉政教育,其目的在于使权力的拥有者不想行违反廉洁从政要求之行为;其二是制度建设,如财产申报制度、公务公开制度,通过制定比较严密和完善的制度,使公共权力的拥有者不能行违反廉洁从政要求之行为;其三是惩处腐败行为,通过严厉的惩罚使权力的拥有者不敢行违反廉洁从政要求的行为。①

① 李成言,谷雪,倖锡金.廉政政策分析[M].北京:北京大学出版社,2002:4.

3. 腐败的危害

有学者指出:"在人类各个阶段的政治发展过程中,有一个危害巨大的现象始终伴随着人们,这就是腐败活动。腐败活动成为各个政治体身上的恶性肿瘤,危及整个整体的稳定和发展。"②

② 王沪宁.腐败与反腐败——当代国外腐败问题研究[M].上海:上海人民出版社,1990:1.

有学者认为,人们之所以关注腐败问题,原因在于:首先,腐败造成了十分惊人的巨大经济损失。③其次,腐败已经成为中国最大的社会污染。腐败作为国家权力的副产品,它本身有很大的副外部性,既影响社会公正,又影响社会和谐。一旦腐败行为被模仿,腐败模式被制度化,那么腐败的官员就有索取更大腐败收益的动机,就会滋生出一种"腐败文化",进而助长腐败迅速蔓延。再次,腐败已经构成了中国最大的政治挑战。腐败是一种政治毒瘤,会破坏政府的合法性,甚至毁灭一个国家。④

③ 胡鞍钢.中国:挑战腐败[M].杭州:浙江人民出版社,2001:34—64.

④ 胡鞍钢.序言[M]//过勇.经济转轨、制度与腐败.北京:社会科学文献出版社,2007:4—5.

高校学者主要从政治角度来探讨腐败危害。有学者认为,"从较为一般的角度讲,腐败活动的明显结果就是导致人们丧失对政治体系的信心,失去对政治权力的认同,从而引起秩序性和制度性的不稳态,甚至会招致严重的危机"⑤。有学者指出,"腐败将会对我国的经济增长、社会发展和人民生活福利造成巨大伤害","而且在政治领域的危害更是致命",腐败损害的是政府统治必不可少的合法性基础,腐败作为一种示范力量将整个社会的公平和道德意识击碎,导致政

⑤ 王沪宁.腐败与反腐败——当代国外腐败问题研究[M].上海:上海人民出版社,1990:2.

策法规的执行成本变大。“腐败对一个国家和民族造成的政治伤害是十分巨大的，它造成了政府与公民之间的深深裂痕，使整个社会都无法凝聚起合力来推动解决那些意义更为重大的经济和社会发展问题。”[①]

① 李成言.廉政工程：制度、政策与技术[M].北京：北京大学出版社，2006:10,19—20.

4．**腐败的成因**

腐败的产生有着复杂的政治、经济、社会和文化背景。有学者在研究中把腐败成因归纳为如下一些观点：一是现代化诱导论，这种观点认为现代化过程带来了财富和权力的迅速重组，现代化要求权力的空前运用，如果体制和法律无以作出有效的调配，腐败活动就有了发生的契机；二是需求满足论，这种观点相信如果政府机构不能有效满足人们的需求，那么腐败活动就容易滋生，社会或者通过贿赂官员，或者通过组织一定的集团来影响政府机构；三是阶层结构虚弱论，这种观点强调如果没有一个强硬的阶层结构，腐败容易发展，缺乏一定的阶层结构，必要的道德和责任感就会缺乏；四是拜金主义，这种观点确定如果在一个社会中过分突出商业价值，商业交易的原则就会在公共领域中弥漫，影响公共领域中的规范和公共伦理精神；五是政府形式缺陷论，这种观点认为政府制度、法规、法令、文官制度、行政程序等方面的不完善，容易为腐败活动留下空隙和漏洞；六是公共官员薪金过低论，这种观点设定公共官员的薪金太低容易引发腐败活动。除了这些主要理论外，还有政党活动论、选举拉拢论、立法过多论、分权过度论、程序错误论、伦理堕落论、人口异质论等。[②]

② 王沪宁.腐败与反腐败——当代国外腐败问题研究[M].上海：上海人民出版社，1990:7—8.

近年来，高校学者主要从经济转轨、社会转型与制度变迁的角度来探索腐败产生的原因。“在经济转轨过程中，采取了以‘双轨制’为特征的渐进转轨路径，这使得人们自然地将其与腐败现象的迅速蔓延联系在一起。”[③]

③ 过勇.经济转轨、制度与腐败[M].北京：社会科学文献出版社，2007:41.

有学者指出:"腐败现象的蔓延在一定程度上是渐进式改革所不得不经历的阵痛。中国经济改革和社会转型的规模和力度是空前的,在这样一个大变革的时代,新旧体制同时并存,社会运行出现一定程度的无序化。以往被视为天经地义的道德准则和行为标准不再那么神圣,很多游走于法律和传统边缘的观念和行为却在很短的时间内实现了合法化并成功占据了社会的主流。"①

高校学者还从权力制约和监管的角度来探讨腐败成因。有学者认为,"导致腐败的主要根源来自党内和政府内部已经形成的、错综复杂的、拥有各种利益和影响力的各类既得利益集团","他们最大限度地维护和实现自身利益"。②有学者进一步指出:"不受监管和制约的公权使得腐败分子不仅有众多的腐败机会,可以寻取巨大的腐败利润,而且风险极小,被发现后付出的代价也很低廉,上述种种因素相加自然引爆了改革过程中腐败现象的大范围蔓延。"③

5. 腐败问题的研究方法

高校学者对腐败问题研究的另一项发展,是研究方法的问题。20世纪90年代,有学者把腐败问题研究方法综述归纳为几类④:一是道德主义的方法,这种方法立足于从道德原则出发论述腐败现象,确定一个社会或一定的道德规范,用此来测量各类有关行为,并把腐败问题发生和矫治归结为道德手段;二是历史主义的方法,这种方法侧重从历史发展中寻找腐败产生的界限和可能性,例如从科层体制的发展、公共职位作为封地和财产、常任官员的成长、官职买卖、任命等相续发展来解释腐败。三是文化主义的方法,这种方法依托对不同文化的解析,把对腐败的分析与文化因素的特性结合起来阐释,在文化和道德风俗中寻找解释;四是经济主义的方法,这种方法借用经济学的一些方法来研究腐败现象,如运用成本——收益分析来进行分析。这种方法力图超越道德主义的善恶观,只从腐败活动的活动

① 李成言.廉政工程:制度、政策与技术[M].北京:北京大学出版社,2006:27.

② 胡鞍钢.中国:挑战腐败[M].杭州:浙江人民出版社,2001:22.

③ 李成言.廉政工程:制度、政策与技术[M].北京:北京大学出版社,2006:28.

④ 王沪宁.腐败与反腐败——当代国外腐败问题研究[M].上海:上海人民出版社,1990:9—10.

特性及其后果思考问题。在腐败问题的研究方法上还有法学、社会学、心理学等多种方法。

近年来，高校学者进行的腐败研究逐步从宏观分析细化到微观领域。面对花样翻新的腐败和违规行为，廉政建设必须实现“科学化”、“工程化”和“现代化”，既要重视制度、政策这些体制性问题，也要重视机制、技术等操作性手段，实现定性分析与定量分析的有机结合。有学者尝试运用系统工程思维审视廉政建设工作，着力开展各项廉政方法和廉政技术的开发和应用。廉政建设借鉴工程学的某些原理与方法，通过构建新的廉政结构和过程模式，探索廉政建设的原理、程序、方法和技术，目的在于提高廉政建设的质量、降低成本、控制进度，为科学的廉政绩效评估提供规范的、可量化的依据。廉政建设工程化、系统化、规范化的具体实施涵盖一系列的廉政政策和廉政制度的制定、实施与优化，廉政系统工程需要配套完善的诸多廉政子系统协同运作才能得以实现。廉政系统工程的主要手段就是建立廉政预警体系，基本工具就是构建廉政预警指标体系。①

① 李成言.廉政工程：制度、政策与技术[M].北京：北京大学出版社，2006：317－320.

6. 廉政治理的路径选择

廉政研究的目的在于：一是对腐败现象的来龙去脉、形态结构有一个准确的认识，二是要对防范和克服腐败现象设计切实可行的措施和制度。有学者就此指出，反腐败“对策问题是一个技术性、策略性、艺术性很强的课题”，“措施本身也是复杂的，并不那么简单，不同的机构、不同的社会、不同的权力、不同的主体，会对同一样对策作出十分不同的反应，同样的对策产生的效果也会大为不同”。故此，关于廉政治理对策的研究大体上集中在制度、法规、机构、伦理、监督、新闻等领域。②

② 王沪宁.腐败与反腐败——当代国外腐败问题研究[M].上海：上海人民出版社，1990：11－12.

有学者认为，“一个良好的、完善的、有效的反腐败战略框架必须要有三个方面的制度选择:树立坚定信仰,推行廉洁教育;严惩腐败行为,加强权力约束;正视转轨危机,完善制度框架。国家廉政建设的最终目标是实现良治"[①]。

有学者指出:"我国的反腐败战略呈现出'两大特点':从简单到综合、从侧重惩治到注重预防。"[②]"预防是反腐败成功的关键战略,我国已经基本形成了惩防并举、注重预防的反腐败科学战略体系。"[③]

有学者进一步指出,"我国廉政工作的重点和中心应该放在加强制度建设,在源头上治理腐败","反腐策略有上、中、下三策,概括起来就是'预防、监管、惩戒'三种办法","在廉政建设的实际操作过程中,'预防'、'监管'、'惩戒'三策已没有高低上下的先后之分,必须同时并重,三管齐下"。有学者在廉政研究中提出了"廉政工程"的概念,试图运用社会工程的系统性思维,从廉政制度、廉政政策和廉政技术等不同层面入手,构建我国廉政建设的思想脉络和理论框架。廉政工程的宏观制度层面,从制度分析的角度,阐明了民主监督机制是构建和完善廉政机制所不可或缺的重要环节,构建了包括政治民主监督、社会民主监督和舆论监督在内的监督体系;廉政工程的政策层面,主要是运用政策分析方法,从政策决策、执行、终止等廉政政策的角度,剖析廉政系统工程中民主监督机制与廉政政策之间的密切关系,进而构建"廉政政策综合测评体系";廉政系统工程技术分析,重点在于"社会廉政预警系统"与"廉政指标法"的构建和操作。[④]

① 过勇.经济转轨、制度与腐败[M].北京:社会科学文献出版社,2007:301—302.

② 任建明.我国反腐败战略的重大变迁[J].时事报告,2008(8).

③ 任建明.提升预防腐败战略有效性的四点建议[J].人民检察,2008(10).

④ 李成言.廉政工程:制度、政策与技术[M].北京:北京大学出版社,2006:33—35.

(十五)关于政治发展理论

随着我国改革进程的发展,政治发展问题在理论与实践双向互动的作用下取得了积极进展。高校学者对政治发展理论研究形成越来越浓厚的研究兴趣，尤其对中国政治发展的理论研究逐步拓展和深入。另一方面，中国国情政情和政治发展的特色，为中国政治发展理论研究提供了特定的视角与丰富的知识资源，也提出了政治发展理论研究本土化的要求。

高校学者关于政治发展的理论研究，主要围绕如下内容展开。

1. 对于国外政治发展理论的反思和批评

在我国政治学恢复重建初期，高校学者译介了若干国外政治发展的作品，但是，在中国社会主义民主政治建设和政治发展实践中，国外的理论凸显出其固有的弱点，从而促使高校学者学者反思国外理论及其在中国的适应性。

有学者认为，国外政治发展的宏大理论所暴露的问题恰恰在于其理论体系过于追求普适性意义，但是忽视了特殊性意义的重要性，过分强调普遍价值含义而忽视了现实中的具体政治需求。国外政治发展理论的困境在于它所追求的理论普适性目标和有西方中心论之嫌的价值体系的冲突。从一开始，国外政治发展学者们就想建立一个能够用来分析解释所有特定社会政治发展现象和规律的宏大理论，这一宏大理论不但要能够自成一个完整的体系，而且要具有理论诠释的意义。国外政治发展的宏大理论试图从动态和静态两个层面建立自己的理论体系。从动态的层面，政治发展被定义为政治形态从低级阶段向高级阶段，或者从传统阶段向现代阶段的变迁过程。不管是将这种发展阶段分为传统和现代的二分法，还是传统、现代化和现代的三分法，政治发展都被认为是方向已定、目标明确和不可逆转的政治现代化过程。这种传统—现代的发展观试图将发达国家的政治特征与发展中国家的政治特征进行区别，并从它们的差异中归纳出彼此不相容的政治形态，以前者的政治特征作为后者应该追求的发展目标,并以此建立政治发展的理论分析框架。这一发展的理论框架在寻求其理论解释的普遍意义的同时,也表现出一种明显的、具有道德价值判断的观点,即把国外(或更确切地说把英美)现代政治体系看作成功经验和优势体制的楷模,并将其介绍和推广到发展中国家。从静态的层面,政治发展理论则试图通过建立一整套测定指标来衡量特定时期的特定社会政治发展的程度。尽管各学者提出的测定指标的表述和归类各有不同,但被多数人所认同的指标明显具有西方政治系统的特征和价值观的烙印,许多标准与非西方民主政治体制的经验和现实相去甚远。

从研究途径和价值取向的角度来看,国外政治发展理论主要是建立在多元主义理论价值基础上的。国外政治发展理论在多元主义理论基础上形成了与之配套的概念、规范和研究途径,进而影响了整整一代热衷于政治发展研究的学者。当这一大批用多元主义理论武装起来的学者将其研究兴趣投向了拉丁美洲、非洲和亚洲地区新兴国家的发展研究时,他们中的大多数人基本上是从既有的政治系统和结构功能体系的理想模式出发来评估发展中国家的现实的。从这一立足点出发,他们将发展中国家的政治系统和社会结构方面与西方国家之间存在的差异,确定为传统性、政治系统不发达和结构功能失调,以对应西方政治体系的现代性、政治系统发达和结构功能良好。同时,他们的研究热情不仅仅在于对这些地区发展进程的经验性学术探讨和研究,而且更注重以西方的经验来促成这些地区的发展进程,将西方民主、多元主义和社会正义标准移植到这些地区。

国外政治发展理论在概念、理论假设和方法论上所出现的问题和局限,以及在价值取向方面对发达国家政治发展模式的偏袒,使其所追求的普适性目的受到多方面质疑。发展中国家在现代化过程中不可避免地要面临政治体制的变革,政治体制的变革既有可能推动进一步的发展，也有可能摧毁继续发展所依赖的政治秩序和制度条件。关键问题是如何选择政治策略，使政治变革有利于发展而不是相反。这种选择是困难和复杂的，既不能脱离世界经济体系的压力，又必须考虑自身历史传统的制约和现实社会政治变化对体制转型可能带来的冲击。因此，有必要对国外政治发展理论进行批判性评述，以比较和总结发展中国家政治发展理论的疏失和方法论的局限，寻找更可靠的理论分析工具[①]。

有学者在批评美国政治发展理论家阿尔蒙德的理论时指出，阿尔蒙德的政治发展理论主要以西方国家的结构分化为参照系，过分强调结构分化路径。实际上，建立在发达国家结构分化政治发展经验基础上的政治发展理论过分强调了政治发展的单向性。二战以后，许多新兴国家的现代化进程已经表明，政治发展是多元的，结构分化式的政治发展仅仅是发展中国家政治发展进程中可供选择的一个模式，但绝不是唯一的模式。[②]

有学者分析指出，国外政治发展理论是随着二战后大批民族独立国家的产生和对二战中的法西斯体制的理性反思出现的。经过了“现代化理论”、“稳定理论”、“制度变迁理论”以及“第三波理论”四个历史阶段，总体看来，其致命弱点有二：一是宏观上在价值观领域的西方中心主义；二是微观上在分析工具领域的局限性。[③]

2.**政治发展的含义**

有学者指出，政治发展是伴随人类政治生活不断向前发展的一种必然趋势，从本质而言，指的是人类政治生活体系在结构上日趋合理，在功能上日趋完善的一个历史过程。它在不同的历史阶段有不同的表现特征，在前进的过程中包括两方面的内容，既包含政治的正向变迁，也包含政治的负向变迁——政治衰败，但总的发展趋势是与人类历史的进步趋势相一致的。[④]

① 徐湘林.从政治发展理论到政策过程理论——中国政治改革研究的中层理论建构探讨[J].中国社会科学,2004(3).

② 陈剩勇,钟冬生.论阿尔蒙德的政治发展理论[J].浙江大学学报,2007(5).

③ 王孝勇,周莹冰.西方政治发展理论的生成、发展与批判[J].前沿,2008(1).

④ 孙景珊.政治发展研究述要[J].理论界,2007(1).

有学者研究认为,国外现代政治发展研究中的诸多观念、理念及研究工具,早已经出现在19世纪及20世纪早期(或许更早时期)的理论家的论著当中。首先,政治发展理论中所注重的进步主义倾向,是近代以来的数代政治思想家所关注的重点所在。一般说来,进步主义者坚信人类由于自身控制自然能力的不断增强而正在经历着从低级向高级的线性发展,在这一点上,持乐观主义信念的政治发展理论家们是没有异议的。政治发展的第二个重大的方面就是文化的世俗化,因此,在政治发展研究中讨论文化,也就是讨论一个政治社会中的整体价值观,社会成员的行为模式和心理取向向世俗性转化的过程。在西方政治思想史中,这一文化世俗化的进程显然有其独特的思想发展历程,它一方面是同神学体系与神话价值观相分离的过程,另一方面又是凸显人的地位与人的认识能力的过程①。

① 白锐.政治发展理论的思想史根源剖析.武汉大学学报:哲学社会科学版,2004(5):642~647.

有学者指出,就狭义而言,政治发展特指现代化过程中的政治变迁,不仅包括现代化带来的正效应,也包括现代化产生的负效应。但如果不是从经验而是从规范的意义上讲,政治发展指的是现代化过程中积极的政治变迁。另一些学者持广义的理解,即在时间上将政治发展置于人类政治历史发展的长河中进行分析,在空间上置于人类社会所有政治共同体的范围进行分析。有学者认为,政治发展"意味着建立适应一个特定社会历史—社会—文化要求变化的、稳定的政治体系。"②

② 王沪宁.比较政治分析[M].上海:上海人民出版社,1987:239.

有学者认为,在确定政治发展的含义时,应该以马克思主义政治理论的社会历史观为理论基点,因此,政治发展至少应包括以下几方面的本质特征:其一,政治发展的终极目的是人类的解放与发展。其二,政治发展是一个阶段性的发展过程。其三,政治发展是一个系统全面的发展过程。其四,政治发展是一个自主的多样性发展过程。其五,政治发展是一个不断付出代价并扬弃代价的过程。③

③ 王彩波.利益分化与中国渐进性政治发展[J].江苏社会科学,2004(4).

也有学者指出，政治发展理论有其明确的研究对象和范围，它以政治发展（Political Development）问题，尤其是欠发达国家的政治发展问题为研究主题，围绕发展中国家如何实现民主转型、如何实现社会稳定、如何克服政治腐败、如何化解政治危机、怎样完成政治文化改造等核心问题展开学术探讨，从而形成了丰富的研究成果。这些研究成果被统称为“政治发展理论”。[①]

还有学者归纳指出，关于政治发展概念的不同理解体现在以下多个方面：第一，政治发展是狭义还是广义的？第二，政治发展是规范性的还是描述性的？第三，政治发展是单一的还是复合性的？第四，政治发展与政治现代化的关系怎样？[②]

探讨政治发展概念及其理论的内涵还涉及如何界定政治发展与政治现代化之间的关系。有学者认为，“一方面，政治发展是政治现代化的积极的正面的结果，另一方面，政治发展被视为政治现代化的手段，通过政治发展建立一个适应和促进现代化发展的政治体系，支持社会和经济发展”[③]。另有学者认为，“现代化过程在政治方面的积极变化，大体上是人类最近几个世纪以来的政治发展，或者换句话说，是传统政治体系向现代政治体系转变的整个过程以及在这个过程中政治的各个层面和要素实现从传统型向现代型转变的各种特征的总和”[④]。

3. **政治发展的目标**

高校学者关于政治发展的目标的理论研究及其看法主要有以下内容。

(1)政治民主。有学者指出，民主是人类文明与进步的标志，专制是愚昧落后的表现。民主不同于其他国家形式之处，在于它承认公民在政治上拥有平等的权利，并从制度上规定这种平等的权利能够得到实现。21世纪中国的政治民主目标主要包括三个层面，即政治观念进步、政治参与的广泛性、政治统治与政治管理的民主化和制

① 张星炜.试析政治发展理论的缘起[J].中共四川省委党校学报，2007(9).

② 唐展风，贺艳菊.政治发展概念辨析[J].湖湘论坛，2007(3).

③ 孙关宏，胡雨春.政治学[M].上海：复旦大学出版社，2002：245.

④ 施雪华.政治科学原理[M].广州：中山大学出版社，2001：924.

度化[①]。

(2)政治稳定。有学者认为,发展是任何一个国家都面临的首要任务,而发展需要稳定的政治社会环境;同时,人民渴求安定和平的幸福生活,政治稳定符合人民大众的根本利益[②]。追求政治稳定,就是要维护有效的社会控制,谋求稳定的政治秩序,适时化解政治风险,避免政治危机的发生。在中国的政治发展进程中,政治稳定既是中国政治发展的重要目标,也是中国政治发展不可缺少的环境和条件。

(3)政治效能。有学者指出,政治效能是指"国家、政府和政党等政治主体有较高的能力、能量,高效率和高效益,从时效、适效、实效等几个方面能够适应瞬息万变的国内外形势,能够把握利用每一个时机进行调整和创新。以政治的高效能促使广大社会成员政治效能感的增强,进而介入政治过程,促进政治民主化的进程"。此外,政治发展的关键是尽可能地控制包括统治、教育、宣传、治理等方面的费用的政治成本,提高公共效益。政治发展在效能方面的要求意味着:机构的设置要符合保证统治和治理顺利进行的目标,满足精简和节约成本原则;权力的配置要科学,运行机制要高效,无权力重叠和权力真空地带,各部门权、责、利明确,公职人员各谋其政,各司其职,人尽其才;高效通畅的信息渠道和科学民主的决策机制,既保证集思广益,又满足决策快捷科学有效。

(4)政治廉洁。政治廉洁意味着公共权力规范、公正和健康运作,公共权力服从和服务于公共利益,而不是个人或集团谋取私利的工具。学者就此指出,在中国政治发展过程中,政治廉洁的含义包括三个方面:一是建立有效的权力运行制约机制和监督机制,从制度上保证行使权力的主体掌权奉公,执政为民,从源头上防止权力腐败;二是制定合理的资源分配制度,杜绝公职人员的非法所得,防止公职

① 熊光清.论21世纪中国政治发展的基本目标[J].社会科学研究.2006(1).

② 王继停.当代视角下的中国政治发展目标与战略模式选择[J].求实,2006(2).

人员享有特权和特殊待遇；三是防止和克服政治权力异化与权力滥用，消除权钱交易、贪污腐化、生活堕落等各种政治腐败现象，实现政治清明。[①]

关于对于政治发展理论的概括表述，常常与特定的语境和特定的政治实践背景紧密关联。高校学者关于政治发展目标的研究常常与对中国政治发展实践的解释密切相关。有学者认为，中国政治发展就是中国共产党的纲领性文件所表述的，"在中国共产党领导下，在人民当家作主的基础上，依法治国，发展社会主义民主政治"（见十五大报告）。这里所规定的政治发展的目标就是发扬民主，健全法制，实现社会安定团结，政府廉洁高效，政治局面生动活泼。把中国政治发展的目标规定为民主法制、安定团结、政府廉洁高效、政治局面生动活泼，应该说是具体的、明确的、可操作的。[②]

在确定政治发展目标的基础上，高校学者还研究了何者优先的问题，这其中"民主核心论"和"稳定前提论"是具有代表性的观点。

持"民主核心论"的学者认为，中国社会正处在发展的关键时期，在希望中也潜藏着各种危机。化解危机的方法可能是多元的，其中有经济的，也有文化的，但是，实现真正的政治民主是关键环节。以人民的自由为体，以人民的民主为用的民主政治制度，应该是实现中华民族复兴的制度保证。第一，在国家与社会的关系中，国家强势是近千年来形成的中国社会传统，要改变这种状况，就只有实行民主政治；第二，民主政治随不能绝对保证最优秀的人都能走上领导岗位，却能防止无能之人滥竽充数，因此，民主政治可以为德才兼备的人发挥自己的才能提供更加广阔与现实的可能性；第三，民主政治可以让人民大众充分发挥自己的聪明才智；第五，民主政治可以为解决腐败问题提供最有效的解毒剂。[③]

持"稳定前提论"的学者认为，可以把当前中国政治发展过程中

① 熊光清.论21世纪中国政治发展的基本目标[J].社会科学研究，2006(1).

② 谢庆奎.新中国五十年的政治发展[J].理论学习与研究.1999(5).

③ 吴根友.政治民主与中华民族的真正复兴[J].http://www.tecn.cn/data/detail.php?id=7334.

的一个"节"化约为:稳定是政治发展的首要目标,要保持社会政治的稳定,就必然依靠中国共产党的整合作用,而要在新的历史条件下坚持党的领导,实现政治稳定的可持续性,就必须拓展实质性的政治参与,扩大直接选举的范围,而这又可能使党的领导地位受到挑战。这就决定了中国政治发展目标的多元性、复杂性甚至冲突性;既要扩大政治参与,又要保持政治稳定;既要坚持党的领导,又要扩大直接选举。在当前这个社会转型的关键时期,面对这种复杂情境,必须对政治发展目标的次序和实现策略进行权衡。具体到中国当前的实际情况就是:其一,发展党内民主重于发展党外民主;其二,发展基层民主重于发展高层民主;其三,遏制腐败蔓延重于发展政治民主;其四,提高政府能力重于扩大政治参与。[①]

4.政治发展的动力

有学者认为,政治发展的动力归根结底要到经济生活中寻找,经济和政治是相互推动变化的,但一个社会的经济动力和政治动力,归根到底都来自人民的积极性[②]。

有学者则认为,政治发展是受动性与自主性并存的过程,其动力来源可以分为两个方面:一是政治领域外的动力资源;二是政治领域内的动力资源。前者主要体现为对政治发展具有决定意义的经济和社会发展,后者主要体现为决定政治生活具体形式的法律制度、意识形态以及大众政治文化等。[③]

有学者主张从文化的层面揭示政治发展的动力走向。该学者就此指出,人们在揭示推动政治发展的动力时,往往倾向于依赖一种表象的判断,即政治发展的深度与广度取决于国家力量主动选择的程度,政治力量的规模、效力以及对社会的渗透决定着对整个国家政治生活模式的塑造。这样一种表象判断实际上遮蔽了中国政治发展的内在属性与历史逻辑。因为在国家强力的背后是一种文化的约定与

① 汪永成.论当前政治发展目标的次序和实现策略[J].理论与改革,2000(5).

② 李景鹏.试论政治发展的动力和目标[J].天津社会科学,1998(3).

③ 林尚立.中国政治发展的动力资源[J].探索与争鸣,2002(2).

历史惯性的遗留。企图超越历史规定和文化笼罩的政治发展战略往往导致一种相反的结果。因为任何政治选择在其实践过程中都必须经受文化的洗礼和历史的检验，从文化对政治发展的折射中，会很清楚地看到政治发展的动力和阻力到底在哪里。[①]

也有学者认为，不应抽象地把政治生活视为一个系统并企图从中找寻并不存在的政治发展的终极原因，而应从政治的本质属性出发，在社会大系统中探寻政治发展的动力。因此，可以把社会基本运动归结为中国政治发展的原动力。[②]

5. **中国政治发展的理论研究框架**

经历了理论的吸收、观念的冲突和思想的沉思之后，高校学者意识到，在吸收国外研究成果的基础上，结合本国现实国情，谋求理论创新，构建具有中国特色的政治发展理论框架是学术和理论研究的重要任务。基于这样的认识，高校学者对我国政治发展理论建构模式展开了探讨。

(1)新制度主义政治学的借鉴。

20 世纪 90 年代中期，高校学者开始关注新制度主义政治理论，尝试运用这一理论中的元素解释中国政治发展。首先，按照“路径依赖”理论，人们过去作出的选择决定了他们现在和将来可能的选择；既有方向的扭转往往需要借助外部效应，据此，引入外生变量或在政府主导下实现创新，应该是打破制度循环轨迹的必要途径。其次，在日常生活中自发形成的非正式的行为规范(类似于所谓的“潜规则”)不仅在社会生活中更有效力，而且也是一切正式规范和制度运转的基础，因此，尊重传统并在传统资源之内开发新的制度要素，而不是在否定传统的基础上外生和嫁接一种新的制度改造方案，可能是谋求政治发展的有效途径。最后，既然自下而上自发生成的制度规范更有意义，那么，政治发展的战略选择就更不应该仅仅局限于国家和

① 刘剑君.当代中国社会主义的政治发展:从文化的角度看[J].理论学习月刊,1998(4).

② 蔡益群.当代中国政治发展原动力的系统分析[J].探索与争鸣,2000(12).

政府层面的制度改造，而更应该以促进民间自治组织与制度的发育为方向。

在此基础上，有学者提出分析中国政治发展和变迁的“制度范式”理论：用政治结构所安排和影响的产权制度构成一个宏观的制度结构(Structure)；制度结构决定或影响着由组织、政府与企业关系、交易方式(计划或市场)、意识形态等元素构成的中观的制度安排(System)；制度安排的样式直接影响着由政治合法性和经济绩效构成的制度绩效(Performance)。这一理论架构简称为“SSP”范式①。也有学者开始研究中国改革实践中源于政府推动的制度变迁与制度建设；还有学者则更加关注来自基层的制度创新，如中国农村的村民自治和城市的社区建设等。②

(2)“治理—善治”理论路径

20世纪末，“治理”概念被广泛应用于政治发展研究中。有学者认为，治理概念将政治体系与其环境要素联系起来，使政治学从更加具体的政策角度和社会合作的立场出发，思考如何驾驭经济和社会，以及如何实现社会集体目标的问题。有学者认为，“治理”是一个比“统治”含义更加宽泛、内容更加丰富的概念。它强调“社会”与“政府”的共管共治，强调市场、层级、网络等不同机制和角色在社会管理中的重要作用，强调政府、中介组织(民间团体和组织)、基层社会与个人相互合作对于社会治理的重要意义。治理理论提出了社会管理的新模式——自上而下的政府管制＋自下而上的社会自治，这种新的治理理念为我们审视政治发展提供了新的视角，它所倡导的综合治理模式对于中国政治发展目标和方式的设定具有特定意义。

有学者进一步指出，依据治理理念，政治发展可以被分解为两个方面，或者可以被看作一个“双边进程”，即一方面确定和制约公共权力，另一方面建立和健全社会约束机制，实现“规制社会”的目的。作

① 杨光斌.新制度主义政治学在中国的发展[J].教学与研究，2005(1)；另见杨光斌.中国经济转型中的国家权力[M].北京：当代世界出版社，2003：11—12.

②华中师范大学张厚安教授、徐勇教授等一批学者多年从事中国农村问题研究，取得丰富成果。城市社区建设也是最近几年的研究热点，其研究成果以潘小娟著《中国基层社会重构：社区治理研究》(中国法制出版社2004年版)和陈伟东著《社区自治：自组织网络与制度设置》(中国社会科学出版社2004年版)为代表。

为政治发展的主导力量，政府在实现自我改造、建立约束公权的制度规范的同时，改变管理模式，重塑政府规制，利用社会自发形成的风俗、习惯、乡规民约、宗教、道德和市场机制，创制法律和政策，实现社会良好治理（“善治”），是谋求社会和谐发展的根本途径[①]。此外，治理理论还主张通过市场、国家和社区三位一体来实现社会治理，认为社群（或社区）组织采取共同行动来参与国家和市场活动，可以改善政府服务，使其工作更加透明和更有责任心。当有组织的公民团体建设性地加入国家管理过程的时候，社会资源将得到扩大，发展将得到促进，治理将变得更加有效。因此，鼓励志愿组织和非营利性机构（即所谓的“第三部门”）的发展，促进公民社会的健康发育，应当纳入国家发展战略。

① 燕继荣.中国政治发展：理论与实践的双重变奏[J].学习与探索，2006(3).

高校学者尝试用治理理论框架来审视中国政治发展。有学者根据民主和善治原则，结合中国的具体实际，发展出一套“中国民主治理”的评估标准，包括法治、公民的政治参与、多样化、政治透明度、人权和公民权状况、对党和政府的监督、党内民主和多党合作、基层民主、民间组织的状况、合法性、责任性、回应性、效率、秩序和稳定等。也有学者依据政治学有关“政府政治体系”与“非政府政治体系”的划分，引用治理理论，按照“双边治理”的思路，再结合中国的实际情况，发展概括出中国政治发展的三条线路，即“治民”（社会治理）、“治政”（政府治理）与“治党”（政党治理）[②]。

② 燕继荣.“治理”观念下审视中国政治发展[J].学习时报.2005:272；燕继荣.治民·治政·治党——中国政治发展战略解析[J].北京行政学院学的，2006(1).

(3)其他相关理论途径。

在中国政治发展理论构建方面，民主政治模式理论研究所重要的相关理论。这种理论构建以政治生活的民主发展作为政治发展的核心目标和衡量标准，结合中国的实际情况，分别关注“体制内”的民主化改造和“体制外”的民主政治建设。有学者认为，与社会学、经济学等学科对民主政治发展的研究更多地侧重于国家—社会、政府—

市场关系等“体制外”问题不同,政治学应当根据其学科特质,将政治发展研究直接触及政治体制改革和制度建设这一民主化的“体制内”层面。这样才能使政治学研究在我国政治发展理论构建中发挥其应有的作用[①]。

在民主政治模式中,有的学者立足于国家制度层面的民主改造(健全法制,完善人民代表大会制度,等等),而有的学者立足于基层民主建设(村民自治,基层民主选举、民主管理、民主监督,社区建设,等等)。二者虽然路径不同,但以民主化作为政治发展的核心内容是其基本共识。

此外,也有学者认为,中国政治改革研究目前的状况是宏大理论阐释与就事论事个案分析之间的两极分化,缺乏架通抽象理论研究与具体经验分析的桥梁——“中层理论”;根据中国政治改革渐进性与持续性的事实和特征,可以构建政策过程理论作为政治改革研究的中层分析理论,用于改革的经验性描述、理论概括和理论指导[②]。

① 胡伟.新世纪中国民主政治发展与政治学的使命[J].浙江学刊.2004(1).

② 徐湘林.从政治发展理论到政策过程理论.//徐湘林.渐进政治改革中的政党、政府与社会(政治发展与政府管理研究丛书).北京:中信出版社,2004.

三、行政学基本理论及其相关专题研究

(一)行政管理(公共管理)的含义和行政学基本理论体系

关于行政管理的含义,高校学者做过这样的概括:是以行政管理为对象的一门科学,是研究国家行政组织对国家和社会公共事务进行有效管理的规律的科学,是由行政概念、行政范畴和行政原理构成的逻辑体系,是有关行政组织、行政管理行为、目的的系统的知识体

系。行政学的任务就是通过对行政现象的研究，概括出行政概念、范畴及行政原理，形成系统的科学知识体系，以指导行政实践。[①]尽管如此，行政管理学科发展至今，在行政管理基本含义和基本理论体系建设方面，仍然存在很大空间。

① 刘怡昌，许文惠，徐理明. 中国行政科学发展[M]. 北京：中国人事出版社，1996:32.

1. **行政管理的基本含义**

（1）行政管理。

自 80 年代行政学恢复重建以来，高校学者对于行政管理的含义进行了广泛讨论。20 世纪 80 年代使用得最为广泛的概念是行政管理。有学者认为，学者频繁使用行政管理一词，究其原因，“很可能是当时国内‘各项工作都讲管理’的缘故”[②]。对于什么是行政管理，有广义和狭义的定义之分，“从广义上说，不一定是行政机关才是行政管理，各部门都有行政管理……从狭义来说，就是国家执行机关即行政机关，更具体说，就是国务院及其所属部门，狭义的行政管理就是指这些行政机关的工作”[③]。有学者对我国行政管理学科创建以来的有关行政管理的含义的理解进行了概括：第一，从“权力分立”的角度来理解行政。认为行政是除立法、司法之外的一切国家活动。第二，从政治与行政分离及不同功能来理解行政。认为政治是国家意志活动的领域，主要指国家政策的制定；行政是实现国家目的的方法和技术，主要是指国家政策的执行。第三，从管理功能的角度来分析和解释行政。认为凡是管理都是行政。第四，全面、综合地分析解释行政。认为行政是一个广义、多功能的概念。[④]

② 夏书章. 关于开展行政管理学研究的一些粗浅认识[M]//国务院办公厅调查研究室编. 中国行政管理学初探. 北京：经济科学出版社，1984:200.

③ 夏书章. 关于开展行政管理学研究的一些粗浅认识[M]//国务院办公厅调查研究室编. 中国行政管理学初探. 北京：经济科学出版社，1984:197.

④ 刘怡昌，许文惠，徐理明. 中国行政科学发展[M]. 北京：中国人事出版社，1996:29.

（2）行政管理学与行政学。

关于行政管理学与行政学，有学者认为行政管理就是行政学，有学者则认为两者是不同的。有学者指出：“行政管理也即行政，主要是指国家行政机关对国家政务的管理活动”。[⑤]“行政管理学，过去通称为行政学”。[⑥]也有学者认为，行政管理学的研究内容是行政学的

⑤ 许文惠. 行政管理学[M]. 北京：红旗出版社，1992:1.

⑥ 夏书章. 关于开展行政管理学研究的一些粗浅认识[M]//国务院办公厅调查研究室编. 中国行政管理学初探. 北京：经济科学出版社，1984:200.

一个组成部分。认为行政学研究可分为行政哲学、行政管理学和行政工艺学三个层次。[①]还有学者认为,行政学研究包括普通行政学、行政管理学和行政法学。行政管理学,是关于行政活动的过程的研究。[②]

(3)公共行政学与公共管理学。

公共行政学是20世纪90年代以后被广泛运用的范畴,[③]在很多学者看来,这两个概念是等同的。而关于公共行政学与公共管理学,在高校学者中却存在着广泛的争论。有学者认为,这两个词语指代的是同一个事物。有学者认为:"公共行政学,在我国一般称为行政管理学,近几年亦被称为公共管理学,是一门研究国家行政组织及其社会公共事务管理活动的科学。"[④]也有学者认为"行政管理学又称行政学、公共事务管理学、公共管理学等,英文名为Public Administration。这些名称不存在本质上的区别,都是关于政府行政现象的研究,但却从一定意义上反映了行政管理学的发展历程,反映了研究理念和研究侧重点的差异。"[⑤]

相比之下,更多高校学者认为,公共行政学与公共管理学是不同的。有学者认为,公共管理学是对公共行政学的继承与发展。也有学者认为,公共管理学是以公共行政学、政策科学为基础,同时又吸收了经济学、管理学和社会学等其他学科的最新成果而发展起来的。[⑥]有学者认为公共管理代表一种新的范式,公共管理是一种研究的新途径与新范式。有学者指出,公共管理学与传统公共行政学的区别在于:首先,就研究对象与范围来说,公共管理学并不像传统的公共行政学那样,将自己主要局限于政府行政机关特别是官僚机构的研究上,而是把研究对象扩大到其他政府机关(立法机关和司法机关)和非营利组织或第三部门甚至私人部门的公共的方面。其次,公共管理学的学科基础更广泛、更扎实。传统的公共行政学的主要

① 王沪宁.行政学研究的层次分析[J].行政与人事,1986(8).
② 孙遂.行政学研究体系浅探[J].政治学研究资料(湖北).1988(3).
③ 张帆."行政"史话[M].北京:商务印书馆.2007:195.
④ 彭和平.公共行政管理[M].修订本.北京:中国人民大学出版社,2004:1.
⑤ 徐晓雯,从建阁.行政管理学[M].北京:经济科学出版社,2004:5.
⑥ 王乐夫,李珍刚.公共管理与公共行政[J].江西社会科学,2004(11).

学科基础是政治学，尤其是以官僚体制理论和政治——行政二分法作为理论基础，而公共管理学较多地依赖于经济学和工商管理学，并且大量运用经济学的理论和方法来分析公共管理问题。再次，公共管理学将研究焦点由传统公共行政学的“内部取向”转变为“外部取向”，由重视机构、过程和程序研究转到重视项目、结果与绩效的研究，这使得战略管理、公共管理的政治环境、项目执行、绩效评估、公共责任制及公共管理伦理这样一些在传统公共行政学中没有的或不受重视的主题成为公共管理学的核心主题。最后，公共管理学也涉及大量的公共行政学没有涉及的其他主题，如公共物品、公共选择、集体行动的逻辑、委托——代理、产权、交易成本、交换范式、制度安排与创新、政府失败、准市场、学习型组织、多元组织、认知风格、管理网络、管理工具、成本核算、信息管理系统等。[①]有学者则认为，公共管理学远不只是行政学的发展新阶段，而是一门新的学科。如有学者认为，现代公共管理应该是比公共行政更加广泛的研究领域，通过重新整合政府内部关系，整合政府与其他管理主体和社会行为主体之间的关系，通过吸收公共行政之外的文献和思想作为其理论基础，通过借鉴新公共管理运动及其他政府改革思潮的方法论，现代公共管理可以被视为一个与公共行政相区别的新学科。[②]还有学者认为，公共管理并不新奇，它只是行政学发展过程中的一种表现。如有学者指出，公共管理并不是重塑政府的理论，也不是行政学发展的一个新的理论范式。在某种意义上，它恰恰是西方的工具主义精神的复辟。[③]

① 陈振明. 什么是公共管理(学)——相关概念辨析[J]. 中国行政管理,2001(2).

② 张庆东. 公共行政与公共管理：概念辨析与学科界定[J]. 中国人民大学学报,2001(5).

③ 张康之. 公共管理热的冷思考[J]. 西安政治学院学报,2001(6).

2. 公共行政与公共管理的翻译问题

公共行政的英文为 Public Administration。但这个简单的英文词却在学界陷入了翻译的困境，创造出公共行政与公共管理两个词，并为此展开多方面争论。有学者主张将公共管理翻译为 Public

Administration。但是这种主张的理由各不相同。一种观点认为，公共管理只是公共行政发展过程中的一个结果。如有学者认为，公共管理是在对公共事务的管理基础上发展起来的，由此特别强调管理取向，但始终只是对公共行政的一种发展和完善，是公共行政发展过程中的一个结果，因此，应该译作 Public Administration 以突出其与公共行政的继承性。[①]另有一种观点认为，公共管理之所以要翻译成 Public Administration，是因为在英语中 management 指低层次的管理，administration 指高层次的管理。将一级学科定为 Public Management，将二级学科定为 Public Administration 似乎不合情理。也有学者主张将公共管理翻译为 Public Management，其理由主要是：其一，认为公共管理学代表新的范式与方向，因此要用新的英文翻译。如有学者认为，公共管理是公共部门管理研究领域继公共行政(第一种途径)、公共政策(第二种途径)之后出现的一种新研究途径(第三种途径)，它代表了该学科领域发展的新方向。[②]有学者也持类似观点，认为我们应实现从行政管理范式向公共管理范式转变，把由政府以外其他公共组织参与的公共事务管理活动也包括到公共管理的范畴中来。[③]其二，公共管理只不过是公共行政学的管理角度的研究，因此，公共管理不能翻译成 Public Administration，而应翻译成 Public Management。如有学者将公共管理称为公共行政的管理主义[④]，有学者认为公共管理并不是行政学发展的一个新的理论范式，而是西方工具主义精神的复辟。[⑤]因此，关于公共管理的翻译问题，尽管表面上是概念之争，实则不同学者对公共管理的学科体系的认识有差异。

3. **行政管理(公共管理)的学科体系**

从 1986 年开始，我国行政管理学科研究与教育得到恢复，在高等教育政治学一级学科中设置了行政学或行政管理二级学科。到

① 赵宏宇.浅谈“公共管理”、“行政管理”与“公共行政”[J].云南行政学院学报，2003(5).

② 陈振明.公共管理范式的兴起与特征[J].中国人民大学学报，2001(1).

③ 薛澜，彭宗超，张强.公共管理与中国发展——公共管理学科发展的回顾与前瞻[J].管理世界，2002(2).

④ 张成福.公共行政的管理主义：反思与批判[J].中国人民大学学报，2001(1).

⑤ 张康之.公共管理热的冷思考[J].西安政治学院学报，2001(6).

1992年，我国的行政管理研究与教育已经初步形成自己的学科体系。[①]

对于行政管理作为的独立学科地位，从其诞生起就一直有学者在提出疑问，至今仍有学者对此有不同看法。有学者认为行政管理（公共管理）缺乏一个统一的理论。与其他人文社会科学领域的学科相比，行政管理（公共管理）学科需要从更多的传统学科领域中汲取营养。同时，行政管理（公共管理）学科面向实践的取向更加容易给人造成缺乏理论根基的印象。[②]有学者借鉴工商管理领域分析企业生存与发展所采用的分析工具，即产业壁垒与盈利性之间的关系，对行政管理（公共管理）学科体系的生存现状进行分析，认为当前行政管理（公共管理）学科正处于进入壁垒很低而退出壁垒较高的尴尬境地。并提出完善行政管理（公共管理）学科体系，不仅需要学界加快加大理论构建的步伐和力度，促进学界与实践部门之间的良性互动，更需要实践部门给予实质性的回应和支持。[③]

关于行政管理的学科体系，高校学者有不同的论述。20世纪90年代，有学者将其概括为几种模式：一是因素排列式，从行政管理学的概念、特征、管理职能来构建研究框架；二是板块结合式，从管理学的一般理论、原理综合分析行政管理某一领域的问题，探求其内在的相关性及关联性；三是纵横交叉式，就是首先对行政管理的一般原理作必要的说明，然后再按照这些原理分门别类地研究多个部门的行政管理活动；四是系统构建式，按"行政管理输入系统——行政管理动态系统——行政管理输出系统——行政管理反馈系统"构建其理论框架；此外，还有一种主题分列式，就是针对行政管理学中的某一专门的问题作专题研究。[④]

1997年，新的"授予博士、硕士学位和培养研究生的学科、专业目录"颁布，增设"管理门类"学科。"管理门类"下设五个一级学科，

① 薛澜，彭宗超，张强．公共管理与中国发展——公共管理学科发展的回顾与前瞻[J]．管理世界，2002(2)．

② 薛澜，彭宗超，张强．公共管理与中国发展——公共管理学科发展的回顾与前瞻[J]．管理世界，2002(2)．

③ 姜国兵．对完善我国公共管理学科的一点思考[J]．江南社会学院学报，2008(1)．

④ 刘怡昌，许文惠，徐理明主编．中国行政科学发展[M]．北京：中国人事出版社，1996：33．

公共管理便是其中之一。“公共管理”一级学科的设立,极大改变了行政学科原有的学科定位及学科结构,也引发了对于公共管理学科体系的广泛争论。

根据新的学科设置,公共管理一级学科下设五个二级学科,即行政管理、社会医学与卫生事业管理、教育经济与管理、社会保障及土地资源管理。有学者对此提出批评。首先,行政管理学与其他二级学科呈现非对称关系。行政管理学与其他二级学科之间的关系不是横向的领域分工,而是与所有四个二级学科存在研究对象上的某种交叉。其次,二级学科之间缺乏有机的内在联系。公共管理这一外壳虽然在形式上统辖了原来分属于政治学、教育学、社会学等一级学科的二级学科,但这些二级学科在研究范畴上具有哪些内在的联系,在各自的研究领域内需要哪些共通的理论基础,目前仍没有明确的答案或基本的共识。再次,二级学科所涵盖的研究领域极不完整。公共管理学以政府和其他公共组织的管理活动为研究对象,其研究的范畴和领域非常广泛。……除了教育经济与管理、公共卫生管理、社会保障、土地资源管理外,公共交通、环境保护、科技政策等,都属于其研究的范畴。现有二级学科覆盖了其中四个而舍弃了其他领域,那么取舍的标准和依据是什么?特定研究领域能够成为二级学科的标准又是什么?这些目前没有令人信服的答案。[①]

对于我国公共管理学科体系存在的问题,高校学者提出解决路径。有学者认为,公共行政、公共事务管理、公共政策构成当代公共管理学科的三大支柱。有学者提出,在公共管理一级学科下,设公共政策、政府管理、非政府部门管理三个基本的二级学科。而把一些具体领域的管理,如教育经济管理、社会保障、医疗卫生管理等,作为相应的学科研究方向来考虑。[②]有学者通过对目前学科设置的分析反思,提出学科设置的两条解决思路:一是现有学科关系下的“开放式”

① 周志忍.论公共管理的学科整合:问题、挑战与思路[J].北京大学学报:哲学社会科学版,2004(4).

② 薛澜,彭宗超,张强.公共管理与中国发展——公共管理学科发展的回顾与前瞻[J].管理世界,2002(2).

调整：不触动现有五个二级学科之间的基本关系，但可以突破现有的一级学科边界向外扩展。所以，公共管理应该留有向外拓展的余地，随着社会需求和基础条件的成熟，增设或容纳其他二级学科。二是以行政管理学为基础建立开放式学科结构。开放同样意味着一级学科边界开放。所谓以行政管理学为基础，就是把行政管理学作为公共管理学的学科基础和平台，与其他四个二级学科不是并列关系，而是某种基干与分支的关系。这意味着行政管理学的某些内容和范畴将成为四个二级学科的共同知识基础。虽然四个二级学科的并行关系保持不变，但由于都以行政管理学为基础，公共管理作为一级学科就能体现出共通性和内在逻辑联系。① 有学者认为，可将公共管理划分为对公共管理实施主体及其运行机制的研究和对公共管理具体职能的研究两大部分。② 有学者认为，政治学范式和管理学范式相互整合所形成的新的研究范式，才是行政研究今后的发展方向。为此，提出将一级学科更名为公共行政与管理。二级学科设为“公共行政”与“公共管理”，前者主要研究政府的内部运行与管理，以及政府对社会不同领域的管理；后者主要研究非政府公共组织的内部运行与管理，以及非政府公共组织对社会事务的管理。③

① 周志忍．论公共管理的学科整合：问题、挑战与思路[J]．北京大学学报：哲学社会科学版，2004(4)．

② 陈庆云．公共管理研究中的若干问题[J]．中国人民大学学报，2001(1)．

③ 张帆．“行政”史话[M]．北京：商务印书馆，2007：249－251．

(二)关于行政管理学(公共管理学)研究方法

高校学者对于行政管理学研究方法的研究，主要集中在三个方面：行政管理学方法论、行政管理学的研究范式和行政管理学研究的中国化问题。

1．关于行政管理学研究方法的一般讨论

高校学者回顾了行政管理学研究方法的发展历程，指出，从宏观层次来看，公共行政学的研究方法大致可以分为两个阶段，即传统公

共行政与新公共管理阶段。传统公共行政的研究方法大体可分为三个阶段:20 世纪 40 年代以前是以政治学与管理学的研究方法为主导时期;40 年代以后是以行为科学与社会心理学研究方法为主导时期;50－60 年代以后是以系统论、信息论、控制论、运筹学为基础的系统研究方法为主导时期。在此基础上,高校学者指出,尽管这三个时期的研究方法各有侧重,但是贯穿三个时期的起主导作用的研究方法仍然是政治学与管理学的研究方法。20 世纪 60－80 年代,公共行政学界开始了对传统公共行政的批判,使得公共行政的发展逐步走向多元化。20 世纪 80 年代以后,伴随着经济全球化和信息技术的发展,一场声势浩大的公共行政改革浪潮在世界范围内掀起。在西方,这场行政改革运动被看作一场"重塑政府"、"再造公共部门"的"新公共管理运动"。这场运动向传统的公共行政发起了挑战,使得公共行政的理论基础、公共行政的理论范式、公共行政的研究方法均发生了变化。[①]

从我国的行政管理学对于方法论的研究来看,1985 年 3 月的《行政管理学》就设立专题介绍了"行政管理学的研究方法",其中不仅强调了"研究方法的指导原则",而且在"国外行政管理学研究方法简介"中列举了法学研究方法、理论研究方法、历史研究方法、比较研究方法、系统研究方法、行为科学研究方法等。[②]此后的若干行政管理学教材也设置了"学习和研究行政学的方法"专题。有关教材指出:"在国外行政学的发展中,学者从不同的角度,采用不同的研究方法来研究行政学,都曾经取得积极成果,例如:法学研究法、历史研究法、行为科学研究法、实验研究法、数量研究法、模拟研究法等;"强调"学习和研究行政学的最根本方法,是辩证唯物主义的方法"。阐述了理论与实际相结合的方法、调查研究方法、比较研究方法、案例分析方法、集体讨论方法。[③]

① 何颖.公共行政研究方法及其走向评析[J].中国行政管理,2005(10).

② 夏书章.行政管理学[M].太原:山西人民出版社,1985.

③ 黄达强,刘怡昌.行政学[M].北京:中国人民大学出版社,1988.

20世纪90年代后期以来，我国高校行政管理学者逐步把行政管理学研究方法作为独立的学术领域进行探讨和研究。检索80年代以来主要的行政学论文期刊，在90年代中期以前，几乎没有关于行政学研究方法的论文。有学者根据1995—2005年间的《中国行政管理》、人大复印资料《公共行政》、2004—2005年间的《公共管理学报》、《公共管理评论》，以及1995—2005年间《政治学研究》、《中国管理科学》、《管理科学学报》中的行政管理学论文总样本量共2729篇的统计发现，关于研究方法的讨论呈不规则的分布情况。1995—1996年间研究方法问题尚未提上日程，1997年开始出现行政管理学研究方法的讨论，这一讨论断断续续，到2001年达到第一个高峰。10年间关于研究方法的论文总共27篇，其中13篇来自《中国行政管理》，而这13篇中的7篇又集中发表于2001年[①]。从2001年第8期开始，《中国行政管理》开辟了"公共行政学研究方法论"专栏，以提供一个探讨行政学研究方法的阵地，弥补我国行政学在研究方法领域的不足，但此栏目只延续了半年。自行政管理学恢复重建以来，有组织地讨论行政管理学方法的学术活动主要有两项：其一是《中国行政管理》杂志于2001年开辟"公共行政学研究方法论专栏"；其二是中国行政管理学会与上海行政学院、上海市行政管理学会于2004年11月12日至14日在上海联合召开公共行政管理方法论创新学术研讨会，许多高校学者出席了会议。在高校行政管理学研究中，广州中山大学在行政管理学领域相对更为注重方法论的教学与研究，翻译出版了一些方法论的学术著作，并有若干关于方法论的研究论文发表。

① 何艳玲.问题与方法：近十年来中国行政学研究评估(1995—2005)[J].政治学研究，2007(1).

90年代后期以来，高校学者关于行政管理学研究方法的讨论，可以分为两种类型，即国外行政管理学方法的介绍和中国行政管理学研究方法的反思。在国外行政管理学方法的介绍方面，有学者提出公共行政学经验研究的16个步骤。有学者介绍了定性研究方法及其在公共行政学中的地位。另有学者着力介绍了公共行政或公共管理研究的定量分析方法和技术。但总体而言,关于行政管理学方法论的研究还处于起步阶段。有学者对于我国行政管理学研究方法进行反思指出:“我们重视质的研究方法,忽视量的方法;重视规范分析的方法,忽视实证的方法;习惯于静态分析,忽视动态分析;重视非生态的方法,忽视生态分析的方法;重视生理分析的方法,忽视心态分析的方法。”有学者着重指出我国行政学研究方法的“非规范化”问题,认为行政学研究有实证研究、诠释研究和批判研究三种取向,这三种取向又有各自规范的研究方法和质量标准,但是相当多的行政管理学研究都没有遵循实证研究、诠释研究和批判研究各自的研究方法。许多似乎是实证研究取向的研究其实并没有运用现代社会科学研究方法。许多研究没有一个明确的研究问题,没有文献评估,没有深入地研究因果机制,没有构建出具有说服力的理论,更没有进行理论检验,或者理论观点没有事实支持。许多非实证研究取向的研究也并没有遵循诠释研究和批判研究的研究方法。[①]有学者指出,我国的行政管理学研究在方法上存在的主要问题是:研究方法单一、落后;不敢根据实际要求而大胆使用不同的研究方法,更无法作出方法论的创新;对方法论的研究亟待加强;忽视对方法论的教育、训练和变革。[②]有学者通过对2000—2004年一些学术期刊发表的行政学论文的分析后认为,我国的行政管理学研究在方法和理论方面存在如下问题:其一,几乎没有真正有效地运用实证的方法来检证自己的理论假设。没有有意识地将这种国际上最为通行的方法与理论加以匹配。其二,我国行政管理学研究中的基础理论研究相当大程度上仍然是在引介国外的行政学与政治学理论,甚至有时候仅仅是在引进概念,而没有引进其理论内核。其三,实证方法的稀缺。[③]有学者认

① 马骏.中国公共行政学研究的反思:面对问题的勇气[J].中山大学学报:社会科学版,2006(3).

② 郭小聪,肖生福.中西行政学研究方法论建设比较分析[J].江西社会科学,2007(1).

③ 董建新,白锐,梁茂春.中国行政学方法论分析:2000－2004[J].上海行政学院学报,2005(2).

为，从公共行政发展的角度看，公共行政研究方法的变革势在必行，而公共行政研究方法的发展方向在于在保持现有研究方法的基础上，加强哲学的形而上研究方法，以提高公共行政方法论研究的层面与研究的视角，克服单一的理性思维与正向思维的研究方式与方法，在尊重科学性的基础上，打破公共行政的以个体为核心价值理念的结构，引入反思、批判、非理性及伦理的价值维度与研究方法，调整好人与自然、人与社会、人与人之间的关系。①

① 何颖．公共行政研究方法及其走向评析[J]．中国行政管理，2005(10)．

2．**行政学研究范式与中观理论和方法**

高校学者关于行政管理学的范式与中观理论的研究，集中在对于行政管理学范式与中层理论的理解与阐释方面。

在行政管理学的范式方面，有学者认为公共行政学存在三个研究范式。认为公共行政理论在百余年的发展、演变历程中，学科经历了三次研究“范式”的转换，即从传统的公共行政学到新公共行政学，再到(新)公共管理学的三次重大突破。②“虽然从公共行政学到政策科学再到公共管理学是西方公共部门管理研究发展的三个阶段，但更准确地说，在目前的公共管理学界中，传统公共行政学、政策科学和公共管理学三种范式共存，它们是公共管理研究领域中的三种学派，三种研究途径”。除此之外，关于公共行政学的范式意义的论述，还有治理理论。有学者认为，治理理论是公共行政理论的一个新范式。③关于中国行政管理学的研究范式，有学者认为，80 年代以来中国行政学的研究经历三个范式：“行政管理”范式，“公共行政”范式与“公共管理”范式。④

② 陈振明．从公共行政学、新公共行政学到公共管理学——西方政府管理研究领域的“范式”变化[J]．政治学研究，1999(1)．

③ 薛澜，彭宗超，张强．公共管理与中国发展——公共管理学科发展的回顾与前瞻[J]．管理世界，2002(2)；邓伟志，钱海梅．从新公共行政学到公共治理理论——当代西方公共行政理论研究的“范式”变化[J]．上海第二工业大学学报，2005(4)．

④ 陈辉．中国行政学的范式研究：回顾与思考[J]．中国行政管理，2008(4)．

关于行政管理学的中观理论和方法，有学者撰文指出，从我国行政管理学理论演绎过程来看，理论研究不仅缺少经验和诠释层面的支持，也同样缺少对理论前提的批判，没有对重大理论问题的独立思考。这突出表现为在引进和借鉴国外行政学理论时，没有鲜明的立场和主张,不能对不同的观点有选择地吸收,或者对不同的观点照单全收,对基本的理论只限于从国外引进或者从其他学科引进,还没有形成独立的研究。[①]因此,中国行政学研究缺乏理论与实践紧密联系的中层研究。

总起来看,高校学者关于行政学范式与中层理论问题的讨论,目前依然处于批判反思阶段。

3. 行政学研究的本土化问题

20世纪80年代,行政管理学在高校恢复重建时,高校学者就讨论了构建具有中国特色的行政管理学科体系问题。对于行政学在何种程度上已经本土化,高校学者有不同看法。有学者指出,中国行政学研究的问题之一便是本土化问题,中国行政学存在研究重心的“非中国化”。相当多的中国公共行政学家都将研究的重点放在美国和其他西方国家的公共行政学理论和实践,而不是中国公共行政本身。[②]有学者认为,中国行政学从研究对象、基本问题、研究范畴和内容体系上,都是一门不完整不统一的学科。[③]有学者认为,要使行政学中国化,就必须开展行政哲学问题的研究,从现实行政学发展阶段的高起点处出发,可以认为这是中国特色行政学的发展道路和后发优势。同时,要在行政学的语言、术语上中国化,营造属于中国的行政学语境和话语体系,而且更重要的是要在行政理念、行政思想、行政原则和行政目标等方面从根本上加以中国化。[④]

高校学者对于如何构建中国特色的行政学理论体系,也尝试作出自己的努力与回答。有学者认为,行政学本土化是中国行政学发展的必由之路和社会发展的必然要求,不仅是行政学自身学科体系建设的需要,而且是中国历史转型时期社会发展的要求,因此,可以从行政学历史发展、行政学生态分析、行政学哲学思考等三种途径建构行政学本土化的理论平台、切入点、突破口,以推动中国行政学本

① 麻宝斌,李广辉.行政学中层研究:寻找理论与现实的中介[J].北京科技大学学报:社会科学版,2005(2).

② 马骏.中国公共行政学研究的反思:面对问题的勇气[J].中山大学学报:社会科学版,2006(3).

③ 郭小聪,肖生福.中国行政学学科建设:科学化和中国化[J].中山大学学报:社会科学版,2007(3).

④ 乔耀章.行政学中国化过程中的学科发展与方法体系[J].上海行政学院学报,2005(2).

土化的进程。[①]另有学者直接用“中国行政学”作为书籍名称出版，以表达对行政学本土化的决心。总体来看，高校学者认为，行政管理学的本土化要求整个行政学界对所处的真实问题的关注、对行政学研究方法的掌握，并在此基础上的无数理论的争论与反思，这方面，未来的道路依然任重道远。

① 范绍庆．行政学本土化：历史、生态和哲学的途径[J]．行政与法，2008(6)．

(三)关于公共性的基本含义

公共性理论，是近年来政治学和行政学者关注的重要理论问题，学者围绕公共性这一复杂而关键的范畴的基本含义进行了多方面探讨，其主要观点是：

据高校学者归纳，关于公共性的含义有如下理论和观点。

1．作为一种分析工具的“公共性”

该理论认为，“公共性”是用于描述现代政府活动基本性质和行为归宿的一个重要分析工具。在一般情况下，是指政府作为人民权力的授予者和委托权力的执行者，应按照社会的共同利益和人民的意志，从保证公民利益的基本点出发，制定与执行公共政策。具体表现为：从基本理念上讲，“公共性”指政府组织应着眼于社会发展长期、根本的利益和公民普遍、共同的利益来开展其基本活动。由此，衡量政府活动是否达到公共性的基本标准是，公共政策及其执行是否坚持和维护了公民的基本权利，是否在舆论中充分体现和表达了公民的意志，政策与执行的出发点是否超越了政府的自利倾向，而考虑更为普遍的社群利益和社会长远利益等。在道德层面上，“公共性”应是每一个政府公职人员的职业态度、观念和信仰。它要求公职人员以此信念竭诚为民服务，明确政府组织与公职人员的行为必须在道德上、伦理上满足公共性的基本要求，并在政策制定与执行过程中,防止部门和个人偏私的利益驱动。在政治过程层面上,"公共性"意味着在涉及公共物品提供等集体行动上,存在着有效的决策参与通道和决策选择机制。在这里,"公共性"的获取及其保证,具体化为政府政策利益导向的选择过程,它包含政府的政策制定与执行是否具有开放性,以使公民能够充分了解有关政策的信息,并能够与政策制定者进行磋商;公民的利益能否通过民主的程序得到表达与整合;公民依靠怎样一组规则来决定政治决策的选择,决定政府公共物品或服务的提供等。在政府的财政活动中,评价"公共性"价值是否满足的核心要素,应是政府提供各种类型的公共物品行为和与此相关的政府收支行为的基本取向和政策目标,以及相关的财政制度和规则的安排。[①]

① 孙柏瑛.公共性:政府财政活动的价值基础[J].中国行政管理,2001(1).

2. 作为一种公共精神的"公共性"

这种观点认为,公共行政的"公共性"内涵可以归结为公共精神。现代公共行政的公共精神应包括四个方面:民主的精神,即人民的意愿是政府合法性的唯一来源;法的精神,它意味着政府的一切活动应受到预先确定并加以宣布的规则制约;公正的精神,即承认社会公民应具有平等的权利并不受公共权力所侵害;公共服务的精神,即政府的公共服务应尽可能公平分配,政府的施政过程应平等、公正和透明。这四种公共精神在公共行政活动中的实现方式应是:逐步实现政府与公民平等化;行政权力既受到保护又受到制约;行政活动既有效率又有责任;公共行政是由民众驱动的、积极的、合作主义的、参与的过程,等等。[②]

② 张成福.论公共行政的"公共精神"[J].中国行政管理,1995(5).

3. 作为一种最新理念的"公共性"

把"公共性"看成是公共管理的最新理念,它揭示了管理目的的公益性,强调了为公众服务的出发点;它明确了管理的范围是哪些公共事务,揭示了管理所依据的权力为公民所授予,因而其行使必须接受公民的监督，以公民认定的是非为是非，不能违背公民的意志；它体现着行政过程中的责任，要求行政行为必须对其后果无条件承担责任；它强调了行政过程中必须有公民参与，强调注意听取公民的意见，这就要求行政过程中的公开性与透明性；它强调公共行政的结果必须取得公民的认可，这就要求有向公民报告的制度，工作一定周期后，政府应按程序向公民报告，以接受公民审查并予以通过；等等。[①]

① 刘熙瑞. 理念·职能·方式——我国地方行政机构改革面临的三个转变[J]. 人民论坛，2000(7).

4. **作为一种价值基础的"公共性"**

该理论认为，由于行政体系的价值基础是其公共性，因而政府的制度安排所要重建的价值观念就在于明确公共行政的公共性。也就是说，政府把自我表达存在的公共性作为至高无上的原则，政府的组织机构、行为方式、运行机制、政策规范等，都无条件地体现出其公共性。政府组织是掌握公共权力的实体，但这个实体却没有自己的独立的利益要求和政治愿望，也不是任何一个社会集体的利益要求和政治愿望的代表，它所体现出来的是整个社会的公共利益和政治要求。政府价值公共性最直接的表现是政府的规范体系和行政行为系统的公正性，而且这种公正性是一种制度公正，是包含在行政行为机制之中的，有法律法规和公共政策体系提供的，是一种制度安排。[②]

② 张康之. 行政改革中的制度安排[J]. 公共行政，2000(4).

5. **作为一种公平与正义的"公共性"**

针对传统公共行政过分追求理性与效率的倾向，新公共行政理论主张：第一，社会公平。强调所有公民平等的政治和社会机会。它同样代表着对所有公民而不是对公共机构负责，以及对公共部门经决策和实施项目负责。第二，代表性。尽管大众并没有影响代表决策的直接权力，但相信代表性肯定是新公共行政的重要组成部分。这不是唯一的激励因素，需要考虑其他价值观的积极参与。第三，响应性。主张政府需要更多地响应公众的需求。第四，参与性。新公共行政提供在公共事务中广泛程度的公民与公务员参与。第五，社会责任感。公共管理者被视作以公众的利益而不是他们的自我利益去创造高效率同时又是平等的服务。[①]

① 参见[美]张梦中等.寻求社会公平与民主价值[J].公共行政,2001(3).

6. **作为一种理性与法的“公共性”**

这里指哈贝马斯重点探讨的资产阶级公共性的本质。他认为,“公共性应当贯彻一种建立在理性基础上的立法”,从而“公共性成为国家机构本身的组织原则”。他进一步提出,在资产阶级哲学那里(霍布斯、卢梭、洛克和康德),公共性等同于理性,甚至是良知,依靠公共舆论表达出来。而在法哲学那里,公共性需要法律和道德元素支撑,所以“康德所说的公共性是唯一能够保障政治与道德同一性的原则。公共性既是法律秩序原则,又是启蒙方法”。而“默格尔根据18世纪的范型把公共性的功能界定为统治的合理化”。由此我们不难看出,哈贝马斯指出了公共性作为市民社会独立领域的批判力量和促进资产阶级统治合法化的献身精神。[②]

② [德]哈贝马斯.公共领域的结构转型[M].曹卫东等,译.上海:学林出版社,1999.

高校学者认为:“综合起来,有关‘公共性’内涵的观点主要集中在以下方面:首先,在伦理价值层面上,‘公共性’必须体现公共部门活动的公正与正义。其次,在公共权力的运用上,‘公共性’要体现人民主权和政府行为的合法性。第三,在公共部门运作过程中,‘公共性’体现为公开与参与。第四,在利益取向上,‘公共性’表明公共利益是公共部门一切活动的最终目的,必须克服私人或部门利益的缺陷。第五,在理念表达上,‘公共性’是一种理性与道德,它支持公民社会及其公共舆论的监督作用(哈贝马斯)。总之,倾向于把‘公共性’作为公共部门管理活动的最终价值观,在此之下,才有公正、公平、公开、平等、自由、民主、正义和责任等一系列价值体系。”[③]

③ 王乐夫,陈干全,公共性:公共管理研究的基础与核心[J].社会科学,2003(4):71—72.

在此基础上,高校学者进一步把公共性的含义归纳为四个方面:“一是公共管理主体的公共性。国家、政府和社会公共组织共同构成公共管理的主体(这里的国家、政府与社会都是从狭义的意义上说的)。作为公共管理主体,这些组织具有不同于其他私域组织的根本特征,主要表现在组织的代表性、行为的公务性、宗旨的公益性、权力的法定性等方面。二是公共管理价值观的公共性。与一般意义上的管理把如何经济地和富有效率地实现管理目标不同,公共管理的价值观更主要体现在平等、正义、公平、民主、伦理以及责任心等方面。私人管理建立在个人本位主义和自利性本质之上,把追求个人效率或利益最大化作为目标取向。与其迥然不同的是,公共管理注重在民主政治理念上去实现公众的高度参与、社会公平以及承担为公众谋求福利的责任。三是公共管理手段的公共性。权力是政治社会的基石,是理解一切政治现象的基础。……公共管理是管理主体运用公共权利实现管理目标的社会活动,因此,公共权力是公共管理活动的后盾和基础,公共力的公共性充分体现了公共管理手段的公共性。四是公共管理对象及目标的公共性。公共管理的客体或对象是公共事务,即国家公共事务、政府公共事务和社会公共事务,无疑它们均具有鲜明的公共性。公共管理主体对公共事务的管理首先从公共问题入手,公共问题是公共管理的逻辑起点。同时,由于对公共事务的管理,最终要达到的目标或宗旨是实现社会公众的公共利益,因此,公共事务、公共问题和公共利益的公共性正是公共管理公共性的题中应有之意。"①

① 王乐夫,陈干全.公共性:公共管理研究的基础与核心[J].社会科学,2003(4):72.

也有学者归纳公共性含义如下:"第一种解释认为公共性本身就是公共利益,而公共利益是所有社会成员的所有利益之和。这种利益要求就是公共性。""第二种解释并不认为公共性是社会成员的所有利益加总形成的,而认为所谓公共性实际是社会成员利益中的相同部分。""第三种解释说,公共性本身未必表现为社会成员之间利益内容的共同性……但是,在社会生活中,除了社会成员利益要求的共同内容之外,还有规则的共同性,因此,公共性也可以仅仅是规则和程序意义上的共同性。这就是说,在社会生活中,社会成员之间广泛认可的共同性仅仅是规则的共同,除了认同共同规则之外,社会成员可能在利益的内容上并没有共同性。”

该学者指出:“马克思主义对于公共性的解释,是运用阶级分析方法,按照内容与形式的两分法进行的。马克思主义认为,社会存在着不可调和的阶级关系,阶级之间以及社会群体包括阶层、集团之间的公共性,并非内容上的共同性,也不是规则上的共同性或者共同认可性,而是内容上的阶级对立、冲突和斗争,形式上由国家或者公共权力以中立形式表现的公共性。在这里,所谓社会公共性,仅仅表现为不同的社会阶级力量及其隶属于这些阶级的不同个人在相互的冲突与对峙之中形成的形式上的妥协性。”[①]

(四)关于公共组织、政府机构和编制

1. 公共组织的概念与特征

公共组织是指人们为了实现社会公共目标,向社会提供公共物品和服务,按照一定法律程序而建立起来的组织实体。[②]目前,学者普遍认同公共组织包括政府与非营利组织。有学者认为,公共组织包括中国共产党组织、人民政协组织、国家机关组织、事业单位组织、非政府公共组织。[③]也有学者认为,公共组织分为强制性公共组织、半强制性公共组织、非强制性公共组织。并认为中国的公共组织包括:中国共产党组织、人民政协组织、国家权力机关、行政机关、司法机关、事业单位、社会中介组织。[④]对于公共组织的特征,不同的学者有不同的概括。有学者将其概括为七大特征:公共性、社会性、合法性、服务性、非营利性、民众参与性、公开性。[⑤]有学者将其概括为:服务性、公益性、社会性、职能性、法制性、适应性、独占性。[⑥]有学者从

① 王浦劬.公共管理中的公共性问题探讨[M]//柯延.集思录名家论坛:第一辑.北京:知识产权出版社,2008:29—41.

② 帅学明.我国公共组织的性质与功能论析[J].学术探索,2003(4).

③ 张建东,陆江兵.公共组织学[M].北京:高等教育出版社,2003.

④ 李传军.公共组织学[M].北京:中国人民大学出版社,2008:7—11.

⑤ 帅学明.我国公共组织的性质与功能论析[J].学术探索,2003(4).

⑥ 张建东,陆江兵.公共组织学[M].北京:高等教育出版社,2003.

制度经济学的角度，指出公共组织与企业、家庭等私人组织的根本区别在于，其与所提供产品和服务的对象（公民、社会公众、社区成员）之间不是市场交换关系，而是委托代理关系。这种委托代理关系的独特之处在于，公共组织是在社会公众隐含的、疏散的、泛化的委托授权下，作为单一的、长期的、非市场选择性的代理组织存在和运作的。由此引申出不同市场机制和私人组织的一系列非市场制度安排、运作机制及规则。该学者还概括出公共组织的四个特征。首先，就外部环境来看，除了在非常时期通过政治或暴力的强制手段面临被颠覆的压力下，或在社会公共选择机制下可能会面临严重的外部竞争危机而外，一般情况下，公共组织的外部环境（包括辖区内和辖区外的主权威界限）是相对稳定的，在特定的社会范围内其地位和功能具有一定的自然垄断性或非充分竞争性；其次，从组织宗旨和目标来看，公共组织的基本宗旨就是增进社会公共利益，直接目的是提供公共品或公共服务；其三，从组织技术和文化角度来看，支撑公共组织运作的是与公共选择密切相关的服务性、信息性技术和民主性、政治性文化；其四，在组织结构上，公共组织相对于私人组织来说，具有更为明显的专业职能部门化、控制层级化和运作规范化的特点。[①]有学者从组织结构的角度，分析公共组织的结构特征。认为公共组织结构是公共组织各要素之间形成的相对稳定的关系。因此，公共组织结构与其他私营部门组织结构相比，具有稳定性、开放性、层次性、规范性、复杂性的特征。[②]

① 李宝元．公共组织及其变革：一个制度经济学视角与解析[J]．天津行政学院学报，2005(1)．

② 岳澎．公共组织结构的特点及其影响因素分析[J]．运城学院学报，2007(6)．

2．公共组织变革的理论研究

有学者认为，当代世界各国公共组织变革与整合的基本取向和趋势，是在市场背景下实现“小政府，大社会”的公共治理模式。对于我国来说，“小政府，大社会”的公共治理模式，就是适应建立社会主义市场经济体制需要，政府转变高度集中的行政管理方式，精简机构和人员，转变职能提高效率，使政府由微观管理为主转到宏观调控为主，由行使人、财、物分配转变为服务、监督、指导和协调，将政府原来包揽的大量社会事务、经济事务交给社会及其中介组织形成自主、自治、自我管理的"大社会"。[①]有学者概括组织理论学者的研究成果，认为未来的组织形式不是现行的层级的官僚制结构，而是扁平的弹性结构；它不是绝对的规则导向，而是任务导向；不是依靠命令的强制性管理，而是依靠成员间的信任、合作和自我管理；它不是常规型的永久性结构，而是任务型的暂时性结构，这种不同于常规型组织的组织形式便是任务型组织。[②]有学者从组织间关系的角度，提出公共组织从20世纪70年代以来的权威整合、竞争整合、合作整合三种整合模式变革。并指出，在新公共管理运动中，权威整合的因素日益式微，而更多的是通过公共组织的竞争（包括组织之间的竞争与组织内的竞争）整合的因素，形成了以竞争整合为主导、权威整合与竞争相互依赖的二元组织整合机制；随着服务行政理念的发展和服务型政府建设目标的提出，权威主导型或竞争主导型的整合机制开始转变，人们寻求新的整合因素。服务行政所要体现的公平与正义、理性与法治、自由与责任、以人为本与为民服务都使合作机制成为公共组织整合的首选，合作将成为一种新的组织整合因素，它与权威、竞争一道构成了组织整合机制的整体并在服务行政模式中发挥着主导作用。这也意味着组织发展进入一个新的时期。并指出，以合作整合为主导、权威—竞争—合作整合并存所构成的三元整合机制将是服务行政模式下公共组织整合的基本特征。[③]还有学者提出公共组织的变革与设计有传统型公共组织、系统—权变均衡性公共组织、发展型公共组织。随着环境的变化，强调创造性和弹性，剔除传统工业中刚性僵化的职业特性，成为后工业时代公共组织的重要特征，发展型公共组织由此产生。[④]

① 李宝元. 公共组织及其变革：一个制度经济学视角与解析[J]. 天津行政学院学报，2005(1).

② 李圣鑫. 公共组织研究的传统与突破[J]. 行政论坛，2006(5).

③ 齐明山，陈虎. 论公共组织整合的三种模式[J]. 探索，2007(3).

④ 李图强. 公共组织变迁的模式[J]. 国家行政学院学报，2004(3).

3. 公共组织机构改革研究

政府机构精简改革，是世界性的课题。有学者将这方面改革概括为三种类型：第一是调适型行政改革。以发达工业化国家为代表。虽然许多学者用行政"大手术"、"政府重塑"来形容当代改革的激进性质，但西方行政改革毕竟是在现有的经济体制、政治体制和行政体制框架下进行的，没有超越"适应性改良"的性质。第二是转轨型行政改革，即一种行政体制向另一种行政体制的转轨或转型。苏联和东欧国家的改革属于激进型转轨——体制改革伴随着经济体制、政治体制的全面转轨，成为社会制度转型的一个组成部分。我国正在进行的行政体制改革则可以称为渐进型转轨——改革是在现有的社会主义制度中进行的，其目的是建立以社会主义市场经济为基础并为之服务的新的行政体制。第三是发展型行政改革，以经济水平还比较落后的第三世界国家为代表。[①]有学者认为，虽然这三类改革所处的体制框架不同，但在改革的内容与举措上，却具有不少相似性。包括：其一，缩小与重新界定政府的作用范围；其二，改革政府的作用方式，主要是利用社会机制和市场机制来生产和提供公民所需要的产品与服务；其三，公共行政的制度改革；其四，行政能力的培养；其五，精简行政机构与人员。[②]

(1)外国机构改革研究。

对西方国家机构改革的研究，分为综合性研究和国别研究。另有不少学者关注西方的行政改革，而不止是机构改革，这样在大量关于行政改革的研究成果中，也包含着机构改革的论述和研究成果。

在综合性研究成果方面，有学者提出西方国家机构改革的趋势的共同点：小政府趋势，即精简机构，确定政府的合理规模以提高行政效率，这成为西方各国行政机构改革的重要目标和总体趋势；决策与执行职能及机构的分离趋势；行政机构的分权化趋势，这既表现为

① 周志忍．当代国外行政改革比较研究[M]．国家行政学院出版社，1999：2.

② 张璋．20世纪80年代以来的全球行政改革：背景、理论、举措与经验[J]．北京行政学院学报，2002(4).

中央政府与地方政府之间的分权,又表现为政府行政机构内部;综合调整职能及机构强化的趋势;灵活政府模式与机构设置的弹性化趋势。[①]也有学者从技术性角度分析西方机构改革的经验,认为西方国家机构改革的成功经验有三条:政府机构运行电子化;改革人事制度,提高公务员的整体素质作为行政体制改革的基石,体现“以人为本”的行政观;通过对组织机构的调整,力争实现“廉价小政府”的目标。[②]

在国别研究方面,早在20世纪80年代,有学者总结战后日本机构改革,认为日本政府指导机构改革的原理有二:其一是新宪法论;其二是行政组织论。[③]对于20世纪90年代日本新一轮的机构改革,学者也进行了跟踪研究。有学者将其总结为五个特点:机构改革与经济形式密切相关;机构改革的准备工作较为充分;机构改革的法制精神较为突出;机构改革的力度和幅度相当大;政治领导的重视和民间力量的参与。[④]

英国是西方国家中最早进行政府改革的国家。有大量文献对英国的改革进行过论述。英国的改革不止是行政机构改革,改革内容的广泛性和全面性是当代英国行政改革的一个特点。而英国改革最受关注的是公共部门内部理性化改革方面,即政府机构和公共部门内部的管理改革。[⑤]有学者认为,英国的行政改革的一个重要主题就是组织重建。组织重建可概括为四个特点:政府组织目标的单一性,执行机构的多样性;合作市场化、合同化;分权的行政性、竞争性和外部性;公共部门私有化。[⑥]

关于美国机构改革方面,有学者指出,战后指导美国联邦政府行政改革的主要理论有:亚当·斯密的“小政府理论”、威尔逊的“放松规制论”、奥斯本的“重塑政府论”。90年代克林顿政府的改革以这三大理论为指导,以绩效为目标,在限制政府职能、压缩政府规模、削

① 陈捷.西方国家行政机构改革的趋势及其启示[J].福州党校学报,2003(3).

② 罗恒.西方国家政府机构改革的研究及启示[J].甘肃行政学院学报,2004(4).

③ 邹钧.战后日本行政机构的改革及其指导原理[J].吉林大学社会科学学报,1983(5).

④ 卓越.国外政府改革与发展前沿[M].福州:福建人民出版社,2007:243—249.

⑤ 周志忍.当代国外行政改革比较研究[M].北京:国家行政学院出版社,1999:55.

⑥ 卓越.国外政府改革与发展前沿[M].福州:福建人民出版社.2007:60—67.

减政府人员和行政开支等方面取得了成效。[①]

另有学者对苏联和一些东欧国家行政改革、第三世界的行政改革、[②]澳大利亚行政改革、新西兰行政改革、加拿大行政改革、东亚国家行政改革[③]等作了分析介绍。

(2)国外机构改革的启示。

学者一般认为，机构改革必须跳出机构改革本身，在政府职能、政府管理等层次上寻找出路。有学者分析西方国家的机构改革的过程，认为政府机构改革的关键点不在机构的设置，而是通过机构的建设和整合，通过人事制度改革来促使政府职能的转变。由“管制型政府”向服务型政府转变，由“无限政府”向“有限政府”转变。我国政府机构改革要以转变政府职能为重点。我国政府机构改革的目标是建立办事高效、运转协调、行为规范的行政管理体系，建立与市场经济相适应的有限政府。其主旨除了裁减臃肿的政府机构和官员，降低行政成本以实现“廉价政府”外，实质上也要对某些行政权力予以削减。[④]有学者总结西方国家机构改革的启示为：政府机构改革必须以职能转变为核心；决策与执行分开是提高决策质量与执行效率的重要措施；分权与非集中化是当前各国行政机构改革发展的总趋势；机构改革必须与公共服务的市场化、社会化改革相结合；行政机构的设置要处理好稳定性与灵活性的关系。[⑤]

关于借鉴西方机构改革经验，有学者指出，我国行政改革的热点是机构改革，机构改革又采取大规模机构撤并的形式。由于大规模的结构重组成为现实中的热点，学界对西方机构改革给予了超常关注，而西方当代改革的侧重点即管理层次的改革未受到应有注意，赋权管理、绩效预算、绩效评估、公共部门质量管理、基准比较技术等对高校学者还相当陌生。坦率地说，这是研究重点选择中的一个偏误，这种偏误使得比较借鉴缺乏针对性。[⑥]

① 罗恒．西方国家政府机构改革的研究及启示[J]．甘肃行政学院学报，2004(4)．

② 周志忍．当代国外行政改革比较研究[M]．北京：国家行政学院出版社，1999．

③ 卓越．国外政府改革与发展前沿[M]．福州：福建人民出版社，2007．

④ 罗恒．西方国家政府机构改革的研究及启示[J]．甘肃行政学院学报，2004(4)．

⑤ 陈捷．西方国家行政机构改革的趋势及其启示[J]．福州党校学报，2003(3)．

⑥ 周志忍．当代国外行政改革比较研究[M]．北京：国家行政学院出版社，1999：547．

4. 公共组织机构编制研究

(1)机构编制立法研究。

关于编制的研究,高校学者主要见于法学领域。对编制管理的立法研究,有两种态度。其一是高度重视。认为机构编制立法既是推进机构改革顺利进行和巩固改革成果的重要保证,又是建立科学的政府管理体系的基本任务;既是完善机构编制管理体制的迫切任务,又是提高机构编制管理水平的关键步骤。其二,有学者认为,建国后,先后制定的具有法规性质的有关机构编制的规章、制度已为数可观,但作用甚微,即使再有一部正规系统的立法,恐怕也难以得到有效的执行,问题的关键在于,缺乏维护这些法规、纪律的严肃性并保证其执行的观念、措施和手段。[①]不过,总体而言,学者普遍认为,应该对机构编制进行立法管理,不同的看法只是在于对法的作用机制的认识差异。有学者提出,目前编制管理中的问题主要有:机构编制管理上的"人治"现象十分突出;编制管理的法律法规不健全,且缺乏可操作性;财政约束缺乏刚性。为此该学者提出实行编制管理的法制化。具体内容包括:树立"编制就是法律"的意识,增强公务员特别是行政领导的法制观念;制定行政机关编制法。[②]有学者提出,机构编制管理应从法制化到法治化。也就是从通过规范性文件来约束机构编制,发展到在政府机构编制法律、法规的基础上,追求约束政府及公务人员权力、崇尚法律权威等法治价值理念对政府机构编制制订过程的渗透、统摄和整合,以实现机构编制管理的目标和政府良性发展的过程。具体说,可以从以下三个方面理解:首先,政府机构编制法治化要以机构编制法制化为前提。正如法制是法治的前提和基础一样,政府机构编制的各种法律、法规也是政府机构编制法治化的前提和基础。如果没有健全、完善的政府机构编制法律、法规为基础,实现政府机构编制法治化就成了"无米之炊"。其次,政府机构编

① 刘怡昌,许文惠,徐理明. 中国行政科学发展[M]. 北京:中国人事出版社,1996:203.

② 金太军. 行政改革与行政发展[M]. 南京:南京师范大学出版社,2003:476-485.

制法治化主要体现在其价值理念对机构编制管理的渗透、统摄和整合。政府机构编制法治化的实现，主要是指其法治化的价值理念在政府机构编制管理中得以运用，这些价值理念主要有：约束政府和公务员的公权、法律至上原则、平等原则和正义原则，其中以限制政府公权为其主要价值取向。再次，政府机构编制法治化的根本目标是实现政府机构编制管理目标和政府的良性发展。①

① 易又群，王小增，谢昕．从法制化到法治化：我国政府机构编制改革的理性选择[J]．理论月刊，2004(12)．

(2)中国古代机构编制研究。

有学者对秦汉以来中国古代的机构编制进行研究发现，古代机构编制设置具有如下特点：统一而灵活的机构设置，细密而具体的职能分工和官员定额，分明而严厉的法律责任制。在人员编制上，历代封建政府对官吏员额编制都有比较明确的规定。它经历了一个从虚到实，从质定到量定的过程。秦以前的官吏制度只有质的规定，尚无严格的量的限定。秦以后的官吏制度逐渐具体化而且有了量的规定。在编制立法上，《唐六典》是我国最早的行政法典，为政府的机构设置和官吏编制等提供了法律依据，以后的《明会典》和《清会典》，大体上也仿《唐六典》，内容更为详细和完备。②

② 朱伟华，邱永明．中国古代封建国家机构编制原则与立法[J]．华东师范大学学报，1998(5)．

(五)关于公共部门人力资源

从世界范围看，公共部门人力资源理论主要集中于公务员(又称文官、政府雇员)制度的研究。改革开放后，随着我国公务员制度的逐步建立和完善，高校学者对公务员制度的研究也逐步深入和系统，从研究领域看，主要集中于如下方面。

1．公务员制度的一般理论研究

(1)公务员制度的本质特征和功能。

关于公务员制度的本质特征，高校学者有不同的认识，其中较为流行的观点认为公务员制度是政府管理其工作人员的制度(管理论),是政府内部管理的组成部分。也有学者认为,公共人事管理与私人人事管理最大的区别就是公共人事管理的法制化趋势,公务员制度的建立是这一发展趋势的必然结果。公务员制度是在反对封建帝王的个人赡徇主义和反对资本主义政党政治造成的政党分赃制的过程中逐渐建立起来的,本质上是议会与总统或国王之间进行权力斗争的结果,即议会与总统或国王在争夺公共人事权力的过程中妥协的结果。[①]因而,公务员制度是国家政治制度的组成部分,其首要功能是控制政府人事权力的过分膨胀,"政治性"是公务员制度的本质特征。其次,公务员制度是一项法律制度,它调整的是政府与公务员之间的行政职务关系,公务员权利保护是公务员制度的重要特征和功能。再次,公务员制度是一种科学的公共人事管理制度,科学管理是其重要特征。"控制权力"、"保护权利"和"科学管理"是公务员制度的三大特征,控制政府人事权力的目的在于防止由于个人赡徇和政党分肥造成的吏治腐败,保护公务员权力的目的在于实现公平、正义和民主,实施科学管理的目的在于追求公共人事管理的效率。[②]

(2)公务员制度的原则和运行机制。

有学者认为,民主和效率是公共人事管理追求的目标,也是推行、建立和改革公务员制度的基本价值准则。公共人事管理受四项基本原则的指导和规范:管辖分类原则、政府管理职业化原则、公职的非政治化原则和功绩主义原则,这些原则是民主和效率准则的具体化,也是公共人事管理与私人人事管理区别开来的标准。[③]

(3)中国建立公务员制度的必要性。

建立和推行公务员制度,是对传统干部人事制度在社会主义市场经济体制下的探索和改革。十一届三中全会以来,我国的经济体制、政治体制和社会生活都发生了重大变革。传统干部人事制度的

① 刘俊生.公共人事管理比较分析[M].北京:人民出版社,2001:3.

② 刘俊生.公共人事管理比较分析[M].北京:人民出版社,2001:3—5.

③ 刘俊生.公共人事管理比较分析[M].北京:人民出版社,2001:5—9.

弊端日益显露，需要深入改革。高校学者认为，改革的方向之一应该是建立公务员制度。有学者总结了建立公务员制度的五大重要意义：第一，有利于实现对国家公务员的科学管理，加强勤政建设，提高行政效率；第二，有利于公务员队伍的优化、廉洁，有利于民主政治建设和廉政建设；第三，有利于提高行政效能，更好地实现行政目标；第四，有利于促进我国社会主义市场经济的发展；第五，有利于人事管理的科学化和法治化，推动和促进其他机关以及企事业单位的人事制度改革。[①]

(4)中国公务员制度的特殊性。

高校学者认为，中国公务员制度的最大特殊性体现在管理理念上，即"党管干部"原则，这与西方的"政治中立"原则是不同的。在西方国家，对公务员的管理往往是独立于党派之外的。在我国，公务员制度是党的干部制度的一个组成部分。因此，我国公务员制度必须坚持"党管干部"原则。具体来说包括以下几个方面：首先，我国公务员制度的各项原则、方针、政策以及重要决策必须由党中央统一制定，不能政出多门，各行其是。其次，在公务员管理上要强调坚持党的组织领导，贯彻党的组织路线，保证党对各级政府重要领导人选的推荐权。再次，坚持"党管干部"原则还体现在党对公务员负有监督的职责。各级党组织要对各级政府的党员公务员的工作进行必要监督，从思想上、作风上加强对党员公务员的管理。[②]

有学者认为，与西方各国的文官制度改革相比，我国公务员制度的改革与发展有其特殊性，表现为以下几个方面：其一，我国公务员制度发展的时间短暂，而西方公务员制度已有近150年的历史。其二，目前我国的公务员制度的框架刚刚形成，制度不完善，运行不规范，我国的目标是建立起一种"公平、公开、竞争、择优、高效"的现代人事管理制度，打破传统的干部人事制度的束缚，实现人事管理由

① 徐银华．公务员法要论[M]．北京：北京大学出版社，2003：27—29.

② 潘世钦．有中国特色公务员制度发展走向的理论思考[J]．江西社会科学，2004(12).

"人治"向"法治"的转变;而西方各国尤其英美的公务员制度已经历长时间的演变,相当成熟而走向僵化,它的等级制、专业化和严密的规制已不适应后工业时代的需要。其三,我国公务员制度的推行是在一种经济不够发达、市场体制刚开始发育,处于一种向现代过渡的背景下进行的;而西方文官制度是在经济发达、市场机制完善,是在一种后工业社会或向后现代转变的背景下来进行的。此外,我国的公务员制度建设与西方公务员制度改革的政治制度环境和意识形态的氛围也不相同。①

2. **国外公务员制度研究**

(1)管理模式与体制研究。

有高校学者对公务员制度的部内制、部外制和折中制三种模式区分提出讨论,认为:"公务员管理机构与行政系统的关系不是平面的,而是多层次、多方位的。公务员管理机构是一个复杂的组织系统。因此,严格来说,分析公务员管理机构与行政系统的关系应区分不同的逻辑层次。具体来说,有以下三个方面:编制上独立的公务员管理组织与行政系统的关系;具体的功能机构与行政系统的关系;公务员管理机构整体与行政系统的关系。"②

(2)比较研究。

有学者对日本公务员制度进行了研究和考察,并和西欧、美国的公务员制度进行了比较,得出美、日管理模式差异的原因:日本是以"人"为中心,通过集团的架构来试试管理;美国则是以"事"为中心,通过不同的事来组合调配不同的人员,以此实施组织管理。③他认为,日本中央政府管辖范围的宽泛决定了公务员制度的定位,公务员制度的运作打破了传统的关于政府与市场的二分法,是一种较为成功的制度设计,为日本的经济发展作出了贡献。

有学者比较了中国传统的科举制度与西方公务员制度,认为这

① 陈振明.转变中的国家公务员制度——中西方公务员制度改革与发展的趋势及其比较[J].厦门大学学报:哲学社会科学版,2001(2):71-80.

② 黄达强.各国公务员制度比较研究[M].北京:中国人民大学出版社,1990:93.

③ 阎树森.本公务员制度研究[M].北京:国家行政学院出版社,2001:297.

两个在时间与空间上都相距甚远的制度之间，存在许多令人惊异的共性。从历史与文化的角度来分析，科举制度只不过是古代中国传统的考试任职制度的一个变体，而公务员制度则完全是西方国家在近现代才出现的一个新生事物，但是，就通过改变某一阶层的社会地位与政治角色而言，这两项制度都在政治层面上促进了权力的集中。随着某种集权体制的形成与发展，在行政层面上，权力的下移也成为不可避免的趋势，而官僚作风等一系列问题则由此产生。[①]

有学者以国别比较为范式，对西方发达国家和发展中国家的公务员制度的演变和特征进行了比较研究，并将公务员制度置于特定的历史条件下和特定的生态环境中来研究，进而总结对我国公务员制度发展的启示与借鉴。有学者以主题研究为基础，则将公务员制度视为一个大系统，将各类具体制度安排进行国家之间的横向比较。

3．公务员制度改革研究

(1)西方国家公务员制度改革研究。

西方公务员制度在长期发展演变中积累的矛盾导致了一些“制度疲劳”，这是公务员制度改革的直接动因。

有学者认为，21世纪以来，英国布莱尔政府秉承保守党政府新公共管理的改革理念，持续推进公共部门的改革，更加注重创新公务员制度的设计，2002年提出“递送与改革”计划，该计划提出未来3年公务员制度改革的战略愿景是：公务员制度改革的目的是在维护它的核心价值的同时改善现代社会中的公共服务绩效。公务员制度有助于政府向公众提供更好的服务：发展创造性战略性的政策；关注公众的需要，以直接的或伙伴关系的形式设计和递送公共服务；有效率地使用公共资金；改善递送项目和计划的能力。对每一个公务员而言，这意味着：在高端服务中更强更显著的领导力；更好的职业技能；引进和培养人才；因真正的成就而得到的公正奖励。坚持公务员

① 任爽，石庆环．科举制度与公务员制度：中西政治发展史上的一个交汇点[J]．东北师大学报：哲学社会科学版，2002(4)：5—12；任爽，石庆环．科举制度与公务员制度——中西官僚政治比较研究[M]．北京：商务印书馆，2001．

制度令人尊敬的核心价值:正直、公正、诚实、客观、反映社会的多样性。总体而言,英国公务员制度改革注重组织和个人的能力建设,引入了人力资源管理的最新理念和技术,不断加大对员工培训开发的投入,科学合理的职业生涯管理起到了有力的激励作用。[1]

有学者对美国1993年以来的联邦公务员制度改革进行了研究,指出重塑政府运动试图用人力资源管理模式全面地改造传统的人事行政型公务员制度;管理议题改革则是在前8年的基础上,进一步推进公务员制度的现代化转型,走向一种以人力资本战略管理为特征的新型公务员制度。[2]

(2)中国公务员制度改革研究。

有学者认为服务型政府的构建必然伴随着提升政府绩效、政府再造、业务流程再造,另一方面必须真正提高公务员素质和能力。对后者的考虑应该将公务员管理放到更广阔的空间加以考虑,对于现有的公务员应该通过培训、考核、激励等方式提升其素质和能力,更重要的是在公务员的招聘录用中应该更加考虑从整个政府组织的核心战略出发,构建战略性人力资源管理框架,落实人力资源管理战略目标规划,明确公务员录用的标准和能力素质体系,招聘录用合适的人员。构建服务型政府,公务员制度必须重构,重构的出发点是打造公务员职业化体系,公务员职业化体系的再造策略应该是构建基于战略性人力资源管理的公务员体系。中国公务员管理制度不断深化改革和向战略性人力资源管理靠拢的关键在于如何使公务员职业化并构建有效的公务员职业化体系。公务员职业化体系是基于战略性人力资源管理理念,以公务员能力素质模型为基础,以人力资源管理核心流程为横向体系的整合系统框架。[3]

有学者认为,公务员制度继续深化改革的方向应该是:一手抓制度完善,在用人环境、用人机制、监督体系上有所创新;一手抓队伍建

① 刘厚金.价值维护与服务递送:英国公务员制度的最新改革[J].中国行政管理,2006(11):86-89.

② 吴志华.美国公务员制度的改革与转型[M].上海:上海交通大学出版社,2006.

③ 景亭.服务型政府视角下公务员制度的缺陷与重构[J].江苏社会科学,2007(3):92-96.

设，努力培养造就一支高素质、专业化的公务员队伍。具体来说，围绕着这一改革目标，建立新的公务员体制模式必须考虑三个方面的问题：一是理念问题，即公务员在行政过程中的角色理念；二是管理方式问题，即以何种管理方式将公共管理部门实行优化组合；三是人事问题，即如何录用、激励和管理公务员。基于这三重考虑，中国公务员制度的创新必须吸纳西方国家在市场经济体制下市场化管理的一些具体举措，例如对政府人才资源实行功绩制、公平竞争、对公众的责任等新管理原则。但这种创新不是改变制度的价值取向，而是改造其不适应新体制下的运行机制，使价值取向更好的体现于新的运行机制之中。这种制度创新既是对具有中国特色的公务员特征的深化，也是对传统人事管理制度特征的突破。从这个意义上认识中国公务员制度的创新，并不是对传统体制特征的完全否定，而是在不打乱各行政机构基本运作的前提下，着眼于职能的重新划分与调整。具体而言我国公务员制度需要进一步实现包括理念、内容、方式、机制等四大方面的创新。[①]

有学者认为中国公务员制度必须进行制度创新，创新的路径之一是进行职业化和市场化。职业化首先是官僚化组织的必然要求。对中国而言，职业化是一条具有特殊性的道路，因为职业化不仅仅要解决官僚化，提高组织绩效，而且还面临新公共管理的要求，所以必须考虑官僚化和新公共管理的整合。对现阶段的中国而言，职业化进程的加快不仅是国家实施依法治国的必然要求，也是防止腐败的有效途径，还是政府提高效率的主要途径，而且公务员职业化也是响应公共部门人力资源管理与开发的必然要求。当然，公务员职业化的这种制度创新还必须坚持“党管干部”的原则，这是具有历史意义的选择。[②]

① 李和中．挑战与创新：中国特色的公务员制度的发展方向[J]．中共福建省委党校学报，2005(2)：11—13.

② 景亭，褚晓红．中国公务员制度创新——以职业化为中心的分析[J]．南京社会科学，2006(11)：92—97.

(六)关于公共政策理论

我国的公共政策研究始于20世纪80年代末90年代初。1986年,万里在全国软科学工作座谈会上做了《决策民主化科学化是政治体制改革的一个重要课题》的报告,明确提出要进行“政策研究”。20世纪90年代以来,我国共召开了五次政策科学研讨会,高校学者积极参与了会议和学术讨论。

公共政策虽然是政治学和行政学的一个分支领域,但是,近来却日益成为高校学者研究的热点。这些研究主要集中在公共政策的基本理论、政府、市场与公共政策之间的关系、公共政策价值观与价值取向、公共政策创新和行政决策理论等方面。

1. 公共政策的基本理论

在公共政策基本理论研究方面,高校学者通常以公共政策的含义为基础,阐述公共政策的基础理论,因此,公共政策基本理论研究,主要体现为公共政策的含义、公共政策过程和公共政策分析方法的研究和论述。

(1)公共政策的含义。

有学者认为,政策是国家和政党为了实现一定的总目标而确定的行动准则,它表现为对人们的利益进行分配和调节的政治措施和复杂过程。①有学者认为,政策是管理部门为了使社会或社会中的一个区域向正确的方向发展而提出的法令、措施、条例、计划、方案、规划或项目。②有学者认为,公共政策是政府依据特定时期的目标,在对社会公共利益进行选择、综合、分配和落实的过程中所制定的行为准则。③公共政策是政府依据特定时期的目标,通过对社会中各种利益进行选择与整合,在追求有效增进与公平分配社会利益的过程中

① 孙光.政策科学[M].杭州:浙江教育出版社,1988:14.
② 林金德等.政策研究方法论[M].延边:延边大学出版社,1989:3.
③ 陈庆云.公共政策分析[M].北京:中国经济出版社,1996:9.

所制定的行为准则。[①] 因此,"利益"是公共政策的核心要素,公共政策的本质是社会利益的集中反映。以"利益"为基本概念,构建公共政策学术研究的框架,并利用利益分析方法对公共政策进行研究,从而构建了"利益政策学"。[②] 有学者认为,政策是国家机关、政党及其他政治团体在特定时期内,为实现或服务于一定社会政治、经济、文化目标所采取的政治行为或规定的行为准则,它是一系列谋略、法令、措施、办法、方法、条例等的总称。[③] 有学者认为,公共政策是以政府为主的公共机构,为确保社会朝着政治系统所确定、承诺的正确方向发展,通过广泛参与大会连续的抉择以及具体实施产生效果的途径,利用公共资源,达到解决社会公共问题,平衡、协调社会公众利益目的的公共管理活动过程。[④] 有学者认为公共政策活动的实质是:以解决公共问题为取向、以政府及其公共部门为主导、以公共权力的运用为依托、以科学民主决策为生命、以维护公共利益为目标。[⑤] 有学者认为,公共政策是政府为管理社会公共事务实现公共利益而制定和实施的公共行为规范、行动准则和活动策略。[⑥] 有学者认为,公共政策是社会公共权威在特定情境中,为达到一定目标而制定的行动方案或行动准则。[⑦] 有学者认为,公共政策是由政府这样的权威机构运用其职能来规范、引导经济法人实体、市场主体和个人行为,以及有效地调动和利用社会经济资源,以实现公平与效率等价值目标的主张或决定。[⑧]

(2)公共政策过程。

高校学者认为,公共政策过程包括政策制定、政策执行、政策评估等主要阶段和环节,但是在政策过程具体阶段的划分方面,高校学者有不同看法。有学者认为,政策过程包括政策问题构建、政策方案制定、政策方案合法化、政策内容执行、政策效果评估和公共政策调整等六个阶段。[⑨] 有学者认为包括政策制定、政策执行、政

① 陈庆云.公共政策分析[M].北京:北京大学出版社,2006:10.

② 这方面的主要代表是陈庆云,请参阅:陈庆云.公共政策分析[M].北京:中国经济出版社,1996;陈庆云.公共政策分析[M].北京:北京大学出版社,2006;陈庆云.公共政策十大理论问题再思考[J].中国行政管理,1999(12);陈庆云.关于"利益政策学"的思考[J].北京行政学院学报,2000(1);陈庆云.论公共管理研究中的利益分析[J].中国行政管理,2005(5).陈庆云在"论'利益政策学'研究中的几个基本概念"中的结论部分指出,利益政策学是以马克思主义的利益理论为指导,运用利益分析方法,研究公共政策过程中的不同利益主体,如何在维护、增进与分配社会利益的博弈中,实现社会利益相对和谐与均衡的学问。参见陈庆云.复旦公共行政评论:第二辑·公共政策与政府治理[M].上海:上海人民出版社,2006:6—16.

③ 陈振明.政策科学[M].北京:中国人民大学出版社,1998:59.

④ 胡宁生.现代公共政策研究[M].北京:中国社会科学出版社,2000:10.

⑤ 胡宁生.现代公共政策学——公共政策的整体透视[M].北京:中央编译出版社,2007:9.

⑥ 周树志.公共行政、公共政策、公共管理[J].中国行政管理,2001(2):60—61.

⑦ 谢明.政策分析概论[M].北京:中国人民大学出版社,2004:25.

⑧ 顾建光.公共政策分析引论[M].武汉:武汉出版社,2002:5.

⑨ 陈庆云.公共政策分析[M].北京:北京大学出版社,2006.

策评估、政策监控和政策终结等五个阶段。[①] 有学者认为包括公共政策的问题与议程、规划与决定、实施与调整、评估与终结这四个阶段。[②]

需要说明的是,高校学者认为,公共政策的实际运行不是线性的、简单的过程,而是一个非线性的、复杂过程,高校学者对于公共政策过程的阶段性划分仅仅是为了便于研究公共政策而归纳的一般规律和原理。而为了推动公共政策的民主化和科学化进程,高校学者对公共政策过程的每个环节进行了探讨和研究。[③]

(3)公共政策分析方法。

有学者详细归纳了公共政策分析的方法论,其主要内容包括事实分析、价值分析、规范分析、可行性分析和利益分析。[④] 有学者对政策研究方法进行了系统研究,不但从一般意义上论述了政策研究方法的实证原理、价值原理、规范原理、可行性原理和优化原理,而且还进一步介绍了政策研究方法体系设计,并对整个政策过程所涉及的每一步骤的分析方法进行了详细论述,包括政策问题提出方法、政策问题分析方法、政策目标的确定方法、政策方案设计方法、政策方案选择方法、政策试验方法和政策建议调整方法等。[⑤] 有学者将公共政策的分析方法分为定性分析方法和定量分析方法,其中定性方法包括可行性分析法、德尔菲法、价值分析、主观概率预测、整体功能分析和多项目政策的快速分析法;定量方法包括预测分析、模糊分析、线性规划和投入产出分析。[⑥]

2. 政府、市场与公共政策之间的关系

高校学者大都以政府、市场与公共政策之间的相互关系为逻辑起点,来探讨公共政策的形成和功能。有学者认为,由于在某种状况或局势下,市场在合理配置资源方面会失败,因此政策的基本作用,就是针对这种现实的失败或可能出现的失败,弥补市场机制的缺陷。

① 陈振明.政策科学——公共政策分析导论[M].第2版.北京:中国人民大学出版社,2003.

② 胡宁生.现代公共政策研究[M].北京:中国社会科学出版社,2000.

③参见本报告473—480页“关于公共决策及其改革”的相关论述。

④ 陈庆云.公共政策分析[M].北京:中国经济出版社,1996.

⑤ 刘家顺,王永青,等.政策研究方法,政策科学研究:第二卷[M].北京:人民出版社,2000.

⑥ 曾纪茂,周晶.公共政策导论[M].成都:四川人民出版社,2001.

这是公共政策形成的逻辑起点。[①]有学者也持类似观点。[②]有学者对“政府失败论”进行了详细评述，认为，尽管公共选择和政策分析学者的“政府失败论”因政府干预行为的局限而往往得出反对国家干预、否定政府作用的保守主义结论，但他们对政府失败现象的表现、类型和根源进行了相当深刻的分析，并提出了纠正及防范政府失败的某些行之有效的建议。这一理论对于我国在市场经济发展过程中，正确处理好政府与市场的关系，合理确定、发挥或转变好政府职能，完善宏观调控机制及手段，避免政府失败，提高政府工作效率都具有启发意义。[③]

3. **公共政策价值观与价值取向**

公共政策价值观是公共政策学术研究中的规范性问题，是价值理性在公共政策学术研究中的具体体现，高校学者对公共政策价值观展开积极研究并且取得相应成果。有学者专门论述了政策价值观，认为政策价值观主要由政策理论、政策理想、意识形态、政策评价标准等组成，具有多元性、多层次性和阶段性等特征，并对政策主体、目标团体和政策过程都产生不同程度的影响。[④]不少高校学者围绕“利益、公共利益”对公共政策的价值取向的“应然”问题展开研究，认为公共利益是公共政策的本质所在，公共政策应该坚持“公共利益”的价值取向。[⑤]也有学者指出“公共利益”的概念比较模糊，“公共”的边界不确定、不清楚，而且公共利益不能构成公共政策的全部理由，因此，公共政策应该坚持“社会总体利益的最大化”。[⑥]

4. **公共政策创新**

高校学者认为，公共政策创新是一个系统工程。有学者对公共政策创新进行了系统研究，认为公共政策创新是指处于社会转型时期的执政党、政府、社会公共组织和公众，为实现新的利益分配与再分配，促使社会原有体制、规则和组织发生变革，最终构建新的社会

① 陈庆云.公共政策分析[M].北京:中国经济出版社,1996:23;陈庆云.公共政策分析[M].北京:北京大学出版社,2006.

② 参见顾建光.公共政策分析引论[M].武汉:武汉出版社,2002;顾建光.公共政策分析学[M].上海:上海人民出版社,2004;顾建光,王树文.公共政策分析概论[M].上海:上海人民出版社,2007.

③ 陈振明.非市场缺陷的政治经济学分析——公共选择和政策分析学者的政府失败论[J].中国社会科学,1998(6):89—105.

④ 陈振明.政策科学[M].北京:中国人民大学出版社,1998:485—505.

⑤ 学术界关于公共政策价值取向的论述颇丰,例如:陈庭忠.论市场经济体制下公共政策的功能及其价值取向[J].理论探讨,1999(6);金太军,朱成君.新一轮政策周期中的政策价值选择与行为调整——“小康”后的中国政策价值取向[J].理论探讨,2001(4);高翔,薛敏.入世与我国公共政策的价值选择[J].新疆社科论坛,2002(1);沈惠平.公共政策的公共利益取向[J].决策借鉴,2002(2);沈惠平,黄兴生.坚持公共政策的公共利益取向[J].理论探讨,2003(1);王洛忠.试论公共政策的公共利益取向[J].理论探讨,2003(2);杜宝贵,张满胜,于彩虹.公共政策选择中价值冲突根源探析[J].东北大学学报:社会科学版,2003(6).

⑥ 胡伟.转变政府职能不是减少政府的公共职能[J].探索与争鸣,1997(6):6;张康之.政府职能的历史变迁[J].学术界,1999(1):2;沈荣华.关于转变政府职能的若干思考[J].政治学研究,1999(4):60;李玲玲.试论公共政策的社会总体利益取向[J].中国行政管理,2006(3).

建设模式的公共政策活动。公共政策创新有三个主要影响因素:现实利益的分化组合、初始突破的设计发动、规则组织的应对变化。公共政策创新的实现机制主要有政策创新触发机制、政策创新扩散机制和政策创新发展机制。[①]另有学者论述了提升中国公共政策创新能力的策略,认为现代化进程中公共政策创新能力的提升必然是一项涉及各个构成要素的系统工程,重点有四个方面:塑造政策创新的能动主体;营造促进创新的社会环境;构建激励创新的制度结构;突破政策变迁中无效率的路径依赖问题。[②]

① 自2003年以来,围绕公共政策创新,胡宁生发表了一系列论文,即:体制转轨阶段公共政策创新特点分析[J]. 江海学刊,2003(4);体制转轨与公共政策创新[J]. 南京政治学院学报,2003(4);体制转轨过程中公共政策创新的主要影响因素[J]. 中国行政管理,2003(5);体制转轨过程中公共政策创新的实现机制[J]. 南京社会科学,2004(1)。也可参阅胡宁生. 现代公共政策学——公共政策的整体透视[M]. 北京:中央编译出版社,2007.

② 汪永成. 论中国公共政策创新能力的提升策略[J]. 理论探讨,2002(1):63-65.

5. 行政决策理论

关于"行政决策"理论,高校学者一般在行政学教材中单章介绍,围绕行政决策的含义、特点、类型与作用等进行阐述。也有学者撰写了关于行政决策的专门的著作和教材进行阐述。总起来看,高校学者的研究主要集中在以下几个方面:

(1)行政决策的含义与特点。

有学者认为,行政决策即国家机关发挥行政管理职能作出处理国家公共事务的决定,它既具有一般管理决策的共性,又具有其特殊性:决策主体主要是中央和地方各级国家行政机关及行政人员,决策内容涉及整个国家和社会范围的一切公共事务;决策所代表的利益反映国家和人民的意志;决策所约束的范围具有极大的广泛性;决策活动必须严格依法办事。[③]有学者认为,行政决策属于管理决策的一种,它指国家行政机关为履行行政职能就面临所要解决的问题,从实际出发,制定与选择行动方案,作出决定的活动。其主体只能是国家行使行政权的行政组织及其行政人员,其对象是整个国家和社会的公共事务,其制定和实施都要以法律为依据,它以国家权力为后盾,通过行政方式作用于社会,具有强制力,行政决策者要承担政治责任和法律责任。它具有明显的政治性,属于政治决策

③ 刘怡昌,许文惠,徐理明. 中国行政科学发展[M]. 北京:中国人事科学出版社,1996:56.

的范畴。[①]有学者认为，行政决策是指国家机关工作人员在处理国家行政事务时，为了达到预定的目标，根据一定的情况和条件，运用科学的理论和方法，系统地分析主客观条件，在掌握大量有关信息的基础上，对所要解决的问题或处理的事务，作出决定。其特征包括：主体是指具有法定行政权的国家行政机关或在国家机关中占据合法职位的政府官员；涉及各个领域的广泛的社会事务的管理；结果表现为具有普遍约束力的国家的政策或法律、法规；行政决策过程是权力运用的政治过程。[②]也有学者认为，行政决策是指具有行政决策权的组织或个人为了有效地实现行政目标，从多种可能的行政方案中作出选择或决定的过程。其特点主要表现在：主体是掌握行政权力的个人或组织；内容是行政事务；价值取向是公共利益。[③]还有学者认为，行政决策是指国家行政机关为履行行政职能，就面临所要解决的问题所作的目标确定、行动设计和方案抉择的过程。其特性表现在：决策主体的特定性；决策内容的广泛性；决策代表利益的公众性；决策活动的合法性；决策执行的权威性。[④]

(2)行政决策的类型。

有学者从不同角度对行政决策进行分类，主要包括：宏观决策和微观决策；单目标决策和多目标决策；确定型决策、风险型决策、不确定型决策和竞争型决策；国家决策、地方决策、基层决策；程序性决策、非程序性决策、部分程序性决策；始初决策和反馈决策。[⑤]有学者认为，根据不同的标准可以对行政决策进行不同的分类，主要包括：高层决策、中层决策和基层决策；群体决策、集体决策和个人决策；战略决策和战术决策；理性决策和非理性决策；传统权威决策、超人魅力型权威决策和理性权威型决策；确定型决策、风险型决策和不确定型决策；经验决策和科学决策；原有决策和追踪决策。[⑥]有学者认为，行政决策常见的分类主要有：经验决策与科学决策；程序化决策与非

① 许文惠等.行政决策学[M].北京：中国人民大学出版社，1997：2—4.

② 赵成根.第七章行政决策[M]//张国庆.行政管理学概论.第2版.北京：北京大学出版社，2000：270—272.

③ 胡象明.公共部门决策的理论与方法[M].北京：高等教育出版社，2007；也可参阅胡象明.第七章行政决策[M]//张国庆.公共行政学[M].北京：北京大学出版社，2007：232—234.

④ 莫岳云.行政决策学[M].北京：中国社会科学出版社，2004：7.

⑤ 许文惠，张成福，孙柏瑛.行政决策学[M].北京：中国人民大学出版社，1997：8—11.

⑥ 赵成根.第七章行政决策[M]//张国庆.行政管理学概论.[M].第2版.北京大学出版社，2000：275—278.

程序化决策;确定型决策、风险型决策和不确定型决策;战略决策与战术决策;单项决策与序贯决策。[①]

(3)行政决策的地位与作用。

有学者认为,行政决策是行政管理中的一种普遍行为,是实现行政职能的基础,是保证行政效能的重要前提,直接影响国家和社会的发展。[②]有学者认为,行政决策在行政管理中占有核心的地位,贯穿行政管理的全过程,是行政活动的先导,也是行政管理成败的保证,但是不能就此认为"管理就是决策",因为行政决策没有替代其他行政管理功能、取消其他行政功能的独立性。[③]有学者认为,行政决策贯穿于行政管理过程的各个环节,整个管理过程实际上是一个连续决策的过程。行政决策具有优化行政管理目标、节约行政管理成本、提高行政管理效益的重要功能。行政决策正确与否,关系到行政管理的成败,关系到国家、社会以及各项事业的兴衰。[④]有学者认为,行政决策是行政管理的首要环节,是实现行政职能的基础,是保证行政效能的重要前提;行政决策的正确与否直接关系到行政管理的成败和国家的兴衰。[⑤]

① 胡象明.第七章 行政决策[M]//张国庆.公共行政学 .北京:北京大学出版社,2007:234－237.

② 许文惠,张成福,孙柏瑛.行政决策学[M].北京:中国人民大学出版社,1997:33－38.

③ 赵成根.第七章 行政决策[M]//张国庆.行政管理学概论[M].第2版.北京大学出版社,2000:272－273.

④ 胡象明.第七章 行政决策[M]//张国庆.公共行政学[M].北京大学出版社,2007:238－239.

⑤ 莫岳云.行政决策学[M].北京:中国社会科学出版社,2004:16－18.

(七)关于行政伦理

行政管理学科恢复重建后,行政伦理研究在我国兴起于20世纪90年代中期。高校学者对于行政伦理的研究主要集中在以下方面。

1. 行政伦理基本理论研究

行政伦理基本理论研究包括行政伦理的概念、行政伦理体系、行政伦理研究的价值等。

(1)行政伦理的概念。

高校学者对于行政伦理的概念有诸多论述。这些论述基本可以分为三种类型。

第一，从政府职业道德的角度阐述行政伦理的内涵。认为政府行政管理也是一种职业，既然是职业，就应具备相应的职业道德。有学者认为，政府公职人员，在行使公共权力和从事公务活动的过程中，通过内在的价值观念和善恶标准，理性地调节个人与个人之间，个人与国家之间，个人与社会之间的各种利益关系，便是行政伦理。[①]

第二，认为行政伦理是国家行政机关、公务员道德规范的总和。有学者对中国和韩国的行政伦理与廉政建设进行了比较研究，认为应从行政伦理的主体性、政治性、层次性、职业性、现实性和系统性等几个不同的角度来把握行政伦理的基本内涵。从国家公务员个体行为行政伦理主题的意义上，行政伦理是指国家公务员的行政道德意识、行政道德活动和行政道德规范现象的总和；在行政机关群体作为行政伦理主体的意义上，行政伦理是指行政体制、行政领导集团以及党政机关在从事各种行政领导、管理、协调、服务等事务中所遵循的政治道德和行政道德的总和[②]。有学者认为，行政伦理是研究行政机关及公务员的道德理念、道德准则、道德操守的学说，主要包括两部分，一是行政机关整体的伦理约束、导向的机制，二是行政机关人员，即公务员的伦理观念及操作。也有学者认为，行政伦理是依据善恶评价尺度对行政活动所进行的审查，它借助某一伦理学范式(如义务论、功利论或德性论等)对行政过程中具有重大社会影响的活动或决策作出价值分析，所要面对的主要是涉及重大行政价值或者多重行政目标间的取舍之类问题，并对此作出伦理阐释。[③]还有学者认为，行政伦理或者以行政系统为主体，或者以行政管理者为主体，是针对行政行为和政治活动的社会化角色的理论原则和规范。[④]

① 党秀云.论当代政府职业道德的建设[J].中国行政管理，1996，2：17.

② 王伟等.中国韩国行政伦理与廉政建设研究[M].北京：国家行政学院出版社，1998.

③ 李萍.行政伦理与行政道德[J].河南师范大学学报：哲学社会科学版，2007，34(5)：52.

④ 江秀平.对行政伦理建设的思考[J].中国行政管理，2000(9)19.

第三,从综合的角度来研究行政伦理的含义。有学者以公共的视角研究行政伦理,认为公共伦理是指用以规范公共管理主题的行为,以保证公益事业的公正性,合理有效地实现公益事业目标的准则体系,就是公共伦理。[①]有学者认为,行政伦理是关于行政管理职业规范的范畴体系,包括行政伦理观、行政理想、态度和作风、行政良心、行政责任、行政纪律、行政荣誉、行政人格等。[②]也有学者认为,行政伦理是由若干个层面的内在含义构成的,其中,特定的利益关系原则是行政伦理的本质所在,特定的权利义务关系是行政伦理最基本的组成要素,特定的主体性价值是其基本结构,特定的范畴构成其基本体系,特定的约束机制是其基本功能,特定的文化内涵又反映了行政伦理发展的基本机制。[③]

(2)行政伦理体系。

行政伦理体系即行政伦理的表现方式。高校学者主要是从制度、组织、政策以及个人四个层面来界定行政伦理体系。有学者认为,行政伦理可以分为政府组织伦理、政治家个人伦理和政府官员个人伦理三个层次,其中最主要的还是政府官员个人的伦理。[④]有学者认为,行政伦理可分为行政制度伦理、公共政策伦理、行政组织伦理以及行政人员伦理四个方面:行政制度伦理由行政制度内在的权利义务原则和规范组成;公共政策伦理使行政制度伦理转化为具体的实践伦理,指导行政人员的各种活动;行政组织伦理是在行政管理活动中形成的有关组织的善恶观念、价值取向、价值判断标准及其行为规范和习惯的总和;行政人员伦理是作为行使国家行政权力的行政人员在其履行公务的活动中所形成的伦理关系,以及应当遵循的道德原则和道德规范。[⑤]也有学者认为,行政伦理是由公务人员的个人品德、行政职业道德、行政组织层面的伦理以及公共政策伦理等四个方面构成的有机体系。[⑥]

① 高力.公共伦理学[M].北京:高等教育出版社,2006.

② 张康之,李传军.行政伦理学教程[M].北京:中国人民大学出版社,2004.

③ 张国庆.公共行政学[M].第3版.北京:北京大学出版社,2007.

④ 董建新.解析行政伦理[J].暨南学报:哲学社会科学版,2004,26(3):16.

⑤ 徐家良,范笑仙编著.公共行政伦理学基础[M].北京:中央党校出版社,2004.

⑥ 张国庆.公共行政学[M].第3版.北京:北京大学出版社,2007.

(3)行政伦理研究的价值。

有学者认为,行政伦理研究是新兴的科学领域,是适应公共行政的发展需要和体现了历史发展趋势的科学研究,也是实践性很强的理论建构研究。从公共行政的发展历程来看,特别是在从工业社会向后工业社会的转型过程中,行政伦理研究变得越来越重要。因为公共行政的实践向行政伦理研究提出了迫切要求,需要通过行政伦理研究来解决那些在"政治路径"、"科学路径"和"市场路径"中都无法解决的现实问题。①

2. **中国传统行政伦理研究**

高校学者对于中国传统伦理的研究主要分为两个部分,即中国传统伦理发展历程及其主要内容。

(1)中国传统行政伦理的发展历程。

有学者研究了从先秦到1840年中国传统行政伦理的发展历程,即原始社会、夏商周、春秋战国、秦汉隋唐、宋元明清等五个时期分别对应中国传统行政伦理的萌芽、奠基、奠定、发展以及继续发展等五个阶段。②

(2)中国传统行政伦理思想的主要内容及特点。

有学者研究了中国传统行政伦理思想,认为中国传统伦理思想,主体是指儒家学派的伦理思想,这些思想言论都从不同侧面为创建一个合乎理性和正义的社会提出了行政伦理方面的建议。在此基础上,根据国家公务人员应具备的行政道德的主要方面,对这些思想进行了分类分析,主要包括"掌权从公,执政为民"、"坚持正义,处事公平"、"厉行节俭,清正廉洁"、"忠于职守,敬业勤政"和"以身作则,严于律己"等。③

也有学者将中国传统行政伦理规范的内容归纳为公忠正义、诚实守信、廉政勤政、爱民兴民、举贤用能、正己修身六个方面,并总结

① 张康之.在公共行政的演进中看行政伦理研究的实践意义[J].湘潭大学学报,2005(9):41.

② 徐家良,范笑仙.公共行政伦理学基础[M].北京:中央党校出版社,2004.

③ 江荣海,佟福玲.中国古代行政伦理思想与现代行政伦理学[J].北京大学学报:哲学社会科学版,1999(3):24—28.

了中国古代行政伦理的特点,即涌现了一大批经典论著,"为政以德"是其核心内容,具有功利性,注重个人道德、忽视制度道德,等等。①

① 徐家良,范笑仙.公共行政伦理学基础[M].北京:中央党校出版社,2004.

有学者认为,中国传统行政伦理可以区分为外灌式和内引式两类行政伦理观念。外灌式行政伦理作为信念伦理,是儒家伦理在行政领域的推广和应用,并以正式制度的形式发挥其功能。然而,由于儒家外灌式行政伦理是一种脱离中国古代官场现实的信念伦理,它无法提供有效地指导古代行政官僚行为的伦理准则,由此导致内引式行政伦理作为非正式制度取代外灌式行政伦理,并成为实际指导古代官僚行为的通行伦理准则。②

② 胡辉华.论中国传统行政伦理[J].贵州社会科学,2007(11):15-20.

3. **行政制度伦理研究**

高校学者对于行政制度伦理的研究可分为行政制度伦理的含义、行政制度伦理的内容与功能以及行政制度伦理的基本原则。

(1)含义。有学者认为,行政制度伦理是制度的合道德性和合伦理性,由行政制度内在的权利义务原则和规范所组成,通过社会结构关系、法律、法规、政策等正式和行政习惯、行政风俗等非正式的规范表现出来,由此对一定的制度作出善恶判断。行政制度伦理由行政制度的伦理化与伦理的制度化组合而成。③

③ 徐家良,范笑仙.公共行政伦理学基础[M].北京:中央党校出版社,2004.

也有学者认为,可以分别从政府制度伦理化和政府伦理制度化这两个方面理解行政制度伦理。政府制度伦理化就是追问"政府制度中的伦理",即体现政府制度本身的伦理性,它还包含着对政府制度的伦理评价,即对政府制度的正当、合理与否(也就是善恶)的伦理评价。政府伦理制度化是指"制度化的政府伦理",即以外在于公务员个体的政府制度形式存在的伦理要求和道德价值目标,它还包括贯彻执行制度化了的政府伦理准则的实施过程。④

④ 高晓红.政府伦理研究[M].北京:中国社会科学出版社,2008.

(2)内容与功能。有学者认为,行政制度伦理的主要内容有人本原则、社会正义、效率以及法治等。它的主要作用有:制度伦理化是行政道德化的重要内容；行政制度的伦理化是行政道德化的前提和基础；行政制度伦理化是实现行政道德化的保障；伦理制度化是行政道德化建设的重要途径等。[①]

(3)基本原则。有学者认为，行政制度伦理的基本原则在于制度的正义性。该学者从西方政治哲学的角度出发，分析了正义原则对于制度的重要性，认为政府制度正义是政府制度伦理的重要组成部分，包含了政府制度的正义性和政府正义理念的制度化。[②]

4. **公共政策伦理研究**

高校学者对于公共政策伦理的研究可以分为公共政策伦理的概念、公共政策伦理的内容和作用两方面。

(1)概念。目前，高校学者对于公共政策伦理含义的理解有广义和狭义两种。有学者认为，广义的公共政策伦理是指维护某种公共秩序所需的伦理规范，是由政府或其他社会权威机构设计、制定和推广的，并使这些伦理规范真正成为公众在这一领域中的普遍化行为方式。[③]也有学者对政策伦理持狭义的看法，即公共政策伦理是指为了解决公共政策问题，维护公共利益，将伦理规范运用于公共政策制定过程、执行过程、评估过程中、使伦理规范运用于公共政策制定过程、执行过程、评估过程中，使伦理规范被行政组织和行政人员普遍接受并对公共政策活动作出善恶判断。[④]另外有学者则认为，从价值的意义上看，公共政策伦理就是公共利益和个人偏好之间关系的伦理，所涉及的是正义价值的选择问题，也就是如何做到社会利益和社会负担的合理分配。[⑤]

(2)内容和作用。有学者认为，公共政策伦理的内容包括：人类发展的可持续性、公正性以及效率与公平的统一等。公共政策伦理的作用有：能使决策者在事实与价值中作出正确的选择；能使资源得到优化与平衡的配置；能使政府得到社会组织与社会成员的信任。[⑥]

① 徐家良，范笑仙. 公共行政伦理学基础[M]. 北京：中央党校出版社，2004.

② 高晓红. 政府伦理研究[M]. 北京：中国社会科学出版社，2008.

③ 陈振明. 公共管理学：转轨时期我国政府管理的理论与实践[M]. 北京：中国人民大学出版社，1997.

④ 徐家良，范笑仙. 公共行政伦理学基础[M]. 北京：中央党校出版社，2004.

⑤ 张国庆. 公共行政学[M]. 第3版. 北京：北京大学出版社，2007.

⑥ 徐家良，范笑仙. 公共行政伦理学基础[M]. 北京：中央党校出版社，2004.

5. **组织伦理和公务员道德**

(1)概念。有学者认为,对于组织层面而言,行政伦理主要包括两个大的方面,即制度与程序方面的伦理和政策方面的伦理。[①]

有学者认为,公务员道德分为公务员个人品德和行政职业道德两个层面。公务员个人品德可以分解为思想态度和思想品德两个因素,公务员的思想态度就是他们从事行政管理活动的职业理想和职业态度问题,思想品德指他们的道德意识、道德意志和一贯的心理性格特点,而公务员的行政职业道德即其在行政管理的工作中的行为规范的总和。[②]

(2)构成。有学者认为,行政组织伦理的内容有个人道德品质、组织制度、组织文化、社会期待等;时和兴则认为行政组织层面的伦理的主要内容有程序公正、组织信任、民主责任和制度激励等。[③]

6. **行政伦理的实现途径**

高校学者对于如何实现有效的行政伦理进行了研究,研究成果基本可分为构建行政伦理的监督机制、行政伦理立法、超越官僚制与公共行政道德化等。

(1)构建监督机制。

有学者认为,构建行政伦理的监督机制是行政伦理制度化建设的重要环节,是管理行政向服务行政模式转化的必然要求。只有通过多种形式,多元主体参与行政伦理的监督与评价,才能更大程度地实现行政管理的社会参与,也才能最终实现行政管理的社会化。该学者认为,建立行政伦理监督机制是为了解决经济、政治以及社会公德方面的行政伦理道德失范;行政伦理的监督机制应由外部监督体系和内部监督体系构成,其中外部监督体系包括权力监督、政党监督以及社会团体及群众舆论监督,内部监督体系包括自我监督、行政监察以及审计监督等。[④]

① 张国庆.公共行政学[M].第3版.北京:北京大学出版社,2007.

② 张国庆.公共行政学[M].第3版.北京:北京大学出版社,2007.

③ 徐家良,范笑仙.公共行政伦理学基础[M].北京:中央党校出版社,2004.

④ 张康之,李传军.行政伦理学教程[M].北京:中国人民大学出版社,2004.

(2)行政伦理立法。

有学者认为,通过伦理立法设立行为准则,公共服务水平可以得到很大的提高,这也为20世纪的历史所证实。作为行政伦理制度化的一种基本工具,作为行政伦理管理的重要手段,行政伦理立法正在逐渐推广并日益起着积极的作用。行政伦理立法的基本内容包括行政职业道德规范的界定和行政组织伦理的保证机制。对于行政职业道德规范的界定基本包括公共利益至上、忠诚于国家和社会、忠实地履行法律规定、公正地执行公务、恪尽职守、不谋私利等;而组织伦理管理就是要建立一种道德组织,而此离不开有关惩处与监督的规定。①

① 张国庆.公共行政学[M].第3版.北京:北京大学出版社,2007.

(3)超越官僚制和公共行政道德化。

有学者反思了官僚制的历史源流及其在实践中的困境,指出在官僚制合理性设计的背后实际上存在一系列缺陷,即片面追求工具理性,导致了普遍的官僚主义和腐败问题。他认为,官僚制本身并不足以解决以上问题,提出应通过超越官僚制的途径来解决。具体的做法便是"以德行政",即在道德价值的确立中实现以德行政。具体来看,以德行政包含着公共行政道德化的必然要求,这是在对公共行政科学追求的再回顾的基础上提出来的,公共行政道德化包含着制度建设和行政人员道德化的双重向度。通过对行政改革、政府能力的道德整合以及社会秩序的供给三方面的研究,他提出了"公共行政拒绝权利"这一理论设想,完成了对公共行政道德化的理论探索。②

② 张康之.寻找公共行政的伦理视角[M].北京:中国人民大学出版社,2002.

(八)关于行政监督与廉政建设

行政监督与廉政建设是我国行政学界一直重视的研究领域,高校学者对于行政监督和廉政建设的研究主要集中在以下方面。

1. 行政监督的基本理论研究

高校学者对于行政监督的研究主要包括以下几个方面:行政监督的含义,行政监督的种类,行政监督的机制和行政监督的意义。

(1)行政监督的含义。

关于什么是行政监督,高校学者持有不同看法。总体来看,关于行政监督含义的不同观点,根据对于监督主体的不同界定,可以分为广义和狭义两种。

有学者认为,行政监督是国家权力机关、司法机关、国家特设的行政机关、政党、社团组织和人民群众等监督主体,依法对行政机关的行政行为和行政工作人员的职务行为进行的一种法制监督,其目的在于保障社会主义民主和法制,促进行政机关及其工作人员依法行政、合理行政,改善和强化行政管理,提高行政效率,推进廉政建设。[①]另有学者认为,行政监督可以从两方面来理解:一方面,行政监督是行政体系内部的监督,即行政组织内部的自我监督体系,如上下级之间的监督、行政监察、审计监督、职能监督、主管监督等;另一方面,行政监督是行政组织外部的其他主体对行政机关及其工作人员的行政行为所实施的监督,如立法监督、群众监督、政党监督等。[②]以上是对于行政监督的广义理解。

也有学者认为,行政监督是国家行政机关,依照法定的权限、程序和方式,对行政机关及其工作人员,以及对社会组织、企事业单位、公民个人和有关事项,就其是否严格执行和遵守国家的政策法律(广义)和制度进行的监督;同时,该学者指出,他并不认同关于“行政监督,是指对国家行政机关及其工作人员的监督”的含义以及“国家权力机关的监督”、“检查监督”、“社会监督”等对于行政监督的分类,他认为行政体系外部主体对于行政机关及其人员监督应该理解为另外一个概念,即“监督行政”。[③]还有学者认为,一般来讲,行政监督是指

① 夏书章.行政管理学[M].广州:中山大学出版社,2003.

② 张康之等.公共行政学[M].北京:经济科学出版社,2002.

③ 罗玉中,罗建平,王元.行政监督和监督行政[M].成都:四川人民出版社,1989.

行政组织内部的某些人员对另外一些人的了解、协助、指导或控制；在多数情况下，表现为行政上级或行政主管对下级工作状况的监督；在行政组织中，行政监督通常是建立在合法的监督权的基础之上的。以上是狭义的理解。[①]

(2)行政监督的种类。

按照广义的定义，有学者认为，依照不同角度可以对行政监督进行不同分类。按监督主体的不同，可以将行政监督划分为权力机关的监督、司法机关的监督、上级行政机关的监督、行政系统内特设的监督机关的监督、政党监督、社会组织的监督、人民群众以及传媒的监督等；从监督对象看，有对行政机关的行政行为的监督和对行政工作人员的职务行为的监督；以监督的内容为标准，有对行政行为的合法性和对行政行为的合理性的监督两种；从监督的方向上看，可分为纵向监督、横向监督和双向监督。[②]

也有学者认为，行政监督主要分为立法机关的监督、行政机关的内部监督、司法机关的行政监督、社会力量的行政监督以及政党监督等。[③]

按照狭义的定义，也有学者认为，行政监督应主要根据监督的性质和主体来分类，主要分为一般监督、职能监督、主管监督和特种监督四种。一般监督即按照行政隶属关系和机关协作关系而产生的监督；职能监督即政府各职能部门或直属机构就其主管业务对下级部门的监督；主管监督主要指政府专设的廉政行政机关因特设授权而对其他行政机关实行的监督；特种监督指除主管监督以外的各种普遍适用的专业性行政监督。[④]

(3)行政监督的内容。

有学者认为，行政监督的内容主要有：检查监督行政机关和法律授权的、或行政机关委托的组织及工作人员贯彻执行国家法律、法规

① 张国庆. 公共行政学[M]. 北京：北京大学出版社，2007.

② 夏书章. 行政管理学[M]. 广州：中山大学出版社，2003.

③ 高培勇，张康之. 公共行政学[M]. 北京：经济科学出版社，2002.

④ 张国庆. 公共行政学[M]. 北京：北京大学出版社，2007.

以及决定、命令的情况,保证宪法、法律、法规以及决定、命令的实施落实;审查行政机关和法律授权的、或行政机关委托的组织及工作人员行政执法活动的法律依据;监督审查享有行政立法权的行政机关制定、发布行政法规、规章的活动有没有违反法定程序;评价行政机关和法律授权的、或行政机关委托的组织及工作人员的行政执法行为的合法性和合理性;检查监督行政机关和法律授权的、或行政机关委托的组织及工作人员保障公民的批评建议、申诉、控告、检举等权利有效形式的情况;通过各种形式的监督检查,对行政执法活动的各方面工作给予正确的合法性和合理性的指导。[①]

(4)行政监督的方式。

对于行政监督的方式,有学者认为,行政监督的方式有质询、弹劾、不信任表决、申诉与控告、报告与汇报、预算决算与审计等。[②]还有学者认为,行政监督的方式即行政机关为了达到行政监督的目的而采用的手段和措施,方式有审查、调查、检查、报告、登记注册发放证件、申报、清查和建立档案、考核、批评以及处分和处罚等。[③]

(5)行政监督机制的构建。

有学者认为,构建行政监督机制主要包括建立行政监督的组织机制和心理机制两个部分。组织机制产生于国家行政组织内部的法规化、制度化的组织体制,并通过国家行政管理部门自身的管理方式表现出来。其内容主要包括:建立符合国情和国家行政管理规律的、充分体现行政管理职能的国家行政管理体制;建立和健全行政监督制度;实现分工负责、权责一致的管理原则和管理方法;建立和健全门类齐全、明确严格的行政规章制度等。心理机制主要以行政机关的良好的机关氛围和行政工作人员的良好的精神状态及心理活动,来确保行政监督的效应,主要内容包括行政责任认同感、职业道德、机关气氛以及技能水平等。[④]

① 夏书章.行政管理学[M].广州:中山大学出版社,2003.

② 高培勇,张康之.公共行政学[M].北京:经济科学出版社,2002.

③ 罗玉中,罗建平,王元.行政监督和监督行政[M].成都:四川人民出版社,1989.

④ 夏书章.行政管理学[M].广州:中山大学出版社,2003.

(6)行政监督的意义。

有学者认为，行政监督的意义主要在于：有利于促进行政机关及其工作人员依法行政，确保国家法律、法规、方针政策的贯彻实施；有助于激励行政工作人员成为人民勤务员，即社会公仆；加强行政监督是发展民主政治、维护人民的合法权益的重要途径；完善和执行行政监督是惩治腐败、客服官僚主义、推进廉政建设的必要措施；加强行政监督有助于支持各级行政机关及其工作人员行使法定权力，保障宪法、法律、法规实施。[①]

① 夏书章．行政管理学[M]．广州：中山大学出版社，2003.

也有学者认为，行政监督的意义有：行政监督是加强社会主义法制建设，使行政管理处于法治、民主和科学状态的重要手段；加强行政监督是我国社会主义经济发展和经济体制改革深化的必然要求；加强行政监督也是我国政治体制改革的必然结果。[②]

② 罗玉中，罗建平，王元．行政监督和监督行政[M]．成都：四川人民出版社，1989.

2．廉政建设基本理论研究

廉政建设基本理论研究包括廉政的含义、廉政建设的主要领域以及廉政建设的必要性等。

(1)廉政建设的含义。

有学者认为，廉政即指廉洁从政，可以从“廉”和“政”两个方面来进行理解。“廉”包含两层意思：一是廉洁，也就是不贪污不腐化；二是节约、节俭，也就是我们平时所说的奢侈浪费的对立面。对“政”的理解要明确主体，判断一个主体是否是从政主体的一个标准是，该主体拥有的权力，是否是公共权力或者公共权力的延伸。按照这个标准，从政的主体应该不仅仅限于行政机关也就是狭义的政府，它应该包括政党、立法机关和司法机关，在我国还包括工会、共青团、妇联和企事业单位。既然廉政指的是廉洁从政，那么廉政建设就是指为保证公共权力的拥有者廉洁从政而采取的各种行为。这些行为大致可以分为道德建设、制度建设、惩处腐败行为三个层面。[③] 也有学者认

③ 李成言，谷雪，俸锡金．廉政政策分析[M]．北京：北京大学出版社，2002.

为,所谓"廉政",就是公正廉明的政局、政制、政策、政德的良性结合与辩证统一。[①]

① 张润枝.关于廉政文化建设的思考[J].理论前沿,2004(22):35.

(2)廉政建设的主要领域。

有学者认为,腐败易发、多发的领域是那些公共权力过大、官员的任意处置权过大的领域,特别是涉及权、钱、人的环节,最易诱发腐败,因而应当成为廉政建设的主要领域;具体来讲,首先要防止和严厉打击反贪、纪检、检察、监察、法院、审计、司法、海关、公安、武警和军队系统的腐败,其次要重点防止和坚决打击重大公共投资、公共财政支出、工商、税务、金融、保险、证券、土地批租、政府采购、房地产等领域的各类腐败,还要坚决惩治与人民切身利益息息相关的如交通、铁道、民航、电力、电信、卫生、教育等行政垄断行业部门的腐败,以及各类"乱收费"、"乱集资"、"乱摊派"、挪用扶贫救灾款等违法违纪行为。[②]

② 胡鞍钢,过勇.转型期防治腐败的综合战略与制度设计[J].管理世界,2001(6):46.

(3)廉政建设的必要性。

转型期我国的腐败现象有加剧趋势,带来了严重的政治、经济以及社会危害。有学者研究表明,腐败已经成为中国最大的经济损失、社会污染和政治挑战,在90年代后半期,腐败所造成的经济损失和消费者福利损失平均每年在9875～12570亿元之间,占全国GDP总量比重13.2%到16.8%之间,腐败形成了最大的社会污染,具有很强的外部性,影响了社会稳定;同时,腐败也构成了对中国共产党及其政府合法性的严重挑战,引起党和国家领导人与全国人民的极大关注和忧虑。[③]

③ 胡鞍钢,过勇.转型期防治腐败的综合战略与制度设计[J].管理世界,2001(6):46.

加强廉政建设有助于树立良好的社会风气,有助于和谐社会的建设。有学者认为,维持公务员较高的福利待遇,能够提升腐败成本,从而起到抑制腐败的作用,但仅仅借助于高薪并不能完全解决腐败问题。如果使社会中每个人都认识到腐败的危害,在全社会营造廉洁光荣、腐败可耻的舆论环境，一个人在试图腐败时就会背负着被整个社会所谴责和唾弃的危险，这就在无形中增加了腐败的成本。腐败减少，便有助于树立良好的社会风气，有助于和谐社会的建设。[①]

① 张润枝.关于廉政文化建设的思考[J].理论前沿,2004(22):36.

3. **廉政建设的路径研究**

高校学者关于廉政建设的路径研究主要集中在完善监督机制、廉政文化建设以及制度变革三个方面。

(1)完善监督机制。

有学者认为，进行廉政建设必须完善廉政的监督机制。这一监督机制包括三个层次，分别是政治民主监督、社会民主监督以及舆论监督。其中政治民主监督包括党内民主监督、人大监督以及民主党派监督；社会民主监督的本质在于公民的政治参与，这是强化监督机制实现廉政的关键一环；在反腐败的廉政系统工程中，舆论监督作为巨大的精神力量和社会控制的手段，对权力的制约发挥着不可估量的作用，在遏制公职人员犯罪方面取得了明显的效果。[②]

② 李成言.廉政工程：制度、政策与技术[M].北京：北京大学出版社,2006.

(2)廉政文化建设。

有学者认为，当前不正之风和腐败现象的发生，与廉政文化建设相对滞后有直接关系。廉政文化可以在反腐倡廉中起到教育培训、舆论导向和监督制约的作用，因而需要加强廉政文化建设。建设的主要途径有：把廉政教育纳入国民教育体系；整合资源，不断扩大廉政文化的覆盖面；加强机制建设，为廉政文化提供制度保障。[③]

③ 张润枝.关于廉政文化建设的思考[J].理论前沿,2004(22):36.

(3)制度变革。

有学者认为，中国腐败已经属于行政制度性腐败，这主要是由于政府机构发展的不成熟性和政府转型的不成熟性造成的，这使得我国的腐败既有发展中国家腐败的特点，又有转型国家腐败的特点。因而有效解决腐败问题的关键是从制度入手，着眼于经济体制和政治体制的制度缺陷，更加明确地提出旨在治本的防治腐败的重大举措。[①]有学者则明确指出了制度与环境对廉政的影响，认为我国的干部选拔制度一视同仁，而腐败行为却突出地表现在掌握实权的行业和部门；如果说培训教育上的一视同仁理应造就大致一致的道德品格，那么，违法腐败的"非均衡分布"只能用其他原因来解释，从而得出结论，解决腐败的问题最终在于改变环境，在于完善反腐倡廉的制度设计。[②]

有学者提出了制度变革的具体措施：应该在党内充分发挥民主集中制，对各类权力及权力的行使实行权力制衡机制和有效的监督机制。应明文规定党的议事工作程序，凡属重大决策、重要建设项目安排、大金额支出和使用、重要干部任免都必须经过集体的充分论证，内部信息透明，不为个人或少数人专断，不能以任何借口个人决定重大问题。改革行政审批制度，大幅度削减政府官员的任意处置权，取消大部分企业设置和项目审批权，而实行登记制、注册制和备案制，需要保留的部分审批权可以通过公开招标、分开拍卖等手段实行；必须审批的应该实行合理分解，部门相互监督、制约，相关主管人员定期轮岗，减少政府手续，减少政府过度干预，增加信息透明度。[③]

① 胡鞍钢，过勇．转型期防治腐败的综合战略与制度设计[J]．管理世界，2001(6)：48.

② 周志忍．公务员培训的中外比较——一些宏观层面的思考[J]．北京行政学院学报，2005(3)：2.

③ 胡鞍钢，过勇．转型期防治腐败的综合战略与制度设计[J]．管理世界，2001(6)：48.

(九)关于公共预算与公共财政

尽管现代公共财政学与经济学具有密切联系，但财政的特性决定财政学与政治学、行政学在学术研究方面保持着更为密切的联系。为显示高校公共预算与公共财政研究改革开放以来的发展脉络，在此按照财政的性质、制度、决策、分析方法和视野，概括学术研究内容如下。

1. **关于财政性质研究**

有关财政性质的探讨是围绕着现阶段我国是否应实行公共财政而展开的。在计划经济体制下，我国的财政是国家财政，因此，我国的公共财政研究肇始于公共财政的正当性之争。这有别于成熟的市场经济机制中，财政研究往往以市场失灵作为研究的逻辑起点，关心的是财政的何种组织与决策方式有助于弥补市场失灵。

1988 年之前，财政学者围绕“公共财政”的性质展开激烈论争，中心议题是“国家财政”（或“国家分配论”）与“公共财政”的地位取舍，归纳起来，大体有三种看法：一是在“国家分配论”的基础上发展“公共财政”；二是坚持“国家分配论”，反对“公共财政”；三是放弃“国家分配论”，实行“公共财政”。

第一种看法强调公共财政论对国家分配论的继承和发展，即发展“国家财政”（或“国家分配论”）之下的“公共财政论”。由于较好地实现了新旧理论的兼容，因此成为当时比较主流的看法。有学者以“财政一般”与“财政特殊”来区分“国家分配论”与“公共财政”，据此建立起前者对后者的统属关系。[①] 有学者就“财政本质”与“财政类型”的区分对“国家分配论”与“公共财政论”进行调和，认为“国家分配论”是“财政本质论”，而“公共财政论”是“财政类型论”，[②] 但实际上这种看法强调的是“公共财政”。[③]

第二种看法坚持国家分配，反对公共财政。有学者认为，“如果完全用公共财政理论代替国家分配论，其结果势必导致国家财政作用领域的范围过分缩小，国家宏观调控经济功能的减弱和财政完全退出生产领域的局面”，而这同我国社会主义市场经济以公有制为主体，市场在国家宏观调控下对资源配置起基础作用的特征相悖。[④] 更有学者（1998）明确表示，“作为唯心主义产物的‘公共财政’，无论其是财政的本质还是类型的理论，都存在根本性的错误，绝不应成为我

① 邓子基. 坚持与发展“国家分配论”[J]. 东南学术，1999(1)：9，14－16.

② 张馨.“公共财政”与“国家财政”关系析辨[J]. 财政研究，1997，(11)：24－28.

③ 在张馨看来，将公共财政论说成事国家分配论的坚持和发展，其实质是否定公共财政论。他进而指出：“国家分配论和公共财政论产生与不同的时代，要解决的是不同的问题，有着不同的理论基础与经济体制背景，显然那是两个不同的财政论。”｛参见张馨. 析中国公共财政论之特色[J]. 财政研究，2001，(7)：17－23.｝不难看出，虽然他也常在财政双元论的框架内探讨财政问题，但有别于老一辈财政学者坚持双元之利，他看到的更多是双元之弊。

④ 刘邦驰. 当前财政学建设的若干理论问题[J]. 财政研究，1996(7)：46.

国市场经济下财政改革的指导。"[①]

第三种看法形成时间较长,20 世纪 90 年代末,尽管当时的普遍观点是调和"公共财政"与"国家分配论",但有学者明确指出,"中国财政学的可能走向是在共同需要论的基础上发展公共财政论"[②]。

2. **关于财政制度研究**

关于财政制度研究,关注点在于探讨"公共财政"制度的内涵、功能与特点。1998 年以后,虽然公共财政作为财政改革的目标模式已经明确,但在公共财政具体问题的认知上,学者之间还有不同看法,其探讨的核心问题集中在:什么是公共财政?如何理解公共财政的公共性?

关于什么是公共财政问题的核心问题,是界定公共财政的内涵。高校学者倾向于将公共财政视为纠正市场失灵、与市场经济相适应的财政类型或活动。[③]有学者从预算的角度理解公共财政,强调公共财政是建立在现代预算基础上的财政制度,预算是公共财政运行的"道路规则",是纳税人及其代议机构控制财政活动的机制。[④]此外,有学者从有别于私人财务的角度理解公共财政,认为"它是代表社会公共利益,为满足社会公共需要而进行的收支活动"[⑤]。

政治学或公共行政学者着眼于公共财政与民主之间的联系,有学者对公共财政的民主性进行了分析,认为民主制度决定了公共财政只能是一种"服务"性质的政府经济行为;决定了公共财政只能是一种"限政"的财政;决定了公共财政制度是由纳税人的代表——议会说了算的制度;决定了公共财政只能是一种在社会公共领域中活动的政府经济行为。[⑥]

关于如何理解公共财政的公共性问题,有学者指出:"公共财政古已有之,财政的'公共性'是与生俱来的。"[⑦]有学者认为,公共财政以"公共性"为根本特征,而与非市场经济条件下的其他财政类型相

① 叶子荣."公共财政"辨析——与张馨同志商榷[J].财政研究,1998(4):44—47.

② 杨志勇.中国财政学向何处去[J].当代财经,1998(4):35—38,59.

③ 如张馨(1997)指出,"公共财政是为市场提供'公共'服务并弥补市场失效的国家财政,它受'公共'的规范、决定和制约"。{参见张馨.论公共财政[J].经济学家,1997(1):96—103.}随后,在《公共财政论纲》一书中,作者对定义作了进一步的规范,指出:"公共财政指的是国家或政府为市场提供公共服务的分配活动或经济活动,它是与市场经济相适应的一种财政类型或模式。"{参见张馨.公共财政论纲[M].北京:经济科学出版社,1999.}这一定义遂成为学界共识,几乎没有引起大的争议。

④ 焦建国.公共财政是建立在现代预算基础上的财政制度——兼评公共财政论争中的几种观点[J].当代财经,2001(6):23—25.

⑤ 左敏.建立公共财政理论体系应注意的几个问题[J].当代财经,2000(5):26—31.

⑥ 李炜光.公共财政的宪政思维[J].战略与管理,2002,(3):16—25.

⑦ 邓子基.国家分配论与构建公共财政的基本框架[J].当代财经,1999,(5):4—7.

区别。[①]也有学者指出财政的"公共性又是在发展的","只有在市场经济条件下,财政的公共性才真正取得独立、成熟、规范、完全的存在形式——公共财政"。[②]

政治学和行政学者往往从中国转型期的角度分析公共财政与政治体制改革之间的关系,探讨公共财政的公共性特征。有学者从现代民主政治的视角理解政府财政活动中的"公共性",强调"公共性"应是现代民主国家政府财政活动的价值基础与核心精神。并指出,"公共性"的缺失必然导致国家财政收支行为的扭曲,违背公民的意志,并损害国家、社会和人民的长远而根本利益。[③]还有学者明确指出,务必要矫正公共财政"公共性"的认识偏差,因为这有助于"向公众特别是财政官员阐述公共的价值,使其认识到为何根据个体的理性判断,'公共'是值得信赖和坚持的理念,且可以转化为切实可行的财政经验"[④]。

3. **关于财政决策研究**

关于财政决策的研究,围绕公共财政的制度建构和运行规范而展开。由于决策分析涉及内容广泛,在此将其分为如下方面。

(1)总体趋势与政策导向分析。

有学者指出:"20年来我国的财政模式,无论是其结构形式还是活动内容、范围以及作用方式等,无不在向西方的公共财政模式靠拢。"[⑤]有学者建构了公共财政的新框架,包括:实现政府财政职能的转变、明确市场经济条件下政府基本职责;建立以公共支出为主体的支出体系、以税收为主体的公共财政收入体系;建立起以宏观经济效益和社会效益最大化为目标的公共财政管理体系;建立保证国民经济稳定、协调发展为目标的财政宏观调控体系。[⑥]还有学者从政治学角度考虑公共财政的制度建设问题,指出建立公共财政需要解决三大难题,即界定公共产品的范围、确定公共产品的成本分摊方式、确

① 张馨.财政的公共性与阶级性关系析疑[J].经济学动态,1999(5):7—11.

② 王国清.公共财政:财政的公共性及其发展[J].经济学家,1999(6):91—97.

③ 孙柏瑛.公共性:政府财政活动的价值基础[J].中国行政管理,2001(1):23—26.

④ 雷艳红.避免公共财政"神化"运动——公共财政"公共性"矫正[J].人民论坛,2007,(3):52—53.

⑤ 张馨.财政公共化:当前我国改革的关键步骤[J].财政研究,2001,(2):44—48.

⑥ 朱广平,陈炎玮.转变财政职能,努力构建我国公共财政的新框架[J].市场经济研究,1999,(6):36—38.

定政府预算的规模及实现政府预算效益最大化的目标。考虑到我国现实法律和行政状况,应该"跳出行政手段和法律制度框框,通过研究公共财政民主运行机制,来寻求问题解决的最优思路"[①]。

(2)公共财政收入制度与政策分析。

学者关心的主要是如何通过优化税制、"费改税"等措施逐步减少预算外和制度外收入以及避免最小的经济福利损失。

关于优化税制,有学者针对个人直接税制存在的问题,提出应加大个人所得税调节力度、尽快开征遗产税与赠与税、建立社会保障税体系和改革完善消费税制。[②]还有学者主张提高税法的法律级次、调整和完善以增值税为主体的流转税、统一内外资企业所得税制、降低税收成本等。[③]另有学者从税制结构的角度提出在经济转轨期,"应逐步优化税制结构,实行以直接税和间接税双重主体的税制,提高直接税在税收总量中的比重,以提高财政支出效率"[④]。

"费改税"是学术界针对目前我国"费大于税"的不规范的财政收入格局而提出的一项改革任务和政策主张。关于"费改税"的基本原则,有学者先后提出了以"纳税人"范畴的形成和以纳税人权利的获得为基础和前提、具有"为自己纳税"意识、以"政府提供服务由社会公众决定"为根本标志、以"效率优先"为基点的公共化税收原则。[⑤]在此基础上,有学者提出以"税收的公共化"来解决乱收费问题。[⑥]

(3)公共财政支出制度与政策分析。

有学者剖析了公共支出的性质,即公共服务性、非市场盈利性、非市场活动性和计划性。[⑦]另有学者概括了公共支出的原则,即满足社会公共需要、有利于资源配置、实现公平分配以及经济的稳定和可持续发展。[⑧]

有学者建立了一个一般性经济增长模型,提出了最优财政支出的建议:政府的教育支出与人力资本支出应该确定最优的收益对

① 陶学荣,史玲.论公共财政民主运行机制的构建[J].湖北财税,2003,(3):5—7.

② 袁亚春,杨春玲.从优化税制看我国个人直接税制改革走向[J].浙江大学学报:人文社会科学版,1999(6):51—55.

③ 李竣,王瑜.关于优化税制的几点建议[J].理论与改革,2001(1):39—40.

④ 叶剑明,赵福军.优化税制结构,强化财政监督[J].涉外税务,2005(12):34—35.

⑤ 分别见于张馨.税收公共化:以"纳税人"为基点[J].涉外税务,2003(5):5—6;税收公共化:为自己纳税[J].涉外税务,2003(7):8—9;税收公共化:政府服务的公共决定[J].涉外税务,2003(8):5—6;税收公共化:税收原则体系的转型[J].涉外税务,2004(6):19—26.

⑥ 张馨.税收公共化:费改税成功的基点[J].涉外税务,2005(9):5—8.

⑦ 张馨.论公共支出的性质[J].财经论丛,1997(2):21—25.

⑧ 邱华炳,刘瑞杰.论市场经济条件下政府公共支出的重新界定及其原则[J].财政研究,1996(10):2—5.

象。[①]有学者把国家财政支出划分为生产性与非生产性支出，并将生产性支出分为人力资本投资、物质资本投资和科学研究支出，进而建构了这些支出类型与经济增长的理论模型和经验分析。[②]也有学者通过界定公共支出中存在的“调整成本”，以及对公共支出与经济增长所作的时间序列和横截面的经济分析，指出公共支出调整成本的上升对经济增长带来了“不容忽视的负面影响”。[③]

① 庞瑞芝. 财政支出影响经济增长的作用机制分析[J]. 南开经济研究，2002(3)：14—16.

② 郭庆旺，吕冰洋，张德勇. 财政支出结构与经济增长[J]. 经济理论与经济管理，2003(11)：5—12.

③ 庄子银，邹薇. 公共支出能否促进经济增长：中国的经验分析[J]. 管理世界，2003(7)：4—12，154.

4. **关于财政学研究方法与视野**

改革开放以来，财政学的分支学科如税收经济学、公债经济学、财政支出经济学等的出现，不仅使财政理论中某一具体问题的研究更加深入，还丰富了人们对财政制度基本框架的整体认识，高校学者在这方面作出积极努力并取得重要进展。[④]

④ 平新乔. 财政原理与比较财政制度[M]. 上海：三联书店上海分店，1992；蒋洪. 财政学教程[M]. 上海：上海三联书店，1996.

在研究方法上，有学者利用支出结构发展模型，发现 1978 年至 1995 年，“生产性财政模式进一步衰落，公共财政模式的特征日益明显”，但也产生了足以对政府预算造成沉重负担的“早熟”型福利财政，并认为维持性支出比重的持续上升和公共支出结构的继续演进有可能导向一个低质量的公共财政模式。[⑤]也学者通过构建一个权威主导型策略性市场化改革的动态分析框架，分析了权威主导型改革对财政公共化的影响，指出“强化权威推动型的二次改革，从政府派生型‘无形之手’到市场自发型‘无形之手’，并完善横向的党内民主和竞争机制，理顺纵向的政府内分工机制，才能真正顺利实现经济市场化转轨与财政公共化转型的协同演进。”[⑥]

⑤ 王雍君. 建国以来公共支出结构的演变[J]. 中央财经大学学报，1999(10)：22—26.

⑥ 汤玉刚，俞忠英. 论策略性经济转轨与财政公共化转型[J]. 财经问题研究，2008(6)：90—98.

在研究视野方面，改革开放以来，尤其是进入 21 世纪以后，财政研究出现了不同学科的研究范式既相互启发的学术风气，其突出体现在学者从“就经济论财政”，发展到开始注重“就政治论财政”。高校学者对政治与公共行政视野下的公共财政研究范式开始有所强调。[⑦]

⑦ 马骏. 中国公共预算研究：现状与未来[M]//中国公共预算改革：理性化与民主化. 北京：中央编译出版社，2005.

(十)关于非政府公共组织

我国学术界对非政府公共组织理论的关注和大规模研究始于20世纪末，其标志是1999年浙江人民出版社出版的“第三部门研究丛书”，其中多数作者是高校教师。此后，非政府公共组织逐渐成为重要的研究领域，有关理论研究集中在如下方面。

1. 非政府公共组织的概念、特性、分类、功能

非政府公共组织有着共同特征，但其称呼千差万别，有非政府组织、非营利组织、志愿组织、第三部门等，在学术研究中，一般将它们统称为非政府公共组织(NGO)。

(1)概念。有学者从四种角度来界定非政府公共组织：法律角度的界定着眼于是否具有免征所得税的地位；“结构—运作”角度的界定着眼于组织的基本结构和运作方式；经济/财政角度的界定侧重于组织的资金来源；功能角度的界定主要依据组织的功能和目标。[①]有学者按照内涵和外延的范围，将非政府公共组织作了广义、狭义和介于两者之间的三种界定。[②]考虑到具体国情，高校学者普遍倾向于对非政府公共组织作较宽泛的界定，认为在转型期的历史条件下，这有利于更好地推动相关社会组织的发展。[③]有学者认为，非政府公共组织指政府以外的公共组织，相对于私人组织而言，是处理社会的各种公共事务、提供各种公共物品的组织(部门)。[④]另有学者则将非政府公共组织界定为“不以获取利润为目的，为社会公益或共益服务的，提供准公共产品的独立部门”[⑤]。还有学者认为，非政府公共组织就是以志愿求公益的组织，这样它既与以强制求公益的政府部门和以志愿求私益的市场部门区别开来，又揭示了三者的关联。[⑥]

(2)特性。关于非政府公共组织的特性，高校学者普遍认为，非

① 周志忍，陈庆云.自律与他律——第三部门监督机制个案研究[M]，杭州：浙江人民出版社，1999：3—8.
② 刘贞晔.国际政治领域中的非政府组织——一种互动关系的分析[M].天津：天津人民出版社，2005：56—57.
③ 王名，贾西津.中国NGO的发展分析[J].管理世界，2002(8)：31.
④ 王名.中国的非政府公共部门(上)[J].中国行政管理，2001(5)：32.
⑤ 陈晓春，张彪.非营利组织准公共产品初论[J].公共行政，2004(5).
⑥ 秦晖.政府与企业以外的现代化——中西公益史比较研究[M].杭州：浙江人民出版社，1999：6.

政府组织应具有组织性、自治性、非营利性、民间性和志愿性等五大特性。[①]但具体到我国的特殊情况，不少学者认为标准不应过于严格。有学者强调，定义中国非政府公共组织需要满足的基本条件则是：不以营利为目的且具有正式的组织形式、属于非政府体系的社会组织，它们具有一定的自治性、志愿性、公益性或互益性。真正较严格地满足上述五大特性的组织，可理解为狭义的或典型的 NGO。[②]也有学者从国际政治的角度，提出了国际舞台上的非政府公共组织的特性：倡议性社团和社会运动组织从事跨国活动；活动具有明显的公益目的性和权利政治色彩；活动具有典型的网络化特点；四是在国际层面上不仅仅是一种公共舆论力量，同时也是一种重要的国际行为力量。[③]另有学者认为，当前的非政府公共组织发展在形态、组织、功能方面均体现出一些新的特点，可以概括为“三性”。其一是自发性。公民依据自身需求组建的草根组织增多，相应组织愈渐多元，比如独生子女的丧子家庭组织、外来工的自组织、同志群体组织等。其二是自治性。随着企业家等强势群体的参与，社团的民主治理。制度建设也引人企业管理的经验，如阿拉善、狮子会等企业家组织在民主治理结构上的实践。其三是参与性。出现一些边界开放、以人人参与为特征的组织。[④]

(3)分类。关于非政府公共组织的类型，高校学者具有不同角度的分类：从非政府公共组织所在的不同领域，可分为政治类、经济类、文化类、社会类的社会团体；从其所从事的职业的性质，可分为行业性、专业性、联谊性、公益性的社会团体；还有从性质上可以把所有的社会团体划分为两大类，即互益性的社会团体和公益性的社会团体[⑤]；还有学者依据中国现行法律法规，把非政府公共组织划分为三类：依据《社会团体登记管理条例》(1998)在民政部登记注册的社会团体，依据《基金会管理办法》(1988)在民政部登记注册的基金会，和

① 张曙.社会工作行政[M].北京：社会科学文献出版社，2002：12.

② 王名，贾西津.中国NGO的发展分析[J].管理世界，2002(8)：31.

③ 刘贞晔.国际政治领域中的非政府组织——一种互动关系的分析[M].天津：天津人民出版社，2005：70—72.

④ 贾西津.中国社团发展：失落与勃兴[J].探索与争鸣，2008(6)：26.

⑤ 李景鹏.关于非政府组织若干问题的探讨[J].新视野，2003(1)：37.

依据《民办非企业单位登记管理暂行条例》(1998)在民政部登记注册的民办非企业单位。另有学者指出,非政府公共组织可按照组织构成分为会员制组织和非会员制组织;按照法人形式可以分为社团法人和财团法人;按照组织性质可以分为公益组织、共益组织或互益组织;按照资产来源方式可以分为官办组织、合作组织、民办组织;按照资源动员方式可以分为公募组织和非公募组织;按照活动形式可以分为资助组织、项目组织或服务组织;按照活动性质和范围可以分为网络组织、支持组织、草根组织;按照活动领域可以分为环保组织、人权组织、扶贫组织、妇女组织等等。

(4)功能。有学者从非政府公共组织的特质、目标和实际功效中,归纳出四种角色功能:开拓与创新的角色功能;改革与倡导的社会功能;价值维护的角色功能;服务提供的角色功能。有学者认为,非政府公共组织的主要功能是作为一定社会群体的共同意愿或利益的代表而组成,为实现这些社会成员的共同意愿而开展各种公益性活动。[①] 比照企业和政府两类不同的社会组织,则可以从投入、产出、影响和作用等方面概括出非营利组织所体现出的主要社会功能:动员社会资源、提供公益服务、社会协调与治理以及政策倡导与影响。[②] 有学者从国际政治的角度论及非政府公共组织的作用,认为其主要作用体现为七个方面:在国际政治发展中催生了新的政治领域;在许多重要的议题领域影响了国际议事日程的设定;在一些重要环节上影响了国家间政治进程;引发了某些国内政治问题的国际化;为国际政治增添了新的合法性因素;强化了国家形象和声誉因素在国际政治中的作用;在国家间权力政治之外,推动着权利政治和公益政治的出现。[③] 另有学者指出,作为民主社会的一种非政治性实践,非政府公共组织与政府建立的合作伙伴关系成为增加社会信任的基础。非政府公共组织具有灵活性、创新机制和基层参与等特征,尤其

① 王名. 中国的非政府公共部门(上)[J]. 中国行政管理,2001(5):34.

② 王名. 非营利组织的社会功能及其分类[J]. 学术月刊,2006(9):9—10.

③ 刘贞晔. 国际政治领域中的非政府组织——一种互动关系的分析[M]. 天津:天津人民出版社,2005:269—283.

是它在社会福利服务领域内的广泛介入，使公民参与的需要得到满足，并使社会问题在一定程度上得到缓解或解决。同时，非政府公共组织还通过社会性福利服务这种利他行动来促进社会性伦理的完善，并使社会性整合的程度提高。非政府公共组织在社会活动领域的贡献，也使其成为政府能力建构的一个重要补充。[①]

2. **非政府公共组织社会背景、活动模式与相关关系**

(1)中国非政府组织存在与兴起的社会背景。

高校学者认为，中国非政府组织的兴起出于以下诸多原因。第一是全能政府模式的衰退。随着改革的逐步深入，原有的政治化、行政化、一体化的社会走向了开放化、市场化和多元化，政治资源、社会资源和文化资源等由政府逐步向民间转移，为整个社会走向自我服务、自我管理的多元治理模式奠定了基础。第二是受政府职能转变的影响。大量公共管理职能转移出来，这些分化出的资源和公共职能需要由公民有组织的自我管理、自我服务体系承接。第三是促进社会公平的需要。第四是迎接入世挑战的需要。第五是在经济市场化和社会多元化的进程中，公民自主、自治意识和参与热情越来越高，为多元治理模式的转型奠定了文化基础。[②]另有学者对中西社会历史背景进行比较，提出不同时期的公益特征与不同时期的社会结构相适应，因而中西方的公益发展呈现出不同的发展轨迹。[③]

(2)非政府公共组织政治与社会行为的具体领域与活动模式。

有学者对北京市NGO活动领域及其比重作了调研，就此指出，总部在北京的全国性NGO和北京的地方性NGO的主要活动领域依次是：行业协会、商会、学会、同学会(50.00%)、调查、研究(32.69%)，社会服务(22.12%)，国际交流(22.12%)，政策咨询(20.19%)，扶贫等(18.27%)和环境保护等(16.34%)。[④]有学者研究了非政府组织在国际层面的四种活动模式：建立跨国运作的国际

① 熊跃根.转型经济国家中的“第三部门”发展：对中国现实的解释[J].社会学研究，2001(1)：93.

② 王名.中国的非政府公共部门(上)[J].中国行政管理，2001(5)：36；王晋.第三部门：市场与政府的非零和产物——兼论我国第三部门的现状及发展趋势[J].政治学研究，2004(3)：114—115；熊跃根：转型经济国家中的“第三部门”发展：对中国现实的解释[J].社会学研究，2001(1)：96.

③ 秦晖.政府与企业以外的现代化——中西公益事业史比较研究[M].杭州：浙江人民出版社，1999：36—37.

④ 王名.中国的非政府公共部门(上)[J].中国行政管理，2001(5)：35.

非政府公共组织；建立跨国网络，网络的成员分享价值观、信息和共同的宣言，以协调行动；建立各行为体的跨国联盟，协调共同的战略和策略以影响国际决策者；跨国社会运动组织，把目标相同或相近的组织和实体联络起来，动员这些组织的成员行动起来参与到统一的活动中去。[①]

(3)非政府公共组织与政府的关系。

有学者认为，非政府公共组织与政府的关系非常复杂，是“两种互动关系”，是“抗争与合作关系”。[②]也有学者则认为两者之间是合作治理的关系。政府不能是、也不应是社会公共管理的唯一主体，社会成员的个体或组织，应共同承担起管理公共事务、提供公共服务的责任。随着社会的发展特别是政治文明的不断演进，社会的多元竞争被不断引入公共物品的提供与生产过程中，并渗透到社会生活的许多领域。另一方面，政府管理职能和权限也不断趋向于向社会转移，形成了国家与社会、政府与非政府公共组织相结合的特征和模式。[③]另有学者认为，一个良性的治理结构，需要不同治理主体的合理分工、合作努力，不同主体要形成一种良性的“伙伴关系”。在理念上，非政府公共组织应当既保持自己与政府和企业的相对独立性，又能形成良好的合作。为此，学者还探讨了伙伴合作的具体机制。[④]

3. 中国非政府公共组织的现状与发展战略

高校学者对我国非政府公共组织的现状进行来研究分析。为了全面掌握中国非政府公共组织的基本情况，有学者从1999年起，分别组织了五次较大规模的调研。结论是，非政府公共组织已经遍布社会生活的各个领域和各个层面，在我国的经济发展、人民生活、社会进步、文化繁荣、政治文明乃至精神文明等各个方面都发挥着积极的作用。但与此同时，中国非政府公共组织的发展中也存在着一些突出的问题：一是区域分布不均，活动范围有限，单体规模不大；二是

① 转引自范丽珠主编.全球化下的社会变迁与非政府组织[M].上海：上海人民出版社 2003：91－92.

② 刘贞晔.国际政治领域中的非政府组织——一种互动关系的分析[M].天津：天津人民出版社，2005：82.

③ 桑玉成.从社团发展看协同治理[J].探索与争鸣，2008(6)：27.

④ 贾西津.国外非营利组织管理体制及其对中国的启示[J].社会科学，2004(4)：47.

较普遍地存在资源不足、动员能力和专业能力不足的问题；三是现行法规和管理体制不利于其发展；四是社会监督机制不够完善。[①]另有学者指出，就其应当发挥的作用而言，特别是和国外非政府公共组织的发展相比，和正在兴起并日趋完善的市场经济的发展相比，和改革开放中社会巨大变迁带来的需求相比，我国非政府公共组织的发展是远远不够的。其原因是多方面的：一是非政府公共组织行政化；二是非政府公共组织企业化；三是非政府公共组织生存环境不理想，门槛高、限制多、监管不力；四是自身特性和运行机制存在诸多不足。[②]

关于我国非政府公共组织如何摆脱目前的困境，更好地协调它们与政府等部门的关系，真正走上自我治理和良性发展之路，学者也提出积极建议和主张。有学者建议：尽管存在种种困难和问题，现行体制特别是法律政策环境也有待改善，但是从发展的眼光看，特别是着眼于纵向的历史过程，可以看到，进入21世纪的中国业已呈现出的前所未有的发展势头和日新月异的社会变革。中国非政府公共组织发展的战略可以归结为以下几个方面：其一，重新定位登记管理机关。其二，改革业务主管单位。其三，引导非政府公共组织遵守公开性与透明性原则。其四，给予非政府公共组织更大的生存压力，允许其死亡。其五，在非政府公共组织中明确区分出营利组织与非营利组织两种情形。其六，目前社会整体与非政府公共组织都处于急剧的过渡期，不适宜一步到位确定出一套针对未来的法规。[③]

也有学者指出，我国民政部门将采取必要的措施进行改进。其中包括：研究和制定非政府公共组织的发展规划；完善非政府公共组织登记管理的政策法规；加强社会团体的能力建设，提高整体素质；建立监督管理体系；提高非政府公共组织管理机关的管理水平和服务水平；等等。[④]还有学者以上海市为例，提出促进非政府公共组织

① 王名．中国NGO的发展现状及其政策分析[J]．公共管理评论，2007，6：139－144.

② 王晋．第三部门：市场与政府的非零和产物——兼论我国第三部门的现状及发展趋势[J]．政治学研究，2004(3)：114－115.

③ 王名，陶传进．中国民间组织的现状与相关政策建议[J]．中国行政管理，2004(1)：73－74.

④ 吴东民，董西明：非营利组织管理[M]．北京：中国人民大学出版社，2003：108.

的发展五项建议。对策之一,科学地理顺政府与非政府公共组织的关系,在政企分开,政事分开的同时,真正做到政社分开,切实而不是形式地把政府一部分社会职能转移出来,交给非政府公共组织去办,应成为新世纪、各级政府坚定不移的战略理念。对策之二,充分利用现有资源和基础,培育一批有实力、有影响的公益性基金团体。对策之三,培育互利互惠、守望相助的市民自治组织。对策之四,建立竞争机制,引导非政府公共组织提供优质的社会服务。对策之五,严格规范和监督非政府公共组织各类组织的活动方式,使其纳入有序发展的轨道。[①]

① 胡果文.第三部门崛起:现状、问题及对策[J].政治与法律,2006(4):62－63.

四、中国政治发展与政治体制改革探讨

(一)关于中国政治发展战略

高校学者关于中国政治发展战略的研究集中在如下方面。

1. 中国政治发展的战略思想

(1)毛泽东的政治发展观及其对于中国政治发展的影响。

有学者分析了毛泽东的政治发展观及其对中国政治发展的影响,认为毛泽东的政治发展观可以概括为三个方面的主要内容:一是独立统一的国家主权观;二是人民民主的政治理想;三是高度社会化的政治文化的构建。其中,独立统一的国家主权观主要包括四个方面内容:独立自主的思想;革命统一战线的思想;武装夺取政权的思想;主权与政权相统一的思想。人民民主的政治理想以人民主权为

核心，体现为在争取人民主权的过程中，坚持一切为了群众，一切依靠群众的原则；在建设人民主权的实践中，创立人民共和国的政治制度；在维护人民主权的实践上，继承了革命传统中群众运动等原则。而高度社会化的政治文化的构建过程中，集中体现了毛泽东的无产阶级政治文化观，即坚持集体主义原则；主张大众民主；实行民主集中制；破中有立的革命文化。该学者分析了毛泽东的政治发展观对于中国政治发展的贡献，主要包括：第一，促成了中国政治体系的全面变迁；第二，构建了实事求是、群众路线和独立自主的基本政治发展原则；第三，实际的探索为中国政治发展提供了经验教训。[①]

（2）邓小平理论与当代中国政治发展。

高校学者研究了邓小平理论与当代中国政治发展的关系，指出邓小平的政治发展观的基本线索，主要是通过政治体制改革以实现社会主义民主。其基本内容可以概括为：第一，政治发展目标就是真正实现社会主义民主；第二，政治发展的原则就是坚持中国特色的社会主义方向；第三，政治发展的途径，就是健全社会主义法制；第四，政治发展的特征，就是在社会稳定的状况下实现政治发展。社会主义政治发展本质上是社会主义政治制度的自我完善，高校学者进一步分析邓小平理论对于中国政治发展的贡献，主要体现在：社会主义政治发展模式的新开拓；中国式社会主义民主的新创造；政治发展与经济改革关系的新耦合。[②]

① 关海庭.20世纪中国政治发展史论[M].北京：北京大学出版社，2002：209—247.

② 关海庭.20世纪中国政治发展史论[M].北京：北京大学出版社，2002：440—465.

2. 中国政治发展目标

（1）社会主义现代化。

有学者认为，中国政治发展历程所追求的是以社会主义现代化为导向的多重目标，概括言之也就是：独立、民主、统一、富强。具体于中国近现代的政治发展历程，中国政治发展的目标，第一步是要反对外国列强的侵略、以争取民族独立；推翻封建主义的统治、以争取人民民主。然后在民族独立、人民民主的基础上去实现第二步的目标,即扩大社会主义民主,完成祖国统一,发展生产,实现现代化,建设高度繁荣富强和文明的社会主义国家。[①]民主主义阶段争取实现的目标是民族独立,人民民主,国家统一。社会主义阶段争取实现的目标则主要是富强。中国政治发展的客观行程,不可能使几个目标齐头并进地同时达到,只能分步骤地予以实现;又因有的目标的内涵,会因时因地而有变化,这就决定了中国的政治发展必然会划分阶段,而从一个阶段向另一个阶段更迭时,又必然会发生目标的转换。[②]

(2)政治民主化。

有学者认为,民主化已成为当今世界的潮流,也是中国政治发展的必然选择,是中国迈向现代化的内在要求。民主是人类文明与进步的标志,专制是愚昧落后的表现。民主不同于其他国家形式之处在于它承认公民在政治上拥有平等的权利,并从制度上规定这种平等的权利能够得到实现。21世纪中国的政治民主目标主要包括三个层面,即:政治观念进步、政治参与的广泛性、政治统治与政治管理的民主化和制度化。[③]也有学者认为,由于国情的特殊,中国政治发展所追求的民主目标,却不是资产阶级的民主,而是广大人民的民主,即包括民族资产阶级在内的广大人民(主体是工人、农民)享有的民主。这是比资产阶级民主更高、更进步的民主。[④]

(3)政治稳定。

有学者认为,稳定是政治发展的首要目标,人民渴求安定和平的幸福生活,政治稳定符合人民群众的根本利益。追求政治稳定,就是要维护有效的社会控制,谋求稳定的政治秩序,适时化解政治风险,避免政治危机的发生。在中国的政治发展进程中,政治稳定既是中国政治发展的重要目标,也是中国政治发展不可缺少的环境和条件,

① 萧超然.毛泽东政治发展学说概要[M].北京:北京大学出版社,2003:50—59.

② 萧超然.略论中国近现代政治发展的目标及其分期[J].北京大学学报,1993(3):29—30.

③ 熊光清.论21世纪中国政治发展的基本目标[J].社会科学研究,2006(1):23.

④ 萧超然.略论中国近现代政治发展的目标及其分期[J].北京大学学报,1993(3):22—25.

在中国政治发展中具有十分重要的意义。[①]有学者则提出，要保持社会政治的稳定，就必然依靠中国共产党的整合作用，而要在新的历史条件下坚持党的领导，实现政治稳定的可持续性，就必须拓展实质性的政治参与，扩大直接选举的范围。这就决定了中国政治发展目标的多元性、复杂性甚至冲突性；既要扩大政治参与，又要保持稳定；既要坚持党的领导，又要扩大直接选举。在当前这个社会转型的关键时期，面对这种复杂情境，必须对政治发展目标的次序和实现策略进行权衡。[②]具体到中国当前的实际情况就是：发展党内民主重于发展党外民主；发展基层民主重于发展高层民主；遏制腐败蔓延重于发展政治民主；提高政府能力重于扩大政治参与。

(4)政治高效。

有学者则提出，政治高效是中国政治发展的目标，它指“国家、政府和政党等政治主体有较高的能力、能量，高效率和高效益，从时效、适效、实效等几个方面能够适应瞬息万变的国内外形势，能够把握利用每一个时机进行调整和创新。以政治的高效能促使广大社会成员政治效能感的增强，进而介入政治过程，促进政治民主化的进程”。高效率的关键是尽可能地控制包括统治、教育、宣传、治理等方面的费用的政治成本，提高公共效益。[③]

(5)政治廉洁。

政治廉洁意味着公共权力规范、公正和健康运作，公共权力服从和服务于公共利益和大众利益，而不是个人谋取私利的工具。有学者认为，在中国政治发展过程中，政治廉洁的含义包括三个方面：一是要建立起有效的权力运行制约机制和监督机制，从制度上保证行使权力的主体掌权奉公，执政为民，从源头上防止权力腐败；二是要制定合理的资源分配制度，防止公职人员享有特权和特殊待遇；三是要防止和克服政治权力异化与权力滥用，消除权钱交易、贪污腐化、

① 熊光清.论21世纪中国政治发展的基本目标[J].社会科学研究,2006(1):32.

② 汪永成.论当前政治发展目标的次序和实现策略[J].理论与改革,2000(5)42.

③ 王继停.当代视角下的中国政治发展目标与战略模式选择政治文明的层面[J].求实,2006(2):22.

生活堕落等各种政治腐败现象,实现政治清明。[①]有学者则具体提出,从根本来说,腐败的基本成因是公共权力没有得到有效的制约,掌握权力者用社会赋予他们的权力谋取私利。建构抑制腐败体制的关键在于防止公共权力的非公共运用。执政党的执政地位决定了其成员对公共权力的运用具有压倒性的影响。执政党能否有效地监督自己的成员,是反腐败能否取得成功的关键。另外,把规范确定到精确的程度,是反腐败有效的方法。这样就可以确立起具体化的指标体系,使控制公共权力的非公共运用有明确的依据。尤其在公共和非公共的界线比较模糊的情势下,精确规范尤其重要。[②]也有学者认为,国有资源配置市场化等防范腐败的措施,是从源头预防和治理腐败的一项重大措施。我国寻租性腐败的经济根源在于行政权力的垄断和过度干预,变轨期、双轨期和并轨期的腐败现象各有其特点。国有资源配置市场化的反腐意义在于可以消除腐败机会、抑制腐败动机及减少"腐败资本"。加快国有资源配置市场化的要点在于实现制度创新,把强制性制度创新与诱致性制度创新相结合;把核心制度创新与外围制度创新相结合;把正式制度创新与非正式制度创新相相合。[③]

3. 中国政治发展的特征和模式

高校学者综合比较世界各国的发展经验,对改革开放以来中国取得的成功经验进行总结,研究了政治发展的特征和模式。[④]关于中国政治发展的特征,有学者认为,20世纪中国政治发展的基本特征呈现凯歌高奏的行进和停滞互相交织。这种特征,"在20世纪后五十年争取富强的斗争中表现得更为明显"[⑤]。

(1)政治民主化模式。

有学者指出,中国的改革开放可能为民主化发展提供了特色性的经验,国家一直努力通过自己特殊的方式积极追求和实现民主化

① 熊光清.论21世纪中国政治发展的基本目标[J].社会科学研究,2006(1):23.

② 王沪宁.中国抑制腐败的体制选择.政治学研究[J].1995(1):9—15.

③ 李成言.国有资源配置市场化与反腐败:一种制度分析视角[J].学习与实践,2007(7):55—60.

④ 康晓光.未来10年中国政治发展策略探讨[J].战略与管理,2003(1):50.

⑤ 关海庭.20世纪中国政治发展史论[M].北京:北京大学出版社,2002:209—247.

的目标，这些努力包括：第一，用"自由"来释放民主之压力：放松政府管制，给个人以更大的发展空间，通过利益实现渠道的多样化来分解公民诉求的压力；第二，用良好的经济绩效来缓解民众需求的压力：谋求经济的持续高速发展，改善民生，提高人民生活质量，巩固合法性基础；第三，用基层民主试验来启动民主化的步骤：通过社会基层单位的自治和自主运动以及民主试验，疏导民意和压力，舒缓来自社会底层可能造成既有体制的紧张；第四，用制度和政策创新来确立民意的回应机制：通过微观领域的制度变革和政策创新（如完善人民代表制、问责制、公示制度、听证制度、协商民主等），克服既有体制的结构性障碍，完善民意表达和回应机制。[①] 中国的经验表明，社会的发展和政治的进步不一定是通过高喊民主口号、通过设计全新的民主方案、通过公开推行民主改革、通过移植现成的民主制度、通过民主革命等方式来实现的，而更主要的是在政府与民间社会的互动和博弈过程中通过政府创新来实现的。因此，保持民间社会与政府的理性和良性互动，保持政府积极创新的动力和态势，这或许是中国这样的国家推进民主化进程的独特路径。

有学者认为，中国政治民主化的过程中，不仅应该重视选举民主，而且要重视协商民主。协商民主完善了人民对于民主过程的理解。强调以公开讨论的形式产生公共政策，而不仅仅是通过选举把公共决策权力完全交给精英人物，这是协商民主与选举民主的最大差别。[②] 协商民主强调通过公共协商来解决社会管理中存在的问题，强调有组织的公民团体通过互相沟通协商理解，协调各自利益，从而形成决策。对于中国来说，发展以团体为单位的协商民主而不是以个体为单位的选举民主可能更有价值。[③]

（2）政治行政化模式。

有学者认为，中国的政治转型应当着眼于强化和改善公共权威

① 燕继荣．中国的改革：另一种民主化经验[J]．人民论坛，2007(8)：12.

② 邱家军．选举民主与协商民主：技术路线的沿革及协同[J]．人大研究，2008(3)：38.

③ 燕继荣．协商民主的价值和意义[J]．科学社会主义，2006(6)：32.

并使之民主化，而不是盲目地取消和限制公共权威，换句话说，应当将现有国家机器民主化、制度化、程序化，大力加强国家制度的薄弱环节，建立一个有很强的良治能力的政府。基本的国家制度建设应优于大规模的民主化。这一模式有一个隐含的命题即是，即民主政治与政府的有效性是分不开的。没有有效的政府，便没有真正的民主。民主化可以不需要任何特定的先决条件，但一个有效的政府却是民主强化的前提条件。[①]

也有学者提出，像中国这类东方的、发展中的转型国家，即使实行西方式民主制度，也难以获得西方发达国家那样的政治绩效，难以有效地解决中国面临的一系列问题。许多南美、南亚、非洲国家，按照流行的“民主”标准，都属于民主国家。但是，政治腐败、社会不平等、经济风险的严重程度丝毫不逊于中国，甚至“有过之而无不及”。绝大多数所谓“转型成功”的东欧国家，政治腐败、社会不平等、经济不稳定非但没有减轻，而且迅速恶化。民主化可以有效地解决政治腐败、社会不平等、经济风险问题，这一命题并没有得到世界范围内经验资料的支持。[②]有学者认为，未来10年，政治发展的基本策略应该是继续推行政治行政化。在群体关系方面，限制精英的过度掠夺，维护大众的基本权利。在制度结构方面，完善意识形态，加强党的建设，调整国家与社会关系。

(3)治理模式。

随着国内治理和善治理论的发展，不少高校学者将实现善治作为中国政治发展的目标。他们认为，随着中国社会结构的巨大变迁，社会流动性逐步增加，在行政化力量束缚下的社会逐渐浮出水面。在政治国家与公民社会、公共部门和私人部门之间形成一种相对独立、相互合作的新型结构关系模式。[③]有学者指出，中国政治发展沿着逐渐清晰的三条线路展开，即“治民”、“治政”和“治党”。在“治

① 胡鞍钢，王绍光.第二次转型——国家制度建设[M].北京：清华大学出版社，2003：337－380.

② 康晓光.未来10年中国政治发展策略探讨[J].战略与管理，2003(1)：23.

③ 张孝芳.善治理论与中国地方治理[J].燕山大学学报，2002(4)：56.

民”的方面，中国走的是放松管制，还权于民的路子，努力探索一条活化社会的治理模式。在“治政”的方面，中国走的是规范政府管理，限制公权的路子，努力探索一种适应现代化发展的政府模式（包括政府的构建模式和政府的管理模式），希望打造一个文明管理的公共政府。再加上从完善党的纪律检查体制到党内监督条例的颁布与实施，再到“党内民主”的初步尝试，都反映了在“治党”方面的种种努力。[①]

① 燕继荣.治民・治政・治党——中国政治发展战略解析[J].北京行政学院学报，2006(1):45.

4．**中国政治发展的动力和路径**

关于中国政治发展的动力，有学者提出：“政治发展的动力归根到底要到经济生活中去寻找，这是马克思主义的基本原理，也是被历史反复证明了的真理。但仅仅承认这一点还是不够的，我们还应进一步了解经济生活的变动是如何推动政治发展或政治改革的。”[②]“政治体制改革的动力主要来自经济生活，而且是经过一个复杂的过程才能不同程度地和从不同方面逐渐被提出。”与此同时，“政治改革摸着石头过河除了要摸经济发展的客观要求的脉搏之外，还要摸人们心理方面的脉搏。即弄清楚多少人民的心理状态和心理承受力……一个社会的经济动力和政治动力，归根到底都是来自人民的积极性。经济变革的目的是找回这个积极性，而政治变革则是帮助经济来实现和巩固这个找回来的积极性。人的积极性又是来自何处呢？作为人们积极性基础的是利益，这是众所周知的。但是心理因素也是人们积极性中非常重要的内容”[③]。

② 李景鹏.试论政治发展的动力与目标[J].天津社会科学，1998(3).

③ 李景鹏.中国转型问题的政治学思考[M].北京：中国法制出版社，2002：331—336.

有学者提出，在政治发展方面，“实际的发展过程要复杂得多，人们遇到的情势与马克思的理论设想和预见相差甚远，打碎资产阶级国家机器可以通过革命来完成，但建立起符合马克思构想的社会体制却不能一蹴而就。尤其是在中国这样的超大社会中，历史—社会—文化条件的多重制约决定实现这一理想原则需要一个渐进的发展过程。马克思有关社会主义政治发展构想的总体原则在今天依然有其指导性的意义,其意义就在于如何将已经被社会公认的原则变为确切的可以操作的体制"①。社会主义民主是社会主义的本质特征已经达成共识,进一步的研究在于如何实现高度的社会主义民主。近30年来,高校学者在这些方面进行了研究。概括起来,有关中国政治发展战略的设想主要有以下内容。

(1)体制内和体制外发展战略。

有学者归纳分析了中国政治发展的这两种不同的战略,"纵观目前国内外学术界有关中国民主化问题的讨论,大而化之有体制外道路和体制内道路两种思路。所谓体制外道路,概而言之就是要在中国的现行体制框架特别是政治制度的主体框架以外寻找民主的生长点,以体制外的民主成长逐步影响、冲击乃至取代现存的政治结构;而体制内道路则是立足于既有的基本政治制度,在现存主体框架内寻找民主化的突破口和生长点。中国的经济体制改革基本上走的是一条体制外的道路,即在原有经济体制之外寻找新的经济生长点,最后以社会主义市场经济取代了原有的计划经济。这一道路的成功经验也给政治体制改革的体制外道路提供了某种鼓励"。"有关建构中国'市民社会'的思潮,正是寄希望于在现存政治体制以外通过社会结构的逐渐分化和演进来为民主政治开辟道路,换言之这是一种体制外的发展路径。近年来以农村村民自治为核心内容的基层民主化的理论与实践,在基本战略上也是走一条由下至上、由边缘渗透中心的道路,因而也在一定程度上反映了体制外民主化的倾向。"②

该学者进一步分析指出:"尽管体制外的发展思路不乏一定的价值,经济改革的体制外道路也为政治体制改革提供了一定的示范效应,但这种体制外改革战略也有其自身的局限性。""从长远看,政治

① 王沪宁.社会主义社会的政治发展[J].上海社会科学院学术季刊.1992(2):79.

② 胡伟.新世纪中国民主政治发展与政治学的使命[J].浙江学刊,2004(1).

领域的体制内改革较之体制外改革将更加有利于制度的连续性和稳定性。故当前的政治发展更需要正视体制内改革的层面，努力开发民主化的体制内资源……中国政治发展的理性选择应当是不断完善现有的政治制度，并把宪法所规定的政体形式加以具体贯彻实施。体制内民主化的要义就在于通过对现有的政治体制进行积极的、主动的改革来发展中国的民主政治，而不是寻求其他出路。"[①]

(2)先"私权"后"公权"的路径。

有学者认为，应该采取一种先"私权"后"公权"的路径，或者叫做"权利优先，民主殿后"的路径。人的权利有两种，先天的和后天的，即"自然权利"和"契约权利"。自然权利因应于社会生活中的私人领域，"契约权利"则因应于社会生活中的公共领域。在实践层面上，不妨从"个权"出发，先实现权利，后实现民主。在策略意义上，"权利优先，民主殿后"或许是一种较为有效的价值排序，它虽然是让民主缓行，但绝不是不要民主。具体而言，当下民主建设的努力重心依然是在公民个人生活的日常领域，是争取这个领域中公民自身权利的逐项落实。权利是一个清单，在这份清单上，公民权利需要以"个案"的方式一条条去实现，一款款去敲定。在逐步形成一个较为稳定的权利保障的基础，而后再问鼎法定的民主权利，扩大到政治选举权。[②]

(3)中国共产党领导下的有序民主化发展。

有学者提出，对处于现代化过程的国家来说，有序民主发展的政治前提，就是政治稳定，而政治稳定则在很大程度上取决于政党的力量。有序民主化是由共产党指挥设计并领导实施的成功的政治发展策略。民主政治有序稳定的发展需要强大政党力量的保障。[③]政治发展的具体路径应首先发展党内民主，使党进入到以制度建设带动党的全面建设的新的发展时期。对于执政的中国共产党来说，党内民主制度的建设和发展能够解决三个基本问题：一是党内的权力运

① 胡伟.新世纪中国民主政治发展与政治学的使命[J].浙江学刊，2004(1).

② 邵建.无权者的权利和非政治的政治[J].当代中国研究，2005(2)：23.

③ 林尚立.有序民主化：论政党在中国政治发展中的重要作用[J].毛泽东邓小平理论研究，2005(3)：21.

作规范化,从而在政治上保障党运行国家权力的规范化;二是党内政治生活的制度化,从而使党的领导与执政走向程序化,这对协调党与国家的关系具有至关重要的作用;三是党员的权利保障化,从而提高党的组织对党员的整合力和凝聚力,对于中国共产党这样的政党来说,党组织对党员的整合力与凝聚力,是党协调与社会关系的首要基础。党内民主建设,对全面提升党的领导力、执政力,保持党、国家与社会内在有机统一具有全局性的战略价值与意义。其次,要将党内民主与人民民主有机统一起来,使党拥有有序推进中国民主发展的组织基础、制度基础和政治基础。[①]也有学者提出,党内民主是党基于自身的性质、任务和宗旨,依据民主集中制的基本原则,对党的组织、体制和过程所作出的民主的制度规定以及由此所形成的党内组织生活。以党内民主作为中国政治体制改革和民主化的突破口,是历史和理性的必然逻辑。一个团结、强大的党是中国共产党有效领导社会主义现代化建设和人民民主建设的根本保证。[②]

① 林尚立.有序民主化:论政党在中国政治发展中的重要作用[J].毛泽东邓小平理论研究,2005(3):5—13.

② 陈尧.党内民主:政治体制改革的引擎[J].南京社会科学,2003(9):33—38.

(4)以善治为发展目标的增量政治改革。

有学者认为,我国在政治领域的改革,实际上是也应该是一种“增量政治改革”,其内容首先体现为“增量民主”。首先,“中国正在或者将要进行的政治改革和民主建设,必须有足够的‘存量’”,中国的民主发展必须在已有的政治基础和经济基础之上,并与之保持一致。其次,这种民主的改革和建设必须在原有的基础上有新的增长,是对“存量”的增加,并且认为这种“存量”的增加不是简单的数量增长,而是性质上的突破,这就从一定程度上为解决当前中国的民主建设找到了一个理论突破口。再次,渐进的民主发展有利于最大程度地保持社会秩序,避免突变带来的混乱和必要的阵痛,“稳定压倒一切”不容忽视,渐进的道路确实有其合理性、现实性和最优性。最后,要在不损害人民群众原有政治利益的前提下,最大限度地增强政治利益，把民主的改革同民众的认同统一起来了，使民主渐进推进的阻力减少并且具有民众基础。[1]

（二）关于中国政治体制改革

政治体制是中国政治研究中的专有概念。“1982 年 9 月中国共产党第十二次代表大会的政治报告指出，要‘继续改革和完善国家的政治体制和领导体制’，首先正式使用‘政治体制’的概念。”政治体制是指以国家政权组织为中心的各种具体政治制度和政治行为规范的总和，即为使国家机器正常运转所采取的组织形式、权限划分、工作方式等具体制度和规范，它是政治制度在组织形式和活动方式中的具体化。[2]中国政治体制改革是中国政治发展的重要内容和途径，也是高校政治学研究的重要课题和领域，高校学者在这方面的研究主要集中在如下方面。

1. 关于邓小平政治体制改革思想研究

邓小平关于中国政治体制改革的思想，是中国政治体制改革的重要指导思想。高校学者对于邓小平关于政治体制改革的性质、理论体系、目标和内容等方面的思想进行了研究。

有学者分析了中国社会主义政治制度建立的历史过程，在此基础上指出，社会主义的基本制度是好的，但是在具体制度及其具体环节上还存在缺陷、还需要不断发展和完善。邓小平政治体制改革思想的基本属性，即由此形成，所以，邓小平认为，政治体制改革是“为了适应社会主义现代化建设的需要，为了适应党和国家政治生活民主化的需要，为了兴利除弊”[3]。因此，邓小平政治体制改革思想的基本性质是社会主义政治制度的自我完善和发展。[4]

有学者对邓小平政治体制改革思想进行较为系统的研究，分析了

① 王勇. 民主与政治合法性——浅论用增量民主的方式增强中国的政治合法性. 消费导刊，2008(6)：21.

② 孙关宏. 政治体制[M]//中国大百科全书·政治学. 北京：中国大百科全书出版社，1992.

③ 邓小平. 党和国家领导制度的改革（一九八〇年八月十八日）[M]//邓小平文选：第二卷. 北京：人民出版社，1994：322.

④ 沙健孙. 邓小平关于政治体制改革的思想[J]. 政治学研究，2004(2)：7－9.

邓小平政治体制改革思想对科学社会主义学说、毛泽东政治体制思想的继承和发展，认为邓小平政治体制改革思想的核心是通过民主和法制建设实现对于权力的有效制约，在这个基本前提下，中国政治体制改革应当从政党制度建设、领导体制建设、中央和地方关系、政企分开、人事制度建设、运行机制建设以及监督机制建设等方面展开。[①]

① 李景治.邓小平政治体制理论研究[M].北京：中国人民大学出版社，1999.

有学者指出，邓小平提出的政治体制改革的目标主要包括巩固社会主义制度、巩固党的领导并保持党和国家的活力、发展社会主义社会的生产力以及发扬社会主义民主调动广大人民的积极性四个基本方面。因此，政治体制改革的总方向是发扬党内民主和人民民主，使社会主义民主制度化和法律化。[②]

② 沙健孙.邓小平关于政治体制改革的思想[J].政治学研究，2004(2)：10—15.

有学者认为，按照邓小平的看法，中国政治体制改革的内容主要是要加强和改善中国共产党的领导、理顺党和政府关系，通过精简机构提高政府工作效率，通过权力下放调整中央与地方的关系来调动地方和基层的积极性，建立法制化、规范化、程序化的党和国家干部管理体制，建立和完善社会主义民主和法制，巩固和发展人民代表大会制度五个基本方面。[③]

③ 黄卫平.中国政治体制改革的大思路——邓小平同志论政治体制改革[J].马克思主义与现实，1996(2)：49—59.

此外，还有学者对于邓小平政治体制改革思想的发展历程、原则、战略、策略、方法、逻辑基点和特点等方面进行了研究。

2. **中国政治体制改革的含义、内容和特点**

在中国政治体制改革的含义方面，高校学者从中国的基本政治制度、政治主导力量和实际政治体制改革的具体内容等方面出发，来把握中国政治体制改革的内涵。有学者从新中国建立后基本政治制度出发认为，中国政治体制的主要内容包括人民代表大会制、政治协商会议制以及共产党领导的多党会议制，从而使中国政治体制具有自己独特的特点和优势。[④]有学者从新中国建立以来的政治主导力量出发认为，“当代中国政治语境中的‘政治体制改革’是有准确界定

④ 高放.中国的政治体制改革[J].人大研究，1994(9)：19—27.

的，那就是在中国共产党的领导之下，以维护党和国家的长治久安为目标，积极、稳妥地根据'自己的情况来决定改革的内容和步骤'"[①]。有学者根据中国共产党改革开放以来的历次报告，对于中国政治体制改革的内容进行了分析的基础上认为，党政关系改革、选举制度改革、行政体制改革和依法治国是中国政治体制改革的主要内容。[②]

① 黄卫平，陈文. 中国政治体制改革现状及其成因浅析[J]. 社会科学研究，2008(2)：1—8.

② 刘素英. 关于中国政治体制改革的理论思考[J]. 北京青年政治学院学报，2003，12(3)：58—62.

在中国政治体制改革的具体内容方面，高校学者对党的十三大关于政治体制改革的总体状况进行了广泛的调查研究，总结了党政分开的发展趋势以及存在的主要困难和障碍，并提出要在理论和实践的结合上进行深入的研究。[③]有学者认为，政治体制改革内容是由政治改革领导者根据实际情况确定改革思想并相机决策的，"这些思想包括了为政治改革设定的基本原则，政治体制改革和经济体制改革之间的关系，政治改革的基本内容和推进政治改革的策略方法，其中'摸着石头过河'的改革策略为中国复杂而艰难的政治改革提供了简单而实用的认识论和方法论工具，并对渐进政治改革模式的形成以及保证渐进政治改革的持续进行产生了实质的影响"[④]。有学者认为，政治体制改革的这些具体内容可以划分为两个基本层面，"政治体制主要包括政党、政权机关和其他政治组织的结构体系、职能划分及其运作方式，一般分为两个层面：一是国家权力结构体制，主要包括执政党的产生方式与执政方式，国家立法、行政、司法权限的划分及相互关系，国家基本的选举制度和决策模式等；二是政府行政管理体制，主要指政府机构的设置及其职能、政府的社会调控机制、国家人事制度等。这两个层面在政治体制中既紧密联系又有重要区别，前者为核心，后者是外围"[⑤]。

③ 赵宝煦，汪玉凯. 序言[M]//赵宝煦. 政权结构与党的职能. 西安：陕西人民出版社，1990：1—4.

④ 徐湘林. "摸着石头过河"与中国渐进政治改革的政策选择[J]. 天津社会科学，2002(3)：43—46.

⑤ 黄卫平，陈文. 中国政治体制改革现状及其成因浅析[J]. 社会科学研究，2008(2)：1—8.

从中国政治体制改革的特点来看，有学者认为，中国政治体制改革要适应中国社会主义初级阶段的经济特征与生产力发展的状况和要求，改革过程中既具有长期性和渐进性的特点，又具有迫切性、现实性和复杂性的特点。[①]还有学者认为,中国政治体制改革的主要特点是以科学理论为指导,把解决人民群众关注的热点问题作为着眼点,在科学的战略部署中借鉴有效载体,采取"先试验、后推广"的方法稳步推进,其特点非常鲜明。[②]

3. **中国政治体制改革的阶段、目标和动力**

高校学者通过对中国政治体制改革阶段的划分,就中国政治体制改革的目标进行了探索,就中国政治体制改革的动力进行探讨。

关于中国政治体制改革的阶段,高校学者有不同的划分,有学者依据党政关系将政治体制改革划分为两个基本阶段,从1980年到1989年为第一阶段,主要体现为向"党政分开"与"依党治国"的转型,1989年以来为第二阶段,主要体现为、"以党统政"与"依法治国"。[③]有学者认为,从1980年邓小平发表题为"党和国家领导制度的改革"的讲话为标志到1989年政治风波为第一阶段,从1989年政治风波平息后到现在为第二阶段。[④]有学者认为,中国政治体制改革经历了四个发展时期:改革探索启动期(从党的十一届三中全会到党的十三大以前)、改革高潮期(1987年党的十三大到1989年6月)、改革调整期(1989年6月到1997党的十五大)、改革复苏期(1997年党的十五大至今)。[⑤]

关于中国政治体制改革的目标,高校学者根据中国政治体制改革的实际状况、政治价值追求以及现实条件对改革目标进行了系统梳理。有学者认为,"发展社会主义民主政治,是我们党始终不渝的政治追求,也是继续推进政治体制改革所要达到的现实目标。坚持社会主义民主的本质,是社会主义制度的内在规定,也是社会主义民主和资本主义民主的根本区别所在"[⑥]。有学者认为,"中国政治体制改革的目标模式应当是一种新型的人民民主政体,即以'坚持党的领导、人民当家作主和依法治国有机统一'为基本特征的人民民主政

① 伏耀祖.我国政治体制改革的基本特征与客观要求[J].甘肃社会科学,1987(5):1—6.

② 赵希宏.中国政治体制改革的发展特点[J].沈阳师范大学学报:社会科学版,2008,32(3):55—57.

③ 陈红太.从党政关系的历史变迁看中国政治体制变革的阶段特征[J].浙江学刊,2003(6):79—89.

④ 黄卫平,陈文.中国政治体制改革现状及其成因浅析[J].社会科学研究,2008(2):1—8.

⑤ 赵希宏.中国政治体制改革的发展特点[J].沈阳师范大学学报:社会科学版,2008,32(3):55—57.

⑥ 万斌,曾骅.面向21世纪的中国政治体制改革[J].浙江大学学报,1998(12):77—84.

体"[①]。有学者对改革目标进行了系统的梳理，指出学界提出政治体制改革目标有六种主要观点，具体包括中国政治体制改革目标主要是寻求长期的政治稳定、改革目标主要是寻求与中国社会主义初级阶段经济社会发展相适应的政治体制、改革目标是要建立社会主义法治、改革目标主要是追求社会经济发展的效率、改革目标主要是打破高度集权的政治体制和计划经济体制、改革目标主要是要建立社会主义民主政治。[②]这其中，关于中国政治体制改革目标是建立社会主义民主政治的看法，在高校学者中间具有较为广泛的认同性。

关于中国政治体制改革的动力，高校学者根据改革动力的主体、过程和原则进行了研究。有学者认为，"坚持思想基本原则"是中国政治体制改革的政治前提，其中坚持中国共产党是核心，只有坚持中国共产党的领导才能为中国政治体制改革提供根本动力。中国政治体制改革的内容要来自中国自身的实际状况，要从中国政治体制的具体情况出发，在中国共产党的领导下有步骤、有秩序地进行。只有这样，才能保证中国政治体制改革获得持续的动力。[③]有学者认为，政治体制改革的动力不是凭空而来的，而是在持续的渐进改革中不断获得和补充的，由此，政治体制改革持续进行必须具备五个条件：政治改革必须能够解决所面临的社会政治危机、必须能够维持和巩固执政者(党)的政治地位并为其增加政治资源和合法性、基本上维持政治体制的相对稳定性和继承性、有相对的自我调整的能力以及执政者(党)必须具有在实践中学习的能力。[④]有学者认为，中国政治体制改革应当采取政党推动的发展路径，"所谓政党推动，包含两层含义。第一种含义指的是，政治体制改革必须在中国共产党的领导下进行，中国共产党是政治体制改革的领导者。第二层含义指的是，中国共产党是政治体制改革的主体力量，是成功推进政治体制改革的主要政治因素"[⑤]。有学者认为政治领导人也是政治体制改革的重

① 吕嘉，刘永海.试析中国政治体制改革的任务、经验及目标模式[J].北京行政学院学报，2005(3)：17—20.

② 黄仁宗.中国政治体制改革关[J].战略与管理，2002(2)：72—82.

③ 沙健孙.邓小平论中国政治体制改革的原则、方法和步骤[J].河南师范大学学报：哲学社会科学版，2004,(4)：3—4.

④ 徐湘林.以政治稳定为基础的中国渐进政治改革[J].战略与管理，2000(5)：16—26.

⑤ 王邦佐.中国政治体制改革的成就和发展路径[J].政治学研究，2003(2)：20—24：.

要动力来源,“政治领导人不仅是政治改革的重要发起者,而且也是政治改革政策过程中的最终决策者,他们是政治改革目标和策略选择的决定性因素”[①]。有学者认为,中国共产党作为执政党对政治体制改革的推动是中国政治体制改革的原始动力、中国社会经济发展是中国政治体制改革的根本动力、社会民主意识的不断发展是中国政治体制改革的潜在动力、借鉴人类政治文明中的优良部分则是中国政治体制改革的外在动力。[②]

① 徐湘林.政治改革政策的目标设定和策略选择[J].吉林大学社会科学学报,2004(6):21-27.

② 周志火,方志涵.试论中国政治体制改革的动力[J].社科纵横,2004,19(5):16-17.

4. 中国政治体制改革的入口和发展模式

关于中国政治体制改革的突破口,高校学者从干部体制改革、政府机构改革、选举制度改革和村民自治等多方面进行分析,探索政治体制改革顺利展开的入口。有学者认为,干部制度在政治体制改革中具有举足轻重的地位,从干部制度改革入手有利于政治体制改革的进行。[③]有学者认为,追求政府效率是政治体制改革的重要目标,因此转变职能、精简机构、裁减冗员的政府机构改革才是政治体制改革的突破口。[④]但有学者认为,由于政府机构改革缺乏外在约束、难以解决腐败以及不能回应社会变迁,因而不适合作为中国政治体制改革的突破口,选举制改革作为国家权力的分配形式、作为改变国家和社会关系的政治手段以及作为提高人民政治素质的方法更适合作为中国政治体制改革的突破口。[⑤]有学者认为,既然中国政治体制改革的目标是建立社会主义民主政治,村民自治作为日益不断完善的基层民主形式更有利于广大普通民众亲身体会民主,进而为实现全方位意义上的社会主义民主奠定基础,从而可以作为中国政治体制改革的突破口。[⑥]但也有学者认为,中国政治体制改革主要理顺权力关系和权力结构、理顺党政关系以及把民主和法制有机结合起来。村民自治作为非政权的社会民主形式,作为社区民主和基层政治发展形式,是社会主义民主政治建设的重要组成部分,但是村民自治还

③ 邓可吾.干部制度改革是政治体制改革的突破口[J].探索,1988(2):27—30.

④ 宋才发.政府机构改革:现行政治体制改革的突破口[J].川东学刊:社会科学版,1996(1):1—6.

⑤ 欧阳亚非.选举制改革:政治体制改革新的突破口[J].党政干部学刊,2003(9):31—32.

⑥ 徐勇.中国民主之路:从形式到实体——对村民自治价值的再发掘[J].开放时代,2000(11):57—61.

不能代替国家政权的民主建设，因此是否可以作为中国政治体制改革的突破口，还有待探讨和商榷。[①]

关于中国政治体制改革的模式，高校学者对改革的过程模式和理想模式都进行了有益的探讨。关于理想模式，有学者认为，中国政治体制改革理想模式的核心是政治生活民主化，此外，行政运行高效化、决策活动科学化、党政职责分明化以及制衡机制完备化也是理想模式的重要组成部分。[②]有学者认为，为了建立社会主义民主政治制度，需要实施四大政治改革，即党的改革、人大的改革、政府的改革和司法的改革，这四大改革相互作用、相互促进。[③]有学者对中国政治体制改革的模式进行了总结，认为中国学术界对政治体制改革的发展模式提出了咨询性法治政体说、合作主义国家模式说、民主的国家制度建设说、增量民主说以及民主的法治型体制说五种较有代表性的理想模式观点。[④]

关于中国政治体制改革的过程模式，高校学者提出了民主先导模式、治理先导模式、渐进决策模式、经济体制改革先导模式和法治优先模式等观点。

从民主先导模式而言，有学者认为，“就政治发展的一般进程而论，民主相对于法治具有目标上的逻辑优先性，这是中国政治发展首先应当明确的一个问题。现阶段我国政治发展和政治体制改革的基本目标应当是民主化，民主政治将成为21世纪中国现代化和政治发展的动力和中轴。同时，市场经济、民主政治、法治国家又是不可分割的‘三位一体’，民主政治和法治国家可以实现良性互动”[⑤]。

从治理先导模式而言，有学者认为，“我国的政治发展是以政府管理效率为主导，通过政府管理的效率化，进而逐步完善社会主义民主的过程的”。“政府的效率化，亦是多种参数的构成，它至少应该包括政府决策的合理性、公正性，实施决策的充分效能性和廉洁性，决

① 张永桃.政治体制改革与村民自治[J].江苏社会科学，1999(6)：24—26.

② 宋长瑞.政治体制改革的目标模式初探[J].领导之友，1986(4)：1—4.

③ 胡鞍钢，王绍光，周建明.第二次转型：国家制度建设[M]，北京：清华大学出版社，2003：12—22.

④ 黄卫平，陈文.中国政治体制改革现状及其成因浅析[J].社会科学研究，2008(2)：1—8.

⑤ 胡伟.新世纪中国民主政治发展与政治学的使命[J].浙江学刊，2004(1)

策和实施的效益性,即最大限度地节约社会成员和企业的个人成本和公共成本,达到最大的经济、政治和社会收益。对于政府管理效率化的要求,必然会进而形成对于实现效率的途径和方式的要求,从而形成进一步完善社会主义民主和法治的历史任务。"[①] 还有学者认为,中国政治体制改革首先是从社会治理层面开始延伸到政府治理的层面,进而导引到政党治理层面,这样治理就成为中国政治体制改革的核心线索。[②]

从经济体制改革先导模式而言,有学者认为,中国政治体制改革有两种基本过程模式,"一是改变政治体制的改革逻辑,通过政治体制的突破型变革,为经济体制改革形成的体制性和制度性的突破创造政治和制度条件;二是直接从正在发育成长的新的经济与社会因素及其利益要求出发,直接进行经济体制改革的体制性与制度性突破,从而形成政治体制改革的根本推动力量。"中国改革的历史表明,实际改革模式是第二种形式。[③]

从渐进决策模式而言,有学者通过比较中俄两国的政治体制改革认为,"中俄两国在改革过程中,分别采取了渐进的和激进的两种不同的改革模式"[④]。有学者认为,"摸着石头过河"的渐进改革策略在过程模式上具有重大的现实意义,这种渐进改革的过程模式不但注重改革的理想模式,而且更注重将改革过程和改革结果结合起来,渐进过程模式可以为政治体制改革提供客观化的标准,有助于在政治体制改革实践中认识客观真理,有助于在政策选择和制定过程中提高创新能力和引进新制度要素。[⑤]

从法治优先模式而言,有学者认为,中国政治体制改革不能将民主确定为直接的建设目标,而需要在确立特定的法治条件下才能达到。具体而言,中立的文官系统、自主的司法系统、独立的反贪机构、独立的审计系统以及以全国和省人民代表大会为核心的广泛的社会

① 王浦劬.总序:把握中国政治发展特色 建设世界一流政治学科//李景鹏.中国政治发展的理论研究纲要[M].哈尔滨:黑龙江人民出版社,2000:8—9.

② 燕继荣.治民·治政·治党——中国政治发展战略解析[J].北京行政学院学报,2006(1):19—20.

③ 林尚立.制度创新与国家成长[M].天津:天津人民出版社,2005:15.

④ 关海庭.中俄体制转型模式比较研究——从价值观念看渐进转型模式的合理性[J].北京大学学报:哲学社会科学版,2002,39(1):28.

⑤ 徐湘林."摸着石头过河"与中国渐进政治改革的政策选择[J].天津社会科学,2002,(3):43—46.

咨询系统等法治条件的具备，才能使中国政治体制改革得以顺利有效进行。[①]

① 潘维. 法治与“民主迷信”——一个法治主义者眼中的中国现代化和世界秩序[M]. 香港：香港社会科学出版社有限公司，2003.

(三)关于中国国家治理模式

高校学者关于中国国家治理模式的理论研究，主要包括治理一般理论、中国国家治理模式、公共治理、全球治理等方面。

1. 治理及其相关概念

(1)治理的内涵。

有学者认为，治理是公共权力对公共事务的处理，以支配、影响和调控社会的活动，其中，在治理的逻辑结构中，公共权力是最为核心的概念，公共权力的配置与运作即治理的形式，公共权力与社会的互动是整个治理过程。[②]有学者从政治科学知识体系的变革的角度，认为：治理理论兴起的直接原因是公共权力结构和政府管理面临更大的挑战；治理理论修正了政治学的统治理论，回应着经济与社会变革带来的挑战。[③]

②徐勇. GOVERNANCE：治理的阐释[J]. 政治学研究，1997(1)：63—67.

③ 孔繁斌. 政治学知识的转向：治理理论与公共管理[J]. 南京社会科学，2001(9)：54—56.

(2)善治的内涵。

由治理引申而来的善治，是指政府与公民对公共生活的合作管理，是政治国家与公民社会的一种新型关系。善治实质上是国家权力向社会回归的过程。[④]有学者认为，善治的理念意味着在各种不同的制度、利益关系中运用权力去引导、控制和规范公民的各种活动，使社会各个方面、环节相互协调，以最大限度地增加公共利益。[⑤]

④ 刘敏. 治理一善治与中国政治发展[J]. 前沿，2007(9).

⑤ 李靖，刘鑫淼. 善治：彰显公共性的社会管理新理念[J]. 黑龙江社会科学，2007(5).

(3)政治管理。

在政治学的意义上，治理就是政治管理的过程，高校学者对政治管理的研究始于 20 世纪 80 年代。政治学者认为，政治管理可以分为广义和狭义：前者泛指国家对社会全部政治生活的调控，它包括了对国家行政机关自身政治生活的调控。后者则仅指政府对人民群众政治生活的协调和控制,而不包括对国家行政机关自身政治生活的调控。政治管理的基本特征是:其一,政治管理具有与其他管理活动不同的主体和客体,政权体系是管理主体,人民群众是管理客体;其二,政治管理实际上是一种行为管理,其管理的基本对象是人们的政治性的行为;其三,政治管理是一种政治作用形式,是一种自上而下的权力运行过程;其四,政治管理具有很大的权威性,具有约束人们的政治行为和调整社会政治关系的特殊作用;其五,政治管理所要解决的基本问题是政府与人民的关系问题。[①] 也有学者认为,政治管理是政治权力对于社会公共生活的管理,包括协调和解决社会矛盾和冲突,实现社会公共利益,规制和协调各种社会政治力量和社会成员行为,承担社会公共职能等。[②]

2. **中国国家治理模式**

高校学者通过比较不同治理模式,来深化对中国治理模式的理论研究。

第一,不同国家治理模式的比较。有些学者认为,以政治体系如何吸纳各种社会力量并同时减少决策成本为标准,可以把治理模式区分为以美国、印度为代表的政府—市场模式与以东亚、拉美为代表的政府—生产者模式。中国模式显然有着不同于两者的独特之处。因而,应从现代化的角度确立有关中国治理模式的基本框架与研究方向。[③] 有学者以美国进步时代的改革为例,考察了经济、社会变迁与国家治理转型三者的关系,认为面对着巨变后的经济和社会结构形成的各种挑战,进步时代的改革从根本上改变了美国的国家治理结构,进而改变了美国社会,从而相对成功地应对了社会、经济变迁所构成的挑战,对中国当下的国家治理有重要的借鉴意义。[④] 有学者研究了苏联—俄罗斯转轨中国家形态与国家治理关系,戈尔巴乔夫

① 李景鹏.政治管理学概论[M].北京:高等教育出版社,1991:3—30.

② 王浦劬.政治学基础[M].北京:北京大学出版社,2006:136.

③ 王浦劬,李风华.中国治理模式导言[J].湖南师范大学社会科学学报,2005,5:43—47.

④ 马骏.经济、社会变迁与国家治理转型:美国进步时代改革[M]//公共管理研究:第6卷.北京:汉语大词典出版社,2008。

"新思维"指导下的改革导致的是一个失败型国家，叶利钦"新自由主义"下的俄罗斯是一个具有勾结性和掠夺性的依附性国家，普京的国家主义式的"俄罗斯思想"所形成的是一个典型的自主性国家，并揭示了每一种国家形态形成的因果链条性关系，以及国家形态之间转换的内在政治逻辑。[①]有学者在比较中国与西方治理理论的基础上梳理了国内关于治理理论的研究，包括治理理论兴起的背景、治理概念的阐释和治理理论本土化的问题，提出中国治理理论面临现实的错位与理想的重塑的问题。[②]

第二，传统与现代治理模式的比较。有学者比较了传统治理模式与现代治理模式的区别，认为传统政府是社会管制型政府模式，现代政府实行公共服务型政府模式。[③]有学者分析了 20 世纪 70 年代末以来，西方国家陆续开始的以政府职能市场化、公共管理引入市场机制、在信息时代重理政府、调整政治与行政关系为主要内容的治道变革。[④]有学者认为，治道就是人类社会治理公共事务、解决公共问题、提供公共服务的基本模式；传统治道的制度平台包括无限政府、人治政府、专制政府、集权政府和封闭政府等构件，现代治道的制度平台包括有限政府、法治政府、民主政府、分权政府和开放政府等，从前者向后者的变化就是治道变革。[⑤]有学者考察了中国近代历史上制度变迁对国家治理兴衰的影响，包括观念、制度与经济绩效的关系、"丛林规则"下的政治衰退、权力危机下的政治失败等。[⑥]

第三，基层社区的治理。有学者分析了中国社区的参与式治理模式，认为从纵向角度看，政府权能的变化决定着治理方式的变革，并一定会引起居民参与方式的变化；从横向角度看，城市社区建设借鉴和采纳了村民自治的某些模式；从实践角度看，城市社区建设日益重视将提高居民参与作为衡量其绩效的重要指标。[⑦]有学者从社会资本角度实证调查和分析了城市社区居民参与状况，认为社会资本

① 杨光斌，郑伟铭. 国家形态与国家治理——苏联—俄罗斯转型经验研究[J]. 中国社会科学，2007(4)：31—44.

② 吴家庆，王毅. 中国与西方治理理论之比较[J]. 湖南师范大学社会科学学报，2007(2)：58—65.

③ 燕继荣. 治民 · 治政 · 治党——中国政治发展战略解析[J]. 北京行政学院学报，2006(1)：15—20.

④ 毛寿龙，李梅，陈幽泓. 西方政府的治道变革[M]. 北京：中国人民大学出版社，1998.

⑤ 毛寿龙. 现代治道与治道变革[J]. 南京社会科学，2001(9)：44—47.

⑥ 杨光斌. 制度变迁与国家治理——中国政治发展研究[M]. 北京：人民出版社，2006.

⑦ 王敬尧. 参与式治理——中国社区建设实证研究[M]. 北京：中国社会科学出版社，2006.

与社区参与的相互影响主要表现在居民信任度、居民参与度和社区关系网络三个基本方面,社区工作单位对社区的侵蚀、居委会功能丧失、居民居住状况改变以及"数字社区"可能阻碍居民参与治理并弱化社会资本。[①]还有学者考察了中国农村的治理模式,认为中国的村民自治从法律到村规民约已经形成了一整套的制度化治理模式。[②]

第四,治理与民主。有学者分析了特定城市在改革开放之后,特别是20世纪90年代以后的经济政治发展,认为,正是政治方面的一系列变革和创新才形成了民主高效的政府治理,推动着城市的经济和社会现代化。这其中,政治发展的关键,就是保持优化治理与渐进民主之间的合理均衡,可以说是在优化治理中走向民主。[③]还有学者研究了听证制度,认为听证制度扩大了社会各方对于公共决策与治理的参与范围与渠道,有助于实现公共治理主体的多元化。[④]

第五,治理途径。关于法治是国家治理的平衡点。有学者研究了治理与国家建构之间的区别:国家建构具有刚性、控制性、程序理性的特征;治理具有弹性、互动性、反思理性的特征;国家建构以国家为中心,治理强调权威的多元化、分散化。但治理与国家建构之间也存在着某种交融。现代国家的建构同时也是一个确立公民权利、发展民主政治的过程;而基于治理失败的风险和元治理的必要性,国家需要重新设计、重新想象和重新建构。法治是两者实现均衡与良性互动的制度基础。[⑤]关于德治在国家治理中的重要作用。有学者对中国历史上德治的源起、德治的文化定位与政治定位,以及当代德治的学理合理性和操作合理性等问题进行了分析,认为把握"德治"的操作合理性将是实现"以德治国"的关键。[⑥]有学者研究了以德治国,比较了中外德治的理论与实践,认为治国必先治党,治国必先治政,建立与社会主义市场经济相适应的道德体系。[⑦]关于德治与法治的结合,有学者认为,在治国方略的转变确然无疑的前提下,法治与德

① 涂晓芳,汪双凤.社会资本视域下的社区居民参与研究[J].政治学研究,2008(3):17—21.

② 王振海,王义.农村社区制度化治理[M].青岛:中国海洋出版社,2005.

③ 郭定平.上海治理与民主[M].重庆:重庆出版社,2005:14.

④ 彭宗超,薛澜等.听证制度——透明决策与公共治理[M].北京:清华大学出版社,2004:195.

⑤ 郁建兴.治理与国家建构的张力[J].马克思主义与现实,2008(1):86—93.

⑥ 葛荃.论"以德治国"的操作合理性[J].政治学研究,2002(1):67—74.

⑦ 龚群.以德治国论[M].沈阳:辽宁人民出版社,2002.

治的关系问题应当被视作法治社会中法与道德的关系问题，或者说在建立法治社会的过程中法与道德的各自地位和作用问题。[①]有学者认为，法治与德治相结合是中国国家的治理逻辑。[②]关于多中心治理体系，有学者认为，多中心治理体系是一种多元复合的公共治理，政治国家、市场经济和市民社会之间呈现出分工与协作的结构关联性。该学者认为转型中的中国正呈现出一种多中心治理的倾向，其发展逻辑是：应对全球化有赖于良好而有效的治理，包容性的经济发展诉诸混合经济的制度安排，新混合经济表现出多元复合的治理结构，多元复合的公共治理有助于提高公共部门的管理能力和实现社会公平。[③]有学者研究了国家治理的三种路径：发展中国家的善治；欧洲大陆国家普遍采用的"社会—政治"治理；以美国为代表的解制型治理。治理的三种形态表明并没有天然可以借鉴的治理模式，中国的治道改革必须从中国的问题出发。[④]

3. **公共治理**

(1)关于公共治理的模式、特征和问题。

有学者探讨了现代国家公共事务的四种治理模式，即权威型、商业型、志愿型和自主型治理模式，分析了各种模式的理论基础、经验发展历程、作用范围和方式、绩效和存在问题以及政府的作用。[⑤]有学者认为，公共治理的最大特征在于治理主体的多元化和治理方式的多样化，使政府从公共物品提供的垄断者转变为权威型提供者，实行公共物品多元主体、多种方式提供，对提高和改善公共物品供给的数量和质量具有积极意义。[⑥]有学者指出，在公共治理过程中，因大量吸收私营管理的技术，出现了依附于技术本身的价值与公共行政及管理自身所追求的特殊价值相互矛盾的现象。这些矛盾会使公共行政与管理的公共性衰落，因此，公共治理过程中，应重新确立公共性与公益精神的地位。[⑦]有学者提出网络状公共治理的假说，认为网

① 郁建兴. 法治与德治衡论[M]//余逊达. 法治与行政现代化. 北京：中国社会科学出版社，2005：71.

② 谢岳，程竹汝. 法治与德治：现代国家的治理逻辑[M]. 南昌：江西人民出版社，2003.

③ 张昕. 转型中国的治理与发展[M]. 北京：中国人民大学出版社，2007.

④ 楼苏萍. 治理理论分析路径的差异与比较[J]. 中国行政管理，2005(4)：82—85.

⑤ 唐娟. 政府治理论：公共物品供给模式及其变迁考察[M]. 北京：中国社会科学出版社，2006.

⑥ 涂晓芳. 公共物品的多元化供给[J]. 中国行政管理，2004(2)：88—93；滕世华. 公共治理视野中的公共物品供给[J]. 中国行政管理，2004(7)：90—94.

⑦ 李瑞昌. 论公共治理的技术与价值的矛盾[J]. 社会科学，2003(3)：48—52.

络状公共治理由多层治理和伙伴关系治理两种模式组成,并以欧洲地方治理的实践为例,阐述网络状公共治理的运行。[①]有学者梳理了国外公共治理研究领域关于治理指标的主要方法与技术、主要的综合治理指标体系:绩效指标与过程指标、主观指标与客观指标、单一指标和综合指标。[②]

(2)关于公共治理方式。

有学者通过研究电子治理认为,电子治理是一种与政治权力和社会权力的组织与利用方式相关联的社会—政治组织及其活动的方式,电子治理给民主、行政和政府内部关系带来重要影响。[③]有学者从微观层面,系统阐述了电子治理在社会、政治、经济发展中的价值与应用,分析了电子治理与政治发展、政府管理的关系,还分析了网络安全的治理。[④]有学者研究了政策网络治理,认为20世纪90年代以来,政策网络理论研究逐渐和治理理论研究相结合,形成了政策网络治理流派。政策网络治理是一种公共治理的新模式、新途径。政策网络同样存在治理失灵的问题,成功治理的关键在于有效管理政策网络,选择运用各种策略,避免政策网络治理失灵,提高治理的效果和水平。[⑤]有学者研究了政治博客,认为,政治博客成为表达政治见解、实现政治诉求、影响公共政策的个性化载体。它以交流的非实物性、对话的去身份性、组织的非正式性、议题的非私人性在博客空间里行进着草根政治的民主操练。政治博客也存在负面作用,公民理性与政府责任的建构对于网络的公共治理显得极为重要。[⑥]

有学者探讨了合作收益与公共治理的关系,认为:“公共治理是各类公共组织为解决组织内部共同事物(或利益)时的制度安排,由于这种公共利益的存在,传统的基于‘经济人’的‘竞争性成本收益’分析方法就应该发生改变,合作而非竞争,是公共利益组织最优化的必然选择。公共治理理论应建立合作一收益的分析框架,通过人类

① 朱德米.网络状公共治理:合作与共治[J].华中师范大学学报:人文社会科学版,2004,2:5—13.

② 吴晓锋.公共治理指标的测量——关于治理指标的一项文献回顾[J].苏州大学学报:哲学社会科学版,2006(1):108—110.

③ 王浦劬,杨凤春.电子治理:电子政务发展的新趋向[J].中国行政管理,2005(1):75—77.

④ 刘邦凡.电子治理引论[M].北京:北京大学出版社,2005.

⑤ 孙柏瑛,李卓青.政策网络治理:公共治理的新途径[J].中国行政管理,2008(5):106—109.

⑥ 陈潭,倪明胜.政治博客现象及其公共治理[J].政治学研究,2007(3):99—108.

的合作机制，实现社会的公共利益。”为此，学者分析了公共治理中遇到的难题和困境，并对竞争性成本收益和合作收益两种分析方法进行了比较，指出合作收益分析是公共治理的方法论基础。[①]

(3)关于政府治理理论。

有学者提出了以社会福利最大化为目标的回应型整合是政府治理体系创新的基本架构，并从扩大自主性权利，完善自我实现机制、调适自我参照规范三个方向论述了回应型管理的基本方式、途径和实质性内容。[②]有学者以麦肯锡7—S系统思维模型为框架，从共同理念、战略、结构、体制、风格、人员和技术七个维度，探讨和分析了当代中国政府治理范式变革的进展和取向，认为我国政府治理范式的变革具有整体性、相关性和动态性。[③]

4．**全球治理**

全球治理作为中国治理模式的外部环境和国际层面的治理，得到高校学者的广泛关注，其研究包括治理主体和适用性两方面内容。

(1)全球治理的主体。

有学者强调联合国的作用，认为：在全球化的时代，联合国作为最大的国际组织，正在进行一系列改革以承担起全球治理的使命。参与全球治理也会对国内的政治改革起到积极的推动作用。[④]但是，有学者则强调多主体在全球治理中的作用，认为中国正实践的国内层面的全球治理的特点是：多主体、多部门合作制度是实施全球治理的基本形式与有效机制；政府在全球治理中仍起主导作用，但政府部门及其官员的权力与管理观念正日益更新；全球意识与全球价值在全球治理中有所体现，但与全球变革的要求还相差甚远；公共精神和公民共同体的建设是全球治理造就的宝贵财富。[⑤]

(2)全球治理的适用性问题。

有学者认为全球治理只是理念上的。有学者认为，冷战后，国际

① 雷晓康，席恒．合作收益与公共治理[J]．西北大学学报：哲学社会科学版，2006(6)．

② 杨冠琼．政府治理体系创新[M]．北京：经济管理出版社，2000．

③ 张立荣．当代中国政府治理范式变革探析——以麦肯锡7—S系统思维模型为框架[J]．中国行政管理，2006(6)：95—97．

④ 丛日云．全球治理、联合国改革与中国政治发展[J]．浙江学刊，2005(5)：108—115．

⑤ 蔡拓．全球治理的中国视角与实践[J]．中国社会科学，2004(1)：94—106．

政治系统的结构性变化推动了治理理论的兴起。治理和全球治理反映了变化中的国内政治和国际政治某些方面新的发展趋势，有助于人们对国际秩序的分析，但它建构的“治理社会”只是一个乌托邦式的幻想。[①]有些学者持类似的看法，认为全球治理为全球范围内公共事务的管理提供了市场自发手段与政府强制管理手段之外的另一种方式，但是，全球治理仍然更多的是理念上的。全球治理与国际规制既相联系又有区别。全球治理问题中最为严重的是“民主的赤字”问题。[②]有学者在研究全球治理与国家权威的基础上，认为治理虽然在一定程度上概括和描述了世界范围和民族国家内部的管理状况，但在准确性和真实性方面还存在值得争论的空间，因而将其理解为社会发展的趋势和方向实际上是对治理和治理理论的误解。[③]

① 唐贤兴.全球治理：一个脆弱的概念[J].国际观察，1999(6)：21—24.

② 王乐夫，刘亚平.国际公共管理的新趋势：全球治理[J].学术研究，2003(3)：53—58.

③ 王丽萍.寻求繁荣与秩序——当代世界经济与政治的政治学观察[M].北京：北京大学出版社，2006.

(四)关于执政党理论

加强执政党建设是中国政治建设和社会发展的关键问题，我国高校学者关于执政党理论的研究主要集中在如下方面：

1. 执政党的含义

中国共产党作为执政党，在整个国家政治体系中，居于领导核心的地位，起着政治主导的作用。中国共产党作为执政党的地位是由历史和共产党的特殊使命决定的，是由宪法所规定的。[④]在中国，从执政党本质上讲，是指党的执政就是党通过掌握和运用国家政权，实现对社会的有效组织和管理。[⑤]有学者从三个层次分析了中国执政党的内涵：第一，它不仅表现为掌握国家最高行政大权，而且表现为对国家的最高权力机关的人民代表大会以及其他国家机关的领导；第二，它不仅对中央一级权力机关实施领导，而且对地方国家机关也发挥领导作用；第三，它对整个国家社会、经济、文化生活的各个方

④ 谢庆奎.当代中国政府[M].沈阳：辽宁人民出版社，1991；郭定平.政党与政府[M].杭州：浙江人民出版社，1998.

⑤ 林尚立.中国共产党执政方略[M].上海：上海社会科学院出版社，2002.

面，都负有组织、指挥、引导的责任。[①] 在这里必须区分两组关系：一是革命党与执政党的区别。有学者指出，革命党就是以某个阶级为基础为了推翻另一个阶级的统治而建立的政党，它虽然也需要群众基础，但强调的是阶级对立和阶级斗争；执政党作为国家权力的执掌者，面临着要扩大统治基础的问题，这就需要通过社会合作与阶级调和扩大党的阶级基础和群众基础。[②] 还有学者从政治文化的角度予以分析，从革命党到执政党就政治文化的相应转型而论，主要表现在：理论方法从"阶级分析"向"利益分析"转换；政治思维从"二元对立"向"务实中和"转变；政治文化方位从"绝对一元"向"开明开放"转变；价值取向由"整体至上"向"重视个体"转变；政治人格从虚无主义的"公民"向现实主义的"公民"转变；治国原则从"人治"到"法治"。[③] 二是领导党与执政党的区别。有学者认为，执政是指政党经过法定程序"进入"国家体制内，控制、行使公共权力的法律性行为，其所处理的关系主要是党与宪法、法律、政府、代议机关的正式关系；领导则是指政党在国家体制外控制、主导公共领域的政治性行为，其所处理的关系主要是党与社会、民众、舆论、他党的非正式关系。[④] 有学者指出，在一般意义上，"领导"是一个政治概念，领导意味着政党在国家政权和整个社会中居于核心地位，可以通过政治动员等方式，在全社会贯彻和实施党的路线、方针、政策。"执政"则是一个法律概念，执政是指政党依法通过国家机构，以法律和政策的手段，统治和管理国家生活。[⑤]

2. **执政党的执政能力建设**

关于执政党执政能力建设的内涵，有学者认为，政党的执政能力指的是特定执政党依照所在国法律规定的程序与方式，执掌和行使国家权力，从而有效实现其利益代表和既定治国理念的本领。现代执政党应着重提高五个方面的特定能力，即民意代表和利益整合的

① 梁琴，钟德涛. 中外政党制度比较[M]. 北京：商务印书馆，2000：195.

② 胡伟. 中国共产党执政方式的转变：逻辑与选择[J]. 浙江社会科学，2005(2)：6.

③ 张定淮，涂春光. 从"革命党"向"执政党"的政治文化转型[J]. 深圳大学学报，2003，20(3)：68－73.

④ 陈明明. 现代化进程中政党的集权结构和领导体制的变迁[J]. 战略与管理，2000(6)：18.

⑤ 朱光磊，周振超. "党政关系规范化"与党的执政能力建设[J]. 中国党政干部论坛，2005(1)：14.

能力,依法执政和治国的能力,信息汲取和筛选的能力,意识形态理论的创新能力和驾驭竞争性选举政治的能力。[①]

关于执政党执政能力的评价,有学者指出,执政党执政能力评价需要从其执政实践以及执政客体的角度予以分析,可以考虑四项因素:执政党执掌政权的合法性与支持度;执政党执政之法律与制度的稳定性与效率性;治理社会的高效率与低成本;社会秩序与风尚的维系程度。此外,执政党执政能力强弱的方法是对执政之相关要素的客观评估,对执政之效率与成本的评估,以及对执政之认同性的量化评估。[②]

关于执政党能力建设的途径,有学者认为执政党能力建设的途径包括促进执政党吸纳公民政治参与的能力,完善执政党民主建设和依法治国的能力,增强执政党意识形态包容能力,提高执政党利益整合能力。[③]还有学者从党内民主、社会资本、基层自治的角度论述了执政党能力建设的途径。还有学者认为,制度建设和创新是执政党能力建设的根本途径。例如执政党监督制度的建设对于执政党执政能力建设而言具有特殊的重要性,有学者认为,执政党监督是一个有机系统,既包括党内监督也包括党外监督,党内监督主要是指党内民主制度建设,党外监督则是通过人大、民主党派和舆论形式进行。[④]也有学者认为执政党执政能力的建设需要从执政党改革的角度入手,党权、政权与民权的关系构成了中国政治发展的中轴,对于执政党改革而言最重要的功能是具备吸纳社会力量的能力,需要遵循社会发展规律,而最根本的规律就是市场规律,执政党改革的基本目标和途径是民主化和制度化。[⑤]

关于执政党执政能力建设中的民主取向,有学者认为,现代民主是执政党生存和发展的基础,执政党执政能力建设的民主取向不仅是由党的执政地位与执政目标所决定,也是当前中国社会发

① 黄卫平,李平.论政党的执政能力[J].深圳大学学报,2004,21(6):28.

② 桑玉成.关于党的执政能力及其评价指标体系的研究[J].理论参考,2004(8):15.

③ 高立恒.论加强执政党能力建设的基本途径[J].党政干部论坛,2007(4):10-11.

④ 邹思源.中国执政党监督体系的传承与创新[M].上海:学林出版社,2008.

⑤ 谢岳.当代中国执政党建设的政治学问题[J].学习与探索,2005(3):80.

展的现实要求，是选拔人才、建设和谐社会、正确决策、治理权力腐败和建设先进文化的需要。当前党的民主执政能力建设需要从权力、制度和文化三个层面展开。①有学者认为，执政党在推进民主政治进程中发挥了重要作用，执政党能够有效地动员、组织和指导政治参与，有效地控制政府，执政党在协调和缓和社会矛盾、维护政治稳定方面发挥了重要作用。执政党必须提高民主执政能力，推进党内民主与社会民主的有机发展，深化政治体制和行政体制改革，培育成熟的公民社会。②也有学者指出，一党执政与现代民主有其契合之处，但这一契合是建立在道德主义的政治传统、好政党主义和好政府主义三大基础上。执政党应该借助于现代制度获取政权，拥有党内外监督力量和实行宪政，从而为一党执政体系中的民主建设开辟道路。③

还有学者从执政党功能方面研究了执政党执政能力建设，执政党功能是指执掌国家政权的政党在推动国家与社会发展的历史进程中所表现出的作用力和影响力。执政党功能的体系结构是一个包含总功能和分功能在内的内在统一体，其中总功能为领导国家建设，分功能包括组织领导、利益整合、价值实现、人才培养与选拔等一系列基本功能。④

另有学者研究了“一党领导的多党合作制”与党的执政能力建设之间的关系，政党关系主要是指作为执政党的中国共产党与参政党的各民主党派，政党关系的和谐直接关系到执政党执政能力建设。⑤也有学者认为，和谐的党际关系将会降低执政党的执政成本、增加执政效率。对于执政党而言，执政资源的有效合理配置直接关系到执政党执政能力建设，中国共产党领导的多党合作制，各合作党有自己明确的政治位置和政治职责，因而能够促进执政党执政能力的建设。⑥

① 袁峰.论执政党能力建设中的民主取向[J].城市管理，2005(2)：19.

② 王春阁，王颖群.民主政治建设与执政能力研究[M].长春：吉林大学出版社，2007：11—12.

③ 刘建军.一党执政与现代民主的契合[M]//刘建军.执政的逻辑：政党、国家与社会.上海：上海辞书出版社，2005.

④ 唐亚林.执政党功能的转换逻辑及其体系结构[J].毛泽东邓小平理论研究，2005(3)：20.

⑤ 周淑真，刘先传.政党关系与执政能力建设[M].北京：华文出版社，2008.

⑥ 金安平.和谐社会中的党派关系——构建中国特色社会主义和谐的党派关系的几个问题[J].新视野，2005(6)：32.

3. 执政党执政方式

关于执政方式的内涵与内容,有学者认为,政党的执政方式主要是指政党取得和运用行政权力的途径、方法和形式,它包括权力的取得、运作和制约等方面。[①]有学者认为,执政方式是指一定的政治制度中政党掌握、控制、行使公共权力的制度化的途径、手段、方法和机制。执政方式的内容包括政党与公共权力的架构、政党与公共权力的授予机制、政党运作公共权力的方式和手段。[②]

关于执政党执政方式的社会生态分析,执政党执政方式是在一定的社会经济和文化环境中存在,是历史发展的客观要求。一方面是内部社会生态的变迁,主要表现在市场经济的确立,有学者指出市场经济改变了党执政方式的社会生态,对党的执政方式提出了新的课题和要求,即执政党必须要创立更加完善和科学的决策模式,应该改变整合社会的基本方式,应该开发、利用和发展新的执政资源。[③]有学者认为全球化对中国的传统执政方式形成了冲击和挑战,深刻地影响执政党执政权威和执政资源,在这种条件下执政党执政方式的现代化就成了新时期党的建设的迫切任务。[④]加入 WTO 是中国直接应对和融入全球化的重大举措,入世同样对中国执政党的执政方式产生了影响。有学者分析了二者之间的内在关系,指出中国入世后党在决策过程中如何做到既坚持我们的国家利益和社会主义原则,又要符合国际惯例和 WTO 的原则,因而必须改进党的执政方式,这就需要重塑党的执政理念,实现由直接执政向间接执政的战略性转变。[⑤]

关于执政党执政方式的转变,有学者在分析了科学执政、民主执政和依法执政的内涵及其内在逻辑关系的基础上,提出中国共产党在从革命党向执政党转型的历史进程中,要进一步实现由“整合型政党”向“代表型政党”的转变。[⑥]有学者认为党的执政方式的转变实际

① 林勋健.政党的执政方式与执政规律[J].北京行政学院学报,2004(1):42.

② 彭正德.中国共产党执政方式:类型、演进及改革取向[J].社会主义研究,2005(1):57.

③ 王志勇.市场经济与党的执政方式的转变[J].中国特色社会主义研究,2004(6):50—51.

④ 臧乃康.全球化与党的执政方式现代化[J].天府新论,2003,1.

⑤ 孙亚忠.WTO与中国共产党执政方式的战略性转变[J].理论与改革,2004,4.

⑥ 胡伟.中国共产党执政方式的转变:逻辑与选择[J].浙江社会科学,2005(2):3.

上是围绕着公民权利的发展而展开的。① 还有学者认为执政党执政方式应该从传统的执政方式向现代执政方式转变，即实现执政方式的现代化，也就是科学执政、民主执政和依法执政。②

关于中西执政党执政方式的比较，有学者认为西方执政党主要通过三种渠道直接或间接地参与执政：组织政府，选拔、推荐官员；协助当选总统和新政府制定执政方针；在议会中维护政府的执政方针。中国共产党主要通过以下方式执政：组织政府，推荐、选拔官员（某些官员需要经过人大批准）；从政治上对政府进行指导和领导，指导制定政府的方针政策；在人大保证政府的工作报告和方针政策以及政府预算、官员任命等议案的顺利通过；党管干部。③ 还有学者从世界范围内归纳了三种执政方式：一是体系相离型，政党处于公共权力之外，以间接方式推动公共权力运作，二是政权包含型，政党居于公共权力之内，作为公共权力的一部分推动公共权力的运作，三是政党包含型，公共权力居于政党之内，附着于政党组织进行运作。中国共产党属于第二种类型，这既是由中国共产党产生方式和获取执政地位的方式所决定，也是中国社会主义现代化的历史使命的需要。④

4. **执政党的执政规律**

有学者探讨了共产党的执政规律，其中影响共产党自身存亡、社会主义事业兴衰成败的执政规律有：一是诚心诚意为广大人民大众谋利益，紧紧依靠人民群众，这是党的一切工作的根本出发点，是党成功执政的根本保证；二是摆正社会主义建设中政治任务和经济任务的关系，坚持以经济建设为中心，坚持政治建设的正确方向，从而在根本上体现党的先进性；三是要正确认识和处理社会主义和资本主义两种主义、两种制度的关系，要以对立统一的观点看待二者之间的关系；四是掌握适度原则，正确处理好改革、稳定和发展三者的关系，这是新时期关系到执政党执政成败的最重要的领导艺术；五是充

① 杨清. 中共执政方式的转变与公民权利的发展[J]. 政治学研究，2007(1).

② 尹世红. 论党的执政方式科学化和现代化[J]. 理论界，2004(6).

③ 李景治. 中西执政党执政方式比较及其启示[J]. 中国人民大学学报，2005(5)：79—82.

④ 彭正德. 中国共产党执政方式：类型、演进及改革取向[J]. 社会主义研究，2005(1)：57.

分发扬党内民主,维护党的集中统一,增强党的战斗力;六是坚持马克思主义指导,不断进行理论创新,推进党的思想建设。[①]

有学者认为,中国共产党的执政规律可以分为总规律和具体规律两个层次,"三个代表"思想为中国共产党执政的总规律,中国共产党执政的具体规律则表现在执政理念、执政宗旨、执政任务、执政能力、执政途径、执政规范、执政保障等方面。[②]

5. 执政党研究的其他相关问题

关于执政党与公民社会的关系。改革开放以来,公民社会与执政党初步形成了一种良性的互动关系,体现在执政党与市民社会既是领导与被领导的关系,又是一种合作关系,但是二者之间的关系仍然存在需要进一步调适的地方。[③]非政府组织是公民社会的有机组成部分,非政府组织与执政党之间形成了一种互动关系,有学者指出,处理二者关系的关键在于不同价值观体系的包容与管理,在既往的执政经验中,党主要通过在非政府组织中开展党建工作的方式实现政治互动,执政绩效与执政成本不成正比。根据现代政党政治的规律,结合我国非政府组织的现实,党应该采取包容与沟通的方式,在意识形态、政策服务、组织影响力和执政艺术等环节,加强执政党对非政府组织的执政领导作用。[④]还有学者认为,大量民间组织的涌现使传统体制中健全、严密的党组织体系面临考验,传统以条为主、按照行政隶属关系形成的纵向的基层党组织管理体系已经难以适应社会的发展,民间组织所扩展的社会生活新领域,既是执政党工作的盲点所在,也是巩固和扩大党的执政基础的新的生长点。[⑤]

关于执政党与民众之间的关系。执政党与民众之间的联系机制成为执政党建设的重要内容,有学者认为,在中国共产党诞生至改革开放之前,执政党与民众之间的联系体现为政治过程中"自上而下"与"自下而上"之间的平衡问题,主要表现为:在政治决策方面,"反映

① 黄宗良.共产党执政规律的历史启示[J].前线,2002(5):6.

② 王韶兴.中国共产党执政规律探讨[J].政治学研究,2003(1).

③ 李光宽.论市民社会与党的领导[J].湖北行政学院学报,2004(5):63.

④ 吴新叶.包容与沟通:执政党与非政府组织的互动关系[J].政治学研究,2007(11):55.

⑤ 马西恒.民间组织发展与执政党建设——对上海市民间组织党建实践的思考[J].政治学研究,2003(1):23.

与领导的平衡”；在干部人事制度方面，“对上负责与对下负责的平衡问题”；群众路线的“作风与制度平衡问题”。改革开放以来，执政党与民众之间的联系机制出现了三种变化趋势，即继承传统（通过对现有体制的完善以及发扬和广大党的优良政治传统，加强执政党与民众之间的血肉联系）、功能开发（在政府行政领域进行制度创新和改革，扩大公众对公共事务的参与）与机制转换（通过制度创新建立执政党与民众的新的联系机制）。[①]

① 景跃进. 执政党与民众的联系：特征与机制[J]. 浙江社会科学，2005(2)：12—13.

关于社会整合与执政党之间的关系。在中国，执政党的社会整合机制主要是通过价值设定、制度安排和组织形式来凝聚与整合这个具有特殊传统与国情及特定使命的超大型社会。执政党整合社会的基本途径包括组织、政治和思想三种，与其对应的，执政党社会整合的内在机制则包括价值整合、制度整合与组织整合。[②]

② 王邦佐等. 执政党与社会整合：中国共产党与新中国社会整合实例分析[M]. 上海：上海人民出版社，2007：21—30.

关于执政党执政资源研究。有学者认为，执政资源是执政党履行执政使命、提高执政效能、实现执政目标、巩固执政地位可资利用的各种有利因素和条件的总和。可以分解为基础性资源、运行性资源和保障性资源。党的执政资源在改革开放以来在总体增加和优化的同时，也面临诸多挑战，包括体制资源、组织资源和合法性资源的变迁。[③]

③ 赵中源. 中国共产党执政资源论[M]. 长沙：湖南人民出版社，2007：17.

关于执政党伦理问题研究。有学者从政治哲学的角度分析了执政党伦理，现代执政党伦理的转型是由于其职能发生了变化，即执政党由统治党转变为服务党，由单一的阶级性政党转变为具有公共性意志的政党，公共理性是现代执政党伦理建设的理性基础。[④]

④ 李建华等. 执政与善政：执政党伦理问题研究[M]. 北京：人民出版社，2006.

6. **外国执政党模式研究**

有些学者研究了西方政党是如何执政的，他们认为在当代西方国家，执政特指执政党执掌国家最高行政大权，而不论其是否控制了议会立法大权和是否掌握了其他国家机关及地方政权机关。西方政党的执政方式包括执政权力的取得、运作和制约三个环节。[①]还有学者以新加坡人民行动党为研究对象，指出新加坡人民行动党的意识形态和执政理念具有民主社会主义的本质和实用主义的内涵，以及强调国家利益与民族和睦、效率政府、经济发展优于民主政治的特点。新加坡人民行动党作为执政党其执政之道在于：构建威权体制，致力于发展经济，主动自我更新以及有效沟通民情。[②]新加坡人民行动党的执政方式具有一定借鉴意义，有学者从制度与文化的角度分析了人民行动党的内部运作机制与政党文化转型，新加坡形成了独具特色的"托管式"民主，其特点是民主选举与一党长期执政并存，君子执政与以法治权并举，权威政府与有限政府统一。[③]日本执政党——自民党在二战后长期执政，形成了一种"一党优位制"模式，该体制属于多元主义政党体制，在优势政党之外还存在着合法竞争的其他政党，优势政党在政权结构形态中获得绝对多数票单独执政或在联合政权中居于主导地位，优势政党必须一贯地、持续地长期执政。日本的自民党即是如此，它之所以能形成"一党优位制"在很大程度上取决于其组织建设的比较优势。[④]还有学者对中西方政党执政进行了比较分析，他们认为中西方执政党在执政基础、执政方略、执政体制、执政方式和执政文化方面既有相同点，也有很大的差异。[⑤]

① 林勋健. 西方政党是如何执政的[M]. 北京：中共中央党校出版社，2001：7.

② 孙景峰. 新加坡人民行动党执政形态研究[M]. 北京：人民出版社，2005.

③ 吕元礼等. 鱼尾狮的政治学：新加坡执政党的治国之道[M]. 南昌：江西人民出版社，1997.

④ 徐万胜. 日本自民党"一党优位制"研究[M]. 天津：天津人民出版社，2004.

⑤ 陈元中，陶维兵. 中西方政党执政比较初探[M]. 北京：中共中央党校出版社，2007.

(五)关于中国共产党领导的多党合作与政治协商制度

高校学者对于中国共产党领导的多党合作与政治协商制度的研究，主要包括对中国特色政党理论、协商民主与政治协商制度、统一战线理论的研究。

1. 政党理论与制度

中国共产党领导的多党合作和政治协商制度，把领导核心的一元性与结构的多元性有机统一起来，形成了集中领导与广泛民主的统一，国家稳定与社会进步的统一，充满活力与富有效率的统一。这种政党制度在中国的政治生活中，发挥着利益整合、民主监督、降低政策成本和维护稳定的功能，是体现我国民主政治的重要形式。

(1)关于中国特色政党制度功能的研究。

第一，政治参与和利益整合的功能。有学者认为，改革开放以来，社会阶级、阶层结构的分化形成了社会利益群体多元化、利益需求多样化、利益关系复杂化、利益矛盾明显化的态势，中国特色政党制度设计具有极大的包容性，有助于整合和消解派别政治，形成政治共识。作为参政党的民主党派参加国家政权，能够多角度、多层次、多形式、多渠道地反映不同阶层、群体的利益诉求，能够将社会中的各种政治资源多渠道地引入权力的核心，为多元利益表达提供了制度化的协商保证。我国政党制度中"一"和"多"的结构，既承认社会各阶层、群体间的利益矛盾、冲突，同时又能将这些矛盾和冲突保持在制度体系之内，因此具有吸收、同化、消解和融合社会各种利益要求的优势。能够把零散的利益诉求整合为可供支配利用的社会资源，从而实现决策的民主化、科学化。[①]

第二，民主监督的功能。民主监督作为民主党派的重要职能之一，对中国政治发展具有非常重要的价值。有学者认为，人民政协民主监督的三大学理基础是制度、宪政和权利，政协民主监督对发展社会主义民主、形成有序的政治参与和巩固、扩大爱国统一战线等方面具有巨大的现实意义。由于中国政党制度的基本定位，决定了民主党派的监督不可能是其他的权力监督形式，而是一种在"在协商中监督和在监督中协商"中的民主监督。所以，人民政协民主监督的发展，即监督力度的加大、监督模式的创新和监督制度的建立，都在中国的政党制度的体制框架下寻求相应的发展空间。[②]有学者提出，民

① 朱光磊等.中国政党制度之"特色"：一种理论分析[J].天津社会主义学院学报，2008(2)：12.

② 王邦佐，罗峰.人民政协民主监督的理论支撑、现实意义和制度设计：一种理论分析[J].政治与法律，2007(5)：64－68.

主党派的民主监督,既不是法律监督,也不是行政监督或一般的社会监督,而是民主党派通过民主的方式对共产党实行的政党监督,是一种高层次、有组织、有着广泛群众代表性和党派性的非权力监督。[①]有学者认为,"多党合作制度中民主党派民主监督的功能主要表现为咨询、反馈、警示和督责四个方面。一是咨询功能。在重大决策的协商过程中履行监督,对决策方案提出政策性意见和建议,对不符合实际的方面提出修改意见,或提供决策选择方案,使决策更具有科学性,更能反映各方面的利益、愿望和要求。二是反馈功能。对宪法、法律和法规的实施情况、方针政策的贯彻情况和各级党政机关、党的领导干部遵纪守法的情况实行反馈,为国家监督体系提供信息,督促问题的解决。三是警示功能。对决策或决策实施过程中出现的失误,对各项方针政策贯彻中出现的问题,对违法乱纪贪污腐败的行为,对一个时期比较突出的社会问题提出批评,起到警示作用,以期引起执政党和政府的重视。四是督责功能。即对党和政府及其执行进行督促"[②]。

第三,降低决策成本的功能。高校研究公共政策的学者认为,中国政党制度对于降低决策成本,提高社会效率的明显作用。有学者指出:"这一方面是由于在共产党的领导和组织下,中国的政治社会化达到了一个前所未有的高度统一的程度,多党合作制可以为占有和获取政治资源提供保障,使各阶级各阶层围绕共同目标群策群力。从而在中国这样一个超大规模的社会中实现合理配置政治资源,减少政治成本。另一方面,中国公共政策选择体制是建立在多党合作的政策互动的基础上,它以各政党的价值取向趋同而政策取向的差异为机制,试图获得低代价的政策优化结果。"[③]中国共产党强有力的领导能保证我国的各政党目标趋于一致,政治参与趋于有序化、制度化、规范化,从而使得公共政策的制定和执行减少阻力。

① 王彩玲.论民主监督的性质与路径[J].求索,2005(10):34.

② 康晓强.理论界关于民主党派民主监督研究综述[J].高校社科信息,2004(3):42.

③ 程竹汝,任军锋:当代中国政党政治的功能性价值[J].政治学研究,2000(4):23—24.

第四，维持政治稳定、提供合法性的功能。社会稳定是社会生活正常运转的必要条件，它指社会生活的安定、协调、和谐和有序，是通过人们的自觉干预、控制和调节而达到的社会生活的动态平衡。有学者认为，“中国共产党领导的多党合作制在与社会结构的互动关系上具有优势互动的稳定结构，对于发挥政治整合作用极为有利。这既避免了多党制因各政党政治主张的差异可能造成的政治不稳定，又避免了一党制无视社会多元化利益需求、脱离社会现实的弊端，实现了政策选择的互动优势，中国共产党和八个参政的民主党派具有完备的政党机制和组织结构，为构建一个稳定的社会政治环境提供了制度保障”[①]。还有学者认为，“中国政党制度的一大特色就是其具有明显的意识形态功能，中国共产党所坚持的纲领和意识形态为动员尽可能多的政治资源提供了合法性的观念基础，它为政治体系及现实状态提供道义上的诠释，为政治运行提供了稳定的合法性基础”[②]。

(2)有关中国特色政党制度演进的讨论。

有学者认为，要重视对政党制度与社会环境之间互动关系的考察，运用社会生态分析的方法来认识和把握中国政党制度的形成、发展与完善；要从加强和改善共产党的领导、发挥民主党派的参政功能以及充分发挥中国特色党际关系优势并不断优化这一党际关系模式三个方面来推进中国政党制度的完善和发展。[③]有学者以马克思主义基本原理为指导，总结一百多年来中国政治制度的经验，阐明了中国多党合作制度发生、发展的历史背景，确立、完善的历程以及这一制度的内涵和特征，论证了其必然性和合理性。在这一论证过程中，高校学者分析研究了各民主党派和中共合作的历史历程，指出多党合作和政治协商制度是中国共产党同民主党派共同奋斗的结果，是由中国现代化发展的必然历史选择。[④]有学者采用马克思主义历史

① 林红.试论当代中国政党制度的政治稳定功能[J].桂海论丛,2003(4):32.

② 林尚立.社会主义政治文明建设：理论与战略探讨[J].政治学研究,2004(2):39.

③ 王邦佐.中国政党制度的社会生态分析[M].上海：上海人民出版社,2000:1—15.

④ 萧超然.中国政治发展与多党合作制度[M].北京：北京大学出版社,1991:3—10.

分析的方法,分析研究了各民主党派和中共合作的历史历程,指出多党合作和政治协商制度是中国共产党同民主党派共同奋斗的结果,是由中国现代化发展的必然历史选择。有学者认为,观察和研究中国的政党制度,必须结合中国国情和党情。半封建半殖民地社会进行民主革命的特殊国情,形成了中国多党合作的局面。党情是指中国共产党的客观历史情况,以及民主党派自身的情况,中国共产党在民主革命时期寻求过与民主党派的合作,并从民主党派的帮助中受益。民主党派也确实追随中国共产党,参与民主革命。这样一种特殊的国情和党情,决定了中国的政党制度。任何一个理论,任何一个制度后面,都有历史的因素,都有人类的感情和关怀。在中国,更不能回避这样一种历史和感情。[①]有学者则提出,中国独特的国情和历史条件决定了西方国家在产业革命和自由市场经济基础上逐渐地步入近代化、现代化的模式并不能全然适用于中国,这就注定了适宜中国社会发展的政党政治不能同西方政党那样自然地在议会体制内部生成,而是诞生于反帝、反封建的体制外的革命运动之中。也有学者从制度生成的角度讨论了当代中国政党制度产生的逻辑,讨论了制度“做成”和“生长”的问题。毛泽东从历史中“长成”的同时又施以“意志力作用”,设计和创造了当代中国政党制度,新中国成立初期确定的中国多党合作和政治协商的政治制度具有强烈的设计色彩,在强调历史必然性的时候不应该忽视中国共产党主观选择的能动性。[②]

① 金安平.新世纪的多党合作[J].群言,2003(2):35-40.

② 周淑真.论当代中国政党制度的选择与设计[J].新视野,2004(5):12.

(3)党际关系与参政党建设理论。

有学者认为,中国“参政党”的定位首先使中国共产党作为执政党和领导党更充分地获得了政党理论层面和逻辑层面上的说明和支持,同时也使中国多党合作制度、使中国的民主党派有了明确的政治地位和法律保障。这是中国共产党对自己政治定位认识的深化,也是中国能够有一个和谐的党际关系的前提和保证。[①]

有学者认为，政党制度反映的是对各种各样政党竞争的容纳和承认的程度。中国政党制度与西方政党制度不同，它不是规范政党在竞争中的活动，它规范的是在非竞争政党体制下政党间的运作秩序。中国之所以实行多党合作的政党制度，是为了保证中国政治制度的民主程度。如果执政党和参政党之间的关系不和谐，那么这个制度所要达到的目的就不可能实现。民主党派在国家政治中的职责、权利的变化和作为政党的活动空间，事实上主要取决于执政党执政理念和执政方式转变的进程和程度，当然也涉及民主党派在发展与成长过程中审时度势的现实定位和政治参与的适度把握。同时，和谐的党际关系的营造，需要借助制度的创新，和谐的党际关系建立后，更需要制度的力量来巩固和维持。有学者认为，新中国成立后各民主党派的参政议政、建言献策、民主监督的功能成为中国特色民主政治不可或缺的内容。但这种源自历史继承和法理规定的合法性认可仍然面对着生态政治议题的挑战。为此，参政党要从生态利益作为公共利益的至上性的要求着眼，应具有超越阶层代表者的远见和气魄，从制度层面承担起维护生态利益的表达和综合功能，在扩大自己群众基础的同时，更需要强化基层组织建设，注重政党整体参政能力的培养，为有序的政治参与创造条件。[②]

2. **协商民主与政治协商**

高校学者对协商民主的研究大体体现在如下方面：

(1)协商民主内生说。

有学者认为，中国的“政治协商”就是协商民主的话语，中共领导人在论述统一战线思想时，本质精神就是协商民主。“协商民主的形式早在民主革命时期就已成雏形，到20世纪中叶则在制度层面上固定下来。”[③]有学者认为，协商民主与我国改革开放以来的政治发展

① 金安平. 中国政治语境下的政党概念[J]. 政治学研究，2004(4)：37.

② 徐晓春. 生态政治视阈中的参政党建设[J]. 社会主义研究，2008(1)：35.

③ 齐卫平. 中国特色协商民主的内生源简论[J]. 中央社会主义学院学报，2008(2)：12.

道路存在某种契合,我国实行的中共领导的多党合作和政治协商制度本身具有合作、协商、包容的特点,是我国发展协商性民主政治的实践基础和制度基础。在未来的政治发展过程中,中国可能由传统集中统一的政治协商转向双向沟通互动的协商政治,这也是中国民主政治发展路径的可能选择之一。有学者提出,协商政治不是政治协商与社会协商的简单相加,因为它不是协商领域的扩大,而是民主运作程序的价值偏好的选择。所以,协商政治在本质上超越了政治协商与社会协商之间的机械分野,是作为整个社会主义民主政治运行的原则而存在的。政治协商与社会协商本身都包含着协商政治的基本精神与原则,而且不论作为一种制度存在,还是作为一种执政方略存在,政治协商与社会协商的运作,都能在不同程度上达到协商政治所力图达成的政治效果。所以,如何借助统一战线所提供的现成的政治资源、社会资源和制度资源在中国发展协商政治,就应该成为中国新世纪民主政治建设的重要任务与目标。[①]有学者则认为,协商民主较之政治协商,其协商主体进一步扩大。我国的多党合作与政治协商制度的主体是中国共产党与八大民主党派,而协商民主除八大民主党派外,还将有诸多的团体依法参与国家公共事务的协商。协商民主较之政治协商的协商渠道更为多样和丰富。协商民主较之政治协商,民主的领域不断拓展;政治协商体现的是国家形态的民主,而协商民主意味着从国家形态的民主发展到公民形态的民主,政治的重心从国家转向公民社会,建立相互之间的责任关系,实现国家与公民社会合作互动、良性共治。[②]

(2)协商民主的不同解读。

有学者对国内学界搬用协商民主的概念作出了批评,认为中国具有长期的封建社会历史,目前仍然处于社会主义初级阶段,这一社会特点使得我国制度建设不够完善,公民权利与自由保障不够充分,

① 林尚立.协商民主:对中国民主政治发展的一种思考[J].学术月刊,2003(4):20.

② 朱勤军.中国政治文明建设中的协商民主探析[J].政治学研究,2004(3):14.

在这一现实条件下，如果贸然地构建所谓的“协商民主”，或者把“协商民主”作为选举民主的替代，可能会为各种非民主的主张提供理论支持。同时，应该清楚认识到，中国的政治协商和协商民主的建设实际沿着根本上不同于西方“协商民主”的方向发展。西方的“协商民主”与中国的政治协商，基于不同的原则和理念，它们之间的区别不仅体现在现实与理想的不同，而且在协商的目的、条件及价值追求上也存在较大的差异。中国政治协商制度所达到的共识（制度中的民主协商），更多的指在共产党与民主党派和团体以及政治协商会议内部之间取得一致（达成共识）。[①] 协商民主理论在中国之所以遭到误读，很大程度上是因为人们将理念的民主与现实政体相混淆。也就是说，西方的“协商民主”理论更多的是被当作一种政治理念而非解释性的概念，它关注的是民主应当如何而非实际怎样的问题。把合作式民主，而非协商式民主作为实现中国民主政治的重要形式，也许更能体现和发挥中国本土政治资源的优势。[②]

① 金安平.“协商民主”：在中国的误读、耦合以及创造性转换的可能[J].新视野，2007(5)：15.

② 金安平.“协商民主”：在中国的误读、耦合以及创造性转换的可能[J].新视野，2007(5)：17.

（六）关于统一战线理论

统一战线理论研究主要包括统一战线的内涵研究、历史发展和战略策略三部分。

1. 统一战线的内涵研究

（1）研究对象。

有学者从比较广义的政治联盟和无产阶级统一战线的关系入手来理解统一战线的含义，认为无产阶级统一战线的本质是一种特殊性质的政治联盟，并认为马克思主义统战理论的研究范围包括三个方面，马克思主义统一战线的基础理论研究、关于无产阶级统一战线的历史研究和关于马克思主义统战理论的应用研究。[③] 有学者从不

③ 李景源.统一战线基础理论研究[M].北京：华文出版社，2002.

同视角分析了统一战线的具体研究对象:从研究敌、我、友关系来看,统一战线理论应该研究无产阶级的发展和无产阶级同盟军、次同盟军的特点等;从统一战线的现实特点来看,应侧重对中国共产党领导的新时期爱国统一战线的研究;从统一战线工作的组织方法来看,应包括党的统一战线的组织形式、队伍建设等。[①]有学者认为爱国统一战线的研究对象,是以共产党以外的、包括台湾、香港、澳门及海外侨胞在内的各阶级、阶层、政党、少数民族上层、宗教界以及各界人民代表之间的合作和团结,因此,从广义上来说,"一国两制"、新时期的民主党派、新时期知识分子、原工商业者及其工商联合会、新时期的民族、宗教、侨务、对外开放等,都是统一战线理论的研究内容。[②]有学者认为新时期爱国统一战线有三个特点:爱国统一战线不再是阶级联盟,而是变成了今天的社会主义劳动者之间的统一战线关系;它的对象和范围具有空前的广泛性;它不仅是长期的战略思想,而且是一项长期的制度。[③]

(2)功能分析。

学者们普遍肯定统一战线的正面作用。有学者认为发展最广泛的爱国统一战线是建设有中国特色社会主义的一个重要法宝,并对展开详细论述。[④]有学者认为统一战线是中国革命、建设和改革的一大法宝,是中国共产党政治上的一大优势,是中国社会主义的一大特色。[⑤]在此基础上,有学者认为统一战线不仅历来是中国共产党夺取革命、建设和改革事业胜利的法宝,而且也是新时期中国共产党"执政兴国的重要法宝",因此,我们应该发挥统一战线的"重要法宝"功能,为构建社会主义和谐社会优化外部环境、夯实社会基础、拓展群众基础、提供人才支持。[⑥]有学者具体研究了新时期统一战线的四个主要功能,包括:统一战线对我国国体有重要的思想认同价值,同对我国社会矛盾和社会群体利益具有调节功能 ,统一战线对我国社会

① 丁三青,张爱淑,王莉.统战学[M].北京:中国矿业大学出版社,2004.

② 梁琴.爱国统一战线概论[M].长沙:湖南人民出版社,1987.

③ 李素侠,卢墉.新时期爱国统一战线的特点和历史重任[J].东北师范大学学报:哲学社会科学版,1984(5):14—17.

④ 王邦佐,王关兴.发展最广泛的爱国统一战线——建设有中国特色社会主义的一个重要法宝[M].上海:上海人民出版社,1997.

⑤ 丁三青,张爱淑,王莉.统战学[M].北京:中国矿业大学出版社,2004.

⑥ 吴家庆,吴克明.统一战线:党执政兴国的重要法宝[J].湖南师范大学社会科学学报,2005(6):58—61.

主义民主政治建设具有推进功能，统一战线对最大限度地动员、团结各个方面的适合力量，调动一切积极因素，建设有中国特色社会主义具有重要的作用。[①]有学者研究了统一战线与国家建设，认为统一战线有利于国家的长期稳定和持续发展、有利于多民族国家的整合，有利于多样化的社会整合和发展、有利于中国的和平发展和民族复兴。[②]

2. **统一战线的发展历史**

以新中国成立为分界线，我们把统一战线的发展历史分为新中国成立前统一战线实践研究和新时期的统一战线研究两部分。

(1)新中国成立前统一战线实践研究。

有学者研究了中国新民主主义革命战争时期的统一战线史，认为中国新民主主义革命时期的反帝反封建的历史任务决定了建立革命统一战线的必要性，深刻的民族矛盾和阶级矛盾决定该统一战线对象的广泛性，在这个过程中，工人阶级成为统一战线的核心力量。[③]有学者以中国共产党与共产国际的关系为视角，研究了中国共产党抗日民族统一战线政策的形成，研究认为，在中国共产党制定自己的抗日民族统一战线政策的过程中，共产国际客观上曾经起到过不同的作用，既有消极的作用，也有积极的作用。[④]有学者研究了统一战线在不同时期的联盟形式，包括第一次国内革命战争时期的党内合作战线，这是统一战线的政治联盟形式；抗日民族统一战线，这一时期对爱国人士、地方实力派、国民党政府及其南京政府实施不同策略；联合政府的统一战线和新时期共产党领导的多党合作制。[⑤]

(2)新时期统一战线研究。

第一，有学者总结了新中国统一战线五十年的历史与经验，认为当代中国统一战线的基本经验，归结到一点，就是要把马克思主义统一战线的理论和策略同中国的具体实际相结合，具体来说，包括：必

① 夏潮. 统一战线与建设有中国特色的社会主义——新时期统一战线功能的再认识[J]. 中央社会主义学院学报，1991(6).

② 林尚立. 统一战线与国家建设[M]. 上海：上海人民出版社，2008.

③ 宋春等. 中国新民主主义革命战争时期的统一战线史[M]. 吉林：东北师范大学出版社，1987.

④ 杨奎松. 中国共产党抗日民族统一战线政策的形成与共产国际[J]. 近代史研究，1982(4)：69—95.

⑤ 国衡. 毛泽东统一战线理论与实践[M]. 西安：陕西人民出版社，1993.

须充分认识党领导的统一战线的重要性、必要性和长期性;必须自觉服从服务于不同历史时期党的中心工作,并从党在不同历史时期的正线理论和政策,这是统一战线的重要职责;以正确的理论为指导,才能保证统一战线坚定正确的政治方向;坚持党对统一战线的领导权;以民主和团结为主题,正确处理统一战线中的人民内部矛盾。[①]

第二,有学者研究了社会分化与新阶层对新时期统一战线的影响。有学者认为社会阶层的分化和社会结构的转型对统一战线工作有着深刻的影响,既改变了以前的敌、我、友的刚性工作模式,也为新时期的统一战线奠定了社会基础。随之而来的社会整合又为统一战线发展提供了现实依据,促使统一战线肩负起社会整合和协调的重要功能。统一战线已由原来的革命统一战线、爱国统一战线转变为以实现人民根本利益为核心的新型统一战线。[②]有学者指出,当前我国社会阶层构成出现了新变化,一些新的社会阶层正在逐渐形成。这种新变化对统一战线的影响是:工人阶级内部出现了不同的相对独立的阶层,使得工人阶级实现自身团结统一的问题突出起来;农民阶级的大规模变化和分化,使得工农联盟的巩固面临新问题;大量的新的社会阶层的出现,使统一战线内部关系出现前所未有的新变化。应对这些新变化的对策有三:一是开展对于阶层构成新变化的调查研究,开拓统一战线工作的新领域;二是适应阶层构成变化的需要,制定和完善相关的政策与措施;三是发挥民主政治的作用,构筑社会各阶层之间的合理的利益格局。[③]在此基础上,有学者分析了当代中国统一战线的群体凝聚力问题,认为虽然目前也还存在着影响和制约统一战线成员群体凝聚力的众多因素,但由于我国统一战线所固有的优势和特点,当代中国统一战线对其成员有着强大的凝聚力。[④]有学者对统一战线的评价指标体系的问题进行初步构想,认为统一战线的评价指标体系可考虑由以下四个子系统构成:一定时期内党

① 刘延东.新中国统一战线五十年[J].中央社会主义学院学报,1999(10):9—14.

② 林尚立.统一战线与国家建设[M].上海:上海人民出版社,2008.

③ 周秋光.我国社会阶层构成的新变化对统一战线的影响及对策[J].湖南师范大学社会科学学报,2003(2):32—37.

④ 华正学.当代中国统一战线群体凝聚力分析[J].吉林省社会主义学院学报,2005(5):13—15.

的路线方针政策及其执行效果，统一战线在党的全局工作中的位置及全党重视的程度，统战工作在各方面的具体展开及其实际效果，国内外相关机构、团体对统战工作的认识和评价。[①]

① 华正学.关于建立统一战线法宝作用评价指标体系的三点思考[J].云南社会主义学院学报，2005(1)：22—25.

3. **统一战线的战略与策略**

统一战线的战略与策略是统一战线具体实践形式的突出表现。学者们对其进行了深入关注，关注要点主要集中在领导人关于统一战线的论述和具体的战略和策略研究。

(1)第一代和第二代领导人的统一战线策略思想。

有学者研究了毛泽东关于统一战线的辩证法，社会主要矛盾的发展变化是革命统一战线建立和发展的原因，矛盾双方的相互作用是革命统一战线的发展动力，矛盾的特殊性决定统一战线策略的灵活性，矛盾主次方面决定统一战线的领导权。[②]有学者研究了周恩来的抗日民族统一战线思想，具体分析了周恩来关于"中国统一战线的特点就是复杂"、"领导权的问题，是统一战线中最集中的一个问题"和"领导权要用力量来争"的思想，指出周恩来明确中国共产党要成为抗日民族统一战线的领导者。[③]有学者研究了邓小平的统一战线思想，认为邓小平对统一战线理论的新发展包括：把统一战线理论由策略原则发展为战略方针；统一战线思维从社会阶级结构构成分析拓展到社会群体利益分析，从着眼于战胜敌对的阶级、政党拓展到着眼于中华民族振兴，统一战线工作从个别作法发展到制度建设。[④]有学者在综述统一战线理论的基本矛盾及其战略与策略，统一战线的性质、地位与社会职能，统一战线的本质、对象、范围与任务的基础上，概括了新中国成立前、过渡时期、社会主义建设曲折发展时期和社会主义建设新时期，毛泽东、周恩来有关统一战线领导权问题的理论研究，认为统一战线的领导权问题是统一战线的核心问题，并明确了中国共产党始终要掌握统一战线的领导权。[⑤]

② 周常夫.矛盾学说的具体运用和发展——学习毛泽东同志关于统一战线的辩证法[J].河北学刊，1983(4)：18—20.

③ 沈继英.周恩来论抗日民族统一战线[J].北京大学学报：哲学社会科学版，1981(2)：14—22.

④ 周淑真.邓小平统一战线理论新发展的特点[J].民主与科学.2004(5)：27—28.

⑤ 王继宣，王国成.统一战线理论研究综述[M].北京：华文出版社，2002.

(2)具体的统一战线的战略与策略。

有学者论述了统一战线中的四项策略原则:既统一又独立的原则,既联合又斗争的原则,原则性与灵活性相结合的原则,统筹兼顾与适当安排的原则。[①]有学者在此基础上,论述了在统一战线中将原则性与灵活性结合起来的必要性,指明统一战线内部同盟者之间的差异性,复杂性要求将原则性和灵活性统一起来,并论述了坚持灵活性要善于实际积极、有利的妥协和照顾同盟者利益。[②]有学者研究了又联合又斗争的统一战线基本战略,认为这个针对中间阶级的主体民族资产阶级的又联合又斗争的政策是统一战线内部的主要政策,它比“独立自主”的原则,更能全面地反映我们党对资产阶级统一战线政策的特点。[③]有学者认为中国统一战线的战略和策略体现了诸多力量的辩证关系,包括:一个阶级,多种区分;一条战线,两种联盟;一个中华,多种民族;一个目标,多种信仰;一党领导,多党合作;一个国家,两种制度。[④]有学者研究了统一战线心理学,包括爱国统一战线社会心理、群体心理、个体心理、民主党派的政党意识和群体心理特征、非党知识分子群体意识和群体心理特征、经济领域统一战线对象的群体心理特征、少数民族人士的民族心理和群体心理特征、爱国统一战线促进改革开放中的社会政治心理和统一战线工作者的基本素质和心理素质。[⑤]

① 王世豪,刘庆祥,贾平安.马克思主义统战学原理[M].北京:外文出版社,1993.

② 朱真.统战理论讲座——马克思主义统战学原理纲要[M].北京:中国文史出版社,1989.

③ 杨恒源.又联合又斗争是统一战线的基本政策——学习毛泽东统一战线粗论的体会[J].苏州大学学报,1983(4):11-15.

④ 张锡岭.统一战线的辩证思维[M].上海:华东师范大学出版社,1993.

⑤ 刘守中.统一战线心理学[M].长沙:湖南出版社,1991.

(七)关于人民代表大会制度

高校学者对于人民代表大会制度的研究,主要集中在人民代表大会制度基本理论、结构功能、相关关系、改革发展和不同代议制体系比较等方面。

1. 人民代表大会制度的基本理论

(1)关于人民代表大会制度建立的基础。有学者认为，人民代表大会制度的建立的基础主要有：其一，思想基础，主要是马克思主义关于代议制的基本理论；其二，榜样基础，即苏联的苏维埃模式；其三，经济基础，新中国成立之后我们国家建立了以公有制为基础的社会主义经济体系；其四，社会原因，主要是由政权建立时尖锐对立的阶级斗争和新政权的贫民性质等因素的影响，以及中国革命取得政权的方式；其五，历史原因，中国落后的社会经济文化条件。①

① 蔡定剑. 中国人大制度[M]. 北京：社会科学文献出版社，1992：17—20.

(2)关于人民代表大会制度的基本原则。有学者认为，人民代表大会制度具有三项原则：一是根本原则，即一切权力属于人民，人民代表大会制度体现了人民主权的原则；二是民主集中制，这是人民代表大会制度的组织原则；三是议行合一，马克思所谓议行合一，就是代议机关和行政机关合而为一，制定法律的机关同时又负责执行法律；代表机关的成员同时又是执行部门的领导者。②

② 蔡定剑. 中国人大制度[M]. 北京：社会科学文献出版社，1992：70—81.

(3)关于人民代表大会制度的"根本性"。人民代表大会制度是中国的根本政治制度：它直接反映了中国的国家性质；它在整个国家的政治制度体系中具有"根本性"的权力渊源地位，其他的国家制度、国家机构，其权力、合法性均来自人大制度；它是人民行使统治和管理国家政权权力的、具有相对低成本和较高可接近性的唯一机构；它按照人民的意志和愿望制定和执行政策；它的丰富内涵也决定了它具有一种"根本性"。此外，人民代表大会制度的"根本性"还在于它与西方议会民主制具有根本区别。③

③ 杨凤春. 中国政府概要[M]. 北京：北京大学出版社，2002：86—88.

(4)作为政权组织形式的人民代表大会制度。有学者认为，人民代表大会制度是与我国人民民主专政的国家制度相适合的政权组织形式；人民代表大会制度具有深厚的群众基础和广泛的代表性，从政治上和组织上保证全体人民掌握国家权力，真正成为国家的主人；人民代表大会制度根据议行合一的原则设置国家机关,可以有效地保证国家权力机关的决定得到迅速执行,人民的意志得到有效实现。[1]

2. **人民代表大会制度的结构功能研究**

(1)结构研究。

关于代表结构,有学者认为人民代表大会制度体现了代表政治的基本方面:人民代表大会制度既体现了人民主权原则,又体现了功能团体民主原则。在代表构成上,既有按地区、人口比例而产生的代表,也有按功能团体(解放军系统、中央企业系统、政治团体系统)而产生的代表。[2]有学者认为人大代表实行兼职制会产生一定的不足:首先,代表本身的身份在一定程度上会影响代表职责的行使;其次,代表基本上是以个人身份参加选举并履行代表职责的,与政治党派和组织之间不存在直接的联系,代表的代表性必须通过其他途径加以体现;再次,选举与代表候选人个人的选举投入关系不密切。因此,人大代表的身份在一定程度上会影响人大职能的发挥。[3]

关于会议结构,有学者分析了全国人大举行会议期间的代表团会议,代表团会议是一种重要的会议形式,代表团会议形式上的方便和有效,往往在更深层次上与全国人大的性质和地位相矛盾:由于代表团是以地区和单位为单位组织起来的,因此过度地使用代表团会议的形式以弥补全体会议时间和空间的不足,实际上是把人大降低到了普通地方或单位的代表或行政会议的地位。[4]此外,高校学者还研究了人大常务委员会结构。

(2)功能研究。

关于委托与监督功能,有学者认为人民代表大会制度的内在逻辑是双重"委托"与双重"监督",前者意指人民通过选举的方式将国家权力委托于人民代表大会,后者又将一部分权力委托给"一府两院"(政府、法院和检察院);后者则是指人民作为权力的最终来源对

① 张永桃.当代中国政治制度[M].南京:南京大学出版社,2004:60—61.

② 陈伟.政治代表论——兼论我国人民代表大会制度的理论基础[J].中国人民大学学报,2007(6):86.

③ 杨凤春.中国政府概要[M].北京:北京大学出版社,2002:95.

④ 杨凤春.中国政府概要[M].北京:北京大学出版社,2002:133—134.

其委托者人民代表大会施行监督职能，而人民代表大会则对“一府两院”进行监督。[①]“委托”与“监督”构成了人民代表大会制度的两项基本功能，其他功能则都是从此衍生出来的。有学者指出，人大监督在我国的宪政体制下是国家监督体系下最重要最关键的组成部分。所谓人大监督功能就是指各级人大及其常委会为全面保证国家法律的实施和维护人民的根本利益，防止行政、司法机关滥用权力，通过法定的方式和程序，对经由它产生的国家机关实施的检察、调查、督促、纠正、处理等监督行为。人大的监督功能具有三大特点：一是权力来源的权威性；二是监督范围和对象的广泛性；三是监督层级的最高性。[②]

关于立法功能，有学者认为，全国人大立法权的发展经历了两个阶段和三大转变。第一阶段是从 1979 年到 1992 年，立法是在计划经济基础上，在法律工具主义思想指导下进行的；第二阶段是自 1993 年以来，法律的转型是为使其适应市场经济和法治社会的需要。三大转变是指：一是在立法观念上，由经验立法转变为超前立法；二是人大在立法中的作用，从过去被动的角色到发挥主导作用；三是在立法指导思想上，由法律工具主义正转变为权利保护主义。[③]

关于议事功能，所谓议事功能就是指人大代表在人民代表大会举行期间针对某些议题进行讨论的过程，议事功能集中体现在人大代表的议案制度方面。有学者从议案过程的角度考察议案制度的有效性，可以发现议案提出、议案审议与议案实施诸环节，并不能很好地实现民意表达、民意整合以及民意实现的功能。其原因可以从过程、结构及制度三个层面予以分析。[④]

关于民主功能，人民代表大会制度是人民选举代表参政议政的制度安排，是人民主权的一种体现方式，也是公民政治参与的重要途径。可以说，民主既是人民代表大会制度的价值体现，也是其功能体现。有学者就深刻地指出，人民代表大会的代表来自人民，人民代表

① 浦兴祖.人民代表大会制度的“内在逻辑”与“外在方位”[J].人大研究，2004，(10)：17.

② 林伯海.人民代表大会监督制度的分析与建构[M].北京：中国社会科学出版社，2004.

③ 蔡定剑.20 年人大立法的发展及历史性转变[M]//蔡定剑，王晨光.人民代表大会二十年发展与改革.北京：中国检察出版社，2001：62－68.

④ 陈家刚.人大代表议案制度的有效性问题研究——以区县人大为例[J].理论与改革，2006(1)：13－14.

大会代表人民行使国家权力，它对人民负责，接受人民监督。它确实是人民当家作主、实现社会主义民主的形式。[①]

(3)规则研究。

有学者认为，人民代表大会制度是代议民主的一种表现形式，代议民主具有主权和治权的有限分离、民主和效率的双重取向、政治职业主义、委任代表制和程序民主等基本制度规则。从分析代议民主的基本规则中，可以发现全国人民代表大会制度目前还存在需要完善和改进的地方：从主权和治权的关系来看，公民对全国人民代表大会代表和全国人大的监督和控制不力，全国人大代表和全国人大对其他机构的监督和控制不够；从民主和效率的关系看，人大代表的广度影响人大代表参与的深度，人大规模影响人大制度的效能；从实体民主和程序民主的关系看，以代表团为单位的活动方式与人大代表民主权利的充分发挥之间关系需要探讨，而代表在大会上发言的机会较少，可能影响代表参政议政的积极性；从人大代表的政治职业化水平看，全国人大代表的政治能力和公共精神需要提高，同时，人大代表的兼职制也会影响人大代表职能的发挥，此外，与全国人大代表实行兼职制相对应，全国人民代表大会是非常设机构，也会影响人大的功能；从代表制的类型选择看，全国人大代表在全国人大会议期间的参政议政，可能从所在的选举单位利益和意志的角度出发，需要协调部分利益、私人利益与国家利益、公共利益代表者的角色。[②]

有学者认为，社会主义人民代表大会制度具有民主集中制和监督与罢免原则。从历史发展的角度而言，在社会主义国家权力机关组织与活动原则问题上，经历了由议行合一原则到民主集中制原则的发展过程。社会主义人民代表大会制度坚持人民主权的原则：社会主义人民代表机关的组成人员都是由人民选举产生的各阶级、阶层和社会各方面的代表；社会主义人民代表机关的权力来自人民的

① 何华辉.人民代表大会制度的理论与实践[M].武汉：武汉大学出版社，1992.

② 施雪华，孔凡义.代议民主的制度规则与中国全国人民代表大会制度的改革和完善[J].理论月刊，2006(9)：5.

委托，从而体现了人民权力与国家权力的统一；社会主义人民代表机关必须向人民负责，受人民监督。[①]

3. 人民代表大会制度的相关关系研究

（1）人民代表大会与党的领导。

有学者认为，理顺人大权力与党的领导的关系有五个步骤：第一步是真正落实党的领导，正确理解党的领导的内涵；第二步是人大党组织只起监督保证作用；第三步是党必须全力支持全国各级人大及其常委会的各项工作；第四步是尊重宪法，尊重人大，尊重人大代表的选择，真正确立人大权力机关的作用；第五步是探索建立长效的协调和协商机制。[②]有学者分析了党的领导与人大监督之间的关系，认为人大对党的监督是一种权力监督、法律监督，此种监督必须有法可依，人大与党的监督是双向的。[③]

在规范党与人大关系方面，学者主要有四种建议：第一种建议包括两个方面，一是在执政方式上，将党的领导、人民民主和依法治国有机结合起来，二是规范党与人大关系的主要取向是法制化；第二种建议认为，实现党的领导与人大作为权力机关的结合关键在于从通过党的领导体制执政，向通过党的执政实现领导转变；第三种建议认为，在执政层面上，党的执政活动应该同人民代表大会统一起来，逐渐过渡到在人民代表大会中去活动；第四种建议认为正确处理党与人大的关系是一种执政能力。[④]

（2）人民代表大会与“一府两院”。

全国人民代表大会拥有组织其他最高权力机关的权力，其中包括决定国务院总理、副总理、国务委员等的人选，选举最高人民法院院长，选举最高人民检察院检察长的权力。地方各级人民代表大会享有对同级“一府两院”的组织权力。人民代表大会通过授权的方式将一部分国家权力交予“一府两院”，并对其权力的行使进行监督，此

① 周叶中．代议制度比较研究[M]．武汉：武汉大学出版社，2005.

② 谢庆奎．人民代表大会制度与宪政体制的接轨[J]．人大研究，2006(1)：12.

③ 郭道晖．党的领导与人大监督[J]．法学，2001,(3)：6.

④ 邓毅．人民代表大会制度与社会主义宪政建设学术研讨会综述[J]．政法论坛，2004(6)：186.

种监督是单向度的。有学者指出，人大与政府的关系是决定与执行、监督与被监督的关系。人大与司法机关关系就是要处理好人大监督与司法独立之间的关系[①]。

(3)人民代表大会与非政府组织。

非政府组织与人民代表大会制度具有密切关系，非政府组织的发展会影响人民代表大会制度的发展，而人民代表大会制度则是非政府组织发展的制度保障。有学者认为，非政府组织在社会动员与社会参与方面的作用是人民代表大会制度有效实施的重要组织保障，非政府组织对人民代表大会职权行使过程中的社会监督是保障公民权利的有效组织形式，非政府组织也是实现人民当家作主、建立公民社会的重要途径。[②]

4. **人民代表大会制度的改革**

(1)市场经济体制与人大制度。

有学者认为，社会主义市场经济体制将对人民代表大会制度的发展起到促进作用，也使人民代表大会制度面临着考验。市场经济的充分发展为人民代表大会制度的不断完善创造了良好的经济基础，人民代表大会制度的发展则为市场经济的完善创造了良好的环境。市场经济对人民代表大会制度的影响表现在：市场经济要求制定新的法律，从而对人大行使立法权产生积极影响；从立法和监督角度实现对行政权的控制，将对人大的地位产生影响；维护审判独立也是建立社会主义市场经济赋予人民代表大会制度的一项任务；市场经济对民主参与的方式和要求提出了更高的标准；非政府组织的产生及其利益也会对人大的组织结构产生影响。[③]

(2)人大制度改革的意义和内容。

有学者强调指出，完善人大制度是政治体制改革的当务之急，因为人民代表大会制度的完善是政治体制改革的核心问题；人民代表

① 董和平.论现阶段完善我国人民代表大会制度的实践对策[J].南京大学学报，1995(1):105—106.

② 王建芹.非政府组织发展与我国人民代表大会制度的完善[J].政法论坛，2004(6):32.

③ 朱宏涛.社会主义市场经济与人民代表大会制度[J].政法论坛，2001(6):10—13.

大会制度的完善既是存量改革也是增量改革；人民代表大会制度的完善可以促进党内民主的发展；人民代表大会制度的完善基本上集中在一些技术性的问题上；人民代表大会制度的完善是整体性改革。[①]

有学者认为，应该坚持和完善人民代表大会制度，这就需要：提高人民代表大会制度的认识，自觉维护国家的这一根本制度；加强人民代表大会立法和执法监督职权；健全监督机制，加强国家监督；加强国家权力机关的组织制度建设；加强和改善党对人大的领导。[②]

有学者指出，人大制度的改革涉及的主要内容是：人民与人民代表大会的关系，即如何按照人民当家作主的要求，完善和创新人民与它的代表机关之间的制度性关系；人民代表大会自身的组织结构问题，即什么样的组织结构才有利于人民代表大会以人民利益最大化为目标履行职责；人民代表大会与“一府两院”的关系问题，即如何按照人民代表大会权力机关的性质和监督有效、行政有效、司法公正的要求，完善其与“一府两院”的制度性关系。[③]

(3)改革的路径和措施。

第一，综合改进路径。有学者认为，改革和完善人民代表大会制度应从以下方面着手：一是改革选举制度，扩大直接选举范围，差额选举国家机关正职领导人，实行以竞争为中心的公开公正的选举程序；二是改革代表制度，人大代表要与企业家身份脱离，政府官员不宜兼任人大代表；三是调整人大及其常委会的功能，扩大常委会立法权，实行常委会的专职化；四是改革人代会的议事程序和议事方式，延长会期，由常委会全体会议审议法案；五是改革人大常委会工作机构的方式，为人大代表及其常委会组成人员提供全面有效的服务。[④]有学者提出了完善人民代表大会制度的一些解决方案：理顺执政党与人大的关系；强化人大对其他国家机关的监督；密切人大与人民群

① 谢岳.完善人大制度：中国政治体制改革的当务之急[J].学术月刊，2005(6)：45—46.

② 张永桃.当代中国政治制度[M].南京：南京大学出版社，2004：92—94.

③ 程竹汝.授权与监督：论完善人民代表大会制度的几个问题[J].学术月刊，2005(6)：34.

④ 蔡定剑.论人民代表大会制度的改革和完善[J].政法论坛，2004(6)：8.

众的联系;加强人大自身建设。[①]

第二,代表专职化路径。有学者认为,专职代表制是进一步完善人大制度的一个值得探索的途径,推行代表专职制,可改变当前由于利益动机的缺失,造成人大代表选举一定程度上流于形式的现状,有利于克服人大制度自身组织结构的一些不足,使代表身份实质化,可以根除由于权威虚化,造成人大监督不力的弊病。推行专制代表制需要相应的条件,包括压缩代表名额,使其在经济上成为可能;逐步扩大直选的范围;大力建立政治中介服务机构,培育高层次的专业政治家和专业管理人员。[②]

第三,常委专职化路径。有学者认为,推行人大代表专职化尚不现实,推行人大常委专职化的条件则已经成熟。人大常委专职化有利于委员密切联系群众,汇集民意,集中精力参政、议政,更好地发挥其立法、决定、任免和监督职能。因此就需要为人大常委专职化提供有利的条件,其中包括专职常委的人选安排,立法规范以及其他条件。[③]

5. **不同代议制的比较研究**

有学者对社会主义人民代表制进行了比较,并且比较了社会主义代表制与西方议会制度的异同。社会主义人民代表制有三种模式,即苏维埃制、人民代表大会制和人民会议制。它们相同之处在于:一是产生于革命年代,其发展的道路都呈曲线形;二是是在无产阶级领导下进行政权建设的结果;三是都继承体现了巴黎公社的原则,实行人民代表制。不同之处在于:一是起源上有所差异;二是各国用根本法确认人民代表制时在阶级关系上有所不同;三是人民代表制初始阶段的选举权存在不同。社会主义国家的代表制与西方国家的议会制也是异同兼有。从组织结构方面看,相同的地方在于:议员或代表产生的方式上既有直接选举方式也有间接选举方式;议员或代表候选人的提名,政党或选民均可提出候选人;宏观体制上,都

① 浦兴祖.中华人民共和国政治制度[M].上海:上海人民出版社,2002:56—63.

② 何鹏程.专职代表制与我国人民代表大会制度的完善[J].理论与改革,2006(1):78—80.

③ 林泰,林伯海.坚持和完善人民代表大会制度探析[J].清华大学学报,2002(5):38.

有一院制、二院制的形式；内部组织结构上都有委员会和工作机构。但是，它们的根本性质和政治构成等具有巨大不同，体现在：阶级基础不同；内部组织结构不同；组织和活动原则不同；权力结构不同。从功能角度看，社会主义国家代表制与西方国家的议会制都行使国家立法权、监督权，不同之处在于，前者的职权范围比后者要大得多，前者还兼具执行功能。[①]

有学者认为，中国的人大制度与西方国家的议会制度都属于代议制的范畴，具有代议制的特点：第一，代议制必须预设一个前提，两权分离，即代议机构只享有政治权力的使用或代理权，而不拥有所有或委托权，后者只能为法定公民拥有；第二，机构组成人员由选举产生，并建立一整套具体的选举规则和程序；第三，会议为主要的工作活动方式；第四，机构以立法和监督为主要职责；第五，以法律形式明确规定组成人员的权责利；第六，机构设有委员会之类的内部机构。但是，中国的人民代表大会制度与西方国家的议会制又有不同之处：一是西方的议会制以多党合法竞争、轮流执政为基本游戏规则，人大制度则以拥护和支持中国共产党一党执政为原则；二是西方议会制是以三权分立和制约为宏观架构，人大制度则以人大统合、监督行政和司法为主要内涵。[②]

① 周叶中. 代议制度比较研究[M]. 武汉：武汉大学出版社，2005.

② 金太军. 建设政治文明与完善人民代表大会制度[J]. 理论探讨，2004(4)：5—7.

(八)关于民族区域自治制度

高校学者对民族区域自治制度的研究主要集中在如下方面。

1. 民族区域自治制度的创设及其内容

(1)发展轨迹。

有学者按照中国共产党的政治思想发展过程，分析了我国民族区域自治制度的历史线索。新中国成立以后，党确立了以民族区域自治作为处理我国民族问题的基本政策,这种发展是民族解放斗争形势使然,党也逐渐成熟,而且有一些典型的实践作为依托。[①]有学者分析了中国共产党民族区域自治制度的形成与发展,认为民族区域自治制度的选择是中国共产党在革命实践过程中的产物,也是党的理论不断创新的结果。[②]

(2)历史依据。

有学者从历史地理、经济文化、政治和人口流动等方面探寻中华民族一体多元与民族区域自治制度的历史依据,进而证明我国现行的单一制的国家结构及民族区域自治制度的合理性。[③]有学者认为文化认同是民族区域自治制度成功的主要历史成因,所谓文化认同是指中华民族文化的认同,其中包括对儒家文化和汉文化的认同。[④]还有学者认为,民族区域自治制度是历史的必然产物,一方面中央集权的统一国家的长期历史是实行民族区域自治的社会条件,另一方面中国民族关系的特点是实行民族区域自治的政治基础。[⑤]

(3)理论依据。

有学者认为我们党和国家把民族区域自治制度作为解决我国民族问题的基本政策,是根据马列主义关于民族问题的理论原则,结合我国的历史条件和现实情况而定的。[⑥]有学者认为,中国目前所实行的民族区域自治,是在同一区域内居住的不同民族,在国家和民族自治地方这两个层面的共治。民族共治理论也是实行民族区域自治制度的重要理论依据。[⑦]

(4)制度创新。

有学者认为,中国的民族区域自治制度是对马克思主义民族理论的创新发展,是对马克思主义国家学说的创新发展,是对多民族国家政治制度的创新发展,也是对社会主义民主和政治文明的创新和发展。[⑧]有学者认为,民族区域自治制度是有效解决民族问题的制度

① 易清.党的民族区域自治政策形成的历史轨迹新探[J].中央民族大学学报,2004,31(5).

② 青觉.中国共产党民族区域自治制度的形成与发展[J].宁夏社会科学,2004,(2).

③ 茅擎天.中华民族一体多元与民族区域自治制度的历史依据[J].同济大学学报,2003,14(1):120.

④ 李晓菲.文化认同是民族区域自治成功实施的历史成因[J].同济大学学报,2003,14(1).

⑤ 方晨曦.论民族区域自治制度的形成与发展[J].西南民族学院学报,1998(2).

⑥ 图道多吉.中国民族理论与实践[M],太原:山西教育出版社,2001.

⑦ 杜文忠.自治与共治:对西方古典民族政治理论的宪政反思[J].民族研究,2002(6):8.

⑧ 贾东海.论民族区域自治的创新及其政治文明的内涵[J].西南民族大学学报,2007(7):16.

创新，实行民族区域自治虽然在一定程度上打破了中央与各地方之间关系的大体均衡，但却以有限的不均衡获得了民族关系的整体和谐与稳定，有效地促进了中国政治发展。[①]还有学者认为，从新制度主义的视角看，民族区域自治制度不仅适合我国多民族国家的实际，而且提供了一种可行的初始制度条件。我国具有沿着初始的制度路径发展的有利条件，但需要不断解决制度供给短缺的困难问题。在此问题中有两个关键要素需要注意，一是路径依赖问题，即民族区域自治制度的选择在很大程度上是中国共产党对于初始的制度路径依赖的结果；二是制度供给短缺问题，主要体现在民族区域自治制度本身尚不完善。[②]

(5)制度特色。

有学者认为，民族区域自治制度有三大特点：一是民族区域自治的组成，必须以少数民族聚居区为基础；二是民族区域自治地方，享有高度的自治权；三是民族区域自治地方的自治机关，必须实行民族化。[③]有学者认为，民族区域自治是宪法规定的一项基本政治制度，民族区域自治是中国政治建设的重要内容。自治机关自主行使自治权是民族地区政治建设的关键。[④]

2. 民族区域自治制度功能和意义

(1)关于制度能量。有学者指出，中国民族区域自治制度显示了强大的生命力，维护了国家的统一和各民族的平等；保障了少数民族参与行使国家权力；促进了少数民族地区社会经济文化的发展。同时，中国民族区域自治制度对当代世界性民族问题具有借鉴价值。[⑤]

(2)关于价值功能。有学者认为，民族区域自治制度的价值所体现的主客体关系包含两个层面的内容：国家与少数民族和民族地区，少数民族和民族地区之间的相互关系。民族区域自治制度的价值体现方式为：创新了国家结构形式，拓展了中国宪政的现实内涵；体现

① 王丽萍．中国的民族区域自治：有效解决民族问题的制度创新[J]．民主与科学，2005(6)：46.

② 唐凯．民族区域自治制度的新制度主义理论视角分析[J]．中央民族大学学报，2007，34(6)：9.

③ 吴大华．民族法学通论[M]．北京：中国方正出版社，1997.

④ 黄元姗，张文山．民族区域自治权的宪政解读[J]．广西民族研究，2007(1)：12.

⑤ 向运平．从政治制度的角度看民族区域自治的强大生命力[J]．民族团结，1999(2)：62—63.

了宪政价值;体现了法的价值;保障少数民族和民族地区利益并实现与国家利益的整合。[①]对于价值功能,还有学者认为民族区域自治制度的价值功能具有多重性、关联性和发展性的特点。其具体内容包括:增进民族情感,热爱民族与热爱祖国和谐统一;把进步的积极的民族主义保持在一个合理的限度内;为经济社会发展营造良好的环境,包括优惠的政策环境、健全的法律环境、稳定的社会环境和可持续发展环境;为少数民族的文化的保护和发展提供条件。[②]

(3)关于整合功能。有学者认为,民族区域自治制度体现了一体多元的制度功能,所谓"一体"是指统一于一个国家,统一于一个中央,统一于国家的政治体系,其前提是建立单一制的共和国。多元则是针对少数民族地区的复杂情况而定,体现在少数民族地区的权力分配、参与和合理性方面。一体多元有效实现了民族区域组织制度对自治地区各民族的政治整合。[③]

(4)关于民主功能。有学者认为,分析民族自治与民主的内在关系,是研究民族区域自治制度的新视角。我国民族区域自治制度契合民主政治的本质,体现了民主政治社会公正、商议性和个人自由的原则,符合民主政治的程序,为民主的实施提供了地理区域规模、文化认同、心理和理性条件,具有相当高程度的民主性。[④]还有学者认为,我国的民族区域自治制度是实现少数民族人权的重要形式。[⑤]

(5)关于结构功能。有学者指出,具有中国特殊的民族区域自治制度,是由民族聚居要素、区域经济要素、自治机关要素、自治权力要素和国家帮助要素共同构筑而成的。这些要素是民族区域自治制度的内在结构和外在结构的统一。[⑥]

3. 民族区域自治制度的环境及变迁

在市场经济与民族区域自治制度的关系方面,有学者专门研究了民族区域自治与社会主义市场经济之间的关系,他认为,从计

① 戴小明.当代中国民族区域自治的价值分析[J].中国民族,2004(9):33—34.

② 黎莲芬.论民族区域自治制度的价值蕴含和价值功能[J].学术论坛,2004(6):74.

③ 王国剑.论民族区域自治的一体多元[J].贵州民族研究,2006(2):32.

④ 吕普生.中国民族区域自治制度的民主性论证——民族自治与民主关系研究[J].福建行政学院福建经济管理干部学院学报,2006(2):46.

⑤ 李廷贵.民族区域自治制度与少数民族人权保障[J].贵州民族学院学报,1997,2.

⑥ 宋才发.论中国民族区域自治制度的作用和特色[J]广西民族研究,2002,4.

划经济向市场经济过渡期，应该完善民族区域自治法，特别是关于经济发展自治权尤其是财政金融、资源开发、对外开放等自治权的规定，保障民族地区的发展。[①]有学者认为，创建民族区域自治的市场经济模式，必须增强民族区域自治观念，发挥民族区域自治的制度优势。[②]

在中西部大开发与民族区域自治制度的关系方面，有学者认为，西部大开发涉及民族区域自治权的协调问题，主要处理国家计划的指导、政府部门管理、国家政策、国家行为以及东部汉族地区与民族自治地方自治权的协调问题。因此，实施西部大开发必须注意维护民族区域自治制度，注意与民族自治地方自治权限的协调，要加快民族立法步伐，努力为西部大开发战略提供重要的法制保障。[③]

有学者认为，西部大开发对民族区域自治制度形成了一些挑战，主要表现在自治权及其行使的过程中，如自治权的受重视程度不够，行使自治权的制度短缺问题，自治权的内容也落后于社会发展的需要。因此，需要健全我国民族区域自治法律体系。[④]有学者认为，在新的历史条件下，在西部大开发中应该坚持和完善民族区域自治制度：不断激活和发挥民族区域自治制度促进经济社会发展的功能；切实保障民族区域自治地方的自治权；实行真正的民族区域自治；加强自治机关的建设。[⑤]

在全球化对于民族区域自治制度的挑战与影响方面，有学者认为，全球化对民族区域自治产生了巨大的压力和挑战，主要表现在：全球化的效益导向将使民族自治地方面临被“边缘化”的威胁；全球化过程中的市场原则将弱化民族区域自治的政策优势；全球化的推进也将给处于弱势地位的少数民族传统文化以严重侵蚀；全球化造成的民族主义的反弹有可能也向民族自治地方扩散。在这种情况下，就需要把握优势，应对挑战。[⑥]

① 王允武. 民族区域自治与社会主义市场经济[M]. 成都：天地出版社，2000.

② 沈斌华. 创建民族区域自治的市场经济[J]. 内蒙古大学学报，2007，39(4).

③ 王薇. 论西部大开发与民族区域自治制度的发展和完善[J]. 内蒙古社会科学，2002，23(6)：34－35.

④ 文正邦，胡正明. 西部大开发与民族区域自治制度之完善. 云南大学学报，2004，17(3)：2－3.

⑤ 吴仕民. 西部大开发与民族问题[M]. 北京：民族出版社，2001：235－249.

⑥ 王希恩. 全球化与中国的民族区域自治[M]//毛公宁，王铁志. 民族区域自治新论. 北京：民族出版社，2002：169－171.

4. **民族区域自治制度的进一步完善**

有学者分析了民族区域自治制度存在的问题:与民族区域自治法相配套的法规体系的不全,操作程度不高;自治机关自治权需要完善;民族干部结构和专职化方面需要提高。[①]

有学者分析了民族区域自治制度中存在的一些悖论:一是从自治的权限来看,这是一种有限的自治权安排。二是中国的民族区域自治存在着民族自治与区域自治不相调和的现象。三是中国民族区域自治的"自治权"是"权力"还是"权利",缺乏法理上的清晰界定。四是民族区域自治制度基本上是一种以族别身份为标准所作的制度安排,这就可能导致对国家离心和向心两种因素的同时出现。[②]

还有学者认为,中央与民族区域自治地方的关系在当代中国政府间纵向关系中相当特殊和复杂。中央与民族区域自治地方关系的调整,主要集中在政治关系和经济关系两个层面,前者包括协调国家利益与民族区域自治地方的利益,处理好中央集权同民族区域自治地方自治权的内在矛盾,正确对待各种错综复杂的民族关系等。后者包括改革开放以来中央与民族区域自治地方经济关系的调整和东西部地区的差距的调整等问题。因此,应该按照"集分有别"、"集分有度"、"集分有序"的原则调整纵向权力结构,逐步理顺中央与民族区域自治地方的关系。[③]

关于完善民族区域自治制度,有学者认为主要包括:完善民族区域自治地方的立法体制;制定和修改贯彻实施民族区域自治法的法规文件;完善自治机关和上级机关贯彻自治法的责任制度。[④]

(九)关于党政关系

我国高校政治学关于党政关系的理论研究集中在党政关系的含

① 张振华,蒋丽.论民族区域自治制度在新疆的实践与发展[J].石河子大学学报,2007,21(3):5.

② 李成武.多元社会里的自治与统一——论中国的民族区域自治制度[M].当代中国研究所第三届国史学术年会论文集,2003.

③ 张彬.政府间纵向关系研究:中央与民族区域自治地方关系的调整[J].理论导刊.2008(4):17.

④ 郎维伟,王允武.坚持和完善民族区域自治制度的历史与法律视野[J].西南民族大学学报,2007(7).

义、党政关系中存在的问题、新型党政关系构建以及中外党政关系比较等方面。

1. **党政关系的内涵**

高校学者认为，党政关系通常指的是作为执政党的中国共产党与包括政府在内的国家政权组织之间的关系。[①]严格地说，党政关系是专指社会主义国家的执政党与国家政权（立法、行政、司法、军事等）的关系。[②]也有学者扩大了党政关系的范畴，认为党政关系包括：党和人大的关系；党和国家机关的关系；党和人民政协的关系；党和国家司法机关的关系；党和各人民团体的关系；党和公有制企事业单位的关系；军队中的党组织和业务方面的关系等。[③]党政关系对于当代中国政治具有至关重要的意义，有学者认为，党政关系是中国政治体制改革的核心问题，因为中国的各种政治关系和较为重要的政治现象，都在一定程度上包含着"党政关系"的因素；"党政关系"的特殊地位在当代中国的政治权力结构中得到了充分体现；从政治体制改革渐次展开的角度看，党政关系的调整是许多项重要改革工作的逻辑起点。[④]可以说，党政关系是理解当代中国政治的关键所在。

2. **党政关系中的问题分析**

高校学者认为，我国党政关系是政治体制的核心，党的领导是社会主义事业和政治发展的前提。不过，在现实运行中，也存在某些党政不分、以党代政的现象。

(1)党政关系中某些问题的产生原因。

党政本体论的原因分析。高校学者认为，党政本体论分析是基于党与政各自基本属性的不同。从政治学的角度讲，党与政是两个不同的概念体系，前者是一种政治组织，后者则是指权力组织，党对国家的领导是政治权威的领导，不能等同于国家权力的领导。[⑤]

① 谢庆奎.当代中国政府[M].沈阳：辽宁人民出版社，1991：111.

② 谢庆奎等.中国地方政府体制概论[M].北京：中国广播电视出版社，1998：133.

③ 朱光磊.当代中国政府过程[M].天津：天津人民出版社，2002.

④ 朱光磊.当代中国政府过程[M].天津：天津人民出版社，2002；朱光磊，周振超.党政关系规范化研究[J].政治学研究，2004,(3).

⑤ 朱联平.党政关系问题研究述评[J].岭南学刊，2006(1)：34.

党政关系体制安排的原因。有学者分析了1954年宪法所确立的国家政治体制指出,国家立法机关、国家行政机关、国家司法机关和国家军事机关的设置,需要与执政党的执政行为相协调。也就是说,在确认我国政治生活中存在党组织和国家组织两个相对独立的权力系统时,需要规范作为执政党的共产党通过什么渠道和方式来领导国家政权及国家生活。[①]

党政关系中某些问题的历史追溯。从历史的角度对党政关系问题产生原因进行分析,是高校学者普遍使用的方法。有学者分析了革命战争年代中国共产党政权的存在形式,认为在当时的历史情境下,党的权力高度集中有其合理性。[②]有学者分析了由新民主主义社会向社会主义社会过渡时期的党政关系,认为党和国家领导体制的基本格局在这一时期已经基本确立,即一元化领导原则及其领导方式和具体的制度安排。[③]有学者把新中国的计划经济体制作为中国存在某些以党代政、党政不分现象的原因。[④]有学者则通过"革命委员会"这一组织形式分析了"文革"时期的党政关系,该学者认为,"'革命委员会'这种体制把以往的党政不分、政企不分的一元化发展到极端,成为一种党政合一、政企合一的混合体。这种一体化的政治体制,只适应了阶级斗争扩大化的需要,而不适应管理现代国家的要求"[⑤]。还有学者认为,我党在处理党政关系问题上受到苏联和共产国际的影响。[⑥]

综合因素分析。有学者认为,我国的党政关系中的某些问题是由多重因素造成的,包括:社会主义国家国家制度建设的历史逻辑;不成熟的国家制度与现代化发展对政府领导能力要求之间的矛盾;国家政权生存环境紧张的原因;政治传统的作用和影响。[⑦]有学者认为当代中国党政关系问题产生有其必然性,是多种因素共同作用的结果,可以从历史惯性、政治传统、不成熟的国家制度、封建思想影响

① 谢庆奎.当代中国政府[M].沈阳:辽宁人民出版社,1991:112.
② 郑国瑞.延安时期中国共产党正确处理的党政关系的探索.理论界.2007,1;刘江船.中华苏维埃时期的党政关系[J].福建党史月刊.2004(1).
③ 庞松,韩钢.党和国家领导体制的历史考察与改革展望[J].中国社会科学,1987,6.
④ 白贵一.对过渡时期我国党政关系演变的历史考察[J].河南大学学报,1998,38(5).
⑤ 关海庭."革命委员会"始末[J].中共党史研究,1991(6):51.
⑥ 何益忠.我国党政关系体制改革的若干思考[J].理论月刊,2006(7).
⑦ 林尚立.当代中国政治形态研究[M].天津:天津人民出版社,2000:192-195.

等多个角度来分析党政关系产生的原因。[①]

(2)党政关系模式的变迁。

有学者认为新中国成立以来中国党政关系的变迁过程可以划分为"寓党于政"、"以党代政"、"党政分开"、"以党统政"四个阶段,中国党政关系的变革过程,实质就是中国共产党领导方式和执政方式的变革过程。[②]还有学者对党政关系进行了历史的考察,认为在革命战争年代是一种"以党建政"的模式,在计划经济时代则是一种"以党代政"模式,在市场经济体制下就应该实现"党政关系的规范化"。[③]党政关系模式的变迁也是中国共产党作为执政党对领导和执政模式的探索,这既是现代政党成长的过程,也是由现代国家建设的历史使命所赋予的。随着经济社会的发展,党政关系模式也从传统的模式向一种新型党政关系模式发展。

3. **关于新型党政关系的探索**

(1)关于新型党政关系的基本原则。

有学者指出,建构新型的党政关系,"最终要表现在新的运行机制的确立,提高行政效率,使各级党政部门精干、廉洁,以便更好地适应现代化建设的需要"[④]。有学者认为,正确地处理党政关系,应遵循坚持和改善党的领导、遵循组织结构和组织管理的规律性,并通过法制化的途径来规范政党在政府中的作用。[⑤]有学者认为,规范党政关系,必须从中国人民的根本利益出发,正确认识我国党政关系的规范化,不能盲目屈服于自由民主理论的"政治话语权力"。[⑥]有学者认为,建构真正符合社会主义民主和法治精神的党政关系模式必须确立三条基本原则:必须坚持中国共产党对国家政权的领导;必须坚持实行党政职能分开;党必须在宪法和法律范围内活动。[⑦]还有学者认为,新型的党政关系是以"党的领导通过党的执政来体现"为精神,通过体制创新来保障党的执政地位,强化党的执政能力,规范党在国家

① 朱联平.关于中国党政关系问题的再思考[J].前沿,2005,(5).

② 陈红太.从党政关系的历史变迁看中国政治体制变革的阶段特征[J].浙江学刊,2003(6):79.

③ 尚爱玲,周振超.论党政关系规范化与中国政治发展[J].中共成都市委党校学报,2003(2).

④ 赵宝煦.政权结构与党的职能[M].西安:陕西人民出版社,1990:序.

⑤ 朱光磊,周振超.党政关系规范化研究[J].政治学研究,2004,(3):51.

⑥ 吕嘉.关于党政关系的若干问题[J].天津行政学院学报,2007,9(4):28.

⑦ 郭定平.政党与政府[M].杭州:浙江人民出版社,1998:276.

制度中的领导方式为价值取向。[①]

(2)构建新型党政关系的主要内容。

构建新型党政关系的主要内容包括理顺执政党与国家权力机关的关系、执政党与政府的关系、执政党与司法机关的关系。

第一,理顺执政党与国家权力机关关系。有学者指出,正确处理党政关系和彻底理顺党政关系的重点是执政党与国家权力机关之间的关系,而不是执政党与政府行政机关的关系。从执政党与人民代表大会制度的关系的发展中可以看出,"一是中国共产党直接领导了人大制度的建立;二是执政党的执政方式和领导体制极大地影响着人大制度的发展和演变;三是人大制度的曲折发展和受到的严重破坏与党的'左'倾思想路线和党的领导制度的弊端密切相关;四是人大制度的恢复、发展和逐步完善是党的正确领导的结果,是党领导人民当家作主的必然要求。"[②]

执政党与人民代表大会在法律属性、功能作用和结构形式等方面存在一定的差异,执政党不是国家权力机关,不能代替国家权力机关。执政党与国家权力机关既具有差异,又在性质和目标上体现为一致性,由此决定了党应该而且能够领导国家权力机关。一般来说,执政党对人民代表大会的领导主要有两种方式:一是执政党向国家权力机关提出政策建议和人事建议;二是执政党党员和党员干部通过自身的努力保证党的意见和建议转化为国家意志,转化为法律,并付诸实施。[③]

有学者认为,执政党与国家权力机关的关系端视其在政治生活中的性质、作用、地位、职能而定。二者的关系主要体现为两种类型:一是领导与被领导的关系,二是互相监督的关系。[④]有学者认为,理顺执政党与人民代表大会的关系是构建法治化党政关系的关键,主要表现在三个方面:一是立法方面,执政党应该通过人民代表大会将

① 林尚立.当代中国政治形态研究[M].天津:天津人民出版社,2000:429.

② 郭定平.政党与政府[M].杭州:浙江人民出版社,1998:96.

③ 郭定平.政党与政府[M].杭州:浙江人民出版社,1998:97—104.

④ 王邦佐等.中国政党制度的社会生态分析[M].上海:上海人民出版社,2000.

其意见上升为国家意志；二是选举方面，即执政党能够公平合理地提出国家机关的人选；三是在人大日常活动方面，能够保证人民代表的正常的政治权利。[①]有学者则从五个方面进行了阐释：其一，坚持党的领导是根本的前提和原则；其二，各级人大及其常委会应自觉接受党的领导；其三，执政党应该在遵守人大立法方面作出表率；其四，执政党组织和成员应接受人大及宪法和法律的监督；其五，增强人大的政治权能。[②]

第二，理顺执政党与行政机关的关系。执政党与行政机关的关系也是党政关系的重要内容，执政党与行政机关是一种领导与被领导的关系，二者的关系表现为三种形式：一是直接干预的形式；二是经过中间机构间接干预的形式，如人大；三是通过执政党领导干部在政府起作用的形式。[③]如何理顺二者之间的关系，有学者提出，理顺执政党与行政机关之间的关系需要遵循四项原则：集体核心原则、机构分合原则、推荐干部原则和互相监督原则。[④]

执政党与行政机关关系也表现在公共政策的制定和实施方面，过去形成了以党代政的某些公共政策形成模式弊端甚多，需要在公共政策形成机制中理顺党政关系：一方面必须坚持和改善党的领导；另一方面使政府成为主要的公共政策形成主体。[⑤]

第三，执政党与司法机关关系的合理化。理顺党与司法之间的关系，首先要分清党的政策与法律法规之间的区别，从而才能正确地理顺二者之间的关系：其一，政策与法律是两种不同的社会调节机制；它们在调节的结构特征、调节范围、调节层次和调节方式上具有很大的差异性；其二，政策对法律具有指导作用；其三，发挥党的政策与国家法律的整体效能。其次要正确处理坚持党的领导与司法独立的关系。党的领导与司法独立从根本上是一致的，二者关系的规范化主要是正确地界定党的领导，并保障司法独立的

① 林怀艺.论建构法治化的党政关系[J].中共福建省委党校学报，2002，(9)：14—15.

② 郭定平.政党与政府[M].杭州：浙江人民出版社，1998：104—106.

③ 梁琴，钟德涛.中外政党制度比较[M].北京：商务印书馆，2000.

④ 郭定平.政党与政府[M].杭州：浙江人民出版社，1998：118—119.

⑤ 方雷，赵永超.公共政策的形成与当代中国的党政关系[J].理论学刊，2006，(8)：80.

实现。[①]

(3)构建新型党政关系的基本途径。

关于构建新型的党政关系的途径,高校学者阐述了如下观点。

第一,制度构建。有学者认为,新型党政关系的构建应该进行制度创新,包括领导体制创新:党全面掌握国家政权,通过国家制度来组织和领导社会;组织体制创新:适应市场经济发展及其所产生的社会结构变化,党的组织体制将从以组织为主要构建单位,转向以地域为主要构建单位;决策体制创新:党的方针政策转变为国家大政方针的过程和方式实现程序化、制度化和法律化;监督体制创新:建立广泛监督执政党党员的党的监督体系。[②]

第二,法治构建。有学者主张构建法治化的党政关系:在宪法中对党政关系加以明确规定;在普通法律中规范党政关系;通过建章立制规范党政关系。[③]

第三,民主构建。有学者提出了党政关系民主化的建议。党政关系民主化具体表现为党在组织和领导国家政治生活时,要逐步实现民主选举、民主决策、民主管理和民主监督。[④]

第四,职能构建。学者们逐渐认识到党政分开是不现实的,也不符合现代政党发展的要求,所谓的“党政分开”只能是党政职能分开,党政职能分开意味着党政职能的重构过程。有学者认为,“党政分开”体现在:党政在职能上分开;党组织不具体管理国家机关或人民团体的业务工作;党的干部和国家公务员、人民团体的工作人员实行分类管理;党的纪委集中力量管好党风党纪,不直接处理法律和政纪问题。[⑤]

4. **地方党政关系的规范化**

地方党政关系是特定的党政关系,地方党政关系具有横向的地方党委、人大、政府的关系,还有纵向垂直的上级党委、人大和政府的

① 郭定平.政党与政府[M].杭州:浙江人民出版社,1998:123—128.

② 林尚立.当代中国政治形态研究[M].天津:天津人民出版社,2000:429.

③ 郭定平.政党与政府[M].杭州:浙江人民出版社,1998:277—278.

④ 杨宏山.试论中国党政关系的演进与发展[J].云南行政学院学报,2000(1):13.

⑤ 朱光磊.当代中国政府过程[M].天津:天津人民出版社,2002.

关系。有学者认为，地方党政关系在市场经济建设过程中显示某些内在逻辑的悖论：二元责任主体与一元执政主体的悖论，领导系统同构与领导体制差异的悖论，权力结构内在逻辑悖论，党的领导方式与执政方式的悖论。地方党政关系悖论消解的途径在于，应该努力提高地方党委的领导水平和执政能力，注意吸纳现代社会政治权力结构组织的一般做法，充分发挥地方人大的作用，科学界定执政党与政府的职能。[①]

① 臧乃康．地方党政关系规范化悖论与消解[J]．政治与法律，2006(4)：47．

还有学者认为地方党政关系存在诸多矛盾，指出政府讲效率与党委讲民主之间的矛盾，地方政府班子成员的人选决定权与政府班子成员的统一性产生矛盾。其原因在于：从理论上来说，法理权与意愿权关系没有理清，体现的是权力基础的不可随意性与随意性之间的矛盾；管理体制上实行的是矛盾性体制；地方政府权力行使过程中具有矛盾性。[②]因此，地方党政关系问题也需要进一步规范化，同样需要从制度、法治、民主和职能四个方面予以规范化。

② 刘力．关于地方党政关系现实状况的思考[J]．理论界，2004(3)：30－31．

（十）关于政治参与和扩大公民有序参与

我国高校学者关于政治参与理论与扩大公民政治参与的研究主要集中在以下几个方面。

1．政治参与的含义

《中国大百科全书·政治学》将政治参与界定为“公民自愿地通过各种合法方式参与政治生活的行为”[③]。这个定义将非自愿的及非法的政治活动排除在外。有的学者认为，政治参与是“普通公民通过各种合法方式参与政治生活，并影响政治体系的构成、运行方式、行动规则和政策过程的行为。它是政治关系中政治权利得以实现的重要方式，反映着公民在社会政治生活中地位、作用和选择范围，体

③ 张友渔等．中国大百科全书·政治学[M]．北京：中国大百科全书出版社，1990．

现着政治关系的本质”[①]。也有学者认为,公民政治参与的核心价值就在于通过民众自觉自愿的行为影响政府的行为和决策,使少数人作出的决策具有民主依据,进而限制国家政治体系的运作,避免或减少对“公意”的可能偏离。

2. 公民参与的功能与价值

(1)公民参与和公民权利。

有学者认为,民主政治的本质是公民通过制度化的途径和程序普遍参与社会政治过程。实现民主的过程,实际上是公民参与政治的过程,即全体公民普遍表达并公正地实现利益要求的过程。在民主体制下公民政治参与虽然不能使每个公民都成为社会领导者,但能实现公民选择自己的代表来管理社会公共事务、参与为自己立法的权利。[②]有学者指出,公民政治参与有助于将自己的意见输入政治系统,从而影响政府决策朝着有利于自己的利益方向发展。[③]有学者认为,选举过程中的参与只是最低限度的民主定义,这种民主的程序意义大于实质意义,具有一定的局限性。公民在政策过程中进行的参与,使他们不再受选举周期的限制,随时可以就与自身密切相关的公共问题发表意见和建议,对具体的政策问题形成影响,将参与行为和自身的实际利益联系起来,享受到更加充分、有效的民主权利,使潜在的权利转化为现实的利益。[④]另有学者直接将公民政治权力定义为公民参与并影响政治生活从而得以在社会的政治生活领域实现人的内在需要的权利,认为政治权利是使公民在社会的政治生活领域实现个体的内在需要的权利,参与并影响政治生活则是达到这一目的的必经途径。[⑤]

但是,也有学者对公民参与在保障公民权利方面的功能并不乐观,主张对扩大公民参与持冷静客观的态度,从客观现实出发来看待公民参与对民主政治建设的作用。有学者提出,公民参与的盲目扩

① 王浦劬.政治学基础[M].北京:北京大学出版社,1995:207.

② 胡伟.民主与参与:走出貌合神离的困境——评卡罗尔·帕特曼的参与民主理论[J].政治学研究,2007(1):31.

③ 吕元礼,李波婷,刘淑云.现代民主社会的公民精神[J].社会科学家,2004(6):54.

④ 赵成根.民主与公共决策研究[M].哈尔滨:黑龙江人民出版社,2001:34.

⑤ 李琦.公民政治权利研究[J].政治学研究,1997(3):13.

大可能会导致一种隐性的、被人们自愿接收的“温和的专制”，使个人的自由权利受到侵害。对公共事务的过分热衷以及公共事务的无限扩展，又容易使个性淹没在一种“整体化的社会”之中，造就一种个人意志脆弱、缺乏社会批判精神和独立判断的民众。[①]还有学者注意到，公民参与和促进公平正义并不必然关联，公民参与可能导致实质权利的不平等。在当今世界的任何国家，政治参与的普及化与平等化都未真正实现，政治参与中的平等与不平等将是人类长期必须面对的困惑。[②]

(2)公民参与和政治社会化。

有学者认为，公民政治参与不仅是实现政治社会化的内在要求，也是进行公民精神教育的重要途径。公民通过各种政治参与实践活动，能拓展政治知识，培养自己的民主意识，提高对社会主义政治体制的认同感、归属感和政治责任感，培养自己的民主政治行为能力，积累政治经验，从而在政治上更加成熟，形成稳定的政治态度和政治观念，提高对政治体制的归属感，增强政治体制的合法性。[③]同时，公民政治参与也是很重要的公民教育方式。尤其在我国，民众通过公民政治参与，学会运用和平而非暴力方式表达利益，接纳民主宽容意识，扮演现代公民角色；通过身体力行，真正关心政治，融入政治系统，在公民政治参与的过程中获得积极效能感和身份认同。[④]也有学者提出，公民参与对于促进公共利益、培养公民精神的重要意义，让个体的公民集合成为公众，进入公共空间，走上政治参与的舞台，能够激发公民对共和国的认同、热爱之情。[⑤]还有学者认为，通过参与活动所形成的协商活动，能够提高参与者的民主能力，有助于社群意识的形成，在公民参与的过程中，公民不仅对自己的权利和责任产生自主性认识，而且对社群关系也会产生认同和尊重，最终实现公共之善。[⑥]

① 燕继荣.论民主及其限度[J].社会科学战线，1996(4):32.

② 刘振洪.平等与不平等:政治参与的困惑[J].阴山学刊，2000(3):31.

③ 许峰、王预震.政治参与与当代中国政治社会化[J].湖北社会科学，2002(6):34.

④ 胡伟.民主与参与:走出貌合神离的困境[J].政治学研究，2007(1):33.

⑤ 肖滨.当代共和主义塑造积极公民的战略性选择[J].南京大学学报，2006(6):32.

⑥ 任敏.评公民参与和地方治理理论的创新[J].四川行政学院学报，2007(6):53.

但是,也有学者质疑公民参与的有效性。有学者提出,参与热情的高度增长并不是一种正常现象,政治的狂热和民众对参与的过分热衷只是政治不良的结果。公民政治参与的冷漠,意味着说明国家的政治权力正在从社会领域逐步地退出,普通百姓开始拥有了自由的天地。[①]也有学者认为,感情强烈的政治参与容易助长难以控制的政治运动,造成政治动荡;一个政治系统中的很多团体若获得情感过于强烈的承诺,可能会导致系统的分裂;政治系统的平衡赖于主动性和被动性的平衡状态,而具有强烈情感色彩的政治参与就可能打破这种平衡状态。因此,要客观看待公民参与对政治发展所起到的作用,对公民政治冷漠持包容的态度。[②]

(3)公民参与和社会经济发展、稳定政治秩序。

高校学者对此有两种不同的价值取向。有学者认为,扩大公民政治参与能够缓解社会矛盾,疏导民情民意,为经济发展构架更为和谐的社会环境。公众参与是优化政府行为的重要动力。有学者提出,在我国目前推动政府行为优化过程中,公众参与有着促进政府行为合法、公正、高效、稳定等重要价值。扩大公民参与可以通过影响公民政治心理、促使公民政治意识的提高和加强政治监督来保护政治稳定。[③]进一步扩大公民政治参与并建立健全一套政治参与制度,将最终推动民主政治的发展,从而促进社会长远的政治稳定。也有学者从社会资本的角度出发,认为公民参与所体现的社会资本是经济发展以及有效的政府的前提条件。[④]"公民参与有助于将民主的价值融合进公民的人格系统,转化为一种非制度条件的公民内在认知、情感和态度。作为非制度性的公民文化,其在政治现代化进程中的重要作用不仅毫不逊色于民主宪政制度的确立,而且对政治现代化有着非同一般的意义。"[⑤]

另有学者强调中国作为后发展国家的特殊国情,主张对扩大公

① 燕继荣.政治冷漠是不是坏事?[J].读书,1995(10):65.

② 杨光斌.政治冷漠论[J].中国人民大学学报,1995(3):24.

③ 戴建忠.当代中国政治参与与政治稳定论纲[J].社会主义研究,2001(2):41.

④ 庄德水.政府创新:社会资本视角[J].公共管理学报,2006(2):21.

⑤ 张华青.公民文化对政治现代化的意义[J].社会主义研究,2004(6):21.

民参与持审慎的态度。有学者认为，随着政治参与的急剧增加，而政治的制度化水平又无法满足这种要求，可能导致政治的不稳定。有学者认为，中国目前政治参与制度尚不健全，公民文化和政治素质尚未达到理性政治参与的应有要求，在没有稳定的制度保障之前扩大公民参与度，可能引发公民的非理性参与而导致社会动乱。有的学者阐述了辩证参与论，试图对超越参与扩大论和与限制论提出理论思考，既肯定扩大公民参与的大方向，也强调通过制度建设规范政治参与带来的影响。“扩大”是逐步扩大、稳步扩大，不能急于求成，这就要求“有序”来保证；而“有序”则有利于“扩大”。依宪法、依实体法、依程序法而进行的政治参与不仅可以防止无序参与以保持政治、社会的稳定，而且能为政治参与的扩大提供一种可能性。①

（4）公民参与和公共行政。

有学者认为，公民参与对公共行政建设具有积极意义。公民政治参与，对政府行为的关注和监督，对于政府形成责任观念是非常重要的，它可以增强政府的合法性地位和实现行政管理民主化，为政府提供创新观念，它能改善公共政策的品质，使民主社会理念及各种公共价值观得到维护，从而对当前责任政府无法展现的公共服务职责加以补充。②要强化政府的公共性，就必须拓展公民对政府过程的参与深度和广度，特别是不仅在实体法上而且也在程序法上保证公民参与公共行政的权利，使公民在政府的公共管理活动中，能够比较充分地表达自己的合法权益意愿。③也有学者认为，公民参与是现代公共管理不可或缺的重要一环，是促使公共部门实现其公共责任和良好治理的一个重要手段。它有助于公共事务的推行，未来公共事务的规划及推动在某种程度上有赖于高素质的和成熟的公民参与。参与有助于公共服务效能的最大化；公民参与使公共服务的传递模式多元化，使服务传输的实际效果最大化，可以增加社会总劳力的产

① 王维国.超越西方参与扩大论与限制论[J].经济社会体制比较，2008(2)：42.

② 张劲松.论公民参与公共管理的有序化[J].江苏行政学院学报[J].2003(3)：12.

③ 金太军，张劲松.政府的自利性及其控制[J].江海学刊，2002(2)：54.

出,扩大公共服务的输出渠道,减轻政府人力财力的压力,避免公共部门体制迟缓和无效率的弊端,扩大和提高公共服务的效率和效果;参与有助于公民对公共利益和公共责任的重视,有助于公共服务品质的提高。[①]

有学者提出,公民参与下的民主行政是公共行政和民主政治发展的必然趋势,公民直接参与公共政策的制定及公共管理,是公共行政的公共精神与公民民主权利的具体体现,主张中国公共行政要以"效率"为主要价值取向转到以"民主"和"公正"为主要价值取向。[②]也有学者认为,公民参与是现代国家政治生活和政府公共政策过程不可或缺的部分。公民参与形式的设计和选择直接关系参与的结果及有效性,进而影响公民参与的积极性和对政府的信任程度,因此要根据在不同的政策背景和目标下,理性地对公民参与形式,选择那些既能满足政策制定质量,保证公共管理效能,又能激发公民参与积极性,保证公民实质影响力的参与形式。[③]

还有学者认为,公民参与可能导致的负效应,会对政策质量、政策成本、政府效率、政府权威、公共利益等方面造成负面的影响。[④]目前对于公民参与的推进既不能操之过急也不能停滞不前,制度构建的关键在于要寻找到政府部门能够在适当的时间以适宜的方式,邀请公民参与公共政策制定的基本模式。只有合理的制度构建才能消除公民的政治恐惧、引导公民的参与热情,才能使公民参与在"有序"的形态下展开,才能创造出既与世界文明潮流相一致,又适合我国国情的公民参与公共政策制定的良好的社会状态。[⑤]

3. 对当代中国公民参与行为的解释

(1)经济、教育、文化、性别与公民参与。

高校学者主要从经济、教育、文化及其他因素等方面来分析公民治参与的影响因素。有学者认为,教育含量的多寡、所内蕴的文化素

① 党秀云.论公共管理中的公民参与[J].中国行政管理,2003(10):13.

② 魏娜.公民参与下的民主行政[J].国家行政学院学报,2002(3):12.

③ 孙柏瑛.公民参与形式的类型及其适用性分析[J].中国人民大学学报,2005(5):21.

④ 马小娟.公民政策参与的功能分析[J].北京行政学院学报,2007(2):42.

⑤ 王建军,唐娟.论公共政策制定中的公民参与[J].四川大学学报,2006(5):41.

质的高低，是进入政治体系的普通公民和民意代表自觉地介入政治过程、自主地参与政治活动、自由地进行利益表达、切实地履行政治权利与政治义务的前提和基础。没有全民教育含量的增升和整体素质的提高，真正的大众参与和高效的民主管理只能沦为空谈。教育含量既影响政治参与的民主意识，又影响政治参与的实际效果；既影响政治参与的发展进程，又影响政治参与的价值目标。[①]也有学者从政治文化和心理的角度探讨了对公民参与的影响作用，指出中国传统政治文化中的"权威崇拜"、"清官思想"、"与世无争"等政治意识、政治思想在政治参与的态度、倾向上必然表现为附庸意识、奴性意识、依附心理，它与政治参与、民主政治是格格不入的。[②]以性别为视角研究公民参与行为的研究也正逐渐增多，有学者基于社会性别的视角，从信息渠道、动机与频次三个角度考察了我国在政策制定中性别因素的影响，并进行了相关性分析。[③]也有学者从女性主义政治学的视角出发，对农村女性的政治参与进行性别层面的分析，探讨了现实政治生活中的父权制价值体系对女性政治参与的制约。[④]

(2)当代中国社会群体与公民参与。

在对公民参与的研究中，有学者从社会群体的视角来考察特定对象的参与行为。有学者探讨了社会阶层对公民参与行为，进行了许多有价值的个案分析和田野调查，也有学者探讨了不同年龄、身份等因素对公民参与产生的影响。由于我国特殊的国情，农民政治参与的研究，是高校学者研究的热点课题。高校学者围绕农民参与方式、参与动机、影响参与的要素、参与过程中等问题，探讨了农民参与行为。有学者提出，公民的参政能力与经济发展水平、公民个人受教育程度以及家庭经济状况、个人收入等密切相关，认为受到较高程度的教育、收入较高的人要比受教育程度低、较为贫穷的人参与政治的程度高。有学者通过实证研究质疑了以

① 赵海月.论教育含量对政治参与的制约[J].吉林大学社会科学学报,2001(1):32.

② 丁征.论传统政治文化对我国公民政治参与的影响[J].理论与改革,1998(5):21.

③ 傅广宛,傅雨飞.政策制定中的公民参与:信息渠道、动机与频次[J].中国行政管理,2007(12):12.

④ 郭夏娟.两性政治参与的同与异[J].开放时代,2003(4):42.

上观点。[①]有学者从农村自治范围内的三个不同层次分析了农民参政形式,认为农民的受教育程度、家庭经济状况都对其政治参与有影响。农民的政治参与兴趣和能力,是多种因素共同作用的结果,或者说,它是一个合力的结果。[②]

对青年政治参与的研究也逐渐成为高校政治学研究比较关心的领域。有学者对中国青年发展状况问题进行了大规模的调查,分析了城市青年的政治心态与社会参与特点,指出受青年政治评价务实化与功利化的影响,青年的政治参与精神文明参与有可能出现内在动力不足或严重不足的情形。青年参与方面,经济参与与政治参与和精神文明参与的不协调矛盾,以及低层次参与与高层次参与之间的不协调矛盾仍将在一定程度上存在。[③]也有学者比较了社会转型前与社会转型期青年参与的不同特点,认为中国青年的政治参与动机经历了一个由信念性动机向分配性动机转变的过程,政治参与方式由以政治动员为前提的政治运动的方式转向以政治动员与自主选择相结合的制度性参与方式。[④]还有学者对作为青年主体的大学生的政治参与进行了研究,尤其是探讨了大学生政治冷漠的成因和对策等问题。

(3)网络政治与公民参与。

有学者认为,互联网的发展无疑推进了政治民主化、现代化的进程,但它也对国家观念及体制,特别是国家主权观念及其必然衍生出的基本国家职能产生了一定的冲击,主要表现为国家对个人的控制力、国家的司法能力、国家的税收管辖权、国家在国际关系中的主体地位、国家的安全能力遭到削弱和挑战。为了回应这种挑战,一方面,国家应尽量减少政府行为,将非政府力量视为互联网发展建设的主体,尊重个人权利,营造开放的信息流动空间。另一方面,国家应发挥领导作用,在立法及文化建构等多个层面,加强对互联网的规范

① 郭正林.当代中国农民政治参与的程度、动机及社会效应[J].社会学研究,2003(3):32.

② 杨立华.农民受教育程度、家庭经济状况与其政治参与关系[J].发展,1998(7):13.

③ 吴鲁平.城市青年政治心态与社会参与的特点[J].青年研究,1995(8):42.

④ 周贺.社会转型前与社会转型:中国青年政治参与的比较[J].中国青年政治学院学报,2002(7):12.

和引导。此外，国家还应树立网络空间的信息主权意识，同时应该创新政治制衡体系，防止自身凭借网络环境下特殊的权力优势，施行对个人权利的侵犯。[①]有学者提出，互联网在给公民参与带来很多便捷的同时，也带来了诸多的挑战。比如信息真实性问题，网络信息的无限延展性和可垄断性，对信息的真实性提出了很大的挑战；可控制性问题，互联网是一个没有中心的虚拟社区，在这里身份的数字化、隐蔽性使得网民在这里失去了传统力量的控制而放纵自己的言行；网络参与的公平性问题，伴随着网络的发展而出现的数字鸿沟，使得公民公平参与政治生活面临很大的挑战。[②]

尽管网络政治存在种种问题，但多数学者都重视到它对公民参与具有的积极价值。有学者讨论了网络公共政策参与的形式，认为其自由性、低成本、平等性等优势，客观上缓和了现实社会中公民政策参与的困境，为公民政策参与开辟了新的渠道，但同时又面临着数字鸿沟、信息霸权、参与主体的不理性等新的问题。[③]有学者则从协商民主的角度探讨了公共论坛对公民参与的意义，认为公共论坛中的政治参与在“近似地”实践着协商性民主的理想，公共论坛作为一种特殊的政治参与方式，承载着公民的民主理想，这种立基于新传播技术之上的参与方式打破了空间、时间的限制，增加了公民之间以及公民与政府之间直接的、全面的参与和沟通的可能性。[④]还有学者探讨了政治博客和公共治理的关系，认为新兴网络传播模式充当了公共领域和公民社会的桥梁和纽带，从不同层面上冲击着公共政治生活，有助于沟通民意，获取决策信息，能监督政治，实现公民权利，有利于培育公共精神。[⑤]

① 周光辉，周笑梅. 互联网对国家的冲击与国家的回应[J]. 政治学研究，2001(2)：37—46

② 王大笑. 网络时代公民参与探悉[J]. 人大研究，2007(3)：35.

③ 杨博等. 公民网络政策参与的理性思考[J]. 社科纵横，2008(1)：42.

④ 陈剩勇，杜洁. 互联网公共论坛与协商民主：现状、问题和对策[J]. 学术界，2005(5)：23.

⑤ 陈潭，祝明胜. 政治博客现象及其公共治理[J]. 政治学研究，2007(3)：32.

(十一)关于我国基层民主建设

高校学者关于我国基层民主建设的理论研究主要集中在：

1. 基层民主政治研究的理论发展

从研究的领域来看，对我国基层民主建设的研究主要有两大热点，其一是村民自治研究，其二是城市社区和居民自治的研究。高校学者的研究基本上可以概括为三种理论范式，即国家—社会范式、治理—善治范式和新制度主义范式。

(1)国家—社会范式。

有学者认为，村民自治和城市自治能够折射出国家与社会的关系，透视国家与社会的互动过程。[①]这种分析框架主要表现为三种经常互有交叉的研究方向，即“市民社会”(Civil Society)说、“国家中心”说以及“社会中的国家”说。持市民社会学说的学者认为，国家应该进一步从社会领域撤离，期待国家与社会之间界限的明晰化和相互关系的常规化，试图建构一套实现“国家与市民社会的良性互动”的市民社会理论，强调社会有自身独特的活动空间，认为这是保持社会活力和提升国家能力的必要条件。村民自治和城区自治为公民社会生长提供了“公共空间”，对推动中国公民社会发展与成熟有积极作用；[②]持国家中心说的学者则主张在现代化进程中，后发现代化国家的现代资源总是稀缺的，需要国家动用国家的力量把稀缺的现代化资源动员集中起来，以推动国家的现代化进程，从而应该更加注重国家的治理和国家能力的增强；另有学者提出破除国家—社会的两分法，建立“社会中的国家”立场，提出了“事件/关系”的分析方法，认为在具体的“事件”(Event)中，国家与社会的边界是模糊的，国家与社会的实体形象在一定程度上消失了，代之以国家社会互动过程所

① 徐勇.中国农村村民自治[M].武汉：华中师范大学出版社，1997:189.

② 邓正来.国家与社会——中国市民社会研究[M].北京：北京大学出版社，2008.

体现出来的权利关系。国家的各个部分"嵌入"社会的情况都是差异性的，它的中心部分和边缘部分同社会的各个群体互动，这些互动有着不同的形态、特质、速度和结果。[1]要在实践中把握国家与社会的关系本质，就要克服"国家"与"社会"的"整体化"和"实体化"倾向。[2]

(2)治理—善治范式。

有学者认为，治理概念将政治体系与其环境要素联系起来，使政治学从具体的政策角度和社会合作的立场出发，思考如何治理社会和实现社会集体目标的问题。这种范式强调"社会"与"政府"的共管共治，强调市场、层级(Hierarchies)、网络(Networks)等不同机制和角色在社会管理中的重要作用，强调政府、中介组织(民间团体和组织)、基层社会与个人相互合作对于社会治理的重要意义，从而拓展了国家与社会关系的分析架构，凸显了国家与市民社会之间实现正和博弈关系的可行性[3]。有学者认为，当有组织的公民团体建设性地加入国家管理过程的时候，社会资源将得到扩大，发展将得到促进，治理将变得更加有效。社区治理是通过政府与社区组织、社区居民、非营利组织的共同努力改善社区环境，促进社区经济发展，提高社区居民生活质量，最终走向"善治"的过程。因此，促进公民社会的健康发育，应当纳入国家发展战略。[4]

(3)新制度主义范式。

基于对新制度主义的认识，有学者尝试运用新制度主义政治学的理论框架，研究中国基层民主的制度创新。有学者认为，在中国，由于村民直选、村民自治、社区自治等制度都是建构性的政治制度，对这种制度建构过程及其社会效应的分析研究，制度主义的理论框架具有特定效用。[5]有学者提出分析中国政治发展和变迁的"制度范式"理论，即用政治结构所安排和影响的产权制度构成一个宏观的制度结构；制度结构决定或影响着由组织、政府与企业关系、交易方式

① 张静．基层政权——乡村制度诸问题[M]．杭州：浙江人民出版社，2000：46．

② 郑卫东．"国家与社会"框架下的中国乡村研究综述[J]．中国农村观察，2005(2)：72—77．

③ 燕继荣．"治理"观念下审视中国政治发展[J]．学习时报，2008：272．

④ 魏娜．我国城市社区治理模式：发展演变与制度创新[J]．中国人民大学学报，2003(1)：135—140．

⑤ 郭正林．当代中国农民政治研究的理论视野[J]．中共福建省委党校学报，2003(7)．

(计划或市场)、意识形态等元素构成的中观的制度安排;制度安排的样式直接影响着由政治合法性和经济绩效构成的制度绩效。[1]

① 杨光斌.新制度主义政治学在中国的发展[J].教学与研究,2005(1)

2. 村民自治与乡村治理

关于村民自治和乡村治理,高校学者主要研究的内容包括乡村关系、村民自治的价值与运行环境、村民自治与法治建设以及村民自治的现存问题和改革路径等问题。

(1)村民自治进程中的乡村关系。

有学者认为,我国自1983年恢复了乡镇政权的建制,实现了政社分开,全国农村基层普遍地建立了村民委员会。由于在政治体制方面这两项重大的改革,从此在中国县以下的农村基层就出现了一种新的政治模式即"乡政村治"(乡镇政权+村民自治)的模式,并用这种模式代替了已实行20多年的人民公社时期的"公社—大队—生产队"的三级管理模式。因此,如何处理好乡镇与村委会之间的关系,从而实现乡村社会的善治是改革中亟待解决的难题。[2]

② 张厚安.村民自治:中国农村基层民主建设的必由之路[J].河北学刊,2008(1):114—117.

有学者分析指出,在中国农村实施村民自治以前,乡镇与村的关系相对比较简单,主要是一种以行政控制为主的乡村关系;而在村民自治实施以后,村民自治赋予了乡村关系一种全新的规范,要求对传统的乡村关系模式作出重新调整,这意味着以"命令—服从"为特征的传统国家与农村社会的关系模式开始瓦解,国家在农村的行动方式开始法制化、契约化和政策化。[3]还有学者从乡镇行政的角度来考察乡村关系,分析了政府以命令和约束的形式对乡村社会的控制,认为在村务政务合一的制度前提下,决定村干部行为从而决定民主化村级治理这一制度安排效果的,主要是当前村庄社会的性质。[4]有学者以珠江三角洲若干经济发达村庄治理模式发展为案例,指出珠江三角洲经济发达地区农村村民自治制度具有独特的特点,即通过能人治理与制度化治理相结合、权威治理与专业化治理相结合,形成了

③ 徐湘林."三农"问题困扰下的中国乡村治理[J].战略与管理,2003(4):98—104.

④ 贺雪峰.论民主化村级治理的村庄基础[J].社会学研究,2002(2):88—93.

一套新的农村治理模式，促进了农村治理结构的新发展，并认为进一步处理好民主与权威、制度与技术的关系，优化农村治理结构，完善农村治理模式，是村民自治制度未来发展的基本方向。[①]

(2)村民自治的民主价值与运行环境。

有学者认为，在中国农村背景下，村民自治创设了当代中国基层民主新的游戏规则和操作程序，使"村一级的政治精英的政治权威不能再依靠自上而下的强制性的政府命令，而是必须要依靠政治生活最基层的村民的认可和同意"。村民自治"既是对中国民主化进程的缺憾的一种补充，又对中国民主化道路提供了一种经验性范式"[②]。有学者提出，选举并不会提高民主实践的能力。民主是外来的制度，不适合中国分散的小农。[③]

有学者观察了农业劳动力的跨区域流动对村民自治的影响，分析了"民工潮"背景下乡村治理的未来走向。有学者在大量实证研究的基础上，分析了现阶段农村流动人口的特征、农民流动与乡村治理的关联性，就此指出，由于受城乡"二元结构"带来的户籍关系等的限制，农民在不改变户籍的情况下，流动到外地务工经商，甚至定居，成了"有权管而管不着，管得着而无权管"的"边缘人"，这既不利于农民民主权利的行使，又不利于社会控制和管理。而另一方面，农民在流动迁移过程中对城市生活的体验，给农村与农民生活带来新的内容与特征，有助于农民"公民人格"的形成和公民文化的成长。[④]还有学者讨论了村民自治的绩效评估问题，对我国村民自治进行了初步的绩效评估，从经济增长与分配、公共产品与服务的供给能力与效率、政治文化与公共参与、社会秩序与行为规范评价了近年农村治理结构的发展。[⑤]

(3)村民自治与法制建设。

自20世纪80年代中期以来，全国各地农村普遍地制定了村规

① 王金红．村民自治与广东农村治理模式的发展——珠江三角洲若干经济发达村庄治理模式发展的案例分析[J]．华南师范大学学报：社会科学版，2003(4)：53－62.

② 徐勇．草根民主的崛起：价值与限度[J]．中国社会科学季刊．(香港)2000夏季号：6.

③ 张鸣．热闹中的冷想[J]．读书，2001(3)

④ 徐勇，徐增阳．流动中的乡村治理：对农民流动的政治社会学分析[M]．北京：中国社会科学出版社，2003

⑤ 郭正林．如何评估农村治理的制度绩效[J]．中国行政管理，2005(4)：23－26.

民约及村民自治章程,村治的规范化、法治化程度和水平也不断得到提高。村民自治制度本身就是一个多层次、多文本的规范体系。这种规范体系的内在结构成为高校学者的研究领域。有学者认为,发展村民自治,实际最重要的就是需要有一个良好的村民自治的法律基础。有了稳固的法律基础,村民自治就有了运作的框架,中国三农问题的解决在制度上就有了良好的微观保障。《中华人民共和国村民委员会组织法》和相关规定使得村民委员会不仅具有公共管理意义上的、以民主为基础的强制力,更具有了在经济管理上的强制力和道德上的强制力。[①] 也有学者提出村民自治中法律软约束的问题,认为村民自治的真实性和有效性具有明显的不平衡性,在法治资源还比较匮乏的情况下,村民自治难以单独获得全面实现,现阶段实行"人治下的自治"反而会促进村民自治的发展。[②] 也有学者认为,《中华人民共和国村民委员会组织法》的法律制度是一个起点或者说原初的模子,至于将它塑造成何种具体形象,则应依不同地区的情况和主事者的态度而定,所以,不能从村民自治的现实状态出发去简单地批评和苛责村民自治本身的不足。[③]

(4)对村民自治存在问题和改革路径的研究。

在对我国农村基层民主建设的研究中,高校学者关注村民自治存在的问题以及改革路径。高校学者通过个案分析,从经济、政治、文化、教育等方面系统讨论了村民自治存在的问题。有学者归纳认为,我国农村基层民主制度建设目前主要存在以下问题:第一,制度不健全,有关法律、法规不配套、不完善,地区之间发展不平衡。在全面贯彻民主选举、民主决策、民主管理、民主监督上不平衡。第二,农村财务没有充分公开,给村官暴富打开方便之门,出现财务混乱、多吃多占,甚至贪污腐败。第三,"两委"之间存在矛盾。村党组织书记和村委会主任争当"一把手",针锋相对、互相顶牛,形成"两个中心",

① 毛寿龙,李梅.三农背景中的村民自治[J].天津行政学院学报,2005(3).

② 章奇,刘明兴,单伟.政府管制、法律软约束与农村基层民主[J].经济研究,2004(6):59-66.

③ 胡永佳.村民自治、农村民主与中国政治发展[J].政治学研究,2000(2):29-37.

村中事务互相推诿，无人解决，造成民心涣散，社会秩序混乱，村民也由此分成两派。第四，“民工潮”背景下委托投票存在弊端，委托投票无法从根本上保障委托人投票权的实现。第五，贿选行为的发生，调查处理起来比较棘手。如此等等。针对村民自治实践中的这些问题，有学者指出，其根源在于农村基层管理体制中的二元权力结构。因为，《中华人民共和国村民委员会组织法》在赋予村委会享有管理村务一切权力的同时，也赋予村党组织的领导核心地位，各自的权限、职责界定比较笼统，形成二元权力并存。[①]也有学者指出，某些农村基层干部的政治、法律、道德素质不高，理不清民主自治与党的领导之间的关系，受私利驱动，阻碍了基层民主政治的建设。

同时，高校学者还对完善村民自治、乡村治理改革的路径和策略进行了研究，为进一步做好基层民主政治的工作提供了建议。从具体的改革措施来看，有学者指出，完善农村基层民主法律体系，要将村民委员会从产生、运作直至结束全都纳入法制轨道，逐步形成事前防范、事中控制、事后惩戒的完整法律体系，特别是对带有黑社会性质和宗族、帮派势力控制、操纵选举的行为要依法予以严厉打击。要逐步改变村治权力授予方式，积极推行在我国基层民主探索中总结的先进经验，普及“两票制”、“两会制”和“海选”等制度。[②]从宏观的改革战略来看，有学者认为，中国的政治体制改革乃是一个系统工程。在实行村民自治的过程当中，必须看到，它不过是中国整个政治体制改革中的一个环节，在村一级不可能单独全面实现高度的社会主义民主，还必须有乡镇以上各级党政机关自身的政治体制改革配合，上下互动和联动，“双管齐下”，才能形成深化政治体制改革的合力。[③]

3. **城市居民自治和社区治理**

高校学者对城市社区自治研究主要有两种路径，一类是城市管

① 胡绍元.农村基层民主选举过程中存在的问题与对策[J].中国青年政治学院，2006(4)：84—85.

② 孟祥科.中国农村基层民主制度实现路径分析[J].中国特色社会主义研究，2006(5)：53—56.

③ 张厚安.村民自治：中国农村基层民主建设的必由之路[J].河北学刊，2008(1)：114—117.

理体制和基层政权建设的研究;一类则是对社区自治的治理机制和改革目标进行探讨。[①]

(1)城区管理体制与社区自治。

有学者认为,我国的社区建设是在计划经济向市场经济,传统社会向现代社会转变的背景下进行的,其实质是我国在社会转型期重构国家与社会关系的一种努力。因此,将现实层面上的社区建设视为市民社会赖以成形的载体和基础。[②]在对城区管理体制的研究中,有学者注意到国家与社会之间并不是简单的零和博弈,片面强调社会的主体性或国家的自主性都不符合实际。有学者认为,在社会主义市场经济原则下,中国的经济、政治和社会发展将在社会主义架构下孕育出全新的国家与社会关系。对于中国这样超大规模的国家来说,新型的国家与社会关系必将越出"强国家、弱社会"与"弱国家、强社会"的两极选择,而形成"强国家、强社会"的新局面。中国社会长远发展对"强国家、强社会"的内在要求,决定了处于国家与社会中间的城市基层群众自治发展的长远目标是:把城市基层群众自治发展成为以法律为保障,以自治为取向,以政党主导为基础,以广泛参与为动力,以协调国家与社会关系为功能的基层群众自治。[③]有学者运用"社区行政建设"这一概念来指代社区建设中城市基层的行政化建设,认为当前社区内政府的权力并未按人们通常认为的"小政府、大社会"的方向缩小。相形之下,街区权力正在强化,这一趋势使得国家对基层社会的控制方式由单位制向社区制过渡,同时行政权力在重组过程中也存在着向社会分化的倾向,权力中心正在由以往单纯的政府行政控制向半行政半自治的社区管理委员会过渡,国家与社会正往强国家与强社会的方向发展。[④]另有学者从社区自治的实践出发,探讨了社区建设的行政管理体制,分析了上海市的"两级政府,三级管理"模式,探讨了特大城市城区管理体制的改革走向,主张在

① 谭昆智.论现代城市管理模式与体制[J].四川行政学院学报,2005(1):85-88.

② 徐道稳.城市社区建设:市民社会的实践[J].学术论坛,2003(2):125-129.

③ 林尚立.基层群众自治:中国民主政治建设的实践[J].政治学研究,1999(4):47-52.

④ 朱健刚.城市街区的权力变迁:强国家与强社会模式[J].战略与管理,1997(4):42-51.

现行法律框架内遵循“小政府、大社会”的思路，适当扩大街道办事处权限。[①]

高校学者还对城市居委会建设、居委会与政府之间角色关系的转变以及与党组织的合作实践展开了研究。从社区民主与自治的理想目标出发，有学者对城区管理体制的现实情况作出了批判，焦点是社区自治的“行政化”问题。有学者指出，“在现实的城市社区产生和发展的过程中，实际的推动力主要来自政府。”[②] 由于市场化程度低和市民社会的幼稚，社会在相当一段时期内还无力承接国家行政体系的分权，国家与社会的关系仍停留在“大政府，小社会”的状态。有学者提出“行政社区”的概念，认为行政因素向社区弥漫式渗透，完全挤占了基层社会的自组织空间，使得正常的自组织力量和机制难以发挥作用。[③] 还有学者认为，业主委员会这个自治组织已经具有了公民社会的初步特征，构成了中国城市社会历史上第一个真正的公民社会的雏形，城市业主维权运动是伴随着住房市场化、商品化改革而出现的一种新的社会运动形式，它对推动私有财产权的宪政建设、公民社会的培育、城市政治发展、社区治理结构及运行机制的重构具有重要意义。[④] 有学者通过观察业主维权、业主参选人大代表的一些案例，认为住宅小区和维权业主的出现为参与者创建一个平等的政治平台、提供平等的参政机会，政治参与活动中所揭示的问题促进了规则的改进。[⑤]

(2)社区自治的治理机制与改革目标的选择。

高校学者对上海、北京和深圳等地推行的社区自治实践作了研究。有学者认为，社区组织建设的目的并不是要强化国家权力对基层社区的控制，而是要在社区层面形成法治框架内的新型社区政治，因此，在社区政治中，国家和社会的关系在各种利益关系中起决定作用，各利益主体均在法治框架内扮演各自的角色。[⑥] 也有学者认为，

① 浦兴祖．特大城市城区管理体制的改革走向——兼谈“两级政府、三级管理”之提法[J]．政治学研究，1998(3)：7.

② 李景鹏．城市社区建设中的目标选择与“行政推动”[J]．北京行政学院学报，2001(1)：3－5.

③ 顾骏．“行政社区”的困境及其突破[J]．北京行政学院学报，2001(1)：12－14.

④ 邹树彬．城市业主维权运动的特点及其影响[J]．深圳大学学报，2005(5)：44－49.

⑤ 肖俊．业主维权、政治参与与城市基层民主的前景[J]．人大研究，2007(3)：44－45.

⑥ 徐道稳．转型社会中的社区组织建设[J]．城市问题，2005(3)：61－66.

通过社区建设重建信任关系、重建社会协调的共识性规范、重建市民的社会网络,是促进社区发展,实现社区善治的一个必然选择。自上而下的行政建设和自下而上的自治建设始终在同时推进,是社区建设整体进程中的两大结构性力量。但二者并非构成相互不可调和的对立面,应该引入"社会治理"理念,在城市基层社区构建一个以具体的公共事务为治理内容、政府行政组织和各种群众自治组织之间有效合作、和现代化城市管理相适应的社区治理格局。[①]

高校学者探讨了我国城市社区建设的改革目标,其代表性观点有:认为城市社区建设的目标是社区居民自治;认为社区建设的目标是构建强社会体系,与强国家相配而行;认为社区建设是为了建构自主与能动性的"地方性社会",重构城市社会基础;认为社区建设是为了加强基层政权和民主建设;认为社区建设是为了走向善治之路,重建社会资本;认为社区建设的核心是建构与国家相制衡的市民社会;主张只有在社区服务的基础上把社区的政治参与也充分地开展起来,才算是完全意义的社区建设。[②]还有学者讨论了欠发达地区社区建设的目标,认为相当一部分欠发达地区分布在民族地区,不加强城市基层民主建设,便不能及时了解群众中出现的问题,不能及时疏导和化解民族矛盾,排除社会不安定因素,可能影响欠发达地区的经济和社会进步。[③]

① 徐中振,徐珂.走向社区治理[J].上海行政学院学报,2004(1):66—70.

② 刘为民.转型期我国城市社区建设的政治学分析[J].理论与改革,2004(2):25—28.

③ 柏琳.加强城市基层民主与基层政权建设[J].发展论坛,2002(5):43—46.

五、中国政府管理与行政体制改革探讨

（一）关于政府机构改革

自20世纪80年代行政管理学恢复重建以来，有关政府机构改革的研究，一直是高校学者研究的重要课题，而且这一课题的研究始终与我国行政管理体制和机构改革的实践密切相关。概括地看，高校学者的相关研究主要集中在如下方面。

1. 对政府机构改革研究的进展情况

政府机构改革的研究具有对中央施政理念的诠释性和对政府机构改革实践的回应性两大鲜明特点。改革开放30年来，我国政府已经分别在1982年、1988年、1993年、1998年、2003年和2008年进行了六次大规模的机构改革。每一次机构改革都有不同的特色和重点解决的任务，学者关于政府机构改革的探讨也相应呈现阶段性特征和研究重点。

20世纪80年代，学者对机构改革的研究重点在于：第一，对改革的必要性与重要性、改革的原则、改革的突破口等政府机构改革基本理论的探讨。[①]第二，对城市经济管理机构改革的探讨。1986年5月国务院在全国确定16个中等城市作为“中国第一批机构改革试点城市”，进行以转变政府管理经济职能为主要内容的试点改革。因此，对城市经济管理机构改革的研究成为许多学者关注的重点。[②]第三，对机构改革与转变政府职能的关系的研究。1988年的机构改革

① 参见夏书章.机构改革与行政学、行政法学的研究[J].政治与法律，1982(1)；潘念之.关于机构改革的几个问题[J].法学杂志，1983(4)；曾国祥.行政机构改革的突破口重点和步骤[J].政治学研究，1986(2).

② 参见陈耀琪.关于城市政府经济管理机构改革的若干问题[J].政治学研究，1986(3)；傅明贤.经济职能的转变与政府经济管理机构的改革[J].武汉大学学报，1986(2).

首次明确提出转变职能,引起学者对转变职能与机构改革的关系的讨论。[①]

20世纪90年代对政府机构改革研究的重点主要在于:第一,对历次机构改革的回顾与反思。改革进展到一定阶段,遇到了一些阻力,出现了一些问题,尤其是历次机构改革难以摆脱"精简——膨胀——再精简——再膨胀"的循环的现实,使得学者积极探讨摆脱机构膨胀,推进机构改革的对策。[②]第二,对地方机构改革的研究。改革开放以来,我国地方政府机构改革采取了"先试点、后推广"的办法,随着20世纪80年代末至90年代初在我国部分省、市、县试点机构改革的展开,对地方机构改革(主要是省、市、县机构改革)的研究也成为学术界讨论的重点。[③]同时,对政府机构改革与政府职能转变、公务员制度改革等关系的研究也是这一时期研究的重要内容。

21世纪以来政府机构改革研究的鲜明特点是机构改革的研究和行政管理体制改革的研究紧密交织,研究范围大大拓展。1993年的机构改革中,提出了"行政管理体制和机构改革"的概念。2002年党的十六大报告首次明确提出"行政管理体制改革"的概念,而且把政府机构改革作为其中一个部分和环节来对待。因此,对政府机构改革的研究与行政管理体制改革的研究结合在一起,机构改革成为深化行政管理体制改革,建设服务型政府的重要内容。政府机构改革与政府管理体制的关系、如何深化机构改革等成为学者研究的重点。[④]

地方政府机构改革仍然是这一时期的研究重点,但是研究重心由省市县逐渐深入到县和乡镇。[⑤]随着党的十七大报告中实行大部门体制构想的提出,对大部门体制的研究成为学者近期研究的又一热点。[⑥]

2. **政府机构改革的基本理论**

(1)机构改革的含义。

关于机构改革的含义,不同的学者有着不同的理解。有学者认

① 参见李德芳.政府机构改革与政府职能的转变[J].贵州社会科学,1988(2).

② 参见张康之.机构改革中的制度创新[J].新视野,1998(5);谢庆奎.中国机构改革的回顾与展望——兼论行政机构改革的长期性[J].学习与探索,1997(6).

③ 参见张雅林.地方机构改革思考[M].北京:改革出版社,1992.

④ 参见毛寿龙.中国政府体制改革的过去与未来[J].江苏行政学院学报,2004(2);袁方成.我国政府改革的阶段性特征:分析与前瞻[J].社会主义研究,2008(3);陈振明.深化行政体制改革 加快服务型政府建设——中国政府改革与治理的新趋势透视[J].福建行政学院学报,2008(4).

⑤ 参见金太军.推进乡镇机构改革的对策研究[J].中国行政管理,2004(10);王勇.乡镇机构改革与政府治理变革的双重视角[J].郑州大学学报:哲学社会科学版,2004(6).

⑥参见周志忍.大部制溯源:英国改革历程的观察与思考[J].行政论坛,2008(2);辛传海.对我国行政管理实行大部门体制的思考[J].云南行政学院学报,2008(2);竺乾威."大部制"刍议[J].中国行政管理,2008(3).

为，政府机构改革是狭义的行政改革。[①] 有学者认为，认识机构改革的丰富内涵，一是从基本概念加以理解，二是从互相联系的有关概念的区别中加以理解，三是从历次机构改革的任务中加以理解。从基本概念来说，所谓机构改革，也就是对行政体制进行的改革。行政体制的核心是政府的机构设置、职权划分以及运行机制。由此推论，机构改革主要是对政府机构设置、职权划分以及运行机制进行的改革。政府机构改革的任务不是一成不变的，而是发展变化的；改革不是单纯的精兵简政和机构人员的增减，而是一项复杂的系统工程。[②] 有学者指出，应该从以下方面准确把握机构改革的科学含义：第一，政府机构是一套特定的哲学和价值标准的运用与体现，政府机构改革首先是这种哲学和价值标准的重大转变；第二，政府机构改革是行政权力和责任关系的重大调整；第三，政府机构改革是政府职能结构性转变的要求和保证；第四，结构性的政府机构改革必须与人事行政制度的变革相配套；第五，历史上大多数机构改革的直接动因都在于政府财政短缺的压力；第六，政府机构改革是机构利益的重新分配；第七，政府机构改革必须变革政府机构传统的行为方式；第八，政府机构改革将是一个长期的过程。[③]

(2)政府规模理念与政府机构改革。

选择何种政府规模理念作为机构改革的理论指导，是政治学和行政学研究的一个重要课题。“小政府、大社会”理念如今已经成为我国政府机构改革的主流理念。[④] 然而在如何理解“小政府、大社会”含义的问题上，学者有不同看法。

有学者认为，要真正实现高效的“小政府”，必须依靠“大社会”的实现，即依靠社会自身力量的发展，使社会具备自我管理和服务的能力。因此，发达的第三部门是机构改革成功的前提之一，中国在进行机构改革的同时应大力发展第三部门。[⑤]

① 夏书章. 行政管理学[M]. 广州：中山大学出版社. 1991：397.

② 张康之，李传军. 公共行政学[M]. 北京：北京大学出版社，2007：116.

③ 王强. 全面、准确地把握机构改革的含义[J]. 南京社会科学，1999(9).

④ 参见武振兰. “小政府，大社会”是国家机构改革的重大步骤[J]. 云南社会科学，1998(6)；李金龙. “小政府、大社会”应成为我国政府机构改革的目标模式[J]. 湖南行政学院学报，2001(6).

⑤ 邓莉雅. “小政府、大社会”理念的再认识——兼论发展第三部门对政府机构改革的意义[J]. 云南行政学院学报，2003(4).

有学者认为,政府规模包括内在规模和外在规模。当代中国政府适度规模的构建,既不是“大政府”也不是“小政府”,而是“与政府内在职能规模相匹配”的公共服务型政府。因而,当代中国政府适度规模的构建,既不是一味地精简机构,缩减人员,也不是实现政府规模的增量性扩张,而是以政府的内在职能规模为依据,以构建公共服务型政府为取向,对政府规模进行结构性调整,打破中央政府、地方政府与基层政府机构设置“职责同构”的特点,解决条块分割的矛盾。①

① 张玉.从政府职能看中国政府适度规模的构建[J].学术交流,2008(1).

3. 政府机构改革实践的理论认识

(1)对我国政府机构改革实践的认识和评价。

学者对改革开放以来的前三次机构改革进行了评述。有学者认为,改革开放以来的三次改革存在某些问题,但主要方面是积极的或者说是成功的:第一,实现了新老干部合作交接;第二,为政治路线开辟了道路;第三,提高了解决和驾驭各种深层次矛盾的能力;第四,三次改革方案基本体现了市场经济的要求。②

② 邓家倍.改革开放后三次机构改革述评[J].广东社会科学,1998(5).

有学者将我国改革开放以来三次机构改革的经验教训概括为四个方面:三次机构改革目标在于加强政府建设,提高行政效率;三次机构改革将“转变政府职能”作为改革的轴心;三次机构改革所取得的阶段性成果是显著的;机构改革所面临的问题不少,集中表现为机构改革还没有走出“精简——膨胀——再精简——再膨胀”的误区。③

③ 柳云飞.论我国的机构改革[J].社会主义研究,1998(3).

有学者对我国改革开放以来的前五次政府改革进行了评价,认为这几次改革较充分地体现了理论创新与实践探索的一致性,并形成了值得肯定的经验:首先,在组织机构方面,逐步改变了计划经济体制的政府职能定位和机构设置,撤销了专业经济管理部门,强化了履行政府宏观管理、市场监管和公共服务职能的相关政府机构;其次，在部门编制方面，法制化进程进展明显。再次，在公务员队伍建设方面，深化人事制度改革，引入竞争机制，逐步完善公务员制度。但总体上看，我国历次政府改革都具有一定的过渡性和阶段性特征，每次改革的成果很难持久巩固，尚未从根本上摆脱“精简——膨胀——再精简——再膨胀”的循环轨迹。[①]

有学者指出，十一届三中全会以来经历的五次政府机构改革，在政府职能转变方面取得重大进展，使政府的职能逐渐适应市场经济发展的要求，不过仍然存在一些问题：政府职能转变还没有完全到位；政府组织结构及其权力、职责配置还不尽科学；职能交叉、机构臃肿的问题还没有得到根本解决，机构与编制精简方面尚未摆脱“精简——膨胀——再精简——再膨胀”的怪圈。[②]

（2）对机构膨胀原因和机构改革长期性的认识。

有学者认为，我国行政机构膨胀的原因主要有以下几个方面：其一，政府职能扩张；其二，行政权的扩张；主要表现在委任行政立法急剧增长，行政司法不断增加和自由载量权范围的扩大；其三，机构的自我扩张冲动；其四，赤字财政；其五，官本位思想是机构膨胀的文化根源。[③]

有学者指出，政府机构膨胀的诱因和精简的难点在本质上是同根同源的，主要有四个根源：旧有的计划经济体制是政府机构膨胀的经济基础；“官本位”、“铁饭碗”意识成为刺激政府机构人员膨胀的社会心理基础；利益驱动是机构膨胀的重要原因，也是机构改革的阻力所在；改革不配套和缺乏制约是机构改革屡屡失败的重要原因。[④]

有学者用生态平衡的观点来考察政府机构改革的长期性，认为对中国的行政机构改革规定时间表，希望在几年内完成是不现实的。该学者提出的政府机构平衡发展理论认为，在政府机构的生态系统中，政府机构系统与外部环境不是静止和一成不变的，政府机构系统

① 袁方成.我国政府改革的阶段性特征：分析与前瞻[J].社会主义研究，2008(3).

② 李景鹏.回顾与反思：政府机构改革的经验与教训[J].中国行政管理，2005(2).

③ 付彦.我国行政机构改革的政治学分析[J].理论学习月刊，1998(8).

④ 孙建波，彭军.政府机构改革的前车之鉴[J].南京大学学报：哲学·人文科学·社会科学，1999(4).

与外部环境总是处在平衡——不平衡——平衡的循环往复之中,在长期的发展过程中,行政机构已与其内外环境形成了难以阻遏的共生性,必须把它纳入整个政治社会系统中去考察和研究。所以,我国的行政机构改革不会也不可能速成,它是一个长期的、不间断的发展过程。[①]

(3)政府机构改革的对策措施。

政府机构改革的对策与改革实践紧密相关。改革开放以来,虽然在相当长一段时间里,政府机构改革出于解决一些直接和紧迫的问题的要求,缺乏总体的、系统的设计,改革的思路也一直是不明确的。但是,政府机构改革所走过的每一步,都包括三个方面的内容,即调整机构、理顺关系和转变职能。[②]随着我国政府机构改革实践的推进,改革对策也经历了由单纯裁减到综合配套改革,由精简机构、理顺关系到体制改革、制度创新的过程。

与政府机构改革的实践相对应,早在20世纪80年代,有学者指出,转变职能是政府机构改革的关键,下放权力是政府机构改革的中心环节,"精简、统一、效能"是政府机构改革的基本原则,编制立法是政府机构改革的法律依据,妥善安排富余人员是政府机构改革的组织保证。[③]

随着机构改革的推进,学者认识到配套改革的重要性。有学者指出,政府机构改革的唯一出路是进行多层次全方位的改革。具体而言,就是政府机构改革必须与经济体制改革、政治体制改革、政府职能转变以及人的思想观念、思维方式的变革配套进行。[④]有学者认为机构改革要着重实施"一个战略"和"五个支持"。"一个战略"是机构改革整体推进战略。这一战略要求机构改革必须同行政体制改革同时并进。在此基础上还需科学界定政府职能,推进行政机构改组合理化及政府权力的合理划分,处理好中央与地方、政府与企业、政

① 谢庆奎.中国机构改革的回顾与展望——兼论行政机构改革的长期性[J].学习与探索,1997(6).

② 张康之.本次机构改革的深层意蕴[J].中国党政干部论坛,2003(4).

③ 曹文光.对政府机构改革若干问题的理解[J].高校理论战线,1988(3).

④ 谢庆奎.中国机构改革的回顾与展望——兼论行政机构改革的长期性[J].学习与探索,1997(6)

府与社会以及地方政府之间的关系。而且机构改革需同人事制度尤其是国家公务员制度相配套。“五个支持”是理论支持、政治支持、法律支持、财政支持和社会支持。[①]

有学者认为，相对于政府的经济、社会职能转变的不到位而言，纵向政府间的“职责同构”关系模式已成为中国政府机构改革陷入“精简——膨胀——再精简——再膨胀”困境的另一主要症结所在。因此，打破“职责同构”成为当前中国政府机构改革的一条新思路。[②]

有学者则对未来的政府改革的思路和趋势进行了分析。认为未来的政府改革将更加注重以职能转换作为核心命题，愈加注重立法保障，更加注重体制内、外的配套综合改革，更加注重创新理论的支撑和推动。[③]

4. **地方政府机构改革**

地方政府机构改革是我国政府机构改革的重要组成部分。改革开放以来，我国地方政府机构改革采取了“先试点、后推广”的办法，从20世纪80年代开始就在一部分中等城市和省、市、县进行试点改革。2001年2月，全国县市乡机构改革工作会议的召开，标志着我国的行政机构改革，从中央、国务院机构改革经过全国地方省级机构改革，已经延伸到市县乡机构改革阶段。乡镇机构改革逐渐成为政府和学术界讨论的热点。

(1)地方政府机构改革中存在的问题。

有学者指出，地方机构改革中存在几个典型问题：一是在制定改革方案过程中存在“一刀切”现象；二是面对机构改革的冲击，一些政府部门和工作人员出现了一系列变异行为；三是在执行改革方案过程中存在着“形式化”的问题；四是阶段性的改革成果并不显著，不仅没有降低行政成本，还存在人员“逆淘汰”和“回流”的问题。[④]

有学者指出，西部欠发达乡镇机构改革存在着以下问题：第一，

① 柳云飞.论我国的机构改革[J].社会主义研究，1998(3).

② 叶麒麟.打破职责同构：政府机构改革的新思路[J].学术探索，2007(2).

③ 袁方成.我国政府改革的阶段性特征：分析与前瞻[J].社会主义研究，2008(3)

④ 麻宝斌.地方行政机构改革中存在的问题与对策[J].行政与法，2003(9).

思想观念滞后,改革思想难以深入人心;第二,富余人员分流特别困难,政府机构难以精简;第三,政府职能界定模糊,职能转变滞后;第四,乡镇领导干部素质不高,执政能力有待进一步提高。[①]

(2)地方政府机构改革的难点。

有学者认为,在政府机构改革中,政府既是改革的主体和推动者,也是改革的对象和接受者。因此,改革的动力和阻力并存于政府内部。由于机构改革是中央政府决策层自上而下发动的,因此相对来说,地方政府作为改革的对象和客体的角色更为突出,其抵制改革的阻力也更大些。具体来说,地方政府机构改革的阻力和难点主要表现在以下五个方面:一是地方政府既得利益的刚性;二是中央决策层影响力的递减;三是地方政府机构人员分流的回旋余地小;四是行政组织法制的不健全;五是社会保障制度改革的滞后。[②]

有学者认为,从深层次研究地方机构改革的难点,集中体现在以下几个方面:一是行政层次混乱,二是超编现象严重,三是法律约束不力。[③]

(3)推进地方政府机构改革的对策措施。

有学者认为,在地方政府机构设置上,应遵循实事求是原则,对于必设机构,要坚决执行,"自行确定"机构就是各级地方政府根据自己实际情况来确定,不能攀比。对于精简指标,也应实事求是,如果一个地方市场发展不健全,生产力和社会发展水平比较低,精简机构和分流人员的指标就要酌情考虑,不必"一刀切"。根据政府在市场经济条件下的三项职能,首先要加强宏观调控部门,提高人员素质。其次要设立基础建设、社会保障、资源保护、资讯传播部门,最后是大力压缩和精简专业经济管理部门。[④]

有学者通过对当代中国地方政府机构改革的典型个案分析,发现其进行艰难的深层原因在于强调国家统一管理而导致的纵向政府

① 代波.西部欠发达地区乡镇机构改革的困难及对策分析——基于四川省古蔺县Y镇的分析[J].甘肃行政学院学报,2005(1).

② 金太军.化解阻力 增强动力——推进地方机构改革的对策分析[J].中国行政管理,1999(11).

③ 周宝砚.地方机构改革难点与对策分析[J].地方政府管理,1999(3).

④ 谢庆奎.关于地方政府改革的难点、重点问题探讨:中国地方政府机构改革的思路[J].新视野,1999(6).

间机构设置整齐划一的结构和地方治理结构单一化。因此，学者认为，在已有的地方政府机构改革的思路基础上，调整纵向政府间关系，实现地方治理结构多元化，应该成为继续推进中国地方政府机构改革的新思路。[①~②]

有学者认为，改革开放以来的多次政府机构改革，都是侧重于从横向调整政府的部门设置，没有从纵向减少政府的层级设置。下一步应按“撤地、强县、精乡、实村”的整体改革思路，撤销“地区”建制，强化县级政府的功能，精简乡镇政府机构和人员，充实和保障村民自治必要的经费供给，不断提高社会管理和服务水平。[③]

有学者认为，新一轮县乡级政府机构改革要达到预期目标，必须正确处理好如下问题：即应切实按照市场经济体制运行要求，创新管理制度，构建新的管理模式，转变政府职能；培育社会中介组织，完善政府职能外移的社会承接载体功能；要在政府统一领导下，统筹规划，整体推进，依法实施，做到机构、职能、编制、工作程序法定化，为机构改革寻求制度保障。[④]

① 张紧跟. 纵向政府间关系调整：地方政府机构改革的新视野[J]. 中山大学学报：社会科学学版，2006(2).

② 张紧跟. 治理结构多元化：地方政府机构改革的新思路[J]. 公共管理学报，2006(2).

③ 张新光. 论中国地方政府层级改革与农村管理体制创新[J]. 中州学刊，2006(1).

④王辉. 关于县乡级政府机构改革的思考[J]. 天津行政学院学报，2000(4).

(二)关于干部人事制度及其改革

党的十一届三中全会指出，要“加强管理机构和管理人员的权限和责任”，“认真实行考核、奖惩、升降等制度”，由此开创了干部人事制度改革的先河。30 年来，我国的干部人事制度改革大体经历了三个阶段。第一阶段大致是 1978 年至 1986 年。这期间主要是改革过分集中的干部人事管理体制，下放干部管理权限，建立四个现代化建设急需的一些具体干部人事管理制度。第二阶段是 1987 年至 1999 年，干部人事制度进行了全面改革。第三阶段是 2000 年至今，开始进入全面深化改革。伴随着干部人事制度改革的进程，高校学者对干部人事制度的研究也逐步走向深入,大致可以分为三个研究领域:一是构建中国特色公务员制度的有关研究,包括1993年以前从干部制度到公务员制度转变的必要性及路径等的研究;二是修改《公务员法》的有关研究;三是对特定分支领域的研究,比如公务员录用、绩效考核、培训等的研究。第一领域的研究在本报告的"公共部门人力资源管理"专题已经介绍,本专题重点介绍第二、三领域的研究成果。

1.《公务员法》的有关研究

(1)公务员范围界定问题。

如何界定公务员的范围始终是立法中的首要关键。从《公务员法》最早的起草到最终审议,它都是人们最为关心也是争议较大的问题。从世界范围看,各国没有统一的公务员范围,各国确定公务员的范围均从本国实际出发,与其政治制度、政治体制相适应。

有学者认为,党务机关人员、社会团体人员以及法官、检察官等不适宜纳入公务员范围,其理由是:第一,党务机关人员、社会团体人员并不行使国家立法、执法与司法权力,应当由相关法律去调整,而不是由公务员法来调整。第二,《公务员法》将法官、检察官规定为公务员,会造成法律之间的冲突。第三,将法官、检察官纳入公务员范围,会影响法官、检察官独立审判权和检察权。法官、检察官都是相对独立的司法官员,并不是传统意义上的行政人员,不宜适用《公务员法》的有关规定。《公务员法》把法官、检察官纳入公务员范围,给行政干预司法、司法权行政化提供了法律依据,与法治精神相违背。①

有学者认为,按照《公务员法》范围界定,我国是世界上公务员范围最广的国家,并且也极可能是公务员数量最庞大的国家。将党委机关、民主党派机关、政协机关以及社会团体机关工作人员一揽子统统纳入公务员行列并不科学。②

① 湛中乐.我国《公务员法》立法过程中的热点问题[J].中国党政干部论坛,2005(6):17—20.
② 倪洪涛.论我国公务员范围的拓展[J].河北法学,2007(1):73—75.

也有学者认为,《公务员法》应当扩大传统的公务员的范围,使公务员不再局限于政府机关工作人员。这是因为,我国党政机关干部从事国家管理或者与执政参政有关的公共事务,使用国家核定的行政编制,从国家行政费用中支付薪酬,应该由国家对其进行统一管理。这样规定有利于保持各类机关干部的整体一致性,也有利于党政机关之间干部的交流使用,所以有必要将我国公务员的范围扩大。只要符合上述三个条件的所有工作人员,共产党机关、人大、政协、民主党派机关的工作人员和法官、检察官均应纳入公务员的范围。①

(2)职位分类问题。

职位分类是《公务员法》研究中的热点问题,我国《公务员法》在综合管理职位外,增设了专业技术类和行政执法类职务。有学者认为,公务员分类制度设计的这种创新,克服了长期以来我国实行的以"品级分类"为特征的干部制度的弊端。《公务员法》增加了职位分类的种类与职务分类的设计,克服了以往职位分类过于简单、公务员价值实现的途径狭窄、职业发展渠道和与上升阶梯过于单一的问题,使公务员职位分类进一步科学化和规范化,为公务员的职业发展提供了多元化的途径,拓展了公务员发展的空间,调动了公务员的积极性,为提高行政效能奠定了坚实的基础。专业技术类职位的增设,改变了以往专业技术公务员只能承担非领导职务,难以得到公正的社会评价,导致优秀人才严重流失的现象,使专业技术类公务员的管理、晋升、发展有了法律的依据,有利于稳定和吸引科技人才进入公务员队伍。在职位分类的基础上设置公务员的职务序列,这种分类制度构建了公务员"职务晋升"和"职级晋升"的"双梯制",克服了以往职务与级别联系过于紧密,级别与职务的对应幅度不合理的弊端,能够从根本上解决千军万马走职务提升这座"独木桥"的问题及避免买官卖官、跑官要官等腐败现象的发生。②

① 湛中乐.我国《公务员法》立法过程中的热点问题[J].中国党政干部论坛,2005(6):17—20.

② 何颖.公务员法的制度创新[J].中国行政管理,2006(3):11—14;何颖.公务员法的制度释义及其特点[J].学术交流,2006(11):62—66.

也有学者提出了不同意见,认为造成"买官卖官"等顽疾的因素是错综复杂的,不能简单地归结于职务晋升的"单梯制"。况且,晋升职务在物质利益以及其他待遇方面比晋升职级有较大的优势和较强的吸引力,吸引着大多数的公务员一如既往地选择其作为晋升途径。因此,创设职务与职级并重的"双梯制",尽管对于打破"官本位"思想有积极作用,但是恐怕很难从根本上改变"千军万马挤官道"的现象。要铲除"买官卖官"的土壤,就必须建立科学的权力授予和监督机制,这个重任显然不是一部《公务员法》所能够承载的,还需要对我国目前的法律体制进行配套改革,确保国家权力在民主与法治的轨道上运行。①

2. 分支领域研究

(1)激励保障机制。

有学者指出我国现行公务员薪酬制度由于薪酬比较定价困难和国家财力水平的限制具有明显的外部不公平性,工资结构的不合理及津贴、补贴泛滥导致公务员薪酬的内部不公平,薪酬与其绩效相关度低使公务员薪酬个人公平性也无法体现,认为公平性问题的解决,首先要进行公务员薪酬的规范和薪酬结构的调整,使得从工资到福利以及补贴和奖金各构成部分具有合理比例,体现公务员薪酬的内部一致性;其次要在薪酬调查的基础上建立公务员薪酬的平衡比较机制和正常增资机制,以实现薪酬水平的外部竞争性;再次要完善公务员绩效评估机制,使公务员薪酬体现绩效差异。②

有学者总结了建国以来的第四次公务员工资制度改革。在肯定工资制度改革取得成果的同时,针对尚未解决的问题提出了若干建议,如公务员工资制度改革的程序进一步科学化和透明化,进行公务员的职位分析以及职位评价工作,完善公务员与外部劳动力市场的薪酬水平平衡比较机制,等等。③

① 贺日开.公务员法中的制度创新与疏漏——兼与何颖教授商榷[J].中国行政管理,2006(12):29—31.

② 梅继霞.我国公务员薪酬制度的公平性问题[J].中国人力资源开发,2007(8):75—80.

③ 刘昕.完善我国公务员工资制度的几点建议[J].中国人力资源开发,2007(10):65—68.

有学者指出我国公务员工资收入制度改革关键问题在于转变机制，在于建立系统理论和机制设计支撑，最终要解决如何对公务员实施有效激励的问题。建构基于尽职激励合约和敬业激励合约的分析框架，构建我国公务员经济性激励与非经济性激励的多维激励结构，可以推进公务员的工资收入分配机制与市场机制的有机契合。[①]

学者在系统分析国家公务员绩效考核体系研究现状及实践的基础上，对现行体系中存在的突出问题进行诊断并探讨了相关的对策。[②]有学者将六西格玛管理引入政府部门，并将这一现代管理理念与公共管理理论结合起来，从层级纬度对公务员能力架构进行分析和界定，具有相当的现实意义。[③]

(2)培训机制。

有学者梳理了我国公务员培训模式发展的历史沿革，对20世纪90年代以来出现的公务员培训的新模式进行了归纳与分类，指出了公务员培训模式发展的最新趋势，总结与评价了这些新变化，并展望了未来的公务员培训发展模式，指出我国公务员培训模式正在从传统单一的党校培训模式向多元化、市场化模式转变。[④]

有学者针对目前我国公务员培训效果评估主体功能缺位、组成单一，缺乏具有可操作性的评估指标体系以及评估方法单一等问题，分析现有公务员培训效果评估体系的不足，对公务员培训效果评估体系做了尝试性的探索，采用专家咨询法选取评估指标，构建出一个包括反应层、学习层、行为层和结果层在内的培训效果评估指标体系，并运用层次分析法及模糊评估法确定了各个指标的权重，设计出培训效果评估流程。[⑤]

有学者以柯式模型和CIPP模型为导向，通过对公务员培训管理过程的全面系统分析，对公务员培训评估体系的建设，进行一些有益的探索。[⑥]有学者指出，探索公务员行政能力开发模式，是提高公

① 张力.我国公务员多维激励框架的构建——一个基于委托代理理论的分析[J].安徽大学学报：哲学社会科学版，2007(6)：77—80；张力.我国国家公务员收入变化的格局、影响及改革方向[J].生产力研究，2007(14)：71—73.

② 刘齐巍.国家公务员绩效考核体系中的问题诊断与对策探讨[J].福建论坛，2007(6)：95—99.

③ 祁光华，闫虹.六西格玛：运用于政府部门及公务员能力架构[J].探索，2007(6)：64—68.

④ 马秀玲.我国公务员培训模式的发展与展望[J].中国人力资源开发，2007(8)：66—69；马秀玲.中国公务员培训模式研究：层级制与市场制[J].中国行政管理，2007(11)：70—72.

⑤ 蔡小慎，刘雅静.基于模糊层次法的公务员培训效果评估[J].东南学术，2007(6)：53—58.

⑥ 罗哲，易艳玲.基于CIPP模型和柯式模型构建我国公务员培训评估体系[J].中国行政管理，2007(4)：40—42.

务员行政能力,建立学习型政府、服务型政府的主要手段。同时提出新时期政府要建立以自我设计与创新为核心的公务员行政能力开发模式,通过分析实现开发模式的途径,提出了有关建立该模式的有效运行机制的建议。①

(3)监督机制。

有学者调查分析了我国公务员道德建设的现状,并提出了相关建议,包括创新道德知识开发方法,加大政府信息公开力度,将平衡记分卡引入道德评价体系等。②

有学者指出中国处于经济转型时期,各行政部门的设租行为对市场的功能替代造成资源配置扭曲。公务员设租行为的根本原因是公务员的努力——收入机制不合理。通过分析公务员效用函数和行政部门设租博弈行为,提出创新公务员的收入制度,从而消除部门间收入差距,减少设租行为,进而降低企业进入壁垒,促进社会的和谐发展。③

有学者指出在对诚信生活的追求中,公务员行为选择中的诚信是一个起点,也是一种引领整个社会走向诚信生活境界的重要力量。④

有学者认为行政责任的履行和实现是一个制度化的责任规范过程,是对客观责任进行设置并加以监控的过程,也是取得公务员个人主观责任意识与责任认同并在此基础上作出主动行为选择的过程。行政责任的实现是依赖于一套完整的动力系统实现的,这个动力系统既包括公务员个体主观道德意识、职业价值观所决定的内在动力,也包括对行政责任实施管理和监控的制度所形成的外部动力。只有内部动力与外部动力达成统一和协调,行政责任才能得以有效实现。⑤

有学者指出,近年来商业贿赂成为公务员腐败的一个集中表现

① 于秀琴.以自我设计与创新为核心的公务员行政能力开发模式探讨[J].中国行政管理,2007(7):58—60.

② 谢凌玲,郑彦良.我国公务员制度建设现状调查[J].中国行政管理,2008(1):82—84.

③ 付彤杰,林黎.公务员收入、设租博弈与经济增长[J].经济问题,2007(11):7—9.

④ 张康之.诚信生活中的公务员行为选择[J].河北学刊,2006(1):59—63.

⑤ 王美文.公务员责任实现机制探析[J].湖北大学学报:哲学社会科学版,2007,34(6):104—106.

形式，商业贿赂案件数量的上升和金额的大幅增加，使得反商业贿赂变得任重而道远。要治理商业贿赂，必须充分研究商业贿赂产生发展的一些基本问题，如商业贿赂与公务员的关系、腐败产生的文化诱因、相关法律制度的构建等。[①]

有学者把组织承诺引入行政管理领域，指出这对加强行政文化建设、规范公务员的责任与义务意识、增强其责任感与事业心、提高行政效率等具有重要意义。并认为建立公务员对政府的组织承诺制度，必须从加强行政文化建设、推行公务员就职宣誓仪式等入手，以连续承诺等形式推动公务员对政府组织较高的情感承诺，从而为行政效率提高奠定良好的基础。[②]

有学者研究了公务员回避制度，指出在我国目前实施国家公务员回避制度还存在着许多制约因素，应通过逐步解决原有的问题并对新进人员严格把关，将公务员回避制度与行政监察制度有机结合，实行自我约束和依法回避相结合，从严把握与灵活操作相结合，统筹兼顾、整体配套等举措，落实公务员制度。[③]

① 朱光明，杨宇娟.反商业贿赂研究——论公务员参与商业贿赂的治理对策[J].理论学刊，2007(10)：84—87.

② 安世民，蔺全录.论公务员对政府的组织承诺制度[J].中国行政管理，2007(10)：76—78.

③ 金太军，许开佚.国家公务员回避制度实施的制约因素及对策[J].理论探讨，2003(3)：69—72.

(三)关于领导体制及其改革

领导体制即党和国家领导体制。高校学者普遍认为，1980年8月18日，邓小平在中共中央政治局扩大会议上作了题为“党和国家领导制度的改革”的重要讲话，明确提出了必须积极地、有步骤地改革党和国家的领导制度以及其他制度，是我国领导体制改革的指南。根据邓小平理论和党的方针政策，高校学者关于领导体制改革的研究主要集中在以下方面。

1. 领导体制改革与国家生活民主化

有学者指出，自江泽民同志“七一”讲话发表后，发展党内民主成为一种主流观念，这是全面推进党的建设新的伟大工程的必然要求，也是中国社会主义民主政治发展的一项战略选择。早在1998年，政治学界就开展了有关党内民主化问题的研究并陆续发表了一系列研究成果和内部报告，产生了较大的影响，引起了海内外的关注。有关学者从建设有中国特色社会主义民主政治的战略高度对党内民主化的重要性进行了论证，认为由于社会主义民主不能照搬西方多党制的模式，我们的民主政治发展必须超越西方式多党竞争的体制，在坚持共产党领导的前提下，通过党内民主的制度化来逐步实现国家政治生活的民主化，形成一种非多党竞争的民主体制，这是共产党领导下的社会主义民主政治发展的基本逻辑。从这个意义上说，正确辨明和处理党的建设和民主建设、党内民主和人民民主的关系，是发展社会主义民主的一个重要的主体。为此，不少学者对发展党内民主的意义、动力、内涵、界限和途径进行了研究，探讨了党内民主与民主集中制以及党的建设的关系，提出了逐步实现党内有竞争的选举、党的代表大会常任制、党内意见群体的制度化等一系列思路，并研究了通过发展党内民主积极推动人民民主的发展的问题，为党的建设提供了有力的理论和智力支持。①

2. **领导体制改革的基本原则**

有学者从管理学的角度出发，认为领导体制改革应当遵循以下原则：第一，实行党政分开，坚持和完善党的领导；第二，实行政企分开，发挥企业的积极性；第三，明确上下级权限，适当下放权力；第四，推进机构改革，提高工作效率；第五，改革干部人事制度，配之以法律保障。②还有学者从提高行政效率的角度出发，提出了领导体制改革的若干原则，分别是：与社会主义市场经济相适应的原则，政企分开、两权分离的原则，效能与效率原则，统一原则，精简原则，权责相称原则。③部分学者从结果导向出发，提出领导体制改革的评判标准：党

① 参见中国政治学年鉴编辑委员会.中国政治学年鉴(2002)[Z].北京：中国大百科全书出版社，2003：46.

② 孙元生.试谈领导体制改革中的几个问题[J].陕西师范大学学报：哲学社会科学版，2000(5)：38－41.

③ 李平.政府领导体制与行政效率研究[J].政治学研究，2001(1)：56－61.

和国家领导体制改革是否成功，不仅要看领导原则、领导方式、领导组织是否正确、科学和严整，而且要看党和国家的领导是否能体现“三个有利于”，是否能反映“三个代表”和贯彻落实科学发展观的要求。

3. 党政分开——领导体制改革的中心环节

有学者指出，改革和完善党的领导方式和执政方式，是加强和改进党的建设的重要方面，同时对于推进社会主义民主政治建设具有全局性作用。为此，高校学者进行了学术研究，集中探讨了如何优化党的领导和执政方式以及如何理顺党与国家、社会的关系等有关党的现代化的问题。其中，规范党委与人大、政府、政协以及人民团体的关系是关键问题，其核心在于党政关系。1987 年党的十三大上提出了以“党政分开”为核心的政治体制改革方案。1989 年后，党政分开的改革在实践上得到发展，高校学者对此形成不同的看法。[①] 有学者认为，“党政分开”需要从理论上加以澄清；有学者认为，“党政分开”弱化了党对国家的领导，不利于党的建设。

① 参见中国政治学年鉴编辑委员会. 中国政治学年鉴(2002)[Z]. 北京：中国大百科全书出版社，2003：46.

另外，在有关党政关系的研究中，伴随着人民代表大会地位和作用的不断加强，高校学者的研究重点有从“党与政府”的关系转向“党与人大”的关系的迹象，从而努力为理顺党政关系开辟新的视野。

4. 领导体制改革法治化

有学者认为，党和国家领导体制包括党内领导体制、依法执政体制、依法施政体制以及相应的监督体制。建设社会主义民主政治，必须按照民主法治原则，加强党的自身建设，改革和完善党内工作机制和领导体制；必须按照权力制约与党政分工协作原则，改革和完善党的依法执政体制；必须按照党的政治领导原则和人民民主原则，改革和完善党的依法施政体制；必须按照民主科学法治原则，建立完善的监督体制。同时，党和国家领导体制改革问题应避免“法律绝对化”、

"民主绝对化"、"害怕民主"等三种思想倾向。[①]

5. **领导班子建设**

改革开放以来,领导班子建设最初是以干部队伍的革命化、年轻化、知识化、专业化(即"四化")为指导方针,以形成合理的梯队结构为目标。但在干部"四化"与领导梯队结构的关系上,存在着不同的认识。有学者认为建立领导梯队结构与干部"四化"的提法具有兼容性。因此,在"四化"方针指导下建立科学合理的梯队结构,成为领导班子建设研究的关键和重点。针对这一问题,有学者提出建立领导梯队结构应当依据综合互补、对立统一以及实践检验三大原则。[②]

官员异地交流也是改革开放以来领导班子建设的一项重要内容。高校学者对之进行了研究。有学者认为,1978年以来中国政治与政府体制的重要变化之一是中央推行了官员治理制度的改革,其中限制高级官员的任期和鼓励异地交流(任职)制度成为惯例。有学者分析了1978年至2004年间在各省(西藏除外)任职的省(直辖市、自治区)委书记和省长(包括直辖市长、自治区主席)的详细信息以及省级经济增长的数据,考察了对省级高级官员的任期限制和异地交流是否以及如何影响了地方的经济业绩。这些研究从经验上证实,官员的任期限制和异地交流制度总体上对经济增长有相当正面的推动作用。研究进一步发现,官员任期与经济增长的关系呈现出倒U型的特征。研究还发现,官员的异地交流对经济增长也有积极的影响,但这种影响在地区之间(尤其是东西部之间)存在着明显的差异,在东部的影响大于西部。[③]

党的十六届四中全会以后,地方党委换届工作陆续展开。2006年4月初,中共中央下发了《中共中央关于认真做好今明两年省、自治区、直辖市党委换届工作的通知》,要求各地党委在换届中进行领导班子配备改革。改革的内容是减少副书记职数,实行常委分工负

① 刘红凛.法治视角下党的领导体制探析[J].理论探讨,2006(3):97—100.

② 胡晋安.领导梯队结构与干部"四化"[J].领导科学,1987(8):3—5.

③ 张军,高远.改革以来中国的官员任期、异地交流与经济增长:来自省级经验的证据[J].经济研究,2007(11):91—103.

责，适当扩大党政领导成员交叉任职。有学者认为，此次领导班子配备改革是对地方党委领导体制和工作运行机制在新形势下的进一步完善，是规范党政关系的新探索，有利于党内关系民主化，有利于提高党的决策效率，有利于党政官员权责一致。[①]

当前，高校学者对于领导班子建设的研究深入到了微观层面。有学者认为领导班子结构主要包括年龄结构、知识结构、专业结构、能力结构、气质结构等，并采用安菲莫夫气质量表测量了19个市级企事业单位97名局级党政领导班子成员的气质类型。在对和谐领导班子和矛盾冲突领导班子成员的气质类型的分析结果表明：局级领导班子成员的气质类型分别为多血质和黏液质混合型、多血质类型、多血质与胆汁质混合型；和谐领导班子成员的气质类型与矛盾冲突领导班子成员的气质类型之间具有显著性差异；企业单位主要领导成员的气质类型与事业单位主要领导成员的气质类型之间存在显著性差异。进而提出在领导班子成员的选择与匹配中有意识地配备不同气质类型的领导者，在共谋事业发展的过程中，使气质交融，性格协调，优势互补，从而实现组织目标。[②]

6. **领导素质能力与评价考核**

高校学者对党政领导干部素质进行了分析和研究。有学者将领导干部素质划分为内容要素和能力要素两大范畴。有学者认为，处级领导干部的个性特质由6个因素组成，即责任心、情绪稳定性、社交性、自律性、决断性、创新性。[③]还有学者分别考察了局、处级领导干部的能力及相关特质。[④]

7. **党政领导人才开发**

有学者在对某地级市600多个个体进行调查问卷和访谈的基础上，发现目前党政领导人才开发实践中主要存在五大问题，分别是：数量的地域分布不均衡，整体素质有待提高，素质结构失衡问题比较

① 张骎，郭建明．和谐社会构建下党的领导体制改革——论地方党委“减副”[J]．云南行政学院学报，2007(2)：118－120.

② 张芳，梁宁建．领导班子成员气质类型相融度研究[J]．心理科学，2006(29)：80－83.

③ 赵国祥．185名处级党政干部领导的个性特质的研究[J]．心理科学，2002(2)：231－232.

④ 敖小兰．中国局处级干部领导能力及有关特质研究[D]．华东师范大学2004年博士学位论文.

突出,考评机制不完善,激励机制不合理。进而提出制定开发规划、创新考评机制、选拔任用机制、激励机制以及培训开发机制的相应对策。[①]

① 参见肖鸣政,陈小平.党政领导人才开发的问题与对策[J].党建研究,2006(6):40—43.

8. **行政领导问责**

近年来,我国在行政领导问责方面进行了有益的探索,行政领导问责也经历了从追究重大安全事故责任,到追究行政不作为和滥用行政职权的责任,从个别案例到建立行政问责法律制度这样一个历程。[②]高校学者认为,现有的行政领导问责制度尚处于初级阶段,除了取得的成就和效果外,问责制度本身需要完善,包括问责依据缺乏制度保障、问责主体单一、问责对象不全面且责任不明、问责内容(是由)偏窄、问责方式过于笼统、责任追究弹性较大等。为充分发挥行政问责的惩罚、教育、安抚、补救、警示、预防等功能,需要对行政问责制度进行如下规范:第一,健全法律法规保障下的问责依据,把行政问责制与依法行政结合起来;第二,明确界定问责责任的种类和内容,拓宽问责适用对象;第三,建立科学的领导干部绩效考核和评估标准体系,把行政问责制度与绩效评估制度结合起来;第四,创新政府职能,优化工作流程,使行政责任更加明晰;第五,规范行政问责的规则和程序,增加责任承担方式,增强问责制的可操作性和实效,严格问责程序;第六,协调问责主体与监督主体的配合,把行政问责制与党的监督、人大监督、司法监督、政府内部监督(行政监察、审计监督、职能监督)等监督方式衔接起来。[③]

② 参见陈党.论构建有效的行政问责法律制度[J].河北法学,2007(2):75—82.

③ 陈翔,陈国权.我国地方政府问责制的文本分析[J].浙江社会科学,2007(1):70—77.

9. **领导体制改革与廉政建设**

有学者认为,腐败的存在与公共权力密切相关,作为公共权力运作的核心性规范,公共领导体制直接规定着高层领导者运用权力的方式,影响着社会的腐败与反腐败活动。伴随着社会发展,我国公共领导体制开始现代化转型,从传统型权威和个人魅力型权威向法理型权威转换，其反腐败方略也相应的从注重思想教育和社会运动转向注重制度约束。与此相适应，必须深化公共领导体制改革，以制度创新根治腐败，包括：进行良好的宪政分权，发展直接民主；引入政治竞争，实行政务公开；转变政府职能，推动行政体制改革，规范政府行为；强化监督机制和惩罚机制；加强思想教育和道德约束提高政府官员的廉洁自律度；等等。[①]

① 王乐夫，倪星.转型期中国公共领导体制变革与廉政建设[J].公共管理学报，2004(2):12—20.

(四)关于公共决策及其改革

高校学者对于公共决策及其改革的研究主要围绕民主化、科学化两条主线进行，其主要研究内容及其成果包括以下内容。

1. **公共决策体制的含义与类型**

(1)公共决策体制的含义和构成因素。

有学者认为，行政决策体制是指用制度加以固定的承担行政决策任务的机构和人员的职权、结构和相互关系的总称。现代行政决策体制一般包括：行政决策中枢系统、灵敏的信息系统、权威的咨询系统、强有力的审批监控系统、高效的执行系统。[②]有学者认为，行政决策体制的主要构件是决策权力和决策主体，决策权力在决策主体之间进行分配所形成的权力格局，决策主体在决策过程中的程序活动，便构成政府决策体制。[③]有学者认为，公共决策的主体包括核心公共决策主体、准公共决策主体和社会公众三个基本组成部分，这三类公共政策主体构成了特定的公共决策主体体系，它们共同在公共决策过程中发挥作用。[④]

有学者认为，行政决策主体主要由决策枢纽系统、决策信息系统、决策咨询系统三个子系统构成。行政决策体制是指行政决策的各个子系统的组成、职能及其相互关系的总和，是关于行政决策主体

② 许文惠等.行政决策学[M].北京：中国人民大学出版社，1997:77—84.

③ 赵成根.行政决策[M]//张国庆.行政管理学概论.第2版.北京：北京大学出版社，2000:279—280.

④ 李玲玲.公共决策主体体系分析——基于三元整合理论的视角[J].理论探讨，2004(5):89—91.

的构成及其职权关系的一种制度化设计。建立合理的、科学的行政体制是行政决策科学化、民主化的一项十分重要的内容。[①]

有学者认为,公共决策体制是决策权力分配的制度和决策程序、规则、方式等的总称。公共决策组织及体制的构成因素可分解为:人、财、物、机构设置、职位设置、权力与职权、权责划分、团体意识、组织目标、规章制度、技术、信息、组织设计。根据管理层次和管理幅度不同,决策体制可以划分为纵向结构和横向结构。[②]

有学者认为,公共政策决策体制主要包括公共政策决策权力及其运行、公共政策决策权力的组合、公共政策决策方式等方面的内容。[③]

有学者认为,公共决策体制是决策主体的决策权力分配和决策全过程的程序、规则、方式等的总称。其构成包括三个部分:决策主体的组织、政策运行的权责划分、决策体制的运行机制。其中,决策权力分配是决策体制的实质。[④]

有学者认为,行政决策体制是指用制度加以固定的承担行政决策任务的机构和人员的职权、结构和相互关系的总称。它包括行政决策过程各个阶段和各项职能由哪些机构来承担,由哪些人员来参加,各机构和人员应如何合理分工才能实现行政决策的职能等内容。现代行政决策体制的构成系统主要是决策中枢系统、决策咨询系统、决策信息系统和决策监控系统。[⑤]

(2)公共决策体制的类型。

有学者详细论述了行政决策体制的几种典型类型:层级结构中的集权与分权;个人决策模式化集体决策模式。[⑥]有学者根据最高决策者的人数将公共决策体制的类型划分为首长制和委员制,根据决策权力使用的特点划分为集权制与分权制。[⑦]

① 胡象明.行政决策[M]//张国庆.公共行政学.北京:北京大学出版社,2007:239.

② 陈振明.政策科学[M].北京:中国人民大学出版社,1998:177—180.

③ 胡宁生.现代公共政策研究[M].北京:中国社会科学出版社,2000:106.

④ 吴元其,周业柱.公共决策体制与政策分析[M].北京:国家行政学院出版社,2003:64—66.

⑤ 莫岳云.行政决策学[M].北京:中国社会科学出版社,2004:20—21.

⑥ 赵成根.行政决策[M]//张国庆.行政管理学概论.第2版.北京:北京大学出版社,2000:280—284.

⑦ 陈振明.政策科学[M].北京:中国人民大学出版社,1998:182—185.

(3)现代公共决策方式和行政决策过程基本程序。

有学者详细研究了现代市场经济条件下的决策方式，并且论述了现代决策方式的改进形式，其中包括全体一致规则、过半数规则、循环现象和过半数规则的变异形式。[①]有学者认为，逻辑上的行政决策过程包括三个阶段：情报活动阶段——发现问题和确定目标；设计活动阶段——拟定决策方案；抉择活动阶段——选择最佳方案。[②]有学者认为，行政决策过程的基本程序是：决策问题的发现和诊断，决策目标的确立，决策方案的制定、评估与抉择，决策的实施与完善。有学者指出，就目前我国行政决策的实践而言，在决策过程中还存在以下几方面的问题：决策信息的收集会处理工作存在着信息不全和信息失真的问题，决策方案的设计存在着“粗而不细”和专业化程度低的问题，决策方案的评估存在着“论而不证”的问题，决策方案的选择存在着民主化程度低的问题。针对这些问题，应该从以下四个方面着手：强化行政决策过程的信息工作，强化行政决策过程的咨询工作，强化行政决策的民主参与，强化行政决策的制度建设。[③]

① 陈振明.政策科学[M].北京：中国人民大学出版社，1998:199—211.

② 赵成根.行政决策[M]//张国庆.行政管理学概论.第2版.北京：北京大学出版社，2000:291—295.

③ 胡象明.第七章　行政决策[M]//张国庆.公共行政学.北京：北京大学出版社，2007:250—256.

2. 我国公共决策体制的现存问题及对策研究

有学者认为，我国传统行政决策体制的弊端主要有：行政决策权高度集中于党委决策系统和上级政府；行政决策体制内职责不明确；行政决策中枢机构不健全；行政咨询机构和行政信息机构的作用发挥不够；行政监控系统作用不到位；行政决策程序法定化程度低。我国行政决策体制的改革目标是适应性、效能性、回应性。我国行政决策体制改革的途径有：建立和完善既相互独立，又协调配合的行政决策系统；建立健全民主决策的制度和程序；健全重大行政决策责任制。[④]

④ 莫岳云.行政决策学[M].北京：中国社会科学出版社，2004:41—46.

有学者指出，我国公共决策体制的现存问题基本上突出表现在公共政策执行过程中，“上有政策，下有对策”是此部分研究的典型代表。在研究中,高校学者把握问题导向,对我国公共政策执行中所表现出来的种种问题进行了理论探讨,分析了其成因并提出了相应的建议。这方面的研究主要包括:

(1)我国公共政策执行梗阻与消解研究。

有学者对公共政策执行主体与公共政策执行"中梗阻"现象进行了系统研究。在公共政策执行的实际过程中,政策执行主体往往会由于自身的态度、素质和能力等原因,消极、被动、低效地执行政策,甚至影响和阻挠公共政策的有效执行,这种现象就是政策执行中的"中梗阻"现象。研究认为,这一现象的成因主要有:政治社会化机制乏力;成本——收益预期失衡,责任追究制度缺损。其矫正对策有:强化政治社会化功能,提高政策执行主体的政策知识水平和政策执行能力;加强政策宣传,提高政策执行者的政策认同感;建立健全公共政策执行的责任追究制度。[①]有学者对公共政策执行研究进行了详细探讨,在对政策执行的系统分析(包括主体、客体、执行体制和环境)、政策执行的过程分析的基础上,重点论述了公共政策执行梗阻的主要环节(即政策认知梗阻和政策落实梗阻)以及政策执行梗阻的原因,认为政策质量、政策问题、执行主体、权力配置机制、政策执行监督等因素是主要原因,还分析了执行机构中的官僚主义、目标团体的影响力、危机事件或事态的发生、非制度化因素等其他原因,并且提出了改进政策执行体制、优化政策执行主体行为和健全政策执行制度环境等对策建议。[②]

(2)公共政策执行阻滞机制及其防治对策的研究。

有学者指出,我国国民经济和社会发展过程中,在相当程度上还存在着诸如"有令不行、有禁不止","上有政策、下有对策"等政策在执行过程中变形、受阻乃至停滞等政策执行阻滞现象。政策执行阻滞机制是指政策执行过程中各种消极因素相互作用、凝聚合流所形

① 钱再见,金太军.公共政策执行主体与公共政策执行"中梗阻"现象[J].中国行政管理,2002(2):56—57.

② 金太军,钱再见,张方华,李雪卿.公共政策执行梗阻与消解[M].广州:广东人民出版社,2005.

成的妨碍政策顺利实施乃至造成政策执行过程停滞不前，进而导致政策目标不能圆满实现甚至完全落空的阻力合力及其运作方式。该学者从我国国情出发，结合我国现阶段公共政策的实践特征，在对我国现阶段有关公共政策的执行情况进行实证调查的基础上，运用并借鉴国内外许多相关科学的理论成果，采用科学的研究方法，以利益分析为基本方法论原则，分别从行为分析和制度分析两个方面对我国现阶段政策执行阻滞机制进行了探讨，并从优化主体行为（促进政策认知、增强政策认同、改进执行方式）和加强制度建设（健全科学民主的决策制度、改进行政职权的配置制度、完善现行的干部管理制度、强化政策执行的监督制度、增加意识形态资本的投入）两个方面提出了防治对策。①

(3)公共政策执行中的政府执行力研究。

有学者对公共政策执行中的政府执行力进行了系统研究，认为作为政府行政管理意义上的政府执行力，可解释为自政府组织内所存在的通过认同、支持和准确理解政府的目标及方向，精心设计方案和实施方案，并对政府各种组织资源包括人财物、信息、法令、制度等进行集中有效的使用、调度和控制，从而有效地执行实施公共政策、决策、法令、战略、计划以及执行政府日常性公共事务和完成政府既定目标任务的政府内在力。政府执行力是政府内部推动各项任务完成的“能力”、“力量”、“效力”以及“功能”和“功力”。研究从执行刚度、执行力度、执行高度、执行速度和执行效度五个方面来分析政府执行力，阐述了政策执行力研究的逻辑基础、政策执行的特点及理论模型，以广西县级政府为例对政府执行力进行了现状评估，还对政府执行力问题的根源性因素（政府执行主体的不利心态，政府执行主体的利益博弈，政府执行主体的能力短缺）进行了分析，并提出了政府执行力的治理策略，认为建立执行力型政府是面临的挑战与未来的

① 丁煌.我国现阶段政策执行阻滞及其防治对策的制度分析[J].政治学研究，2002(1)：28－39；丁煌.政策执行阻滞机制及其防治对策：一项基于行为和制度的分析[M].北京：人民出版社，2002.

方向。[①]

(4)公共政策的有效执行研究。

有学者专门对公共政策的执行和有效执行进行了研究,认为"上有政策、下有对策"现象表现为政策附加、政策利用、政策敷衍和政策抵制;其成因主要包括政策执行组织的影响、政策执行人员的影响、对中央和地方的利益考虑有所欠缺、政策本身的缺陷;相应的治理对策包括提高政策制定的科学性和有效性,提高政策执行人员的素质,落实执行过程中的责任问题,利用科技手段如电子政务来提高政策执行的有效性,完善公共部门的考核机制。该学者提出了公共政策有效执行的条件:高质量的公共政策(体现公共性、稳定性、合理性、明晰性、协调性、公平性),公共政策执行的资源,有效的执行策略和手段,配合的目标群体,政策执行中的沟通与协调,适宜的执行环境,政策执行中的偏差行为及其矫正策略。该学者还概括了公共政策有效执行的发展趋势:公共政策执行权的相对集中,完善公共政策执行系统的运行机制,公共政策执行参与机制的构建,改善公共政策执行系统的环境。[②]

3. 决策民主化、科学化及其实现机制研究

决策科学化和民主化是政治体制改革和行政体制改革的重要课题,是建设社会主义政治文明的重要内容。高校学者对决策民主化、科学化的界定基本相同,并且认为二者不可分割,决策民主化是实现决策科学化的前提,决策科学化是决策民主化的目的。不过,高校学者在决策民主化、科学化的实现机制方面却有不同看法。

(1)决策民主化、科学化及其实质。

有学者认为,现代决策的发展有两个基本特征:一是科学化,二是民主化。行政决策科学化就是决策这一主观活动完全要符合客观事物的实际,坚持符合实际的思想路线,运用科学的理论、方法、手

① 莫勇波.公共政策执行中的政府执行力问题研究[M].北京:中国社会科学出版社,2007.

② 张骏生.公共政策的有效执行[M].北京:清华大学出版社,2006.

段、体制进行决策。决策民主化包括决策方式方法民主和决策目标民主两方面，即要使人民群众充分行使决策参与的民主权利，听取各行各业专家、能人的意见，决策目标体现民意，实现人民群众的根本利益。决策民主化是决策目标民主和决策手段民主的统一。行政决策民主化和科学化是密不可分的。科学化首先要民主化，而民主化则必须有科学的程序、方法和体制。[①] 有学者认为，行政决策科学化是指建立科学决策体制，运用科学的理论、方法、手段进行决策；所作出的决策既符合人民的利益又符合社会发展的客观规律。行政决策民主化是指决策目标民主与决策方式民主，即决策目标体现民意，反映人民群众的根本利益；决策过程，发扬民主，集思广益，群策群力。[②]

(2)决策民主化、科学化的实现机制研究。

高校学者对决策民主化、科学化的实现机制进行了论述。有学者认为，决策科学化、民主化程度的高低，取决于一个国家经济社会的发展水平。影响决策科学化、民主化的重要问题在于环境，在于体制，因此应该加强环境建设来推进决策的科学化、民主化，具体包括：增加政治生活的透明度（各级政府对凡是较重大的事情要提交同级人大讨论，建立政府对重大情况的通报制度，强化对决策的舆论监督，坚持公开办事制度）；建设一批有独立思考精神的智囊团；建立议事规程和决策协调机制；加强对决策责任的监督（人大对政府的重大决策要实施责任监督，加强新闻舆论对决策责任的监督，进行广泛的决策案例教育，组织人事部门要将决策效果列为干部考核的重要内容）。[③]

有学者还专门针对决策民主化或者决策科学化的具体实现机制进行了研究和探讨。有学者从决策原则的贯彻实施和决策目标民主与决策方式民主诸方面论证了建立听证制度对政府决策科学化和民

① 许文惠. 行政决策学[M]. 北京：中国人民大学出版社，1997：29—33.

② 莫岳云. 论发挥政协优势与行政决策科学化民主化[J]. 华南理工大学学报：社会科学版，2001(4)：15.

③ 张立五. 决策科学化民主化的环境建设[J]. 中国行政管理，1994(9)：26—27.

主化所具有的促进作用,根据我国政府决策的经验教训,分析了建立决策听证制度的必要性和重要性,对建立和完善我国的决策听证制度应解决好的几个问题(应做到端正认识,消除顾虑;解放思想,大胆借鉴;立足国情,逐步推广)进行了阐述。[①]

① 丁煌.听证制度决策科学化和民主化的重要保证[J].政治学研究,1999(1):57—63.

(五)关于行政监督与责任政府

1. 行政监督的实践及监督体系建设研究

高校学者对于行政监督实践的研究主要集中在如下方面:

(1) 加强行政监督机制建设的必要性。

有学者认为,进一步加强行政监督对提高行政效率、防止行政腐败、赢得人民的信任和拥护有着重大意义:加强行政监督是实现行政机关依法行政的关键;提高行政监督质量是推进"转型"建设的必然要求;强化行政监督力度是消除行政腐败、克服官僚主义的重要手段。[②]

② 李东明.加强和改进行政监督的新思考[J].中国行政管理,2004(5):24—25.

(2) 现阶段我国行政监督体系中存在的主要问题。

有学者综合研究了现阶段我国行政监督体系及机制中存在的主要问题,认为现行行政监督机制的生成发育还很不成熟,其内在结构、运作机理和功能释放都还存在明显的不足和缺陷,主要表现:监督结构离散,功能紊乱,缺乏有序性和整合性;监督对象不清,制裁不力,缺乏均衡性和威慑性;监督规则不完备、不具体,缺乏系统性和可操作性;监督机制单向运行,环节单一,缺乏双向性和全面性;监督渠道不畅,信息不灵,缺乏开放性和透明度。[③]

③ 张立荣.中国行政法制监督机制:现状评析及改革探索[J].政治学研究,2001(2):83—84.

也有学者认为,我国行政监督体系中存在的主要问题在于:行政系统内部的监督容易由于上下级的领导与被领导的关系难以确保有效,而系统外部的监督的作用亟待加强。[④]还有学者从监督主体类别

④ 卢家骥.完善我国行政监督体制的思考[J].中国人民大学学报,1996(4):44.

的角度对此进行了分析，指出存在的问题主要有专门监督机构缺乏独立性、人大制度监督不到位、社会监督透明不足、行政首长没有承担足够责任等。[①]

(3) 完善我国行政监督体制的对策研究。

有学者认为，完善我国行政监督体制是一个系统工程，需要遵循法制化、公开性以及有效性原则，对策主要有：变缺乏规则、过于笼统、约束不力的软性监督为标准完备、程序严密、约束有力的硬性监督；变自上而下的单向监督为自上而下与自下而上科学结合的双向监督；变偏重于自我约束的内部监督为内部监督与外部监督有机统一的全方位监督；变限于事件后果检查、惩戒的单环节监督为注重行为因果、事件始终的全过程监督；变各自为战、缺乏联系的离散监督为主辅匹配、密切协作的整合监督；等等。[②]

也有学者指出，行政监督的完善不仅体现在制度上，也决定于政治主体的监督意识与监督能力；并且，能不能有效地遏制行政权力的滥用，不仅取决于监督机制的完善、监督技能的娴熟，更关键的是监督主体的力量。而行政监督主体的监督力量建立在十分复杂的体制基础和社会文化基础之上，因此，行政监督问题并不仅仅局限于监督者与被监督者之间的关系，而与一个国家的政治体制与社会文化底蕴有着密切的关系。从这一意义上来说，行政监督的健全和完善是一项社会系统工程，要与社会政治的综合发展有机结合起来。[③]

另有学者以监督主体为切入点，分别提出了相关对策：切实维护监察机关行使监督的独立性和权威性；提高人大监督力度；增强政务公开透明度；扎实有效地推行首长问责制。[④]还有学者认为，加强行政监督需要建立行政监督体系的协调机制、健全行政监督的法律机制、强化人大监督机制、增强行政监察部门的权威性、完善群众与舆

① 李东明.加强和改进行政监督的新思考[J].中国行政管理，2004(5):25－26.

② 张立荣.中国行政法制监督机制：现状评析及改革探索[J].政治学研究，2001(2):85－87.

③ 陈国权.论权力制衡与行政监督[J].中国行政管理，2000(8):55.

④ 李东明.加强和改进行政监督的新思考[J].中国行政管理，2008(5):26－27.

论监督制约机制。[①]

① 王宏伟.我国行政监督机制的完善[J].生产力研究,2006(10):140－141.

2. **责任政府与行政问责制研究**

高校学者在这方面的研究主要包括如下内容:

(1)责任政府的基本理论。

高校学者对责任政府的含义进行了广泛研究。有学者认为,责任政府意味着政府能积极地回应、满足和实现公民的正当要求,责任政府要求政府承担道德的、政治的、行政的、法律上的责任,它是民主政治与民主行政的本质要求,同时,责任政府也意味着一套对政府的控制机制。[②]有学者认为,责任政府作为现代民主社会的基本诉求,意味着:宪法和法律是政府及其官员施政的准绳;公民的权利与义务受政府切实的保障;政府的渎职、失职与违法行为必须承担法律责任;受政府及其官员公务行为损害的公民,有权提出诉讼并获得赔偿。[③]

② 张成福.责任政府论[J].中国人民大学学报,2000(2):75.

③ 陈国权.论责任政府及其实现过程中的监督作用[J].浙江大学学报:人文社会科学版,2001(2):28.

也有学者认为,责任政府是对现代化政府的一种定性或政府行政所要达到的一种负责任的理想状态,是国家行政机关负责地行使权力、向国家立法机关和执政党负责的同时,积极回应并满足公民的各种社会诉求、真正实现为人民服务的根本宗旨,并内在包含着对不负责任的各种行为进行制裁和控制的一种机制。[④]还有学者认为,责任政府是明确承担责任的政府,切实履行职能的政府,高效、廉洁、诚信的政府。[⑤]

④ 孙彩虹.责任政府:当代中国政府改革的目标选择[J].中国行政管理,2004(11):80－81.

⑤ 周亚越.行政问责制研究[M].北京:中国检察出版社,2006.

高校学者进一步研究了责任政府的理论基础。有学者认为,责任政府的理论基础有人民主权论、法治学说、积极政府理论等。[⑥]有学者于政治学、经济学与公共行政学的近现代成果中进行挖掘,认为责任政府的理论基础有民主政治理论、委托一代理理论、交易成本理论、公共选择理论、善治理论等。[⑦]

⑥ 王成栋.政府责任论[M].北京:中国政法大学出版,1999.

⑦ 周亚越.行政问责制研究[M].北京:中国监察出版社,2006.

(2)我国行政问责制的实践发展历程。

有学者系统研究了我国行政问责制的实践发展历程，将我国行政问责制的践行历程划分为四个阶段：其一，中国帝制历史上的问责实践。这一阶段监督问责的主要形式包括巡视、考课、勾检、弹劾、封驳与谏净、判署等。该学者认为，由于人治体制不变，这一阶段我国的问责事实上从来没有形成真正的吏治习惯，更谈不上提升到建立“责任政府”这一具有现代民主和法治意义的关键一环，只是封建统治与派系斗争的工具。其二，从新中国成立到改革开放的问责实践。这一阶段问责的标志性事件是刘青山、张子善案，中央对于刘、张的坚决惩处换来了中国20年相对的清廉；然而“文化大革命”时期问责处于没有制度保障的随心所欲阶段。其三，从改革开放到发生“非典”事件以前的问责实践。在这一时期，中央在重大责任事故、人事、廉政等方面也规定了一些责任追究的制度，但我国对政府及其公务员的管理与监督上的问责机制总体上并未建立，可操作性强的实施细则在国家层面上一个也没有。其四，2003年发生“非典”事件以后的问责实践。以2003年的“非典”事件为代表的一系列重大安全责任事故成为中国全面推行行政问责制的契机。中央免去了“非典”事件中的相关责任官员。这是新中国历史上首次在突发灾害事件中，短时间内就同一问题连续地、大范围地追究官员责任，标志着我国行政问责制的全面推行。从此，对行政官员的问责作为一种制度进行建设，而不仅仅是一种事后追加的惩罚，同时也作为日常生活中对官员的训诫与警示。①

① 周亚越．行政问责制研究[M]．北京：中国检察出版社，2006.

(3)完善问责制的路径研究。

关于如何完善问责制、提高问责成效，高校学者有诸多研究和论述。有学者认为，完善我国行政问责制的路径主要有：建立健全行政问责制度体系；逐步建立民主问责制度，加强行政体系外部的主体问责,包括人大、司法机关、检察机关、民主党派、媒体以及公众对政府的问责;用程序保证行政问责的健康发展,在制度层面完善行政问责制的各项程序。①

也有学者认为,问责制应与其他法律、制度建设配套运行。问责制需要公众对政府进行有效的监督,而有效的监督离不开知情权、参与权、选择权、监督权等权利;要健全实现这些权利所需要的制度与程序,如绩效评估制度、监督制度、政务公开制、公示制度等。保证决策质量、提高管理效能,不可能单纯依靠主要的行政责任者,而取决于制度运行的法制化、规范化和理性化。②

有学者多方面研究了完善问责制的途径,主要有:深化异体问责,确立以权力机关为主导、多方有序参与的问责主体架构;围绕公共权力,规范问责客体的范围,科学、合理、公正地界定责任人;界定问责内容,强化问责刚性,实现问责标准法定化;完善问责程序,增强可操作性,提升问责的政治效能;健全法律体系,克服制度缺陷,增强法治强制力保障;革新行政环境,创新行政文化,再造责任型行政伦理。③

还有学者从重塑行政问责文化、构建中国行政问责法、健全和强化异体问责机制以及加强行政问责配套制度建设等方面研究了完善问责制的途径。④

3. 效能监察和其他中国特色的问责机制研究

高校学者对于以效能监察为代表的有中国特色的问责机制进行了研究。

(1)效能监察研究。

关于效能监察的含义,有学者认为,效能监察是指行政监察机关依法对国家行政机关及公务员和国家行政机关任命的其他人员依法行政、履行职责及其效率、效果问题的监督检查及违法失职行为的查

① 丁先存,夏淑梅.完善我国行政问责制的几点思考[J].中国行政管理,2006(3):17.

② 谭功荣.问责制:责任政府最基本的实践形式[J].中共福建省委党校学报,2004(7):19.

③ 刘厚金.我国行政问责制的多维困境及其路径选择[J].学术论坛,2005(11):43—44.

④ 周亚越.行政问责制研究[M].北京:中国检察出版社,2006.

处。[①]还有学者认为，效能监察是为维护公共利益、保障行政组织的廉政与勤政，行政监察机关和法律、法规授权的效能管理组织对行政管理体系及其行政管理行为的经济性、效率性和效果性进行的整体性监察。[②]

关于提高效能监察效果的途径，有学者从效能监察的组织设计、模式构建以及考评、奖惩制度的角度进行了研究。[③]有学者从绩效评估的角度进行了研究，认为绩效评估作为政府进入高层次发展需要的一种有效的管理工具，是效能建设新的有效载体；而效能建设是效能监察的基础，绩效评估的结果可直接运用于效能监察。据此，该学者提出了绩效评估结果用于效能监察的路径：整合资源，发挥绩效评估与效能监察整体合力；健全机制，改进效能监察流程；加大立法力度，为运用绩效评估成果进行效能监察提供法律基础；多措并举，确保绩效评估成果进行效能监察落到实处。[④]

还有学者从时间逻辑的角度研究了提高效能监察效果的途径，提出了全过程监察的理念，即根据行政管理活动的运行过程，分别进行行政决策效能监察、行政执行效能监察以及行政目标效能监察。[⑤]

(2)有中国特色的其他问责机制的研究。

第一，关于审计问责的研究。有学者认为，我国政府改革已经从政府的“权利本位”向“责任本位”转变，有限政府和责任政府开始成为政府执政新理念。政府职能转变，客观上要求政府审计职能创新。问责与绩效评价将成为我国政府审计职能创新的基点，审计将发挥重要的行政问责职能。[⑥]

也有学者研究了政府审计问责的三个层面的问题，即“问”、“责”、“制”。首先，关于“问”，谁来问，问谁，怎么问，即问责制的主体、对象、范围、程序等问题；其次，关于“责”，具体应该承担什么责

① 姜国兵. 运用绩效评估成果进行效能监察[J]. 求索，2006(8)：81.

② 毛昭辉. 中国行政效能监察——理论、模式与方法[M]. 北京：中国人民大学出版社，2007.

③ 毛昭辉. 中国行政效能监察——理论、模式与方法[M]. 北京：中国人民大学出版社，2007.

④ 姜国兵. 运用绩效评估成果进行效能监察[J]. 求索，2006(8)：81.

⑤ 闵绪国，龙钰. 行政效能全过程监察及其实现[J]. 云南行政学院学报，2006(2)：55—57.

⑥ 杨茁. 问责与绩效评价：政府审计职能创新解读[J]. 求是学刊，2006，33(5)：60.

任,在什么情况下应该承担责任,即责任认定的依据和责任大小等问题;最后,关于"制",即通过法制化、制度化的框架来强化责任追究制度,这不仅包括具体的问责实施法规,还包括相应的配套制度,从而确保问责制的顺利进行。[①]

还有学者提出了我国现行审计问责制中存在的问题,即审计机关是国家为了实行审计监督制度而设立的专门机关,但公众对于审计结果的真实性及审计人员是否尽职尽责地完成了人民托付的任务等都无法直接了解,因而需要一个机构来对审计进行审计,审计其的工作过程、审计的结果、审计人员的职业操守等。审计机关及审计人员有违法行为都要接受应有的处罚。[②]

第二,关于绩效问责的研究。有学者认为,绩效问责是行政问责的一种形式,它通过对政府绩效水平的考察,向未达到绩效目标的政府组织及其公务人员追究相应的责任,是行政问责制的深化和发展。绩效问责把问责制与政府绩效相结合,对政府行为具有激励和约束双重功能。绩效问责的基本功能主要是:绩效问责限定了政府的基本行为领域;绩效问责为政府行为设定了一个底线目标;绩效问责对政府组织和公务人员的行为提出了更高的要求;绩效问责是政府绩效管理的一种手段。[③]

① 张灵芝.论政府审计问责制[J].审计与经济研究,2005,20(3):14.

② 王娟.谈审计问责制[J].财会研究,2005(11):62.

③ 徐元善,楚德江.绩效问责:行政问责制的新发展[J].中国行政管理,2007(11):29—31.

(六)关于公共预算与公共财政制度改革

改革开放以来,高校学者对于公共预算与公共财政制度改革的理论研究主要集中在如下方面。

1. 公共预算与财政的基础

伴随着改革的深入,高校的预算与财政研究越来越深入,学术界也越来越深刻地认识到财政问题的政治性。财政学者就"国家财政体制"与"公共财政体制"的范畴展开探讨，对于财政体制改革的目标和方向进行了基本定位研究。高校学者对这一讨论高度关注，努力论述公共财政的经济必要性与政治正当性，阐述公共财政的政治经济价值，指出财政改革的目标方向。有学者比较分析计划经济与市场经济体制中的财政活动差异，指出政府财政行为缺乏"公共性"，提出社会主义市场经济体制的改革目标是我国财政向公共财政转型的经济基础和根本条件，而政府的财政运作缺乏"公共性"则是建立公共财政的政治基础。[①]此后，还进一步阐述了公共财政在政治经济层面的具体功效，指出公共财政"是对政府行为的直接和具体约束；将确保经济主体的市场独立地位；将大大提高各级政府的支出效率；将规范各级政府的分配秩序；将规范市场竞争行为和秩序；将形成正常的政府活动范围与规模以及将确保政府的依法行政"[②]。一旦财政的公共性凸显，公共预算所涉及的民主、法治等问题就开始进入高校学者的研究视野。财政学者从公共财政的角度揭示法治国家产生的经济根源，进而分析了中国建设法治国家的必然性、可行性及具体方略，[③]并探讨了政府行为、财政行为和预算行为的法治化，[④]强调财政运作的公开透明以及加强预算监督的重要性。[⑤]同时，政治学和公共行政学中的公共预算研究也日趋活跃，为公共预算的研究提供了一个新视角。从这一视角出发的研究，更加强调公共财政和公共预算的政治性，更多地从国家治理的角度、而不是传统财政学的会计视角来研究公共预算问题。[⑥]

预算改革以来，预算与财政改革问题研究的跨学科特征日趋明显。2006年，广州中山大学政治与公共事务学院、广州中山大学行政管理研究中心、北京大学政府管理学院、北京大学政治发展与政府管理研究所在广东南海联合举办第一届"中国公共预算学术研讨会"，与会的政治与行政学者就中国公共预算改革及其研究问题，

① 张馨.论公共财政[J].经济学家，1997(1)：96—103.

② 张馨.财政公共化：当前我国改革的关键步骤[J].财政研究，2001(2)：44—48.

③ 周刚志.论公共财政与宪政国家：作为财政宪法学的一种理论前言[M].北京：北京大学出版社，2005.

④ 张馨.法治化：政府行为·财政行为·预算行为[J].厦门大学学报，2001(4)：11—17.

⑤ 张馨.公共支出改革：建立公共财政框架的关键步骤[J].财政研究，2001(9)：21—23.武彦民，魏凤春.财政管理公共化：公共财政的本质[J].现代财经，2005，25(1)：13—17.

⑥ 马骏，於莉.公共预算研究：中国政治学和公共行政学亟待加强的研究领域[J].政治学研究，2005(2)；马骏，侯一麟，林尚立主编.国家治理与公共预算[M].北京：中国财政经济出版社，2007.

与财政学者展开了跨学科、多角度的对话,并形成了南海会议共识。[①]

2. 预算改革

1994年,国家颁布了《中华人民共和国预算法》;1999年,预算改革正式启动。在发展过程中,预算改革问题逐渐成为政治学、公共行政学和财政学领域的共同研究热点和重点。有学者指出,"以政府预算制度的改革为中心,全面推进我国财政的公共化进程,应是我国目前深化改革的关键步骤和中心环节"[②],因为"只有真正的政府预算制度建成之日,才是公共财政实质上建成之时"[③],而实际上"市场经济体制和公共财政体制都是在政府预算体制的框架下建立的"[④]。

有学者明确指出,建立控制取向的现代公共预算体制是当前我国预算改革的主要任务。[⑤]这一观点引起了不同看法。有学者从国家建设的监督,引入"预算国家"的概念,认为通过改革财政制度,建立预算国家是实现国家治理转型的关键,并指出我国的预算改革需要进一步完善政府内部的集中统一,另一方面需要及时加强人大预算监督。[⑥]有学者指出,在政府间财政关系改革和税制改革取得阶段性进展后,我国从2000年开始将财政改革的重点转向政府预算和公共支出管理领域,取得了积极而有限的进展。但若要使预算成为政府施政之利器,尚需继续努力。而以强化控制和配置功能为导向的预算改革,将为转向以促进绩效与治理为主要目标的更高阶段的预算改革铺平道路。[⑦]也有学者深入地分析了我国公共预算改革中的政治,指出预算改革实质上是一种政治体制改革,一方面预算改革在改变着政治,另一方面,预算改革的进一步深化需要政治体制改革的支持。[⑧]

① 马骏,王浦劬,谢庆奎,肖滨.呼吁公共预算:来自政治学、公共行政学的声音[M].中央编译出版社,2008.

② 张馨.财政公共化:当前我国改革的关键步骤[J].财政研究,2001(2):44—48.

③ 张馨.析中国公共财政论之特色[J].财政研究,2001(7):17—23.

④ 张馨.公共支出改革:建立公共财政框架的关键步骤[J].财政研究,2001(9):21—23.

⑤ 马骏.中国公共预算改革的目标选择:近期目标与远期目标[J].中央财经大学学报,2005(10).

⑥ 王绍光,马骏.走向预算国家:财政转型与国家建设[J].公共行政评论,2008(1).

⑦ 王雍君.中国的预算改革:评述与展望[J].经济社会体制比较,2008(4).

⑧ 马骏.中国预算改革政治学:成就与困惑[J].中山大学学报,2007(3).

3. **预算资金分配制度**

各个相关学科的学者深入分析了我国公共预算资金分配制度存在的各种问题并提出了相关的改革建议，例如预算编制存在缺乏前瞻性、严肃性、科学性和完整性和法律性，建议“加强对经济与财政情况的分析与预测工作，延长预算编制时间，将政府性资金统一纳入预算管理，推行部门预算，调整预算审批时间与方式”等。[①] 有学者则从总体设计、制度、编制方式与编制过程等方面指出了政府预算编制存在的问题，并提出了改进建议。[②] 有学者分析了部门预算改革面临的困难，指出部门预算改革面临的与机构改革滞后、以部门为主的被动编制、现有预算分配权、税收计划以及实施部门预算改革的基础环节的一系列矛盾，进而针对这些矛盾提出了对策建议。[③] 有学者指出，部门预算改革存在预算编制的计划性和科学性困难、政府预算分散性问题、预算编制公开性和透明度欠缺、政府预算的法治困境等问题，认为“我国目前的政府预算制度远谈不上是完整的，它意味着需要一系列远为深刻与广泛的改革”[④]。有学者认为，中国预算编制仍然处在“前预算时代”，需要先建立各种基础性的预算控制，才有可能改进预算资金的分配效率。[⑤] 也有学者提出将国家需求理解为民众需求之集合，来重新认识政府预算决策的内涵，因此，需要优化政府预算决策的路径，如以民主改进政治决策程序、以市场化方式弥补政治缺陷等。[⑥] 还有学者通过对我国基层预算民主经验的总结，呼吁完善预算民主，以使公共资金的安排更加对公民负责。[⑦]

近年来，高校学者通过实证调查，跟踪预算过程，努力发现我国预算的实际规律性特征。有学者运用交易费用的理论框架，指出中国省级预算过程存在很高的交易费用，包括讨价还价费用和协调费用，以及更为严重的类似“公用地悲剧”的掠夺性预算行为。在此情况下，形成了各种非正式的预算制度，以解决预算交易中存在的问

① 李燕．我国政府预算编制现存问题及其改革[J]．贵州财经学院学报，2000，83(1)：14—17.

② 刘寒波．我国政府预算编制的问题与建议[J]．湖南税务高等专科学校学报，2000，51(3)：23—26.

③ 陈工，袁星候．实施部门预算改革面临的矛盾及化解[J]．财政研究，2001(5)：9—12.

④ 张馨．论部门预算改革[J]．经济学家，2002(2)：94—99.

⑤ 马骏．中国公共预算改革：理性化民主化[M]．(第三、四章)．北京：中央编译出版社，2005.

⑥ 王金秀．政府预算决策优化的路径[J]．财政研究[J]．2001(4)：16—19.

⑦ 牛美丽．预算民主恳谈：民主治理的挑战与机遇战[J]．华中师范大学学报，2007(1).

题。主要包括:横向的预算产权、部分等级制和完全等级制,以及围绕它们而形成的"以关系为基础"的纵向非正式制度。有学者运用零基预算,研究了我国的地方预算资金分配过程,研究了我国地方预算过程中政策与预算脱节的问题。[①] 有学者研究了预算改革以来,预算机构的发展变化,及其面临的挑战。[②] 也有学者建议,有必要在外部形成某种制约促使预算过程透明,这种外部制约可以来自中央,也可以来自省本级(例如省人大)。[③]

4. **财政管理制度**

在预算执行过程中,建立有效率而且负责的财政管理制度是非常关键的。在这方面,高校学者的研究也取得了较多研究成果。有学者指出,预算改革前,我国的财政管理制度存在着账户分散、资金余额分散、采购分散、付款分散等问题,并缺乏有效的会计控制,建议建立集中型的财政管理体制来取代之。[④]

在国库集中收付体制改革领域,有学者指出,转向集中性国库体系隐含着一系列风险,如由"分散违规"转向"集体违规",由低层次违规转向高层次违规,以及内部管理责任的削弱乃至消失。为此,主张应建立相应的制衡性制度安排,如加强支出机构内部管理责任。[⑤] 有学者认为,建立国库集中支付制度面临统一认识、财力紧张等困难,为此,应该"统一思想、提高认识,加强领导;实事求是、稳步推进"。[⑥]

建立规范、完善的政府采购制度有助于提高财政资金使用效率和廉政建设。有学者阐述了政府采购的社会和政治意义,[⑦] 也有学者探讨了实行政府采购制度的具体操作方法,如建立政府采购机构、进行政府采购试点、加快政府采购立法以及政府预算编制、财政部门内部机构设置与政府采购机构的设立相衔接等,[⑧] 指出我国政府采购制度存在的法制化建设落后、采购范围窄、项目单一、操作程序不规范、机构设置不合理以及其他财政体制的配套改革不到位等问题,

① 马骏. 中国的零基预算改革:来自某财力紧张省份的调研[J]. 中山大学学报,2005(1).

② 马骏,於莉. 中国核心预算机构研究:关于中部某省会城市的案例研究[J]. 华中师范大学学报,2007,(3).

③ 马骏,侯一麟. 中国省级预算中的非正式制度:一个交易费用理论框架[J]. 经济研究,2004(10):14—23.

④ 王雍君. 中国国库体系的改革:从分散化到集中化[J]. 财贸经济,2003(5).

⑤ 王雍君. 中国国库体系的改革:从分散化到集中化[J]. 财贸经济,2003(5):27—31.

⑥ 马海涛. 试析建立国库集中支付制度[J]. 财会月刊,2004(B5):68—69.

⑦ 马海涛. 完善政府采购的财政经济意义[J]. 中国财政,1998(1):10—11.

⑧ 杨树相. 实行政府采购制度,强化财政支出管理[J]. 首都经济贸易大学学报,2000(1):48—50.

并且就此提出"加强政府采购法制化建设、扩大政府采购规模、进行财政体制的配套改革、建立相互制衡的监督管理体系和完善政府采购网络化管理"的改革建议。[①] 此后，该学者进一步分析了新形势下政府采购存在的问题，探讨了我国建立绿色政府采购的必要性和可行性，指出绿色政府采购需要解决"建立绿色政府采购的激励措施、尽快制定和公布绿色政府采购清单、对政府绿色采购进行绩效评估"等问题。[②]

5. **关于公共财政的配套机制建设**

建立健全公共财政体制需要配套机制建设，高校学者围绕加强财政监督、严格风险控制和实行绩效评价、减小制度执行结果与制度设计目标的偏离程度等问题展开研究和探讨。

关于财政监督，在政府明确建立公共财政体制的目标之前，高校学者主要关注如何通过加强财政监督来实现政府收入的最大化。此后，学者更多从公共财政的角度论述财政监督的内涵，或是关注财政监督的制度与程序设计。有学者从财政监督公共化的角度对财政的内部监督和外部监督进行了比较，主张应加强以纳税人或缴款者的个人和经济单位为代表的外部监督，具体措施包括强化政府预算监督、重视依法课税的监督和推进政府收费监督等。[③] 有学者根据政府公共事务管理循环的三个环节，将财政监督分为合理性监督、合法性监督和绩效监督三类，指出合理性监督由"预算部门——政府调整——人大审查"来完成的，合法性监督由审计部门来完成，绩效监督则是一个"空档"，而它恰恰是控制财政支出的关键。[④] 有学者研究了对于政府财政监督的机构重叠问题，指出审计机构侧重事后监督，财政系统内部的财政监督局侧重事前和事中监督，两者都有存在的必要。关键是协调好两者之间的监督关系，避免监督目标不协调所导致的监督主体冲突。[⑤]

① 马海涛. 推行政府采购制度之我见[J]. 财会月刊，2004(B3)：49—50.

② 马海涛. 深化政府采购制度改革研究[J]. 内蒙古财经学院学报，2006(1)：5—10；马海涛，程岚. 构建和完善我国绿色政府采购制度的思考[J]. 中国政府采购，2007(9)：44—48.

③ 张馨. 论财政监督的公共化改革[J]. 财政研究，2004(12)：2—5.

④ 马国贤. 部门预算改革与财政监察[J]. 财会月刊，2004(B2)：27—28.

⑤ 袁凌，赵福军. 构建与完善财政监督运行机制[J]. 财政研究，2006(6)：20—21.

政府的财政风险控制能力是财政管理能力的重要指标。高校学者的早期研究主要分析政府的财政风险的成因及状况,并提出政策建议。[①]近期研究的重点是通过分析财政风险的内涵,或是建立财政风险评估模型与预警方法,据此形成对我国财政风险的基本判断。有学者将财政风险分为核心风险、分配性风险和摩擦性风险,据以建立财政风险的层次组合,并将其用于实证分析。[②]有学者以指数预警方法为主,选择20个预警指标,并确定了各指标的预警区间,设置了财政风险预警信号系统。[③]还有学者深入财政过程,剖析财政风险的形成机理,论述压力型的制度环境、现有的干部激励机制和被弱化的约束机制,导致县市级政府会主动形成各种负债进而累积财政风险,并指出经济增长和地方政绩是以财政风险的不断增加为代价的。[④]

公共支出的绩效评价是加强财政支出管理、提高财政资金运行效率的关键。有学者根据公共支出绩效评价的特性,构建了一套公共支出绩效的指标体系,该指标体系共分两个层次:第一层次包括投入、过程、产出和结果等4类初始指标;第二层次包括效益性、效率性和有效性等3类终极指标。[⑤]有学者就构建公共支出绩效考评制度提出了原则性框架思路,包括制定绩效评估战略规划和年度绩效计划,确定考评范围和基本内容,确定评估实施主体及其责任,等等。[⑥]

① 袁星候.财政风险:成因及对策[J].四川财政,1998(6):18—20;梁红梅.转轨时期的财政风险及其防范与控制[J].财政研究,1999(3):37—38.

② 侯荣华,欧林宏.中国财政风险的理论思考及实证分析[J].财政研究,2003(6):22—26.

③ 丛树海,李生祥.我国财政风险指数预警方法的研究[J].财贸经济,2004(6):29—35.

④ 马骏,刘亚平.中国地方政府财政风险研究:"逆向软预算约束"理论的视角[J].学术研究,2005(11):77—84,148.

⑤ 丛树海,周炜,于宁.公共支出绩效评价指标体系的构建[J].财贸经济,2005(3):37—41.

⑥ 安秀梅.政府公共支出管理中的绩效考评研究[J].当代财经,2005(4):28—31,37.

(七)关于中央与地方关系

改革开放以来,高校学者对于中央与地方关系的理论研究主要集中在"中央与地方关系的目标定位"、"中央与地方关系的运行机制"、"中央与地方关系缺陷及逻辑"以及"中央与地方关系的制度创新"等领域。鉴于"中央与地方关系"涉及学科领域广泛,中央与地方的财政关系、中央与地方的政治和行政关系是研究的重点。

1. 中央与地方关系的目标定位

就中央与地方的财政关系而言，中央与地方的财政分权关系是改革开放以来的主流范式。关于中国的财政分权状况与程度，有学者指出，中国政府间财政分权改革已经取得重大进展，但分权改革并未真正到位，中央与地方之间，以及地方与地方之间，还未达成一种制度规范下的力量均衡。① 也有学者选取地方政府收入自主权和地方政府财政支出占国家财政支出的比重作为财政分权衡量指标，认为尽管最近有一定程度的财政集权趋势，但仍是一个高度财政分权的国家。② 还有学者从预算外资金的角度指出我国存在"体制内"和"体制外"双重财政分权。③ 另有学者提出，2004 年以来，随着发展战略的调整，中央与地方的权力调整由效率性分权逐步转向了公平性分权。④

关于什么是合理、适度的财政分权，有学者探讨了中国始自 20 世纪 80 年代中期的财政分权改革对人均 GDP 增长率的影响，指出财政分权对经济增长起到了显著的作用。⑤ 另有学者探讨了财政分权对经济增长和区域资源分配均等的影响以及后两者之间的取舍关系，指出了财政分权对经济增长的凸性特征。⑥ 也有学者通过对 28 个地区 1986—1992 年和 1994—2002 年的对比研究，指出改革前财政分权与经济增长之间存在显著的负相关关系，而 1994 年后财政分权与经济增长的系数显著为正。⑦ 这些研究结果表明，财政分权既可以促进经济增长，也可能与经济增长负相关，而这至少在理论上说明可能存在一个最优的财政分权程度。

关于中央与地方政治和行政关系的目标定位，有学者在 80 年代末就指出，中央与地方关系的发展趋势是"地方政府功能的扩大和中央政府功能的缩小"。鉴于中国的改革目标是改变高度集中的经济管理体制和高度集中的政治和行政体制的角度，据此学者阐述了地

① 杨灿明.地方政府行为与区域市场结构[J].经济研究，2000(11):58—64.

② 赵志耘，郭庆旺.论中国财政分权程度[J].涉外税务，2005(11):9—13.

③ 王德高，韩莉丽.我国中央与地方政府间财政关系问题的探讨[J].学习与实践，2006(6):39—43.

④ 邵明阳.从效率性分权到公平性分权：当代中国中央与地方权力调整轨迹分析[J].经济社会体制比较，2008(3):91—96,14.

⑤ 林毅夫，刘志强.中国的财政分权与经济增长[J].北京大学学报，2000,37(4):5—17.

⑥ 乔宝云.增长与均等的取舍：中国财政分权政策研究[M].北京：人民出版社，2000:55.

⑦ 张晏.分权体制下的财政政策与经济增长[M].上海：上海人民出版社，2005.

方权限扩大的合理性与必然性,并指出当时人们已经达成了"必须要改变旧的中央政府与地方政府的关系模式"的共识。[①] 由此可见,当时"向地方下放权力"已经具有相当的社会基础。有学者对财政包干制下的"弱中央"格局表示了极大的忧虑,学者从强化国家汲取财政能力的角度提出"应加强中央政府在市场经济转变和现代化进程中的主导作用",并认为中国必须采用中央集权——地方分权的混合体制。[②] 在 90 年代末,有学者从制度建设的角度阐述中央与地方关系发展的目标,"即朝着法律化、制度化和协调化方向发展"。法律化即各政府的地位、权力和利益有法律保障,政府间领导、指挥、协调、约束和控制关系有法律依据;制度化即政府间关系应以各种制度而不是政策形式表现出来;协调化即政府间关系应是一个开放的、并在发展中保持动态平衡的体系。[③]

2. 中央与地方关系的运行机制

关于中央与地方财政分权的运行机制,一个普遍的看法是,中央政府与地方政府之间是一种利益博弈的关系。高校学者的兴趣在于具体的利益博弈行为是如何进行的,以及利益博弈所产生的影响。有学者侧重于分析财政分权体制下地方政府的自我需求是怎样与外部环境发生积极作用的,由此出发考察了具有独立利益目标与拥有资源配置权的地方政府在我国向市场经济体制过渡中的特殊作用,据此提出了"中间扩散型制度变迁方式"的理论假说。[④] 有学者认为,地方政府的行为博弈主要表现为地方政府与中央政府的权利博弈、地方政府与企业博弈两个主要方面,并引起对规制的寻租、地方主义、过度竞争、区域壁垒以及产业结构雷同等多种外部性,其成因主要是财税分权制度安排、投融资体制改革、地方市场需求和地方政府角色转变。[⑤] 有学者提出,中央政府与地方政府的政策博弈在积极方面中央政府政策的更加合理、完善,而消极影响则是中央政府调控能

① 王沪宁. 中国变化中的中央和地方政府的关系:政治的含义[J]. 复旦学报,1988(5):1—8,30.

② 王绍光,胡鞍钢. 中国国家能力报告[M]. 沈阳:辽宁人民出版社,1993:141,163.

③ 林尚立. 国内政府间关系[M]. 杭州:浙江人民出版社,1998:368—369.

④ 杨瑞龙. 我国制度变迁方式转换的三阶段论——兼论地方政府的制度创新行为[J]. 经济研究,1998(1):3—10.

⑤ 涂晓芳. 地方政府的行为博弈与其外在性[J]. 云南行政学院学报,2004(3):14—19.

力大打折扣、中央政府遭遇信任危机和扰乱市场秩序。[1]

关于中央与地方政治和行政关系的运行机制，有学者指出，改革开放以来的中央与地方关系“由过去以行政组织为主要基础的行政服从关系，转向以相对经济实体为基础的对策博弈关系(如一对一的谈判或者讨价还价的谈判)”[2]。这一见解成为学界共识。此后，高校学者专注于具体问题的分析，如有学者探讨中央与地方关系变迁对公共服务的积极与消极影响，前者表现为各级政府的经济性公共服务职能得到充分发挥，后者表现为社会公共性服务严重匮乏。[3]

还有学者分析了分税制下中央与地方关系的演变，“将从单纯的中央行政性集权的权力关系逐步发展为在制度和法律保障下的中央集权和地方分权并存的关系”，并认为这种权力关系的变化“将使中央与地方的整体关系从单向依赖走向相互依赖”。[4]

3. **中央与地方关系缺陷及逻辑**

对于中央与地方财政分权存在的缺陷，高校学者给予了高度的重视，特别是对财政分权过程中的“事权下放普遍”及其危害，有关中央与地方关系的研究一般都会涉及这个问题。此外，对于财政分权过程中的地方保护主义、机会主义与短视行为，以及财政体制缺乏内在的稳定性，也引起了学者们的关注。

值得注意的是，在导致缺陷的原因分析以及解决缺陷的方案设计上，学术界却存在较大分歧。根据对财政分权缺陷的前因后果逻辑差异，大体上可以分为“充分分权”和“适当集权”两种意见。

关于“充分分权”，指的是将进一步的分权作为解决财政分权缺陷的出路。有学者则明确指出我国实行的是一种有限财政分权制度，并阐述了这种制度的危害——赋予了地方政府税收和支出的执行权利，但没有赋予其部分税收自主权，也就导致地方政府无法因地制宜地设计收入来源；同时，也没有赋予地方居民投票权和其他参与

① 夏永祥，王常雄. 中央政府与地方政府的政策博弈及其治理[J]. 当代经济科学，2006(2).

② 王绍光，胡鞍钢. 中国国家能力报告[M]. 沈阳：辽宁人民出版社，1993：170.

③ 彭向刚，梁学伟. 以公共服务为主旨构建当代中央与地方关系[J]. 社会科学战线，2006(6)：182－185.

④ 林尚立. 国内政府间关系[M]. 杭州：浙江人民出版社，1998：354－355.

权利，这就导致当地居民的公共品需求无法准确及时地表达在当地政府的财政预算中，也无法给当地政府以及时有效的监督。[①]关于财政体制缺乏稳定性，有学者指出，由于分权制方案是中央政府和各省分别谈判所形成的，它不是各省之间的妥协的结果。同时，由于制度变迁的主导者是中央政府，在没有法律约束的情况下，它随时有可能根据自己的利益来调整方案。这导致了中国的财政体制缺乏内在的稳定性。[②]

关于地方政府短视行为，有学者指出我国的历次财政体制改革，基本上是一种"放钱不放权"的思路，这导致，在某些时期出现中央"左手放、右手拿"，而地方由于在利益的预期性方面较差，容易出现某些短期行为。由此提出，对于"放"之后出现的这种"乱"，人们仅仅把主要原因归结为"放"的过度，而很少考虑在"放钱"与"放权"之间如何作出选择以及"放权"有没有法律保障的问题。[③]还有学者讨论了不规范的分权改革导致了市场的分割、区域间交易费用的提高和地方政府对地方企业控制的加强，提出"进一步地推进和规范政府间分权，很可能是我国经济和社会发展的一个新的增长点"[④]。

关于"适当集权"，指的是将适当集权作为解决缺陷的出路，有学者通过比较地方政府规模巨大的预算外收入和非预算自筹基金相对预算内收入的支出绩效差，隐晦地表达了应对目前的财政分权进行调整(削弱)的观点。他指出，"地方政府对地税的管理享有更多的控制权，从而对财政资源的剩余权进一步扩大。因此，始于20世纪80年代的财政分权在1994年分税制改革后并没有停止。……中国财政改革的进一步目标将是：缩减地方政府的规模；限制预算外支出；通过正规的预算过程增进资金的配置效率。"[⑤]

至于中央与地方的政治和行政关系中存在的问题，有学者作了概括："首先，中央政府过分集权但并不拥有足够的支配权；其次，地

① 周业安.有限的财政分权造成短视的地方政府[N].中国经营报，2008-05-12.

② 姚洋，杨雷.制度供给失衡和中国财政分权的后果[J].战略与管理，2003(3)：27-33.

③ 杨灿明.论中央与地方财政分配关系中的五大问题[J].财贸经济，1994(10)：20-29.

④ 杨灿明.地方政府行为与区域市场结构[J].经济研究，2000(11)：58-64.

⑤ 平新乔，白洁.中国财政分权与地方公共品的供给[J].财贸经济，2006(2)：49-55.

方政府在事实上分得了部分权力但缺乏有效的权力监督；最后，府际关系存在着‘讨价还价，互相攀比’，‘上有政策，下有对策’等问题。”对于引起上述问题的原因，该学者认为：“根本原因就在于当前的制度性分权使得国家权力既缺乏必要的集中性，同时又缺乏足够的民主性。”[①]至于中央与地方关系中存在的“上有政策、下有对策”问题，有学者从政府机构设置的角度分析原因，指出：“从制度上看，其主要原因在于中央实行全面集权体制，同时在地方缺少自己的组织体系，中央的大量决策必须依靠地方政府去贯彻执行。当遇到中央利益与地方利益相冲突的情况下，地方政府基于地方利益考虑，在执行中就可能采取‘阳奉阴违’政策。”[②]

① 杨宏山. 府际关系论[M]. 北京：中国社会科学出版社，2005：285－287.

关于如何解决中央与地方的政治和行政关系的缺陷，高校学者的基本主张是加强制度建设，如有学者主张建构中央选择性集权体制与地方自治和民主监督制度，在具体的制度建设方面，提出为了确保中央政策的贯彻落实，“中央政府有必要在地方政府之外另起炉灶，通过建立中央派出机构加强自身建设，从制度上保障国家权力能够深入渗透到整个社会”[③]。

② 杨宏山. 府际关系论[M]. 北京：中国社会科学出版社，2005：293.

4. **中央与地方关系的制度创新**

③ 杨宏山. 府际关系论[M]. 北京：中国社会科学出版社，2005：288，293.

完全集权的体制面临资源配置效率低下的风险，而高度分权的行政管理体制面临的将是分配不公，甚至可能引发国家的分裂与社会的失控。高校学者的兴趣在于，如何在集权与分权之间寻找一种平衡。

就中央与地方财政关系的“制度创新”而言，研究主要围绕着如何建立合理、适度的财政分权，以提高财政分权的社会经济效应展开的。在财政管理体制方面，近年的热点是探讨如何减少政府的财政层级，如以“省管县”取代“市管县”。有学者阐述了“省管县”代替“市管县”在理论上的必然性，[④]还有学者提出了实施“省管县”财政体制

④ 甘行琼.“省管县”代替“市管县”的政治经济学[J]. 财政研究，2005(6)：11－13.

的政策建议,包括:合理确定省、市、县三级的事权范围,分清责任与义务,以法律形式规范政府间的关系;确定县级财政的主体税种,确保县级财政的财源稳固,等等。[①]

关于中央与地方政治和行政关系中的"制度创新",有学者提出"政治分权"的构想,"所谓的政治分权,就是地方的立法机关要在决定本地区的政治、经济和社会事务上有更大的自主权",指出"要使分税制的地方政府的发展走上良性的轨道,在进行财税体制改革的同时,还要进行相应的行政体制和政治体制改革",具体措施包括:将中央与地方的职权划分及其关系完全法律化、制度化和程序化;进一步完善地方人大制度;强化宪法权威,完善法律体系;进一步完善选举制度;强化政府与社会的沟通,扩大社会参与渠道等。[②]还有学者认为未来中国中央与地方关系配置模式,可以单一分权制为基础顺势创新,交融联邦制的宪治模式,实行经济宪政。至于经济宪政规则可内化于具体制度架构,实现事权划分宪治化、财权划分法制化、权力运行民主化、监控体制制度化。[③]另有学者提出了"公共权力纵向结构的合理化",具体包括:保障公民在场、构建公民与中央之间的信息"直通车",解决"距离悖论"、提升中央效能权威、建设争议解决场域。[④]至于行政管理体制方面,主要的思路包括打破职责同构、调整地方政府职能等。如有学者提出,"从根本上解决条块矛盾,必须以打破职责同构为突破口,实现从'每一级政府都要管所有的事情'向'只负责特定事情'转变。"[⑤]

(八)关于公共危机管理

20 世纪 90 年代末,公共行政研究领域开始出现危机管理方面的研究。[⑥]新世纪以来,公共危机事件呈明显上升趋势。2003 年

① 岳德军.关于"省管县"财政体制改革的思考[J].财政研究,2006(9):26—28.

② 林尚立.国内政府间关系[M].杭州:浙江人民出版社,1998:359—360.

③ 单飞跃,严颂.经济宪政视域中的中央与地方关系[J].上海财经大学学报,2008,10(2):25—32.

④ 魏红英.纵向权力结构合理化:中央与地方关系和谐发展的基本进路[J].中国行政管理,2008(6):29—35.

⑤ 周振超.打破职责同构:条块关系变革的路径选择[J].中国行政管理,2005(9):103—106.

⑥ 参见许文惠,张成福.危机状态下的政府管理[M].北京:中国人民大学出版社,1997.

"非典"事件前后，公共危机治理成为政府和公众关注的热点问题。由此，公共危机管理研究在高校中迅速发展，学术成果相继形成，[①]专门研究机构相继建立，使得公共危机管理成为公共管理研究的新取向。高校学者关于公共危机管理理论的研究主要集中在以下方面。

1. 危机的含义、类型和诱因

在高校学者的研究中，"危机"与"突发性危机"、"突发事件"、"紧急事件"等概念通常是交叉使用的。

关于危机的含义，有学者"把危机界定为一种决策情势，在此情境中，作为决策者的组织（核心单元为政府）所认定的社会基本价值和行为准则架构面临严重威胁，突发紧急事件以及不确定前景造成了高度的紧张和压力，为使组织在危机中得以生存，并将危机所造成的损害降至最低限度，决策者必须在相当有限的时间约束下作出关键性决策和具体的危机应对措施"[②]。有学者认为，危机是特定时空中具体个人和组织所面临的必须抉择的局势。[③]有学者认为，突发性公共事件就是在某种状况下，由于缺乏正确预测或者有效预防而发生的意外事件。[④]

关于危机的类型，有学者根据不同的标准，对危机进行了分类。按动因性质，分为自然危机和人为危机；按影响时空范围，分为国际危机、国内危机和组织危机；按主要成因及涉及范围，分为政治危机、经济危机、社会危机、价值危机；按人为危机的形成手段，分为和平性的和暴力性的冲突危机；按特殊状态，分为核危机与非核危机。[⑤]有学者把危机分为自然灾害型、利益失衡型、权力异化型、意识冲突型和国际关系型等种类。[⑥]有学者认为，社会运行过程中所爆发的诸多危机事件，主要反映了人与自然的冲突和人际间的冲突，具体可分为自然灾害、技术事故和人为灾难三种形态。[⑦]亦有学者按照危机所涉

① 有多部学术著作相继出版，例如薛澜，张强，钟开斌. 危机管理：转型期中国面临的挑战[M]. 北京：清华大学出版社，2003；徐伟新. 国家与政府的危机管理[M]. 江西：江西人民出版社，2003；李经中. 政府危机管理[M]. 北京：中国城市出版社，2003；赵成根. 国外大城市危机管理模式研究[M]. 北京：北京大学出版社，2006；李程伟. 公共危机管理：理论与实践的探索[M]. 北京：中国政法大学出版社，2006.

② 薛澜，张强，钟开斌. 危机管理：转型期中国面临的挑战[M]. 北京：清华大学出版社，2003：26.

③ 高鹏程. 行政危机管理——来自可能性的挑战[J]. 中国软科学，2004(11)：152.

④ 李泽洲. 建构危机时期的政府治理机制[J]. 中国行政管理，2003(6).

⑤ 胡宁生. 中国政府形象战略[M]. 北京：中共中央党校出版社，1999：1173—1177.

⑥ 薛澜，张强，钟开斌. 危机管理：转型期中国面临的挑战[M]. 北京：清华大学出版社，2003：32—36.

⑦ 赵成根. 国外大城市危机管理模式研究[M]. 北京：北京大学出版社，2006：3—7.

及的区域，将危机分为区域危机、国家危机乃至全球危机；依据危机发生的领域将危机分为政治危机、经济危机、民族危机和宗教危机。[①]

关于危机爆发的诱因，有学者认为，当代社会现实情况的主要诱因集中在：人口的增长和人口密度的增加，全球气候的变化，环境的破坏和恶化，科技发展所带来的负面作用和影响，恐怖主义，社会压力和冲突的增加。使得危机和灾变程度加深的因素主要有国际化、城市化、人口高流动性、社会冲突和压力、社会有效治理能力的缺乏、有效危机预防和权变管理能力的缺乏、不发达地区社会服务基础设施薄弱以及贫穷与社会发展的不公正等。[②]有学者运用社会燃烧理论，从社会与组织、个人层面，对中国转型期危机诱因作了分析：在社会及组织层面，主要是经济发展的不均衡性、政治体制改革的滞后性以及传统道德文化体系的失衡等；在个人行为层面，农民负担过重、腐败、官僚主义、贫富悬殊、社会风气败坏、失业下岗人员增加、就业形势严峻等因素。这些对社会和政府具有不满情绪的个体可能成为破坏社会稳定的"燃烧物质"，在某些突发事件的"导火索"的作用下，可能形成破坏性危机事件。[③]

有学者认为，在现代城市社会运行过程中，社会生产生活方式的变迁，加上全球化、信息化、市场化等因素的影响，会导致城市危机和灾害事件爆发。其具体包括：第一，现代城市具有发达的各类基础设施和系统，其中任一环节故障，都会带来全局瘫痪，导致巨大危机。第二，现代科技在城市运行中的运用，可能导致相应的生化、辐射、网络方面的污染或病毒灾害。第三，人类对大自然的过度开发和掠夺破坏加剧，导致环境恶化、灾害增多、地质破坏等。第四，现代社会生活中，城市是各种社会矛盾和冲突的聚集点。一方面，流动人口、贫富两极分化以及城市运转过程中衍生的社会问题，都会周期性引发

① 杨冠琼.危机性事件的特征、类别与政府危机管理[J].新视野,2003(6).

② 张成福.公共危机管理：全面整合的模式与中国的战略选择[J].中国行政管理,2003(7).

③ 薛澜,张强,钟开斌.危机管理：转型期中国面临的挑战[M].北京：清华大学出版社,2003:36—41.

矛盾和冲突；另一方面，各种矛盾聚集，可能引发静坐、游行示威、动乱，直至政变、起义和革命。此外，现代恐怖主义的滋生和泛滥，使得城市成为恐怖分子发动恐怖袭击的首选地。[①] 有学者分析了我国农村公共危机，认为产生公共危机的根本原因是公共产品的失衡，造成这种现象的深层原因是农村公共投入太少、投资结构不合理。[②]

2. **公共危机管理的含义**

公共危机管理，国际学术界常常又称为紧急事件管理、紧急事件风险管理或者灾难风险管理。在我国，公共危机管理经常被称作政府危机管理、应急管理或者行政危机管理等。

在研究中，高校学者对于公共危机管理的含义进行了界定。有学者认为，所谓的危机管理是一种有组织、有计划、持续动态的管理过程，政府针对潜在的或者当前的危机，在危机发展的不同阶段采取一系列的控制行动，以期有效地预防、处理和消弭危机。危机管理的重点在于：危机信息的获取和预警，危机的准备与预防，危机的控制与回应，危机后的恢复与重建，持续不断的学习与创新。[③] 有学者认为，公共危机管理是指对公共危机的管理，其管理主体既包括政府部门、非政府公共组织（NGO），也包括企业等私人部门，甚至也可以将公民个人涵盖在内。[④]

另有学者对政府危机管理的概念进行了界定，认为政府危机管理是指政府为预测和识别可能遭受的危机，采取防备措施，阻止危机发生，并尽量使危机的不利影响最小化的系统过程，目的是通过提高政府对危机发生的预见能力和危机发生后的救治能力，及时、有效地处理危机，减少损失，恢复社会稳定和公众对政府的信任。[⑤] 有学者认为，政府危机管理就是政府组织相关力量在监测、预警、干预或控制以及消解危机性事件的生成、演进与影响的过程中所采取的一系列方法和措施。[⑥] 还有学者认为政府危机管理有广义和狭义之分，广

① 赵成根．国外大城市危机管理模式研究[M]．北京：北京大学出版社，2006：3－9．

② 李燕凌，陈冬林，周长青．农村公共危机的经济研究及管理机制建设[J]．江西农业大学学报：社会科学版，2004(1)．

③ 张成福．公共危机管理：全面整合的模式与中国的战略选择[J]．中国行政管理，2003(7)．

④ 张小明．从SARS事件看公共部门危机管理机制设计[J]．北京科技大学学报：社会科学版，2003(3)．

⑤ 杨冠琼．危机性事件的特征、类别与政府危机管理[J]．新视野，2003(6)．

⑥ 林龙．政府、公众、媒体关系与新时期政府危机管理——由非典型性肺炎引发的思考[J]．政治学研究，2003(3)．

义的政府危机管理是指政府工作人员在危机意识或危机观念的指导下,依据危机管理计划,对可能发生或已经发生的危机事件进行预测、监督、控制、协调处理的全过程。狭义的政府危机管理通常与危机处理的概念一致,指对已经发生的危机事件的处理过程。包括监测、预防、预控、应急处理、评估、恢复等措施。①

① 宋鸽.反思政府危机管理中新闻媒体的积极干预[J].行政与法,2004(6).

3. **我国公共危机管理的问题和缺陷**

我国公共危机管理的问题和缺陷,是高校学者研究的重要课题。有学者指出,2003年爆发的"非典"公共卫生危机,暴露了我们在危机管理方面的许多弊端和缺陷。其主要是:政府官员、公共管理者以及整个社会公民的危机管理的意识比较弱;政府的危机管理缺乏系统的战略和政策规划;政府的危机管理缺乏组织化的保障;政府的危机管理缺乏完善的法制保障;政府的危机管理缺乏整合和协调的机制;政府的危机管理缺乏有效的信息支持和信息沟通的机制;政府的危机管理缺乏制度化的财政资源保障;政府的危机管理缺乏有效的知识管理系统和支持系统;政府的危机管理缺乏人力资源的保障;政府的危机管理与国际与地区组织的合作机制有待完善;危机管理缺乏系统化和制度化的教育和训练机制。②

② 张成福.公共危机管理:全面整合的模式与中国的战略选择[J].中国行政管理.2003(7).

有学者分析了我国地方政府危机管理存在的不足:地方政府缺乏危机预警意识;暴露出一些地方政府在公共政策制定上存在严重缺陷;地方政府和部门间没有建立危机联动机制;地方政府在信息渠道的公开、透明、沟通方面仍需进一步完善;地方政府危机管理中的法律规范存在不足。③

③ 姜晓萍,范逢春.从SARS看我国地方政府的危机管理[J].四川大学学报.2004(2).

还有学者指出,民众的脆弱性状况是政府危机管理的重要影响因素,并从宏观和微观两方面分析民众脆弱性的根源:从社会整体层面而言,我国目前社会整体抗逆水平较低,社会安全网有待完善,尚未充分建设好社会危机应对网络;从组织运作层面而言,我国当前的危机管理及突发公共卫生应急管理体系以及相应的组织机构，以及在发挥非政府组织等社会机构的作用，完善这些组织机构的决策、文化功能方面，也都有待进一步完善；从个体行为分析层面而言，公众个体的危机意识和危机应对能力比较薄弱。[①]

4. **建立健全我国现代公共危机管理体制**

根据我国公共危机管理体制机制等方面问题和缺陷的分析，高校学者展开了建立健全我国公共危机管理体制的研究。

有学者提出现代政府应对危机的时间性原则、效率性原则、协同性原则、安全性原则、合法性原则、科学性原则、程序性原则和适度性原则，并在此基础上构想建立一套职能明确、责权分明、组织健全、运行灵活、统一高效的危机管理体制。同时，按照政府各组织在危机管理中的作用，参与危机管理的方式，将危机管理体制及其运作分为五大系统：指挥决策机构、职能组织体系、信息/参谋咨询组织体系、综合协调部门和辅助部门，并且以法制方式明晰政府各职能部门各自的职责，实现应对危机时部门间高效协同运作。[②]

有学者明确提出需要建构全面整合的政府危机管理体系，也就是在高层政治领导者的直接领导和参与下，通过法律、制度、政策的作用，在各种资源支持系统的支持下，整合的组织和社会协作，实行全程危机管理，提升政府危机管理的能力，以有效预防、回应、化解和消弭各种危机，从而保障公共利益以及人民的生命、财产安全，实现社会的正常运转和可持续发展。这一体系内含的新型危机管理哲学、制度安排、管理流程和科学工作的基本特征和主要构成因素体现为：政治承诺、政治领导与政治支持；全危机的管理；发展途径的危机管理；全过程的危机管理；全面风险的危机管理；整合的危机管理；建立在充分资源支持基础上的危机管理；以绩效为基础的危机管理。[③]

有学者综合分析了发达国家大城市危机管理模式建设和发展经

① 彭宗超，钟开斌．“非典”危机中的民众脆弱性分析[J]．清华大学学报．2003(4)．

② 薛澜，张强，钟开斌．危机管理：转型期中国面临的挑战[M]．北京：清华大学出版社，2003：100—119．

③ 张成福．公共危机管理：全面整合的模式与中国的战略选择[J]．中国行政管理，2003(7)．

验，在此基础上，以城市危机管理为分析对象，概括提出要建立现代国家公共危机管理的全政府型综合危机管理系统和全社会型危机管理网络系统。全政府型综合危机管理系统主要内容包括：第一，强化危机管理的领导权威，构成强有力的指挥协调中心，以满足危机管理动员和统一调配各方面力量，快速、有力地进行危机应急处置的需要；第二，设置直属各级政府最高首长领导的综合性危机管理机构，辅助首长进行危机的全面管理；第三，形成由各方代表共同组成的委员会，就危机应对进行决策和沟通协调；第四，以现有政府组织机构为依托，通过重新界定现有政府组织职能，重塑现有政府组织职能结构，增加危机管理职能，来构建全政府型危机管理系统；第五，以自愿、平等、互惠的合同制为基础，形成区域政府间的互相援助和合作机制，形成政府间的危机管理联动系统。

而全社会型危机管理网络系统，是根据现代公共治理理念，依托普通公民、社会志愿组织等各类非政府公共组织和工商企业组织，通过一整套社会参与机制所形成的社会危机管理网络系统：一是塑造发达的应急文化；二是构造社区组织的危机治理机制；三是形成多样化的志愿者服务组织系统；四是动员包括大量工商企业在内的社会组织，形成危机管理的公私伙伴合作机制。①

有学者比较分析了美国和日本政府危机管理体制，认为提出构建政府危机管理体制之前，首先需要形成危机理念、成本意识、主体观念与过程观念，作为体制运行的基础。②有学者运用成本收益分析方法探讨现代危机管理体制的建构，认为政府危机管理效益反映的是政府在危机状态下的管理社会的能力，它在微观和宏观层次上都有效率效益体现，因此，需要从两个层面着手建构危机管理体制。在微观层面，引入市场机制，降低管理成本，提高资源运行效率。在宏观层面，构建完善的危机管理体系，主要包括政府危机管理各体系的

① 赵成根. 国外大城市危机管理模式研究[M]. 北京：北京大学出版社，2006：8—25.

② 徐家良. 美日政府危机管理体制比较及启示[J]. 中国软科学，2004(3).

协调、互动和危机管理中中央与地方政府的分工等。[①]

5. **构建科学合理的应急反应机制**

在我国高校公共危机管理研究中，构建科学合理的应急反应机制是学者关注的重要命题。有学者根据危机发展演变过程的不同阶段的不同特点，提出危机管理过程阶段相应的应急反应机制和工作策略：第一，在危机预警及危机管理准备阶段，为避免危机，要进行动态预测，避免过分自信，构建良性激励机制；要制定科学的危机管理预案；建立组织系统，进行社会模拟演习。第二，在识别危机阶段，要注意搜寻及时、准确的信息。第三，在隔离危机阶段，要根据取舍原则，建立有效的思考框架去迅速地掌握正在发生的危机的实际情况，并进行评估；要建立危机"防火墙"，并发挥它的作用，控制危机事态的恶化；在组织内部运作方面，要形成充分的组织信息沟通。第四，在管理危机阶段，要充分贯彻有效的人员调度原则、适时决策原则和媒体沟通原则，快速、正确、高效地处置正在迅速蔓延、影响和损失不断加重的危机事态。第五，在危机后处理阶段，要进行有效危机善后处理，努力变危险为机遇，进行灾后的恢复重建，合理安置受灾人员；要建立独立调查制度，公正甄别危机诱因；要诊断"危机后遗症"，进行灾后社会心理治疗，恢复正常的社会结构，建立危机后的学习机制；要汲取危机教训，进行危机后的组织变革，更新观念，完善制度，变迁组织机构，改进政策。[②]

有学者通过对"非典"事件的研究分析，概括了建构有效的危机管理机制的主要方面：建立有效的预警机制；建立有效的内部协调机制；建立有效的政府间和国家间合作机制；加强政府危机科研组织能力和调配危机处理资源的能力；鼓励和推动建立危机管理的社会支持系统，形成政府与公民和私人部门之间良好的互动结构。[③]

有学者提出，考虑国内外经验，我国的应急反应机制可以包括：

① 汪淑珍.政府危机管理效益初探[J].北京科技大学学报，2003(3).

② 薛澜，张强，钟开斌.危机管理：转型期中国面临的挑战[M].北京：清华大学出版社，2003:55—96.

③ 王乐夫，马峻，郭正林.公共部门危机管理体制：以非典型性肺炎为例[J].中国行政管理，2003(7).

建设全国的危机管理体制(包括全国性机构平台、国家政策平台和社会保障平台);加强事前的预防和准备工作;筹建危机预警系统和危机评估系统;提升危机管理的透明度;提升公共危机管理的绩效和水平;以高新科技全方位保障社会安全;完善危机管理的法律体系;做好资源共享和全民动员工作;培养和培训公民的危机意识与抗危机能力;有效利用国际资源。[①]

有学者提出了建立与完善我国公共危机管理机制的思路与对策:建立公共危机预警机制;建立突发事件应急机制;完善信息披露机制;建立财政资源动力机制;完善人才储备机制;建立善后恢复的保险机制。[②]

还有许多学者针对建构危机应急反应机制的相关问题进行了分析。有学者认为,构建有效的危机管理机制,关键在于构建以政府为中心的危机管理责权机制,危机管理的核心问题是各参与主体的权力责任机制的构建与调适、对各参与主体进行合理的权力与责任划分。[③]有学者认为,应急信息管理在危机管理中占有先导性地位,建立系统化的政府应急信息管理体制,利用现代信息技术,通过政府与社会各方的多渠道应急信息合作,可为危机预警和应急管理创造充分的信息环境。[④]有学者强调在危机管理中发挥非政府组织的作用,认为应该放松政策环境,促进各类非政府组织的正常发展和能力构建,增强公民的自组织能力,以便在危急时刻充分利用非政府组织的资源,及时有效地自救和救助别人。[⑤]有学者提出信息公开在危机管理中的重要价值,认为信息公开是尊重公民知情权、维护政府形象和强化政府责任心以及维护社会稳定的需要。[⑥]也有学者运用模型分析法,主张通过信息公开法保护我国公民知情权,甚至可以考虑修改宪法时把知情权写入宪法,从根本上保障公民获得知情权。[⑦]

① 唐钧.公共危机管理:国际动态与建设经验[J].新视野,2003(6).

② 曾国平,许峻桦.论公共危机管理机制的建立与完善[J].重庆大学学报:社会科学版,2004(3).

③ 曹现强,赵宁.危机管理中多元参与主体的权责机制分析[J].中国行政管理,2004(7).

④ 高鹏程.应急信息管理[M]//郭济.政府应急管理实务.北京:中共中央党校出版社,2004:148—169.

⑤ 彭宗超,钟开斌.非典危机中的民众脆弱性分析[J].清华大学学报,2003(4).

⑥ 朱立言,陈宏彩.论危机管理中的信息公开[J].新视野,2003(4).

⑦ 汤敏轩.危机管理体制中的信息沟通机制——基于组织整合的流程分析[J].江海学刊,2004(1).

(九)关于事业单位及其管理体制改革

高校学者关于事业单位改革的研究主要集中如下方面。

1. 我国事业单位改革历程的梳理

有学者通过个案的历史透视，从组织变迁视角描述事业单位改革：从计划组织模式到混合组织模式，即从科层官僚组织到职能式扁平组织；再从混合组织模式到市场组织模式，即从老式组织到专业分部式组织。其组织特点就是由金字塔结构到灯笼型结构，再到扇形结构，最后到菱形结构。[①]

通过对我国事业单位改革历程的梳理，高校学者指出了事业单位改革中尚存在的问题：事业单位内涵界定模糊；机构臃肿未能得到有效改善且内部机制僵化、效率低下；事业单位布局重复设置现象突出，综合改革政策不配套，单项改革措施不具体；忽视市场的作用，缺乏激励机制。[②]

2. 事业单位改革的具体内容分析

关于事业单位改革的具体内容，高校学者研究的内容包括：事业单位养老保险制度；[③]市场经济体制下事业单位的公益性问题；[④]分配制度与工资制度改革；[⑤]法人制度的建立与完善；[⑥]人事制度与机构臃肿问题；[⑦]国有资产预算、管理、运作及使用效率和效益。[⑧]

也有学者从基层着眼，通过分析当前农民公共需求的结构、特征、偏好及公共需求的满足方式和满意程度，认为政府及乡镇事业单位只能定位于向农村和农民提供公共服务，满足公共需求。即使由政府提供的公共产品和公共服务，也必须选择最经济、最有效的生产和供给方式，将竞争机制引入公共产品的生产和供给领域，建立政府主导、多元供给的农村公共服务生产和供给体制。[⑨]另有学者认为，

① 傅才武.建国以来中国事业单位组织模式的变迁[J].江汉论坛,2005(4):41—45;

② 景朝阳.中国事业单位的概念考察[J].生产力研究,2007(6):71—72;吴志华.事业单位人事制度改革的问题与路径[J].探索与争鸣,2006(1):31—33;谢斌.事业单位改革的困境与路径选择,宁夏社会科学[J].2007(2):31—33.

③ 付林,张坤.事业单位改革若干问题探析[J].哈尔滨商业大学学报:社会科学版,2008(2):17—19.

④ 景朝阳.事业单位泛商化的制度分析[J].中共中央党校学报,2008(2):43—45;顾平安.事业单位企业管理不是为了盈利,中国行政管理,2003(2):17—18.

⑤ 李瑞昌.事业单位改革新空间[J].重庆社会科学,2004(1):52—55;杨海红.深化事业单位分配制度改革的对策思考[J].理论前沿,2008(8):35.

⑥ 庄序莹.事业单位体制改革模式选择研究[J].社会科学,2007(4):32—38.

⑦ 吴志华.事业单位人事制度改革的问题与路径[J].探索与争鸣,2006(1):31—35.

⑧ 何升萍,刘解龙.事业单位改革:国有资产出资人制度问题[J].求索,2007(9):86—87;庄序莹,毛程连.事业单位国有资产管理现状与改革设想[J].上海财经大学学报,2007(6):76—82.

⑨ 袁方成,李广,周伟民.农民的公共需求与乡镇事业单位改革[J].华中师范大学学报:人文社会科学版,2006(5):12—19.

事业单位改革后的具体职能定位除了那些按其原来结构功能很容易与市场接轨,从而直接将其市场化、产业化外,相当多的事业单位还必须在政府的一定规制下承担有效的、公平的公共物品和公共服务的供给。[①]

3. 事业单位改革的目标及路径探索

关于事业单位改革的方向,高校学者倾向认为非政府组织是我国事业单位今后的发展方向。[②]有学者通过事业单位和非政府组织的比较,认为事业单位和非政府组织都具有公共利益性,是直接或间接为社会为人民服务为宗旨。但非政府组织自身的一些特性比事业单位更能完成好一些公共事业上的任务。[③]也有学者提出,以事业单位"三分法"的方法对事业单位进行改革,即将现在的事业单位重新分成行政支持类事业单位、纯公益类事业单位和准公益类事业单位三类,然后根据不同的类别进行改革,其中准公益类事业单位就可以用非政府组织的形式进行改革。[④]

对于事业单位的实现路径,有学者多方面分析了事业单位改革趋势,认为现有的事业单位将会被"一分为三":一部分改组为公共机构或法令机构,主要是指那些履行公共职能的单位或组织。另一部分转制或改制为营利性机构,主要是指那些以提供私人商品和服务为主营业务的单位或组织,其组织形态将从事业单位转为企业或公司。还有一部分组建为非营利机构,主要是指那些为公众或特定人群以及政府、行业、企业等提供服务的单位或组织。[⑤]也有学者从路径转变策略的角度出发,认为改革的优先政策选择是依据优势和效率领域进行资源配置。[⑥]还有学者认为首先要对事业单位进行科学分类和界定,然后按照"分类改革、分类管理"的思路进行有针对的选择性改革,而不是泛泛而谈的大一统路径模式。[⑦]

① 朱国云,姜爱林,李强.第三部门、事业单位与社会网络[J].国家行政学院学报,2006(4):42—44.

② 朱国云,姜爱林,李强.第三部门、事业单位与社会网络[J].国家行政学院学报,2006(4):42—44;王名.非营利组织及其对中国事业单位改革的意义[J].学会,2005(2):30—34;刘太刚.事业单位改革:非营利组织发展的新契机[J].中国行政管理,2005(11):70—73.

③ 朱维,傅金鹏.事业单位的非营利组织改革[J].兰州学刊,2003(6):147—148.

④ 高书生.事业单位改革中需要关注的几个问题[J].红旗文稿,2006(15):6—8.

⑤ 高书生.事业单位改革中需要关注的几个问题[J].红旗文稿,2006(15):6—8.

⑥ 朱国云,姜爱林,李强.第三部门、事业单位与社会网络[J].国家行政学院学报,2006(4):42—44.

⑦ 景朝阳.中国事业单位的概念考察[J].生产力研究,2007(6):71—72;高书生.事业单位改革中需要关注的几个问题[J].红旗文稿,2006(15):6—8;李和中,曾一晰.中国深化事业单位改革的基本思路与步骤[J].湖北社会科学,2006(12):23—26.

4. **事业单位改革的动力与现实障碍**

有学者指出，事业单位的服务质量高低关系到许多老百姓的切身利益，现有体制不足以满足人民群众的需求，这是事业单位改革的现实动力。[①]有学者认为，行政组织变革的动力就是推动决策者和行政领导进行组织变革的力量。[②]另有学者进一步指出，事业单位改革动力因素主要体现在：外部行政生态环境压力，专家的动因，目标价值动因，科学技术进步的动因。[③]

① 高书生．事业单位改革中需要关注的几个问题[J]．红旗文稿，2006(15)：6—8.

② 任晓：中国行政改革[M]，杭州：浙江人民出版社，1998：32.

③ 吴爱明，祁光华．政府上网与公务员上网[M]，北京：中国社会科学出版社，1999：63—70.

高校学者指出，事业单位改革是一项复杂的工程，原因在于：事业单位的概念宽泛，所辖机构庞杂；事业单位的"出身"、地位、规模、财政依附关系，决定了改革将受到多方面的掣肘和影响；大多数事业单位涉及的人员是高学历、高文化的人，处理不当会形成改革的障碍。[④]有学者认为在新、旧事业单位体制转换的过程中，改革必然面临许多难题。任何一种与既定创新目标不相适应的旧观念、旧体制、旧机构、旧政策、旧作风和旧方法等，都可能成为推进事业单位体制创新的严重障碍。[⑤]另有学者认为，我国事业单位改革之所以进展缓慢，主要原因在于人们对改革认识不到位，一方面，过分看重减轻财政负担，而对促进政府职能转变、释放社会发展活力等作用理解不深；另一方面，有些人片面强调改革的复杂性，担心影响发展和稳定。因此，要顺利进行事业单位改革，统一认识是关键。同时，政府职能转变进程缓慢，政事分开难以有实质进展。政府几次机构改革和人员精简过程中，都有相当一部分机构和人员转入事业单位，造成了事业单位规模不仅越来越庞大，而且无形中成了政府各项改革措施的缓冲带，改革的难度越来越大。[⑥]还有学者认为事业单位改革的困境还包括政事关系的复杂性和多样性，难以提出一个整体解决方案，而分类分步推进改革又带来利益失衡的阻力。事业单位组织形态复杂，公共性差异很大，

④ 高书生．事业单位改革中需要关注的几个问题[J]．红旗文稿，2006(15)：6—8.

⑤ 黄恒学．我国事业单位管理体制改革研究[M]，哈尔滨：黑龙江人民出版社 2000：174.

⑥ 吕桂玲．论事业单位体制改革的价值取向[J]．求实，2004(11)：190.

在向市场化推进过程中,极易产生两方面的副作用:要么借政府监管的职能,垄断市场,破坏公平竞争;要么借市场之名,使公共产品商品化,损害公众利益。因此,往往使改革陷入两难的困境。改革的外部条件不足,如社会保障体系尚未健全,市场秩序不规范,政府监管行为随意性大、法制化程度低,干部任用仍然行政级别化等。[①] 另有学者指出事业单位的管理体制和运行机制仍带有明显的计划经济的弊端。[②]

5. **事业单位改革的体制和机制分析**

从事业单位的管理体制来看,有学者认为事业单位作为机关的附属,很多还不具备独立的法人地位,缺少生机活力。长期以来,事业单位经费主要靠财政拨款,国家各级财政负担沉重。有些事业单位放在行政机构中管理,出现了行政管理上有主管机关,业务管理上有主管部门直接控制的局面。[③]

从事业单位改革的运行机制来看,有学者认为改革系统的运行机制最重要的是要告别行政级别,走向市场化[④]。也有学者从财务运行机制,人员运行机制入手对中国事业单位改革提供对策。[⑤]

有学者认为事业单位管理体制和机制改革应该从以下几个层次着手:重塑制度创新主体;完善委托一代理机制;加强对事业单位的监督管理;明晰产权建立新型的法人治理结构,让事业单位拥有自主权和灵活性,从党政机关的附属物,转变成为社会发展主体。在此基础上创新事业单位的管理体制。[⑥] 还有学者提出以市场化或产业化作为事业单位改革与发展的方向,认为"只有实现事业活动的产业化,才能从根本上改革旧的事业管理体制"。[⑦]

6. **事业单位改革的国际比较**

高校学者致力于对国外改革的研究,试图为我国事业单位改革提供正反两方面的经验教训。苏联和东欧发展中国家的相关改革也

① 李和中,曾一晰.中国深化事业单位改革的基本思路与步骤[J].湖北社会科学,2006(12):23—26.

② 顾昕.能促型国家的角色:事业单位的改革与非营利部门的转型[J].河北学刊 2005(1):11—17.

③ 孔超.公共服务制度的系统构建[J].天津社会科学,2007(2):64—68.

④ 姚先国.告别行政级别,走向市场化[J].人民论坛,007(19):46—47.

⑤ 毛寿龙.事业单位改革的方向[J].决策咨询,2003(7):28—29

⑥ 曲巍,张志刚,潘加军.事业单位管理体制创新的制度经济学分析[J].社会科学家,2004(9):72—75.

⑦ 黄恒学.中国事业单位管理体制改革研究[M],哈尔滨:黑龙江人民出版社 2000:18.

受到学者的关注。有学者指出，苏东等转轨国家在向市场经济转轨的过程中，制度建设方面经常直接移植或完全照搬西方国家制度，结果是简单地照搬了组织形式，而没有配套做好公共预算、问责机制以及相应的财务及审计控制制度。对法治不健全的国家而言，传统的控制体制也许更为可取，因为它们的社会服务事业改革与我国更有可比性。如拉丁美洲和加勒比的一些发展中国家则更强调改革过程中民众的参与和互动，这些国家往往广泛调查吸收民意，鼓励社会公众参到提供公共服务的机构管理中去。[①]

① 世界银行东亚和太平洋地区减贫与经济管理局.中国：深化事业单位改革，改善公共服务提供[M]，北京：中信出版社，2005：38—41.

(十)关于政府绩效管理与绩效评估

政府绩效管理与绩效评估是行政管理学的新兴研究领域。高校学者对于这一领域的研究主要集中在：新研究领域的开拓、发展阶段与特征；绩效管理与绩效评估基本理论；我国绩效管理与评估实践。

1. 新研究领域的开拓、发展阶段与特征

自 20 世纪 80 年代初高校行政管理学科恢复重建以来，行政效率和效能一直是行政管理学研究的重要主题，提升行政效能的相关技术，如目标管理、绩效考评等，受到高校学者持续关注。但是，高校学者对政府绩效管理与绩效评估的系统研究，却始于 90 年代中期，迄今为止，这一领域的研究大致经历了三个发展阶段：[②]

② 蓝志勇，胡税根.中国政府绩效评估：理论与实践[J].政治学研究，2008(3)：108—109.

第一阶段(1994—1999)为初步探索阶段。1995 年，有学者发表了《公共组织绩效评估：英国的实践及其对我们的启示》一文，对英国政府绩效评估的实施背景、绩效指标设计、评估的三大内容框架、绩效评估在管理中的作用和功能等作了概括性介绍。[③] 1998 年，高校学者的研究从绩效评估扩展到了绩效管理，学者从三种意义上对政府“绩效管理”做了界定，对于绩效管理过程和绩

③ 周志忍.公共组织绩效评估：英国的实践及其对我们的启示[J].新视野，1995(5)：38—41.

效评估，对相关理论、机制、技术和发达国家的实践作了系统的论述。[①]

第二阶段(2000－2003)是研究拓展阶段。进入21世纪后，政府绩效评估在国内引起一定的关注，相关理论研究有了一定拓展。这一时期的研究主要集中在：其一，对发达国家政府绩效评估理论和方法的系统介绍和研究。除系统描述各国绩效评估的实践之外，这一时期的研究对相关理论和绩效评估的实施理念给予了很大的关注。[②]其二，对我国政府绩效评估现状及可行性等问题的研究探讨。这方面的研究主要涉及各级政府绩效评估实践的类型划分、存在的主要问题、需要克服的主要障碍等。[③]其三，对我国政府绩效评估制度设计的初步探索。有学者进行了政府绩效评估的"元设计研究"，还有学者对构建行政管理现代化指标系统作了尝试性探讨。[④]

第三阶段(2004至今)是研究的系统化、细化和创新阶段。其一，研究趋向系统化，绩效管理与评估成为热门研究领域和热门实践，研究队伍急剧壮大，研究成果大量涌现，涉及多种研究视角，覆盖各个分支领域和方面。[⑤] 2006年9月，全国绩效管理研究会成立，高校学者有五人当选为副会长。[⑥]其二，研究趋向细化，具体到专门主题进行深入研究。有学者对绩效评估的主体构建及其理论依据的研究；[⑦]有学者对绩效评估动因的研究；[⑧]有学者对地方政府绩效评价中"三权"(管理权、组织权、评级权)的来源、归属和具体内容的研究；也有学者对地方政府绩效评估的基本程序、信息保真制度、结果运用制度等问题的研究。[⑨]其三，研究试图体现创新，如政府新目标模式(如服务型政府、责任政府、学习型政府)与绩效管理关系的研究，构建具有中国特色的绩效管理体系的理论框架与操作工具的研究等。

与行政管理学其他分支领域不同，政府绩效管理和绩效评估研

① 周志忍.政府绩效与政府形象.胡宁生等主编[M]//中国政府形象战略.北京：中央党校出版社，1998.

② 蔡立辉.西方国家政府绩效评估的理念及其启示[J].清华大学学报，2003(1)：76－84；中国行政管理学会联合课题组.关于政府机关工作效率标准的研究报告[J].中国行政管理，2003(3)：8－16；陈振明.政府再造——西方"新公共管理运动"述评[M].北京：中国人民大学出版社，2003.

③ 中国行政管理学会联合课题组.关于政府机关工作效率标准的研究报告[J].中国行政管理，2003(3)：8－16；徐双敏.我国实行政府绩效评估的可行性研究[J].中南财经政法大学学报，2003(5)：41－47.

④ 张璋.政府绩效评估的元设计理论：两种模式及其批判[J].中国行政管理，2000(6)：46－49；谭功荣.行政管理现代化评价系统初探[J].深圳大学学报，2001(1)：37－42.

⑤ 彭国甫，颜佳华主编.地方政府绩效评估研究[M].长沙：湖南人民出版社，2005；彭国甫.地方政府公共事业管理绩效评价研究[M].长沙：湖南人民出版社，2005.

⑥ 这五人分别是北京大学周志忍、湘潭大学彭国甫、兰州大学包国宪、厦门大学卓越、西安交通大学吴建南。

⑦ 卓越.公共部门绩效评估的主体建构[J].中国行政管理，2004(5)：17－20；陈国权，李志伟.从利益相关者的视角看政府绩效内涵与评估主体选择[J].理论与改革，2005(3)：66－69.

⑧ 马振清，马运鹏.公共行政体制改革中政府组织绩效评估的动因分析[J].北京科技大学学报，2005(3)：4－8.

⑨ 彭国甫.地方政府绩效评估程序的制度安排[J].求索，2004(10)：63－65.

究呈现出两个明显的特点：第一，学术研究与政府决策的积极互动。一方面，学术界引进绩效管理和绩效评估，相关研究逐渐引起政府高层关注，并在中央决策中得到反映；① 另一方面，相关学术研究紧紧围绕中央的施政理念，把绩效管理和评估作为构建服务型政府、责任政府、法治政府的有效工具，推进其普遍实施和科学化，从而发挥学术研究的服务功能。第二，学术研究与实践的紧密结合。研究者以倡议者、首席专家、项目承担者等身份，实际参与了各级地方绩效管理和评估的设计、推行以及改进完善工作；有的以第三方身份，独立承担政府绩效评估任务。②

2. **绩效管理与绩效评估基本理论研究**

和其他新兴研究领域一样，绩效管理和绩效评估涉及庞杂的概念和理论体系，国际学术界在许多方面尚未形成共识。因此，综合梳理国内外研究文献，科学界定相关的概念，立足国情构建具有中国的特色的理论，成为高校研究者的重要任务和努力方向。鉴于涉及的内容过于庞杂，除绩效管理这一核心概念之外，本部分不再涉及其他相关概念和理论的研究，而集中于那些具有中国特色的理论研究主题及其成果。

(1)绩效管理的含义与特征。

有学者对政府绩效管理做了广义界定："公共部门主动吸纳企业绩效管理的经验和方法，引入了市场竞争机制、强调顾客导向、提高公共服务质量等新思路和新方法。"③ 有学者把绩效管理界定为"管理员工绩效的系统"，即"组织对一个人关于其工作成绩以及他的发展潜力的评估和奖惩"。④ 也有学者从公共财政的角度界定绩效管理，视之为"由财政效率原则以及相应的方法论构成的公共支出管理制度"。⑤

有学者从三种意义上界定绩效管理概念：第一，作为系统工程，绩效管理是为实现所期望的结果而实施的由一系列管理机制和技术

① 2003年1月27日，国务委员、国务院秘书长王忠禹同志对中国行政管理学会的效率标准报告作出批示："政府实施绩效管理是一件非常有意义的工作。……请人事部关注此事。"国务院在《2005年工作要点》中指出"探索建立科学的政府绩效评估体系和经济社会发展综合评价体系"。随后的几年中，国务院致力于推进政府绩效评估工作。2008年3月，温家宝总理在十一届人大一次会议上作的政府工作报告中提出要推行"政府绩效管理制度"，绩效评估由此成为绩效管理的一个组成部分。

② 兰州大学中国地方政府绩效评价中心课题组. 兰州试验：第三方政府绩效评价新探索[J]. 城市管理，2005(3)：22—25.

③ 胡税根. 公共部门绩效管理：迎接效能革命的挑战[J]. 杭州：浙江大学出版社，2005.

④ 付亚和，许玉林. 绩效管理[M]. 上海：复旦大学出版社，2004.

⑤ 马国贤. 政府绩效管理[M]. 上海：复旦大学出版社，2005.

构成的有机系统。第二,作为一个过程,绩效管理是由战略规划、年度计划、持续性绩效管理、绩效报告和信息利用等环节构成的动态过程。第三,作为人力资源开发手段,绩效管理围绕组织绩效提高这一目标而实施的人力资源管理的原则和技术。同时,指出"系统工程"和"动态过程"是当前的两种主导模式。[①]

绩效管理有其学术渊源和实践基础,如业绩考评、目标管理等。高校学者研究了绩效管理不同于这些传统管理技术的新特征。有学者将这些特征概括为:绩效管理是一个整合过程,强调不同层次目标、管理诸多方面的系统整合;绩效管理是日常管理活动的组成部分而非外部强加的额外负担,直线主管起主导作用;绩效管理是一种共识基础上的契约式管理;绩效管理强调依靠团队精神提高绩效;绩效管理是发展为导向的管理,在实现组织目标的同时关注雇员个人能力的提升。[②]

(2)绩效管理的作用与意义。

有学者概括绩效管理和评估的作用为:为当代政府管理的新理念提供了技术支持;在行政管理实践中发挥计划辅助、监控支持、促进激励、资源优化等重要功能;有助于建立政府与社会之间的良性关系。[③]

有学者立足国情,着力研究了我国政府绩效管理的特殊动力及其限度,认为政治权力的合法性源于意识形态、制度规则和有效性三大基础。传统意识形态的感召力随社会转型趋于下降,尚处于建构过程中新意识形态系统难以独立支撑政府合法化,于是需要通过绩效来证明政府的合法性,由此绩效管理意义重大。但是,以政绩为支撑的合法性具有一定的局限性和时效性,对它的过度依赖会使政府陷入不断追求更高政绩的"政绩困局"。因此,在实施绩效管理的同时应加强民主与法制建设。[④]

① 周志忍.效能建设:绩效管理的福建模式及其启示[M]//福建省机关效能建设领导小组办公室.行政效能建设——海西论坛学术论文选编.2007,9.

② 胡宁生等.中国政府形象战略[M].北京:中央党校出版社,1998;付亚和,许玉林.绩效管理[M].上海:复旦大学出版社,2008.

③ 中国行政管理学会联合课题组.关于政府机关工作效率标准的研究报告[J].中国行政管理,2003(3):9-10.

④ 龙太江,王邦佐.经济增长与合法性的"政绩困局"——兼论中国的政治合法性基础[J].复旦学报,2005(3):169-175;倪星.政府合法性基础的现代转型与政绩追求[J].中山大学学报,2006(4):81-87.

(3)绩效管理的理念基础。

作为一个"有效的管理工具",绩效管理需要先进管理理念的指导。根据科学发展观的理念,高校学者围绕公民为本、结果导向、分权化协作、责任政府等理念进行了探讨。[①]其中立足中国国情并且具有中国特色的理论研究,当属公民为本的理念及其在绩效管理中的应用。

高校学者强调公民在绩效评估中的主体地位。[②]有学者指出,政府绩效评估存在"自我评价"和"社会评价"两个体系,社会评价缺位是我国实践的重要缺陷,之所以如此,是因为:片面发展观导致片面政绩观;现行干部人事制度存在缺陷;控制型体制下存在"以控制求稳定"的心态;公民社会基础薄弱。[③]

公民为本涉及绩效评估所服务的目标。有学者把目标划分为"外部责任"和"内部控制"两种基本类型,认为我国较多着眼于内部控制和监督,由政府部门发动并组织实施,结果主要用于"内部消费",由此形成了内向型、单向性、控制取向等基本特点。[④]

公民主体与外部责任意味着公民的广泛参与。有学者综合参与的形式、范围和广度、实际影响三个维度,把绩效评估中的公民参与划分为五个层次:公民无参与、无效参与、有限参与、高度参与、主导型参与,就此提出,推进绩效评估中的公民参与就是从某些环节的"部分参与"到"全程参与"的转变,从被动的"信息供给者"单一角色向"信息供给和决策共享者"综合角色的转变。[⑤]

3. 我国绩效管理与评估实践的研究

与实践紧密结合是绩效管理和评估的研究重要特点,在学术研究中,高校学者结合我国政府管理实践教学的研究主要涉及三方面内容:推进绩效管理并直接参与相关实践;我国相关实践的系统总结和审视;围绕科学发展观构建绩效评估体系。

① 蔡立辉.政府绩效评估的理念与方法分析[J].中国人民大学学报,2002(5):93—99;蔡立辉.西方国家政府绩效评估的理念及其启示[J].清华大学学报,2003(1):76—83;桑玉成.论政府绩效评估的基本原则[J].城市管理,2005(3):16—18;周志忍.当代政府管理的新理念[J].北京大学学报,2005(3):104—109.

② 卓越.公共部门绩效评估的主体建构[J].中国行政管理,2004(5):17—20;陈国权.从利益相关者的视角看政府绩效内涵与评估主体选择[J].理论与改革,2005(3):66—69;吴建南,阎波.谁是"最佳"的价值判断者:区县政府绩效评价体制的利益相关主体分析[J].管理评论,2006(4):46—53;王建民.中国地方政府机构绩效考评目标模式研究[J].管理世界,2005(10):67—73.

③ 唐昊.质疑社会评价缺位下的"科学政绩观"[J].城市管理,2005(3):19—21.

④ 周志忍.公共组织绩效评估:中国实践的回顾与反思[J].兰州大学学报,2007(1):27.

⑤ 周志忍.政府绩效评估中的公民参与:我国的实践历程与前景[J].中国行政管理,2008(1):112—116.

(1)推进绩效管理并直接参与相关实践。

1998年,福建省长泰县进行党政机关勤政建设的试点工作,高校学者积极参与这一工作并且发挥学术指导作用。试点的成功促使福建省漳州市于1999年在全市推行"效能建设"活动。2000年"效能建设"活动在福建全省展开并持续至今。2000年,有学者推动并参与设计了厦门市思明区的绩效评估系统,在全国产生很大影响,并荣获第二届"中国地方政府创新奖"。①

有学者接受政府委托,承担了甘肃省非公有制企业评议政府部门的工作,开创了第三方评价政府的新模式。②华南理工大学以公民满意度为主要内容,对广东省21个地级以上城市政府绩效的大规模独立调研评价,则开创了我国高校独立创议、独立承担评估成本、独立设计并实施绩效评估的先河。③

(2)我国相关实践的系统总结和审视。

高校学者的相关研究涉及目标责任制、项目评估、质量管理、标杆管理、业务流程再造、平衡计分卡等,但多数属于对绩效管理单个要素的研究。有学者强调依据某一实践建构绩效管理模式还需要具备"整体性"和"整合性"两个要件。该学者构建了由"首创性、独特性、实践性与持久性、动态发展性、效果和社会影响、发展前景"等要素构成的"独特实践模式"判定标准,认定福建省的"效能建设"和以青岛市为代表的"城市目标管理与绩效考评",代表了我国绩效管理的两个独特实践模式。④

关于我国绩效评估的具体实践形式,有学者把它划分为"普适性的机关绩效评估"、"具体行业的组织绩效评估"、"专项活动绩效评估"三类。⑤另有学者把上述三类归为"政府内部自上而下的政绩考核",与之对应的则是"自下而上的有组织的评价活动"和"特定意义上的外部独立绩效评价"两种类型。⑥至于绩效评估实践在我国的发

① 卓越.公共部门绩效评估[M].北京:中国人民大学出版社,2004.

② 包国宪.绩效评价:推动地方政府职能转变的科学工具——甘肃省政府绩效评价活动的实践与理论思考[J].中国行政管理,2005(7);甘肃委托第三方评价政府绩效公布时将不作修饰[N].中国青年报,2005-01-21.

③ 郑方辉,王菲.地方政府整体绩效评价中的公众满意度研究——以2007年广东21个地级以上市为例[J].广东社会科学,2008(1):44-50.

④ 周志忍.效能建设:绩效管理的福建模式及其启示[M]//福建省机关效能建设领导小组办公室.行政效能建设——海西论坛学术论文选编.2007,9.

⑤ 中国行政管理学会联合课题组.关于政府机关工作效率标准的研究报告[J].中国行政管理,2003(3):12.

⑥ 吴建南,阎波.政府绩效:理论诠释、实践分析与行动策略[J].西安交通大学学报,2004(3):35-36.

展，有学者把它划分为三个阶段，并阐述了各个阶段的具体特征。[①]

关于绩效评估的现实动力与阻力、问题及其解决途径，更是高校学者研究的重点，涉及面广泛。有学者从理念和价值角度提出几点：绩效评估着眼于政府分内职责而不能越位；评估应成为克服“运动式行政管理”的有效手段而不是助长运动式管理；绩效评估应体现与组织使命的相关性；绩效评估应体现公民为本、结果导向、公开透明等原则。[②]有学者侧重技术操作层面，总结了实践中的主要问题：主体笼统，监督乏力；目的不明确，激励与约束机制不健全；重形式、轻效果，成为新的形象工程；方法缺少科学性，制度化程度偏低。[②]也有学者集中于评估指标体系设计，指出实践中的主要问题：指标体系不统一，各地差异较大；指标设计主体单一，缺乏代表性；指标内容的泛经济化，扭曲评估方向；指标数据缺乏真实性，水分较大。[④]

(3)按照科学发展观的要求构建绩效评估体系。

高校学者积极按照科学发展观的要求构建绩效评估体系，首先表现为对前期实践的系统反思。20 世纪 90 年代，目标责任制是绩效评估主要的载体之一，我国普遍采取了自上而下推进的方式，关注焦点是经济增长。高校学者把这种做法称为“压力型体制”。对前期实践的系统反思主要体现为对“GDP 崇拜”和压力型体制的反思。

按照科学发展观的要求构建绩效评估体系，还表现为在根据科学发展观的精神设计相应绩效评估指标体系。有学者在对 200 多名 MPA 学员调查的基础上，设计了行政管理、经济发展、社会稳定、教育科技、生活质量和生态环境等六个领域共 66 项指标，并筛选得出具有代表性的 37 项地方政府绩效评估指标。[⑤]有学者提出了中国省级地方政府效率测度指标，通过政府公共服务、政府公共物品、政府规模及居民经济福利等四个方面共 47 项指标来衡量地方政府的工作效率。[⑥]有学者通过深入研究，提出了衡量地方政府公共事业管理

① 周志忍.公共组织绩效评估：中国实践的回顾与反思[J].兰州大学学报，2007(1)：26—27.

② 周志忍.公共组织绩效评估：中国实践的回顾与反思[J].兰州大学学报，2007(1)：30—32.

③ 王建民.中国地方政府机构绩效考评目标模式研究[J].管理世界，2005(10)：68—69.

④ 倪星.地方政府绩效评估指标的设计与筛选[J].武汉大学学报，2007(2)：159—160.

⑤ 范柏乃，朱华.我国地方政府绩效评价体系的构建和实际测度[J].政治学研究，2005(1)：87—95.

⑥ 唐任伍，唐天伟.2002 年中国省级地方政府效率测度[J].中国行政管理，2004(6)：64—68.

绩效的业绩指标、成本指标、内部管理指标三方面共 33 项指标。[①]也有学者设计了一套地方政府通用评估指标,由基本指标与指标要素或评判方法两个层次共 54 项指标构成,主要包括思想建设、组织建设、政风建设、制度建设、一票否决、依法行政、举止文明、环境规范等十五个方面。[②]还有学者指出,政府绩效评价指标体系应由职能履行、依法行政、管理效率、廉政勤政、政府创新等 5 个一级指标,经济运行等 14 个二级指标,40 个三级指标构成,三级指标按非公有制企业、省政府评价组和专家委员会三类评价主体分别设置。[③]

① 彭国甫.地方政府公共事业管理绩效评价指标体系研究[J].湘潭大学学报,2005(5):17—22.

② 卓越.公共部门绩效评估初探[J].中国行政管理.2004(2):74—75.

③ 兰州大学中国地方政府绩效评价中心课题组.兰州试验:第三方政府绩效评价新探索[J].城市管理,2005(3):24.

第三部分　高校政治学学术发展的历史经验和未来展望

在学术发展进程中，高校政治学与行政学研究既是在学术活动中对立统一的若干矛盾关系推动下前进的，也是在这些矛盾关系中发展的。这些对立统一的矛盾关系，在高校政治学学术发展过程中，具有普遍意义和一般规定性。在辩证认识和正确把握高校政治学学术发展的这些矛盾关系及其发展规律的基础上，可以形成其学术发展的一般原则性经验。高校政治学与行政学建设和学术发展取得了重要成就和丰硕成果，但是，作为恢复重建的学科，其学术发展起点新颖、奠基培育任务艰重、学术积累时间短促，在创业发展过程中面临诸多困难，因此，学科建设、学术研究及其成就距离社会主义现代化建设和社会主义民主政治发展的要求，距离学科完善和学术深化的标准，仍然存在许多不足和缺憾。高校政治学学术发展的这些成就与不足，从正反两方面凝聚和印证着政治学术发展的具体经验和教训。

随着我国全面建设小康社会事业的展开，在社会主义政治建设进程的推动下，高校政治学获得更加广阔的发展空间，具有前所未有的发展机遇，也面临着前所未有的重大挑战，承担着日益重要的学术责任。而高校建设一流政治学与行政学科的要求和政治与行政学科不断完善深化的发展，也赋予政治学与行政学学术发展以新的重要使命和任务。正是在这些因素作用下，高校政治学呈现新的学术发展趋势。

一、高校政治学学术发展的基本关系和辩证联系

就其基本属性而言，高校政治学学术发展的过程，是高校学者认识政治现象本质及其发展规律，从而形成和积累政治学与行政学理论和知识的过程。这一认识过程是在政治实践及其发展的基础上，通过高校学者的学术活动实现的。作为认识活动及其发展，这一认识过程在学术活动和研究的实践中受到多方面因素的影响和作用，由此形成了高校政治学学术发展中多重对立统一的矛盾关系。这些矛盾关系及其作用涉及高校政治学学术发展的全局，贯穿学术发展的全过程，规定和影响着学术发展方向、内容、领域、功能和进程，因此，它们既是构成高校政治学学术发展基本规律的支配性关系，也是高校政治学学术发展本身的重大理论和是非问题。高校政治学正是在对于这些矛盾关系和理论是非的逐步认识和辩证把握中，不断推进学术发展和研究深化，形成把握学术发展规律的一般原则经验和思想方法依据。

从总体上看，高校政治学学术发展中的基本关系主要是：

1. 坚持马克思主义与发展马克思主义的关系

马克思主义是我们正确认识和把握社会政治现象及其发展规律的思想方法和理论武器。人类社会实践和历史发展反复证明，马克思主义的辩证唯物主义和历史唯物主义，是人类认识世界、改造世界的科学指南。“我们强调要坚持以马克思主义为指导，其根本原因就在于马克思主义的科学真理性，它揭示了人类在共产主义实现之前

的社会发展基本规律……虽然随着社会发展条件的改变,马克思主义的某些具体结论可能已经不适用于当今的社会发展形势,但其基本的东西绝不会过时。因此,政治学研究工作者一定要正确处理好坚持和发展的辩证关系。要自觉增强政治意识、大局意识和责任意识,更加自觉地坚持以马克思主义为指导。"[①]在21世纪的今天,马克思主义经过历史和实践的检验,在实践中不断发展,其科学性和实践性在发展中得到进一步证明,因此,高校政治学与行政学研究的科学性,只有马克思主义指导下,才能得到实现。

坚持马克思主义对于高校政治学与行政学研究及其发展的指导地位,首先需要坚持马克思主义的基本立场、观点和方法,其中,基本前提是准确把握马克思主义的基本立场、观点和方法,这就需要"正确区分和努力回答哪些是马克思主义的基本原理,必须长期坚持;哪些是针对具体问题作出的具体论断,需要根据时代的发展不断与时俱进;哪些是对马克思主义的错误的和教条式的理解,澄清附加在马克思主义名下的错误观点,引导人们用科学的态度对待马克思主义,用发展着的马克思主义指导新的实践"[②]。在高校政治学与行政学研究中,需要科学准确地区分马克思主义政治学的基本立场、观点和方法与马克思主义经典作家在特定条件下对于特定政治问题的具体看法、特殊论断和某些推测;区分马克思主义的政治学理论体系和思想精髓与马克思主义经典作家的特定政治观点;区分马克思主义政治学的真谛与对于马克思主义政治学的错误和教条的理解。有高校学者就此指出,"由于产生于特定的历史阶段,马克思主义的政治理论具有革命性的特点。……现在,社会主义正处于建设的高速发展时期,不少学者发出了这样的疑问:马克思主义能否为我们提供一个建设性的理论体系?在此,我的回答是:马克思主义更多的是作为一种探索方法,一种角度,一种宽泛的理论框架来不断的发挥它的影响

① 李慎明.当前中国政治学研究中的几个问题[J].河北学刊,2007(3):49—50.

② 繁荣发展哲学社会科学的纲领性文件[J].求是,2004(7):4.

的"[①]。因此,只有在基本立场、观点和方法意义上坚持马克思主义,只有把马克思主义看作是从社会实践中产生,在社会实践中发展的开放的体系,才能以全面准确的马克思主义政治学立场、观点和方法指导高校政治学与行政学研究和发展。

其次,坚持马克思主义作为政治学研究的指导思想,必须旗帜鲜明地以马克思主义统领高校政治学与行政学的学术研究和发展,以马克思主义政治学的基本理论和分析方法作为政治学与行政学的基础理论和研究方法,把马克思主义的基本立场、观点和方法贯穿到政治学与行政学各个领域、各个分支和各个课题的研究中,运用马克思主义基本立场、观点和方法分析和鉴别各种政治现象和政治学与行政学研究成果。

另一方面,作为指导人们正确认识世界、改造世界的世界观和方法论,马克思主义产生于社会实践,验证于社会实践,发展于社会实践,因此,实事求是、从实际出发是马克思主义的精髓,与时俱进是马克思主义的理论品格,解放思想、开放创新是马克思主义的发展途径。高校政治学与行政学研究的历程表明,坚持马克思主义是发展马克思主义的前提和基础,发展马克思主义是坚持马克思主义的途径和方式。"马克思主义只有与本国国情相结合、与时代发展同进步、与人民群众共命运,才能焕发出强大的生命力、创造力、感召力。在当代中国,坚持中国特色社会主义理论体系,就是真正坚持马克思主义",[②]这就需要切实按照中国特色社会主义理论体系的要求,进一步解放思想,坚持运用发展着的马克思主义分析和解决现实政治问题,立足基本国情,紧密联系社会政治实际,推进学术、理论和观念的科学创新,赋予当代马克思主义以鲜明的实践特色、民族特色和时代特色;在指导思想一元化的前提下,实行"双百"方针,积极努力鉴别和汲取人类政治文明的优秀成果,深刻分析、批判和扬弃糟粕,不

① 高建,乔贵平.民主的分歧——20世纪社会主义与自由主义关于民主问题的争论[J].政治学研究,2008(1):10.

② 胡锦涛.高举中国特色社会主义伟大旗帜 为夺取全面建设小康社会新胜利而奋斗——在中国共产党第十七次全国代表大会上的报告[R].北京:人民出版社,2007:12.

断丰富社会主义政治学与行政学理论体系。

高校政治学的学术发展表明，只有在学术研究实践中，正确处理坚持马克思主义与发展马克思主义的关系，实现坚持马克思主义与发展马克思主义的统一，坚持指导思想的一元化和学术研究多样性的统一，才能推动政治学与行政学研究沿着正确的方向不断繁荣发展。如同高校学者指出的那样："马克思列宁主义、毛泽东思想作为政治学的指导思想，为我们提供了研究政治现象、政治关系的基本理论、基本观点和基本方法。所谓'坚持'，是坚持这些基本理论、观点和方法，而不是教条地背诵马克思主义的词句。所谓'发展'是指运用马克思主义的观点方法研究我国的实际政治关系，特别是对出现的新情况、新问题作出马克思主义的认识和说明。十一届三中全会以来党中央和邓小平同志在新情况下对我国政治领域的一系列新的论述，是对马克思主义政治学理论的重要发展。坚持与发展是统一的，只有坚持马克思主义政治学基本理论，才能发展，只有在不断发展中才能更好地坚持，那种借发展之名而否定马克思主义政治学基本理论的观点是错误的，同样，不顾新情况、新问题的僵化的观点也是不正确的。"①

2. **学术研究与政治实践的关系**

作为认识活动，政治学与行政学研究与政治实践活动的关系，是高校政治学学术发展的基础关系。高校政治学学术发展的实践表明，只有坚持实事求是、从实际出发的马克思主义精髓，坚持实践第一的辩证唯物论的认识论，坚持认识与实践的辩证统一，才能正确把握和处理学术研究与政治实践的关系。"把马克思主义的普遍真理同我国具体实际结合起来，是'建设有中国特色的社会主义'的指导原则，也是我们建立和完善有中国特色的社会主义政治学必须遵循的一个指导原则。"②。为此，在政治学与行政学的学术研究和发展

① 王惠岩."政治学原理"的指导思想[M]//王惠岩.王惠岩文集:第四卷.北京:中国大百科全书出版社,党建读物出版社,2007:17.

② 云光.论建设有中国特色的社会主义政治学[M]//许崇德等.什么是政治学.北京:群众出版社,1985:15.

中,需要做到:第一,坚持社会政治实践是政治学与行政学研究的思想和理论认知的根本来源。在政治学与行政学研究和认识中,确认"一切真知都是从直接经验发源的"[①],学术认知的基础和发源是社会政治实践的需要,进而从政治实践的需要出发形成认识、探求规律和积累知识;以社会政治实践为背景分析、理解和把握政治学与行政学的间接知识。第二,坚持社会政治实践是推动学术研究发展的动力。在现实生活中,人类的政治实践是不断由低级向高级发展的,在政治实践的推动下,学术认识才由浅入深,由片面向更多方面发展。高校政治学的学术发展正是遵循这一原则,努力与时俱进,在广大人民群众政治实践和社会政治发展的基础上,才推动了学术认知和思想理论的不断发展。第三,坚持社会政治实践是检验学术认知和思想理论的唯一标准。这就需要以亿万广大人民群众的政治实践作为唯一尺度,检测学术认知和思想理论的真理性和科学性。

另一方面,高校政治学与行政学研究的发展过程表明,正确处理学术研究与政治实践的关系,还需要积极发挥学术研究和发展对于政治实践的能动作用,努力运用学术研究为政治实践服务,只有这样,才能建构起政治学与行政学研究与政治实践的良性互动关系,实现政治学研究的实践价值,为政治学与行政学研究的发展开拓更为广阔和丰富的空间和途径。"国家的战略决策虽然包括很多内容,但从根本上来说,总离不开政治上的考虑。没有或缺少政治学的知识,进行这种重要决策是很困难的。"[②]"社会科学的发展必须与社会自身的发展紧密结合,适应社会发展提出的要求,迎接挑战,克服难题,使其培养的人才有能力适应社会发展的趋势。这是任何社会科学的生命力所在。政治学学科,作为与社会发展有千丝万缕联系的学科,作为与社会政治上层建筑密切相关的知识部门,自然不能例外。"[③]这就需要高校学者在研究过程中坚持辩证唯物主义认识论,发挥专

① 毛泽东.实践论[M]//毛泽东选集:第1卷.北京:人民出版社,1991:288.

② 夏书章.当代中国政治和政治学[M]//夏书章.夏书章自选集,广州:广东出版集团,广东人民出版社,2007:14.

③ 王沪宁.九十年代中国的改革开放和政治学学科建设[J].复旦教育论坛,1992(2):3.

业学术研究和思想认知对于政治实践的主观能动作用,坚持专业学术研究对于政治实践的服务功能,真正以科学的专业理论、知识和方法,服务于人民根本利益和治国安邦的大局,服务于社会政治和政府管理实践,帮助人们认识和从事社会政治和政府管理实践。

学术研究与政治实践的关系,在学术研究对象和方法意义上,还体现为理念研究与经验研究的关系。理念研究通常是对于社会政治生活中的价值、思想、观念和理论等意识形态的研究,经验研究很大程度上是关于人们在政治生活中的活动、行为、心理、态度、相互关系及其规则的研究。就其本质来看,政治与行政理念与实际活动,都是社会政治实践的有机构成内容,因此,政治学与行政学理念研究与经验研究,都属于学术研究,都受学术研究与政治实践的关系约束,遵循学术研究与政治实践的关系的对立统一辩证规定性。另一方面,政治学与行政学理念研究与经验研究又是针对不同对象,分别运用规范研究方法和经验研究方法展开的研究,因此,理念研究更多地体现为关于社会偏好、政治价值和行政取向的应然研究,经验研究则更多体现为关于政治行动和政治关系的实然研究,两种研究反映着政治生活和行政活动的彼岸性和此岸性,指向政治生活和政治实践的不同层面,具有不同的研究价值、学术意义和实际功能,相互之间又有矛盾关系。

按照马克思主义实践第一的唯物史观,学术研究与政治实践的关系,只有立足于社会政治实践,出发于政治实践,服务于政治实践,检验于政治实践,才能得到辩证的有机统一;政治学与行政学研究才能获得强大的生命力,实现学术研究的社会价值和认识价值,检测和提高自己的真理性和合理性;政治学与行政学理念研究和经验研究才能揭示社会政治的理念层次和经验层次的发展特点和规律;才能确认两种研究的不同实践方位,确立两种研究的有机联系基础,确证两种研究的内在统一逻辑,确定两种研究的社会功能归宿。

需要强调指出的是,我国社会主义政治民主的发展和建设,迫切需要政治学与行政学研究和回答政治实践中的重大理论和实践问题,这就为高校政治学的学术发展提供了强大动力和实现空间,如同马克思所说的那样,“理论在一个国家实现的程度,总是决定于理论满足这个国家的需要的程度”[①]。因此,在理论联系实际方面,高校政治学与行政学研究必须立足于中国国情,把重点放在研究中国政治及其发展上,放在中国共产党领导人民正在进行的伟大政治实践上,放在中国政府管理现代化的实际进程上。

① 马克思.黑格尔法哲学批判,导言[M]//马克思恩格斯选集:第1卷.北京:人民出版社,1972:10.

3. 学术研究的政治性与学术性的关系

政治学与行政学以推动社会主义政治文明发展和治国安邦作为学术研究的主要功能,因此,它具有强烈的政治性、现实性和实践性,其学术研究和发展受政治生活和政治逻辑的深刻影响。同时,政治学与行政学又是社会科学的基础学科和重要学科,政治学与行政学的学术研究是专业学术认识和探讨活动,遵循学术发展和科学认知的普遍规律和要求。因此,政治学与行政学的学术发展又必然具有科学性和学术性,服从学术和科学发展的逻辑。政治学与行政学研究和学术发展中这两方面因素的作用,构成了政治学与行政学研究中政治性与学术性的关系。

政治学与行政学研究中的所谓“政治性”,通常是指学术研究和发展过程中的指导思想、基本立场、价值取向等方面的内容,它们通常是政治统治阶级的意志和意识对于政治学研究的要求,或者是这些意志和意识在政治学研究中的体现,因此,所谓政治性,其实就是政治学研究的阶级属性和政治现实性。而政治学与行政学研究中的所谓“学术性”,是指学术研究活动具有相对独立的科学规范、学术范畴和概念,科学的研究方法、程序和规则,正确的学术评价体系以及遵循学术发展规律和要求的发展方式，如学术和知识形成与发展中学术的探讨性、争鸣性和求同存异性等。由此可见，政治学与行政学研究中政治性与学术性的关系，其实是学术研究基本立场、价值取向与学术研究的认识过程、认知规范和发展方式之间的关系。

“政治学与实际政治，政治学家与政治家，政治学与时论之间显然是有相当的距离。但是，一个时代的政治学必定和那个时代的社会、政治及文化学术环境有着千丝万缕的联系。”[①] 就高校政治学与行政学研究来看，学术研究的政治性与学术性具有对立统一的辩证关系。一方面，两者是相互联系、相互依赖的，统治阶级的意志和意识必然体现为政治学与行政学研究的指导思想、根本立场和主导价值，而政治学与行政学研究通常也必须服务于统治阶级的要求。另一方面，两者之间又是相互区别的，学术范畴和概念，科学的研究方法，学术研究的规范、程序和规则，正确的学术评价体系、学术形成和发展的方式，具有相对自主性和独立性。

高校政治学与行政学研究的发展历程表明，只有以唯物辩证法的观点正确把握学术发展的政治性与学术性之间的关系及其发展规律，才能推动学术研究的健康发展。这就要求我们必须在实践的基础上理解和把握这一关系：一方面，应该清楚认识到，“社会科学一般都具有阶级性，因此，它必然在一定程度上和政治问题发生关系。马克思主义就是政治性很强的科学，马克思主义政治学所研究的全部内容都是政治问题”[②]。政治学与行政学研究的知识来源、研究对象、服务对象和检测标准，都是亿万人民群众的政治实践，是统治阶级的阶级利益和要求，政治学与行政学必然根据现实政治和政治实践，来确定学术研究的指导思想、基本立场和价值观念；另一方面，学术研究属于意识形态的认识活动，其特性和发展规律又区别于作为上层建筑的政治活动，因此，在学术研究实践中，需要坚持政治学与行政

① 孙宏云. 中国现代政治学的展开：清华大学政治系的早期发展（一九二六至一九三七）[M]. 北京：三联书店，2005：8.

② 徐鸿武. 我党贯彻“双百”方针的历史经验[J]. 北京师范大学学报，1988(6).

学研究的学术性和科学性,切实认识到“如果科学研究不能坚持严格的科学性,它本身就成为半科学或伪科学。若用这种半科学或伪科学来为社会实践服务、为领导决策提供根据,那就等于卖假药给人治病。祸国殃民,莫此为甚”[①],而现实政治只有通过专业化、科学化的学术性研究,才能获知政治现象的本质及其发展规律,沿着符合这些规律要求的方向前进。

① 赵宝煦.政治学基础,第一版序言[M]//王浦劬.政治学基础[M].北京大学出版社,1995:1.

由此可见,在政治学与行政学研究中,既要把握两者之间的联系,又要“注意区分学术问题和政治问题的界限。不要把学术探讨中出现的问题当作政治问题,也不要把政治倾向性问题当作一般学术问题。学术问题的研究和讨论没有禁区,理论宣传和教学要有纪律”[②],既要把握意识形态的相对独立性,遵循意识形态和学术文化发展的规律,正确区分政治与学术问题,严格按照问题的不同属性,采用不同的方法对待和解决两类问题,又要把握正确的政治方向,从根本立场和价值取向来认识和把握政治倾向性,防止把政治倾向性问题淡化为一般学术问题。

② 中共中央关于进一步繁荣发展哲学社会科学的意见[M]//十六大以来重要文献选编,中央文献出版社,2005:693.

进而言之,以研究政治现象为内容并且服务于政治实践的政治学与行政学研究,需要明确如何实现两者既相对独立又相互结合。就此,高校学者的看法颇有启发性,“政治学要为现代化事业服务,为解决中国的社会政治问题作出自己的贡献。但是,这并不意味着由政治学来直接解决社会政治问题。政治学的任务是作为一门科学来研究政治现象,而不是代替执政党和政府直接制定解决社会政治问题的政策和纲领。政治学要实现为社会发展,尤其是经济建设服务的任务,还有待于其科学研究成果转化为一定的政策和纲领。这个转化过程不能由政治学自己来完成,而应由政策的制定者运用包括政治学研究成果在内的各个学科的成果,通过决策过程来完成”[③]。

③ 谭君久,童之伟.中国政治学应进一步加强自身建设[J].政治学研究,1997(1):45—46.

4. **学术研究的一般性和特殊性的关系**

政治学与行政学研究中的一般性与特殊性之间的关系，是人们思想认识运动中矛盾的普遍性与特殊性之间关系的体现。按照唯物辩证法的观点，思想认识矛盾中的普遍性是指认识中的共性、一般和绝对性，而思想认识矛盾中的特殊性是指认识中的个性、个别和相对性。就这种一般性与特殊性的关系而言，它们既有区别，又有联系。其区别在于：思想认识的普遍性或者一般性，通常概括和体现着认识的个别对象的一般特征或者因果关系，而思想认识的特殊性，则是对于特殊对象的特征或者因果联系的把握和认知。其联系在于：普遍或者一般存在于特殊或者个别之中，而且只能通过特殊或者个别而存在；任何特殊或者个别中都包含着普遍或者一般性。因此，任何认识都是普遍性和特殊性的统一。

从高校政治学与行政学研究发展的过程来看，人们思想认识中一般性与特殊性的矛盾关系，体现在政治学学术研究的认识对象、认识目的、认识过程和认识方式等方面。

在认识对象方面，政治学与行政学的认识对象就是政治现象及其发展规律。按照马克思主义政治学原理，古今中外的政治现象都具有一般的特征，即以阶级国家或者公共权力为中心展开；都遵循着共同的发展规律，即由社会经济基础所决定，并且对其起着反作用，随着社会生产力的发展，保护或者破坏社会经济基础；其思想形态都具有共同特性，即"古今中外各个时代，各民族和国家的各种政治思想，不论其思维方式、价值观念有何不同，研究方向、具体内容有何差异，也不论各种思想表现的形式、当时的作用和对后世的影响如何，其性质无不是反映社会各阶级、阶层或集团的政治理想、政治要求，或设计一套政治方案，或为实现其政治统治出谋献策，总之是为其夺取、维护和发展社会政治统治服务的。我觉得这是我们研究各种政治思想的认识前提"[①]。由此可见,对于政治学与行政学来说,问题不在于社会政治现象是否具有一般性和共同性,而在于什么是社会政治现象的一般和共同性及其发展规律。

另一方面,政治现象又是具体和个别的,具有不同历史阶段、阶级基础和实际形态,而不同的政治现象在具体的特性和发展方面,也呈现其特殊具体性。"科学研究的区分,就是根据科学对象所具有的特殊的矛盾性。因此,对于某一现象的领域所特有的某一种矛盾的研究,就构成某一门科学的对象。……固然,如果不认识矛盾的普遍性,就无从发现事物运动发展的普遍的原因或普遍的根据;但是,如果不研究矛盾的特殊性,就无从确定一事物不同于他事物的特殊的本质,就无从发现事物运动发展的特殊的原因,或特殊的根据,无从区分科学研究的领域。"[②]

在认识目的方面,政治学与行政学研究的根本目的,是发现、认识和把握政治现象的一般本质及其联系即发展规律,揭示和阐明这样的规律,使得政治学与行政学研究成为人们认识政治世界、改造政治世界的思想工具;另一方面,政治学与行政学研究也是为了认识具体的特殊的政治现象,认识其特殊具体的特性、形态、内容和发展变化规律,从而有助于人们解决具体的矛盾,建设和发展特定的政治文明。因此,按照中国共产党十七大的精神和要求,高校政治学需要研究共产党的执政规律、社会主义社会政治建设规律和人类社会政治发展规律。

在认识过程方面,政治学与行政学研究和认识需要遵循从特殊到一般,从一般到特殊的认识矛盾运动过程规则。人们的学术研究和认识活动首先是从特殊出发的,从具体和特殊的现实政治现象研究入手,逐步深化和积累学术认识,从中归纳和抽象,形成对于政治现象普遍特征和发展规律的认识,这一过程即为政治学与行政学研

① 徐大同. 深入、比较、借鉴——21世纪西方政治思想史研究发展之我见[J]. 政治学研究,2001(1):8.

② 毛泽东. 矛盾论[M]//毛泽东选集:第1卷. 北京:人民出版社,1991:309.

究和认识从特殊到一般的过程；在此基础上，人们运用学术研究得到的具有普遍一般性的认识，指导具体特殊的现实政治并且在其中加以检验，形成政治学与行政学的理论，由此成为从一般到特殊、从抽象到具体的认识过程。[①]

在认识方式方面，政治学与行政学研究应该认识到普遍一般性寓于特殊性和具体性之中，而认识的目的是从特殊性和具体性中探索事物的一般性。因此，政治学与行政学研究应该从特定的具体问题开始，从特殊典型的政治现象入手探讨政治与行政的普遍性和一般性；政治学与行政学的学术发展应该突出其阶级性、民族性等社会属性，从这些社会属性的政治学与行政学研究中形成一般政治理论和知识。同时，政治学与行政学研究需要运用马克思主义关于政治现象及其发展的一般规律和普遍真理，运用政治学与行政学研究中得出的一般政治理论和知识，指导特殊典型的、具有阶级性、民族性等社会属性的政治现象的研究。

5. **学术研究吸收与创新的关系**

作为专业性的认识和探索活动，政治学与行政学研究既是在社会实践的基础上进行的，也是通过吸收他人研究成果进行的，如同邓小平指出的那样，“任何一项科学研究成果，都不可能是一个人努力的结果，都是吸收了前人和今人的研究成果”[②]。另一方面，政治学与行政学研究的重要发展途径是学术创新，“创新是一个民族进步的灵魂，是一个国家兴旺发达的不竭动力，也是一个政党永葆生机的源泉”[③]。创新也是政治学与行政学研究的基本价值和重要意义所在，因此，吸收他人研究成果与实行学术创新，是高校政治学与行政学研究和发展中的重要关系。

就其本质来讲，他人的研究就是已有的研究，而学术创新就是实行或者实现创新的研究，因此，学术研究中吸收他人研究成果与实现

① 毛泽东. 矛盾论[M]//毛泽东选集：第1卷. 北京：人民出版社，1991：310.

② 邓小平. 关于科学和教育工作的几点意见[M]//邓小平文选：第2卷. 北京：人民出版社，1994：57.

③ 江泽民. 全面建设小康社会，开创中国特色社会主义事业新局面——在中国共产党第十六次全国代表大会上的报告[R]. 北京：人民出版社，2002：12.

自主创新,是具有重要区别的两种形式的学术活动。另一方面,学术研究这两种活动又是相互联系的,它们常常是同一个学术研究活动过程的不同阶段和不同方式,已有的研究是进行学术研究和学术创新的基础,没有他人的研究或者忽视他人的研究,学术研究就会成为无源之水、无本之木而不可理解、无法发展;而学术创新则是对于已有研究的推进和发展,没有创新的研究是重复他人劳动甚至袭用他人成果的活动,是意义价值低下或者归零的活动。因此,科学的学术研究活动,必然是运用科学的方法,在已有研究的基础上实现创新的研究和研究的创新。

高校政治学学术发展的历程表明,在学术研究活动中正确把握吸收与创新的关系,是推动学术发展的关键环节。其中,必须正确地吸收他人成果,这就要求高校学者在学术研究活动中清楚了解和准确把握他人的研究成果,了解自己进行学术研究和推进学术的起点;正确分析和评价他人的研究成果,作为吸收他人成果的基础;合理吸收他人的研究成果,包括合理选择和正确利用他人的成果。另一方面,了解、吸收和利用他人的研究成果,是为了实现学术的创新,这就需要在学术研究中贯彻创新精神;根据政治学与行政学研究的基本特性和政治要求,正确把握创新的政治方向和政治功能;以客观公正合理的学术评价和科学的学术批评,来评价和鉴别学术研究及其成果的创新性,把握学术创新的科学性和合理性,正确评价特定学术研究及其成果中吸收继承他人知识与研究者自主创新的内容、程度和性质,从而使得政治学与行政学的学术创新沿着科学的方向发展。如同高校学者指出的那样,"改革开放和社会主义现代化建设向政治学提出了新的要求和呼唤。政治学要让社会承认它,需要它,那就要为现实服务。具体说,在我国就是研究社会主义现代化建设过程中在政治领域出现的新情况、新问题。要研究新情况、新问题,必须解放思想，但解放思想不等于信口开河、胡言乱语，或者标新立异，哗众取宠。解放思想应该有个尺度，这个尺度就是实事求是"[①]。

6. 学术研究数量与质量的关系

政治学与行政学研究的数量，通常是关于学术研究项目、人员、规模和成果等方面要素的量的显示，而学术研究的质量，则是关于学术研究活动过程的科学规范、研究选题的价值意义、研究活动的深入广泛和研究成果的水平影响的属性的显示。如同一切事物的数量与质量关系一样，政治学与行政学研究中的数量与质量关系，也是对立统一的关系。就其基本性质来讲，学术研究的数量与质量是学术活动中相互区别的不同方面，是学术研究及其成果的不同要素。就其相互关系来讲，学术研究中的数量与质量，既具有相互排斥性，又具有相互促进性。从相互排斥来看，在特定条件下，学术研究的数量增加可能影响甚至降低学术质量，而学术质量的提高往往要求减少学术研究的数量。而从相互促进来看，学术研究的数量是质量的载体，没有特定数量，学术研究的质量就无从依托；同时，学术研究的质量又是数量的价值和意义，质量低下甚至归零的学术研究，数量再多都是缺乏价值和意义的。"无数成果在表面的扩展、堆积，并不意味着我们对此领域有了更深入的理解。"[②]"真正的科学研究从来都是不单纯追求数量，而尤其注重质量，注重出精品成果。"[③]因此，在特定条件下，学术研究数量的增加，也可能促进学术研究质量的提高，而学术研究质量的提高，也可以促进学术研究数量的发展。由此可见，政治学研究中数量与质量关系的正相关或者负相关形态和可能，在很大程度上实际取决于特定的条件。

从高校政治学与行政学研究的实践来看，影响和左右学术研究数量与质量关系状态的条件，具有多方面复杂因素。除了客观的多方面因素以外，在学科建设和学术发展过程中，正确认识和处

① 王惠岩.新世纪中国政治学的发展方向[J].政治学研究，2000(4):3.

② 何艳玲.问题与方法：近十年来中国行政学研究估评(1995—2005)[J].政治学研究，2007(1):103.

③ 程郁缀.精品意识与整体意识[N].人民日报，2001—07—10.

理这两者的关系，构成了促进两者正相关互动关系形成和发展条件的重要因素。这就要求高校学者在学术研究中，既要重视学术研究项目、人员、规模和成果的数量，更要重视研究活动过程的科学规范、研究选题的价值意义、研究活动的深入广泛和研究成果的水平影响，积极从主导价值、学风道德、体制机制和政策措施方面创造学术研究数量与质量良性互动和相互促进的条件，削弱和消除两者相互反对和相互抵消的条件。就当前高校政治学与行政学研究来看，尤其应该着力从对于政治学与行政学科和学术发展、社会政治和政府管理发展的贡献意义上评价学术研究及其成果，提高和促进学术研究的质量，以质量主导数量，以质量推进数量，实现高校政治学与行政学研究又好又多的可持续科学发展。特别需要“建立以质量为导向的评价标准。对哲学社会科学研究成果的评价，既要有数量、规模指标，更要有质量指标，当前尤其要强调质量指标在评价体系中的重要性。要克服重数量指标轻质量指标的倾向，改变简单以数量多少评价人才、评价业绩的做法。创新程度是衡量哲学社会科学研究成果质量高低的核心要素。要把是否发现新问题、挖掘新材料、采集新数据，是否提出新观点、采用新方法、构建新理论，作为衡量哲学社会科学研究质量高低的主要内容。推广优秀成果和代表作评价制度，充分发挥高水平研究成果对提高哲学社会科学研究质量的导向作用。”①

7. **研究方法的科学性与多样性的关系**

作为学术认知的思想方法、分析途径和研究工具，政治学与行政学研究方法对于高校政治学学术发展具有重要的意义和价值。从高校政治学学术发展的过程看，在认识论和方法论的意义上，可以认为，政治学与行政学研究的进步和发展很大程度上有赖于和体现为学术研究方法的深化、丰富和发展。

① 教育部关于大力提高高等学校哲学社会科学研究质量的意见.教社科[2006]5号[EB/OL]: http://www.moe.edu.cn/edoas/website18/49/info26349.htm

政治学与行政学研究方法的深化、丰富和发展，通常体现在相互联系而又相互对立的两个方面，即研究方法科学性的提高和多样性的实现。高校政治学的学术发展历程表明，这两个方面的对立统一关系，是高校政治学学术发展的重要支配性关系。

就其相互关系来讲，政治学与行政学研究方法的科学性需要在研究方法的多样性比较检测鉴别基础上予以提高，而研究方法的多样性则需要通过研究方法的科学性予以推进。因此，政治学与行政学研究方法的科学性与多样性是相辅相成的关系。其中，政治学与行政学研究方法的科学性对于多样性的依赖，是由社会政治现象的丰富复杂性和学术研究的扩展深入性决定的，在唯物辩证法指导下，对社会政治现象展开多层次、多角度、多形态的方法论构建，并且运用这些方法展开政治学研究，不仅会丰富学术研究方法体系，更可以提高学术研究方法的科学性，进而提高学术研究的深入性和科学性。因此，“为了形成比较成熟的政治学研究方法体系，目前要鼓励和提倡政治学研究方法的多样化，鼓励和提倡探索新的研究方法，吸收其他学科的研究方法。只有研究方法的多样化才能使我们多侧面、多层次地认识学科研究的对象”[①]。

① 谭君久，童之伟.中国政治学应进一步加强自身建设[J].政治学研究，1997(1)：45.

而政治学与行政学研究方法多样性对于科学性的依赖，则是由社会政治的发展性和学术研究的目的性决定的。多种多样的研究方法，只有提供人们科学正确地认识和研究政治现象及其发展的层次、途径、角度和工具，只有提高人们认识和把握政治现象及其发展规律的水平和能力，才能随着社会政治的发展而不断发展，才能在不同程度上达到学术研究的目的，也才能获得持久的生命力。

在正确把握政治学与行政学研究方法的科学性与多样性的关系方面，需要特别指出的是，高校政治学学术发展的经历表明，学术研究方法本身实际上也是人们主观对于客观世界的认识，它本身也具有相对科学性和适切性,只能在一定条件下帮助人们认识政治现象及其发展规律。因此,政治学与行政学研究方法的科学性与多样性之间的辩证统一,只有在给定的学术研究范围、对象、层次和形态等条件下才可能相对实现。在唯物辩证法指导下,政治学与行政学多种多样的研究方法,只是在给定的条件下具有相对科学性和合理性,在其与给定的条件适切的意义上具有相对效用性,比如,经验性研究和实证调查就需要本土化的理论作为前提,"从认识论方法论的角度讲,任何严肃的经验性研究和实证调查都应该有相应的理论作指导。本土的实证调查研究也应该有本土化的理论作为指导"[①]。无视或者离开特定条件,对于政治学与行政学研究特定方法的科学性的任何泛化和绝对化,都是片面的。

① 徐湘林.中国政策科学的理论困境及其本土化出路[J].公共管理学报,2004(1).

8. **基础研究与应用研究的关系**

按照其不同的属性,政治学与行政学的研究可以划分为基础研究与应用研究。基础研究以探讨政治现象的本质、研究政治价值、积累或创造政治知识和开拓政治研究的新领域为研究宗旨,通过对于政治现象因果关系的研究,揭示政治现象的定理、通则和发展规律。应用研究是针对特定的现实政治问题,探索或者创造新的知识或者方法,为解决问题和完成任务提供理论依据、实际途径和可行方法的研究。

由此可见,政治学与行政学的基础研究与应用研究是不同类型和不同性质的研究。就其研究对象来看,基础研究实际是对于政治现象的一般性及其本质联系的研究,而应用研究则是对于具体政治现象的特殊性特征的研究。就其研究内容看,基础研究是关于政治现象本质因果联系的发现和阐明,应用研究则是关于问题与对策因果联系的分析和论证。就其研究目标看,基础研究是为了提高政治认识,增进政治知识,分辨政治价值,揭示政治现象本质及其规律,并且开辟政治研究领域，而应用研究则是为了分析、把握和解决现实特定问题。就其成果形式来看，基础研究通常凝结为关于政治现象的定理、通则或规律，而应用研究则体现为解决具体问题的理据、对策、方法或方案。

另一方面，政治学与行政学的基础研究与应用研究又是相互联系、辩证统一的。基础研究可以为应用研究提供理论依据、知识基础、观察视角、分析工具和一般定理，可以在研究领域和知识体系范围内确定应用研究的问题方位，从而在宏观和一般规律意义上透视问题、剖析问题和把握问题，可以检测应用对策的科学性和合理性。而基础研究的重大突破，可以引发应用研究的重大变革。应用研究实际上可以看作关于基础研究的发展研究，是把基础研究发展为实际运用形式，把基础研究的知识、理论和方法运用于具体问题及其解决的研究活动。应用研究可以确定基础研究的可能用途、作用范围和实际效用，可以为基础研究提供现实论据，可以丰富基础研究的素材，扩大基础研究的视野，增加基础研究的途径和方法。因此，离开基础研究的应用研究，是缺乏对于事物本质性和规律性的把握、缺乏理论认知和科学方法、缺乏深刻性、科学性和合理性的研究；离开应用研究的基础研究，则会演变为缺乏现实论据和适切性的空洞的抽象研究，缺乏现实意义和价值的虚假命题、思维训练和经院哲学。

高校政治学学术发展的历史表明，政治学与行政学是基础性和理论性、现实性和应用性兼备的学科，因此，在学术发展中，政治学与行政学的学术研究需要通过科研体制和机制、学科划分和整合、资源配置和运用、研究分工和合作，同时兼顾基础研究与应用研究，正确处理基础研究与应用研究的辩证统一关系，通过强化基础研究来深化应用研究，通过推进应用研究来丰富基础研究，实现基础研究与应用研究的有效结合和良性互动，在两者的共同发展中提高政治学研究的科学性和应用性。“在重视政治学应用研究或对策研究的同时,必须重视基础研究。这个问题目前在许多学科中都存在。但由于政治学恢复后发展的历史较短,基础研究尤其薄弱,因此加强基础研究显得更加重要。……发展应用研究并不意味着非得以牺牲基础研究为代价。任何一个学科,没有深厚的基础研究的支撑,应用研究是不可能取得丰硕而且先进的成果的,应用研究的发展也是不能持久的。”[①]就目前来看,政治学与行政学尤其应该加强定向型基础研究,以为沟通基础研究与应用研究的桥梁。

① 谭君久,童之伟.中国政治学应进一步加强自身建设[J].政治学研究,1997(1):44.

9. **学术研究本土化与国际化的关系**

我国高校的政治学是为我国人民根本利益、为社会主义政治民主建设服务的,是在中国国情、政情和文化基础上形成、建设和发展的。独立自主地发展自己的学术研究,建设中国特色的社会主义政治学与行政学科,重点研究中国的政治发展、国家治理、政府管理和政治文明建设问题,实现中华民族的全面复兴,是党和人民赋予高校政治学的历史使命,为此,高校政治学的研究必须具有中国特色,学术发展面临本土化的任务。

另一方面,“独立自主不是闭关自守,自力更生不是盲目排外。科学技术是人类共同创造的财富。任何一个民族、一个国家都需要学习别的民族、别的国家的长处,学习人家的先进科学技术”[②]。在社会主义现代化建设和改革开放的历史进程中,在经济全球化的发展背景下,高校政治学尤其需要清楚认识和把握他国政治状况尤其是西方国家政治状况,了解国外尤其是西方国家政治学发展状况,在国际学术交流和沟通中淘汰、扬弃和屏蔽国外政治学学术成果的糟粕,吸收其有益内容和方法,推广和传播高校政治学的研究成就和价值理念,建设国际一流政治学科。因此,高校政治学的学术发展又面临着国际化的要求。

② 邓小平.在全国科技大会开幕式上的讲话[M]//邓小平文选:第2卷.北京:人民出版社,1994:91.

高校政治学学术发展的本土化与国际化，构成了当代国内外政治和学术格局下我国学术研究及其发展中的特有关系，成为建设中国特色而又具有国际一流水平的政治学与行政学科的关键关系。从高校政治学学术发展的历史过程来看，政治学与行政学研究发展的本土化与国际化的关系具有相对复杂性，需要清楚认识和正确把握。

首先，需要明确的是，政治学与行政学研究发展的本土化与国际化的关系，并非政治学与行政学研究中特殊具体性与一般普遍性之间的关系，因为无论在政治还是政治学的意义上，都不存在标准的国际化的政治学与行政学，在多极化政治的世界格局中，在主导思想、文化特质、核心价值和发展历程迥然相异的不同政治实体之间，在思想理论、研究前提、价值本位、根本立场和功能效用相去甚远的政治学与行政学科和学术体系之间，现实存在的只是各个不同的国家或者各种文化和政治背景下的政治学与行政学。比如，“西方政治学说作为欧美发达国家民主政治发展过程、成果和规律的反映，只是人类社会政治发展的一个部分和一个阶段，并不是世界政治文明的全部，更不是唯一”[①]。既然如此，所谓政治学学术研究的本土化与国际化的关系问题，本质上并非政治学与行政学的中国特色与国际标准之间的关系问题，而只是中国的政治学与行政学研究特色与其他不同国家和社会的政治学与行政学研究相互影响和借鉴的问题。

① 奚广庆.政治学原理“西主中附”的教学布局亟待改革[J].中国社会科学,2006(6).

其次，政治学与行政学研究的本土化与国际化之间具有相互矛盾和排斥的一面。在不同的政治国家或者文化背景基础上生成的政治学与行政学，在学术性质、研究前提、研究内容、价值取向、根本立场和功能效用等方面具有相互的差异性甚至对立性，无视这些差异、矛盾和对立性，无视政治和文化的巨大差异，把特定国家或者社会的政治模式理解为国际标准模式，把特定国家和社会的政治制度看作万国示范制度，把特定国家和社会的政治学看作世界标准政治学，实际曲解了本土化与国际化的本质内容。[①] 比如,在我国的公共政策研究中,"西方理论和方法的引入和借鉴也一直存在着两个主要方面的问题。其一,对西方的理论和方法缺乏全面系统的研究,不能及时的吸收和消化国外的研究成果,对其学科体系的了解支离破碎,理论方法的借鉴往往弄巧成拙。其二,盲目地相信西方理论方法的科学性和普遍实用性,缺乏对中国本土政策问题的深入研究,简单套用西方的理论与方法来分析中国的政策问题,使中国政策科学和分析缺乏自己应有的独创性,不能够真正解释和解决中国的实际政策问题"[②]。

① 王绍光."接轨"还是"拿来":政治学本土化的思考[OL]. 天益学术网:http://www.tecn.cn/academic/

② 徐湘林. 中国政策科学的理论困境及其本土化出路[J]. 公共管理学报,2004(1);另见陈振明. 21世纪中国政策科学的研究方向[J]. 北京行政学院学报,2000(1):9—10;胡象明. 政策科学的中国化与理论创新[J]. 北京行政学院学报,2000(1):10—11.

再次,政治学与行政学研究的本土化与国际化之间又具有相互联系和相互促进的一面。他国政治学与行政学的特定范畴概念和研究方法,经过马克思主义思想方法的改造,可以为我所用;他国政治学与行政学的知识内容,经过科学的分析批判扬弃,可以为我吸收;他国政府管理的经验总结和理论概括,经过比较分析,可以为我借鉴。

因此,政治学与行政学学术研究的本土化,可以通过国际化的途径推进和强化。其中,必须清醒认识到,政治学与行政学的本土化需要具备国际学术视野,准确认识和了解国外政治学与行政学的理论、知识和方法;需要具备科学理论和方法,运用马克思主义基本立场、观点和方法对其进行分析、鉴别、扬弃和吸收;尤其必须具备正确的政治立场和实事求是的科学态度,以中国人民的政治实践对这些理论、知识和方法进行检测、验证和适用性评估,以中国人民的政治实践作为这些理论、知识和方法本土化的唯一标准。与此同时,政治学与行政学的国际化,只有通过本土化才能得到实现。其中,需要清楚认识到,在政治学与行政学研究中,只有民族的,才是国际的;只有形成中国特色、中国风格、中国气派的政治学与行政学研究成果,才有资格和可能实现国际化,独立跻身于国际社会科学学科之林。因此,只有深入研究本国政治，科学构建高校政治学与行政学理论体系和研究方法，形成合乎我国国情政情、文化特质和政治发展规律而又具有高度解释力和科学性的中国政治学，才能提高高校政治学与行政学研究的国际地位，才能成为国际一流的学科，才能对其他国家和社会的相应研究产生强大的渗透力和影响力，才能促进国际化的发展和提升。因此，当改革开放向纵深发展，国际联系日益加强之际，特别“要扩大哲学社会科学领域的国际交流，注意引进国外哲学社会科学优秀成果、研究方法、管理经验。把我国优秀的哲学社会科学成果推向世界是哲学社会科学对外开放的重要组成部分”[①]。第四，在高校政治学与行政学研究本土化与国际化的关系方面，应该防止学术发展中出现的倾向性问题。一方面，必须坚持马克思主义政治学与行政学研究的基本立场、观点和方法，坚持四项基本原则，坚持维护和实现中国人民根本利益的政治立场。因此，必须防止不加分析简单全盘搬用他国学术成果，通过变换文字、简单整理综合来构建中国的所谓“政治学”“行政学”理论、知识和成果；防止机械套用他国相应学科的概念、方法、模型和理论，剪裁中国政治实际的所谓学术研究甚至学术炒作；尤其反对无视中国国情政情，对于西方政治学与行政学价值取向、制度主张和思想理论的盲目崇拜、迷信和鼓吹。另一方面，需要防止对于他国学术研究简单教条的理解；防止简单盲目地以贴标签、扣帽子的方式评价和排斥他国学术成果；防止对于本国学术研究的闭关自守的经验主义、教条主义和本本主义的态度。

按照马克思主义的观点，作为思想意识的政治学与行政学学术研究的本土化与国际化，最终只有统一于中国特色社会主义政治实践，统一于在这一实践基础上深入研究和科学建构的学科体系、知识体系、理论体系和方法体系。如同高校学者指出的那样，“许多学者主张在研究中将来自西方的理论体系‘本土化’。‘本土化’研究强调

① 中共中央关于进一步繁荣哲学社会科学的意见[M]//十六大以来重要文献选编.北京：中央文献出版社，2005：689.

以中国的本土特色来应用和修正西方的理论体系，这是必要的。但中国的政治学学者更应从中国的现实问题出发，创建自己独特的理论体系"[①]。

① 王邦佐.政治学的繁荣和发展需要理论创新[J].政治学研究,2001(1):11.

二、高校政治学学术发展的历史经验和主要原则

根据对高校政治学学术发展中的基本关系的认识和把握，结合高校政治学学术发展的成就和不足，可以总结归纳出高校政治学学术发展的基本经验如下。

1. 坚持以发展着的马克思主义指导高校政治学的学术发展

马克思主义是认识世界、改造世界的科学指南。毛泽东思想、邓小平理论和"三个代表"重要思想，是马克思主义基本原理与中国革命和建设的实际相结合过程中形成的马克思主义中国化的三大理论成果。中国特色社会主义理论体系，"就是包括邓小平理论、'三个代表'重要思想以及科学发展观等重大战略思想在内的科学理论体系。这个理论体系，坚持和发展了马克思列宁主义、毛泽东思想，凝结了几代中国共产党人带领人民不懈探索实践的智慧和心血，是马克思主义中国化最新成果，是党最可宝贵的政治和精神财富，是全国各族人民团结奋斗的共同思想基础"[②]。因此，坚持以发展着的马克思主义指导高校政治学的学术发展，就是在高校政治学的学术发展中坚持马克思主义的基本立场、观点和方法，坚持马克思主义、邓小平理论和"三个代表"重要思想的指导地位，以中国特色社会主义理论体系作为共同的思想基础。高校政治学学术发展的历程表明，在学术

② 胡锦涛.高举中国特色社会主义伟大旗帜 为夺取全面建设小康社会新胜利而奋斗——在中国共产党第十七次全国代表大会上的报告[R].北京:人民出版社,2007:11-12.

发展中坚持了发展着的马克思主义的指导地位，学科建设和学术发展就会取得重大成就和积极进展，否则就会遭受挫折艰难，就会发生曲折甚至后退。

从高校政治学学术发展的成就和不足来看，坚持发展着的马克思主义对于高校政治学学术发展的指导地位，当前尤其需要在以下方面着力：

(1)深化马克思主义政治学基本立场、观点和方法的系统研究。既要深化对于经典的马克思主义政治学理论著作的研究，更要深化对于中国特色社会主义理论体系的政治学与行政学理论、观点和方法的系统研究，深化中国特色社会主义对于马克思主义的继承、创新和发展研究。通过这些研究，“自觉地把思想认识从那些不合时宜的观念、做法和体制的束缚中解放出来，从对马克思主义的错误的和教条式的理解中解放出来，从主观主义和形而上学的桎梏中解放出来”①，用发展着的马克思主义政治学与行政学理论和方法武装政治学者。同时，特别应该认识到，“马克思主义政治学理论的研究和建设任务十分艰巨。马克思主义政治学工作者对此必须有清醒的认识，在破除对马克思主义的教条式和僵化理解的同时，要勇于面对国内外新形势和新问题提出的各种挑战，增强应有的政治责任感和历史使命感，在抵制和反对西化、分化、自由化，为发展社会主义民主政治、建设社会主义政治文明服务的斗争实践中，旗帜鲜明地坚持马克思主义的立场、观点和方法，推进政治学的马克思主义理论研究和建设，努力取得符合坚持和完善发展中国特色社会主义事业要求的重大进展”②。

从高校政治学学术发展的基本状况来看，在学术研究过程中，马克思主义政治学与行政学理论和方法得到了比较系统的研究，但是，还需要在马克思主义理论研究中大力加强和深化，比如，“马克思主

① 中共中央关于进一步繁荣发展哲学社会科学的意见[M]//十六大以来重要文献选编．北京：中央文献出版社，2005：682.

② 王一程．当代中国的政治学与政治发展[J]．政治学研究，2005(4)：1—5.

义政治哲学的主流地位,与马克思主义政治哲学的科学研究不太相称,使得我们有一种研究马克思主义政治哲学的紧迫感"[①]。而中国特色社会主义理论的政治学与行政学研究,则特别需要全面展开、加强和深化。

① 任剑涛.政治哲学与当代政治生活[M]//任剑涛,郭巍青.政治哲学的理论视界.广州:广东人民出版社,2003.

(2)坚持解放思想、实事求是的马克思主义精髓,根据政治实践的发展,在实践的基础上,与时俱进,不断丰富和发展马克思主义政治学与行政学理论和方法。一方面,需要继续坚持和贯彻实事求是、解放思想的思想路线,"要进一步发展和繁荣这门科学,就必须在这个学科领域进一步贯彻解放思想、实事求是的思想路线,不断增强和提高我们贯彻这条路线的坚定性、自觉性"[②]。另一方面,坚持理论联系实际,根据政治实践的发展,与时俱进,不断丰富和发展马克思主义政治学理论和方法。同时,运用发展着的马克思主义分析我国政治生活中的重大理论和实践问题,服务于我国社会主义政治建设和政府管理的实践。就高校政治学学术发展的情况来看,在重大理论问题研究方面已经作出了理论贡献,但是,仍然具有不少问题需要进一步深入研究和回答;围绕重大实践问题展开了多方面研究,取得丰硕成果,但是,这方面研究的针对性、可行性、科学性尚需加强。

② 张永桃.中国政治学二十年(1978—1998)——纪念党的十一届三中全会召开20周年[J].江苏社会科学,1998(6):4.

(3)坚持以发展着的马克思主义统领政治学与行政学科的学术研究,把发展着的马克思主义基本立场、观点和方法贯穿到政治学与行政学各分支学科、分支领域的学术研究中,切实按照马克思主义立场、观点和方法,展开这些分支学科和领域的学术研究。

2. 立足中国国情,不断深化中国政治研究

本国政治与行政研究,是世界各国政治学与行政学研究的重点,也是其学术研究的基础和归宿所在。在我国,高校政治学为人民服务、为社会主义服务的方向,从根本上确定了其学术发展的根基、目的和取向。与此同时，中国社会的改革开放和政治发展，在世界历史上具有独特性，因而使得中国政治发展的研究具有世界学术意义。在学术发展历程中，高校政治学与行政学正是坚持以中国社会主义政治发展为学科学术研究的主题，坚持中国政治发展和政治体制改革是社会主义政治体制的完善，才正确确定了政治学与行政学科的发展方向、基本性质、学术地位和价值取向，获得学术研究和发展的不绝源泉和动力，取得了丰硕的成果，并且对我国社会主义民主政治发展、政府管理现代化和政治文明建设作出了应有的贡献。“一个学科的发展，不仅在于学者的努力，而更主要的是取决于社会的需求。如果学者研究的理论再‘高深’、‘玄妙’，但社会不需要，也是无用的。只有社会需要，认为它有用，这个学科才能发展。”[①]这就表明，进行中国政治研究，必然而且必须是高校政治学学术发展的重点内容。

① 王惠岩.新世纪中国政治学发展的方向[J].政治学研究，2000(4)：3.

从高校政治学学术发展的成就和不足来看，展开中国政治的研究，需要贯彻坚持正确的政治方向，立足中国国情，深化学术研究的原则：

在中国政治研究中必须立足中国国情。“在中国，研究科学社会主义、政治学和行政学，均必须在建设与中国特色社会主义理论指导下进行，并使这一理论的立场、观点、方法，在各学科的研究中得到运用和相应的反映。”[②]这就需要以中国特色社会主义理论体系为共同的思想基础，以中国社会主义政治发展为主题，以中国人民的根本利益为根本立场和最大价值取向，以中国共产党领导的广大人民群众的政治实践为检验相关学术成果真理性的唯一标准，坚持政治学与行政学研究的正确政治立场、政治方向和政治价值。“我们必须不断强调：我国的政治体制改革是社会主义政治制度的自我完善和发展。推进政治体制改革要有利于发挥社会主义制度的特点和优势。要坚

② 夏书章.“中国特色”与科学社会主义、政治学、行政学研究[J]//夏书章.夏书章自选集.广州：广东出版集团、广东人民出版社，2007：31

持从我国国情出发，总结自己的实践经验，同时借鉴人类政治文明的有益成果，绝不照搬西方政治制度的模式。"[①] 任何不顾缺乏中国立场和价值的研究，都是没有生命力的；需要切实把握中国社会主义初级阶段的基本国情政情，高校政治学与行政学"应该研究和反映我国现阶段的国情"。"必须面对我国社会主义初级阶段的现实，探讨我国的政治应如何坚持党的基本路线，服务于以经济建设为中心的现代化事业，如何有利于解放生产力，发展生产力。""需要在建设有中国特色的社会主义的理论的指导下，认真研究中国的国情，研究中国社会主义社会的政治现象及其规律。同时，还要探索有中国特色社会主义政治的发展规律。"[②] 这就需要从中国政治实践及其发展出发展开研究，形成理论，指导实践，而不是从某些理论教条、观念或者模型出发裁剪中国政治实际；需要努力使得学术研究的目的和成果为中国人民根本利益、政府管理和政治文明建设服务，而不是倡导所谓去价值化的纯粹学术研究。

在中国政治研究中必须深化学术研究。就当前的研究情况看，在高校政治学与行政学的中国研究中，借用的分析途径和理论模式较多，独创的科学的分析途径和理论模式较少；宏观的战略的政治研究和微观的基层政治较多，中观层次的政治研究较少；规范性研究较多，实证性研究较少；制度描述研究较多，体制机制分析较少；静态的研究较多，动态的研究较少；现象的叙述较多，规律的分析和论证较少；中国政治本身研究较多，中外比较分析较少。因此，高校政治学与行政学的中国研究应该在已有成就的基础上，进一步确定高校政治学与行政学关于中国政治发展的核心主题，"未来有效推进政治学发展的关键，就是政治学界必须对中国政治发展的核心主题有比较切合中国实际、同时也比较符合现代政治文明发展的定见"[③]。"中国的民主化在充分借鉴国际经验的同时，需要考量我国具体的历史

① 王一程，房宁.政治学领域需要注意和加强研究的若干学术和理论问题[J].理论研究动态，2006(8).

② 谭君久，童之伟：中国政治学应进一步加强自身建设[J].政治学研究，1997(1)：43.

③ 林尚立.相互给予：政治学在中国发展中的作为——中国政治学30年发展的反思[J].山西大学学报：哲学社会科学版，2008(3)：70.

和社会条件，特别是中国的社会主义国家性质、历史传统与政治文化的特殊属性、超大规模且发展不平衡的社会—经济状况以及后发现代化国家的历史处境等具体国情，做到既积极又稳妥地推进中国的民主化，走一条具有中国特色的民主政治发展道路。”①

就当前来看，“中共十六大之后，以胡锦涛同志为总书记的中共中央先后提出了九大战略思想，这就迫切需要我们政治学工作者认真研究。在九大战略思想中，第一个是科学发展观；第二个是构建社会主义和谐社会；第三个是建设社会主义新农村；第四个是建设创新型国家；第五个是建设资源节约型和环境友好型社会；第六个是树立社会主义荣辱观；第七个是走和平发展的道路；第八个是构建持续和平共同繁荣的和谐世界；第九个是加强党的执政能力建设和先进性建设。……中共中央提出的九大战略目标，为政治学研究工作者的研究工作开辟了广阔的思维空间”②。同时，加强薄弱环节，深化学术研究。此外，政治学与行政学的中国研究涉及多学科、多分支、多领域和多方法，这就需要加强对于中国政治展开多学科、多领域、多层次的协同性和综合性研究，以期形成重大研究成果。

3. 强化创新意识，努力促进学术创新

学术创新是学术发展的精神灵魂，是思想进步的强大动力，是学术研究的生命力所在，也是国家软实力竞争的根本途径。因此，学术创新对于高校政治学学术研究和发展具有重大意义。

如前所述，高校政治学恢复重建的学术发展历史，就是在发展着的马克思主义指导下，解放思想、实事求是，不断推进学术创新的历史。如同高校学者指出的那样，“要使我们的政治学研究充满生机和活力，其灵魂和奥秘也在于创新”③。总结高校政治学的学术发展历史，可见其学术创新主要体现在思想理论的深入创新、学科体系的建构创新、学术研究领域和课题的开拓创新、学术资料和论据的发现创

①胡伟. 新世纪中国民主政治发展与政治学的使命[J]. 浙江学刊，2004(1)

② 李慎明. 当前中国政治学研究中的几个问题[J]. 河北学刊，2007(3)：50—51.

③ 王邦佐. 政治学的繁荣发展需要理论创新[J]. 政治学研究，2001(1)：10.

新、学术研究方法的发明创新等方面。在特定意义上可以认为,正是在这些方面的科学创新,推动了高校政治学与行政学的学术研究从恢复起步到今天的硕果累累。

另一方面,认真分析高校政治学与行政学研究及其成果,我们也应该认识到,从总体上看,相对于社会主义政治发展和政治文明建设的实践要求,相对于国际一流学科的建设和发展要求,高校政治学与行政学研究的创新程度还不高,创新力度还不大。在学科学术研究的具体创新方面,学术领域的开辟、学术知识的更新、学术资料和论据的刷新得到很大进步,相比之下,政治学与行政学基础理论和研究方法方面的原始创新性研究和成果较少;对于中国特色社会主义政治发展规律的原始创新性揭示较少;关于我国政治生活重大现实理论和实际问题研究的重大创新性突破较少;关于国家治理和政府管理的体制机制改革和设计的重大发明创造甚少;关于学术研究课题的创新程度较低,甚至存在学术研究课题重复现象;政治学科与行政学科体系的科学分化和整合程度不高,交叉学科、新兴分支学科的研究不多;等等。

因此,高校政治学应该大力促进学术创新,就学术发展现状来看,尤其应该注重的是:

(1)强化学术创新意识。充分认识学术创新的重要价值,把政治学科的学术创新看作国家科学技术创新体系的重要组成部分,看作加强和提高国家的软实力的重要途径,看作社会主义政治民主与政治文明发展的重要途径。

(2)重视思想理论的创新。充分认识思想理论在学术发展中的地位和重要,应该认识到,“理论创新是科学发展的本质。政治学理论的科学本质也是这样。没有理论创新,就不能科学地解释政治生活中发生的新现象,更不可能科学地解决政治生活中提出的新问题。

政治学对政治社会中的新现象、新问题缺乏解释力，解决这个问题的根本出路在于理论创新"[①]。这就需要以解放思想、实事求是的精神推动政治学与行政学的思想理论创新，以思想理论的创新带动和促进政治学科其他方面的创新，以政治学与行政学研究的重大理论突破实现政治思想和思想方法的创新，以政治学与行政学思想理论的创新推动政治实践的创新。在理论创新方面，尤其需要联系实际，加强"问题"意识。"理论的形成需要大脑的深度思考，但它却不可能是凭空思考的产物。任何一种有价值的思想和理论都是思想者对所处现实生活的深切关注并积极思考的结果。因此，实现中国政治学研究的理论创新，必须从中国的国情出发，探索改革中出现的新问题，解释属于中国自己的问题。为了实现理论创新，政治学研究应当具有强烈的'问题'意识，政治学学者应当积极面对中国政治与社会生活中的真实问题，只有抓住了问题所在，才能在科学的研究方法的帮助下实现理论上的有价值的创新。"[②]

同时，由于政治学与行政学理论的力量取决于对于政治实际的切合程度、与社会成员的利益相关程度、理论自身的逻辑力度和彻底程度以及理论根据实践发展而发展的创新程度，因此，高校政治学与行政学研究应该从这些方面着眼实现理论的创新和构建。

(3)重视原始性创新。"理论创新不是对其他理论的简单模仿，也不是对已有理论的一般翻新。理论创新的价值在于其成果的原创性和现实指导性。哲学社会科学的创新只有真正具有原创性和实际价值，才能形成具有中国特色、中国风格和中国气派的哲学社会科学理论体系。"[③]

按照科学学的解释，原始性创新就是符合两个标准的研究创新："第一，原始性创新首先体现在'新'方面，第一次系统地提出基本概念、基础理论和技术方法，或首次作出重大发现。这些成果是以前所

① 曹沛霖.新世纪中国政治学的"三个走向"[J].天津社会科学,2001(2):14.

② 王邦佐.政治学的繁荣发展需要理论创新[J].政治学研究,2001(1):11.

③ 黄书进.评价哲学社会科学要注重原创性和实际价值[N].人民日报,2004－07－12(9).

不存在或没有预见到的,是该领域的'新生儿';第二,原始性创新的成果在世界范围内是突破性的,以该项成果为起点,周围有一批国内外学者在做扩展性或跟踪性研究,其结果是推动常规学科的'范式'变革,或开辟新的研究方向、新的研究领域,或开创新的学科。"[①]原始性创新具有重大意义,"原始性创新孕育着科学技术质的变化和发展,是一个民族对人类文明进步作出贡献的重要体现,也是当今世界科技竞争的制高点"[②]。因此,高校政治学学术发展应该把原始性创新看作学术发展的重中之重,按照社会科学学术发展规律,全力推动原始性创新。

(4)以最广大人民群众的政治实践作为检验创新成果的标准。马克思指出:"人的思维是否具有客观的真理性,这不是一个理论的问题,而是一个实践的问题。人应该在实践中证明自己思维的真理性,即自己思维的现实性和力量,亦即自己思维的此岸性。"[③]因此,科学的理论创新必然来自最广大人民群众的政治实践,必然经得起最广大人民群众的政治实践的反复检验,经得起历史的长期检验。"理论创新必须以最广大人民改造世界、创造幸福生活的伟大实践为根本动力和源泉,脱离了人民群众的实践,理论创新就会成为无源之水,就不能对人民群众产生感召力,难以对实践发挥指导作用。"[④]

(5)积极改革和创建学术创新的体制机制。政治学科的学术创新需要体制和机制的改革和创新来推进,因此,高校政治学学术研究应该加强学术研究管理体制等诸方面体制的改革,包括建立以质量为导向的评价标准;建立符合哲学社会科学特点的分类评价标准;建立健全科学合理的评审制度;建立科学合理的评审监督机制;鼓励积极健康的学术批评。[⑤]这其中,尤其需要建设和加强学科学术研究及其成果的评价机制,切实严格按照学术研究对于政治学科建设、学术发展和现实政治的贡献及其程度来评价学术研究及其成果。同时,

① 陈劲,宋建元,葛朝阳,朱学彦.试论基础研究及其原始性创新[J].科学学研究,2004(3):319.

② 江泽民.在中国科学技术协会第六次全国代表大会上的讲话(2001年6月22日)[N].人民日报,2001-06-23.

③ 马克思.关于费尔巴哈的提纲[M]//马克思恩格斯全集:第3卷.北京:人民出版社,1960:3.

④ 李慎明.当前中国政治学研究中的几个问题[J].河北学刊,2007(3):52-53.

⑤ 教育部关于大力提高高等学校哲学社会科学研究质量的意见.教社科[2006]5号[EB/OL]. http://www.moe.edu.cn/edoas/website18/49/info26349.htm

建立创新研究的鼓励机制，尤其加大对于思想理论成果、原始性创新成果的奖励。

4. **培育特色意识和学派意识，构建学术生长点和生长机制**

高校政治学学术发展的辩证关系表明，政治学与行政学研究的过程是从特殊到一般，从一般回到特殊的过程，政治学与行政学研究需要从特殊具体的政治现象入手，通过分析归纳探讨政治的一般性。

根据这一规律，高校政治学学术发展首先应该考虑突出其特色性，以此作为学术研究的起点和切入点，作为学术发展的生长点。

高校政治学的学术发展的经历表明，学术发展在学术研究主题、领域、方法等方面的特色性，既是高校政治学学术发展的成就，更是其学术发展的途径。若干高校政治学与行政学在学术研究中逐步形成学术优势和学术生长点的重要原因，就在于合理选择和坚持发挥了学术特色，结合学校、队伍、区位等特点，形成和弘扬自身学术特长，并且由此出发探索政治现象的本质和发展规律。与此同时，也应该看到，高校政治学与行政学研究的特色性还在逐步形成过程中，在其基础上的学术优势尚未得到充分发挥，学术生长点还需继续发现、巩固、扩展和培育，因此，在全国高校政治学与行政学总格局中，在现有的学术发展基础上，结合不同高校、区位、人才等多方面因素，选择和确定各自研究特色，培育新的学术和学科生长点，为学科建设和学术发展创造平台和条件，是促进高校政治学学术发展的有利和有效途径。

根据这一规律，高校政治学与行政学研究在同一学科专业、同一研究领域和同一研究主题方面，应该加强和促进基于不同学术要素基础上的学术学派的形成，促进不同学派之间的学术讨论和相互促进。就其特点来讲，同一学术范围和问题上的不同学派，实际上就是这一范围和问题上的特殊和具体，正是这些特殊和具体，构成了学术研究一般和抽象的基础。因此,没有不同学派的存在,学术研究的共识和深化就会缺乏前提。与此同时,不同学派存在的功能和作用,是拓展学术视野、促进学术深化发展,这其中的重要形式是学派之间的良性的沟通、交流、批评和反批评。

从高校政治学学术发展状况看,如前所述,同一研究主题比如政治的含义、中国政治发展的道路和途径等研究和讨论形成的不同观点,提供了不同学派形成的基础。同一研究领域中不同研究角度和主题,比如地方政府研究领域不同特色的学术研究的形成和发展,正在隐约形成不同学派。正是这些发展,有效促进了学术研究的深入发展。与此同时,需要清楚认识到,高校政治学中的学派还处于形成和成长阶段,不同特点的研究发展成为特定的学派,形成学派意义上的重大学术影响尚需时日,而不同学派之间的学术交流和交锋,更是高校政治学学术发展的薄弱环节。因此,高校政治学亟待培育学派意识,并且在此基础上构建学术发展和深化的有效机制。

根据高校政治学学术发展情况,促进学派及其学术成长机制的发育成长,重要的问题在于进一步深入贯彻"双百"方针,积极鼓励不同学术观点的形成、容许不同学派的成长;尤其需要"尊重差异、包容多样。这是我们现在哲学社会科学研究和发展的一个很重要的思想。尊重差异……应该有不同的学术观点、理论,应该进行学术观点的争鸣和讨论,假如没有学术观点的争鸣和讨论,没有不同的学术流派和学术观点,就不可能有哲学社会科学的繁荣和发展。"① 在此基础上,容许不同观点和学派之间的交流交锋,大力强化积极的学术批评与学术争鸣。如同高校学者指出的那样:"政治学也可以进行百家争鸣,在大的理论体系中可以有不同的学派、学说。政治学不同于政治,一个政党在政治上必须保持一致,但政治学在政治学说、政治理论上是可以百家争鸣的,是应该有不同学派的,政治学是一门科学,

① 顾海良.创新必须尊重差异包容多样[OL].人文社科:精品如何铸造——武汉大学八位知名学者谈人文社科创新.南京社科网:http://www.njass.org.cn

它是受科学发展规律支配而发展的。"[①]

5. **深化学术探讨,持续强化理论研究**

从高校政治学学术发展来看,其学术研究及其成果集中在领域的开拓、方法的研究、知识的形成、理论的探讨、对策的建议等方面。从学术研究的角度看,这五个方面实际分别对应着政治学与行政学研究中的研究什么,如何研究,所研究的对象在认识意义上是什么、为什么和怎么办等基本问题。

在学术发展的这些方面,理论探讨是对于政治现象本质及其内在因果联系的分析和论述,因此具有重要的地位和作用,它标示着人们对于政治现象的认识能力和水平,代表着学术研究发展的思想深刻程度;它作为学术研究的灵魂指南,对于其他学术研究内容具有重要影响,常常决定着学术研究的性质、特点、方向和方法;它显示着学术研究和思想发展的历史进程,并且反映着社会政治的实际进程。

从高校政治学的学术发展情况看,学术领域的广泛开拓、描述性和陈述性知识的大量形成,多种研究方法的介绍和采用,实际问题的积极介入和对策建议,构成政治学与行政学研究的重要特征。在政治学与行政学的理论研究方面,取得了积极进展和丰富成果,但是,作为恢复重建的学科,政治学研究"按照马克思主义与时俱进的理论品格和社会主义现代化和政治文明建设伟大实践的要求,尚存在不足"[②]。同时,行政学研究存在"定性分析多,定量分析少;演绎分析多,综合归纳少;宏观分析多,中观、微观分析少;文献分析多,现状分析少;玩'智力拼板'的多,有创新的少;诊病开方的多,把握病因的少"等问题。[③]

因此,高校政治学学术发展需要进一步深化学术探讨,强化学理研究,促进理论发展。其中,尤其需要努力和加强的是:

(1)在研究思想方法论方面,需要继续坚持解放思想、实事求是,

① 曹沛霖.新世纪中国政治学的"三个走向"[J].天津社会科学,2001(2):14.

② 教育部社会科学委员会秘书处组.中国高校哲学社会科学发展报告(2004)[M].北京:高等教育出版社,2004:140.

③袁达毅.中国行政学的危机与出路[J].江西行政学院学报,2002(2).

如同高校学者所指出的那样,“我们政治学者的重大任务就是在新的世纪中,努力以马克思主义,特别是毛泽东思想、邓小平理论、‘三个代表’重要思想为指导,全面贯彻落实科学发展观和构建社会主义战略思想,防止三个教条(‘马教条’、‘洋教条’和‘古教条’),准确认识西方成果,从国情出发合理加以借鉴;正确对待中国传统,从时代出发认真汲取,建立我们自己的政治学学科体系。从而为促进我国的政治发展、政治文明建设,培育人们正确的政治观,实现社会主义政治现代化作出有效的贡献”[①]。这就需要我们切实按照马克思主义认识论,从理论与实践的结合上展开政治学与行政学理论的研究和创造。

(2)在研究内容方面,深化对于马克思主义政治学与行政学理论的研究,加强对于中国特色社会主义理论体系的政治学与行政学理论研究;加强对于重大理论是非的深入研究、辨析和澄清;进一步深化基础理论研究;展开对于中西方政治与行政思想的科学分析;加强对于政治学与行政学专门理论和中观理论的研究。其中,特别需要强调指出的是,“要克服学术理论上的西化倾向,有效抵制资产阶级自由化思潮的干扰和影响,仅从政治上批判西化、分化、自由化观点和主张是不够的,与此同时,还需要高度重视当前意识形态领域广泛存在的思想认识问题,从学术理论上有针对性地加强对这些问题的马克思主义研究,形成真正科学的、有充分说服力的马克思主义研究成果”[②]。

(3)在研究方式方面,首先需要扎实深入实际,在此基础上,着力从社会政治及其发展的实践中发现问题、论述问题、概括经验、提炼思想和形成理论,努力构建原始创新性理论。其次,从比较分析和验证中把握政治现象的本质联系和发展规律,形成相关政治理论。此外,调整政治学与行政学研究方式,在进行介绍性、解释性、注释性、

① 徐大同.政治学学科发展史略——兼论中西传统政治学的差异[J].政治学研究,2007(1):116.

② 王一程,房宁.政治学领域需要注意和加强研究的若干学术和理论问题[J].理论研究动态,2006,(8).

考据性、描述性和陈述性政治学与行政学研究和知识形成的同时，着力进行分析性、归纳性、概括性、论述性、论证性、建构性的政治学与行政学研究。

(3)在研究成果方面，强化对于思想性理论性学术研究的积极鼓励和评价，提高政治学与行政学研究的思想含量、思维质量和思考度量，提高政治学与行政学研究成果的思想启发力量和理论逻辑力量。

6. **贯彻学术精品意识，不断提升学术研究水平**

作为恢复重建的学科，高校政治学的发展在特定时期具有明显的外延性拓展的特征，其具体体现在学科学位点的设置和授权，学术研究视野、领域、内容、层次、方法等的扩展，学术研究课题、规模、成果的数量积累等。在学术发展过程中，这些拓展无疑对于政治学术研究起到了重要的推动作用。同时，高校政治学学术发展过程中的辩证关系表明，学术研究的数量与质量具有辩证的对立统一关系，而促使两者形成正相关的关系，实现相互促进和良性循环，很大程度上取决于两者运行的条件。在这些条件中，积极贯彻学术精品意识和实施学术精品战略，把学术研究从外延型发展和增长转变到内涵型发展和增长上来，实现学术研究又好又快的发展，应该是高校政治学提升学术研究水平、提高学术质量的重要途径。

“所谓学术精品，并没有一个固定的模式。可能是振聋发聩之作，一时间不胫而走，洛阳纸贵；也可能在当时并未产生轰动效应，甚至没有引起充分注意，但不管谁再研究这方面的问题都绕不开它，嘉惠后人，历久弥新。所谓学术精品，可能是高文典册，洋洋数百万言，体大思精，茹古涵今，堪称集大成之作；也可能并非鸿篇巨制，却筚路蓝缕，起例发凡，具有开拓之功。所谓精品，可能是独辟蹊径，解决了一个长期未能解决的问题；也可能并未完全解决问题，却指出了方向，启迪后人走向解决问题的目标。所谓精品，可能以理论见长光腾万丈,笔扫千军;也可能以资料取胜,经纬百家,洞烛幽微。"[1]高校政治学学术发展的经历表明,那些精心选题、潜心钻研、推进思想、创造知识和影响实践的学术研究,那些经过社会历史和学术实践的长期磨砺和大浪淘洗而得以留存生辉的学术成果,才会显示出其学术精品特性,才是学术研究的精粹和思想心血的结晶,才是学术质量的标志和学术进步的标尺。而随时应景、粗制滥造、重复改写、胡乱标新、七拼八凑、投机取巧,有哗众取宠之心,无实事求是之意的所谓学术研究及其成果,经不起历史和时间的检验,终将遭到淘汰。"在通往真理的大道上每向前迈进一步的价值,比在前人已经开辟的大道上来回重复走一千步的价值,还要高千百倍。"精品研究"应该发扬科学的怀疑精神、批判精神、探索精神和开拓精神,通过独立思考和刻苦钻研,敢于发前人之所未发,集众家之长,成一家之言;多出代表中华民族先进文化的传世之作,多出具有学术前瞻性的创新之作和能够填补学术空白的奠基之作"。"潜心研究,不追求论文数量,不追求著作厚度,一门心思想的只是不断拿出新的精品成果来。虽然'十年磨一剑',不一定绝对是上乘宝剑;但如果'一年磨十剑',则恐怕很难会是精品宝剑。"[2]而以天下为己任的高校政治学与行政学,尤其应该为人民选课题,以铁肩担道义,倾心血著文章,用灼见咨政治,凝真知写春秋;尤其应该从严鉴精品,为优良公序、至善理政和国治民安而学术。[3]

从高校政治学学术成长的角度来看,学术研究及其成果学术价值的确定,首先需要按照包含政治学与行政学在内的社会科学学术研究和发展的特性、规律和要求,确定学术研究及其成果的学术衡量和评价指标,按照特定学术研究及其成果的自恰性及其对于学术发展的贡献、作用和程度,建立学术精品的选择标准。同时,需要建立学术精品的科学有效的学术评价机制,采用专业评价和学术批评机

① 袁行霈.学术的风气与学者的风范[J].群言,2001(7):30.

② 程郁缀.树立精品意识[J].北京大学学报:哲学社会科学版,2005(2):160.

③ 王浦劬.我国政治学的建设应该着力于三个方面的发展和突破[J].政治学研究,1998(1):15-17.

制,明确学术精品的品质和价值。

从社会实践的角度看,学术精品真理性的确定,需要确定实践是检验真理的唯一标准,以学术研究的实践和社会政治实践,检验学术研究成果的真理性。当然,由于学术研究及其成果具有其特有的学术性、特定学术认知的相对真理性和真理认识的发展性,特定的学术研究及其成果在知识推进、学术创新、研究深入等方面的程度,并非仅仅通过某个时期的特定实践就可以检测清楚,这就需要在学术精品确定和选择中引进历史的变量。

从历史的角度看,学术研究及其成果的品性、质量、价值和真理程度,需要在历史的长河中,经过学术实践和社会实践的反复长期的检验,才能得到充分显示。因此,着眼于历史的汰劣择优,从对于历史负责的角度考虑和实施学术精品研究,是高校学者需要养成的学术气度和学术精神。

从高校政治学学术发展的总体和全局着眼,贯彻学术精品意识,需要落实为政治学与行政学学术精品战略的实施,这就需要高校政治学围绕学术精品建设,制定相应的学术发展战略,同时,需要建立以学术精品带动学术发展的机制,围绕学术精品扩展学术研究,以精品为主导形成特定学术共同体,由此从学术精品发展形成学术优势,提高高校政治学与行政学研究的水平。

7. 加强学术队伍建设,发挥学术带头人的作用

科学发展观指出,发展的核心是以人为本,发展的目的为了人民,发展的动力在于依靠人民。高校政治学的学术发展成就、经验和不足,从学术发展的角度多方面印证了以人为本的发展观的科学性,表明学术发展归根到底需要依靠专业人才,而专业人才的素质和水平,往往决定特定学术发展的水平和程度。如同胡锦涛指出的那样,“造就一支高素质的哲学社会科学队伍,是繁荣发展哲学社会科学的关键”[①]。

就高校政治学学术发展来看,在确定学术发展“二为”方针的前提下,依靠高校学科专业人才,建设高水平的学术队伍,是深入贯彻科学发展观,以人为本,促进学术发展的重要途径。从目前的状况看,高校政治学已经初步形成了专业化的学术队伍,正是这支学术队伍的开拓进取、勤奋耕耘、勇于承担、坚持发展,才使得高校政治学学术得到长足的进步和巨大的成就。与此同时,更应该清醒认识到,面对我国社会主义民主政治和政治文明建设的历史重任,面对建设世界一流的高校政治学的要求,高校政治学的学术队伍亟待进一步加强建设和发展。“社会主义急需人才,但不能坐等‘江山代有才人出’,必须抓紧发展教育事业,培养人才。”[②]“有一支高水平的学者队伍,是一个学科兴旺、繁荣、发达的根本条件。面对政治学的现状,搞好队伍建设显得十分紧迫。……可以说,政治学队伍的学术化是当前政治学自身建设的关键中的关键。”[③]

高校政治学学术发展的过程表明,在专业人才队伍建设方面,需要特别注意把握的主要是:

(1)选拔学术带头人并且充分发挥其作用。高校政治学学术发展的经验表明,学术带头人对于学术发展具有重要的意义和作用。在过去的发展中,高校政治学、行政学和公共管理学的“跨世纪人才”、“新世纪人才”、“长江学者”、“四个一批工程人才”等人才选拔和培养,使得一大批政治学与行政学中青年优秀人才得到成长,在高校政治学的学术发展中发挥了骨干作用。在今后的发展中,最重要的是“一定要建立一支坚定的马克思主义为指导的政治学研究队伍”[④]。同时,按照政治合格、学术博精、品德高尚和能力过硬等基本标准,更加广泛精心地选拔学术带头人,并且创造条件,优化环境,充分发挥其作用,保证其学术研究得到最大程度的支持。

① 胡锦涛在中共中央政治局第十三次集体学习时强调始终坚持马克思主义的指导地位 大力推进哲学社会科学繁荣发展[N].人民日报,2004—05—30.

② 夏书章.必须以社会主义教育思想培养社会主义建设人才[M]//夏书章.夏书章自选集,广州:广东出版集团、广东人民出版社,2007:346.

③ 谭君久,童之伟.中国政治学应进一步加强自身建设[J].政治学研究,1997(1):46.

④ 余力.政治学十年:回顾与展望——访王松教授[J].社会主义研究,1990(6):21.

(2)优化和建设专业学术队伍。从政治学与行政学专业人才队伍建设发展来看,优化专业学术队伍主要包含两方面内容:一是优化学术专业队伍的结构,包括专业背景结构,这其中需要着力考虑学科基础专业人才和不同学科知识的有机结合;学员背景结构,实现不同学校不同背景的人才的结合和优势互补;年龄结构,建设老中青结合的学术队伍,尤其加强中青年学术梯队的建设,保持学科学术的持续发展。二是优化学术专业人才队伍的素质和水平,不断在学术实践中考察和提高学术人才的素养和水平,完善人才选拔、竞争、管理和淘汰机制,以人才素质和水平的提高带动学科学术水平的提高。

(3)培养人才与引进人才结合,实现优势互补。在改革开放和建设世界一流的学科进程中,学术队伍的建设需要把培养人才与引进人才有机结合起来,以学术素养、学术水平、学术成就作为衡量和评价人才的根本标准,加强对于人才的培养和提高,同时着眼于人才的引进,并且创造条件实现不同人才的优势互补、共同促进学术的发展。此外,可以多种形式引进人才,特别注重学术、知识和智力的引进和利用。

8. 促进新的研究方法的创建和运用,实现研究方法科学性和多样性的统一

研究方法的更新和新的方法的运用,是学科理论研究、领域开拓和交叉学科形成的重要途径,是学科学术在基础研究和应用研究、理论发展和知识成长方面实现重大突破的切入点,因此,对于学术发展具有重要意义。在高校政治学学术发展过程中,学术研究的开拓深化细化,一大批有价值的学术成果的形成,就是通过研究方法的更新和新方法的运用实现的。高校政治学与行政学研究也在这一过程中实现了从单一方法转向多种方法。不过,高校政治学与行政学研究的发展和现状表明,政治学与行政学科在研究方法方面还存在着若干不足和需要深入研究的问题,其中尤其需要关注的是:阶级分析方法与其他分析方法之间的关系尚未得到深入研究;规范性研究方法的基本特点和要求缺乏研究,“大多数规范研究立足于宏大叙事。而且,因为规范研究本身的‘不规范’,多数研究无法建构理论促进知识增长”[①];实证研究的规范研究和运用不足,对于其认识局限性缺少分析;经验性研究提出问题较少从中国实际出发,设置问题和分析问题缺乏本土的理论作指导。目前多数抽样调查的研究主题大都关注政治参与的意识和行为,人们的政治态度和价值观。而“对于更为具体的、现实的、中国政治体制改革过程中所遭遇的和可能遭遇的各种问题,人们对政治体制改革的态度、信心、预期和承受能力,对政府责任与权力、资源配置等现实问题的研究尚不充分。而且,对于参与调查可以发挥优势的公共政策评估和预警、政治体制改革效果和影响力评估、政治和社会深层次变化方面的研究也不够深入”[②]。另外,新政治经济自利理性人性核心设置的唯心主义假设缺乏深刻研究,其形式化的研究缺乏批评;新制度主义方法有关制度与社会政治实践活动的因果关系的设定,尚未在发生论和发展论的意义上展开深入讨论。与此同时,总结概括、综合归纳、科学抽象方法减少,分析思维泛化,使得政治学与行政学研究趋向忽视对历史和实践经验的总结概括、综合归纳和科学抽象能力。如此等等。

①何艳玲.问题与方法:近十年来中国行政学研究评估(1995—2005)[J].政治学研究,2007(1):103

②严洁.中国政治学概率抽样调查的实践与特点,江汉论坛[J].2006(3):19

这些成就和不足,从正反两个方面形成了高校政治学与行政学研究方法发展的经验:

(1)坚持唯物辩证法的指导地位。唯物辩证法是马克思主义思想方法,是政治学科学术研究的方法指南。唯物辩证法以唯物主义作为本体论基础,以全面的、联系的和运动的眼光观察事物,以矛盾分析作为辩证分析方法,是人们正确和深刻认识政治现象的本质、掌握其发展规律的科学方法,因此,在高校政治学与行政学研究中,“在世界观层次上，应该坚持唯物辩证法和唯物史观。当然，它们作为人类的科学思维方法，也要不断吸收科学发展的最新成果，随着时代的发展而不断发展，要注意吸收现代系统理论和生态理论，丰富和发展我们的科学思维”①。

（2）坚持和深化经济分析、阶级分析方法。经济分析和阶级分析方法，是马克思主义政治分析的基本途径。在社会和学术发展的新时期，一方面，必须坚持马克思主义的经济分析和阶级分析途径，“在政治学的基本研究方法层次上，阶级分析的方法仍然应该占有它应有的位置。同时，应当看到，在我国完成了社会主义改造，消灭了剥削制度，确立了社会主义制度以后，一方面，阶级斗争还在一定范围内长期存在，在某种条件下还有可能激化，因而阶级分析方法仍然是我们分析阶级斗争问题和社会政治问题的重要方法”②。同时，也需要在实践和学术研究中深化这些方法。比如经济分析中的经济关系，尤其是产权关系与其他经济关系的联系，产权关系与经济活动方式的联系；阶级关系与阶层、民族等多种社会联系的关系，需要深入研究。

（3）深化对于政治学与行政学分析角度途径和操作方法的分析和研究。首先，在人民日益增长的物质文化需要同落后的社会生产力之间这一主要矛盾之下，在社会政治生活中，人民内部发生和存在多重关系和矛盾，“仔细地分析和谨慎地处理好这些矛盾，就成为我国推进政治发展、实现政治稳定的关键。怎样才能准确、清楚地分析当前我国的这些矛盾，分析社会的各种利益关系，就成为高校政治学界应特别关注的问题。因此，有必要创造新的分析方法”③。

其次，科学主义、行为主义、新制度主义、新政治经济理性主义政治学的先后引进，虽然引起了我国政治高校政治学与行政学研究对更新研究方法的重视，但是，就高校政治学与行政学研究的状况来

① 谭君久，童之伟．中国政治学应进一步加强自身建设[J]．政治学研究，1997(1)：45.

② 同上。

③ 同上。

看,对于20世纪兴起的这些西方政治与行政学分析方法的哲学背景、思想基础、政治条件、适用范围、基本前提、效用缺陷和成败得失等,需要以马克思主义立场、观点和方法展开深入、深刻、全面、系统的分析、识别和研究。尤其是这些方法形成和产生于国情政情迥然相异于我国的西方价值体系、政治体系和知识传统,其对于我国政治研究的适用性和正负效应,更加需要以中国社会主义政治实践为标准深入检测、鉴别研究和严谨对待。

(4)创建和运用新的研究方法。在高校政治学与行政学研究方法中,许多新的研究方法是从国外介绍进来的,我国学者原创性的方法较少,因此,需要根据我国社会主义政治发展的实践经验和政治特点,总结和提炼具有中国特色的科学的研究方法,并且运用这些新的研究方法拓展和创新高校政治学与行政学的学术研究。同时,在研究新方法的运用过程中,高校政治学与行政学研究目前呈现孤立地运用不同方式和不同层次研究方法的状态,因此,需要随着政治学与行政学研究的发展,结合运用不同方式和不同层次的研究方法。

(5)实现研究方法科学性与多样性的统一。高校政治学学术发展及其得失表明,坚持唯物辩证法和研究方法的科学性,是丰富学术研究方法和发展学术的根本;创建和运用多种研究方法,是推动和丰富高校学术发展的途径。就目前状况看,实现研究方法科学性与多样性的有机结合,关键在于:坚持马克思主义认识论的基本方法论原理,坚持马克思主义经济分析和阶级分析方法;在对于政治现象的本质因果联系和发展规律的分析和研究中,坚持唯物历史唯物主义,反对历史唯心主义;坚持辩证的矛盾统一分析,指导和确定特定分析角度和途径的合理程度和适用范围,防止对于特定方法形而上学和片面的泛化甚至绝对化的盲目推崇、评价和运用。

9. **强化基础学术研究，夯实学科学术基础**

从高校政治学学术发展的过程可以看出，作为恢复重建的学科，首先恢复重建的是学科和学术基础，其他方面建设和发展，是在学科学术的理论和知识基础上恢复和重建的。作为应用性日趋发展和增强的学科，其应用研究和对策设计，也是建立在基础研究和基础学术上，并且随着基础学术的发展而发展的。

就高校政治学与行政学基础学术研究的状况来看，如前所述，经过一代代学者的努力，政治学与行政学基础理论、中西方政治思想史、中西方政治制度史的研究取得了很大进展和成就。另一方面，高校政治学的基础学术研究仍然存在许多不足之处，具有很大的成长空间。根据这些成就和不足，可以归纳出高校政治学基础学术发展的经验如下：

(1)在学科建设和学术发展中需要充分认识基础学术的价值和意义，高度重视基础学术研究，把基础学术研究提高到学科建设和学术发展的战略高度加以贯彻落实，以基础学术研究积累知识、创造知识、构建理论和方法，形成扎实宽广深厚的政治学科学术基础，由此推动学科和学术的发展和深化。

目前，高校政治学对于基础学术研究的重视程度尚且不够，功利主义的浮躁心态、应用趋势的强化和拿来主义的做法，不同程度地影响着基础学术研究的深入发展，需要引起高度的关注和矫正。

(2)发展和完善政治学与行政学的学科体系。作为学科建设和学术领域发展的基础框架和平台，政治学与行政学的学科体系是学术研究的重要凭借。实际上，正是政治学与行政学学科体系的形成和发展，使得政治学与行政学具有了独立的学科特征和学术空间。但是，高校政治学与行政学的学科体系还存在进一步调整发展的课题，比如中国政治、比较政治在政治学科体系中没有二级学科的位置,比如政治学新兴分支学科专业与现有的传统专业学科框架如何结合,新的学科专业和学术内容,如何在学科体系中得到体现,等等,尤其是具有内在有机学术联系的政治学与行政管理学在不同的一级学科中的分布,不利于学科专业建设和学术发展。“这就造成了‘大领域’与‘小学科’之间的矛盾。这不仅不利于政治学向纵深方向的发展,而且由于其学科定位的逻辑结果,降低了在高等院校发展中颇有影响力的学科建设中的实际地位,必然会造成限制高等院校招生人数和师资数量等一系列后遗症,窒息政治学后备人才的培养,使学科发展后劲不足。”[①] 而高校行政管理学列在管理学门类和公共管理一级学科下,遭遇很大困境,因为“对于一级学科来说,一方面,它的研究对象和范畴能够具有较为清晰的边界,使其区别于其他一级学科;另一方面,它的研究范畴又构成理想的基础平台,既允许研究领域的进一步合理分工从而形成二级学科,又能确保二级学科之间存在有机的内在联系,从而产生学科共通的理论和知识”[②]。但是,在我国高校中,“作为一级学科的公共管理存在明显的结构性矛盾:行政管理学与其他二级学科的非对称关系;二级学科之间缺乏有机的内在联系;学科总体结构的不完整性”[③]。这些问题,应该通过政治学与行政学学科体系进一步发展和完善予以解决。

① 朱光磊.中国政治学发展中的两大尴尬与两大转折[N].中华读书报,2004-08-11.

② 周志忍.论公共管理的学科整合:问题、挑战与思路[J].北京大学学报:哲学社会科学版,2004(4):30.

③ 周志忍.论公共管理的学科整合:问题、挑战与思路[J].北京大学学报:哲学社会科学版,2004(4):30—32.

(3)在政治学与行政学基础学术研究中,加强基础学术的知识积累、课题开拓和方法更新。与此同时,需要在发展着的马克思主义指导下,按照中国社会主义政治的核心价值,对于古今中外的相关知识和基础学术进行深入科学的分析和加工,披沙沥金,鉴优识劣,吸取精华,淘汰糟粕,实现传统研究与现实研究的融会,外国研究与中国研究的贯通,做到鉴古知今,择外益中。同时,在基础学术研究中,既要广博,更要专精。在研究领域方面,应该选择和加强学科建设和学术发展基础的薄弱环节展开研究;在研究课题方面,需要选择和加强具有重大学术价值和意义的问题展开研究；在研究方式方面，需要在探求知识的同时探求规律，强化问题意识，进行思想知识贯通式的研究。

(4)在政治学与行政学基础学术研究中，既应重视纯粹的基础学术研究，更应重视定向的基础学术研究，以定向型基础学术研究为桥梁，实现基础学术研究与应用学术研究的有机结合、实现纯粹基础学术研究的知识积累与现实问题探讨有机结合，进而通过基础学术研究出知识、出思想、出办法，既服务于学术发展和知识进步，又服务于社会政治现实。比如，"随着我国社会生产力的发展和市场经济体制的完善，中国的民主政治建设必将有一个大的发展。应以科学和理性的精神开展对民主政治可以预见到的趋势的研究，是今后一段时间里中国政治学责无旁贷的重要任务。政治学如何完成这个任务？要靠扎扎实实的基础研究工作"[①]。

(5)在政治学与行政学基础学术研究中，需要实现不同学科、学术领域和方法之间的交叉和沟通，形成政治学的交叉分支学科和研究领域方法，实现政治学与行政学研究基础理论和知识的重大发现和突破，促成学术研究的新的生长点。

10. 拓展学术研究的国际视野，促进学术研究的国际交流

在经济全球化的背景下，在改革开放的历史进程中，高校政治学是在国内国际两个环境下发展的，因此，高校政治学需要在国内外两个环境下研究共产党的执政规律，社会主义的政治建设规律和人类社会的政治发展规律，需要在密切联系我国社会主义政治发展和政府管理实践的同时，把高校政治学学术发展放到国际政治经济文化发展的背景下予以考虑，"政治学研究同任何其他科学一样，不能故步自封，必须面向世界，敢于引进外国政治学的新理论、新方法，进行研究、验证，以便参考、借鉴"[②]。这就需要在以中国政治发展的实践

① 谭君久. 从与中国社会主义现代化建设关系的角度，再论政治学基础研究的重要性[J]. 政治学研究，1998(1)：17—18.

② 赵宝煦. 中国政治学百年历程[J]. 东南学术，2000(2)：44.

为主的前提下,放眼世界政治,研究他国政治,展开比较政治与行政的研究;在与全球多个不同形态的政治学与行政学的交流和沟通中增进相互了解、促进学术发展;在对外开放和扩大交流中推进世界对于中国特色社会主义民主政治的了解,宣传高校政治学的思想文化和学术发展成果,扩大高校政治学学术的国际影响力,提高高校政治学的国际学术地位。在高校政治学的学术发展过程中,对外学术交流逐步扩大;对于西方政治学和行政学,尤其是当代西方政治学、行政管理学和公共管理学的学科发展和学术研究情况的了解逐步开阔,看法逐步理性;相关学者的国际视野逐步养成,对外学术交流能力日益提高;高校政治学、行政管理学和公共管理学科的建设、发展和学术成果逐步得到国际推广,学术影响逐步扩大。这些成就大大促进了高校政治学学术发展,加深了高校学者对于世界和国外政治学的了解和研究,提升了高校政治学的学术水平。高校政治学学术发展的经验证明,坚持对外开放,加深学术了解和沟通,是提高和发展高校政治学与行政学学术的重要途径。高校政治学学术发展的历史经验同时证明,在对待西方政治学方面,"必须清醒地认识到西方大国要强烈地推行他们的民主价值观,我们必须提高警惕,增强意识形态的阵地意识,坚持指导思想的一元化。尤其要正确对待西方的政治学理论,既要弄清其学术背景、理论观点、本质特点,又要进行全面深入的剖析和透视,对吸取什么,借鉴什么要有清醒的认识和把握。切不可生吞活剥,照搬照抄,更不能以西方理论为标准,评判、裁定中国的现实政治和政治学"①。高校政治学学术发展的这两方面经验,深切昭示我们,必须以解放思想、实事求是的马克思主义科学态度,以服务于中国社会主义政治发展的立场,以检验于中国社会主义政治实践的态度,以"三个有利于"的根本取向,吸收国外政治学与行政学研究的积极成果。

① 王惠岩.新世纪中国政治学的发展方向[J].政治学研究,2000(4):3.

在我国社会发展的新的历史阶段，高校政治学需要全面建设面向现代化、面向世界、面向未来的社会科学学科，因此，高校政治学的对外开放面临着新的更为艰巨的任务，而从高校政治学学术发展现状来看，在对外开放和国际交流方面，还存在不少弱点和不足：首先，学术研究的国际视野尚不够广阔，关于西方国家政治与行政的研究成果不多，分析深入程度不够；其他多种形态的政治与行政、政治学与行政学了解甚少，比较政治与行政研究相对简单；同时，对于西方当代政治学、行政学、公共管理和公共政策等学科领域的发展及其新的动向的把握和研究尚欠深入全面，不少研究流于一般性介绍，缺乏深入分析和鉴别。其次，对于政治学与行政学基础学术研究和具有国际意义的课题，高校学者参与不够，使得国际政治学和行政学界对于我国高校学者的学术主张、学术见解和学术观点了解不多，交流不深。再次，更加重要的是，关于中国政治发展和政府治理的经验、模式和理念学术总结不够，向国际政治学和行政管理学界推广不多，使得高校政治学学术影响尚欠广泛深入。

高校政治学在对外学术交流方面的发展经验和不足，既为学科学术进一步开拓国际视野、加强学术的国际交流提供了基础，也为学科学术国际交流的进一步发展和扩大指明了发展方向。

三、高校政治学学术发展的总体走向和未来趋势

十一届三中全会的召开，标志着我国社会主义建设和发展进入

了社会主义现代化建设和改革开放的历史时期。经过30多年的发展和建设,中国改革开放事业取得举世瞩目的伟大成就,形成了中国现代化建设和政治发展的特有模式和道路。在这一历史进程中,高校政治学获得恢复重建和长足发展,建立起具有中国特色的社会主义政治学科,并且在认识世界、传承文明、创新理论、咨政育人、服务社会等方面取得了重要成就,为社会主义现代化建设和改革开放事业作出了重要贡献。

在马克思主义、邓小平理论和"三个代表"重要思想指导下,我国人民将在中国共产党领导下,在全面建设小康的进程中,深入贯彻科学发展观,沿着中国特色社会主义道路继续前进。在这一进程中,我国社会主义政治发展和政治建设是社会发展的重大任务,而进一步深入探索中国特色的政治发展、政治建设和政府管理的道路,势必成为高校政治学面临的重大历史课题。高校政治学"在如何继承老一代政治学者开创的优良学术传统,推动政治学研究从观念论证走向观念建设,从理论研究走向现实研究,从单学科研究转向多学科研究,从单一研究方法走向多种方法研究,从个体封闭式研究走向合作开放式研究等方面还有许多工作要做"[①]。高校政治学与行政学研究将在现有的基础上,发挥学术发展的既有优势,总结学术发展的经验教训,探讨中国政治发展的既有模式,回应社会政治实践提出的进一步重大历史课题,承担进一步探索中国社会主义政治发展和政府管理规律和模式的研究任务,正是在这一过程中,高校政治学形成进一步发展的趋势:

1. 中国特色社会主义理论体系的政治学与行政学研究进一步加强和深化

在中央马克思主义理论研究和建设工程的统领和带动下,马克思主义对于高校政治学学术发展的指导地位必将得到进一步巩固。

① 周光辉.继往开来 共同中兴[J].政治学研究,2000(4):8.

同时，马克思主义政治学原理的研究得到进一步深化，关于马克思主义与社会主义政治实践的关系，关于马克思主义核心政治价值与其他政治哲学和行政哲学的核心价值之间的关系，马克思主义政治学与行政学理论、观点和方法与其他政治学行政学理论、观点和方法之间的关系等重大理论问题，将会得到注重和研究。另一方面，马克思主义政治学与行政学原理和方法的深入研究，将贯穿和深化政治学与行政学重要课程和研究领域的理论研究，在中外政治思想、中外政治制度、中国政府与政治、行政管理、公共管理和公共政策等课程，在政党和政府理论、政治哲学分析、比较政治理论和方法、政治发展理论、政治制度理论、政治经济理论等研究领域，贯彻马克思主义政治学与行政学基本立场、观点和方法，引领这些课程和领域运用马克思主义原理分析问题、分析思想、分析知识，确立价值，逐步深化这些课程和研究领域的学术研究。

中国特色社会主义理论体系是全国各族人民团结奋斗的共同思想基础。[①]因此，在实践中深入研究中国特色社会主义理论体系，尤其是深入研究其政治学与行政学理论和方法，势必成为高校政治学的重要内容。具体地说，在邓小平理论研究方面，高校政治学将在已有研究基础上，进一步深化学术研究，研究课题包括邓小平的中国政治发展思想，政府管理思想，社会主义政治民主政治建设，政治价值观，等等。在“三个代表”重要思想方面，关于我国社会发展新阶段的社会阶层及其政治状况，关于执政党实现“三个代表”、保持先进性的机制和方式，关于共产党的执政规律、执政能力、执政水平，关于政党制度与政治核心价值如廉洁、效率、公平、公正之间的联系及其实现模式等，将成为重要的研究课题。在科学发展观方面，以人为本的政治哲学和思想方法论，从人的主体性出发建立的协调发展的政治战略，公共政治、和谐政治的核心价值、制度形态和机制政策，

① 胡锦涛.高举中国特色社会主义伟大旗帜 为夺取全面建设小康社会新胜利而奋斗——在中国共产党第十七次全国代表大会上的报告[M].北京：人民出版社，2007：11—12.

科学发展的政府管理方式和社会治理模式等等，都成为重要的理论探讨领域。与此同时，中国特色社会主义政治理论对马克思主义政治学说的继承和发展，邓小平政治理论、“三个代表”重要思想和科学发展观三者之间的联系，也将成为高校政治学学术研究的重点理论课题。

需要特别指出的是，政治核心价值包括自由、民主、人权、公平、正义、公正、效率等，在高校政治学学术研究的进一步发展中将成为重要研究课题，其中，深入全面准确把握马克思主义核心价值观，切实深刻分析各种西方政治核心价值观，以明辨重大政治是非，确立和丰富社会主义政治核心价值，是高校政治学学术研究的重要任务。

2. 中国特色、中国风格、中国气派的理论研究及其成果逐渐发展形成

完成恢复重建的高校政治学的学术研究，将逐步从外延扩展型发展过渡到内涵型发展，而随着学术思想含量和认识程度的强化和深化，理论研究将得到越来越多的重视和加强。

在发展着的马克思主义指导下，高校政治学的基础理论研究将得到深化和发展。首先，高校学者将运用马克思主义基本立场、观点和方法，对于政治学与行政学的基本范畴和概念展开进一步深入分析和阐述，构成马克思主义内涵规定性的政治学范畴和概念体系，并且在此基础上进一步探讨和构建政治学与行政学的基础理论体系。其次，围绕政治学与行政学基础理论的若干问题，将展开理论研究，形成不同的理论观点和学术见解，在此基础上，逐步形成高校政治学与行政学基础理论研究中的不同学派和理论流派；再次，政治学与行政学的分支学科和分支领域的理论研究会得到加强，比如公共管理、公共政策的基础理论研究和专门理论问题将得到重视，由此使得这些学科和领域的思想理论性得到强化，并且深化其理论基础，丰富和强化其思想元素。

随着学科学术和理论研究的发展，原始性创新的理论将逐步形成。在中国社会主义政治发展和政府管理实践的推动下，高校学者将进一步走向实际，确定命题，分析个案，总结经验，归纳规律，提炼形成政治学理论，并在实践中予以验证。在此基础上，逐步形成原创性、独特性和本土性的政治理论，形成具有中国特色、中国风格和中国气派的政治学与行政学理论体系。

在高校政治学术发展过程中，政治学与行政学理论研究的相对薄弱环节将会得到加强和发展。首先，对于西方政治学与行政学理论和中国传统政治思想的深刻准确的分析、鉴别、反思和吸收将会得到加强，高校学者将从对于西方政治学和中国传统政治思想有关思想和知识的介绍、引进和运用，逐步转向深入的理性分析和甄别利用。这其中，关于西方新自由主义、保守主义、社群主义、组合主义等意识形态，关于西方政治哲学在自由、民主、人权、公平、正义、公正、效率等政治核心价值观，关于西方政治学与行政学的专门理论和分析模型比如市民社会理论、政治发展理论、公共选择理论、新政治经济学理论、新制度主义政治理论、政治冲突和整合理论、新公共管理理论、新公共行政和公共治理理论等，将会得到鉴别和分析。关于中国传统的政治思想的封建主义糟粕和精华，也将得到分析和甄别。其次，高校政治学与行政学研究的专门理论，比如公共性和公共利益理论、政党现象及其发展规律理论、社会政治团体理论、政治联盟与统一战线理论、政治权利理论、政治民主和协商治理理论、政治机制理论、政治代表理论、立法的政治过程理论、司法的政治管理理论等将会得到系统研究，并且形成相关研究成果和理论成果。再次，政治与行政分析的中观和微观理论研究会得到加强。高校学者对于中观理论和微观理论有两种含义或者解释:一是指关于现实政治的中观层次比如县级政治的分析理论,微观层次比如村级乡级政治的分析理论;二是政治与行政分析理论体系的中观层次比如过程层次的分析理论,微观层次比如政治心理和个人行为的分析理论。高校政治学学术发展中,在这两种意义上自主创建的分析理论相对贫乏,使得政治学与行政学研究不得不借用其他学科和其他国家的分析理论。随着政治学与行政学研究的深化和细化,随着中观层次的政治在中国政治发展中地位的逐步凸显,高校政治学中观和微观理论的研究和构建将得到发展。

3. 中国政治的研究得到强力推进和深入发展

随着中国特色社会主义民主政治的深入发展,政治体制行政体制改革和政治建设的任务和要求日趋现实和丰富,作为高校政治学学术发展根基和归宿的中国政治研究将会得到极大强化。

在中国特色社会主义理论体系的思想基础和社会主义政治的实践基础上,高校政治学的中国政治研究将从进一步研究和探讨共产党的执政规律、社会主义的建设规律和人类社会的发展规律的角度展开中国政治的研究,将继续以中国社会主义政治发展为核心主题,围绕什么是社会主义政治,怎样建设社会主义政治;建设什么样的党,怎样建设这样的党;实现什么样的政治发展,怎样实现这样的政治发展等基本命题展开学术研究。如同高校学者指出的那样,“中国政治学要确立自身在现代化进程的价值和地位,核心的问题是要探讨并形成我国21世纪新的政治发展理论,这不仅要研究与经济改革相关的问题,使政治体制与经济体制能够保持同步的改革和发展,而且也要探讨中国现代化进程中政治发展自身的逻辑和战略”①。

中国改革开放经过30年发展历程,形成了中国特色社会主义理

①胡伟.新世纪中国民主政治发展与政治学的使命[J].浙江学刊,2004(1).

论体系，开辟了中国特色社会主义道路，积累了丰富和可贵的经验，在认真回顾和总结这些经验的基础上，中国政治发展模式、中国社会经济与政治改革互动关系模式、中国政府治理模式的研究不仅具有中国政治发展的探讨意义，而且具有世界历史的政治发展意义，从而不仅成为高校学者关注的热点，而且成为高校学者与国际政治学界交流对话的主题。因此，关于中国政治发展模式、中国政治体制改革模式和中国政府治理模式的研究，将会得到加强和发展，具有较强现实性、时代性和解释力的政治学与行政学理论将会得到重视，围绕中国政治发展、改革和治理模式研究运用的中观和微观理论途径研究将逐步活跃，国外政治学与行政学分析中国政治的中观和微观理论和模型将得到检测和检讨，本土经验基础上的中观和微观理论和分析模型将得到构建；中国政治发展、改革和治理模式与其他模式如前苏东地区的改革发展模式、拉丁美洲发展模式等等的比较分析，将成为政治发展、改革和治理理论的新的生长点。

与此同时，全面建设小康社会与社会主义和谐社会的重要政治与行政问题的研究，会成为中国政治研究的主要内容，就目前来看，其中突出的重大理论与实践课题如正确认识和说明社会主义政治制度的优越性和坚持人民民主专政的必要性；正确认识和说明当代中国为什么必须坚持共产党的领导和执政地位，不能搞“三权分立”和多党制；正确认识和说明社会主义民主政治比资本主义民主政治更先进、更有效率；正确认识和说明我国的政治体制改革是社会主义政治制度的自我完善和发展；正确认识和说明社会主义政治文明的含义及其建设和发展的规律；正确认识和说明共产党的先进性，共产党执政的阶级基础、群众基础和经济、文化、社会基础；正确认识和说明改革开放以来我国阶级阶层结构的变化问题，及其对上层建筑和政治体制改革的影响；正确认识和比较资本主义国家和社会主义国家的阶级结构、阶级关系、阶级矛盾的发展变化;正确认识和比较资本主义国家和社会主义国家在国家与社会、政府与公民、公共权力与私人权利关系上的异同;正确认识和比较资本主义国家和社会主义国家的政府职能及其异同;正确认识和分析经济全球化对我国主权、政治安全和政府职能的影响;正确认识和分析"一国两制"、和平统一"解决台湾问题的现实可能性、具体途径和方式,及其对大陆社会主义政治制度的影响;正确认识和分析西方民主理论、民主制度的历史价值、阶级性质和现实借鉴意义;正确认识和把握建设社会主义政治文明既要借鉴人类政治文明的积极成果,又绝不能照搬西方政治制度模式的关系;正确认识和把握马克思主义政治学与西方政治学的关系;等等。[①] 又如关于中国特色社会主义政治建设的基础理论、发展战略、目标动力、政策措施等重大理论和现实问题的研究,关于人本政治、公共政治、和谐政治的理论内涵和精髓的研究,关于责任政府、法治政府、服务型政府的研究;等等。[②]

中国政治的研究,将会促进中国政治思想和政治制度历史的研究,促进中国政治文化的研究,促使高校学者在已有积累的基础上,发挥自己的长处和优势,从规范意义上研究中国政治的文化传统和价值理念及其继承发展,从制度分析意义上探讨中国政治历史进程及其当代影响,以人、制度、文化及其相互之间的互动关系为不同着眼点展开政治历史的因果规律分析和研究,从中国政治与世界政治的长期历史联系中探讨中国政治及其发展道路,由此对中国政治展开当前深入层次和历史纵深的分析和解释。

4. 应用特色继续强化,现实问题日益成为主要课题

在社会政治实践及其需求的推动和作用下,随着政治学与行政学科支撑基础逐步转向应用特色更加浓厚的社会科学诸学科,随着政治学与行政学科理论研究和方法运用的实证发展,随着政治学、行

① 王一程.当代中国的政治学与政治发展[J].北京:政治学研究,2005(4):1—5.

② 国家哲学社会科学"十五"研究状况与"十一五"发展趋势(上卷)[M].北京:社会科学文献出版社,2006:505.

政管理、公共管理和公共政策等学科和学术领域的融通会合，随着政治学与行政学研究课题现实效用和对策研究的日趋增加，政治学与行政学的应用特色将进一步强化，政治发展和政府管理的现实问题研究将得到进一步重视，从而成为高校政治学与行政学研究的主体内容。

高校政治学与行政学研究现实应用性的加强和发展，将呈现如下特点：其一，主倡性，即政治学研究者不仅在政府和部门要求下从事应用研究，而且会在一定程度上根据政府需要主动进行应用性研究，提出主倡性的治理、管理观点和方法；其二，设计性，即应用性研究将逐步改变以传统的批评性学术为主的特点，而趋向于具有建设性和可行性的改革和应用设计；其三，治理和管理主导性，即政治治理和政府管理的制度、机制和方法及其改革的应用性研究，将在未来研究中占据越来越大的分量，成为政治学与行政学应用性研究的主要内容；其四，政策性，即对于不同方面和层次的政策的研究，尤其是政府综合部门和专业部门的具体政策研究，将成为越来越多的重要研究课题。

高校政治学应用研究的特点，还具体体现在研究领域和课题、研究条件和方式、研究成果和功能等方面。

从研究领域和课题来看，高校政治学的应用研究覆盖广泛的现实政治层次和领域。其研究将从政治建设的战略层次扩展到具体对策层次，形成广泛范围和领域的现实应用性学术研究。其中包括关于国家战略层次的重大现实问题，包括特定地方政府治理和管理问题，特定公共政策的制定和实施问题，包括政治和行政实际操作中的技术性问题，比如政治艺术、政府知识管理、政府形象和领导形象设计、政府公共关系、政策管理和政策调控模型、公共组织设计、公共项目规划和管理、对策和博弈方法、运筹和策划、谈判方法和技术、行政效率评估方法、政策规划和评估技术、人才测量技术和人力资源开放途径、公共项目管理方式和BOT模式研究等。

从研究条件和方式来看,高校政治学与行政学研究日益依靠实际工作部门,取决于实际政治和政府管理决策的需要。现实问题的应用研究需要相当的政治、财政和信息条件,为此,高校学者势将进一步与各级党政机关和实际工作部门结合,并且根据其实际需要展开学术研究,从而使得高校政治学与行政学研究从传统的供方主导行为逐步转向需方主导行为。同时,现实应用研究的特点,势必使得高校政治学与行政学研究采用多样化的方式进行,比如以重要的应用性课题研究及其成果,作为政府决策的参考;直接参与政府有关活动,研究政府管理方式和体制,并在此基础上提出应用性研究成果;围绕政府的政策展开研究,提供可选择的政策方案;参考国内外的有关管理方法,为政府管理提供方法参考;进行政治发展和政府管理的案例研究,以提炼共同的政策要素和管理体制改进的要求;等等。而行为分析、制度分析和机制设计,趋向成为应用研究的主要研究途径,实证调查和统计分析为基础的实证分析,趋向成为政治学科学术研究的主要方法。在学术研究实践中,研究条件和环境的改善,科研经费的增加,信息技术、计算技术和模拟技术的发展,也都将逐步使得大规模的实证分析、模拟研究和对策设计成为可能,高校政治学在应用研究方面,将会逐步承担大规模课题研究。

从研究成果和功能来看,高校学者具有理论、方法和知识方面的优势,但是缺乏关于现实政治的信息、经验和条件,因此,高校政治学的现实应用研究及其成果的现实功能,大都集中在关于特定现实问题的实际调查分析,相关问题的理论分析和理据论证,总体对策的思路供给等方面。不过,现实问题的应用研究对高校学术发展和成长具有特殊意义和影响,通过应用研究总结提炼相关理论观点和一般规律，可以成为高校政治学与行政学研究形成原创性中国特色政治理论的途径。而政治学与行政学应用研究的强化发展，势必引起学科领域和研究课题的变化发展，比如选举政治、治理政治、区域公共管理、专项公共政策研究领域的日益发展，正是这一特点的典型体现。

5. 新兴学科、边缘学科和交叉学科的研究逐步深入

在社会政治实践的发展需求与学术研究的双重推动下，高校政治学的学术发展将呈现两种不同而又共生的趋势：一方面，政治学科的学术研究领域不断分化和发展，随着研究领域的扩展，政治学科的结构将会发生相应分化，形成新兴学科分支；另一方面，政治学的学科与其他学科会发生交叉整合，形成新的边缘学科和交叉学科。高校政治学的这种分化与整合，将使得高校政治学体系面临着新的调整和重构，从而为政治学术发展提供新的研究平台，并且发展和形成新的学术研究领域、研究课题和研究成果。

从本质上讲，政治学与行政学科的分化与整合是社会政治实践与学术认知之间矛盾运动的结果，是政治学与行政学科的学术发展调整研究、深化认识的结果。在现实性上，这种分化和整合主要是通过研究目的、对象和方法的变化和发展实现的。在未来的发展中，高校政治学的分化和整合将通过这些变化和发展而形成。

在研究目的方面，随着高校政治学的发展和深化，在揭示政治现象本质及其发展规律的总体任务之下，将会形成个别的具体细化的研究目的和任务，比如关于政治生活的价值及其发展规律的揭示、关于政治活动的科学理性的阐明、关于政治生活中公共性与个人性及其相互关系的分析等，由此将使得高校政治学学术研究呈现应然与实然、宏观与微观、公共领域与私人领域等的分野和区隔，并且在此基础上进一步发展和强化政治学科的分支，如政治哲学、政治科学、政治经济学、公共经济、公共预算，等等。

随着高校政治学应用研究和发展的强化，公共政策将成为重要的研究领域，发展适合中国实际情况的公共政策基础理论，为政府公共管理提供切实可行的具体公共政策，日益成为公共政策领域研究和发展的强大动力。同时，随着各种复杂的政治、经济、文化和社会政策议题的出现，专项公共政策研究和对策建议，正在成为公共政策研究的主要内容。在这样的背景下，公共政策研究将呈现三大特点：一是公共政策研究的现实性、实践性和对策性，将大大高于其理论性研究；二是专项公共政策将得到迅速发展，这些专项公共政策研究涉及范围和层次都将相当广泛，包括国家发展战略、教育、公共卫生、食品安全管理、灾难预防和救助等，都可能成为公共政策学者的研究课题；三是包括自然科学学者在内的多种学科的学者和研究方法，都会介入公共政策研究领域，使得这一领域学科交叉的特色更加明显。

在研究对象方面，作为社会科学，政治学与行政学的研究对象是政治现象及其发展规律。在现实性上，其具体的研究对象体现为人与政治制度及其相互关系。高校政治学的既有学科体系，基本是以制度作为研究对象而建立的。随着我国社会政治的发展和变迁，关于制度的研究迫切需要关于人的研究来补充和深化。正是在此基础上，关于人的政治行为的观察和实证研究，将逐步兴起并且成为高校政治学学术研究的重要分支。与此同时，人与制度的关系，人的社会关系与社会政治制度的相互关系，将成为高校政治学学术研究的领域，并且可能发展成为其分支学科。另一方面，随着社会政治的发展，政治现象和内容更加丰富多样，政治议题、政府管理课题和公共政策问题，呈现日趋复杂多要素的综合性趋势，这些内容和课题的研究，需要多学科的交叉和综合研究。因此，近来，高校政治学出现政治实践和学术热点问题研究推动交叉学科发展的新趋势。在这一过程中，高校学者关注的是，“着眼于21世纪中国的现代化，政治学在加强与经济学、社会学、历史学、哲学等学科的对话的同时，必须在民主政治发展的理论方面拿出自己的拳头产品，这样才能更好地同其他学科取长补短"[①]。

在研究方法方面，应社会政治实践的发展，政策分析方法和模型会得到积极运用，使得应用特色强烈的公共政策领域逐步扩展。其他社会科学和自然科学的方法将逐步渗透到政治学科，作为不同学科之间的桥梁促进交叉学科的形成和发展。政治学与行政学科方法的更新和变化，使得政治社会学、政治人类学、政治心理学、政治地理学得到进一步发展，从而推动新的认识方法和研究成果的发展和形成。

在这种发展变化的基础上，高校政治学原有的学科体系和研究领域与新的研究领域和分支学科之间的不协调性会逐步加深，因此，政治学与行政学科面临调整和整合学科，构建新的学科体系的重要任务。

6. **研究方法更为丰富，科学化程度日益提高**

社会政治现象是人类社会的复杂现象，随着我国社会主义政治发展，政治行政体制改革和政治建设的深入，政治现象的复杂性将会进一步显示，进而促使高校政治学与行政学研究方法的进一步丰富和发展。这些发展将呈现新的趋势，其具体体现在：

对于马克思主义政治研究方法的研究会得到深入，马克思主义唯物辩证法将会得到进一步重视和运用。马克思主义经济分析、阶级分析途径会得到进一步研究和运用；同时，马克思主义关于人性问题的观点将得到深入研究和准确把握，在经济关系基础上，人的多种社会关系形成的人性，比如人的民族性、人的阶层性等，将逐步形成政治理论研究的多种逻辑起点和分析途径，并且在此基础上形成相应的政治理论和知识。

① 胡伟.新世纪中国民主政治发展与政治学的使命[J].浙江学刊，2004(1).

在马克思主义政治研究方法指导下，西方政治学与行政学分析的途径将得到比较深入的研究和科学鉴别，这些分析途径中关于人性的伦理设置、理性设定、经验存在、虚拟环境设计等，将会得到深入研究和分析；关于制度与实践之间的因果关系和变量作用，关于政治制度与社会经济和意识形态之间的因果关系将得到深入检讨；关于西方政治分析模型的效用和意义，将得到检测和验证；关于泛科学主义的方法论思潮将得到反思，其机械唯物论和形而上学的特点将质疑；关于经验研究和实证分析方法的规则规范将得到阐述和遵行，其认识局限性将得到客观分析，“在不断的发展过程中……抽样调查的方法也将和其他研究方法一起被综合地、科学地应用在中国政治学理论和现实问题的研究之中”[①]。在此基础上，高校学者将会提高我国政治研究方法的科学性，降低对于西方政治学与行政学研究和分析方法的认识盲目性和片面性。

随着中国政治实践的丰富和发展，高校政治学在丰富发展既有研究方法的同时，将根据学术研究科学性实践性的要求，从中国本土的政治研究中逐步构建和形成新的研究方法和分析途径，比如中国社会和政治中残存的宗法亲缘关系的分析途径，比如中国政治和政府管理中政治与政策协调机制和共识达成机制的分析模型等等。

与此同时，随着高校政治学学术研究国际视野的拓展，国别政治和行政管理研究将会得到高校学者的进一步重视，在此基础上，比较政治的研究将会得到发展，而国别政治与行政、比较政治与行政的研究和分析方法也将在这一过程中得到发展和优化，由此将形成比较政治与行政研究的新课题，比如比较政治的理论、方法和分析框架的研究，比较政治制度研究，政府管理体制及其改革比较研究，公共政策比较分析，政治文化比较研究，各国地方政府管理比较研究，政府运行过程比较研究，社会转型和政治发展道路和方式的比较研究，国

① 严洁.中国政治学概率抽样调查的实践与特点[J].江汉论坛,2006(3):20.

家结构体制比较研究，各国政府管理模式研究，分国治理模式研究，东西方政治和管理文化比较研究，等等。

尤其值得指出的是，在高校政治学持续强调加强实证定量研究的背景下，定性研究方法和规范性方法，正重新得到高校学者的重视，当前，高校学者正在逐步开始强调道德价值对政治学与行政学理论和方法的约束性，开展对于政治与行政核心价值的深入研究，展开价值与事实统一的学术分析。因此，政治学与行政学规范研究方法以及与实证研究方法的结合，将成为高校政治学与行政学学术研究方法发展的趋势之一。

由上可见，随着社会政治的发展和政治学与行政学研究的深入，高校政治学与行政学的研究方法将呈现多样性与科学性结合的趋势：高校学者将采用多种方法展开学术研究，同时，这些新研究和分析方法的运用，一方面将适应社会政治复杂性和学术研究丰富性的特点，大大拓展学术研究的角度和途径，形成多种认识手段和认识成就；另一方面，高校学者将在学术研究方法的研究中，分析确定各种方法的科学性和合理性，在中国社会主义政治实践中验证其有效性和适用性，从而提高学科研究方法的科学程度，并且促使本土化原创性学术研究方法的形成和发展。

7. 科学性规范性愈益加强，研究水平和质量更加提高

作为恢复重建的学科，高校政治学在形成独立规范的学科和学术研究方面，已经取得很大成就和进展。随着政治学与行政学研究向深入和提高方向发展，高校政治学与行政学研究的规范性将得到加强，由此带动政治学与行政学研究水平和成果质量的不断提高。

高校政治学与行政学研究规范性的加强，将主要体现在学科基本范畴和概念、理论体系、研究选题、研究方法和规则、成果检验和评价等方面。

在学术基本范畴和概念方面,政治学与行政学将在基础理论研究中进一步深化基本范畴和概念的研究,进一步确定政治学与行政学的核心范畴和概念,从而把作为政治学与行政学思想纽带和分析工具的范畴和概念,与作为政治宣传教育和实际政策用语的概念进一步区分开来,与特定专门学科比如哲学等学科范畴和概念进一步区分开来,由此使得政治学与行政学研究进一步克服范畴和概念的任意性、歧义性和混乱性,形成更加规范的范畴和概念体系,进而在此基础上形成学科学术研究专业化的学科话语体系。

在学科理论体系方面,研究社会政治现象及其发展规律的高校政治学已经初步形成了自己的理论体系。在政治学与行政学理论研究进一步创新和深化的基础上,高校政治学与行政学理论体系将得到进一步规范和完善,这其中,政治学与行政学中特定时期、特定要求、特定取向和特定口号式的政治和政策宣传理论,逐步被学科专业性、准确性、普遍性和因果性程度较高的理论替代;其他学科理论代替政治学与行政学理论的现象,也将逐步减少和弱化。

在研究选题方面,高校政治学将根据社会政治实践和学科建设发展的要求,以学术研究的眼光选择政治学与行政学的研究课题,按照学术研究的标准确定和设计研究课题,从而使得学术研究具有学术规范性和科学性。而学术研究课题的随意性将会降低和减少。

在研究方法和规则方面,随着高校学者对于学术研究方法的科学性、规范性、适用性和有效性认识的深化,学术分析方法的泛化、简单和盲目运用现象将得到减少,在特定意义和给定范围内对于学术研究方法的运用,将提高学术研究的规范性和科学性。而在学术研究过程中,严格遵守特定研究方法的确定规则和程序,则将是学术研究规范性得到提高的另一体现。

在成果检验和评价方面，高校政治学与其他社会科学学科一样，将在未来发展中逐步建立健全学术评价科学规范体系，并且建立健全双向匿名同行评价机制，逐步科学合理规范地评价学术研究的成果和贡献。

高校政治学与行政学研究科学性和规范性的提高，将会有效地提高学术研究的水平和质量，推动学术精品的形成，为社会主义民主政治建设和政府管理发展切实作出科学的贡献。

8. **基础研究深入扩展，研究基础深化加强**

自恢复重建至今，高校政治学的基础学术研究得到长足的进步和发展，使政治学科具备基本的学术基础和独立学科的特征。尽管如此，这段时间对于特定社会科学的学科基础建设来说，毕竟相当短促，高校政治学的基础学术研究还面临着巨大空间。另一方面，中国特色社会主义民主政治建设和政府管理发展，是政治价值、政治制度、政治行为、政治过程和政治文化的总体发展和建设进程，这就使高校政治学的基础学术研究往往同时具有重要的现实意义和发展意义，从而使政治学与行政学的基础学术研究得到进一步重视和推进。

从高校政治学与行政学基础研究的发展来看，将呈现以下发展趋势：

(1)基础理论和基础价值在中外政治行政思想和中外政治行政制度研究中得到进一步深化和细化，高校学者将进一步从事具有深厚学术分量的基础性研究。同时，这些基础学术研究的发展会出现新动向和新特点：首先，在现有的研究领域和范围中，目前尚属薄弱的若干领域会受到学者的重视而得到进一步深入研究；其次，对于中外政治行政思想和政治行政制度的专题性研究将得到发展，主题性的深入研究将形成具有重要学术价值和意义的成果；再次，关于中外政治行政思想和政治行政制度的现代中国政治建设意义的探讨将会深入发展,从而加深基础学术研究的思想性和时代性。

(2)新兴学科、交叉学科和边缘学科形成及其理论知识的研究和探讨,成为高校政治学与行政学基础研究的重要领域和内容。这些学科的基础学术研究包括知识的转换、学科体系和基础理论的构建,新的交叉学科的方法运用等,需要扎实科学的研究和阐述。在未来发展中,中国特色的政治社会学、政治心理学、政治伦理学、政治人类学、民族政治学等学科和研究领域将得到创建和完善,公共经济学、公共政策学和公共管理学的研究将得到深化,电子政务和公共部门人力资源研究将得到发展。

(3)定向型基础研究得到重视和发展。围绕中国社会主义政治发展的重大问题组织基础知识、形成基础理论和解决思想逻辑问题,将成为高校政治学与行政学基础研究的重要任务。因此,定向型基础研究将得到进一步发展和加强,由此使政治学与行政学基础学术研究与应用性研究结合。

(4)新类型和新技术意义上的学术基础研究和建设得到开展和加强。典型的研究和建设包括中国政治现象的一手典型案例库、中国政府文献和公共政策的数据库、政治研究的网站建设和网络连接、中国政治运行和政府管理的模拟研究等,将得到开发;对于特定问题的实证性研究的连续跟踪调查和资料积累,将成为政治学与行政学研究的重要学术基础;若干口述史和专项问题的实地观察报告的积累,亦会构成基础性研究的重要内容;而关于学科建设和学术研究的综合研究比如学术发展报告、学科年鉴等,将得到进一步发展和建设。同时,传统的基础学术资料的电子化和网络化,将使得基础规范性研究得到新的发展动力和形式。

9. 队伍结构和素质趋于合理和提高

从社会政治实践的发展看,我国社会主义民主政治将会得到进一步发展，社会主义市场经济对政府管理现代化也将提出进一步的要求，政治与行政职位专业化的要求将逐步提高。从高校政治学建设和学术发展来看，综合性大学、研究型大学对于政治学、行政学和公共管理学科建设和学术研究将进一步深化，专门性大学对于专业相关公共行政和专业公共政策的研究将得到加强，职业性教育在相关人才培养方面的要求将得到发展。在这些因素作用和影响下，高校政治学的学术队伍建设将呈现如下趋势：

高校政治学学术队伍规模将得到扩展。社会政治实践和政府管理的发展、学科建设和学术研究的发展，将使政治学与行政学研究得到扩展和提升；公共管理、公共政策专业学位教育的进一步发展，政治学与行政学与这些专业学位教育的进一步紧密结合，将进一步扩大高校对于政治学与行政学教师队伍的建设。因此，各种类型高校的政治学与行政学教师队伍将逐步扩展，使得高校政治学与行政学教师队伍整体规模得到扩展。

高校政治学与行政学学术队伍结构将得到调整。政治学与行政学学科基础的逐步变化和转移，将使得政治学与行政学学术队伍在政治学、行政管理学为主体骨干的基础上，吸收管理学、经济学、社会学和心理学等方面的人才进入学术研究和专业教学，从而使得政治学与行政学学术队伍的学科背景结构发生变化；不同学缘和不同学校教育背景的人才进入高校政治学，将使得学术队伍的学缘结构产生调整，逐步实现学术互补和生长优势；新的学术梯队的建设任务将进一步提上日程，因此，政治学与行政学学术队伍将进一步优化年龄结构，中青年教师进一步得到培养和发展，以实现学科学术的持续发展。

高校政治学学术队伍的素质将得到进一步提高。随着高校人才管理机制和学术管理机制的发展和完善，政治学与行政学学术队伍的专业素养将得到提升,学术人才的知识背景和知识结构趋于合理、多样并且相互交融,高校专业教师对于学科专业的认知将进一步深化,学术研究的课题选择和确定能力、经验观察能力、理论提炼和概括能力、研究方法运用能力、思想创新能力和知识创造能力得到加强,学术交流的能力将得到进一步提高,由此承担学科建设和学术发展的任务,形成重要的学术成果。

高校政治学与行政学学术带头人的建设将得到进一步重视,其选择和确定方法和评价机制将更加合理。同时,高校将进一步创造条件,使得学术带头人的学术作用得到进一步发挥。而围绕学术带头人配置资源并且形成学术研究团体、特色和学派的机制将得到建立和发展,由此使得高校政治学与行政学学术生长方式从行政规划部署分配促进方式,转变到以学术带头人为中心,通过学术有机联系、学术优势成长拓展扩大和发展提高的生长方式。

10. **对外交流进一步扩展,双向交流趋势趋向加强**

在经济全球化发展的基础上,在我国社会发展进一步改革开放的背景下,高校学术和文化的对外交往将进一步扩大,其中,政治学与行政学学科建设和学术发展的要求,将促进和加深学科的对外学术交往,高校学者将进一步认识到,“当代中国政治学走向世界不仅是对社会主义中国作为世界民族之林的一员应有的要求,而且政治学作为一个学科本来就是世界性的,尽管政治学具有鲜明的阶级性,各国的政治学也都各自具有本国的特色。但是,政治学并不排斥在各国之间进行学术上的交流,吸收别国有用的研究成果”①。

① 曹沛霖.新世纪中国政治学的“三个走向”[J].天津社会科学,2001(2):15.

从高校政治学的对外学术交流发展来看,其基本趋势将呈现如下特点:

(1)学术交流将进一步呈现多层次、多形式、多内容的特点。高校政治学对外学术交流将在不同类型的学校得到扩展,交流形式将呈现多样化特点，这其中，在学术会议、资料交流、访问进修等形式的基础上，合作研究将成为对外学术交流的重要形式。而国外大学或者研究机构、国内高校和国内其他部门的多方结合研究，将逐步得到发展。就其内容来看，基础学术研究和应用研究，规范研究和实证研究，宏观、中观和微观的政治、管理理论、方法和政策及其比较研究，都将纳入对外学术交往和合作研究的学术视野。

(2)高校政治学将在中国政治学会等机构领导下，积极争取恢复我国在国际政治科学协会等国际性学术组织中的合法地位。同时，加强与国际行政科学协会、各国相关学术机构和组织的合作，并且以此作为国际学术交流的平台，加强与国外和境外的联系，使之成为提高高校政治学学术发展水平的重要途径。

(3)高校政治学对外学术交流的发展，将从单向为主的交流转向双向交流。在高校政治学前期的学术发展过程中，对外学术交流的基本特色是单向度的，即高校以请进来和走出去的方式，了解、研究和分析吸取发达国家和其他地区的政治学与行政学知识、分析方法、管理理论。随着中国特色社会主义建设的深入发展和我国综合国力的日益增强，我国的学术研究水平的提高和文化影响力度扩大，高校政治学学术交流将从单向交流逐步转向双向交流，中国特色的政治发展模式、政治改革模式、国家治理模式和政府管理模式将成为国际学术界研究的热点问题，由此使得国外和境外学者关注中国政治和行政的研究。同时，中国高校的学术研究、学者和成果将逐步推向世界，并且对国际学术界产生相应的影响。

第四部分　高校政治学学术发展的指南和活动时序实录

一、高校政治学学术发展的指导思想和方针政策

1977 年

5 月 24 日，邓小平发表《尊重知识，尊重人才》的讲话。邓小平指出："我们要实现现代化，关键是科学技术要能上去。发展科学技术，不抓教育不行。靠空讲不能实现现代化，必须有知识，有人才。"他强调指出，一定要在党内造成一种空气：尊重知识，尊重人才。

1978 年

3 月 18 日，全国科学大会开幕，邓小平在开幕式上发表讲话，提出"科学技术是生产力"、"知识分子是工人阶级自己的一部分"的重要观点。

4 月 22 日，全国教育工作会议在北京召开，邓小平发表《在全国教育工作会议上的讲话》。

12 月 13 日，中共中央工作会议闭幕，邓小平在闭幕式上发表《解放思想，实事求是，团结一致向前看》的讲话，指出："一个党，一个国家，一个民族，如果一切从本本出发，思想僵化，迷信盛行，那它就不能前进，它的生机就停止了，就要亡党亡国。""只有解放思想，坚持实事求是，一切从实际出发，理论联系实际，我们的社会主义现代化建设事业才能顺利进行，我们党的马列主义、毛泽东思想的理论也才能顺利发展。从这个意义上说，关于真理标准问题的争论，的确是个思想路线问题，是个政治问题，是个关系到党和国家前途和命运的问题。""实事求是，是无产阶级世界观的基础，是马克思主义的思想基础。"这次中央工作会议为随即召开的中共十一届三中全会做了充分准备，邓小平的这个讲话实际是十一届三中全会的主题报告。

12 月 18—22 日，中国共产党十一届三中全会在北京召开。全会冲破了长期"左"

倾错误的严重束缚,彻底否定了"以阶级斗争为纲"的错误理论和实践,重新确立了马克思主义的思想路线、政治路线和组织路线,并且作出了把党和国家的工作重点转移到社会主义现代化建设上来和实行改革开放的战略决策。

十一届三中全会公报还指出:"实现四个现代化,要求大幅度地提高生产力,也就必然要求多方面地改变同生产力发展不适应的生产关系和上层建筑,改变一切不适应的管理方式、活动方式和思想方式,因而是一场广泛、深刻的革命。"

全会决定建立中央纪律检查委员会。

1979 年

1 月 1 日,《中华人民共和国全国人民代表大会常务委员会告台湾同胞书》发表。

3 月 30 日,邓小平同志在理论务虚会上作了《坚持四项基本原则》的讲话,指出:"能否实现四个现代化,决定着我们国家的命运、民族的命运。在中国的现实条件下,搞好社会主义的四个现代化,就是坚持马克思主义,就是高举毛泽东思想伟大旗帜。你不抓住四个现代化,不从这个实际出发,就是脱离马克思主义,就是空谈马克思主义。社会主义现代化建设是我们当前最大的政治,因为它代表着人民的最大的利益、最根本的利益。""马克思主义的思想理论工作是不能离开现实政治的。我这里说的政治,是国内外阶级斗争的大局,是中国人民和世界人民在现实斗争中的根本利害。"邓小平明确指出:"政治学、法学、社会学以及世界政治的研究,我们过去多年忽视了,现在需要赶快补课。"这一指示,直接推动了政治学科在全国范围内的恢复重建。

6 月 15 日,全国政协五届二次会议在北京举行,邓小平在会上致开幕词,指出 30 年来我国社会阶级状况发生了根本性的变化。工人阶级的地位已经大大加强,起着领导作用;我国的农民已经是集体农民,工农联盟将在社会主义现代化建设的新的基础上更加巩固和发展;我国广大知识分子成为工人阶级一部分,正在努力自觉地为社会主义事业服务;我国资本家阶级原来占有的生产资料早已转移到国家手中,他们中有劳动能力的绝大多数人已经改造成为社会主义社会中的自食其力的劳动者,绝大多数已经成为自食其力的劳动者,正在为社会主义现代化建设事业贡献力量。

10 月 4 日,邓小平在中共省、市、自治区委员会第一书记座谈会上讲话,指出"经济工作是当前最大的政治，经济问题是压倒一切的政治问题”。

1980 年

2 月 23—29 日，十一届五中全会在北京举行，全会通过《关于党内政治生活的若干准则》，建立健全党内民主生活和民主制度；废止实际存在的干部终身制；并且建立了中央书记处。

8 月 18 日，邓小平在中央政治局扩大会议上作了《党和国家领导制度的改革》的重要讲话，深刻阐明了政治体制改革的重要性、根本目标和具体内容，他指出：“党和国家现行的一些具体制度中，还存在不少的弊端，妨碍甚至严重妨碍社会主义优越性的发挥。如不认真改革，就很难适应现代化建设的迫切需要，我们就要严重地脱离广大群众。”邓小平特别强调制度的重要性，他指出：“我们过去发生的各种错误，固然与某些领导人的思想、作风有关，但是组织制度、工作制度方面的问题更重要。这些方面的制度好可以使坏人无法任意横行，制度不好可以使好人无法充分做好事，甚至会走向反面。”“领导制度、组织制度问题更带有根本性、全局性、稳定性和长期性。这种制度问题，关系到党和国家是否改变颜色，必须引起全党的高度重视。”讲话提出需要逐步进行党和国家领导制度的重大改革。这一讲话成为我国政治体制改革的指导性文件。

1981 年

6 月 27—29 日，中国共产党十一届六中全会在北京举行。会议审议并一致通过《关于建国以来党的若干历史问题的决议》，决议运用辩证唯物主义和历史唯物主义，对于新中国成立以来党的重大历史事件，特别是“文化大革命”作出正确的总结，科学分析了这些事件中党的指导思想的正确和错误，分析了产生这些错误的主观因素和社会原因，实事求是地评价了毛泽东在中国革命中的历史地位，论述了毛泽东思想作为我们党的指导思想的伟大意义。这一决议标志着党胜利地完成了指导思想上的拨乱反正。

8 月 26 日，邓小平在北京会见港台知名人士傅朝枢时，首次公开提出解决台湾、香港问题的“一国两制”构想。邓小平说，和平解决台湾问题，可以采取独特的模式，社会制度不变，台湾人民的生活水平不降低，外国资本不动，台湾可以拥有自己的武装力量。即使武装统一,台湾的现状也可以不变,台湾作为中华人民共和国的一个省、一个区,还保持它原有的制度、生活。中共十分愿意、十分赞成国共第三次合作,中国这件事要台湾海峡两岸的领导人和人民来决定。希望台湾的领导人眼界放宽点、看远点。统一中国,是中国人民的希望,是中华民族的希望。

10月,国家教委批准北京大学、上海复旦大学、吉林大学设置政治学专业。

11月30日,第五届全国人民代表大会第四次会议在北京召开。

1982年

1月13日,邓小平在中央政治局讨论中央精简问题的会议上,作了《精简机构是一场革命》的讲话。他指出:"实现干部队伍的革命化、年轻化、知识化、专业化,是革命和建设的战略需要,也是我们老干部的最光荣最神圣的职责;是我们对党的最后一次历史性贡献,也是对我们每个人党性的一次严重考验。如果不搞这场革命,让党和国家的组织继续目前这样机构臃肿重叠、职责不清,许多人员不称职、不负责,工作缺乏精力、知识和效率的状况,这是不可能得到人民赞同的。""精简是革命,选贤任能也是革命。出要解决好,更重要的是解决进。进和出,进摆在第一位。选人要选好,要选贤任能。选贤任能这个话就有德才资的问题。贤就是德,能无非是专业化、知识化,有实际经验,身体能够顶得住。"

2月22日—3月8日,全国人大常委会五届二十二次会议在北京召开,通过了国务院关于机构改革的报告和初步方案。

9月1—11日,中国共产党第十二次全国代表大会在北京召开,邓小平在大会致开幕词时指出,要"把马克思主义的普遍真理同我国的具体实际结合起来,走自己的道路,建设有中国特色的社会主义"。大会确定党为全面开创社会主义现代化建设新局面而奋斗的纲领,明确了新的历史时期党的总任务是团结全国各族人民,自力更生,艰苦奋斗,逐步实现工业、农业、国防和科学技术现代化,把我国建设成为高度文明、高度民主的社会主义国家。大会对党的中央与地方组织体制作了调整和规定,阐述了干部队伍革命化、年轻化、专业化、知识化的方针,提出全面整顿党风的任务。

11月22日,中共中央发布《中共中央关于转发〈全国哲学社会科学座谈会纪要〉

的通知》;中共中央转发《全国哲学社会科学规划座谈会纪要》,并特别指出,各级党委要充分认识到,我国哲学社会科学事业今后必须有一个大的发展,没有哲学社会科学的发展,要开创社会主义现代化建设事业的新局面是不可能的。

11月26日—12月10日 中华人民共和国第五届全国人民代表大会第五次会议在北京召开,会议通过了中华人民共和国的第四部宪法,并公布实施。

1983年

4月29日,邓小平在《建设社会主义的物质文明和精神文明》的谈话中指出,在社会主义国家,一个真正的马克思主义政党在执政以后,一定要致力于发展生产力,并在这个基础上逐步提高人民的生活水平。这就是建设物质文明。与此同时,还要建设社会主义的精神文明,最根本的是要使广大人民有共产主义的理想,有道德,有文化,守纪律。

6月6日,第六届全国人民代表大会第一次在北京召开。

10月11日,中共十二届二中全会通过了《中共中央关于整党的决定》。

10月12日,中共中央、国务院发出《中共中央、国务院关于实行政社分开建立乡政府的通知》,撤销了人民公社的建制,实行政社分开,同时,确认村民委员会是基层群众性自治组织。

10月12日,邓小平发表《党在组织战线和思想战线上的迫切任务》,指出要防止整党走过场,思想战线主要是理论战线和文艺战线不能搞精神污染。他强调,加强党对思想战线的领导,克服软弱涣散的状态,已经成为全党的一个迫切任务。

1984年

6月30日,邓小平发表《建设有中国特色的社会主义》讲话指出,马克思主义最注重发展生产力。社会主义阶段的最根本任务就是发展生产力,社会主义的优越性归根到底要体现在它的生产力比资本主义发展得更快一些、更高一些,并且在发展生产力的基础上不断改善人民的物质文化生活。贫穷不是社会主义,更不是共产主义。

10月20日,中国共产党十二届三中全会在北京召开,会议通过《中共中央关于经济体制改革的决定》,规定经济体制改革的总体方向、性质、任务和各项基本方针政策。

1985 年

3 月 7 日,邓小平在全国科技工作会议的闭幕式上发表《改革科技体制是为了解放生产力》重要讲话,进一步阐述了“科学技术是第一生产力”的观点。

3 月,国家教育委员会在广州召开部分重点高校从事政治学或相近专业的专家和负责人会议,共商政治学发展问题。会后,国家教育委员会批准在南京大学、南开大学、广州中山大学、武汉大学、厦门大学、中国人民大学等高校增设政治学专业。

3 月 13 日,中共中央发表《中共中央关于科学技术体制改革的决定》。

3 月 27 日,第六届全国人民代表大会第三次会议在北京召开,会议听取了《当前的经济形势和经济体制改革》的政府工作报告。

4 月 15 日,邓小平同志在会见外国友人时指出,在总结经验的基础上,党的十一届三中全会提出一系列新的政策。就国内政策而言,最重大的有两条:一条是政治上发展民主,一条是经济上进行改革,同时相应地进行社会其他领域的改革。改革是全面的改革,不仅是经济、政治,还包括科技、教育等各行各业。

9 月 16 日,中共十二届四中全会通过《中共中央关于制定国民经济和社会发展第七个五年计划的建议(草案)》。

12 月,国家教委高教一司在广州召开了政治学专业教学改革研讨会,参加会议的有已经建立专业和准备建立专业的院校代表共 17 人。这是 30 多年来我国政治学第一次教学研讨会。

1986 年

1 月,国家教委发布《关于制定高校“七五”哲学社会科学研究发展计划的通知》。

3 月 25 日,第六届全国人民代表大会第四次会议在北京召开。

7 月 12 日,中央“政治体制改革研讨会”在北京结束,会议提出经济体制、政治体制和思想文化方面的改革需要相互配合。政治体制改革需要调查研究。

9—11 月,邓小平同志会见日本公明党委员长竹入义胜时,作了《关于政治体制改革问题》的谈话,指出现在经济体制改革每前进一步,都深深感到政治体制改革的必要性。不改革政治体制,就不能保障经济体制改革的成果,不能使经济体制改革继续前进，就会阻碍生产力的发展，阻碍四个现代化的实现。他还指出，政治体制改革要向三个目标进行。第一个目标是始终保持党和国家的活力；第二个目标是客服官僚主义，提高工作效率；第三个目标是调动基层和工人、农民、知识分子的积极性。

9月28日，中共十二届六中全会通过了《中共中央关于社会主义精神文明建设指导方针的决议》。

10月18日，邓小平发表《中国要发展，离不开科学》指出，在发展科学技术方面，我们要共同努力。实现人类的希望离不开科学，第三世界摆脱贫困离不开科学，维护世界和平也离不开科学。

12月30日，邓小平发表《旗帜鲜明地反对资产阶级自由化》的讲话，指出要旗帜鲜明地坚持四项基本原则，否则就是放任了资产阶级自由化。“我们讲民主，不能搬用资产阶级的民主，不能搞三权鼎立那一套。”“我们执行对外开放政策，学习外国的技术，利用外资，是为了搞好社会主义建设，而不能离开社会主义道路。”

1987年

3月25日，第六届全国人民代表大会第五次会议在北京召开。

3月27日，邓小平在《怎样评价一个国家的政治体制》的谈话中指出，我们评价一个国家的政治体制、政治结构和政策是否正确，关键看三条：第一是看国家的政局是否稳定；第二是看能否增进人民的团结，改善人民的生活；第三是看生产力能否得到持续发展。

10月20日，中共十二届七中全会在北京召开，全会讨论并原则同意《政治体制改革总体设想》，决定将这个文件的主要内容写入中央委员会向党的第十三次全国代表大会的报告。

10月25日，中国共产党第十三次全国代表大会召开，大会系统地阐述了关于社会主义初级阶段的理论和党的基本路线，规定了三步走的经济发展战略部署，提出了加快和深化经济体制改革的任务和政治体制改革的目标。关于政治体制改革，十三大报告指出，政治体制改革的关键首先是党政职能分开。党政分开才能更好地实现党的领导作用，才能保证做到“党要管党”，才能使党总揽全局，真正发挥协调各方的作用，才能使党组织真正具有监督的职能,成为同官僚主义作斗争的力量。报告还从进一步下放权力、改革政府工作机构、改革干部人事制度、建立社会协商对话制度、完善社会主义民主政治的若干制度、加强社会主义法制建设等方面进行了论述。

10月25日,在党十三大上,把建立和实行国家公务员制度作为干部人事制度改革的重点提上日程,并决定制定《国家公务员暂行条例》。

1988年

3月,我国开始进行改革开放以来的第二轮大规模机构改革,持续到1990年。

3月25日,第七届全国人民代表大会第一次会议在北京召开。会议所通过的政府工作报告又进一步强调:要抓紧建立和逐步实施国家公务员制度。为了适应建立公务员制度的需要,首先从中央到地方陆续成立了作为国家公务员管理机构的国家人事部、人事厅(局)。国家人事部成立以后,就着手为实行这一制度做具体准备工作。

9月5日、12日,邓小平发表《科学技术是第一生产力》指出,马克思讲过科学技术是生产力,这是非常正确的,现在看来这样说可能不够,恐怕是第一生产力。我们的根本问题就是要坚持社会主义的信念和原则,发展生产力,改善人民生活,为此就必须开放。从长远看,要注意教育和科学技术。要注意解决好少数高级知识分子的待遇问题。调动他们的积极性,尊重他们,会有一批人作出更多的贡献。

11月3日,国家教委发布《高等学校社会科学科研管理暂行办法》。

1989年

3月20日,第七届全国人民代表大会第二次会议在北京召开。

4月15日—6月4日,我国国内发生严重政治风波。

6月9日,邓小平接见首都戒严部队军以上干部,并且发表讲话。他指出,这场风波迟早要来。这是国际的大气候和中国自己的小气候所决定了的,是不以人们的意志为转移到,只不过是迟早的问题,大小的问题。我们的一些基本提法,从发展战略到方针政策,包括改革开放,都是对的。要说不够,就是改革开放得还不够。我们在改革中遇到的难题比在开放中遇到的难题要多。在政治体制改革方面有一点可以肯定,就是我们要坚持实行人民代表大会的制度,而不是美国式的三权鼎立制度。要坚定不移地执行党的十一届三中全会以来制定的一系列路线、方针、政策，要认真总结经验，对的要继续坚持，失误的要纠正，不足的要加点劲。总之，要总结现在，看到未来。

11 月 9 日，中共十三届五中全会通过了《中共中央关于进一步治理整顿和深化改革的决定》。

11 月 23 日，邓小平在会见外国友人时发表《坚持社会主义，防止和平演变》的讲话，他指出如果中国搞资产阶级自由化，那么肯定会有动乱，使我们什么事情也干不成，我们制定的方针、政策、路线、三个阶段发展战略的目标统统告吹。

12 月 29 日，江泽民在中共中央宣传部、中共中央政策研究室、中共中央组织部、中共中央党校举办的党建理论研究班上发表 题为“为把党建设成更加坚强的工人阶级先锋队而斗争”的讲话，阐述了党的建设的重要性和迫切性、坚持党的工人阶级先锋队性质、坚持和加强党的执政地位和领导作用等问题。

1990 年

1990—1992 年，国家教委启动《政治学原理教学指导纲要》的研究项目，研究由吉林大学、北京大学和上海复旦大学联合承担。该项课题研究的主要内容包括：政治学原理中马克思主义的基本理论；政治学原理领域中资产阶级自由化观点和民主社会主义思潮攻击的主要问题；政治学原理领域中当代西方政治学思潮对我国政治学界特别是青年影响较大的、必须用马克思主义回答的问题。研究形成成果《政治学原理教学指导纲要》。

3 月 12 日，中共十三届六中全会通过了《中共中央关于加强党同人民群众联系的决定》。

3 月 18 日，江泽民在参加七届全国人大三次会议、全国政协七届三次会议的党员负责同志会议上发表题为“坚持和完善人民代表大会制度”的讲话。

3 月 20 日，第七届全国人民代表大会第三次会议召开，李鹏作《为我国政治经济和社会的进一步稳定发展而奋斗》的政府工作报告。

11 月 28 日，国家教委发布《关于施行〈授予博士、硕士学位和培养研究生的学科、专业目录〉的通知》。

12月30日,中共十三届七中全会通过《中共中央关于制定国民经济和社会发展十年规划和"八五"计划的建议》。

1991年

1月9日,民政部、中共中央宣传部发布《关于社会科学、文化艺术类社会团体业务主管部门的职责分工及委托管理的通知》。

4月9日,第七届全国人民代表大会第四次会议召开,形成《第七届全国人民代表大会第四次会议关于国民经济和社会发展十年规划和第八个五年计划纲要及关于〈纲要〉报告的决议》。

8月3日,国家教委发布《关于加强和改进高等学校马克思主义理论教育的若干意见》。

11月29日,中共十三届八中全会审议并通过了《中共中央关于进一步加强农业和农村工作的决定》。

1992年

1—2月,邓小平巡视武昌、深圳、珠海、上海等地,发表南方谈话。谈话深刻总结了十一届三中全会以来我国改革开放的实践经验,阐明了社会主义现代化建设和改革开放的重大理论观点,以解放思想、实事求是的精神,提出检验理论认识和政策措施的三个有利于的标准,即"是否有利于发展社会主义社会的生产力,是否有利于增强社会主义国家的综合国力,是否有利于提高人民的生活水平"。谈话论述了社会主义改革的性质、社会主义社会的发展动力,阐明社会主义的本质上解放生产力,发展生产力,消灭剥削,消除两极分化,最终达到共同富裕。谈话提出计划与市场都是发展经济的手段,并非社会主义与资本主义的本质区别。

3月20日,第七届全国人民代表大会第五次会议在北京召开。

10月9日,中国共产党十三届九中全会通过《中国共产党章程(修正案)》。

10月12日,中国共产党第十四次全国代表大会在北京召开,江泽民在会上作《加快改革开放和现代化建设步伐,夺取有中国特色社会主义事业的更大胜利》报告。大会全面提出了建立社会主义市场经济体制的理论,以邓小平同志建设有中国特色社会主义的理论为指导，认真总结十一届三中全会以来十四年的实践经验，确定了今后一个时期的战略部署。党的十四大的突出特点和最大贡献，在于对建设有中国特色社会主义的理论作了新的概括，充分肯定了这个理论在马克思列宁主义与中国实际相结合的思想理论发展史上的重要地位，并且把这个理论和在这个理论指导下制定的党的“一个中心、两个基本点”的基本路线正式载入党章。

1993 年

3 月 7 日，中共十四届二中全会通过《关于调整“八五”计划若干指标的建议》、《关于党政机构改革的方案》。

3 月 15 日，第八届全国人民代表大会第一次会议在北京召开。

3 月 20 日，财政部、全国哲学社会科学规划领导小组发布《国家社会科学基金项目经费管理暂行办法》。

8 月 14 日，李鹏签署了实行《国家公务员暂行条例》的命令，并颁布《国家公务员暂行条例》，决定从 1993 年 10 月 1 日实施。

11 月 14 日，中共十四届三中全会通过《中共中央关于建立社会主义市场经济体制若干问题的决定》指出，社会主义市场经济体制是同社会主义基本制度结合在一起的。建立社会主义市场经济体制，就是要使市场在国家宏观调控下对资源配置起基础性作用。要进一步转换国有企业经营机制，建立适应市场经济要求，产权清晰、权责明确、政企分开、管理科学的现代企业制度。

12 月 26 日，毛泽东同志诞辰一百周年纪念大会在北京召开，江泽民发表《在毛泽东同志诞辰一百周年纪念大会上的讲话》，怀毛泽东同志的丰功伟绩、系统阐述毛泽东思想和邓小平同志建设有中国特色社会主义理论。

1994 年

3 月 10 日，第八届全国人民代表大会第二次会议在北京召开。

3 月 11 日，国家教委出台《关于加强和改进高等学校人文社会科学研究工作的若干意见》。

5 月 5 日，江泽民在上海考察工作时，发表了《把握好改革、发展、稳定的关系》的讲话。

9月28日中国共产党十四届四中全会在北京召开,江泽民发表《推进党的建设新的伟大工程》的讲话。全会通过了《中共中央关于加强党的建设几个重大问题的决定》。

11月8日,国家教委发布《关于进行国家教委1995年人文社会科学研究优秀成果奖评奖工作的通知》。

1995年

3月5日,第八届全国人民代表大会第三次会议在北京召开。

4月,国家教委全国政治学专业教学指导委员会工作会议。

5月26日,江泽民在全国科学大会上发表了《实施科教兴国战略》的讲话,提出了实施科教兴国战略的基本国策。江泽民在讲话中对实施科教兴国战略的内容、意义和需要把握的重要问题作了全面阐述。

9月27日,江泽民在中共十四届五中全会召集人会议上发表讲话,强调"领导干部一定要讲政治"。

9月28日,中共十四届五中全会在北京召开,江泽民发表《正确处理社会主义现代化建设中的若干重大关系》的讲话,全会通过《中共中央关于制定国民经济和社会发展"九五"计划和2010年远景目标的建议》。

11月8日,江泽民在北京考察工作时发表了《讲学习,讲政治,讲正气》的讲话。

12月20日,全国高校首届人文社会科学研究优秀成果奖颁奖大会在北京举行,国务院副总理李岚清发表《大力繁荣发展人文社会科学研究》的讲话。

1996年

3月5日,第八届全国人民代表大会第四次会议在北京举行。

10月7日,国家教委发布《人文社会科学研究项目管理办法》。

10月10日,中共十四届六中全会通过了《中共中央关于加强社会主义精神文明建设若干重要问题的决议》。

11月21日，国家教委出台《关于印发〈全国普通高等学校人文社会科学研究“九五”规划要点〉的通知》，并且发布《全国普通高等学校人文社会科学研究“九五”规划要点》。

1997年

1月20日，国家教委会发布《国家教委关于积极推进“高等教育面向21世纪教学内容和课程体系改革计划”实施工作的若干意见》。

3月1日，第八届全国人民代表大会第五次会议在北京召开。

4月2日，国家教委出台《关于实施国家教委“跨世纪优秀人才培养计划”(人文社会科学)的通知》。

6月6日，国家教委、国务院学位委员会公布了《授予博士、硕士学位和培养研究生的学科、专业目录》。

7月1日，香港回归祖国。

9月12日，中国共产党第十五次全国代表大会在北京召开，江泽民发表《高举邓小平理论伟大旗帜，把建设有中国特色社会主义事业全面推向二十一世纪》。报告高度评价邓小平理论的历史地位，确立邓小平理论为党的指导思想，全面阐述了社会主义初级阶段的特征，首次提出社会主义初级阶段的基本纲领，明确了我国改革开放和现代化建设跨世纪发展的宏伟目标，深刻回答了关系党和国家长远发展的一系列重大问题，对建设有中国特色社会主义经济、政治、文化和党的建设等各项工作作出了全面部署。

12月29日，国家教委发布《关于组织实施“高等师范教育面向21世纪教学内容和课程体系改革计划”的通知》。

1997年，国家教育部高等学校政治学学科教学指导委员会成立。

1998年

2月25日，国家教委出台《普通高等学校人文社会科学研究成果奖励办法》。

2月26日，中国共产党十五届二中全会通过了《国务院机构改革方案》。建议国务院将这个方案提交九届全国人大一次会议审议。

3月5日,第八届全国人民代表大会第六次会议在北京召开。

5月4日,北京大学建校一百周年庆祝大会在北京举行,江泽民在大会上发表《继承和发扬"五四"运动的光荣传统》的讲话,指出我们的大学应该成为科教兴国的强大生力军;我国要有若干所具有世界先进水平的一流大学;教育应与经济社会发展紧密结合,为现代化建设提供各类人才支持和知识贡献,这是面向21世纪教育改革和发展的方向。

6月1日,中国科学院第九次院士大会、中国工程院第四次院士大会在北京召开,江泽民在会见出席会议的部分院士和外籍院士时发表讲话,指出创新的关键在人才,强调迎接未来科学技术的挑战,最重要的是要坚持创新,勇于创新。而创新就要靠人才,特别要靠年轻英才不断涌现出来;大力培养任用年轻人,这应该成为我们推动科技创新、知识创新和其他各个方面创新工作的重要指导思想。

7月6日,教育部发布关于印发《普通高等学校本科专业目录(颁布)》、《普通高等学校本科专业设置规定(颁布)》等文件的通知。

10月14日,中共十五届三中全会通过了《中共中央关于农业和农村工作若干重大问题的决定》。

12月16日,教育部发布在北京举行"党的十一届三中全会与高校社会科学研究发展研讨会",教育部部长、党组书记陈至立出席开幕式,为全国普通高校第二届人文社会科学研究成果奖获奖者颁发了奖励证书,并会见了教育部"跨世纪优秀人才培养计划(人文社会科学)"第一批人选者。研讨会的主题是:回顾和总结党的十一届三中全会以来高校人文社会科学研究所取得的成就和经验,研讨高校人文社会科学研究跨世纪发展的思路。教育部副部长周远清在开幕式上作了题为"高举邓小平理论伟大旗帜,把一个充满生机与活力的社会科学研究事业带入21世纪"的讲话。

12月28日,江泽民发表《在纪念党的十一届三中全会召开二十周年大会上的讲话》,他指出,二十年的历史经验归结到一点,就是把马克思主义的基本原理同中国的具体实际相结合,走自己的路,建设有中国特色社会主义。

1999 年

1 月 13 日，国务院批转(原为教育部 1998 年 12 月 24 日制定)出台《面向 21 世纪教育振兴行动计划》。

3 月 5 日，第九届全国人民代表大会第二次会议在北京召开。

5 月 25 日，教育部发布《教育部关于实施〈中华人民共和国高等教育法〉若干问题的意见》。

6 月 14 日，教育部发布《关于印发〈普通高等学校人文社会科学重点研究基地建设计划〉的通知》，并且发布《普通高等学校人文社会科学重点研究基地建设计划》。

6 月 15 日，第三次全国教育工作会议在北京召开，江泽民发表讲话，阐述了教育必须以提高国民素质为根本宗旨，指出教育在增强综合国力中具有基础性地位；当今的国际经济、科技竞争，越来越围绕人才和知识的竞争展开；劳动力素质和科技创新能力不高，已经成为制约我国经济发展和国际竞争能力增强的一个主要因素；各级各类教育都要把全面推进素质教育、提高受教育者的全面素质，作为教育工作的战略重点。

9 月 23 日，中共中央宣传部、全国哲学社会科学规划领导小组在人民大会堂隆重召开国家社会科学基金项目优秀成果颁奖大会。胡锦涛同志代表党中央、国务院发表重要讲话。此次评选共评出“六五”至“八五”时期优秀成果 151 项。其中王沪宁著《当代中国村落家族文化——对中国社会现代化的一项探索》获专著类二等奖；邹永贤主编《国家学说史》获专著类三等奖。

12 月 20 日，澳门回归祖国。

2000 年

2 月 25 日，江泽民在广东考察工作时发表《在新的历史条件下更好地做到“三个代表”》的讲话。江泽民指出：“总结我们党七十多年的历史，可以得出一个重要结论，这就是：我们党所以赢得人民的拥护，是因为我们党在革命、建设、改革的各个时期，总是代表着中国先进生产力的发展要求，代表着中国先进文化的前进方向，代表着中国最广大人民的根本利益，并通过制定正确的路线方针政策，为实现国家和人民的根本利益而不懈奋斗。”这是江泽民首次提出“三个代表”重要思想。

3月3日,教育部发布《关于下达教育部"跨世纪优秀人才培养计划(人文社会科学)"第三批入选者名单的通知》。

3月5日,第九届全国人民代表大会第三次会议在北京举行。

6月,中央批准并印发了《深化干部人事制度改革纲要》,这对我国未来十年的干部人事制度改革的方向进行了战略性的部署。在系统总结了我国干部人事工作的基本经验,特别是《国家公务员暂行条例》实施以来的实践经验的基础上,吸收了近年来干部人事制度改革的最新成果,借鉴了国外公务员制度的有益做法。

6月28日,江泽民发表《在中央思想政治工作会议上的讲话》,讲话论述了三个问题:关于思想政治工作面临的新形势新情况;关于加强和改进党的思想政治工作;关于加强党对思想政治工作的领导。

8月,北京大学等24所学校被批准为全国首批公共管理硕士(MPA)专业学位试点单位。

9月18日,教育部发布《关于公布教育部"跨世纪优秀人才培养计划(人文社会科学)"第四批入选者名单的通知》。

10月,教育部批准广州中山大学行政管理研究中心、华中师范大学中国农村问题研究中心等为教育部普通高校人文社会科学重点研究基地。

10月11日,中共十五届五中全会在北京召开,江泽民发表《在新世纪把建设有中国特色社会主义事业进行推向前进》的讲话。全会通过了《中共中央关于制定国民经济和社会发展第十个五年计划的建议》。

12月26日,教育部发布《关于公布普通高等学校人文社会科学重点研究基地建设计划第三批入选机构名单的通知》。

12月26日,教育部批准北京大学政治发展与政府管理研究所为教育部普通高校人文社会科学重点研究基地。

2001年

3月5日,第九届全国人民代表大会第四次会议在北京召开。

4月2日,江泽民在全国社会治安工作会议上发表题为"政治体制改革的目的是完善社会主义政治制度”的讲话。阐述了我国政治体制改革的目的、原则、检验标准和出发点，指出：“我们进行政治体制改革，必须从中国实际出发。要与我国生产关系和生产力的发展相适应，与经济体制改革相适应，与我国的历史条件、经济发展水平和文化教育水平相适应。”

6月，国家社会科学规划办修订了《国家社会科学基金项目管理办法》。

6月6日，全国人文社会科学重点研究基地工作会议在北京举行，教育部副部长袁贵仁发表《加强重点研究基地建设，推动高校人文社会科学研究上水平》的讲话。

6月22日，江泽民在中国科协第六次全国代表大会上发表讲话。

7月1日，庆祝中国共产党成立八十周年大会在北京隆重举行，江泽民总书记在大会上发表讲话，总结中国共产党八十年代奋斗业绩和基本经验，要求全党正确认识和全面贯彻“三个代表”重要思想的要求，按照“三个代表”重要思想的要求加强和改进党的建设，为实现党的基本路线和历史任务而奋斗。

7月15日，教育部发布《关于印发〈普通高等学校人文社会科学重点研究基地管理办法〉的通知》。

8月7日，江泽民在北戴河同部分国防科技专家和社会科学家座谈时指出，一个民族要兴旺发达，要屹立于世界民族之林，不能没有创新的理论思维。哲学社会科学的研究能力和成果，也是综合国力的重要组成部分。在认识和改造世界的过程中，哲学社会科学与自然科学同样重要；培养高水平的哲学社会科学家，与培养高水平的自然科学家同样重要；提高全民族的哲学社会科学素质，与提高全民族的自然科学素质同样重要；任用好哲学社会科学人才并充分发挥他们的作用，与任用好自然科学人才并发挥他们的作用同样重要。

8月31日，江泽民同志在国防大学军队高级干部理论研讨班上作了题为“科学对待马克思主义”的讲话。讲话论述了三个问题：关于推进理论创新的重要性；关于坚持解放思想、实事求是的思想路线；关于以实际问题为中心研究马克思主义的方法。

9月，国家社会科学规划办修订《国家社会科学基金项目资助经费管理办法》。

9月24—26日，中国共产党第十五届中央委员会第六次全体会议在北京举行，全会审议通过《中共中央关于加强和改进党的作风建设的决定》。决定指出了加强和改进党的作风建设的极端重要性和紧迫性,阐述了加强和改进党的作风建设的指导思想和主要任务,要求全党坚持解放思想、实事求是,反对因循守旧、不思进取;坚持理论联系实际,反对照抄照搬、本本主义;坚持密切联系群众,反对形式主义、官僚主义;坚持民主集中制原则,反对独断专行、软弱涣散;坚持党的纪律,反对自由主义;坚持清正廉洁,反对以权谋私;坚持艰苦奋斗,反对享乐主义;坚持任人唯贤,反对用人上的不正之风;加强对作风建设的领导。

9月26日,教育部发布《关于公布普通高等学校人文社会科学重点研究基地建设计划第四批入选机构名单的通知》。

9月27日,财政部、全国哲学社会科学规划领导小组发布《关于颁发〈国家社会科学基金项目资助经费管理办法〉的通知》。

10月,教育部副部长袁贵仁发表《坚持发扬优良作风,繁荣发展社会科学》的讲话。

2002年

1月25日,中共中央纪律检查委员会第七次全体会议在北京召开,江泽民在会上发表讲话,阐述"领导干部要牢固树立正确的权力观"。

3月5日,第九届全国人大代表大会第五次会议在北京召开。

4月28日,江泽民考察中国人民大学时强调指出,我们要始终高度重视哲学社会科学在治党治国和建设有中国特色社会主义事业中的巨大作用,高度重视哲学社会科学领域高等教育的改革和发展,高度重视改善哲学社会科学研究和人才培养的条件,高度重视哲学社会科学研究领域重大课题的攻关,高度重视为哲学社会科学发展作出杰出贡献的学者的成就和作用。

5月17日,教育部出台《中国高校人文社会科学研究优秀成果奖励暂行办法》。

6月3日,教育部发布《教育部关于学习贯彻李岚清副总理在"第四届高等教育国家级教学成果奖暨第三届教育部高校青年教师奖颁奖大会"上的讲话的通知》。

7月16日,江泽民在中国社会科学院建院二十五周年座谈会上作了题为"必须高度重视哲学社会科学的发展”的讲话。他指出：在建设有中国特色社会主义实践和理论的双重探索中，哲学社会科学具有不可替代的重要作用，哲学社会科学工作者是一支不可替代的重要力量；要努力使我国哲学社会科学的发展，成为我们正确认识世界和改造世界，推动理论创新和先进文化发展，促进党和国家决策的科学化、民主化，推进改革开放和现代化建设的重要力量；我国哲学社会科学界要努力担负起认识世界、传承文明、创新理论、咨政育人、服务社会的职责。

9 月 13 日，教育部发表了《关于加强和改进高等学校哲学社会科学学报工作的意见》。

11 月 5 日，中共十五届七中全会通过了《中国共产党章程(修正案)》。

11 月 8—14 日，中国共产党第十六次全国代表大会在北京召开，江泽民在大会上作《全面建设小康社会，开创中国特色社会主义事业新局面》的报告，报告分析了我国社会阶级和阶层及其关系，阐明中国共产党是中国工人阶级的先锋队，同时是中国人民和中华民族的先锋队；明确我国政治发展的目标是发展社会主义民主政治，建设社会主义政治文明；确定我国社会主义政治发展和建设的最根本任务是把坚持党的领导、人民当家作主和依法治国有机统一起来；明确政治体制改革本质上是社会主义政治制度的自我完善和发展，提出推进政治体制改革的目的、检验标准和出发点。同时借鉴人类政治文明的有益成果，绝不照搬西方政治制度的模式；确定改革和完善党的领导方式和执政方式对于推进社会主义民主政治建设具有全局性作用；明确社会主义市场经济条件下我国政府的基本职能包括经济调节、市场监管、社会管理和公共服务等内容；改革和完善决策机制，推进决策科学化民主化，深化行政管理体制改革。

报告阐明了全面贯彻“三个代表”重要思想的根本要求，对新世纪初我国改革开放和现代化建设作出了全面部署，提出全面建设小康社会的奋斗目标。

2003 年

1 月 9 日，人事部发布《关于开展设立博士后科研流动站申报工作的通知》。

2 月 10 日，教育部发表了《关于进一步发展繁荣高校哲学社会科学的若干意见》。

2 月 24—26 日，中国共产党第十六届中央委员会第二次全体会议在北京举行，全会审议通过了《关于深化行政管理体制和机构改革的意见》,建议国务院根据这个意见形成《国务院机构改革方案》提交十届全国人大一次会议审议。

3月5日,朱镕基作了《在十届全国人大一次会议上的政府工作报告》。

7月3日,教育部发布《关于颁发第三届中国高校人文社会科学研究优秀成果奖的决定》。

7月31日,教育部出台《哲学社会科学研究重大课题攻关项目管理办法(试行)》。

7月31日,教育部教育部关于印发《教育部哲学社会科学研究重大课题攻关项目管理办法(试行)》的通知。

10月11－14日,中国共产党第十六届中央委员会第三次全体会议在北京举行,全会审议通过了《中共中央关于完善社会主义市场经济体制若干问题的决定》,审议通过了《中共中央关于修改宪法部分内容的建议》并决定提交第十届全国人民代表大会常务委员会审议。

十六届三中全会提出科学发展观的基本观点,要求"按照统筹城乡发展、统筹区域发展、统筹经济社会发展、统筹人与自然和谐发展、统筹国内发展和对外开放的要求,更大程度地发挥市场在资源配置中的基础性作用,为全面建设小康社会提供强有力的体制保障","深化经济体制改革,必须以邓小平理论和'三个代表'重要思想为指导,全面落实十六大精神,解放思想、实事求是、与时俱进,坚持社会主义市场经济的改革方向,坚持尊重群众的首创精神,坚持正确处理改革发展稳定的关系,坚持统筹兼顾,坚持以人为本,树立全面、协调、可持续的发展观,促进经济社会和人的全面发展。"

10月23日,人事部、全国博士后管委会《关于新设434个博士后科研流动站的通知》。政治学、公共管理学在高校设置博士后流动站。

12月4日,教育部发布《关于公布第一批通过合格评估的普通高等学校人文社会科学重点研究基地的通知》。

12月25日,李长春在"全国纪念毛泽东同志诞辰110周年学术研讨会"开幕式上发表讲话。要坚持运用马克思主义的唯物史观来开展研究工作。要着眼于新的实践和新的发展,进一步拓宽研究领域,开阔研究视野,丰富研究方法。

2004年

1月5日，中共中央通过了《中共中央关于进一步繁荣发展哲学社会科学的意见》。《意见》强调，在全面建设小康社会、开创中国特色社会主义事业新局面、实现中华民族伟大复兴的历史进程中，哲学社会科学具有不可替代的作用，必须进一步提高对哲学社会科学重要性的认识，大力繁荣发展哲学社会科学。《意见》还宣布实施马克思主义理论研究和建设工程。

1月19日，中共中央中央宣传思想工作领导小组发布《关于实施马克思主义理论研究和建设工程的意见》。中央马克思主义理论研究和建设工程启动。其中的政治学科对于政治学基本理论研究的发展和深入，直接引领着我国高校政治学科以马克思主义、邓小平理论和"三个代表"重要思想为指导，贯彻科学发展观，紧密联系政治实际，尤其是我国的社会主义政治实践，深入研究和阐明重大理论和现实问题。

2月20日，国家社会科学规划办发布《关于加强和改进国家社会科学基金项目成果鉴定结项工作的意见》。

3月5日，十届全国人大二次会议在北京举行，温家宝作《政府工作报告》。

3月27日，教育部部长周济在高校专家学者学习贯彻中共中央《关于进一步繁荣发展哲学社会科学的意见》座谈会上强调，要把哲学社会科学和自然科学作为高等教育的两个不可分割的组成部分，作为高等学校加强全面建设的两个不可偏废的任务，让高校哲学社会科学与自然科学共同繁荣发展。

4月21日，教育部发布《教育部办公厅关于进一步加强高等教育研究机构建设的意见》。

4月27日，中共中央总书记胡锦涛在人民大会堂会见了出席中央实施马克思主义理论研究和建设工程工作会议的全体代表，并发表重要讲话。

4月27—28日，中央实施马克思主义理论研究和建设工程工作会议在北京召开，中共中央政治局常委李长春出席会议并且发表重要讲话，强调指出，中央总书记胡锦涛同志会见实施马克思主义理论研究和建设工程工作会议代表时的重要讲话，高屋建瓴，内涵深刻，对于加强马克思主义理论研究和建设具有重要指导意义。实施马克思主义理论研究和建设工程,是以胡锦涛同志为总书记的党中央作出的一项战略决策。这是不断开辟马克思主义发展新境界的必然要求,是巩固马克思主义在意识形态领域指导地位的重大举措,是全面建设小康社会、不断开创中国特色社会主义事业新局面的迫切需要,是加强党的理论建设、保持党的先进性、巩固党的执政地位的重要保证。

中共中央政治局委员、书记处书记、中宣部部长刘云山主持会议并作总结讲话。国务委员陈至立出席会议。

5月28日,中共中央政治局进行第十三次集体学习,中共中央总书记胡锦涛强调,我们一定要从党和国家事业发展全局的战略高度,把繁荣发展哲学社会科学作为一项重大而紧迫的战略任务切实抓紧抓好,推动我国哲学社会科学有一个新的更大发展,为中国特色社会主义事业提供强有力的思想保证、精神动力和智力支持。

8月16日,教育部发布《关于印发教育部社会科学委员会〈高等学校哲学社会科学研究学术规范(试行)〉的通知》。

8月16日,教育部发布《关于印发〈教育部社会科学委员会章程〉的通知》。

8月21日,李长春发表《在邓小平生平和思想研讨会上的讲话》。

9月16—19日,中国共产党第十六届中央委员会第四次全体会议在北京举行,全会审议通过了《中共中央关于加强党的执政能力建设的决定》,总结了五十五年来党的执政经验,阐述加强党的执政能力建设的指导思想、总体目标和主要任务。

全会明确提出科学发展观,强调"坚持以人为本、全面协调可持续的科学发展观","把推进经济建设同推进政治建设、文化建设统一起来,促进社会全面进步和人的全面发展。推动建立统筹城乡发展、统筹区域发展、统筹经济社会发展、统筹人与自然和谐发展、统筹国内发展和对外开放的有效体制机制"。

11月3日,教育部发布《关于公布第三批经教育部组织专家审核通过的省属高校人文社会科学重点研究基地名单的通知》。

11月26日,教育部发布《关于公布普通高等学校人文社会科学重点研究基地建设计划第五批入选机构名单的通知》。

11月26日,教育部发布《关于公布第二批通过合格评估的普通高等学校人文社会科学重点研究基地的通知》。

2005 年

1 月 20 日，中组部、中宣部、中央党校、教育部、总政治部发布《关于组织高校哲学社会科学教学科研骨干研修的意见》。

1 月 25 日，教育部人事司发布《关于对 2004 年度长江学者特聘教授、讲座教授人选进行公示的通知》。

2 月 18 日，中共中央颁发《中共中央关于进一步加强中国共产党领导的多党合作和政治协商制度建设的意见(摘要)》。《意见》坚持以邓小平理论和“三个代表”重要思想为指导，贯彻中共十六大和十六届三中、四中全会精神，体现了科学执政、民主执政、依法执政的要求，在认真总结历史经验的基础上对中国共产党领导的多党合作和政治协商的原则、内容、方式和程序等作了科学规范，是指导新世纪新阶段我国多党合作事业的纲领性文件。

2 月 24 日，教育部直属高校工作咨询委员会第十五次全体会议召开，陈至立国务委员在会上发表《落实科学发展观 推进我国高等教育的改革和发展》的讲话，指出高等教育要为落实科学发展观、促进我国经济社会的全面、协调、可持续发展服务，要用科学发展观指导高等教育的改革和发展，并且说明了当前高校需要特别强调并着重抓好的几项工作。

3 月 5 日，第十届全国人民代表大会第三次会议在北京举行。

3 月 28 日，温家宝发表《在国家科学技术奖励大会上的讲话》。

4 月 27 日，十届全国人大常委会第十五次会议审议通过《中华人民共和国公务员法》，自 2006 年 1 月 1 日起施行。《中华人民共和国公务员法》是我国干部人事管理第一部总章程性质的法律，是干部人事制度改革的又一重大成果。

5 月 8 日，教育部、中共中央宣传部发布《中宣部、教育部关于加强和改进高等学校哲学社会科学学科体系与教材体系建设的意见》。

7 月 22 日，教育部办公厅发布《关于在高校哲学社会科学学科专业中进一步深入开展“三项学习教育”活动的通知》。

10月11日,中共十六届五中全会通过了《中共中央关于制定国民经济和社会发展第十一个五年规划的建议》。

2006年

1月,教育部社会科学委员会第二次工作会议在北京召开,教育部部长周济在会上发表题为"以科学发展观为统领,努力开创高校哲学社会科学工作新局面"的讲话。

1月9日,胡锦涛在全国科学技术大会上发表题为"坚持走中国特色自主创新道路,为建设创新型国家而努力奋斗"重要讲话。

1月19日,教育部直属高校工作咨询委员会第十六次全体会议在北京召开,陈至立国务委员发表讲话,分析了全国高等教育改革和发展的形势,阐述了贯彻全国科技大会精神,开创高等教育工作新局面,为建设创新型国家的任务,特别提出积极推进哲学社会科学的发展和繁荣,要求以科学发展观统领高等教育工作全局,正确处理好高等教育改革发展的重要关系。

2月6日,教育部发布《关于对2005年度长江学者特聘教授、讲座教授人选和"长江学者成就奖"人选进行公示的通知》。

2月8日,中共中央颁发了《中共中央关于加强人民政协工作的意见》。《意见》坚持以邓小平理论和"三个代表"重要思想为指导,系统总结了50多年来人民政协事业发展的历史经验,深刻阐明了新世纪新阶段人民政协的性质、地位、作用、职能、主题。任务和工作原则,科学规范了人民政协履行职能的内容、形式和程序,是指导人民政协工作的纲领性文献。

4月10日,中宣部、教育部在河北石家庄召开高校哲学社会科学教学科研骨干研修工作座谈会,学习贯彻中央领导同志重要指示精神,总结经验,提高认识,统一思想,明确要求,进一步推动地方高校哲学社会科学教学科研骨干研修工作深入开展。

4月27日,教育部办公厅发布《关于印发2006—2010年教育部高等学校有关科类教学指导委员会成立大会会议纪要及其章程的通知》。

5月10日,教育部发布《关于树立社会主义荣辱观,进一步加强学术道德建设的意见》。

5月23日，教育部社会科学委员会学风建设委员会成立大会在北京举行，教育部部长周济在会上作了《以辛勤劳动为荣，以诚实守信为荣，大力加强学术道德和学风建设》的讲话。

5月29日，教育部发布《关于印发〈教育部哲学社会科学研究后期资助项目实施办法(试行)〉的通知》。

5月29日，教育部发布《关于印发〈普通高等学校人文社会科学重点研究基地管理办法(修订)〉的通知》。

5月29日，教育部发布《关于印发〈教育部人文社会科学研究项目管理办法〉的通知》。

6月5日，教育部发布《教育部关于大力提高高等学校哲学社会科学研究质量的意见》。

6月30日，全国哲学社会科学规划领导小组发布《国家哲学社会科学研究"十一五"(2006—2010年)规划》。

7月6—7日，教育部在北京召开文科科研处长、教育部人文社会科学重点研究基地主任会议。

7月7日，高校哲学社会科学科研工作会议召开，教育部部长周济发表《以当代中国马克思主义为指导，建设具有中国特色的哲学社会科学学科体系和教材体系》的讲话，教育部副部长李卫红在会上作了《总结"十五"，规划"十一五"，开创高校哲学社会科学研究新局面》的工作报告。

8月10日，《江泽民文选》第一、二、三卷在全国发行。《江泽民文选》收入了江泽民同志在1980年8月至2004年9月这段时间内具有代表性和独创性的重要著作，共有报告、讲话、谈话、文章、信件、批示、命令、题词等203篇，很大一部分是第一次公开发表。《江泽民文选》生动记录了以江泽民同志为核心的党的第三代中央领导集体带领全党全国各族人民把中国特色社会主义事业推向前进的历史进程，科学总结了我们党领导人民战胜各种艰难险阻、全面开创中国特色社会主义事业新局面的宝贵经验，集中反映了我们党坚持以马克思列宁主义、毛泽东思想、邓小平理论为指导，坚持马克思主义基本原理同当代中国实践和时代特征相结合创造性地提出的新的重大理论成果,深刻反映了“三个代表”重要思想孕育、形成、发展的历史过程和重大成果。

10月11日,中共十六届六中全会通过《中共中央关于构建社会主义和谐社会若干重大问题的决定》。《决定》分析了社会发展的形势和状况,全面系统地阐明了构建社会主义和谐社会的指导思想、目标任务、基本原则和重大部署,勾画出社会主义和谐社会的美好蓝图。

10月27日,教育部发布《关于印发〈国家重点学科建设与管理暂行办法〉的通知》。

11月2日,全国地方高校哲学社会科学科研工作会议召开,教育部副部长李卫红发表题为“立足创新、提高质量,大力提高地方高校哲学社会科学研究水平”的讲话。

2007年

1月31日,教育部发布《关于开展新世纪百千万人才工程国家级人选推荐工作的通知》。

3月5日,第十届全国人民代表大会第五次会议在北京举行。

5月14日,国家社会科学规划办发布《关于进一步加强和改进国家社科基金评审立项工作的暂行办法》。

10月15—21日,中国共产党第十七次全国代表大会在北京举行,胡锦涛代表十六届中央委员会向大会作了《高举中国特色社会主义伟大旗帜 为夺取全面建设小康社会新胜利而奋斗》的报告。报告科学地回答了党在改革发展关键阶段举什么旗、走什么路、以什么样的精神状态、朝着什么样的发展目标继续前进等重大问题,对继续推进改革开放和社会主义现代化建设、实现全面建设小康社会的宏伟目标作出了全面部署,对以改革创新精神全面推进党的建设新的伟大工程提出了明确要求。报告描绘了在新的时代条件下继续全面建设小康社会、加快推进社会主义现代化的宏伟蓝图,为我们继续推动党和国家事业发展指明了前进方向,是全党全国各族人民智慧的结晶,是中国共产党团结带领全国各族人民坚定不移地走中国特色社会主义道路、在新的历史起点上继续发展中国特色社会主义的政治宣言和行动纲领,是马克思主义的纲领性文献。

大会认为，报告阐明的大会主题对中国共产党带领人民继往开来、开拓奋进具有十分重大的意义，同意报告对我国改革开放的伟大历史进程和宝贵经验的科学总结。大会强调，我国仍处于并将长期处于社会主义初级阶段的基本国情没有变，人民日益增长的物质文化需要同落后的社会生产之间的矛盾这一社会主要矛盾没有变。全党同志必须始终保持清醒头脑，坚定不移地贯彻执行社会主义初级阶段基本路线，坚持把以经济建设为中心同四项基本原则、改革开放这两个基本点统一于发展中国特色社会主义的伟大实践，任何时候都决不能动摇。

大会认为，科学发展观是对党的三代中央领导集体关于发展的重要思想的继承和发展，是马克思主义关于发展的世界观和方法论的集中体现，是同马克思列宁主义、毛泽东思想、邓小平理论和"三个代表"重要思想既一脉相承又与时俱进的科学理论，是我国经济社会发展的重要指导方针，是发展中国特色社会主义必须坚持和贯彻的重大战略思想。全党同志要全面把握科学发展观的科学内涵和精神实质，增强贯彻落实科学发展观的自觉性和坚定性，把科学发展观贯彻落实到经济社会发展各个方面。

大会通过了关于中央纪律检查委员会工作报告的决议；通过了关于《中国共产党章程(修正案)》的决议，决定这一修正案自通过之日起生效。

12 月 22 日，教育部直属高校工作咨询委员会第十八次全体会议在北京召开，陈至立国务委员发表讲话，阐述科学认识建设高等教育强国的战略意义，科学把握建设高等教育强国的基本思路和战略重点，认真学习贯彻党的十七大精神，以提高质量为核心，加快从高等教育大国向高等教育强国迈进的步伐。

2008 年

1 月 22 日，胡锦涛在全国宣传思想工作会议上发表重要讲话。

2 月 25—27 日，中国共产党第十七届中央委员会第二次全体会议在北京举行，全会通过《关于深化行政管理体制改革的意见》和《国务院机构改革方案》，同意把《国务院机构改革方案》提请十一届全国人大一次会议审议。

2 月 29 日，由教育部社会科学司主办、北京大学社会科学部承办的"2008—2012

年高校哲学社会科学繁荣计划”座谈会在北京大学举行。

3月4日,为贯彻落实党的“十七大”精神,实施《2008—2012年教育振兴行动计划》,教育部社科司于3月4日下午在对外经贸大学召开“2008—2012年高校哲学社会科学繁荣计划”征求意见座谈会。

3月5日,十一届全国人大一次会议在北京举行。国务院总理温家宝向大会作政府工作报告,指出要高举中国特色社会主义伟大旗帜,以邓小平理论和“三个代表”重要思想为指导,深入贯彻落实科学发展观,更加重视加强和改善宏观调控,更加重视推进改革开放和自主创新,更加重视调整经济结构和提高发展质量,更加重视节约资源和保护环境,更加重视改善民生和促进社会和谐,推进社会主义经济建设、政治建设、文化建设、社会建设,加快全面建设小康社会进程。会议依法选举和决定任命了新一届国家机构领导人员,表决通过了《关于政府工作报告的决议》,批准了政府工作报告。表决通过了《关于2007年国民经济和社会发展计划执行情况与2008年国民经济和社会发展计划的决议》,批准了2008年国民经济和社会发展计划;表决通过了《关于2007年中央和地方预算执行情况与2008年中央和地方预算的决议》,批准了2008年中央预算。会议表决通过了《关于全国人大常委会工作报告的决议》、《关于最高人民法院工作报告的决议》、《关于最高人民检察院工作报告的决议》,决定批准这三个报告。会议表决通过了《关于国务院机构改革方案的决定》,批准了这个方案。

3月22日,教育部社会科学司在广西桂林召开会议,为系统回顾改革开放30年来中国高校哲学社会科学的发展历程和发展成就,总结经验,发扬成绩,探索规律,谋划未来,推进高校哲学社会科学繁荣发展,决定启动《中国高校哲学社会科学发展报告1978—2008》丛书编撰工作。会议要求编撰工作高举中国特色社会主义伟大旗帜,坚持以邓小平理论、“三个代表”重要思想为指导,深入贯彻落实科学发展观,全面、公正、客观总结改革开放30年高校哲学社会科学发展进程、发展特点和发展成就,力求使丛书成为哲学社会科学研究藏之名山、传之后世,思想性、权威性、资料性俱佳的学术里程碑式的精品力作,为高校哲学社会科学进一步繁荣发展奠定坚实基础。同时,会议确定了丛书具体分卷及其主编、编撰要求和计划进程。

5月12日，四川省阿坝藏族羌族自治州的汶川县发生8.0级大地震。为表达全国各族人民对四川汶川大地震遇难同胞的深切哀悼，国务院决定2008年5月19日至21日为全国哀悼日。在此期间，全国和各驻外机构下半旗志哀，停止公共娱乐活动，外交部和我国驻外使领馆设立吊唁簿。5月19日14时28分起，全国人民默哀3分钟，汽车、火车、舰船鸣笛，防空警报鸣响。

8月8—24日，第29届奥运会在北京成功举办，实现了中华民族的百年梦想。

9月6—17日，第13届残奥会在北京成功举办。

9月5日，中共中央政治局召开会议，决定从今年9月开始，用一年半左右时间，在全党分批开展深入学习实践科学发展观活动。中共中央总书记胡锦涛主持会议。

10月9—12日，中国共产党第十七届中央委员会第三次全体会议在北京召开。全会由中央政治局主持。中央委员会总书记胡锦涛作了重要讲话。全会听取和讨论了胡锦涛受中央政治局委托作的工作报告，审议通过了《中共中央关于推进农村改革发展若干重大问题的决定》。全会指出，农业、农村、农民问题关系党和国家事业发展全局。继续解放思想，必须结合农村改革发展这个伟大实践，大胆探索、勇于开拓，以新的理念和思路破解农村发展难题，为推动党的理论创新、实践创新提供不竭源泉。坚持改革开放，必须把握农村改革这个重点，在统筹城乡改革上取得重大突破，给农村发展注入新的动力，为整个经济社会发展增添新的活力。推动科学发展，必须加强农业发展这个基础，确保国家粮食安全和主要农产品有效供给，促进农业增产、农民增收、农村繁荣，为经济社会全面协调可持续发展提供有力支撑。促进社会和谐，必须抓住农村稳定这个大局，完善农村社会管理，促进社会公平正义，保证农民安居乐业，为实现国家长治久安打下坚实基础。

10月19日，中国共产党十七届三中全会通过的《中共中央关于推进农村改革发展若干重大问题的决定》发布，决定指出新形势下推进农村改革发展的重大意义，阐明了农村改革发展的指导思想、目标任务和重大原则，强调大力推进改革创新，加强农村制度建设；积极发展现代农业，提高农业综合生产能力；加快发展农村公共事业，促进农村社会全面进步；加强和改善党的领导，为推进农村改革发展提供坚强政治保证 。

二、高校政治学学术发展的重要会议和学术活动

1978 年

2 月,上海师范大学政治法律系成立。

1980 年

12 月,上海复旦大学重建政治学教研室。

12 月 28 日,中国政治学会在北京正式成立。学会推举钱端升、邓初民为名誉会长,选举产生了以张友渔为会长的理事会。中国社会科学院院长胡乔木、副院长于光远到会祝贺并讲了话。来自全国各地的 100 多名政治学研究者出席了这次成立大会。会议审议通过了《中国政治学会章程》。会议期间,讨论了《1981—1985 年政治学研究规划》(草案)和明年度学会的工作计划。

中国政治学会的成立,标志着中国政治学科的恢复重建。

1981 年

国家教育委员会批准北京大学、吉林大学、上海复旦大学设置政治学本科专业。

11 月,《政治科学通讯》由上海市政治学会编印,系内部油印刊物,每两月一期,由上海市几个高校轮流负责编辑、油印等工作,发给每一个会员。共印 12 期,发表论文 94 篇,约 23 万字。

1982 年

3—6 月,上海复旦大学受中国政治学会和中国社会科学院政治学研究所委托举办第一期政治学讲习班,培训全国政治学专业骨干人才。

4 月,国际政治学会主席门德斯·坎迪多(巴西)和执委会成员阿尔道夫·比比奇(南斯拉夫)来华访问

10 月，美国政治学家阿尔蒙德来华访问。

12 月，天津师范大学设立中外政治思想研究所。

12 月，全国政治学会年会于昆明召开。

1983 年

1 月，吉林大学成立政治学系。

1 月 4—9 日，中国政治学会第二次学术讨论会在昆明召开。

5 月—6 月，美国政治学家戴维·伊斯顿来华讲学。

7 月下旬，中国政治学会在烟台举办“政治学研究对象和体系”学术讨论会。

8 月，上海复旦大学国际政治系与美国普林斯顿大学建立合作交流关系。

1984 年

3 月 26—30 日，《政治学辞典》编写工作会议在苏州大学召开。全国十二个有关单位派代表参加。

4 月，中国政治学会正式成为国际政治科学协会集体会员。

5 月，美国政治学家、前美国政治学会会长西摩·马丁·利普塞特访华。

5 月，美国政治学家罗伯特·达尔访华。

6 月 9 日，美国斯坦福大学政治学教授李普塞特访沪。

7 月 2—7 日，全国首次行政科学讨论会在天津举行。会议由中国政治学会、中国法学会和天津市行政学会联合举办，会议就建设和发展具有中国特色的行政学和行政法学展开了热烈讨论。会议还就建立全国行政科学协会通过了倡议书。

1984 年，华中师范大学政治与社会发展研究所成立。

1984 年，北京大学设立全国第一个政治学博士学位授予点。

1984 年，南开大学、武汉大学重建政治学系。

1984 年，国家教育委员会批准武汉大学、郑州大学设置行政管理学本科专业。

1985 年

4 月 22—28 日，中国首届领导科学学术讨论会召开。

5 月，美国政治学会第一次派代表团访问中国。

7 月 15－20 日，中国政治学会代表团参加在巴黎举行的国际政治学会第 13 届世界大会，赵宝煦团长当选为执行局委员。

8 月，上海复旦大学国际政治系开办政治学与国际政治研究生班。

9 月，北京大学国际政治系招收政治学博士生。

11 月 22－28 日，中国政治学会、中国社会科学院政治学研究所、中国人民大学党史系、天津师范大学政教系、上海复旦大学思想文化史研究室等十单位共同发起的全国政治思想史学术讨论会在苏州大学举行。这次会议是全国政治思想史教学和研究工作者的首次集会。

1985 年，中国政法大学政治系成立。

1986 年

7 月，厦门大学政治学系成立。

8 月 5－9 日，吉林大学、北京大学、上海复旦大学、中国人民大学、武汉大学发起，并由吉林大学主办的全国高校政治学理论研讨会在长春举行。

9 月，中国人民大学行政管理学研究所成立。

10 月，日本政治学家、前日本政治学会主席、神户大学名誉教授西川知一访问中国北京、上海等地。

10 月 10－11 日，江苏省政治学会、南京大学政治学系联合发起组织的"首次政治体制改革理论讨论会"在江苏省社科联召开。

11 月，中国社会科学院政治学研究所和上海复旦大学国际政治系联合发起的"当代世界政治思潮研讨会"在上海召开。

11 月，法国巴黎政治学院院长让·米歇尔介绍访问北京和上海，与中国的政治学者进行座谈。

11 月 21 日，上海市高校相关学科教师和研究生举行"中央集权制的历史探索与思考"学术讨论会，会议就中央集权制的形成、发展、弊端、现实中的中央与地方关系及其变革等问题展开讨论。

1986 年，武汉大学恢复政治学系。

1986 年，南京大学政治与行政管理学系成立。

1987 年

3 月 12 日，受国家教育委员会委托，上海复旦大学国际政治系举办“政治学原理”课程教师进修班。全国 10 个省市的 12 所高校和 1 所科研机构共 15 名学员参加。

7 月 15—19 日，东北师大政治系与吉林大学政治学系、吉林社会科学院哲学所、中国人民大学党史系等九单位共同发起的全国首次中国传统政治文化学术讨论会在长春举行。

9 月，华东师范大学政教系建立行政管理学教研室。

9 月 20—25 日，全国政治学系主任联席会议在郑州大学举行。本会议总结工作、交流经验并探讨了政治学毕业生的出路和民主办系等问题，并且确定了办学方针和规划。

11 月 16 日，全国首次“政治科学学讨论会”在北京举行。

12 月 10 日，中国政治学会常务理事会议推选上海复旦大学国际政治系副教授王沪宁为国际政治学会第 14 届理事会候补理事。

1987 年，上海师范大学成立政治学教研室。

1987 年，华中师范大学建立科学社会主义研究所行政学研究室。

1987 年，深圳大学管理学院行政管理系成立。

1988 年

1 月 6—10 日，华东师范大学政教系发起并主持的“政治科学教学研讨会”在华东师大举行。与会者回顾和展望中国政治学的发展，商讨了政治学研究生的培养和政教系专业的发展问题。

3 月，深圳大学行政学系和行政管理学教学研究会联合发起的高校行政管理学专业建设研讨会在深圳市蛇口举行。出席这次会议的有中国行政管理学会（筹备组）负责人和来自全国二十多所高校的专家、学者 40 多人。会议就我国普通高校近年来开设行政管理学专业的情况作了广泛的交流，特别就高校行政管理学专业的培养目标、教学计划、课程设置和教材建设，以及与国家公务员制度的关系等展开了探讨。

3月30日,北京大学政治学与行政管理系成立。

6月10日,中国政治学会理事会在江西九江举行了二届二次会议。38名理事与会。会议确认出席国际政治学会第十四届理事会人员名单,上海复旦大学国际政治系副教授王沪宁作为候补理事于9月初随中国政治学会代表团访问美国。

6月,山西大学政治学系成立。

6月18日,湖北省中青年政治学研究会成立大会于1988年6月18日在武汉大学召开,并同时召开了第一次学术讨论会。会议由湖北省社会科学院政治学研究所、武汉大学政治学系、华中师范大学科学社会主义研究所和武汉市社会科学院政治与法律研究所等单位共同发起召开,还有来自其他高校和省、市党政机关的共30多位代表出席了会议。

8月,由吉林大学政治学系倡议,中国行政管理学会(筹)学术部、《政治学研究》编辑部、吉林大学政治学系联合发起的"全国城市政府职能研究学术讨论会"在长春市举行。与会代表就我国城市政府职能转变这个中心议题进行了讨论。

8月28—9月1日,中国政治学会代表团出席国际政治学会第14届世界大会,胡奇安当选为执行局委员、副主席;王沪宁当选为理事会候补委员。

10月,上海复旦大学政治与行政研究所成立。

11月5日,美国伊利诺大学社会学系主任安东尼·奥罗姆教授应邀访华。

11月9—12日,《政治学研究》编辑部、《国外政治学》编辑部和云南大学政治系联合召开的政治学新兴学科第三次学术讨论会在昆明市召开。会议集中讨论"政治心理学"和"政治社会学"的对象、体系、方法、沿革,国内外发展的现状和问题,我国公民政治心理素质,当前政治社会化等理论和实践问题。

11月24日,南京大学成立法政学院,下设法律、政治学和社会学3个系。

1988年,广州中山大学政治学研究所成立。

1988年,武汉市政治学会成立。

1988年,北京大学国情研究中心成立。

1988年,新中国成立以来第一届政治学博士从北京大学毕业。

1989 年

5 月 11—13 日，中国农村基层政权建设理论和实践研讨会在华中师范大学召开。

7 月 24 日—28 日，国际行政学会 21 届大会在摩洛哥王国马拉喀什市举行。会议通过接纳我国为会员国的决议。

10 月，全国高校政治学系主任联席会议在厦门大学召开，会议对于政治学科恢复重建以来的发展进行了总结，达成基本共识：第一，在中国改革开放和社会主义现代化建设中，必须坚持四项基本原则，这是立国之根本，体现着人民的根本利益，任何时候都不能动摇；改革开放是社会主义事业不断前进的动力，任何时候也不能放弃；第二，在政治学的教学与研究中，要坚持四项基本原则，坚持马克思主义的指导；建设社会主义民主政治，既要遵循民主发展的一般规律，又必须从中国的实际出发，不照抄照搬西方民主模式；第三，中国政治学在恢复发展过程中，坚持以马克思主义、毛泽东思想和邓小平建设有中国特色社会主义理论的指导，从而保证了学科发展的正确方向。中国政治学界在恢复和发展政治学学科、积极推动政治体制改革和社会主义民主政治建设中，发挥了不可替代的重要作用。实践证明，用马克思主义政治学的基本理论、基本观点教育我们的学生和年青一代，十分必要和重要；用马克思主义政治学的基本理论、基本观点指导我国的改革开放和社会主义民主政治建设，同样十分必要和重要。因此，在当代中国，政治学不是要不要的问题，而应该是在马克思主义指导下加快发展的问题。

1990 年

3 月，国际行政科学学会执行委员会第 66 次会议接纳中国行政管理学会为国家分会。

5 月，华中师范大学中国农村问题研究中心成立。

5 月，厦门大学政治学与行政学系建立。

1991 年

6 月，中国政治学会退出国际政治学会。

8月，首届全国性政策科学研讨会在长春召开。

11月26—29日，中国政治学会第三次代表大会在西安召开。

1992年

8月，全国政治学系系主任联席会议在昆明召开。

9月，《中国大百科全书·政治学》正式出版。这部书集全国老、中、青年政治学者，费时七八年之久，撰写了1000多词条，共约160万字。该书的出版是中国政治学界一大盛事。

1992年，中国政法大学政治系更名为政治与管理系。

1993年

3月，吉林大学行政学院成立。

11月4日，全国第二届中青年政治学者主题研讨会在武汉大学举行。这次研讨会由武汉大学政治学与行政管理学系等八家单位联合召开，代表们围绕"市场经济与政治发展"这一主题展开了研讨。

12月30日，清华大学人文社会科学学院正式成立。

1993年，武汉大学政治科学研究所成立。

1993年，天津师范大学建立政治文化研究所。

1993年，华中师范大学组建管理学院，并设置行政学系。

1994年

3月8—12日，中国地方行政机构改革研究研讨会在郑州大学举行。来自北京、武汉、吉林、陕西、香港等地的余名专家学者对中国地方行政机构改革进行了探讨和交流。

9月28日，南京航空航天大学成立人文社会科学学院。

10月25—28日，全国高校政治学(类)系主任联席会议在成都举行。会议的主题是:(一)在建设社会主义市场经济的新形势下，政治学类学科专业应如何改革和发展；(二)面向21世纪，政治学类专业的教学内容和课程体系应如何调整和改革。

11月12—16日，中国政治学会在扬州举办有中国特色社会主义民主政治与政治体制改革研讨会。

1994 年，上海交通大学城市管理研究所成立。

1994 年，南开大学法政学院成立。

1994 年，苏州大学政治与公共管理学院成立。

1994 年，中国政策科学学会成立。

1995 年

10 月 14—15 日，中国农村改革、发展与稳定学术研讨会在湖北松滋召开。

11 月 2 日，河海大学成立人文学院。

1995 年，美国政治学家、耶鲁大学教授查尔斯·林德布洛姆访华，到武汉大学政治学与行政管理学系讲学。

1995 年，华中师范大学组建行政管理学研究所（也称公共管理学系）。

1995 年，郑州大学政治系、哲学系合并组建现代管理学院。

1996 年

5 月 6—9 日，中国政治学会第四次代表大会暨学术讨论会在武汉大学举行，会议由中国政治学会、中国社会科学院政治学研究所、湖北省社科联、湖北省政治学会和武汉大学等 10 个单位共同举办。与会学者主要围绕着对“江泽民总书记关于领导干部一定要讲政治”的理解和新时期我国政治学的发展展开了热烈的讨论。

1997 年

5 月，首届全国政治学、行政管理学专业博士生培养经验交流会由北京大学政治学与行政管理系发起，在北京大学召开。

1997 年，上海师范大学法商学院成立。

1997 年，深圳大学公共行政学系更名为深圳大学行政管理系。

1998 年

1 月 15 日，首都师范大学原政法系、管理系、理论部合并成立新的政法系。

3 月 27 日，湖北省政治学会、华中师范大学中国特色社会主义研究中心和科学社会主义研究所联合主办“纪念《共产党宣言》发表 150 周年学术研讨会”在华中师大举行。

4月21—23日,中国政治学会1998年会暨学术研讨会在上海召开。来自全国各地近百名政治学者总结交流了政治学会的工作和研究成果,并围绕“党的十五大精神与中国政治学的发展”的主题展开学术研讨活动。

5月18—20日,苏州大学法学院、上海市人民政府行政法制研究所联合举办“实现社会主义法治:依法治国和依法行政”学术研讨会,会议在苏州大学举行。

6月,北京市政治学行政学会与中国人民大学国际政治系联合召开“政府职能转变与机构改革问题”学术研讨会。与会代表结合我国国情与邓小平理论,讨论了我国机构改革中的有关问题。

8月15—20日,教育部高等学校政治学类专业教学指导委员会暨全国高校政治学行政学第十四届系主任联席会议在太原召开。会议由山西大学政治系承办。会议主要研究了如何加大教育改革力度,提高本科生教学质量;研究政治学类专业人才培养棋式改革;交流面向21世纪政治学类专业教学内容和课程体系改革经验。

9月18日,暨南大学管理学院于1998年7月经国务院侨务办公室批准成立,9月18日举行挂牌仪式。

10月,北京大学政治学与行政管理系与德国柏林自由大学政治系联合召开“国家体制问题研究”学术研讨会

12月,北京大学政治学与行政管理系主持召开“中国经济体制转型过程中的政府作用”国际学术讨论会。

12月,中国政法大学政治学研究所成立。

12月,深圳大学当代中国政治研究所成立。

12月10日,中国行政管理学会在京举行“纪念十一届三中全会20周年研讨会”。

1998年,天津师范大学政治文化研究所成立。

1998年,华东政法学院政治学与公共管理学院成立。

1998年,中国政法大学政治与管理学院成立。

1998年,广州中山大学政治学研究所成立。

1999 年

5 月，华中师范大学中国农村问题研究中心重组。

5 月 18 日，南京林业大学人文社会科学学院成立。

7 月，北京大学政治发展与政府管理研究所成立。

9 月 29 日，北京大学政治学与行政管理系与高雄中山大学政治研究所联合召开“地方政府自治”研讨会

10 月，上海复旦大学主办“地方政府研究”研讨会，有来自香港、台湾地区的学者参加。

10 月 7—11 日，第二届全国政治学、行政学、国际关系专业博士生培养经验交流和博士点建设工作研讨会由上海复旦大学国际政治系主办。

10 月 11 日，上海复旦大学国际政治系与名古屋大学联合举办“面向 21 世纪的政治学——中日学者学术研讨会”。

10 月 13—15 日，《政治学研究》杂志编辑部和苏州大学政治与公共管理学院联合举办“新中国政治学的回顾与展望”全国理论研讨会，研讨会主要围绕三个主题展开：(一)新中国政治学的回顾与总结与会者共同回顾；(二)新中国政治学的现状分析；(三)新中国政治学的发展与展望。

10 月 16 日，北京理工大学人文社会科学学院成立。

12 月，广州中山大学行政管理研究中心成立。

12 月，深圳大学当代中国政治研究所成立。

12 月 24 日，云南大学政治学系主办“庆祝邓小平同志关于恢复政治学的讲话发表 20 周年学术讨论会”在云南大学召开。

12 月 28 日，中国政法大学政治与管理学院成立。

1999 年，浙江大学比较政治与公共管理研究所成立。

1999 年，武汉大学政治科学研究所改名为政治科学与公共管理研究所，2001 年再次改名为政治科学与政府事务研究所。

2000 年

1 月，浙江大学行政管理与公共政策研究所成立。

3月,中国人民大学当代中国政党制度研究中心成立

4月,华东师范大学组建政治学与行政管理系。

4月,中国人民大学组建新的国际关系学院。次年6月,根据学校决定,校内政治学相关专业的教师和学生进入国际关系学院。

5月,清华大学人文社会科学学院政治学系成立。

6月14日,中国人民大学和美国价值与哲学理事会共同举办的"公共管理与公众参与"研讨会在中国人民大学举行。

7月,中国矿业大学文学与法政学院政治学与行政学系成立。

7月,西北大学公共管理学院成立。

7月22—27日,教育部高等学校政治学类教学指导委员会暨政治学、行政管理学、国际政治系主任联席会议在北京大学召开。

10月,河北大学政法学院成立。

10月14—16日,华中师范大学中国农村问题研究中心举办中国农村村民委员会选举研讨会。

10月24日,清华大学公共管理学院成立。

10月25—26日,山东大学主办的环境政治专题研讨会在山东大学举行,与会代表从政治学、经济学、伦理学、哲学等不同的学科视角全面探讨了生态环境与社会发展的互动关系。

10月25日,美国行政管理学会主席马克·霍哲博士访问中国人民大学。

11月21日,上海复旦大学国际关系与公共事务学院成立。

12月,南开大学政治经济学研究中心成立。

12月24—26日,中国政治学会、广州中山大学政治学与行政学系、深圳市龙岗区委、区政府在深圳联合召开中国政治学会成立20周年庆祝大会暨全国基层民主建设与社会发展理论研讨会。

2000年,天津师范大学政法学院政治学与行政学系成立。

2000年,上海交通大学政治学与行政学研究所成立。

2000 年，华中科技大学成立政治学与行政管理系。

2000 年，武汉大学公共管理学院成立。

2000 年，北京大学、中国人民大学、上海复旦大学、华中师范大学在全国首批获得政治学一级学科博士、硕士学位授予权。

2001 年

1 月，山东大学政治学与公共管理学院成立。

2 月 22 日，全国公共管理硕士(MPA)专业学位教育指导委员会成立。

2 月 26 日，北京林业大学人文与社会科学学院成立。

4 月，华东师范大学法政学院成立。

4 月，西南政法大学政治学院成立。

4 月，新疆石河子大学政法学院成立。

4 月 27—29 日，中国社会科学院哲学研究所和中英澳暑期哲学学院共同主办、苏州大学公共管理学院和云南大学公共管理学院协办的"政治哲学国际学术研讨会"在北京举行。

5 月 6—7 日，中国社会科学院《政治学研究》杂志编辑部、广州中山大学政治学研究所在广东省肇庆市联合召开"政治哲学理论视野与基本问题研讨会"。

5 月 11 —12 日，北京大学政治学与行政管理系、教育部普通高等学校人文社会科学重点研究基地北京大学政治发展与政府管理研究所在北京大学联合举办"当代中国政治发展与政府管理"学术研讨会。会议主要议题有：(一)中国政治发展的目标和动力；(二)中国政治发展的主要领域；(三)经济全球化对当代中国政治发展的影响；(四)中国政府管理方式的现代化、科学化。

5 月 20—26 日，北京大学政治学与行政管理系、教育部普通高等学校人文社会科学重点研究基地北京大学政治发展与政府管理研究所、"中华"国家竞争力研究会、台湾政治大学公共行政学系在台北联合召开"海峡两岸公共管理学术研讨会"。

6 月 29 日，中国人民大学公共管理学院成立。

7 月，南昌大学哲学与公共管理学院成立。

7月4日,北京师范大学管理学院成立。

7月16—19日,中国社会科学院政治学所《政治学研究》编辑部和云南大学政治学系联合举办的"西部开发与少数民族地区的政治发展和政治稳定"学术研讨会在云南大学举行。会议主要围绕以下几个主题展开了研讨:(一)少数民族地区开发的政治意义和开发过程中应当注意的问题;(二)少数民族地区开发中的政治发展和政治稳定问题;(三)少数民族地区开发与民族政治关系的变动;(四)应该加强民族政治学的研究。

7月15—16日,首届上海交通大学公共管理国际论坛召开。

8月4—6日,全国公共管理硕士(MPA)专业学位教育指导委员会、中国行政管理学会联合主办、哈尔滨工业大学承办的"2001年公共管理硕士(MPA)教育研讨会"在哈尔滨举行。

8月16—18日,中国行政管理学会教学研究会主办、国家行政学院和对外经济贸易大学承办的主题为"改革与创新——面向21世纪的中国公共管理研讨会"在对外经济贸易大学举行。

9月10—11日,浙江大学政治学与行政管理学系主办"海峡两岸法治与行政管理现代化"学术研讨会。

9月30日,广州中山大学政治与公共事务管理学院成立。

10月,第三届全国政治学、行政学、国际关系专业博士生培养经验交流会在吉林大学召开。

10月13—15日,教育部高等学校政治学类教学指导委员会会议暨全国政治学(行政学、国际政治)系主任联席会在上海复旦大学召开。

10月18日,首都师范大学政法学院成立。

10月24日,华东理工大学社会学院行政管理系举办"都市公共管理和公共政策研究暨课程建设研讨会"。

11月10—11日,北京市人民政协理论与实践研究会、中国人民大学当代中国政党研究中心、北京社会主义学院联合举办了当代中国政党和政党制度理论研讨会。研讨会对中国共产党领导的多党合作和政治协商制度发展的客观规律、历史经验，在新世纪面临的新情况新问题，以及当代中国政党制度的完善和发展等问题进行了探讨。

11 月 17—18 日，中国行政管理学会教学研究会与温州大学管理学院联合举办“2001 年会暨经济全球化与政府作用”研讨会。

12 月 3 日，“台湾政局与两岸关系”学术研讨会在北京联合大学举行。

12 月 4—9 日，中国政治学会主办、温州市人大常委会承办的中国政治学会第五次代表大会暨“加强和改进党的作风建设”学术研讨会在温州市召开。会议按照中国政治学会章程顺利完成换届工作，并且以马列主义、毛泽东思想、邓小平理论和“三个代表”重要思想为指导，围绕“加强和改进党的作风建设”这一主题进行了研讨。

12 月 22 日，北京大学政府管理学院成立。

12 月 21—23 日，北京大学、中国人民大学、广州中山大学、国家行政学院、《光明日报》理论部、《中国行政管理》杂志社、湛江海洋大学等七家单位联合主办，湛江海洋大学承办的“全国公共管理理论与教学研讨会”在广东省湛江市隆重举行。

12 月 28—29 日，教育部普通高校人文社会科学重点研究基地主任暨学术研讨会召开。

2001 年，中国政法大学政治与公共管理学院成立。

2002 年

1 月 18 日，内蒙古大学公共管理学院成立。

1 月 21—22 日，北京市统战理论研究会、中国人民大学国际关系学院、中国人民大学当代中国政党研究中心共同举办的“坚持和完善中国共产党领导的多党合作制度”理论研讨会在京召开。

4 月 21—25 日，南京大学举办“各国议会制度研究国际学术讨论会”。研讨会以不同国家历史上的和现实的议会和代议制度为讨论总主题，子论题有现代议会制的前身、议会制是如何从其他制度中发展形成的、不同政治制度下议会的不同责任、中央议会与地方议会等。这次研讨会是国际历史科学委员会代议和议会制度史委员会与中国学者第一次合作在中国召开讨论议会制度史的大会。

5月6日,中国政法大学为庆祝建校50周年举办"21世纪政治、经济、管理前沿问题"学术报告会。

5月16—18日,教育部普通高校人文社会科学研究重点基地北京大学政治发展与政府管理研究所和北京大学政府管理学院联合召开了"'入世'与政府应对"学术研讨会。会议研讨的主要议题有:(一)如何进一步加强政治学基地建设,更好地为我国的社会主义建设和政治体制改革服务;(二)面对加入WTO的新形势,中国政府怎样应对经济全球化带来的机遇和挑战。

6月16—17日,"首届中美公共管理国际学术研讨会——公共管理与治道变革"在中国人民大学举行。会议由中国行政管理学会、美国公共行政学会联合主办,中国人民大学公共管理学院承办。会议探讨了最近几十年来公共行政领域的新发展,并总结了世界各国公共管理实践的新发展。

6月19日,美国行政学会代表团访问华中科技大学,与中国行政管理学会共同举办"公共管理国际论坛"。

7月15—16日,中国人民大学国际关系学院、广州中山大学政治与公共事务管理学院和美国中国政治研究学会联合主办的"转型中的中国政治与政治学发展"国际学术研讨会举行。会议论题主要有治理的理论与实践、中国政治、基层治理等。

7月17—18日,北京大学政府管理学院、教育部普通高校人文社会科学研究重点基地北京大学政治发展与政府管理研究所与高雄中山大学在北京举办"海峡两岸地方政府与企业"学术研讨会。学术讨论会以"地方政府的选制、选举"、"地方化与全球化"、"地方政治的研究途径"、"地方政府的产业、经济及财政"以及"地方政府的组织、领导及政策"为议题,与会学者就这些课题进行了多方面学术研讨。

8月13—16日,中国政治学会年会暨经济全球化与中国政治发展战略学术研讨会在新疆石河子大学召开。

8月16日,"改革与创新——面向21世纪的中国公共管理学术研讨会"在对外经济贸易大学举行。研讨会由中国行政管理学会教学研究会和对外经济贸易大学人文与行政学院联合举办。

8 月 21—23 日，北京大学国际关系学院、北京大学政府管理学院、教育部普通高校人文社会科学重点研究基地北京大学政治发展与政府管理研究所、北京大学中国国情研究中心联合在青岛北京大学国际学术中心举办祝贺赵宝煦先生八十寿辰暨“中国国情与政府创新”国际学术会议。会议围绕着宏观理论、政策研究、政府创新三个主题分组展开了讨论。

10 月 10—12 日，中国社会科学院政治学所《政治学研究》编辑部和中国矿业大学文学与法政学院共同主办的“当代中国政治哲学的建构及基本问题学术研讨会”在中国矿业大学举行。

11 月 10 日，中国政法大学举行社会主义政治文明建设学术研讨会。

11 月 20—22 日，上海市政治学会、上海复旦大学国际关系与公共事务学院和中共中央编译局共同举办“治理与善治：中国的探索与实践”全国学术研讨会，探讨治理与善治在中国的现状、实现条件及其可行模式。

12 月 14—15 日，中央民族大学哲学与宗教学系主办的国内首次“宗教与政治学术研讨会”在北京召开。

12 月 19—23 日，教育部普通高校人文社会科学重点研究基地广州中山大学行政管理研究中心举行“党的十六大与中国政治发展及公共管理改革”学术研讨会。会议议题包括十六大与中国共产党执政方式的转型、十六大与政府管理体制改革、十六大与公共管理体制创新、十六大与城乡基层民主制度建设。

12 月 21 日，清华大学公共管理学院召开“政府管理与创新系列讨论会”首次会议，即“学习十六大精神暨政府管理与创新讨论会”。讨论会的主旨是结合学习十六大关于深化政治体制改革和政府体制改革的精神，侧重于中国政府管理的改革与实践进行讨论。

2003 年

2 月 21 日，中央民族大学成立管理学院。

4 月，山东大学政党研究所成立。

4 月 11—13 日，中国行政管理学会与南京经济学院在南京联合召开全国首届“行政哲学”学术研讨会。

5月6—9日,中国政治学会、中国社科院政治学研究所、武汉大学、湖北省政治学会、湖北省社科院、华中师范大学、湖北大学、中南民族学院、武汉市社科院、江汉大学等单位联合举办的中国政治学会第四次代表大会暨学术研讨会在武汉大学召开。

6月26日,上海交通大学新的人文学院和国际与公共事务学院成立。

7月,天津师范大学政治与行政学院成立。学院设有天津师范大学政治文化研究中心,为天津市人文社会科学研究基地。

7月8日,武汉大学邓小平理论和“三个代表”重要思想研究中心成立。

7月15日—16日,中国人民大学国际关系学院、广州中山大学政治与公共事务管理学院和美国中国政治研究学会联合主办的国际学术研讨会在中国人民大学举行。会议论题是“治理的理论与实践”。

8月,经国家人事部博士后管理委员会组织专家评审和批准,全国首批政治学、公共管理学博士后流动站得以设置,获准设置的高校包括北京大学、上海复旦大学、吉林大学、中国人民大学、武汉大学、北京师范大学、华中师范大学、南京师范大学、南京政治学院、湖南师范大学等。

8月5日,深圳大学管理学院、中央编译局比较政治与经济研究中心、教育部普通高校人文社会科学重点研究基地北京大学政治发展与政府管理研究所、中国选举与治理网联合举办的“深圳区级人大代表竞选案例”大型学术研讨会在深圳召开。会议受到了深圳市政府的关注。会议就当年深圳区级人大代表换届选举中出现的新现象进行了研讨。

8月6日,中央财经大学财政与公共管理学院成立。

9月12—13日,中国政治学会与天津师范大学政治文化研究中心共同主办的“西方政治思想史全国学术研讨会”在天津师范大学举行。与会学者围绕着西方政治思想史研究的历史、现状与价值定位、西方政治思想研究的主题、如何深化与加强西方政治思想史的研究等问题进行了讨论。

9月27日,上海市政治学会和上海复旦大学国际关系与公共事务学院联合举办

“现代政治文明中的政党”学术研讨会

10月，北京师范大学政治学与国际关系学院成立。

10月，中国政治学会和苏州大学政治与公共管理学院在苏州共同举办了中国政治学会第三届全国政治哲学学术研讨会。

10月，东北大学在沈阳举办京、沪、沈三地MPA论坛。

10月14—16日，清华大学哲学系和香港中文大学哲学系联合主办的“正义，共同体和民主”政治哲学国际学术研讨会在清华大学召开。

10月17—19日，北京大学政府管理学院、教育部普通高校人文社会科学重点研究基地北京大学政治发展与政府管理研究所在北京联合举办“中国政府管理和政治发展”国际学术研讨会，与会者就中国共产党的执政方式、中国政府治理、中国行政体制改革等重要问题进行学术交流并展开热烈讨论。

10月18日，中国人民大学制度分析与公共政策研究中心举办“欧洲立宪与公共政策暨中欧比较制度分析”国际学术研讨会。研讨会的特点是：基于国内专家学者的比较研究以及国外著名政治家和学者对欧洲宪制和公共政策的精要论述，对主要议题采取跨学科式的研究探讨与交流。

10月22—24日，山东大学当代社会主义研究所以“社会主义政治文明与我国政治体制改革”为题在青岛召开了学术年会。与会代表围绕社会主义政治文明建设、我国政治体制改革和党内民主建设等问题进行了学术交流与研讨。

10月25—27日，中国政治学会、苏州大学政治与公共管理学院共同举办中国政治学会第三届全国政治哲学学术研讨会。

10月27—28日，教育部公共管理类学科教学指导委员会工作会议在西南财经大学召开。

11月，徐州师范大学管理学院成立。

11月8日，南京农业大学公共管理学院成立。

11月11—12日，全国政策科学研究会、厦门大学政治学与行政学系、厦门市农委联合举办的“全国政策科学学科建设理论研讨会”在厦门举行。与会者就公共政策科学学科建设理论框架、当前公共政策科学学科建设中需要弄清楚的理论问题以及当前我国政策实践对政策科学学科建设提出的新课题等一系列问题展开了讨论。

11月,厦门大学公共事务学院成立。

11月3日,北京大学政党研究中心成立。

11月19—22日,《文艺报》社与南京师范大学文学院联合主办的"回归实事:政治美学与文艺美学"学术研讨会在南京召开。会议以"政治美学"为主题,与会者就"政治美学"概念的内涵与外延、"政治与文艺"的关系、文艺学的走向等话题展开了交流。

12月9日—10日,广州中山大学政治与公共事务管理学院、中国人民大学国际关系学院联合主办的"政治思想与政治转型"学术研讨会在广州举行,学者们从"政治思想:西方理念与中国传统"、"政体选择:思想资源与中国关怀"、"政治转型:意识形态与宪政民主"三个角度进行了讨论。

12月6—7日,"中外行政体制改革:比较与借鉴"学术研讨会召开。

12月17—18日,教育部普通高校人文社会科学重点研究基地广州中山大学行政管理研究中心召开"公共管理基础理论及其体系"研讨会。

12月22日,纪念毛泽东诞辰110周年学术研讨会召开。

12月25—27日,教育部普通高校人文社会科学重点研究基地广州中山大学行政管理研究中心与高雄中山大学公共事务管理研究所、中华公共事务管理学院合作在高雄中山大学举办"海峡两岸第四届公共事务与跨世纪发展研讨会"。

12月26—31日,高雄中山大学公共事务管理研究所主办,教育部普通高校人文社会科学重点研究基地广州中山大学行政管理研究中心协办的"两岸第四届公共事务与跨世纪发展研讨会"在台湾召开。广州中山大学行政管理研究中心专家团赴台湾参加会议。

12月27日,中国政法大学政治与公共管理学院、北京市政治与行政学会在中国政法大学举办"政治文明与政治民主"学术研讨会。

12月27—28日,首届全国MPA论坛在北京大学举行。会议主题为"当前中国公共管理面临的挑战与对策"。

2003 年，武汉大学比较政治研究中心成立。

2003 年，第四届全国政治学、行政学、国际关系专业博士生培养经验交流会在武汉大学召开。

2004 年

1 月 9—11 日，教育部普通高校人文社会科学重点研究基地广州中山大学行政管理研究中心与澳门行政暨公职局、澳门大学、澳门基金会在澳门联合主办第一届“21 世纪的公共管理：机遇与挑战”国际学术研讨会。

3 月 26—27 日，“第四届全国政治学理论、国际政治、国际关系、行政管理专业博士点建设研讨会”由武汉大学承办举行。

4 月 1 日，厦门大学公共事务学院成立。

4 月 11—13 日，中国行政管理学会与南京经济学院在南京经济学院红山学院联合召开了全国首届行政哲学学术研讨会。

4 月 24 日，中国政法大学政治与公共管理学院举办的“全球治理与当代中国”学术研讨会在北京召开。

5 月，南开大学周恩来政府管理学院成立。

5 月 22—23 日，中国政治学会和武汉大学政治与公共管理学院在武汉联合召开“全面建设小康社会进程中的政治发展和政府管理”学术研讨会。

5 月 24—25 日，第二届中美公共管理国际学术研讨会在中国人民大学召开。与会代表围绕“MPA 教育：全球经验”、“电子政务：作用和实践”、“危机管理：理论与实践”、“公共政策研究：回顾和展望”四个专题展开研讨。

5 月 28—30 日，厦门大学公共事务学院主办的“公共政策与政府管理创新”国际学术研讨会在厦门召开。会议议题包括政府治理变革、公共服务民营化、公共部门绩效管理、公共政策的理论与实践、公共管理理论新进展及政府工具的研究与应用等六个方面的议题。

6 月 11—12 日，“政治文明与中国政治现代化”国际学术研讨会在中国人民大学举行。政治理念再清理、制度创新研究和基层治理分析成为会议讨论的三个主题。

8月20—22日,宪政建设与人大制度理论研讨会在甘肃兰州召开。本次会议是由教育部普通高校人文社会科学研究基地北京大学政治发展与政府管理研究所、北京大学法学院人民代表大会与议会研究中心、甘肃省人大常委会研究室、《人大研究》杂志社联合组办。研讨会围绕宪政与人大制度的主题分为七个专题,分别是宪政建设与人民代表大会制度、人大制度50年经验教训及其改革发展、党的领导与人民代表大会制度、人大选举制度的改革和完善、人大立法质量与立法民主化改革、人大监督工作的加强与规范、人大自身建设改革与国外议会经验,与会者就此进行了研讨。

9月16日,中国行政管理学会第四次会员代表大会大会在北京召开。会上选举产生了中国行政管理学会新一届领导机构

10月12—14日,中国政治学会主办,福建师范大学、福建师大公共管理学院承办,福建闽江学院、福建教育学院协办,以"全面实施马克思主义政治学理论研究和建设工程"为主题的中国政治学会年会在福州举行。

10月30—31日,中法行政改革与法治国际学术研讨会在北京举办。研讨会由中国行政管理学会、法国行政管理学会、中国政法大学和法国巴黎第一大学合作主办,中国政法大学政治与公共管理学院承办。会议的主题为"行政改革与法治",专家们围绕"政府制度创新"、"危机管理"、"府际关系"、"行政改革的国际比较"、"行政改革的法律保障"等专题进行了研讨。

11月15—17日,中央编译局俄罗斯研究中心和比较政治与经济研究中心、俄罗斯圣彼得堡大学俄中比较社会、经济与政治研究中心、南京师范大学公共管理学院共同主办的"政治改革与社会稳定"国际学术研讨会在南京师大举行。

10月29—30日,"世界大学网络联盟"和"浙江大学汤永谦学科建设发展基金"共同资助,浙江大学行政管理与公共政策研究所、浙江大学MPA中心和公共管理系承办的"地方政府战略管理国际学术研讨会"举行。会议围绕地方政府战略管理的价值观、组织、领导和能力;地方政府战略管理中的社会公平问题;地方政府战略管理中的政策转移与区域合作;地方政府战略管理中的技术与管理创新等议题展开了研讨。

12月12日,第二届全国MPA论坛由上海复旦大学在上海举办,主题为"公共管

理与社会发展”。

12 月 28 日，全国政策科学研究会年会在海南召开。会议选举产生了新一届理事会和常务理事会。

2004 年，北京师范大学高校党建研究中心成立。

2004 年，华南理工大学政治与公共管理学院成立。

2005 年

1 月，武汉大学现代政府与政治研究中心成立。

3 月 12—14 日，南京师范大学公共管理学院举办“执政能力与政治发展”全国学术会议，与会代表围绕着提高党的执政能力与保持党的先进性，加强党的制度建设与提高党的执政能力，社会主义政治文明建设与中国特色权力监督机制，党的基层组织与基层政权建设，加强党的执政能力建设和改进政府管理，以及惩治腐败与预防腐败等论题进行了研讨。

4 月 7—8 日，首届“海峡两岸公共管理学术研讨会”在中国人民大学召开。会议代表们围绕“政府改革与组织创新”、“非营利组织管理”、“公共财政”、“城市管理与公共政策”、“人力资源与社会保障”、“电子政务”六个专题展开研讨和交流。

4 月 19 日，广西民族学院管理学院成立。

6 月 11—12 日，政治文明与中国政治现代化国际学术研讨会在中国人民大学举行。

6 月 17—19 日，山东大学当代社会主义研究所与环境政治研究所于在济南联合主办了“环境政治学国际研讨会”。与会学者从环境政治学的学科定位、生态社会主义理论与实践、西方绿色政治运动、构建社会主义和谐社会与环境政治的关系等方面进行了研讨。

6 月 18 至 19 日，北京大学政府管理学院、教育部普通高校人文社会科学研究重点基地北京大学政府发展与政府管理研究所，在北京香山举办“服务型政府与和谐社会”学术研讨会。会议主题是：(一)服务型政府建设的目标与途径；(二)服务型政府与以人为本；(三)和谐社会的真谛；(四)和谐社会构建的目标与途径；(五)形成和谐社会的能力建设;(六)服务型政府建设与和谐社会构建的关系。

6月19日,2006—2010年教育部公共管理类教育指导委员会成立,并在东北大学召开第一次会议。

7月2—3日,中国行政管理学会和同济大学联合主办、同济大学经济与管理学院承办的"2005中国公共管理变革:理论与实践"研讨会在上海召开。会议围绕建设服务型政府的理论与体系,公共管理理论变革与创新的新视野,政府工作流程的再造与组织结构的变革,建设学习型政党和学习型政府、构建政府治理能力要素和结构的优化,信息技术对政府服务质量的影响等议题展开了探讨。

7月26日—27日,"中德地方治道变革与新公共管理"学术研讨会在中国人民大学召开。此次研讨会由中国人民大学制度分析与公共政策研究中心主办。研讨会旨在探讨德国和中国城市政府治道变革以及公益物品和服务的融资等问题。

7月30—8月2日,中国行政管理学会主办、黑龙江大学哲学与公共管理学院承办的全国"行政伦理与行政能力建设"研讨会在黑龙江大学隆重召开。专家学者围绕着行政伦理、行政能力建设两个核心议题展开了多维度、多层次的讨论。

8月1—5日,以"构建和谐社会与社会主义政治文明建设"为主题的中国政治学会年会在包头举行。与会学者围绕会议主题展开热烈的讨论,并就和谐社会提出的历史背景、社会主义和谐社会的理论内涵、社会主义政治文明建设与和谐社会的关系、怎样构建和谐社会以及政治学在构建和谐社会中的作用和研究内容等提出了理论观点。

9月25—26日,中国政法大学主办的人民代表大会制度与社会主义宪政建设学术研讨会在北京举行。研讨会纪念我国人民代表大会制度和宪法颁布实施50周年,进一步总结人大制度和宪政制度的建立和发展的成功经验,探索社会主义民主政治发展的基本规律,审视人大制度和宪政制度存在的问题,提出为完善相关制度作出更多的理论贡献。

10月,北京大学公民社会研究中心成立。

10月9日,教育部重大课题攻关项目"社会公正与政府责任问题研究"研讨会在吉林大学召开。

10月16—17日，北京大学人才与人力资源研究所、北京大学人力资源开发与管理研究中心、中国人力资源开发研究会、中国行政管理杂志社等单位联合举办首届“中国党政与国企领导人才素质标准与开发战略研讨会”。主题为人才素质标准与测评、人才开发战略与方法、人才业绩指标与考评。

10月21—22日，中国行政管理学会、电子科技大学、美国公共行政学会、莫斯科大学公共管理学院和《中国行政管理》杂志社主办，电子科技大学人文社科学院承办，以“E时代的公共管理理论变革及其应用前景”为主题公共管理国际会议在成都举行。

10月27—28日，中国伦理学会政治伦理学分会、中共中央党校哲学部、中南大学联合主办，株洲工学院伦理学研究所和长沙理工大学协办的“第二届全国政治伦理学理论研讨会”在湖南长沙中南大学举行。

10月30日，浙江大学公共管理学院成立。同时举办全国首届公共管理学院院长论坛。

11月5日，中国统一战线理论研究会政党理论研究北京基地举办“当代政党制度与中国特色政治发展道路”学术研讨会。与会专家、学者以深入学习贯彻《中共中央关于进一步加强中国共产党领导的多党合作和政治协商制度建设的意见》为精神指导，紧紧围绕“当代政党制度与中国特色政治发展道路”的研究主题，对当代中国政党制度与政治发展的基本理论问题、当代世界政党发展经验与启示、当代中国政党制度建设与政治发展等问题进行了深入探讨，提出了许多建设性的建议，达成了一定的理论共识。

11月17日，武汉大学社会科学部和上海《社会科学报》联合主办的“中国特色、中国风格、中国气派”哲学社会科学建设座谈会在武汉大学召开。

11月18—20日，第21届教育部全国政治学教学指导委员会会议暨政治学系主任联席会议在深圳大学召开，会议由深圳大学管理学院与深圳大学当代中国政治研究所承办。

12月3日，第三届全国MPA论坛在武汉大学召开，主题为“和谐社会与公共管理创新”。

12 月 13－14 日,中国社会科学院哲学所、昆明理工大学和德国阿登纳基金会共同主办的“政治与伦理:应用政治哲学的视角”国际学术研讨会在云南昆明召开。会议从应用政治哲学的视角,对“政治家与政治”、“国家与人民”、“当代与未来”和“国家与世界”等问题展开了研讨。

12 月 15－16 日,“转型社会中的公共政策与治理:亚洲视角”国际学术会议在广州召开。本次会议由广州中山大学政治与公共事务管理学院、英国布里斯托大学东亚研究中心、香港城市大学东南亚研究中心联合主办。

12 月 24 日,中国人民大学国际关系学院、中国人民大学比较政治制度研究所和《教学与研究》编辑部共同举办“制度变迁:理论与实践”研讨会。

2005 年,第五届全国政治学、行政学、国际关系专业博士生培养经验交流会在广州中山大学召开。

2006 年

3 月 4－5 日,教育部普通高校人文社会科学重点基地北京大学政治发展与政府管理研究所、深圳大学当代中国政治研究所、南山区人大常委会办公室和南山街道办事处党工委联合举办“构建和谐社会与城市基层民主建设”学术研讨会,重点围绕人大代表联系选民制度、公民有序政治参与、城市社区治理与基层民主建设等问题进行讨论。

4 月 2 日,美国公共行政学会颁奖典礼在美国丹佛市第 67 届全国会议上举行。夏书章教授荣获美国公共行政学会颁发的 2006 年度“国际公共管理杰出贡献奖”。

4 月 22 日,上海复旦大学发展与政策研究中心成立仪式暨“中国发展模式:全球化的视野”学术研讨会在上海复旦大学举行。

5 月 23－24 日,教育部普通高校人文社会科学研究重点基地广州中山大学行政管理研究中心、广州中山大学政治与公共事务管理学院、留美公共管理学会、上海复旦大学国际关系与公共事务学院主办,中央财经大学公共财政与管理学院和西安交通大学公共政策与管理学院协办的“国家治理与公共预算”国际学术研讨会在广州中山大学召开。

6月10—11日，中国人民大学国际关系学院、广州中山大学政治与公共事务管理学院、吉林大学理论法学研究中心和美国中国政治学会联合主办的“政治学视野下的21世纪中国：挑战与机遇”国际学术研讨会在中国人民大学举行。

8月10—12日，教育部普通高校人文社会科学重点研究基地北京大学政治发展与政府管理研究所主办、黑龙江省社会科学院政治学研究所承办的“中国政府创新的理论与实践学术研讨会”在哈尔滨进行。会议讨论了政府创新的理论、政府改革与创新、政府创新与政治体制改革、地方政府创新的实践等问题。

8月14—18日，2006—2010年教育部高等学校政治学类教学指导委员会成立。教育部高等学校政治学类教学指导委员会会议暨第22届政治学(行政学、国际政治)系主任(院长)联席会议在南昌大学召开。

8月26—27日，中国首届“社会性别与公共管理论坛”在天津大学举行。大会由中国妇女发展研究会、天津大学公共管理学院主办。与会代表围绕公共政策与社会性别理论、社会保障与性别平等、就业机会、职业生涯发展与性别平等、养老模式与性别平等、公共设施与社会性别、参政议政机制中的社会性别问题、社会转型与社会性别问题、土地政策与社会性别问题、性别预算等广泛议题进行研讨。

9月23日，全国政府绩效管理研究会成立大会暨政府绩效评估与行政体制改革理论研讨会在兰州大学召开。本次会议由中国行政管理学会主办，兰州大学中国地方政府绩效评价中心承办。

9月27—28日，西北大学公共管理学院举办的“合作收益与公共管理”学术研讨会在西安举行，与会学者围绕“公共治理中的合作收益问题”、“合作收益与公共管理”、“公民参与、公共政策的制定与合作收益”等议题进行了讨论。

10月5—6日，电子科技大学、《中国行政管理》杂志社、国际行政学会(IIAS)、美国公共行政管理学会(ASPA)、英国华威大学工商管理学院、莫斯科大学公共管理学院共同主办，电子科技大学政治与公共管理学院承办的“公共管理国际会议”在英国华威大学召开。

10月14—15日，广州中山大学政治与公共事务学院、北京大学政府管理学院、教育部普通高等学校人文社会科学重点研究基地广州中山大学行政管理研究中心、教育部普通高等学校人文社会科学重点研究基地北京大学政治发展与政府管理研究所联合在广东省南海市召开"第一届中国公共预算研究全国学术研讨会"。会议达成四点共识:公共预算本质上是政治;公共预算是多学科的研究领域;公共预算研究必须转变研究方法;公共预算的研究应该有助于国家治理,促进社会主义民主政治建设。

10月31日—11月1日,教育部普通高校人文社会科学重点研究基地广州中山大学行政管理研究中心与澳门行政暨公职局、澳门大学、澳门基金会在澳门联合主办第二届"21世纪的公共管理:机遇与挑战"国际学术研讨会。

11月4日,第四届全国MPA论坛由广州中山大学政治与公共事务学院在广州举办,主题为"公共管理与创新型国家的构建"。

11月3—4日,教育部普通高等学校人文社会科学重点研究基地广州中山大学行政管理研究中心与台湾中华公共事务管理学会在广州举办"海峡两岸第五届公共治理与行政发展研讨会"。研讨课题包括"行政发展"、"公共治理"、"公共管理研究及其方法论"

11月25日,中央财经大学政府管理学院成立。

11月25日,中国行政管理学会与上海师范大学政法学院在上海联合召开了"行政发展观"学术研讨会。与会专家学者围绕行政发展观的界定及科学行政发展观的培育、行政发展及其价值选择、公共政策的价值取向及公共利益的增进与维护、行政管理体制变革及行政理论创新等问题展开了研讨。

12月21—23日,中国政治学会主办、黑龙江大学哲学与公共管理学院承办的中国政治学会第六次代表大会暨和谐社会与社会主义政治建设学术研讨会,在哈尔滨召开。与会学者研讨和谐社会与中国社会主义政治建设重大理论和现实问题。

2007年

3月26日,国内首家危机管理学院在中央财经大学成立。

4月27—29日,教育部普通高校人文社会科学重点研究基地北京大学政治发展与政府管理研究所、北京大学政府管理学院联合举办的"东亚文化与经济发展"国际学术研讨会在北京召开。来自韩国成钧馆大学东亚学术院、西江大学、全南大学的10名专家学者和来自国内10余所高校的近50名教授与博士生出席了会议。会议议题是:(一)东亚文化与经济发展;(二)经济发展与社会公平;(三)东亚文化与中国模式。

7月6—7日,中国政法大学全球化与全球问题研究所、中国政法大学政治与公共管理学院、中央编译局当代马克思主义研究所和《中国社会科学》杂志社等四家单位联合举办的"全球化与政治转型"学术研讨会在北京举行。

7月10—11日,国际经合组织(OECD)亚洲公共治理中心、浙江大学与杭州市人民政府定于联合举办"绩效评估与政府创新"国际研讨会。

8月1日—4日,中国妇女研究会和天津大学公共管理学院共同主办的第二届全国公共管理与社会性别论坛在天津大学举行,我国首届公共管理领域社会性别教育教学培训班同时开班。

8月,全国第二批政治学、公共管理学高校博士后流动站获批设置。

9月8日,王惠岩先生八十寿辰庆典大会暨《王惠岩文集》首发仪式在吉林大学举行。

9月14—15日,"当代中国公共行政研究与教育"国际学术研讨会在上海复旦大学召开。会议由上海复旦大学国际关系与公共事务学院主办,中国行政管理学会科学发展研究中心、美国公共行政学会美中公共行政国际合作局、罗格斯大学公共事务与行政学院等单位协办。与会学者分别就全球化背景下的中国公共行政研究与教育、评估当前中国公共行政研究、公共行政教育及其现代化、电子政府与绩效、公共部门的绩效管理、国际背景下的政策变化与地方战略、公共行政改革及其现代化等内容进行了专题发言和讨论。

9月28日,天津师范大学举行徐大同先生八十寿辰庆典暨《徐大同文踪史迹》首发仪式。第六届全国政治学、行政学、国际关系专业博士生培养经验交流会在天津师范大学召开。

10月21—22日,第三届公共管理国际会议在电子科技大学国际学术会议中心召开。大会由电子科技大学、中国行政管理学会、美国行政管理学会、莫斯科大学公共管理学院、《中国行政管理》杂志社共同主办，电子科技大学政治与公共管理学院承办。

10月27—29日，教育部高等学校公共管理类学科专业教学指导委员会主办，华侨大学人文与公共管理学院承办的全国高校公共事业管理专业建设研讨会在泉州市举行。

11月3日，中国行政管理学会、浙江海洋学院共同主办的全国"行政战略"研讨会暨第五届行政哲学大会在浙江舟山召开。

11月10—11日，第五届全国MPA论坛由南京大学公共管理学院在南京大学举办，论坛主题为"公共管理创新与新农村建设"。

12月13—15日，中国政治学会主办、东北师范大学承办的"中国特色社会主义政治建设与政治体制改革"学术研讨会在长春召开。

2008年

1月8日，教育部普通高校人文社会科学重点研究基地北京大学政治发展与政府管理研究所、北京大学政府管理学院、台北大学公共部门与公民社会人力资源发展学程与台北大学公共行政暨政策学系在台北共同举办"民主治理与公民社会"学术研讨会，会议议题为：(一)民主治理与政府治理能力；(二)民主治理与公民社会发展；(三)共同治理趋势下的公共管理实务。

3月8日，"变革中的东亚人力资源管理国际学术研讨会"在中国人民大学举行。

3月15日，"夏书章教授与中国公共管理学政治学学术研讨会"暨祝贺夏书章先生九十寿辰庆典大会在广州中山大学召开。

4月11—13日，北京市政治文明建设研究中心、武汉大学政治文明与政治发展研究中心共同举办的"改革开放30年的政治发展学术研讨会"在武汉大学召开。会议就我国改革开放30年来政治发展的历史经验、内在机理和发展趋向进行了研讨。

4月12—14日，教育部普通高校人文社会科学重点研究基地北京大学政治发展与政府管理研究所、北京大学政府管理学院、韩国成均馆大学东亚学术院和成均馆大学BK21东亚融合事业团共同举办的第三届国际学术研讨会在韩国首尔召开。本次会议的中心议题是"中国模式的可行性"。专家学者围绕这一议题，就中国式政治发展模式、中国式经济社会发展模式和中国模式议论的展望与课题等问题进行了研讨和交流。

5月22日，汕头大学地方政府发展研究所召开“2008地方政府发展论坛”，主题为“地方政府的改革与创新”。

6月8日，上海市政治学会和华东师范大学党委宣传部、公共管理学院、政治学系联合主办的“中国政治发展30年：回顾与展望”理论研讨会。

6月7—8日，中国行政管理学会、中国人民大学公共管理学院、美国罗格斯大学公共事务与管理学院、美国行政管理学会共同主办的第四届中美公共管理国际学术研讨会在美国罗格斯大学召开，会议主题是“提高政府绩效”。

6月14日，上海复旦大学发展与政策研究中心第三届学术年会在上海复旦大学举行。本届年会的主题是“中国发展模式：城市治理与中国发展”。

7月，教育部高等学校政治学类专业教学指导委员会议在上海举行，华东政法大学政治与公共管理学院承办会议。会议就高等教育政治学类本科专业规范问题进行了讨论。

10月，南开大学周恩来政府管理学院召开“新政治经济学在中国的适用性”问题研讨会。与会代表就新政治经济学的发展渊源、基本内容、方法特点，尤其是其对于中国政治经济发展研究的适用性问题展开了探讨。

10月12日，第六届全国MPA论坛在西安举行，本次论坛由西北大学、西安交通大学、西北工业大学和长安大学联合承办，论坛主题为“民生、和谐与公共管理”。

10月14—15日，教育部普通高等学校人文社会科学重点研究基地广州中山大学行政管理研究中心与澳门行政暨公职局、澳门大学、澳门基金会在澳门联合主办第三届“21世纪的公共管理：机遇与挑战”国际学术研讨会。

10月25—26日，广州中山大学政治与公共事务学院、教育部普通高等学校人文社会科学重点研究基地广州中山大学行政管理研究中心、教育部普通高等学校人文社会科学重点研究基地北京大学政治发展与政府管理研究所、湖南大学政治与公共管理学院在湖南长沙联合召开“第二届中国公共预算研究全国学术研讨会”。会议主题为：

人大预算监督,公民参与预算,部门预算改革,国库改革,支出结构分析,财政收入分析,政府财政关系,支出绩效评估,社会政策支出,等等。

10月20—21日,北京大学政府管理学院举办"全球公共政策联盟"会议。

10月23—26日,中国政治学会主办、襄汾学院承办的"回顾与展望:中国政治学与中国政治发展30年学术研讨会"暨中国政治学会2008年年会在湖北襄樊召开。

后　记

时值党的十一届三中全会召开和改革开放三十周年。三十年来，在党的社会主义初级阶段的基本路线指引下，我国社会发生了深刻的变化，社会主义现代化建设和改革开放事业取得了举世公认的伟大成就。

在社会主义现代化建设和改革开放的历史背景下恢复重建，并且与这一历史进程同步前行的我国高校政治学，在马克思主义、邓小平理论和"三个代表"重要思想指导下，按照中国特色社会主义政治发展、治国理政和政治文明建设的要求，积极展开学术研究和思想探索，取得了丰富的思想成就和研究成果，为社会主义政治发展和民主政治建设作出了积极贡献。

在纪念党的十一届三中全会召开和改革开放三十周年之际，按照国家教育部的统一部署，为系统回顾改革开放三十年来我国高校政治学的发展历程和发展成就，总结经验，发扬成绩，探索规律，谋划未来，推进高校政治学进一步繁荣发展，特撰写和编辑了本报告。

本报告的撰写工作是在教育部社会科学司直接领导和组织下，按照2008年教育部社会科学司关于《中国高校哲学社会科学发展报告1978—2008》丛书启动工作会议纪要精神进行的。在撰写过程中，编委会力求高举中国特色社会主义伟大旗帜，坚持以邓小平理论、"三个代表"重要思想为指导，深入贯彻落实科学发展观，全面、公正、客观总结改革开放三十年高校政治学发展进程、发展特点、发展成就和发展经验，描述、概括和分析高校政治学与行政学研究及其发展状况，以期为高校政治学的进一步繁荣发展提供助益。

根据教育部的要求，编委会特别聘请北京大学赵宝煦教授、广州中山大学夏书章教授、天津师范大学徐大同教授、上海复旦大学王邦佐教授、南京大学张永桃教授对报告进行了审阅。五位审稿专家以对历史、学科和学术高度负责的精神和严谨的学术风格,对报告进行了认真细致的审读,并且提出了多方面宝贵修改意见,从而大大提高了报告的史实准确性、阐述思想性和分析可靠性。编委会对审稿专家的辛勤指导表示深切的感谢。

编委会特别邀请中国社会科学院政治学研究所王一程所长就报告有关内容进行审阅,王一程所长以高度的政治责任感和严谨的学风要求,对相关内容进行了认真周密的审读,并且提出了宝贵的修改意见,在此谨表示由衷的谢意。

报告的撰写和编辑得到吉林大学行政学院周光辉教授、广州中山大学行政管理研究中心马骏教授、清华大学公共管理学院薛澜教授、上海复旦大学国际关系与公共事务学院林尚立教授、中国人民大学董克用教授、南开大学周恩来政府管理学院朱光磊教授、天津师范大学政治与行政学院高建教授、华中师范大学政治研究学院徐勇教授、浙江大学公共管理学院余逊达教授等多方面支持和帮助;广州中山大学行政管理研究中心主任马骏教授对“关于公共预算与公共财政”专题初稿进行了认真细致的修订和补撰;北京大学政治发展与政府管理研究所的佟福玲副研究员为报告写作和审查过程中的印制和联络工作作了积极努力,为报告顺利完成审读和修订贡献了力量。对此,编委会亦表示深切谢意。

广西师范大学出版社的汤文辉、石玉湘编辑为本报告的编辑出版倾注了大量心血,对报告的修改提出了诸多宝贵意见,特此表示衷心感谢。

由于撰写者水平和能力有限,加之本报告涉及政治学与公共管理学两个一级学科下的三个二级学科,时间跨度和学术发展涉及三十年历程,学术研究领域和思想内容深远广泛。同时,作为政治性、学术性、专业性和历史性很强的三十年学术发展报告,撰写要求高、时间紧、任务重,因此,有关报告内容和发展时序实录的全面性、准确性,诚挚期待读者评判和指正。

本报告编委会成员实际承担的工作如下：

王浦劬：★总体负责、组织和协调工作
★设计、修订和构建报告总体框架
★设计报告第二部分政治学专题
★撰写报告第一部分和第三部分
★撰写专题“关于公共性的基本含义”
★审阅、修改、补充、校正和确定报告第二部分所有专题稿
★查阅、整理、校对、修订和补充报告第四部分
★撰写中文提要和后记
★编写报告总目录
★总体修订、补充和校正报告全文，负责报告最终定稿

周志忍：★讨论和修订报告总体框架
★设计报告第二部分结构和行政学专题
★修订报告第一部分和第三部分内容，补充其中有关行政学的内容
★聘请、联系和协调相关专题的编写人员
★审阅和修订行政学全部专题稿
★撰写专题“政府绩效管理与绩效评估”
★翻译报告英文提要

燕继荣：★讨论和修订报告总体框架
★聘请、协调相关专题研究和第四部分的编写人员
★修订报告第四部分内容

★撰写专题“关于政治发展理论”

★协助设计第二部分政治学专题

★协助审阅和修订政治学全部专题稿

高鹏程:★讨论和修订报告总体框架

★撰写专题:

“关于政治的含义和政治学基本理论体系”

“关于政治权力的理论”

“关于中国政治体制改革”

★报告总体联络和协调

★报告文本编排

★查阅、整理、校对报告第四部分

★报告目录修订

★报告注释总体编排、修订和校正

王　清:★撰写专题:

“关于政府的理论”

“关于政治权利的理论”

“关于政治文化的理论”

“关于政治文明的理论”

“关于政府与市场的关系”

“关于非政府组织与公民社会”

“关于中国国家治理模式”

“关于统一战线理论”

★查阅、校正报告第一部分、第三部分注释

吕普生:★收集报告总体资料;

★撰写专题:

“关于社会主义发展阶段和初级阶段理论”

“关于阶级、阶级矛盾与社会阶层理论”

“关于党在社会主义初级阶段基本路线”

“关于邓小平政治思想”

“关于‘三个代表’重要思想”

“关于科学发展观与构建社会主义和谐社会”

“关于马克思主义核心政治价值观”

★查阅、校正报告第一部分、第三部分注释

汪锦军：★撰写专题：

“关于服务型政府”

“关于行政管理（公共管理）的含义和基本理论体系”

“关于行政管理学（公共管理学）研究方法”

“关于公共组织、政府机构和编制”

李玲玲：★撰写专题：

“关于公共政策理论”

“关于公共决策及其改革”

★报告注释总体编排、修订和校正

★参与整理和校对报告第四部分

张红军：★撰写专题：

“关于反腐败和廉政建设”

陈桂兰：★撰写专题：

“关于行政管理体制改革”

“关于政府职能转变”

“关于政府机构改革”

陈冀周：★撰写专题：

“关于责任政府、法治政府、廉洁政府”

“关于依法行政”

“关于行政伦理”

“关于行政监督与廉政建设”

“关于行政监督与责任政府”

郇天莹:★撰写专题:

“关于公共部门人力资源”

“关于干部人事制度”

“关于领导体制改革”

赵成根:★撰写专题:

“关于公共危机管理”

郑　寰:★撰写专题:

“关于政治学研究方法”

“关于中国特色社会主义民主”

“关于中国政治发展战略”

“关于中国共产党领导的多党合作与政治协商制度”

“关于政治参与和扩大公民有序政治参与”

“关于基层民主建设”;

★参与整理和校对报告第四部分;

梁　莹:★撰写专题:

“关于非政府公共组织”

“关于事业单位改革”

傅景亮:★撰写专题:

“关于一个国家、两种制度”

“关于国家理论”

“关于国家与社会的关系”

“关于民族政治的理论”

“关于执政党理论”

“关于人民代表大会制度”

“关于民族区域自治制度”

“关于党政关系”

★查阅、校正报告第一部分、第三部分注释

雷艳红：★撰写专题：

“关于公共预算与公共财政”

“关于公共财政与公共预算制度改革”

“关于中央与地方关系”

熊　浩：★查阅、整理报告第四部分

王浦劬

2008 年 10 月于北京大学